KB115091

쉽게
쓸 수 있는 글,
잉글

쉽게 쓸 수 있는 글, 잉글

발행일 2024년 2월 7일

지은이 임오르
펴낸이 손형국
펴낸곳 (주)북랩
편집인 선일영 편집 김은수, 배진용, 김부경, 김다빈
디자인 이현수, 김민하, 임진형, 안유경 제작 박기성, 구성우, 이창영, 배상진
마케팅 김회란, 박진관
출판등록 2004. 12. 1(제2012-000051호)
주소 서울특별시 금천구 가산디지털 1로 168, 우림라이온스밸리 B동 B113~114호, C동 B101호
홈페이지 www.book.co.kr
전화번호 (02)2026-5777 팩스 (02)3159-9637

ISBN 979-11-93716-66-3 03190 (종이책) 979-11-93716-67-0 05190 (전자책)

쉽게 쓸 수 있는 글, 잉글

영어와 우리말 사이 숨어 있는
비밀의 교집합

임오르 지음

이 책을 읽고 하늘을 보면
그 하늘은 더 이상
예전의 하늘이 아니다!

여는 말

이 책을 읽고 하늘을 보면 그 하늘은 더 이상 예전의 하늘이 아니다!

우연히 영어에 한자가 있다는 사실을 알고 '어떻게 영어에 한자가 있을 수 있을까' 하는 의문을 가지고 연구하던 중 굉장한 사실을 알게 되었다. 영어는 우리 말의 고어, 한자, 사투리가 알파벳으로 써진 또 다른 우리의 고대 언어였고, 영어의 알파벳도 역시 우리 민족이 만든 문자였다. 한자 역시 우리가 만든 문자였다. 어떻게 이런 일이 일어날 수 있을까? 역사를 더듬어 거슬러 올라가 보니 어마어마한 진실이 있었다. 과거 유럽은 훈족이라는 정체 모를 민족에 의해 유럽 전체가 수천 년 동안 지배받았다는 사실을 알았다. 훈족의 '훈'은 '한'의 변형이다. '그러면 도대체 언제 유럽에 갔을까'하는 의문을 가지고 역사서를 뒤지던 중 또 엄청난 사실을 알 수 있었다. 세계 4대 문명과 잉카 문명, 아스테카 문명을 만든 사람들도 모두 우리 민족이었다. 전 세계는 모두 우리 민족의 생활 무대였다. 성경에 나오는 세계 언어는 하나에서 시작되었다는 말이 사실이었다. 세계 모든 언어의 뿌리 말이 바로 우리말이었다. 세계의 모든 언어는 하나였다고 성경을 쓴 이스라엘 민족 역시 히브리어를 연구해 보니 우리 민족이 아니면 쓸 수 없는 말을 쓰는 것으로 보아 우리 민족이 분명했다. '그러면 할렐루야, 알라, 붓다도 우리말이 아닐까'라는 의문을 가지고 곰곰이 생각해보니 모두 우리말이었다. 이집트 상형문자도 '혹시 우리말이 아닐까' 하는 생각에 책『이집트 상형문자 이야기』를 구해 읽어보았더니 모두 우리말이었다. 피라미드, 스핑크스, 카르나크 역시 모두 우리 말이었다. 이집트 문명보다 더 오래된 메소포타미아 문명에서 발견된 쐐기문자를 해독한 것도 역시 우리말이었다. 우리가 역사에서 배운 세계 최초의 문명, 메소포타미아 문명은 어디서 왔을까? 하는 물음을 가지고 연구하던 중에 우연히 아리랑의 뜻을 알게 되었다. 메소포타미아 문명은 파미르고원의 사람들이 메소포타미아 쪽으로 향해 세운 문명이었다. 아리랑의 뜻을 발견한 파미르고원은 우리 민족의 제2의 고향 같은 곳이었다. 한반도 문명의 사람들이 최초로 유럽 쪽에 삶의 터전을 만든 곳이었다. '어떻게 그렇게 척박한 땅에 정착해 살 수 있을까?'라는 물음을 가지고 알아본 결과 그 시기에 지구의 기온은 지금보다 평균 약 10도 정도 높고 습하여 파미르고원은 인간이 살기 가장 살기 좋은 땅이었다. 파미르고원 양옆으로 흐르는 아무다리야강과 시르다리야강 그리고 그 두 강물이 도착하는 아랄해를 통하여, 여태껏 우리가 몰랐던 아리랑의 뜻을 알 수 있었다. 그리고 지금 한반도에 자생하지도 않는 무궁화가 어떻게 우리나라의 꽃이 되었는지도 알 수 있었다. 우리나라에서 유일하게 무궁화가 자생하는 곳이 제주도인데, 한반도의 기온이 그 당시 지금의 제주도 기온이었다. 그래서 한반도에는 무궁화가 만발할 수 있었고 그래서 지금 우리나라 꽃이 된 것이다.

현재 파미르고원 주변의 나라 아프가니스탄, 타지키스탄, 키르기스스탄, 투르크메니스탄, 파키스탄, 우즈베키스탄 이름 뒤에 '스탄'이란 말은 우리말 '땅'의 옛말이다. 그들과 우리는 오래전 같은 형제였다. 모든 인류문명의 뿌리 문명인 고조선 문명은 12,000년 전 중부지방에서 탄생한다(벼농사 시작, 청주시 청원구 오창읍 소로리). 이 고조선 문명이 북쪽으로 남쪽으로, 전 세계로 퍼진다. 이 시기에 한자, 음양오행, 주역, 천문, 지리, 바둑, 씨름, 바퀴 등 인류문명이 탄생하고, 거의 지금과 크게 다르지 않았다. 태평성대를 누린 요임금 순임금이 이 시대의 사람이다. 여태껏 중국의 문자로 알고 있었던 한자는 우리 글이다. 한자는 늘 우리가 쓰던 말이다. 그것은 한자의 음가를 연구해 보면 금방 알 수 있다. 우리는 쉽게 왜 그런 음가가 나왔는지 알 수 있지만 중국 사람은 한 글자도 왜 그런 음이 나는지 알 수 없다.

또한 한자가 메소포타미아 문명의 점토판에 새겨진 쐐기문자에서도 한자가 나타난다. 쐐기문자를 해석해본 결과 우리말이었다. 그 한자는 이집트 상형문자에서도 나타나고 영어에서도 나타난다. 그 모든 증거가 언어에 고스란히 남아있다. 말에 남아있는 증거는 우리 민족이 아니면 결코 알 수 없다. 아니 불가능하다. 말에 있는 증거를 하나하나 밝히고자 한다. 이 책은 영어가 어떤 우리말로 되어 있는지, 영어 사전을 해석한 책이다. 영어 사전 전체를 다 해석하는 것은 불가능한 일이고 우리가 많이 쓰는 말을 위주로 해석해 놓았다.

잉글리쉬(English: 영어), 오퍼튜니티(Opportunity: 기회)가 어떤 우리말로 되어 있는지 알아보자. 우선 우리말로 읽어보면 '인(en)+글(gl)+이(i)+스흐(sh) → 인(잉(認: 적을 잉)) 글(書) 이(易: 쉬울 이) 스흐(쓰 → 써: '쓰다(用)'의 활용형) → 적다, 글(書) 쉽다 쓰다'다. '쉽게 쓰는 적는 글'이다. 한글이 없던 때 '(우리말을) 쉽게 쓰게 만든 글'이다. 이것이 영어다. 여기서 '인'이 '잉'으로 즉 'ㄴ'이 'ㅇ'으로 바뀌었다. 'ㄴ'이 'ㅇ'으로 바뀌듯 말의 변화를 알지 못하면, 영어를 우리말로 해석하는 것이 불가능하다. 'ㄴ'이 'ㅇ'으로 바뀐 예로 'con-'이 있다. '우리말로 읽어보면 '곤'이다.

도대체 무슨 말인지 알 수 없다. 이것은 '공'이라 읽어야 하고 한자 '공(共: 한가지 공, 함께, 같이)'을 뜻한다. 또 깜짝 놀랄 일은 구개음화 법칙이 적용돼 'ㄷ'이 'ㅈ'으로 'ㅌ'이 'ㅊ'으로 변하는 것이다. 이 사실을 알지 못하면 영어가 어떤 우리말로 되어 있는지 아는 것은 불가능하다.

오퍼튜니티(Opportunity: 기회)는 어떤 우리말일까? **우리말로 읽어보면 '오프(op)+폴(por)+툰(tun)+이티(ity)'다. 이것이 우리말이라니? 1,700년 전의 우리말이다. '오프(어프 → 엎으 → 엎어: '엎다'의 활용형) 폴(볼 → 발: '기세' 또는 '힘'의 뜻을 더하는 접미사) 툰(둔: '두다'의 활용형) 이티(이띠 → 이때: 바로 지금의 때) → 엎어 힘 둔 이때'다.**

'엎을 힘을 둔 이때'다. 여기서도 많은 글자의 변형이 일어난다. 이렇듯 영어는 우리말이 변형되어 알파벳으로 써진 말이다. 이 책은 말의 조각을 찾아 이은 말이라 접미사가 머리에도 오고 접두사가 꼬리에도 온다. 영어를 만든 사람은 신라인이다. 신라인은 1700년 전 유럽에서 한반도로 이주해온 이주민이다. 유럽에서 우리는 잉글(앵글)족과 함께 살았고 1700년 전 앵글족의 역사는 우리의 역사다. 과거 우리는 '갓(God)'이었다.

'갓(God)'이란 말은 유럽 사람들이 우리 민족이 쓰고 다니는 '갓'을 보고 만들어진 말이다. 영어를 창조할 정도면 충분히 갓(God)이란 말을 들을 자격이 있지 않을까? 우리가 누구인지, 왜 우리가 '갓(God: 신)'인지, 잃어버린 우리 형제들이 누구인지, 이 책을 통해 증명하고자 한다. 이런 사실을 전 세계에 흩어져 사는 우리 민족에게 알려야 한다. 우리는 새로운 역사책을 써야 한다. 다가오는 시대는 '갓(God: 신)들'의 시대로 만들어야 할 것이다. 지금부터 어떤 우리말이 어떻게 하여 영어로 만들어졌는지 살펴보자.

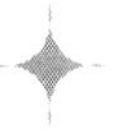

차례

1

2

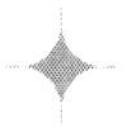

3

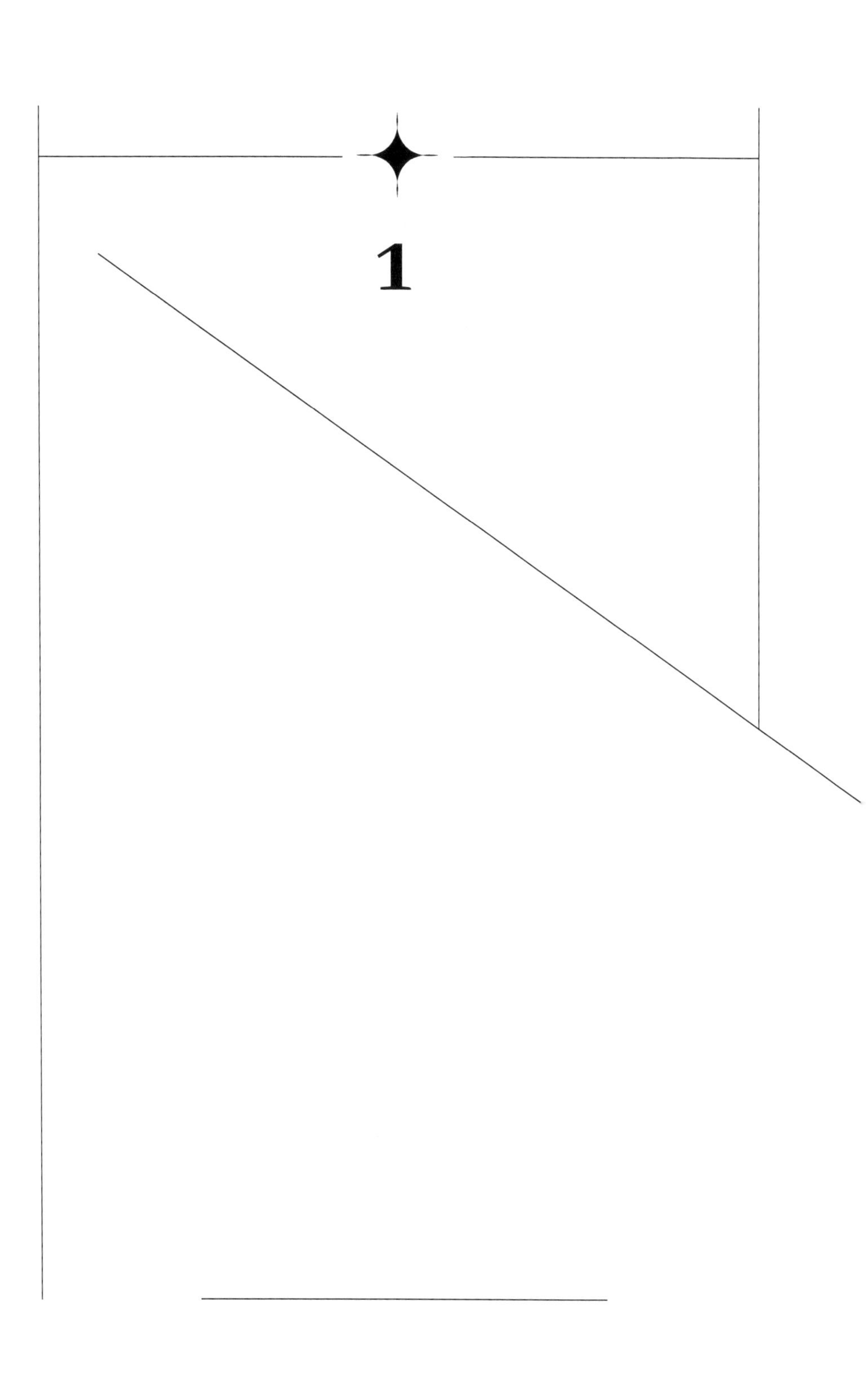

1

영어(English)의 참뜻, 잉글

En: 인 → 잉(認: 적을 잉)

gl: 글(書)

i: 이(易: 쉬울 이)

sh: 쓰히(써: '쓰다'의 활용형)

즉, 영어를 풀이하면 우리말로 '쉽게 쓸 수 있는 글'이다.

영어가 어떤 우리말인지 알기 전에 미리 알아야 할 것

영어는 우리말이 알파벳으로 쓰여 있는 글이다. 알파벳 역시 우리 민족이 창조한 글이다. 상상도 할 수도 없는 굉장한 일이 아닐 수 없다. 어떻게 이런 일이 가능할 수 있었을까? 우리가 알고 있는 상식으로는 도저히 설명할 수 없는 일이다. 책 말미에 있는 내용을 미리 말하면, 예전에 전 세계는 우리 민족이 지배했었다. 그러므로 전 세계 모든 언어의 뿌리는 우리말이다. 자세한 것은 뒤에서 말하기로 하고, 영어가 어떤 우리말인지 살펴보자.

영어가 어떤 우리말인지 알려면, 영어를 있는 그대로 읽어야 한다. 영어 발음기호로 영어를 읽으면, 어떤 말인지 전혀 알 수 없다. 우리가 한반도로 오기 전에 말했던 말로 읽어야 그 뜻을 알 수 있다. 또 말이 변한 것을 모르면, 전혀 무슨 말인지 알 수 없다. 예를 들어, 우리말 '가다'는 영어의 'go to'다. 'go to'를 우리말로 읽어보면 '고토'이다. '가다'와 비교했을 때 'o'의 발음이 '아'로 바뀐 것을 알 수 있고, 't'의 발음이 'ㄷ'로 바뀐 것을 알 수 있다. 우리가 알고 있는 'go'는 '가'이고, 'to'는 우리말 '다'이다. 지금까지는 't'의 발음 '트'로 했지만 't'의 발음은 '트' '뜨' '드'로, 또 구개음화(口蓋音化) 현상으로 '트 → 츠' '뜨 → 쯔' '드 → 즈'로도 변하여 발음된다. 또한 구개음화(口蓋音化)[1] 현상을 이해하지 못하면, 영어는 도무지 어떤 우리말인지 알 수 없다.

'd'는 'ㄷ' 'ㄸ'로, 입술소리에 해당하는 'b' 'f' 'p'는 'ㅂ' 'ㅃ' 'ㅍ'으로, 'n'은 'ㄴ' 'ㅇ'으로 변한다. 영어에 모음 'a, e, i, o, u, w'의 'a'는 '아' '어' '하' '한' '애' '오'로 바뀌고, 'e'는 '에' '이' '애' '어'로, 'i'는 '이' '아' '애' '오', 'o'는 '오' '아', 'u'는 '우' '아', 'w'는 '우' '유'로 바뀐다.

그리고 또 하나 굉장한 사실은 영어의 절반은 한문으로 이루어져 있다. '한문과 사투리, 없어진 고어 등이 알파벳으로 쓰인 것이 영어다. 한문도 우리 민족이 만든 문자로, 책 말미에 왜 우리말인지 알 수 있는 예를 101개 들어 놓았다. 한문은 우리

1) 구개음화(口蓋音化): 언어 끝소리가 'ㄷ', 'ㅌ'인 형태소가 모음 'ㅣ'나 반모음 'ㅣ[j]'로 시작되는 형식 형태소와 만나면 그것이 구개음 'ㅈ', 'ㅊ'이 되거나, 'ㄷ' 뒤에 형식 형태소 '히'가 올 때 'ㅎ'과 결합하여 이루어진 'ㅌ'이 'ㅊ'이 되는 현상. '굳이'가 '구지'로, '굳히다'가 '구치다'로 되는 것 따위이다.

가 늘 쓰는 말로 이루어진 글자다.

모든 단어를 해석하기는 현실적으로 어렵고, 우리가 자주 쓰는 영어가 어떤 우리말인지 알아보려고 한다.

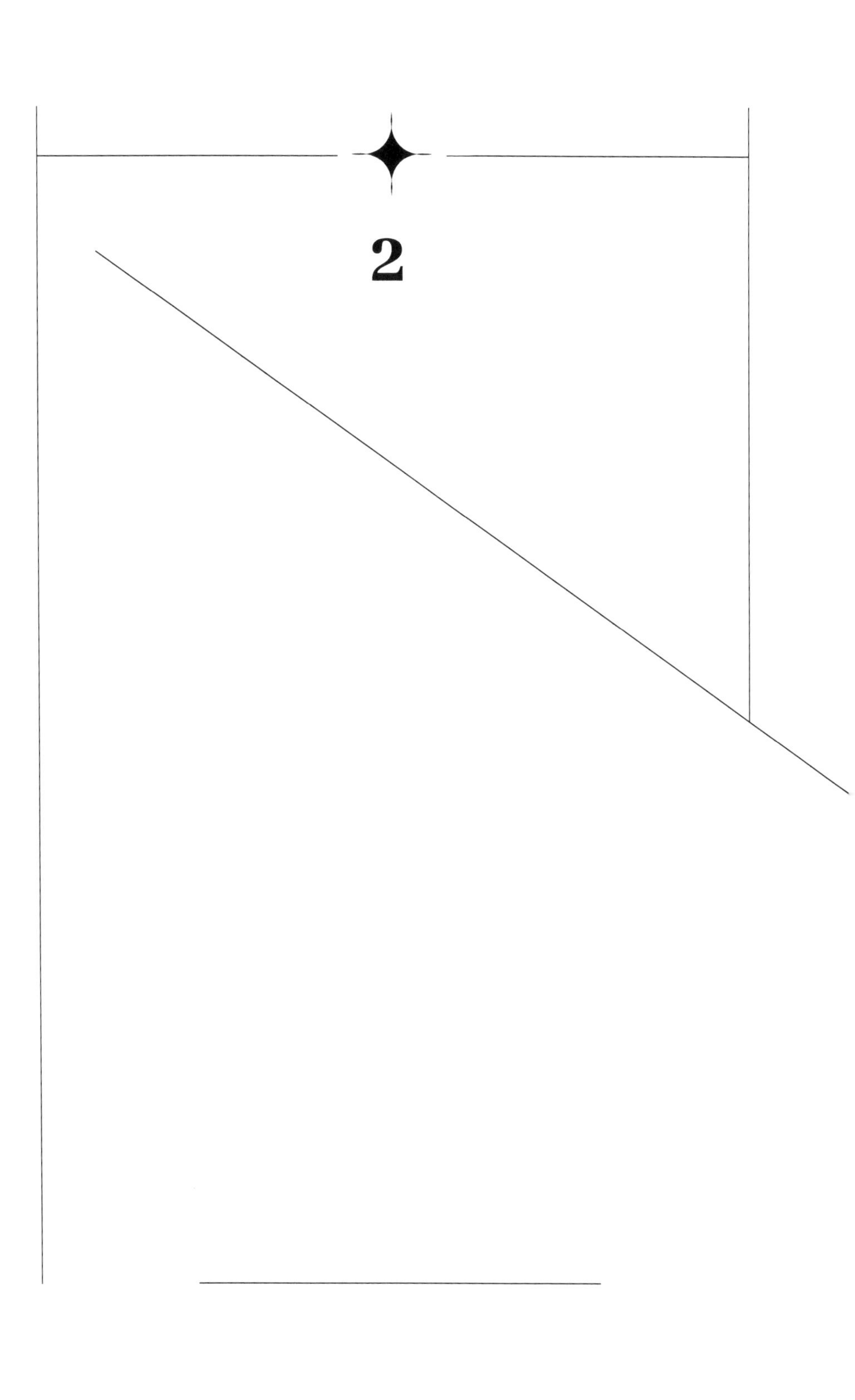

2

알파벳순으로 알아보는 영어와 우리말의 교집합

알파벳의 첫 글자 'A'는 '하늘', '하늘의 태양'을 나타내고, 우리말의 '하('해'의 고어)'이다. 이집트 상형문자는 독수리로 '하늘'을 표시했다. 마지막 글자 'Z'는 '지'로 읽고 우리말 '땅 지(地)'다. 이집트 상형문자에서는 '뱀'으로 '땅'을 표시했다. 'B~Y'는 '인(人)'으로 '인간이 사는 세상'의 글자다. 천(天) 지(地) 인(人)의 생각을 바탕에 두고 만들어진 글자다. 이집트 문명 또한 우리 민족이 만든 문명이다. 알파벳과 한자는 또 다른 우리글이다.

유럽 역사서에 나오는 정체 모를 '훈(Hun)'족은 '한'의 다른 표현이다. 'u'의 음가가 'ㅏ → a'로 변하는 것을 알 수 있다. 우리가 한반도로 오기 전, 유럽 전체는 우리의 땅이었다.

'A'의 음가는 우리말 '하(한)' '아'로 표시된다. '아'의 음가가

'하'로 변형되는 것을 모르면 영어 단어가 어떤 우리말인지 전혀 알 수 없다. 접미사 '~ate'를 우리말로 읽어보면 '아티'인데 도무지 무슨 말인지 알 수 없다. '~ate'의 'a'를 '하'로 읽고 't'를 '드'로 읽어보면 '하드이 → 하디 → 하다'다. '~하다'를 네이버 사전에서 찾아보면 1. 동사를 만드는 접미사, 2. 형용사를 만드는 접미사, 3. 동사나 형용사를 만드는 접미사, 다. 영어의 '~ate' 역시 동사나 형용사를 만드는 접미사이다. 그러면 '하(한)' '아'의 글자가 영어에서 어떻게 표현되는지 알아보자. 한글은 네이버 사전으로 검색했고, 영어는『뉴에이스 영한사전(금성출판사)』을 참고했다. '하(한)', '아'의 'a'가 영어에서는 어떻게 표현되는지 알아보자.

하

- 한글: 부사 정도가 매우 심하거나 큼을 강조하여 이르는 말. '아주', '몹시'의 뜻을 나타낸다.
- 영어: (형용사의 최상급과 함께) 매우, 아주
- It was a(하: 아주, 몹시) most beautiful sight(아주 아름다운 경치였다).

아

- 한글: '에'의 방언
- 영어: 크래크(crack: 1. 갈라지다, 금이 가다, 깨지다)

우리말로 읽어보면 '그르(cr)+아(a)+긐(ck) → 그르('그릇'의 고어), 아('에'의 방언), 긐(극(隙: 틈 극))'이다. '그릇에 틈', '그릇에 틈이 생긴 것'이다.

위와 같이 영어는 우리말이 알파벳으로 쓰여 만들어진 말이다.

한

- 한글: 1. 관형사 그 수량이 하나임을 나타내는 말. (예: 한 사람)
- 영어: 1. I can see a(하나) boy, an(한) old man, and two dogs(남자애가 하나, 노인이 한 사람, 그리고 개가 두 마리 보인다).

- 한글: 2. 관형사 '어떤'의 뜻을 나타내는 말. (예: 충청도의 한(어떤) 마을에 효자가 살고 있었다)
- 영어: 2. She is a(어떤) Christian(그녀는 (어떤) 기독교인이다).

- 한글: 3. 관형사 '같은'의 뜻을 나타내는 말. (예: 한(같은) 경기장)
- 영어: 3. He is a(같은) lion when roused(그는 성이 나면 마치 사자와 같다).

A

애브덕트(abduct: 유괴하다, 납치하다)

우리말로 읽어보면 '아브(ab)+둑(duc)+트(t) → 아브(어브 → 업어: '업다'의 활용형) 둑(덕: '덫'의 방언) 트(츠 → 쳐: '치다'의 활용형) → 업다 덫 치다'다. '덫 쳐 업은 것'이다.

에이블(able: ~할 수 있는, 재능 있는, 능력 있는)

우리말로 읽어보면 '아(a)+블(bl)+이(e) → 아(하 → 해: '하다'의 활용형) 블('보다'의 활용형) 이(이것) → 하다 볼 이것'이다. '하는 것 볼 이것'이다.

□ 이후로 'able'은 할 수 있는'으로 번역한다.

어바미네이트(abominate: 증오하다, 혐오하다)

우리말로 읽어보면 '애(a)+봄(bom)+인(in)+아디(ate) → 애(礙: 거리낄 애) 봄('보다'의 활용형) 인(人: 사람 인) 아디(하디 → 하다) → 거리끼다 봄 사람 하다'다. '사람 거리껴 보는 것을 하다'이다.

어바우트(about: 1. 약, -쯤, -경 2. 거의 3. ~에 대한)

1번을 우리말로 읽어보면 '아(a)+보우(bou)+트(t) → 아(어: 어림잡아) 보우(봐: '보다'의 활용형) 트(츠 → 치(値: 값 치)) → 어(어림잡아) 보는 값'이다.

2번을 우리말로 읽어보면 '압(ab)+오우(ou)+트(t) → 압('앞'의 방언) 오우(와: '오다'의 활용형) 트(트 → 츠 → 치 → 쳐: '치다(어떠한 상태라고 인정하거나 사실인 듯 받아들이다)'의 활용형) → 앞 오다 치다'다. '앞에 온 것으로 치다'다.

3번을 우리말로 읽어보면 '아브(ab)+오우(ou)+트(t) → 아브(어브 → 업어: '업다'의 활용형) 오우(와: '오다'의 활용형) 트(츠 → 치(어떠한 특성을 가진 물건 또는 대상) → 업어 오다 대상'다. '업어 온 대상'이다.

어브럽트(abrupt: 돌연한, 갑작스런, 퉁명스러운)

우리말로 읽어보면 '아브(ab)+룹(rup)+트(t) → 아브(아부(阿附: 남의 비위(脾胃)를 맞추고 알랑거림) 룹(랍(拉: 끌 랍) 트(티: 태도나 기색) → 아부(阿附) 꺾다 태도'다. '아부(阿附)에 꺾는 태도'다.

□ 랍(拉): 끌다, 꺾다.

애브디케이트(abdicate: 왕위에서 물러나다, 퇴위하다)

우리말로 읽어보면 '아브(ab)+디(di)+가(ca)+티(te) → 아브(아부(아버지, 왕)) 디(뒤(後)) 가('가다'의 활용형) 티(치(治: 다스릴 치)) → 왕 뒤 가다 다스리다'다. '왕이 다스리는 것 뒤로 가다'다.

애브제크트(abject: 극도로 비참한, 절망적인)

우리말로 읽어보면 '아브(ab)+적(jec)+트(t) → 아브(아부(阿附: 남의 비위(脾胃)를 맞추고 알랑거림) 적(敵: 대적할 적: 서로 싸우거나 해치고자 하는 상대) 트(티: 모양) → 아부(阿附) 적(敵) 모양'이다. '적(敵)에게 아부(阿附)하는 모양'이다.

어보르트(abort: 유산[낙태]시키다)

우리말로 읽어보면 '아(a)+보르트(bort) → 아('아이'의 방언) 보르트(바르드 → 바르다: 껍질을 벗기어 속에 들어 있는 알맹이를 집어내다) → 아이 바르다'다.

어버부(above: ~보다 위에)

우리말로 읽어보면 '압(ab)+오브(ov)+이(e) → 압(앞) 오부(어부 → 업어: '업다'의 활용형) 이(위(位: 자리 위) → 앞 업다 자리'다. '앞을 업은 위치'다.

애커딤(academe: 학교 교육의 장)

우리말로 읽어보면 '악(ac)+아(a)+딤(dem)+이(e) → 악(학(學: 배울 학)) 아(하 → 해: '하다'의 활용형) 딤(짐 → 집(家)) 이(명사형 접미사, 이것) → 학(學) 하다 집(家) 이것'이다. '배우는 것 하는 집 이것' '배우는 집'이다.

액세러레이트(accelerate: 속도를 늘리다, 가속하다)

우리말로 읽어보면 '악(ac)+실(cel)+이르(er)+아디(ate) → 악(咢: 벼랑 악) 실('슬며시'의 방언) 일(辷: 미끄러질 일) 아디(하디 → 하다) → 비탈지다 슬며시 미끄러지다 하다'다. '비탈에서 슬며시 미끄러지는 것 하다' '속도가 점점 늘어나는 것을 하다'이다.

□ 악(咢): 벼랑, 비탈지다.

액센트(accent: 악센트, 강세, 음조, 어조, 사투리)

우리말로 읽어보면 '악센(accen)+트(t) → 악센(억센: '억세다'의 활용형) 트(투(套): 말이나 글, 행동 따위에서 버릇처럼 일정하게 굳어진 본새나 방식) → 억센 투(套)'다.

억셉트(accept: ~을 받아들이다)

우리말로 읽어보면 '악(ac)+스이(ce)+브트(pt) → 악(억(抑: 누를 억)) 스이('스다(생기다)'의 활용형) 브트(바트 → 받으 → 받아: '받다'의 활용형) → 누름 생겨 받다'다.

액세스(access: ~접근하는 방법, 접근)

우리말로 읽어보면 '애(a)+그(c)+스이(ce)+스스(ss) → 애(躷: 가까울 애) 그(가: '가다'의 활용형) 스이('스다(생기다)'의 활용형) 스스(서서: '서서(徐徐: 천천히 할 서)하다'의 어근) → 가깝다 가 생기다 천천히'다. '천천히 가깝게 감 생기는 것'이다.

액세서리(accessory: 부속물, 부대물, (안전상 또는 장식용의) 부속품)

우리말로 읽어보면 '악(ac)+시(ce)+스(s)+소(so)+르여(ry) → 악(婩: 예쁠 악) 시(視: 볼 시) (스('스다'의 활용형) 소(小: 작을 소) 르여(류(類: 무리 류)) → 예쁘다 보이다 생기다 작다 부류'다. '예쁘게 보임이 생기는 작은 부류'다.

□ 류(類): '부류'의 뜻을 더하는 접미사.

□ 예: 금속류.

액시던트(accident: 사고, 우발 사건, 우연한 행위)

우리말로 읽어보면 '액(ac)+시(ci)+딘(den)+트(t) → 액(厄: 액 액: 모질고 사나운 운수) 시(사(事: 일 사)) 딘(된: '되다'의 방언) 트(츠 → 치('판(일이 벌어진 자리. 또는 그 장면)'의 방언) → 액(厄) 변고(變故) 된 판'이다.

□ 사(事): 일, 변고(變故), 사고(事故).

어커머데이트(accommodate: 공간을 제공하다)

우리말로 읽어보면 '악(ac)+콤(com)+모(mo)+드(d)+아디(ate) → 악(학 → 확(廓: 클 확)) 콤(공(空: 빌 공)) 모(마: '그냥'의 방언) 드(즈 → 주: '주다'의 어근) 아디(하디 → 하다) → 크다 공간(空間) 그냥 주다 하다'다. '큰 공간(空間) 그냥 주는 것을 하다'이다.

□ 공(空): 비다, 공간(空間).

어컴퍼니(accompany: 동행[수행]하다, ~을 수반하다)

우리말로 읽어보면 '아(a)+그(c)+콤(com)+반(pan)+이(y) → 아(하 → 해: '하다'의 활용형) 그(가: '가다'의 활용형) 콤(공(共: 함께 공) 반(伴: 짝 반) 이(사람) → 하다 가다 함께 반려 사람'이다. '함께 반려 사람 해 가다'다.

어코드(accord: 일치[조화]하다)

우리말로 읽어보면 '악(ac)+골(cor)+드(d) → 악(약(若: 같을 약)) 골('꼴'의 옛말) 드(돼: '되다'의 활용형) → 같은 꼴(모양) 돼'다.

어카운트(account: 1. (의사(議事), 사건의) 기술, 서술, 이야기, 담화 2. 계산)

1번을 우리말로 읽어보면 '아크(ac)+고운(coun)+트(t) → 아크(어케: '어찌'의 방언) 고운('고우다('고다(떠들다)'의 방언)'의 활용형) 트(츠 → 치(治: 다스릴 치)) → 어떻게 떠든 말'이다.

□ 치(治): 다스리다, 말, 언사(言辭).

2번을 우리말로 읽어보면 '액(ac)+고운(coun)+트(t) → 액(額: 이마 액) 고운('곱다('꼽다(헤아리다)'의 방언)'의 활용형) 트(츠 → 치(値: 값 치)) → 액수 헤아린 값'이다.

□ 액(額): 이마, 수효(數爻), 수량(數量), 액수.

어큐미어레이트(accumulate: 쌓이다, 모으다, 늘다)

우리말로 읽어보면 '액(ac)+굼(cum)+우르(ul)+아디(ate) → 액(額:이마 액) 굼(감('켜(포개진 물건의 하나하나의 층)'의 방언))) 우르(위로) 아디(하디 → 하다) → 수량(數量) 켜 위로 하다'다.

□ 액(額): 이마, 수효(數爻), 수량(數量).

어큐레이트(accurate: 정확한, 틀림없는, 올바른)

우리말로 읽어보면 '액(ac)+그우르(cur)+아디(ate) → 액(額:이마 액) 그우르(거우루('거울'의 옛말)) 아디(하지 → 하다) → 수량(數量) 거울 하다'다. '수량이 정확하게 똑같다'이다.

□ 거울: 어떤 사실을 그대로 드러내거나 보여 주는 것을 비유적으로 이르는 말.

어큐우즈(accuse: 고발[기소, 고소]하다)

우리말로 읽어보면 '악(ac)+구(cu)+스이(se) → 악(악(惡: 악할 악)) 구(고(告: 알릴 고)) 스이('스다(생기다)'의 활용형) → 바르지 아니한 일 고발하다(告發--) 생기다'이다.

□ 악(惡): 악하다, 바르지 아니한 일.

□ 고(告): 알리다, 고발하다(告發--).

어커스텀(accustom: 습관 들이다, 익히다, 길들게 하다)

우리말로 읽어보면 '악(ac)+구(cu)+스트(st)+옴(om) → 악(학(學: 배울 학)) 구(舊: 예 구) 스트(쓰다) 옴('오다'의 활용형) → 배우다 예 쓰다 오다'이다. '옛 것 써 옴 배우다'다.

에이스(ace: 명수, 고수)

우리말로 읽어보면 '아스(ac)+이(e) → 아스(아시 → 아ᅀᅵ: '처음'의 옛말) 이(사람) → 처음의 사람'이다. '1등의 사람'이다.

애시드(acid: 산성 물질, 신 것)

우리말로 읽어보면 '아(a)+시드(cid) → 아(하 → 해: '혀'의 방언) 시드(시다) → 혀 시다'다. '혀가 신 것'이다.

어콰이어(acquire: 취득하다, 입수하다)

우리말로 읽어보면 '악(ac)+구(qu)+이르이(ire) → 악(握: 쥘 악) 구(求: 구할 구) 이르이(이루이: '이루다'의 활용형) → 쥐다 구하다 이루다'다. '구하여 쥐는 것 이루다'이다.

애크나리지(acknowledge: 인정하다, 동의하다)

우리말로 읽어보면 '아그(ac)+크(k)+노우리지(nowledge) → 아그(아구: '아가리(입)'의 방언) 크(카 → 가(可: 옳을 가)) 노우리지(노리지: '노리다('놀리다'의 방언)'의 활용형) → 입 허락하다 놀리다'다. '허락한다고 입을 놀리다(말하다)'다.

□ 가(可): 옳다, 허락하다(許諾--).

어크로스(across: ~을 건너서[가로질러서, 횡단하여], 한쪽에서 반대쪽으로)

우리말로 읽어보면 '아(a)+그로스(cros)+스(s) → 아(하(河: 물 하)) 그로스(가로서: '가로서다(가로 방향으로 나란히 서다)'의 어근) 스(서(逝: 갈 서)) 하천 가로서다 지나가다'다.

□ 서(逝): 가다, 지나가다.

액트(act: 행동, 행위)

우리말로 읽어보면 '아(a)+긑(ct) → 아(하 → 해: '하다'의 활용형) 긑(긑 → 것: 사물, 일, 현상 따위를 추상적으로 이르는 말) → 해 것 → 한 것'이다.

어댑트(adapt: 적응[순응]시키다, 개작[각색, 번안]하다)

우리말로 읽어보면 '아디(ad)+압(ap)+트(t) → 아디(어디) 압(합(合: 합할 합)) 트(터: '트다'의 활용형) → 어디 적합하다 트다'다. '어디에 적합함 트다'다.

□ 합(合): 합하다, 모으다, 적합하다.

애드(add: ~을 더하다, 덧붙여 말하다)

우리말로 읽어보면 '아드(ad)+드(d) → 아드(하드 → 하다) 드('더'의 방언)'다. '더 하다'다.

어드레스(address: 1. 인사말 2. 연설 3. 주소)

1번을 우리말로 읽어보면 '아드(ad)+들이스(dres)+스(s) → 아드(하다) 들이스(들어서: '들어서다'의 어근) 스(시: '혀(말)'의 방언) → 하다 들어서다 말'이다. '들어서서 하는 말'이다.

2번을 우리말로 읽어보면 '아드(ad)+들(dr)+이(e)+스(s)+스(s) → 아드(하다) 들('복수(複數)'의 뜻을 더하는 접미사) 이(사람) 스('스다'의 활용형) 스(시: '혀(말)'의 방언) → 하다 들 사람 스다 말'이다. '사람들에 서서 하는 말'이다.

3번을 우리말로 읽어보면 '아드(ad)+드르(dr)+잇스(ess) → 아드(어디) 드르(들어: '들다'의 활용형) 잇스(있어) → 어디 들어 있어'다. '들어 있는 어디'이다.

애디쿼트(adequate: 적당한, 충분한)

우리말로 읽어보면 '아드(ad)+이(e)+꾸(qu)+아(a)+티(te) → 아드(하드 → 하다) 이('에'의 방언) 꾸(꽤: 제법 괜찮을 정도로) 아(하 → 해: '많이'의 방언) 티(모양) → 하다에 꽤 많이 모양'이다. '함에 꽤 많은 모양'이다.

어전드(adjourn: 중단하다, 연기하다, 휴회하다)

우리말로 읽어보면 '아드(ad)+조우르(jour)+느(n) → 아드(하드 → 하다) 조우르(자르: '자르다'의 어근) 느(나: '나다(생기다)'의 활용형) → 하다 자르다 생기다'이다. '함에 자르는 것 생기다'이다.

어저스트(adjust: 맞추다, 순응하다)

우리말로 읽어보면 '아드(ad)+주(ju)+스(st) → 아드(하드 → 하다) 주(자: 길이를 재는 데 쓰는 기구) 스(쓰 → 써: '쓰다'의 활용형) 트(츠 → 쳐: '치다(자르다)'의 활용형) → 하다 자 쓰다 자르다'다. '자를 써 자르는 것을 하다' '맞추는 것'이다.

어드미니스터(administer: (회사, 조직, 국가 등을) 관리하다[운영하다])

우리말로 읽어보면 '아드(ad)+미(mi)+느(n)+이(i)+스(s)+트(t)+일(er) → 아드(하다) 미('놈('사람'의 옛말)'의 방언) 느(너 → 넣: '넣다'의 어근) 이(위(威: 위엄 위)) 스(쓰 → 써: '쓰다'의 활용형) 트(츠 → 치(治: 다스릴 치)) 일(事) → 하다 사람 넣 힘 써 다스리다 일'이다. '사람 넣어 힘 써 다스리는 일하다'다.

□ 위(威): 위엄, 힘.

어드마이어(admire: 칭찬하다, 훌륭하다고 생각하다, 감탄하다)

우리말로 읽어보면 '아드(ad)+미(mi)+리(re) → 아드(하드 → 하다) 미

(美: 아름다울 미) 리(脷: 혀 리) → 하다 기리다 혀(말)'이다. '기리는 말 하다'다.

□ 미(美): 아름답다, 기리다, 좋다.

애드미트(admit: ~을 들이다, 인정하다)

우리말로 읽어보면 '아드(ad)+미트(mit) → 아드(하드 → 하다) 미트(마트 → 마츠 → 맞으 → 맞아: '맞다('그렇다' 또는 '옳다'의 뜻을 나타내는 말)'의 활용형) → 하다 맞아'다. '맞아(옳다) 하다'다.

애더레슨스(adolescence: 청년기, 사춘기)

우리말로 읽어보면 '아도(ado)+리(le)+스(s)+센(cen)+시(ce) → 아도(아조(兒曹: 예전에, 아이들을 이르던 말) 리(려 → 료(橑: 자지 료) 스('스다(서다)'의 활용형) 센('세다'의 활용형) 시(時: 때 시) → 아이들 자지 서다 센 때'다.

어답트(adopt: 입양하다, (특정한 방식이나 자세를) 취하다, 채택하다)

우리말로 읽어보면 '아(a)+도(do)+브트(pt) → 아('아이'의 방언) 도(조 → 줘: '주다'의 활용형) 브트(부츠 → 부쳐: '부치다('보내다'의 방언)'의 활용형) → 아이 줘 보내다'다.

□ 입양(入養): 양자로 들어감, 또는 양자를 들임.

어도어(adore: 숭배하다, 흠모하다, 아주 좋아하다)

우리말로 읽어보면 '아(a)+도리(dore) → 아(하: 정도가 매우 심하거나 큼을 강조하여 이르는 말. '아주', '몹시'의 뜻을 나타낸다) 도리(조리 → 좋리: '좋다'의 활용형) → 아주 좋리'다.

어드리프트(adrift: 배가 계류되지 않고 떠내려간, 헤매는, 벗어난)
우리말로 읽어보면 '아드르(adr)+이(i)+브(f)+트(t) → 아드르(어디로) 이(乀: 흐를 이) 브(보(舣: 배 보)) 트(티: 모양) → 어디로 흐르는 배 모양'이다.

어덜트(adult: 성숙, 어른)
우리말로 읽어보면 '아(a)+두르(dul)+트(t) → 아(아이) 두르(주르 → 자라: '자라다'의 어근) 트(츠 → 치: 사람) → 아이 자라다 사람'이다. '아이 자란 사람'이다.

어드밴스(advance: (특히 군대의) 전진, 진군, 전진, 발전)
우리말로 읽어보면 '아드(ad)+ 브(v)+안(an)+시(ce) → 아드(아디 → 어디) 브(부(赴: 다다를 부) 안(한: '하다'의 활용형) 시(옛말 명사형 접미사, 이것) → 어디 나아가다 한 이것'이다. '어디 나아간 이것'이다.

□ **부(赴): 다다르다, 나아가다, 향하여 가다.**

어드벤티지(advantage: (누구에게) 유리한 점, 이점, 장점, 유리하게 하다)
우리말로 읽어보면 '아드(ad)+반(van)+태(ta)+지이(ge) → 아드(하드 → 하다) 반(半: 반 반) 태('판('처지', '판국', '형편'의 뜻을 나타내는 말)'의 방언) 지이(주이: '주다'의 활용형) → 하다 반 형편 주이'이다. '반에 판

주는 것을 하다'이다.

애드벤트(advent: (중요한 인물이나 사건의) 출현, 도래, 예수의 강림)

우리말로 읽어보면 '아드(ad)+비(ve)+느(n)+트(t) → 아드(하드 → 하다) 비('비다(보이다)'의 어근) 느(나: '나다(생기다)'의 활용형) 트(티: 모양) → 하다 보이다 생기다 모양'이다. '보이게 함이 생긴 모양'이다.

애드벤춰(adventure: 희한한 사건, 모험)

우리말로 읽어보면 '아드(ad)+비(ve)+느(n)+투흘(tur)+이(e) → 아드(어디) 비(秘: 숨길 비) 느(나: '나다(생기다)'의 활용형) 투흘(털: '털다'의 활용형) 이(명사형 접미사, 이것) → 어디 신비하다 생기다 털 이것'이다. '어디 신비함이 생겨 터는 이것'이다.

ㅁ 비(秘): 숨기다, 신비하다.

애드버스(adverse: 부정적인, 불리한)

우리말로 읽어보면 '아드(ad)+브(v)+이르스이(erse) → 아드(하드 → 하다) 브(부(不: 아닐 부)) 이르스이('일어서다'의 활용형) → 하다 아니다 일어서다'다. '함에 아닌 것이 일어선'이다.

애드버타이즈(advertise: 광고하다)

우리말로 읽어보면 '아드(ad)+브이르(ver)+티(ti)+스이(se) → 아드(어디) 브이르(보이려: '보이다'의 활용형) 티(치(幟): 깃발이 아래로 길게 드리우게 된 기(旗)) 스이('스다(서다)'의 활용형) → 어디 보이려 치(幟) 서다'다.

어드바이스(advise: 충고하다)

우리말로 읽어보면 '아드(ad)+브(v)+이(i)+시(se) → 아드(하드 → 하다) 브(부(扶: 도울 부)) 이('에'의 방언) 시('혀(말)'의 방언) → 하다 돕다 에 말'이다. '도움에 말 하다'이다.

어펌(affirm: ~라고 단언하다, 주장하다)

우리말로 읽어보면 '앞(af)+프(f)+이름(irm) → 앞(합(合: 합할 합)) 프(포: '거듭'의 옛말) 이름('이르다(말하다)'의 활용형) → 맞다 거듭 이름'이다. '맞다고 거듭 이르는 것'이다.

□ 합(合): 합하다, 맞다.

어프릭트(afflict: 몹시 괴롭히다, 학대하다)

우리말로 읽어보면 '아프(af)+브르(fl)+이(i)+그(c)+트(t) → 아프(아퍼: '아프다'의 활용형) 브르(부르 → 불러: '부르다'의 활용형) 이(사람) 그(가(加: 더할 가)) 트(타(打: 칠 타)) → 아퍼 부르는 사람 더하여 때리다'다.

애프루언트(affluent: 부유한, 풍부한, 엄청나게 많은)

우리말로 읽어보면 '압(af)+브(f)+루(lu)+인(en)+트(t) → 압(壓: 누를 압) 브(부(富: 부유할 부)) 루(屢: 여러 루) 인('일다(생기다)'의 활용형) 티(모양) → 평정하는 부유함 여러 인 모양'이다.

□ 압(壓): 누르다, 평정하다.

어피시오나도(aficionado: (스페인어) (열성적인) 애호자, 팬, ○○광)

우리말로 읽어보면 '아피(afi)+스(c)+이오(io)+나(na)+도(do) → 아피(앞이 → 앞에) 스(서: '스다(서다)'의 활용형) 이오(요(樂: 좋아할 요)) 나('나다(생기다)'의 활용형) 도(다 → 자(者: 놈 자)) → 앞에 서서 좋아함 생긴 사람'이다. '앞에 서서 좋아하는 사람'이다.

□ 스페인어도 우리말이다.

어보르(afore: 앞쪽의)

우리말로 읽어보면 '앞(af)+오리(ore) → 앞(前) 오리(어리: 옛말 '부분'의 뜻을 더하는 접미사) → 앞 부분'이다.

어프레이드(afraid: 두려워하여, 무서워하여, 싫어하여)

우리말로 읽어보면 '아프라(afra)+이(i)+드(d) → 아프라(아퍼라: '아프다'의 활용형) 이(慛: 생각할 이) 드(즈 → 주 → 쥐: '쥐다(가지다)'의 어근) → 아퍼라 생각하다 가지다'다. '아퍼라 생각함 가지는 것'이다.

애프터(after: (시간순서상으로) 뒤에, ~후에)

우리말로 읽어보면 '앞(af)+띠(te)+르(r) → 앞(前) 띠(때(時)) 르(라: 종결어미) → 앞 때(時) 라'다.

어게인(again: 한 번 더, 다시)

우리말로 읽어보면 '아(a)+가(ga)+이(i)+느(n) → 아(하 → 해: '하다'의 활용형) 가(加: 더할 가) 이(위(爲: 할 위) 느(나: '나다(생기다)'의 활용형)

→ 해 더하다 하다 생기다'이다. '하는 것 더하여 하는 것 생겨'다.

어게니스트(against: ~을 반대하여, (규칙 등에 → 반하여)

우리말로 읽어보면 '아(a)+개(gai)+느스드(nst) → 아(하 → 해: '하다'의 활용형) 개(깨: '깨다(일이나 상태 따위를 중간에서 어그러뜨리다)'의 어근) 느스드(나서다) → 하다 깨다 나서다'다. '하는 것을 깨게 나서는 것'이다.

에이지(age: 나이)

우리말로 읽어보면 '아(a)+지(g)+이(e) → 아('해'의 고어) 지(持: 가질 지) 이(명사형 접미사, 이것) → 해(年) 가지다 이것'이다. '해(年)를 가진 이것'이다.

어젠더(agenda: 의제[안건])

우리말로 읽어보면 '아(a)+제(ge)+느다(nda) → 아(어(語: 말씀 어)) 제(題: 제목 제) 느다(넣다) → 의논하다 제목 넣다'다. '의논할 제목을 넣는 것'이다.

□ 어(語): 말씀, 말, 의논하다.

에이전트(agent: 대리인, 중계상, (예술, 연애, 스포츠 부문의) 에이전트)

우리말로 읽어보면 '아(a)+진(gen)+트(t) → 아(我: 나 아) 진('끈(일이나 상황 따위를 연결하는 부분)'의 방언) 트(츠 → 치: 사람) → 나의 끈 사람'이다.

애그러베이트(aggravate: 악화시키다, 증대[심화]시키다)

우리말로 읽어보면 '악(ag)+그라(gra)+배(va)+티(te) → 악(惡: 악할 악) 그라(글어 → 길어: '길다('자라다'의 옛말)'의 활용형) 배('새끼'의 방언) 티(치 → 쳐: '치다(동물이 새끼를 낳거나 까다)'의 활용형) → 나쁘다 자라다 새끼 치다'다. '나쁨 자라 새끼 치다'이다.

□ 악(惡): 악하다, 나쁘다.

어그레션(aggression: 침략 행위, 부당한 공격, 공격성, 공격)

우리말로 읽어보면 '악(ag)+그르(gr)+이(e)+스(s)+시(si)+온(on) → 악(鍔: 칼날 악) 그르(글으 → 갈아: '갈다'의 활용형) 이(예(銳: 날카로울 예)) 스(서: '서다'의 활용형) 시(示: 보일 시) 온('오다'의 활용형) → 칼날 갈아 날카롭다 서다 보이다 온'이다. '칼날 갈아 날카롭게 세워, 보이게 온 것'이다.

어고우(ago: ~전에)

우리말로 읽어보면 '아고(ago) → 아고(아가 → 아까: 조금 전)'이다. '아까'다.

애거나이즈(agonize: 고민하다, 고뇌하다)

우리말로 읽어보면 '액(ag)+온(on)+이(i)+지(ze) → 액(厄: 액 액: 불행한 일) 온('오다'의 활용형) 이(사람) 지(志: 뜻 지) → 액(厄) 온 사람 마음'이다.

어그리(agree: 동의[찬성]하다, 의견의 일치를 보다)

우리말로 읽어보면 '아(a)+그리(gre)+이(e) → 아(하 → 해: '하다'의 활용형) 그리(그래: '그렇게'의 방언) 이(여(與: 더불 여)) → 해 그렇게 더불다'다. '더불어 그렇게 하다'다.

애그리커쳐(agriculture: 농업, 농사)

우리말로 읽어보면 '아(a)+그르(gr)+이그(ic)+울(ul)+툴(tur)+이(e) → 아(芽: 싹 아) 그르갈으 → 갈아: '갈다'의 활용형) 이그(익으 → 익어: '익다'의 활용형) 울(알: 작고 둥근 열매나 곡식의 낱개) 툴(털: '털다'의 활용형) 이(명사형 접미사) → 싹 갈아 익어 알(열매) 털 이것'이다.

에어(air: 공기)

우리말로 읽어보면 '아(a)+ 이르(ir) → 아(하(閜: 빌 하)) 이르(이루 → 이뤄: '이루다'의 활용형) → 비다 이루다'다. '빈 것을 이룬 것'이다.

어람(alarm: 놀람, 불안, 공포)

우리말로 읽어보면 '아(a)+르(l)+아름(arm) → 아(애: 초조한 마음속) 르('를'의 방언) 아름(앓음: '앓다'의 활용형) → 애를 앓음'이다.

□ 앓다: 마음에 근심이 있어 괴로움을 느끼다.

앨커홀(alcohol: 알코올, 주정)

우리말로 읽어보면 '알(al)+고(co)+호(ho)+르(l) → 알(할: '하늘'의 방언) 고(告: 고할 고) 호(好: 좋을 호) 르(루(淚: 눈물 루) → 하늘 고(告) 좋다

물'이다. '하늘에 고(告)하는 좋은 물'이다. '하늘에 제사를 지낼 때 쓰는 것'이다.

□ 루(淚): 눈물, 물.

올(all: 모든, 모두, 다)

우리말로 읽어보면 '아르르(all) → 아르르(어르러: '어르다('어우르다'의 준말)'의 활용형) → 어우르다'이다. '어우른 것'이다.

□ 어우르다: 여럿을 모아 한 덩어리나 한판이 크게 되게 하다.

얼레지(allege: (증거 없이) 혐의를 제기하다[주장하다])

우리말로 읽어보면 '알(al)+리(le)+지(g)+이(e) → 알(얼: '분명하지 못하게' 또는 '대충'의 뜻을 더하는 접두사) 리(理: 다스릴 리: '까닭', '이치'의 뜻을 나타내는 말) 지('죄'의 방언) 이(여(與: 줄 여)) → 분명하지 못하게 이유 죄 주다'다. '분명하지 못한 이유의 죄 주다'이다.

앨러지(allergy: 알레르기)

우리말로 읽어보면 '아르리(르)기(allergy) → 아르리(르)기(아르리기 → 어루러기: 피부병의 한 종류) → 어루러기'다. '어루러기'가 변형된 말이다.

어라이언스(alliance: 결연, 결혼, 동맹, 협정)

우리말로 읽어보면 '아르(al)+리(li)+안(an)+시(ce) → 아르('알으 → 알아: '알다'의 활용형) 리(籬: 울타리 리) 안(한: '하다'의 활용형) 시(是: 이 시) → 알아 울타리 한 이것'이다.

어라트(allot: 할당[배당]하다)

우리말로 읽어보면 '알(al)+로(lo)+트(t) → 알(할(割: 벨(나눌) 할) 로(노 → 놓: '놓다'의 어근) 트(츠 → 치: 일정한 몫이나 양) → 나누다 놓다 치(몫)'다. '몫을 나누어 놓다'이다.

어루드(allude: 넌지시 말하다, 언급하다, 빗대다)

우리말로 읽어보면 '알(al)+르(l)+우(u)+드이(de) → 알(얼: '덜된', '모자라는', '어중간한'의 뜻을 더하는 접두사) 르(로: 조사) 우(어(語: 말씀 어)) 드이(즈이 → 주이: '주다'의 활용형) → 얼 로 말 주다'다. '모자라게 말 주는 것'이다.

애라이(ally: 동맹국, 협력자)

우리말로 읽어보면 '아르(al)+리(ly) → 아르(알으 → 알아: '알다'의 활용형) 리(籬: 울타리 리) → 아는 울타리'다.

올모스트(almost: 거의)

우리말로 읽어보면 '알(al)+못(mos)+트(t) → 알(얼: '덜된', '모자라는', '어중간한'의 뜻을 더하는 접두사) 못(맛 → 뭇 '가장'의 옛말) 트(티: 모양) → 모자라게 가장인 모양'이다.

올마이트(almighty: 전능한, 무한한 힘을 갖은)

우리말로 읽어보면 '알(al)+므이그(mig)+흐(h)+티(ty) → 알(할: '하늘'의 방언) 므이그(뭐이고) 흐(해: '하다'의 활용형) 티(모양) → 하늘 무엇이고 해 모양'이다. '하늘이 무엇이고 하는 모양'이다.

얼소(also: ~도 또한, 더욱이, 역시)

우리말로 읽어보면 '알(al)+소(so) → 알(할: '하다'의 활용형) 소(쏘: '또'의 옛말)'이다. '할 또' '또한'이다.

올터(altar: 제단, 성찬대)

우리말로 읽어보면 '알(al)+트(t)+아(a)+르(r) → 알(할: '하늘'의 고어) 트(츠 → 체(禘: 제사 체)) 아('에'의 방언) 르(리(裏: 속 리)) → 하늘 제사 에 곳'이다.

□ 리(裏): 속, 곳, 장소(場所).

올터(alter: 바꾸다, 변하다)

우리말로 읽어보면 '아르(al)+태(te)+르(r) → 아르(하리: '하다'의 활용형) 태(兌: 바꿀 태) 르('를'의 방언) → 하리 태(兌) 를'이다. '바꿈을 하리'이다.

올터네이트(alternate: 교대로 일어나다, 번갈아 오다, 엇갈리다)

우리말로 읽어보면 '아(a)+르(l)+태(te)+르(r)+느(n)+아디(ate) → 아(하 → 해: '하다'의 활용형) 르('를'의 방언) 태(兌: 바꿀 태) 르(로: 조사) 느(나: '나다(생기다)'의 활용형) 아디(하디 → 하다) → 하다 를 바꾸다 로 생기다 하다'다. '하는 것을 바꿈으로 생기게 하다'다.

애머춰(amateur: 아마추어, 비전문가, 미숙자)

우리말로 읽어보면 '암(am)+아(a)+티(te)+우르(ur) → 암(함: '하다'의 활용형) 아('에'의 방언) 티(조그마한 흠) 우르(어리: 옛말 그런 사람의 뜻을 더하는 접미사) → 함에 티 사람'이다.

어메이지(amaze: ~을 놀라게 하다)

우리말로 읽어보면 '아마(ama)+지(ze) → 아마(어마: '어마하다(매우 놀랍게 엄청나고 굉장하다)'의 어근) 지(제(製: 지을 제)) → 어마하게 만들다'이다.

앰브로시아(ambrosia: 암브로시아, 신들의 불로불사가 된다고 하는 음식)

우리말로 읽어보면 '암(am)+브로(bro)+시(sia) → 암(함: '하다'의 활용형) 브로(부로(不老: 늙지 않음)) 시아(씨아 → 씨앗) → 함 부로(不老) 씨앗'이다. '부로(不老)함에 씨앗'이다.

어멀퍼스(amorphous: 부정형의, 불규칙한 모양의)

우리말로 읽어보면 '아(a)+모(mo)+르(r)+브흐(ph)+오우스(ous) → 아(하 → 해: '많이'의 방언) 모(貌: 모양 모) 르(로: 조사) 브흐(보혀 → 보여: '보이다'의 활용형) 오우스(위(爲)+스(~의)=함의=한) → 많이 모양 보여 한'이다. '많은 모양으로 보임 한'이다.

애머르타이즈(amortize: 채무를 분할 상환하다, 청산[상환]하다)

우리말로 읽어보면 '아(a)+모(mo)+르(r)+티(ti)+즈이(ze) → 아(어 → 여

(劙: 가를 여) 모(貌: 모양 모) 르(로: 조사) 티(치 → 채(債: 빚 채)) 즈이(주이: '주다'의 활용형) → 나누다 모양으로 빚 주다'다.

□ 여(劙): 가르다, 나누다, 쪼개다.

어무얼(amour: 연애 사건, 정사(情事))

우리말로 읽어보면 '암(am)+오우르(our) → 암(暗: 어두울 암) 오우르(어우르: '어우르다('성교하다'를 비유적으로 이르는 말)'의 어근) → 숨기다 성교하다'다. '숨겨 성교하는 것'이다.

□ 암(暗): 어둡다, 숨기다.

어마운트(amount: 총액, 총계, 총계가 ~에 이르다)

우리말로 읽어보면 '아(a)+모운(moun)+트(t) → 아(하 → 해(該: 갖출 해)) 모운(모은: '모으다'의 활용형) 트(츠 → 치(것) → 모두 모은 것'이다.

□ 해(該): 갖추다, 모두.

앰플(ample: 충분한, 넉넉한, 넓은)

우리말로 읽어보면 '암(am)+브르이(ple) → 암(함('하다'의 활용형)) 브르이(부르이: '부르다'의 활용형) → 함 부르다'다. '함이 부른 것' '충분한 것'이다.

어뮤즈(amuse: 즐겁게[흥겹게] 하다, 위안하다)

우리말로 읽어보면 '암(am)+우스(us)+이(e) → 암(암컷) 우스(웃으 → 웃어: '웃다'의 활용형) 이(여(與: 줄 여)) → 암컷 웃다 주다'다. '암컷이 웃음 주다'이다.

앤세스터(ancestor: 조상, 선조)

우리말로 읽어보면 '안(an)+시(ce)+스(s)+토(to)+르(r) → 안(한: '어떤'의 뜻을 나타내는 말) 시('씨'의 고어) 스(~의) 토(초(初: 처음 초)) 르(리 → 이: 사람) → 어떤 씨의 처음 사람'이다.

앵커(anchor: 닻, 정신적 지주, 정박하다)

우리말로 읽어보면 '안츠(anch)+오(o)+르(r) → 안츠(앉혀: '앉히다'의 활용형) 오(아: '에'의 방언) 르(리 → 이(鉺: 갈고리 이)) → 앉힌 곳의 갈고리'다.

앤드(and: 그리고, 더하기, 그리고는)

우리말로 읽어보면 '아느드(and) → 아느드(하나 더)'다. '하나 더(그 위에 보태어)'이다.

안단테(andante: 걷듯이 느리게)

우리말로 읽어보면 '안(an)+단(dan)+티(te) → 안('아니'의 준말) 단('달다(안타깝거나 조마조마하여 마음이 몹시 조급해지다)'의 활용형) 티(모양) → 아니 단 모양'이다.

앤드로(andro-: 남성, 수컷 등의 뜻)

우리말로 읽어보면 '아(a)+느(n)+드르(dr)+오(o) → 아('아이'의 방언) 느

(나: '나다'의 활용형) 드리(다리: 성기) 오(아: '에'의 방언) → 아이 나다 다리 에'다. '아이 낳는 다리의=남자의'다.

에인절(angel: 천사(천국에서 하느님을 모시는 영적 존재)

우리말로 읽어보면 '아(a)+느(n)+지(g)+이르(el) → 아('해(하늘)'의 옛말) 느(니 → 이: 사람) 지(地: 땅 지) 이르('이르다'의 어근) → 해 사람 땅 이르다'이다. '땅에 이른 해(하늘)의 사람'이다.

앵거(anger: 노여움, 성, 화, 분노)

우리말로 읽어보면 '앵(ang)+이르(er) → 앵(토라져 짜증을 내는 모양) 이르(일으 → 일어: '일다(생기다)'의 활용형) → 짜증(화) 내는 모양 생기다'이다. '짜증(화) 내는 모양 생긴 것'이다.

애너머(anima: 영혼, 정신, 생명)

우리말로 읽어보면 '안(an)+이(i)+므(m)+아(a) → 안(內) 이(사람) 므(무(無: 없을 무)) 아('에'의 방언) → 안(內) 사람 없다 에'다. '없음에 안 사람'이다.

애니멀(animal: 짐승, 동물)

우리말로 읽어보면 '안(an)+이(i)+마(ma)+르(l) → 안(不) 이(사람) 마(馬: 말 마) 르(루 → 류(類: 무리 류) → 아니다 사람 말(네 발 가진 동물) 무리'이다.

애너메이트(animate: ~에 생명을 주다, ~을 살리다)

1번을 우리말로 읽어보면 '애너머(anima)+티(te) → 애너머(생명) 티(치(致: 이를 치)) → 생명 주다'이다.

□ 치(致): 이르다, 주다.

어나이어레이트(annihilate: 멸망시키다, 전멸[전멸]시키다)

우리말로 읽어보면 '안(an)+느(n)+이(i)+힐(hil)+아디(ate) → 안(한: 수량이 하나) 느(누(漏: 샐 루)) 이(사람) 힐(할(割: 벨 할)) 아디(하디 → 하다) → 하나 빠뜨리다 사람 베다 하다'다. '빠뜨린 한 사람(까지) 베는 것을 하다'이다.

□ 누(漏): 새다, 빠뜨리다.

어노이(annoy: 짜증 나게(약 오르게) 하다, 귀찮게 하다)

우리말로 읽어보면 '아(a)+느느(nn)+오이(oy) → 아(하 → 해: '하다'의 활용형) 느느(누누(累累: 말 따위를 여러번 반복함) 오이(어이: '얼(다른 사람 때문에 당하는 괴로움이나 해(害))'의 방언) → 하다 누누(累累) 얼'다. '얼 누누이 하다'다.

애뉴얼(annual: 1년에 한 번의, 해마다의)

우리말로 읽어보면 '아(a)+는(nn)+우(u)+알(al) → 아(御: 맞을 아) 는(년(年: 해 년)) 우(又: 또 우) 알(할: '하다'의 활용형) → 맞다 해 또 할'이다. '해 또 맞는 것 할'이다.

언어더(another: 또 하나(의); 더, 또)

우리말로 읽어보면 '아노(ano)+드흐(th)+이르(er) → 아노(하노 → 하나) 드흐(더) 이르(이라) → 하나 더(그위에 보태어) 이라'다.

앤테너(antenna: 안테나, 더듬이)

우리말로 읽어보면 '안(an)+틘(ten)+나(na) → 안(眼: 눈 안) 틘(친 → 천(天: 하늘 천) 나('나다'의 활용형) → 눈 하늘 나다'다. '눈이 하늘로 난 것'이다.

안티(anti-: ((전치사)) 반대하는, 좋아하지 않은)

우리말로 읽어보면 '안(an)+티(ti) → 안(한(寒: 찰 한)) 티(어떤 태도나 기색) → 찬 기색'이다.

어파컬리프스(apocalypse: 요한 계시록, 계시서)

우리말로 읽어보면 '앞(ap)+오그(oc)+아르이(aly)+브(p)+시(se) → 앞(前) 오그(오고: '오다'의 활용형) 아르이(알으이: '알다'의 활용형) 브(바 → 봐: '보다'의 활용형) 시(서(書: 글 서)) → 앞 오다 알다 보다 기록'이다. '앞에 오는 것을 알아보는 기록(記錄)'이다.

□ 서(書): 글, 기록(記錄).

어파러자이즈(apologize: 사과[사죄]하다)

우리말로 읽어보면 '아프(ap)+올(ol)+오(o)+지(gi)+즈(z)+이(e) → 아프(어프 → 엎어: '엎다'의 활용형) 올(알('아래'의 방언)) 오(아(我: 나 아))

지(자(慈: 사랑 자)) 즈(주 → 줘: '주다'의 활용형) 이(賻: 빌 이) → 엎어 아래 나(我) 자비(慈悲) 주다 빌다'다. '나를 아래로 엎어 자비(慈悲) 줌을 비는 것'이다.

□ 자(慈): 사랑, 자비(慈悲).

어페어런트(apparent: 확실히 보이는, 명백한)

우리말로 읽어보면 '압(ap)+발(par)+인(en)+트(t) → 압(합(合: 합할 합)) 바르(바로: 사실 그대로) 인('일다(생기다)'의 활용형) 트(티: 모양) → 맞다 바로 인 모양'이다. '맞음이 바로 생긴 모양'이다.

□ 합(合): 합하다, 맞다.

어피어(appear: 나타나다)

우리말로 읽어보면 '앞(ap)+비(pe)+아르(ar) → 앞 비('비다(보이다)'의 활용형) 아르(하리: '하다'의 활용형) → 앞 보이다 하리'이다. '앞에 보이는 것 하리'이다.

어프로즈(applause: 박수(갈채))

우리말로 읽어보면 '압(ap)+브(p)+라(la)+우(u)+시(se) → 압(합(合: 합할 합)) 브(부(拊: 손바닥 부) 라(剆: 칠 라) 우(又: 또 우) 시(是: 이 시) → 합하다 손바닥 치다 거듭하다 이것'이다. '손바닥을 합하여 치는 것을 거듭하는 이것'이다.

□ 우(又): 또, 거듭하다.

어플라이(apply: 적용하다, 응용하다, 꼭 들어맞다)

우리말로 읽어보면 '압(ap)+블(pl)+이(y) → 압(합(合: 합할 합)) 블(볼: '보다'의 활용형) 이(이것) → 맞음 볼 이것'이다.

□ 합(合): 합하다, 맞다, 짝, 만나다, 적합하다, 대답하다.

어포인트(appoint: 임명하다, 정하다)

우리말로 읽어보면 '압(ap)+보(po)+인(in)+트(t) → 압(업(業: 업 업)) 보(봐: '보다'의 활용형) 인(人: 사람 인) 트(츠 → 치(置: 둘 치)) → 업(業) 보는 사람 두다'다. '업(業) 보는 사람을 두는 것'이다.

어프리쉐이트(appreciate: 감상하다)

우리말로 읽어보면 '압(ap)+브르이(pre)+시(ci)+아디(ate) → 압(娼: 예쁠 압) 브르이(부르이: '부르다'의 활용형) 시(視: 볼 시) 아디(하디 → 하다) → 예쁘다 부르다 보다 하다'다. '예쁨 부르며 보는 것을 하다'이다.

□ 압(娼): 예쁘다, 아름다운 모양.

어프리헨드(apprehend: 1. 파악하다, 이해하다, 깨닫다 2. 체포하다)

1번을 우리말로 읽어보면 '압(ap)+프리(pre)+해느드(hend) → 압(합(合: 합할 합)) 프리(플이 → 풀이: '풀다'의 활용형) 해느드(해내다) → 맞다 풀이 해내다'다. '맞게 풀이 해내다'이다.

□ 합(合): 합하다, 모으다, 맞다.

2번을 우리말로 읽어보면 '압(ap)+프(p)+리(re)+해느드(hend) → 압(壓: 누를 압) 프(포(捕: 잡을 포)) 리(이: 사람) 해느드(해내다: 맡은 일이나 닥친 일을 능히 처리하다) → 눌러 잡다 사람 해내다'다. '사람 눌러 잡는 것 해내다'다.

어프로우치(approach: 다가가다(오다), (다가가서) 말을 하다)

우리말로 읽어보면 '압(ap)+브로(pro)+애(a)+츠(ch) → 압(합(合: 합할 합)) 브로(보러: '보다'의 활용형) 애(皚: 가까울 애) 츠(치(致: 이를 치)) → 합 보러 가깝게 이르다'이다.

어프로우벌(approval: 승인, 시인, 찬성)

우리말로 읽어보면 '압(ap)+프로(pro)+브(v)+아르(al) → 압(壓: 누를 압) 프르(프러 → 풀어: '풀다'의 활용형) 브(부(付: 줄 부)) 아르(하라: '하다'의 활용형) → 억압하다 풀다 주다 하라'다. '하라고 억압한 것을 풀어 주는 것'이다.

어프락시메이티(approximate: 거의 정확한, 근사치인, 비슷하다)

우리말로 읽어보면 '압(ap)+브(p)+로(ro)+크시(xi)+마트이(mate) → 압(합(合: 합할 합)) 브(부(副: 버금 부)) 로(조사) 크시(크: '크다'의 어근+시(ᅀᅵ: '이'의 옛말)=크이=킈: '크기'의 옛말)) 마트이(마드이 → 마즈이 → 맞으이: '맞다'의 활용형) → 합하다 버금 으로 크기 맞다'다. '합함이 버금으로 크기 맞다'이다.

□ 합(合): 합하다, 짝.

아버트레리(arbitrary: 임의적인, 제멋대로인)

우리말로 읽어보면 '아(a)+르(r)+비(bi)+트르(tr)+아리(ary) → 아(하 → 해: '하다'의 활용형) 르('를'의 방언) 비(非: 아닐 비) 트르(드르 → 들으 → 들어: '듣다'의 활용형) 아리(하리: '하다'의 활용형) → 해를 아니 들어 하리'다. '하는 것을 아니 듣고 하는 것'이다.

아치(arch: 아치형의 구조물)

우리말로 읽어보면 '알(ar)+츠(ch) → 알(할: '활'의 방언) 츠(체(體: 몸 체)) → 활 모양'이다.

□ 체(體): 몸, 모양.

알듀어스(arduous: 몹시 힘든, 고된)

우리말로 읽어보면 '알(ar)+두(du)+오우(ou)+스(s) → 알(근육이 뭉쳐 단단하고 둥글게 된 것) 두('두다'의 어근) 오우(위(爲) 스(생겨) → 알 둠에 함이 생긴'이다.

아규(argue: 논하다, 논쟁하다, 언쟁하다)

우리말로 읽어보면 '알(ar)+구(gu)+이(e) → 알(할(割: 벨 할)) 구(口: 입 구) 이(異: 다를 이) → 베다 말하다 다르다'다. '다름을 말로 베는 것'이다.

□ 구(口): 입, 구멍, 말하다.

알크(ark: 노아의 방주)

우리말로 읽어보면 '알(ar)+크(k) → 알(할: '하늘'의 방언) 크(가(舸: 배가, 큰 배)) → 하늘 배'다. '하늘(에 명을 받고 만든) 배'다.

아미(army: 군대, 육군)

우리말로 읽어보면 '알(ar)+므(m)+이(y) → 알(할(割: 벨 할)) 므(무(武: 호반 무)) 이(사람) → 베는 무예(武藝) 사람'이다.

□ **무(武): 호반(虎班: 무관(武官)의 반열(班列)), 무예(武藝).**

어라운드(around: 1. 약, …쯤 2. 주의에, 둘러싸듯이, 삥 둘러, 사방에)

1번을 우리말로 읽어보면 '알(ar)+오운(oun)+드(d) → 알(얼: '분명하지 못하게' 또는 '대충'의 뜻을 더하는 접두사) 오운(온: '오다'의 활용형) 드(데: 곳) → 대충 온 데'다.

2번을 우리말로 읽어보면 '알(ar)+오운(oun)+드(d) → 알(얼: '분명하지 못하게' 또는 '대충'의 뜻을 더하는 접두사) 오운(원(圓: 둥글 원)) 드(도 → 돼: '되다'의 활용형) → 대충 원(圓) 돼'다.

어라우즈(arouse: 깨우다, (감정, 주의, 관심을) 유발하다, 환기하다)

우리말로 읽어보면 '알(ar)+오우(ou)+스이(se) → 알(얼: 정신의 줏대) 오우(와: '오다'의 활용형) 스이('스다(생기다)'의 활용형) → 얼 오다 생기다'이다. '얼 오는 것(정신 차리는 것) 생기다'이다.

어레인지(arrange: ~을 배열하다, ~을 정돈하다)

우리말로 읽어보면 '알(ar)+라(ran)+지(ge) → 알(얼 → 열(列: 벌일 렬)) 란(亂(어지러울 란)) 지(제(齊: 가지런할 제)) → 벌이다 어지럽히다 가지런하다'다. '어지럽혀 벌인 것을 가지런하게 하는 것'이다.

어리스트(arrest: 체포하다, 막다)

우리말로 읽어보면 '아르(ar)+리(re)+스(s)+트(t) → 아르(어르: '어르다('돌아다니다'의 방언)'의 어근) 리(이: 사람) 스(수(綏: 끈 수)) 트(츠 → 쳐: '치다(붕대나 대님 따위를 감아 매거나 두르다)'의 활용형) → 돌아다니는 사람 끈 치다'이다.

어라이브(arrive: 도착하다, 닿다)

우리말로 읽어보면 '아르(ar)+리(ri)+브(v)+이(e) → 아르(하리: '하다'의 활용형) 리(離: 떠날 이(리)) 브(부(赴: 다다를 부)) 이(여: 이여) → 하다 떠나다 다다르다 이여'다. '떠나는 것 해 다다르는 것이다'이다.

애스크(ask: 묻다, 구하다)

우리말로 읽어보면 '아(a)+스(s)+크(k) → 아(애 → 왜: 어떤 일을 일어나게 하는 까닭) 스('스다(생기다)'의 활용형) 크(구(求: 구할 구)) → 왜(까닭) 생겨 구하다'이다.

어센드(ascend: 오르다, 상승하다)

우리말로 읽어보면 '아(a)+스(s)+시(ce)+느드(nd) → 아('해'의 고어) 스('스다(생기다)'의 활용형) 시(視: 볼 시) 느드(나다: 생기다) → 해 생기는 봄 생기다'이다.

애쉬(ash: 재, 잿더미)

우리말로 읽어보면 '아(a)+스(s)+흐(h) → 아('불'의 고어) 스(소(燒: 불사를 소)) 흐(후(後: 뒤 후)) → 불 타다 뒤'다. '불 탄 뒤의 것'이다.

□ 소(燒): 불사르다, 타다.

어쉐임드(ashamed: 부끄러워하여, 부끄러운, 창피한)

우리말로 읽어보면 '아스(as)+함(ham)+이(e)+드(d) → 아스(아서: 그렇게 하지 말라고 금지할 때 하는 말) 함('하다'의 활용형) 이('에'의 방언) 드(즈 → 지(志: 뜻 지)) → 아서 함 에 마음'이다. '하지 말라고 한 것을 한 마음'이다.

□ 지(志): 뜻, 마음.

어스파이어(aspire: 갈망하다, 열망하다)

우리말로 읽어보면 '애스(as)+비르이(pire) → 애스(애써: '애쓰다(마음과 힘을 다하여 무엇을 이루려고 힘쓰다)'의 활용형) 비르이(빌으이: '빌다(바라다)'의 활용형) → 애써 바라다'이다.

어스애슨(assassin: 암살자, 자객)

우리말로 읽어보면 '애스(as)+스(s)+아스(as)+스(s)+인(in) → 애스(애써: '애쓰다(마음과 힘을 다하여 무엇을 이루려고 힘쓰다)'의 활용형) 스(수(壽: 목숨 수)) 아스(앗으 → 앗아: '앗다(빼앗거나 가로채다)'의 활용형) 스(~의) 인(人: 사람 인) → 애써 목숨 빼앗다 의 사람'이다.

어사인(assign: (일, 책임 등을) 맡기다[배정하다, 부과하다], 파견하다)

우리말로 읽어보면 '애(a)+스(s)+이(si)+그(g)+느(n) → 애(몹시 수고로움) 스('스다(생기다)'의 활용형) 시(사(事: 일 사)) 그(가: '가다'의 활용형) 느(나: '나다(생기다)'의 활용형) → 애 생겨 일(事) 가는 것 생기다'이다.

어셈불(assemble: 모이다, 모으다, 조립하다)

우리말로 읽어보면 '아(a)+스(s)+심(sem)+브르이(ble) → 아(하 → 해: '많이'의 방언) 스(쓰 → 싸 → 쌓: '쌓다'의 어근) 심(心: 마음 심) 브르이(부르이: '부르다('불리다(분량이나 수효를 많아지게 하다)'의 옛말)'의 활용형) → 많이 쌓아 가운데 불리다'다.

□ 심(心): 마음, 가운데, 중앙(中央).

어설트(assert: ~을 주장하다, 자기(의 권리)를 주장하다)

우리말로 읽어보면 '아(a)+스(s)+스(s)+이르(er)+트(t) → 아(我: 나 아) 스(~의) 스(사(思: 생각 사)) 이르(이루: '이루다'의 어근) 트(토(吐: 토할 토)) → 나 의 생각 이루다 말하다'다. '나의 생각 이루려 말하다'다.

□ 토(吐): 토하다, 말하다.

어시스트(assist: 도와주다)

우리말로 읽어보면 '애(a)+스(s)+시(si)+스드(st) → 애(靉: 가까울 애) 스('스다(서다)'의 활용형) 시(施: 베풀 시) 스드(스다(생기다)) → 가깝게 서서 베푸는 것 생기다'이다.

□ 베풀다: 남에게 돈을 주거나 일을 도와주어서 혜택을 받게 하다.

어슈어(assure: 장담하다, 확언하다, 보증하다)

1번을 우리말로 읽어보면 '아(a)+스(s)+수리(sure) → 아(하 → 해: '하다'의 활용형) 스(사(詞: 말 사) 수리(확신하는) → 하다 말 확신하는'이다. '확신하는 말하다'이다.

어설트(assault: 폭행, 공격, 폭행하다)

우리말로 읽어보면 '아(a)+스(s)+사우(sau)+르(l)+트(t) → 아(하 → 해(害: 해할 해)) 스('스다(생기다)'의 활용형) 사우(싸워: '싸우다'의 활용형) 르(로: 조사) 트(츠 → 쳐: '치다'의 활용형) → 해(害)하다 생기다 싸우다 로 치다'다. '싸움으로 쳐 해(害)함 생기다'이다.

어스토니쉬(astonish: 놀라게 하다, 깜짝 놀래다)

우리말로 읽어보면 '애(a)+스(s)+톤(ton)+이스(is)+흐(h) → 애(靉: 가까울 애) 스(서: '에서'의 준말) 톤(탄 → 탕: 작은 쇠붙이나 단단한 물건이 세게 부딪쳐 울리는 소리) 이스(잇으 → 있어) 흐(해(駭: 놀랄 해) → 가까이 에서 탕(소리) 있어 놀라다'다. '가까이에서 탕(소리) 있어 놀라다'이다.

애스트로(astro-: 별 등의 뜻)

우리말로 읽어보면 '아(a)+스(s)+트(t)+로(ro) → 아('해'의 옛말) 스(의) 트(터) 로(방향) → '해'의 터로'다. '해의 터는' 지구 밖의 세상 '우주'다.

아스트로노트(astronaut: 우주 비행사)

우리말로 읽어보면 '아스트로(astro)+나우(nau)+트(t) → 아스트로(해의 터로) 나우(나와: '나오다'의 활용형) 트(츠 → 치: 사람) → 해의 터로 나오다 사람'이다. '우주로 나온 사람'이다.

애트(at: ~에서, ~에)

우리말로 읽어보면 '아(a)+트(t) → 아(아: '에'의 방언)+트(토: 토씨) → ~에 토씨'다.

Atlantis(명사 아틀란티스 섬(해저 속으로 사라졌다고 여겨지는 낙원)

우리말로 읽어보면 '아(a)+틀(tl)+안(an)+트(t)+이(i)+스(s) → 아('해'의 없어진 우리 말) 틀(형태) 안(한: '하다'의 활용형) 트(터: 땅) 이('에'의 방언) 스(시(市: 저자 시)) → 해 모양 한 땅 에 시(도시)'다.

애트러스(atlas: 지도책, 지도서)

우리말로 읽어보면 '아(a)+트(t)+르(l)+아(a)+스(s) → 아(하(河: 물 하)) 트(터: 땅) 르(로(路: 길 로) 아('에'의 방언) 스(서(書: 글 서) → 하천 땅 길 에 책'이다.

□ 서(書): 글, 글씨, 문장, 기록, 서류.

어트로우셔스(atrocious: 극악[무도]한, 잔인하기 짝이 없는)

우리말로 읽어보면 '아트로(atro)+시(ci)+오우스(ous) → 아트로(하트로 → 허트로: '허투루(아무렇게나 되는대로. 함부로, 마구)'의 방언) 시(弑: 윗사람 죽일 시) 오우스(오우(위(爲: 할 위))+스(~의)=함의=한) → 함부로 윗사람 죽이는 것 한'이다.

어태치(attach: 1. ~을 붙이다 2. 첨가하다)

1번을 우리말로 읽어보면 '아트(at)+타(ta)+츠(ch) → 아트(하트 → 하다) 타(他: 다를 타) 츠(차: '차다'의 활용형) → 하다 다르다 차다'다. '다른 것 차는 것을 하다'이다.

2번을 우리말로 읽어보면 '아트(at)+타(ta)+츠(ch) → 아트(하트 → 하다) 트(타: '타다'의 활용형) 츠(쳐: '치다(뿌리거나 끼얹거나 넣다)'의 활용형)) → 하다 타다 치다'다. '타서 치는 것을 하다'이다.

어택(attack: ~을 공격하다, 비난하다, 헐뜯다)

우리말로 읽어보면 '아드(at)+타극(tack) → 아드(하다) 타극(타격(打擊: 때리어 침) → 하다 때리어 침'이다. '때리어 치는 것을 하다'이다.

어테인(attain: 달성하다, 도달하다, 이루다)

우리말로 읽어보면 '아드(at)+댄(tain) → 아드(하드 → 하다) 댄(된: '되다'의 활용형) → 하다 된'이다. '한 것이 된 것'이다.

어템프트(attempt: ~을 시도하다, (인명을) 노리다)

우리말로 읽어보면 '아드(at)+딤브드(tempt) → 아드(하다) 딤브드(딤비다 → 덤비다(무엇을 이루어 보려고 적극적으로 뛰어들다) → 하다 덤비다'다. '덤비는 것을 하다'이다.

어텐드(attend: 출석하다, 참석하다)

우리말로 읽어보면 '아드(at)+디느드(tend) → 아드(하다) 디느드(데니

다: '다니다(볼일이 있어 어떠한 곳에 들르다)'의 방언) → 하다 다니다'다. '다니는 것을 하다'이다.

어테뉴에이트(attenuate: ~의 힘[효과, 가치] 등을 줄이다, 약하게 하다, 묽어지게 하다)

우리말로 읽어보면 '아(a)+트(t)+띤(ten)+우(u)+아디(ate) → 아(河: 물하) 트(타: '타다'의 어근) 띤(찐: '찐하다'의 어근) 우(아: '에'의 방언) 아디(하다 → 하다) → 물 타 찐하다 에 하다'다. '찐함에 물 타는 것을 하다'이다.

어테스트(attest: 증명하다, 증언하다, 인증하다)

우리말로 읽어보면 '아드(at)+테스트(test) → 아드(하드 → 하다) 테스트(시험) → 하다 시험'다. '시험하는 것을 하다'이다.

애티튜드(attitude: 태도, 몸가짐, 마음가짐)

우리말로 읽어보면 '아드(at)+티(ti)+두드(tud)+이(e) → 아드(하다) 티(어떤 태도나 기색) 두드(두다) 이(명사형 접미사, 이것) → 하는 태도 두는 이것'이다.

어트랙트(attract: 끌다, 끌어당기다, 매혹[매료]되다, 마음을 끌다)

우리말로 읽어보면 '아(a)+뜨(t)+뜨라크드(tract) → 아(娥: 예쁠 아) 뜨(떠: '띠다(눈에 보이다)'의 활용형) 뜨라크드(따라가다) → 예쁨 떠 따라가다'다. '예쁨 떠 따라가는 것'이다.

어툰드(attuned: 정이 든, 적응한, 익숙해진)

우리말로 읽어보면 '아드(at)+툰(tun)+이드(ed) → 아드(어드 → 어디) 툰(탄 → 찬(攢: 익숙할 찬) 이드(이 돼) → 어디 익숙하다 이 돼'다. '어디 익숙한 것이 돼'다.

오데이셔스(audacious: 대담한, 호기로운)

우리말로 읽어보면 '아우(au)+대(da)+시(ci)+오우스(ous) → 아우(하우 → 하: '아주'의 방언) 대(자기의 처지나 생각을 꿋꿋이 지키고 내세우는 기질이나 기풍) 시(세: '세다'의 활용형) 오우스(오우(위(爲))+스(~의)=함의=한) → 아주 대 세다 한'이다. '아주 대가 센'이다.

오디언스(audience: 청중, 청취자)

우리말로 읽어보면 '아우(au)+디(di)+인(en)+시(ce) → 아우(오(聒: 들을 오)) 디(돼: '되다'의 활용형) 인(人: 사람 인) 시(옛말 명사형 접미사, 이것) → 듣다 되다 사람 이것'이다. '듣는 것 되는 사람 이것' '듣는 사람'이다.

오러(aura: (주위에 감도는, 또는 사람, 물건 등에서 발산되는 듯한) 독특한 냄새, 분위기)

우리말로 읽어보면 '아(a)+울(ur)+아(a) → 아('해'의 고어) 울(울타리) 아('해'의 고어) → 해 울타리 해'이다. '해의 울타리 해'다.

오스피셔스(auspicious: 길조의, 상서로운, 행운이 찾아든)

우리말로 읽어보면 '아(a)+우스(us)+빗(pic)+이(i)+오우(ou)+스(s) → 아

(하: '해'의 고어, 하늘) 우스(위서 → 위에서) 빗('별'의 방언) 이(주격 조사) 오우(와) 스(생겨) → 하늘 위에서 별이 와 생겨'다. '하늘 위에서 별이 옴이 생긴'이다.

어뜨러티(authority: 지휘권, 권한, 재가, 인가)

우리말로 읽어보면 '아우(au)+트홀(thor)+이트(it)+이(y) → 아우(어(御: 거느릴 어)) 뜨홀(똘 → 딸: '키(배의 방향을 조종하는 장치, 타)'의 방언) 이트(이드 → 있다) 이(명사형 접미사, 이것) → 다스림에 키 있는 이것'이다.

□ 어(御): 거느리다, 다스리다.

오토크래트(autocrat: 전제 군주, 독재자)

우리말로 읽어보면 '아우(au)+도(to)+그르(cr)+아(a)+트(t) → 아우(어(御: 거느릴 어)) 도(다: 모두) 그르(글으 → 걸어: '걸다(잠그다)'의 활용형) 아('에'의 방언) 트(츠 → 치: 사람) → 다스리다 모두 걸다 에 사람'이다. '다스림에 모두 걸은 사람'이다.

□ 어(御): 거느리다, 다스리다.

어베일(avail: 도움이 되다, 유용한)

우리말로 읽어보면 '압(av)+아(a)+이(i)+르(l) → 압(업(業: 업 업)) 아('에'의 방언) 이(利: 이로울 이) 르(라: 종결 어미) → 업에 이롭다 라'다. '업(業)에 이로움이라'다.

애버랜취(avalanche: 사태, 갑자기 덮쳐오는 것; (불행, 일, 편지 등의) 쇄도)

우리말로 읽어보면 '아(a)+발(val)+안(an)+치(che) → 아(俄: 아까 아) 발(發: 필 발) 안(한: '하다'의 활용형) 치(어떠한 특성을 가진 물건 또는 대상) → 갑자기 나타나다 한 대상'이다. '갑자기 나타난 대상'이다.

□ 발(發): 피다, 나타나다.

□ 아(俄): 아까, 갑자기.

어벤지(avenge: 보복[복수]하다, 원수를 갚다)

우리말로 읽어보면 '아(a)+비(ve)+느(n)+지(g)+이(e) → 아(하 → 해(害: 해할 해)) 비('비다(보이다)'의 어근) 느(누(累: 남의 잘못으로 말미암아 받게 되는 정신적인 괴로움이나 물질적인 손해)) 지(주: '주다'의 어근) 이(사람) → 해하다 보이다 누(累) 주다 사람'이다. '누(累)를 준 사람에게 해(害)를 보이다'다.

애버리지(average: 평균)

우리말로 읽어보면 '압(av)+이르(er)+애(a)+지(g)+이(e) → 압(합(合: 합할 합)) 이르(이루 → 이뤄: '이루다'의 활용형) 애(행위를 나타내는 일부 명사 앞에 붙어, '맨 처음에 한', '대강의'의 뜻을 더하는 말) 지(재('재다'의 어근)) 이(이것) → 합하다 이루다 대강 재다 이것'이다. '합함 이뤄 대강 잰 이것'이다.

어버르스(averse: 몹시 싫어하여)

우리말로 읽어보면 '아(a)+비(ve)+르(r)+스이(se) → 아(애(礙: 거리낄 애)) 비(배(倍: 곱 배)) 르(로(조사)) 스이('스다(생기다)'의 활용형) → 거리낌 배(倍)로 생기다'이다.

어보이드(avoid: 피하다, 회피하다)

우리말로 읽어보면 '아(a)+보이다(void) → 아(애(礙: 거리낄 애)) 보이다 → 거리낌 보이다'이다.

어웨이크(awake: 깨우다)

우리말로 읽어보면 '아(a)+유아(wa)+키(ke) → 아(하 → 해: '하다'의 활용형) 유아(야: 부르는 소리) 키(깨: '깨다'의 활용형) → 하다 야 깨'다. '야 깨라고 하다'다.

오펄(awful: 무서운, 몹시 나쁜[싫은])

우리말로 읽어보면 '아(a)+유(w)+부르(ful) → 아(하 → 해: '많이'의 방언) 유(위(喂: 두려울 위)) 부르(불으 → 불어: '불다('붇다(늘거나 많아지다)'의 방언)'의 활용형) → 많이 두려움 붇은'이다.

어크워르드(awkward: 곤란한, 불편한, 어색한)

우리말로 읽어보면 '아유(aw)+크(k)+유아(wa)+르드(rd) → 아유(어유 → 여: 정중하게 부르는 뜻을 나타내는 격 조사) 크(가: 주격 조사) 유아(야: 손아랫사람이나 짐승 따위를 부를 때 쓰는 격 조사) 르드(로 돼) → 여 가 야 로 돼'다.

B

베이비(baby: 아기)

우리말로 읽어보면 '배(ba)+브(b)+이(y) → 배('새끼'의 방언) 브(보(保: 지킬 보)) 이(사람) → 새끼 지키다 사람'이다. '보호하는 새끼 사람'이다.

□ 보(保): 지키다, 보호하다.

배커로리어트(baccalaureate: 학사 학위, 졸업 예배, 졸업식 훈사)

우리말로 읽어보면 '박(bac)+가라(cala)+우리(ure)+아(a)+티(te) → 박(밖: 바깥) 가라('가다'의 활용형) 우리(집=학교) 아('에'의 방언) 티(치(治: 다스릴 치)) → 바깥 가라 학교 에 말'다. '우리(학교) 밖 감에 말'이다.

□ 치(治): 다스리다, 말, 언사.

바커라(baccarat: 카드놀이, 바카라(도박성 카드놀이의 일종))

우리말로 읽어보면 '바까라(baccara) 트(t) → 바까라(바꿔라) 트(츠 → 쳐: '치다((사람이 카드나 화투, 딱지를 가지고 놀이를 하거나 고루 섞다)'의 활용형) → 바꿔라 카드놀이 하다'다. '카드놀이를 바꾸면서 하는 것'이다.

백(back: (사람, 동물의) 등)

우리말로 읽어보면 '바(ba)+긐(ck) → 바(배(腹)) 긐(극(極: 다할 극))'다. '배(腹)의 극(막다른 곳)' '등(背)'이다.

□ 극(極): 극진하다, 다하다, 이르다, 극, 한계.

백트리언 카멜(Bactrian camel: 쌍봉낙타)

우리말로 읽어보면 '박(Bac)+트리(tri)+안(an) 카멜(camel) → 박(바가지를 만드는 재료) 트리(드리 → 들이 → 둘이) 안(한: '하다'의 활용형) 카멜(낙타) → 박 둘이 한 낙타'다. '박 두 개 한 낙타'다.

백(bag: 자루)

우리말로 읽어보면 '배(ba)+그(g) → 배(背: 등 배) 그(고(韝: 자루 고) → 등 자루'다. '등에 지는 자루'다.

베이크(bake: 굽다)

우리말로 읽어보면 '브(b)+아(a)+크이(ke) → 브(부(불)) 아('에'의 방언) 크이(꾸이: '꾸다('굽다'의 방언)'의 활용형) → 불에 꾸이'이다. '불에 굽다'이다.

밸런스(balance: 균형, 평형)

우리말로 읽어보면 '발(bal)+안(an)+스(s)+이(e) → 발(足) 안(한: 하나) 스('스다'의 활용형) 이(명사형 접미사, 이것) → 발 하나 서(스) 이것'이다. '한 발로 서는 이것'이다.

볼드(bald: 대머리)

우리말로 읽어보면 '브(b)+알(al)+드(d) → 브(부(膚: 살갗 부)) 알(겉을 덮어 싼 것이나 딸린 것을 다제거한) 드(두(頭: 머리 두)) → 살갗 알 머리'다.

볼(ball: 공, 무도대회)

우리말로 읽어보면 '발(bal)+르(l) → 발(鈸: 방울 발) 르(로 → 노: 실, 삼, 종이 따위를 가늘게 비비거나 꼬아 만든 줄)'이다. '노로 만든 방울'이다.

밤(balm: 향유, (상처 치료나 피부 순화를 위한) 연고[크림])

우리말로 읽어보면 '바름(balm) → 바름('바르다'의 활용형) → 바름(바름에 것)'이다.

바미(balmy: (날씨, 바람 등이) 부드럽고 시원한)

우리말로 읽어보면 '바름(balm)+이(y) → 바름(바람) 이(의(檹: 부드러울 의)) → 바람 부드럽다'다. '바람이 부드러운' '부드러운 바람'이다.

밴(ban: 금지하다, 금지(법[법령])

우리말 '반(反: 돌이킬 반)'이다.

□ 반(反): 돌이키다, 반대하다.

밴드(band: 띠, 끈, 무리, 악단)

우리말로 읽어보면 '반드(band) → 반드(반도) → 반도'이다.

□ 반도: '허리띠'의 방언.

뱅크(bank: 둑, 제방)

우리말로 읽어보면 '반(ban)+크(k) → 반(畔: 밭두둑 반) 크(커: '크다'의 활용형) → 밭두둑 커'다. '큰 밭두둑'이다.

□ 밭두둑: 밭과 밭 사이의 경계를 이루고 있거나 밭 가에 둘려 있는 둑.

바르벌(barber: 이발사)

우리말로 읽어보면 '발(bar)+브(b)+이르(er) → 발(髮: 터럭 발) 브(부(斧: 도끼 부)) 이르(어리: 옛말 그런 사람의 뜻을 더하는 접미사) → 터럭 베는 사람'이다.

□ 부(斧): 도끼, 베다.

베어(bare: 벌거벗은, 나체의)

우리말로 읽어보면 '브(b)+알(ar)+ 이(e) → 브(부(覆: 덮을 부)) 알('겉을 덮어 싼 것이나 딸린 것을 다 제거한'의 뜻의 접두사) 이(이것) → 옷 제거한 이것'이다.

□ 부(覆): 덮다, 덮개, 옷.

바~ㄹ 크(bark: 1. 개 짖는 소리 2. 나무껍질)

1번을 우리말로 읽어보면 '밝(bark) → 밝 → 박(咱: 부르짖을 박)'이다.
2번을 우리말로 읽어보면 '박(朴: 나무껍질 박)이다.

바리(barely: 보리) 우리말 '보리'다.

바느(barn: 헛간)

우리말로 읽어보면 '바~ㄹ(bar) 느(n) → 바~ㄹ('방'의 방언) 느(누(陋: 더러울 누) → 방 더럽다'이다. '더러운 방'이다.

배리얼(barrier: 방벽, 목책)

우리말로 읽어보면 '발(bar)+리(ri)+이르(er) → 발(기둥) 리(籬: 울타리 리) 이르(이라: '이다'의 활용형) → 발(기둥) 울타리 이라'이다.

베이스(base: 기초 토대, 근거지, 최저음)

우리말로 읽어보면 '밧이(base) → 밧('밭(어떤 사물의 바탕이나 토대를 비유적으로 이르는 말)'의 방언) 이(여(如: 같을 여)) → 밭 같다'다. '밭 같은 것'이다.

배틀(battle: 전투, 투쟁, 싸우다)

우리말로 읽어보면 '배(ba)+트(t)+뜰(tl)+이(e) → 배(輩: 무리 배) 트(터: '트다(맺다)'의 활용형) 뜰('뜨다(싸우다)'의 활용형) 이(명사형 접미사, 이것) → 무리 맺어 뜰(싸울) 이것'이다.

베이뜨(bathe: ~을 목욕시키다, 씻다)

우리말로 읽어보면 '브(b)+아(a)+뜨(t)+히(he) → 브(膚: 살갗 부) 아('에'의 방언) 뜨(때: 몸의 때) 히(해(解: 풀 해)) → 살갗에 때 떼어내다'이다.

□ 해(解): 풀다, 벗다, 가르다, 떼어내다.

비(be: 있다, 존재하다)

우리말로 읽어보면 '비(be) → 비('비다(보(이)다'의 활용형)'다. '보이는 것' '있는 것'이다.

베어~ㄹ(bear: 낳다, 견디다, 받치다, 나르다, 지니다)

우리말로 읽어보면 '비(be)+아르(ar) → 비(배(腹)) 아르(알으 → 앓아: '앓다'의 활용형) → 배(腹) 앓다'다. '배(腹)를 앓는 것' '낳는 것'이다.

뷰티(beauty: 아름다움, 미)

우리말로 읽어보면 '비(be)+아(a)+우(u)+티(ty) → 비('비다(보이다)'의 어근) 아('에'의 방언) 우(아(娥: 예쁠 아)) 티(어떤 태도나 기색, 태) → 보이다 에 예쁘다 티'다. '보임에 예쁜 티'다.

비커즈(because: ~ 때문에, ~해서[어서/니까])

우리말로 읽어보면 '비(be)+가우시(cause) → 비(非: 아닐 비) 가우스이(cause: 원인) → 아니다(안됨) 원인'이다. '안됨에 원인'이 '때문'이다.

□ 가우시(cause: 원인)= → 가(ca)+우(u)+스이(se) → 가(그것) 우(憂: 근심 우) 스이('스다(생기다)'의 활용형) → 그것 근심 생기다'이다. '근심이 생기는 그것', '원인'이다.

베드(bed: 침대)

우리말로 읽어보면 '비(be)+드(d) → 비(벼: '베다'의 활용형) 드(대(臺: 대 대) → 베는 대(臺)'다.

□ 대(臺): 대(높고 평평한 건축물), 무대, 받침대, 탁자.

비(bee: 벌)

우리말로 읽어보면 '브(b)+이이(ee) → 브(부)이(리) → 부리'다.

□ 부리: '벌'의 방언.

비잉(being: 존재, 실재)

우리말로 읽어보면 '브여이느그(being) → 브여이는그(보여 있는 것) → 보이는 것'이다.

베그(beg: 구걸하다)

우리로 읽어보면 '비(be)+그(g) → 비(배(拜: 절 배)) 그(구(求: 구할 구) → 굽히며 구하다'이다.

베게트(beget: (아이를) 보다, 낳다, ~을 낳게 하다)

우리말로 읽어보면 '비(be)+기드(get) → 비(배(腹)) 기드(기다: '게우다'의 방언) → 배(腹) 게우다'이다. '배(腹)를 게우다' '아이를 낳다'다.

비긴(begin: 시작하다, 개시하다)

우리말 읽어보면 '비(be)+기(gi)+느(n) → 비('비다(보이다)'의 어근) 기(起: 일어날 기) 느(나('나다(생기다)'의 활용형)) → 보이다 (일을) 시작하다(始作--) 생기다'이다. '보여 시작함 생기다'이다.

□ 기(起): 일어나다, (일을) 시작하다(始作--).

비고러(begorra: 어렵쇼, 참으로)

우리말 읽어보면 '비(be)+골라(gorra) → 비(벼: '비다(보이다)'의 활용형) 골라(꼴라 → 꼴나: '꼴나다('형편없다'의 방언)'의 어근) → 보이다 꼴나다'다. '꼴나게 보여'다.

비헤이브(behave: 행동하다, 처신하다, 예의 바르게 행동하다)

우리말 읽어보면 '비(be)+해비(have) → 비(毖: 삼갈 비) 해비(해 보여) → 삼가다(몸가짐이나 언행을 조심하다) 해 보여'다. '삼가게 해 보여'다.

비리브(believe: 믿다)

우리말 읽어보면 '브(b)+이(e)+리(li)+입(ev)+이(e) → 브(부(眏: 바랄 부)) 이('에'의 방언) 리(裏: 속 리) 입(立: 설 입) 이('이다'의 어근) → 바라다에 속 마음 세우다 이다'다. '바람에 속 마음 세우는 것이다'다.

벤드(bend: 구부리다, 굽히다)

우리말 읽어보면 '비(be)+느(n)+드(d) → 비(배(拜: 절 배)) 느(너 → 넣: '넣다'의 어근) 드(즈 → 지: '지다('그런 성질이 있음' 또는 '그런 모양임'의 뜻을 더하고 형용사를 만드는 접미사)'의 어근) → 절 넣다 그런 모양임'이다.

비니뜨(beneath: 밑[아래]에, 낮은 곳에)

우리말 읽어보면 '비(be)+느이(ne)+아(a)+트흐(th) → 비(比: 견줄 비) 느이(노이 → 놓이: '놓이다'의 어근) 아(하(下: 아래 하)) 트흐(터: 곳) → 견주다 놓이다 아래 곳'이다. '견주어 놓인 아래 곳'이다.

□ 비(比): 견주다(어떠한 차이가 있는지 알기 위하여 서로 대어 보다).

베너피트(benefit: 이익, 유리; 이익[이득]이 되는 것)

우리말 읽어보면 '비(be)+느(n)+이(e)+피(fi)+트(t) → 비(費: 쓸 비) 느(나: '나다(생기다)'의 활용형) 이('에'의 방언) 피(被: 입을 피) 트(츠 → 치: 어떠한 특성을 가진 물건 또는 대상) → 재화(財貨) 생김에 받아 가지는 대상'이다.

□ 비(費): 쓰다, 재보(財寶: 보배로운 재물), 재화(財貨).

□ 피(被): 입다, 당하다, 받다, 받아 가지다.

비사이드(beside: 옆에, ~에 비해[견주어])

우리말 읽어보면 '비(be)+시(si)+디(de) → 비('비다(보이다)'의 어근) 시(사(斜: 비낄 사)) 디(데: 곳, 장소) → 보임에 비낀 곳'이다.

베스트(best: 최상[최고]의, 제일 좋은)

우리말 읽어보면 '비(be)+스(s)+트(t) → 비(比: 견줄 비) 스(수(秀: 빼어날 수: 성적이나 등급을 '수, 우, 미, 양, 가'의 다섯 단계로 나눌 때 가장 높은 단계) 트(티: 모양)'이다. '견주어 최고의 모양'이다.

비터레이(betray: (적에게 정보를) 넘겨주다[팔아먹다], 배신[배반]하다,)

우리말로 읽어보면 '배(be)+틀(tr)+아이(ay) → 배(背: 등 배) 틀(모양) 아이(하이: '하다'의 활용형) → 배반(背反·背叛)하는 모양 하다'다.

□ 배(背): 등, 배반하다(背反 · 背叛--).

베터(better: 더 좋은[나은], 더 잘하는, 더 잘)

우리말로 읽어보면 '비(be)+트(t)+트(t)+이르(er) → 비(比: 견줄 비) 트(츠 → 치: 어떠한 특성을 가진 물건 또는 대상, 것) 트(츠 → 초(超: 뛰어넘을 초)) 이르(이라: 어미) → 견준 것에 뛰어넘음이라'다.

비얀드(beyond: ~의 저편[너머]에(서))

우리말로 읽어보면 '비(be)+이온(yon)+드(d) → 비(벼: '비다(보이다)'의 활용형) 이온(원(遠: 멀 원)) 드(데: 곳) → 보이다 멀다 곳'이다. '멀게 보이는 곳'이다.

비뷸러스(bibulous: 술을 좋아하는, 술에 빠지는)

우리말로 읽어보면 '비(bi)+브우(bu)+르(l)+오우(ou)+스(s) → 비(배(杯: 잔 배)) 브우(부어: '붓다'의 활용형)) 르(루(屢: 여러 루)) 오우(위(爲: 할 위))스(~의)=함의=한 → 잔 부어 여러 한'이다. '잔 부어 많이 함의'이다.

빅(big: 큰, 크게)

우리말로 읽어보면 '비(bi)+그(g) → 비(벼: '비다(보이다)'의 활용형) 그(거(巨: 클 거)) → 보이다 커'다. '보임 커'다.

빌(bill: 계산서, 증권, 지폐)

우리말로 읽어보면 '비(bi)+를(ll) → 비(費: 쓸 비) 를(늘 → 날(捏: 꾸밀

날)) → 소모하다 꾸미다'다. '소모한 것을 꾸민 것' '계산서'다.

□ 비(費): 쓰다, 소모하다, 재화(財貨), 재보(財寶: 보배로운 재물).

바이오(bio-: 접두사로 [생] [생명]의 뜻)

우리말로 읽어보면 '비오(bio) → 비오(배아(胚芽: 수정란(受精卵)이 배낭(胚囊) 속에서 분열(分裂) 증식(增殖)한 것으로 장차 포자체(胞子體)의 바탕이 되는 것) → 배아'다. '생명의 씨'다.

□ 배(胚: 임신할 배).

□ 아(芽: 싹 아).

버~ㄹ뜨(birth: 출생, 탄생)

우리말로 읽어보면 '비(bi)+르(r)+트(t)+흐(h) → 비(배(胚: 임신할 배)) 르('를'의 방언) 트(토(吐: 토할 토)) 흐(해: '하다'의 활용형) → 아이 밴 것을 드러나게 하다'다.

□ 토(吐): 토하다, 드러내다, 드러내어 보이다.

비털(bitter: (맛이) 쓴, 견디기 어려운)

우리말로 읽어보면 '비트(bit)+트(t)+이르(er) → 비트(빝으 → 뱉어: '뱉다'의 활용형) 트(드 → 즈 → 지(旨: 뜻 지)) 이르(이라) → 뱉어 맛 이라'다.

□ 지(旨): 뜻, 맛.

부래크(black: 검은, 어두운, 캄캄한)

우리말로 읽어보면 '블(bl)+아(a)+긐(ck) → 불(火) 아('에'의 방언) 긐(극

(極: 다할 극)) → 불에 다하다(어떤 현상이 끝나다)'다. '불에 다함'이다.

브래스트(blast: 1. 폭발 2. 돌풍)

1번을 우리말로 읽어보면 '블(bl)+아(a)+스드(st) → 블(불(火: 불 화)) 아(하(罅: 터질 하)) 스드(서다) → 불 터져 서다'이다. '불이 터져 선 것'이다. 2번을 우리말로 읽어보면 '브르(bl)+아(a)+스(s)+트(t) → 브르(블으 → 불어: '불다(바람이 일어나서 어느 방향으로 움직이다)'의 활용형) 아(하: 정도가 매우 심하거나 큼을 강조하여 이르는 말. '아주', '몹시'의 뜻을 나타낸다) 스(스다(생기다)) 트(츠 → 추 → 취(吹: 불 취) → 불어 몹시 생기다 바람'이다. '불어 몹시 생긴 바람'이다.

□ 취(吹): 불다, 바람.

블레이즈(blaze: 불꽃, 화염)

우리말로 읽어보면 '블(bl)+아(a)+지(ze) → 블(불(火)) 아('에'의 방언) 지(枝: 가지 지) → 불에 가지'다.

브리드(bleed: 출혈하다)

우리말로 읽어보면 '브(b)+리(le)+이(e)+드(d) → 브(부(膚: 살갗 부)) 리(劙: 벨 리) 이(乁: 흐를 이) 드(즈 → 주(朱: 붉을 주)) → 살갗 베다 흐르다 붉다'다. '살갗 베어 붉은 것 흐르다'다.

브레스(bless: ~을 축복하다)

우리말로 읽어보면 '브리(ble)+스(s)+스(s) → 브리(부리: 입(말하다)) 스

(~의) 스(사(禠: 복 사)) → 입(말)의 복(福)'이다. '입으로 말하는 복(福)'이다.

브리트스(blitz: 전격적인, 맹공격, 집중 공중 폭격)

우리말로 읽어보면 '브(b)+르(l)+이(i)+트즈(tz) → 브(부(部: 떼 부)) 르(로: 조사) 이(위(爲: 할 위) 트즈(츠 → 쳐: '치다(상대편에게 피해를 주기 위하여 공격을 하다)'의 활용형) → 떼 로 하다 쳐'다. '떼로 하여 치는 것'이다.

브로우트(bloat: 부풀리다, 부풀다, 팽창시키다)

우리말로 읽어보면 '브로(blo)+아드(at) → 브로(블오 → 불오 → 불어: '불다('붇다(늘다)'의 방언)'의 활용형) 아드(하다) → 붇게(늘게) 하다'다.

부룸(bloom: 꽃, 꽃을 피우다)

우리말로 읽어보면 '블(bl)+움(oom) → 블(불-: '붉은 빛깔을 가진'의 뜻을 더하는 접두사) 움(풀이나 나무에 새로 돋아 나오는 싹) → 붉은 빛깔을 가진 싹'이다.

브로(blow: (입으로) 불다, (바람이) 불다)

우리말로 읽어보면 '브로(blo)+유(w) → 브로(블오 → 불어: '불다'의 활용형) 유(颶: 바람 유) → 불어 바람'이다. '바람 불다'다.

부런덜(blunder: 큰 실수[실책])

우리말로 읽어보면 '블(bl)+우(u)+느(n)+덜(der) → 블(벌(罰: 벌할 벌)) 우(吁: 클 우) 느(나('나다(생기다)'의 활용형) 덜(질: 행위) → 벌 크다 생기다 행위'다. '벌(罰) 크게 생기는 행위'다.

브런트(blunt: 무딘, 뭉툭한)

우리말로 읽어보면 '블(bl)+운(un)+트(t) → 블(불(不: 아니 불)) 운(은(銀: 은 은)) 트(티: 모양) → 아니다 날카롭다 모양'이다. '아니 날카로운 모양'이다.

□ 은(銀): 은, 날카롭다.

불러쉬(blush: (부끄럼, 당황 등으로) 얼굴을 붉히다)

우리말로 읽어보면 '블(bl)+우(u)+스(s)+흐(h) → 블(볼: 뺨의 한복판) 우(위) 스('스다(생기다)'의 활용형) 흐(해: 태양, 붉은빛) → 볼 위 생기다 붉은빛'이다. '볼 위 붉은빛 생기다'이다.

보우스트(boast: 뽐내다, 자랑스럽게 말하다)

우리말로 읽어보면 '봐(boa)+스드(st) → 봐('보다'의 활용형) 스드(스다) → 봐 스다'다. '보라고 서다'이다.

보우드(bode: ~을 예시하다, 예언하다)

우리말로 읽어보면 '보(bo)+디(de) → 보('벌써'의 방언) 디(지(知: 알 지) → 벌써(미리) 알게하다'이다.

□ 지(知): 알다, 알리다, 알게하다, 나타내다.

보일(boil: 끓다. 비등하다)

우리말로 읽어보면 '보(bo)+이르(il) → 보(湺: 물 이름 보) 이르(일으 → 일어: '일다(생기다)'의 활용형) → 끓다 생기다'이다.

□ 보(湺): 물 이름, 끓다.

볼드(bold: 용감한, 대담한, 선명한, 굵은, 굵은 활자체)

우리말로 읽어보면 '볼(bol)+드(d) → 볼(발: '기세' 또는 '힘'의 뜻을 더하는 접미사) 드(즈 → 져: '지다(어떤 현상이나 상태가 이루어지다)'의 활용형) → 기세지다'이다.

부브(boob: 바보, 멍청이, 속물)

우리말로 읽어보면 '부(boo)+브(b) → 부브(바보)'다.

부스트(boost: 밀어올리다, ~을 밀어주다, 응원하다)

우리말로 읽어보면 '부(boo)+스드(st) → 부(扶: 도울 부) 스드(스다(서다)) → 돕다 서다'이다. '도와 서다'이다.

보르덜(border: 경계, 가장자리, 변두리)

우리말로 읽어보면 '브(b)+오르(or)+덜(der) → 브(부(部: 떼 부)) 오르(아르 → 알아: '알다'의 활용형) 덜(질: '길'의 방언) → 지역(地域) 알다 길'이다. '지역(地域) 아는 길'이다.

□ 부(部): 떼, 지역(地域), 구역(區域).

바로우(borrow: 빌리다)

우리말로 읽어보면 '볼(bor)+로유(row) → 볼+로유(라유 → 려) → 볼려 → 블려 → 빌려'다.

보스(boss: 우두머리)

우리말로 읽어보면 '브(b)+오(o)+스(s)+스(s) → 브(부(部: 떼 부)) 오(아: '에'의 방언) 스(수(率: 우두머리 수)) 스(수(手: 손 수)) → 부(部) 에 우두머리 사람'이다.

□ 수(手): 손, 사람.

바덜(bother: 신경 쓰다, 괴롭히다, 성가심)

우리말로 읽어보면 '보트(bot)+흐(h)+이르(er) → 보트(보드 → 보다) 흐(해: '많이'의 방언) 이르(일으 → 일어: '일다(생기다)'의 활용형) → 보다 많이 생기다'이다. '많이 보는 것 생기다'이다.

바우언티(bounty: 너그러움, 풍부함, 포상금)

우리말로 읽어보면 '브(b)+오운(oun)+티(ty) → 브(부(富: 부유할 부)) 오운(온: '오다'의 활용형) 티(모양) → 부유함 온 모양'이다.

□ 부(富): 부유하다, 행복.

보울(bowl: 그릇, 통)

우리말로 읽어보면 '보울(bowl) → 보울(바울 → 발(鉢: 바리때 발)) → 사발(그릇)'이다.

□ 발(鉢): 바리때(승려의 밥그릇), 사발.

보이(boy: 소년, 사내아이, 청년)

우리말로 읽어보면 '브(b)+오(o)+이(y) → 브(부(夫: 지아비 부)) 오(아(亞: 버금 아)) 이(사람) → 장정 버금 사람'이다.

□ 부(夫): 지아비, 남편, 사내, 장정.

브래그(brag: ~을 자랑하다, 뽐내다, 허풍떨다)

우리말로 읽어보면 '브라그(brag) → 브라그(보라고: '보다'의 활용형) → 보라고'다. '보라고 하는 것'이다.

브란치(branch: 나뭇가지)

우리말로 읽어보면 '브(b)+란(ran)+츠(ch) → 브(부(附: 붙을 부)) 란(랑 → 낭: '나무'의 방언) 츠(치: 어떠한 특성을 가진 물건 또는 대상) → 붙다 나무 치'다. '나무에 붙은 치'다.

브러봐도우(bravado: 허세)

우리말로 읽어보면 '블(br)+아(a)+배(va)+도(do) → 블(발: '기세' 또는 '힘'의 뜻을 더하는 접미사) 아(하(𧬈: 속일 하)) 배(倍: 곱 배) 도(到: 이를 도) → 힘 속이다 곱 이르다'다. '힘을 속여 배로 이르는 것'이다.

브레이브(brave: 용감[용맹]한)

우리말로 읽어보면 '블(br)+아(a)+브이(ve) → 블(발: '기세' 또는 '힘'의 뜻을 더하는 접미사) 아(하: 정도가 매우 심하거나 큼을 강조하여 이르는 말. '아주', '몹시'의 뜻을 나타낸다) 브이(보여: '보이다'의 활용형) → 기세 몹시 보여'다. '기세를 몹시 보이는 것'이다.

브레드(bread: 빵, 식빵)

우리말로 읽어보면 '블(br)+이(e)+아드(ad) → 블(불(餑: 떡 불)) 이(여(茹: 먹을 여)) 아드(하다) → 떡 먹다 하다'다. '먹는 것 하는 떡' '먹는 떡'이다.

브리드(breathe: 호흡하다, 숨을 쉬다)

우리말로 읽어보면 '브르(br)+이아(ea)+뜨(t)+히(he) → 브르(부르 → 불으 → 불어: '불다'의 활용형) 이아(애(噯: 숨 애)) 뜨(또: 다시) 히(해: '하다'의 활용형) → 불어 숨 또 해'다. '숨 불어 또 하다'다.

부라이드(bride: 신부)

우리말로 읽어보면 '블(br)+이(i)+드(d)+이(e) → 블(볼: 뺨의 가운데를 이루고 있는 살집) 이(위(爲: 할 위)) 드(즈 → 주(朱: 붉을 주: 연지(臙脂: 입술이나 뺨에 찍는 붉은 빛깔의 염료))) 이(사람) → 볼 하다 연지 사람'이다. '볼에 연지 한 사람'이다.

부리프(brief: (시간이) 짧은, 잠시 동안의, 간단한)

우리말로 읽어보면 '브리(bri)+이(e)+프(f) → 브리(바리: '바로(시간적인 간격을 두지 아니하고 곧)'의 방언) 이('에'의 방언) 프(포: '해', '달', '날' 따위의 말 뒤에 붙어, '얼마 동안'의 뜻을 더하여 명사를 만드는 말) → 바로 얼마 동안'이다.

브라이트(bright: 빛나는, 밝은)

우리말로 읽어보면 '블(br)+이(i)+그(g)+흐(h)+트(t) → 블(불(火)) 이(주격 조사) 그(고(杲: 밝을 고) 흐(해: '하다'의 활용형) 트(티: 모양) → 불이 밝다 하다 모양'이다. '불이 밝게 한 모양'이다.

브리스크(brisk: 활발한, 기운찬, 기세 좋은)

우리말로 읽어보면 '블(br)+이(i)+스(s)+크(k) → 블(발: '기세' 또는 '힘'의 뜻을 더하는 접미사) 이(주격 조사) 스(서다) 크(크게) → 힘이 서다 크게'다. '힘이 크게 선'이다.

브로드캐스트(broadcast: 방송하다, 널리 알리다)

우리말로 읽어보면 '브로(bro)+아드(ad)+카(ca)+스트(st) → 브로(부로 → 부르: '부르다('퍼뜨리다'의 옛말)'의 어근) 아드(하다) 카(가(街: 거리 가)) 스트(스다 → 서다) → 퍼뜨리다 하다 거리 서다'다. '거리 서서 퍼뜨리는 것을 하다'이다.

부라더(brother: 형제)

우리말로 읽어보면 '블(br)+오(o)+드흐(th)+이르(er) → 블(불: 고환, 남자) 오(吾: 나 오) 드흐(도흐 → 되어: '되다'의 활용형) 이르(어리: 그런 사람의 뜻을 더하는 접미사) → 고환 우리(가족) 되어 사람'이다.

□ 오(吾): 나, 우리.

벌(brr: 벌벌, 부들부들 (추위나 공포를 나타냄))

우리말로 읽어보면 '브르르(brr) → 브르르(부르르; 크고 거볍게 떠는 모양)'이다.

브러스크(brusque: 무뚝뚝한, 퉁명스러운)

우리말로 읽어보면 '블(br)+우스(us)+뀌(que) → 블(불(不: 아니 불)) 우스(웃으 → 웃어: '웃다'의 활용형) 뀌(꽤: 보통보다 조금 더한 정도로) → 아니 웃어 꽤'다. '꽤 안니 웃는'이다.

브루트(brutal: 잔인한, 야만적인)

우리말로 읽어보면 '브루(bru)+트(t)+알(al) → 브루(부루: 한꺼번에 없애지 아니하고 오래가도록 늘여서) 트(츠 → 처(處: 곳 처): '처(處)하다(어떤 책벌이나 형벌에 놓이게 하다)'의 어근) 알(할 → 한: '하다'의 활용형) → 부루 '처(處)하다 한'이다. '부루 처(處)하는 것 한'이다.

빌드(build: 짓다, 세우다, 건축하다)

우리말로 읽어보면 '브(b)+우(u)+이르(il)+드(d) → 브(보(樑: 들보 보)) 우(위) 이르(이루: '이루다'의 어근) 드(즈 → 조(造: 지을 조)) → 대들보 위 이루다 짓다'다. '대들보를 위로 이루어 짓는 것'이다.

□ 보(樑): 들보, 대들보.

벌크(bulk: 크기, 체적, 용적)

우리말로 읽어보면 '불(bul)+크(k) → 불(발(鉢: 바리때 발)) 크(커: '크다'의 활용형) → 바리때(승려의 밥그릇, 그릇) 크다 → 그릇 크다'다. '그릇의 큼'이다.

불(bull: 황소)

우리말로 읽어보면 '불(bul)+르(l) → 불(고환) 르(느 → 니 → 이: '사람', '사물', '일'의 뜻을 더하고 명사를 만드는 접미사) → 고환 사물'이다. 황소는 불알이 커 '불(고환)'이 황소의 상징으로 변한 것이다.

번(burn: (불이) 타오르다, 불에 타다, 화상)

우리말로 읽어보면 '불(bur)+느(n) → 불 느(나: '나다'의 활용형) → 불 나'다.

버스트(burst: 파열[폭발]하다)

우리말로 읽어보면 '브(b)+우르(ur)+스(s)+트(t) → 브(부(불(火)) 우르(울으 → 울어: '울다'의 활용형) 스('스다(생기다)'의 어근) 트(투 → 튀: '튀다'의 어근) → 불 울다 생기다 튀다'다. '불이 소리를 내면서 튀다'다.

버스트(bust: 부수다, 고장내다)

우리말로 읽어보면 '브스트(bust) → 브스트(부수다) → 부수다'다.

비지(busy: 바쁜)

우리말로 읽어보면 '부(bu)+스(s)+이(y) → 부(報: 빨리 부) 스('스다(생기다)'의 활용형) 이(이것) → 빨리 생긴 이것'이다.

버터프라이(butterfly: 나비)

우리말로 읽어보면 '부트(but)+티(te)+르(r)+프리(fly) → 부트(부츠 → 부쳐: '부치다(부채 따위를 흔들어서 바람을 일으키다)'의 활용형) 티(치 → 체(體: 몸 체)) 르('를'의 방언) 프리(파리, 날다) → 부쳐 몸를(을) 파리(날다)'다. '몸을 부쳐 나는 것'이다.

버트러스(buttress: (벽의) 지지대, 부벽, 지지하다, 힘을 실어주다)

우리말 읽어보면 '부트(but)+트리(tre)+스스(ss) → 부트(바츠 → 바쳐: '바치다'의 활용형) 트리(드리 → 다리(脚)) 스스(서서: '서다'의 활용형) → 바치다 다리 서서'이다. '서서 바치는 다리'다.

바이바이(bye-bye: 안녕, 잘 있어)

우리말로 읽어보면 '벼(bye) 벼(bye) → 벼(뵈어 → 봬요) 벼(뵈어 → 봬요)'다. '다시 보자'고 말하는 것이다.

C

캡(cap: 택시, 마차)

우리말로 읽어보면 '가(ca)+프(p) → 가('가다'의 활용형) 프(포(轆: 수레 포)) → 가는 수레'다.

캐빈(cabin: 오두막집)

우리말로 읽어보면 '갑(cab)+이(i)+느(n) → 갑(匣: 갑 갑) 이(사람) 느(나: '나다(지내다)'의 활용형) → 갑(匣) 사람 지내다'다. '사람 지내는 갑(匣: 작은 상자)'이다.

케이블(cable: 굵은 밧줄, 케이블)

우리말로 읽어보면 '갑(cap)+르(l)+이(e) → 갑('가닥'의 방언) 르(로 → 료(繚: 감길 료)) 이(명사형 접미사, 이것) → 가닥 비틀은 이것'이다.

□ 료(繚): 감기다, 두르다, 비틀다.

□ 가닥: 로프를 만드는 중간 과정의 낱낱의 줄.

캐저르(cadger: 거지; 부랑자; 억지로 얻어내는 사람; 행상인)

우리말로 읽어보면 '가지(cadg)+이르(er) → 가지(거지) 이르(어리: 옛말 그런 사람의 뜻을 더하는 접미사) → 거지 사람 → '거지'다.

캘큐레이트(calculate: 계산하다, 산출[산정]하다)

우리말로 읽어보면 '가(ca)+르(l)+구(cu)+르(l)+아디(ate) → 가(價: 값 가) 르('를'의 방언) 구(求: 구할 구) 르(로(勞: 일할 로)) 아디(하디 → 하다) → 값을 구하는 일 하다'다.

캘런덜(calendar: 달력, 캘린더)

우리말로 읽어보면 '가르(cal)+인(en)+달(dar) → 가르(가려: '가리다'의 활용형) 인(認: 알 인) 달(月) → 가리다 알다 달'이다. '달을 가려서 아는 것'이다.

콜(call: 부르다)

우리말로 읽어보면 '갈(cal)+르(l) → 갈(喝: 꾸짖을 갈) 르(래(來: 올 래)) → 외치다 오다'다. '옴을 외치는 것'이다.

□ 갈(喝): 꾸짖다, 고함치다(高喊--), 외치다.

카멜(camel: 낙타)

우리말로 읽어보면 '카(ca)+므애(me)+르(l) → 카(가: '가다'의 활용형) 므애(모애 → 모새 → 모래) 르(로 → 노(駑: 둔한 말 노) → 가다 모래 둔한 말'이다. '모래로 가는 둔한 말'이다.

캐머프라지(camouflage: 위장, 변장, 속임수)

우리말로 읽어보면 '감(cam)+오우(ou)+플(fl)+아지(age) → 감(監: 볼 감) 오우(위(僞: 거짓 위)) 플('풀'의 옛말) 아지(하기: '하다'의 활용형, 지:

'기'의 옛말)) → 보다 속이다 풀 하기'다. '보이는 것 속이게 풀 하기' '보이지 않게 풀로 덮기'다.

□ 위(僞): 거짓, 속이다.

캔(can: ~을 할 수 있다)

우리말로 읽어보면 '가(ca)+느(n) → 가(可: 옳을 가: 어떤 행위가 허용되거나 가능함 또는 좋음을 이르는 말) 느(나: '나다(생기다)'의 활용형) → 가(可) 나'이다. '가능함 생겨'다.

캔(can: 용기, 통, 양철통)

우리말로 읽어보면 '간(can) → 간(관(管: 대롱 관) → 대롱'이다.

캔디더트(candidate: 입후보자, 출마자)

우리말로 읽어보면 '가느(can)+디드(did)+아(a)+티(te) → 간(揀: 가릴 간) 디드(되다) 아('에'의 방언) 티(치: 사람) → 가리는 것 됨에 사람'이다.

케인(cane: (대나무, 등나무, 사탕수수 등의) 줄기)

우리말로 읽어보면 '간(can)+이(e) → 간(관(管: 대롱 관)) 이(이것) → 대롱 이것'이다.

캐너벌(cannibal: 식인종)

우리말로 읽어보면 '가느(can)+느(n)+이(i)+바르(bal) → 가느(가(可)나: 할 수 있는) 느(너 → 넣: '넣다'의 어근) 이(위(胃: 위장 위)) 바르(바리:

일부 명사나 어근 뒤에 붙어, '그러한 사람'의 뜻과 얕잡는 뜻을 더하여 명사를 만드는 말) → 가능 넣다 위장 그러한 사람'이다. '사람을 넣는(먹는) 것 가능한 사람'이다.

캐넌(cannon: 대포)

우리말로 읽어보면 '칸(can)+노(no)+느(n) → 칸('큰'의 고어) 노(弩: 쇠뇌 노) 느(니 → 이: 명사형 접미사, 이것) → 큰 쇠뇌 이것'이다.

□ 쇠뇌: 여러 개의 화살이나 돌을 잇달아 쏘는 큰 활.

커누(canoe: 카누, 가죽 배, 통나무배)

우리말로 읽어보면 '간(can)+오(o)+이(e) → 간(靬: 가죽 간) 오(아: '에'의 방언) 이(艃: 배 이) → 가죽에 배'다.

캡(cap: 모자)

우리말로 읽어보면 '갑(cap) → 갑(帢: 모자 갑)'이다.

케이프(cape: 곶(바다로 뻗어나온 모양을 한 곳))

우리말로 읽어보면 '갑(cap)+이(e) → 갑(岬: 곶 갑) 이(이것)'다.

캐피탈(capital: 수도, 서울)

우리말로 읽어보면 '갑(cap)+이(e)+달(tal) → 갑(帢: 모자 갑) 이(사람)+달('땅'의 고어) → 갑(帢) 사람 땅'이다. '모자(왕관) 쓴 사람 땅' '왕이 있는 곳'이다.

캡슐(capsule: 캡슐)

우리말로 읽어보면 '갑(cap)+스(s)+우리(ule) → 갑(匣: 갑 갑) 스('~의' 접속사) 우리(울타리) → 갑의 울타리'다.

캡춰(capture: ~을 붙잡다, 포획하다)

우리말로 읽어보면 '갑(cap)+툴(tur)+이(e) → 갑(匣: 갑 갑) 툴(출 → 찰: '차다'의 활용형) 이(이것) → 갑(匣) 찰 이것'이다. '(몸에) 갑(匣)을 찬(채운) 것'이다.

□ 갑(匣): 형구(刑具: 형벌(刑罰) 또는 고문(拷問)하는 데에 쓰는 제구(諸具)).

□ 예: 수갑(手匣).

카(car: 자동차, 차, 승용차)

우리말로 읽어보면 '가르(car) → 가~ㄹ(軻: 수래 가) → 수레'다.

케어(care: 걱정, 근심, 돌봄, 주의)

우리말로 읽어보면 '가르(car)+이(e) → 가르(가리 → 거리: '거리다(옛말 거르다. 건지다. 구제하다) 이(裏: 속 이) → 구제하다(불행이나 재해에서 구하여 건져주다) 속마음'이다. '구제함의 속마음'이다.

□ 이(裏): 속, 속마음.

캐리커쳐(caricature: 풍자만화, 희화, (인물, 사물의 특징을 강조한) 캐리커쳐)

우리말로 읽어보면 '갈(car)+익(ic)+아(a)+툴(tur)+이(e) → 갈(喝: 꾸짖을 갈) 익(謚: 웃을 익) 아(하 → 해: '하다'의 활용형) 툴(출(出: 날 출)) 이(명사형 접미사, 이것) → 꾸짖다 웃다 하다 나타내다 이것'이다. '꾸짖는 것을 웃게 해 나타낸 이것'이다.

□ **출(出): 나다, 놓다, 나타내다.**

카르니지(carnage: 대량 살상, 대살육)

우리말로 읽어보면 '가르(car)+느(n)+아(a)+지(ge) → 가르(갈라: '가르다'의 활용형) 느(니 → 이: 사람) 아(하: 정도가 아주 심하거나 수량이 아주 많게) 지(持: 가질 지) → 가르다 사람 하 가지다'다. '사람 가름을 하(수량이 아주 많게) 가진 것'이다.

카니발(carnival: 사육제, 카니발)

우리말로 읽어보면 '가(ca)+르(r)+(ni)+(val) → 가(佳: 아름다울 가) 르(루(褸: 제사 이름 루: (섣달과 삼월에 지내는) 제사(祭祀)의 이름) 니(이: 사람) 브알(부할 → 부활(復活: 다시 삶)) → 즐기다 루 제사 사람 부활'이다. '사람 부활을 즐기는 루제사'다.

□ **가(佳): 아름답다, 즐기다.**

커라우즈(carouse: 떠들썩한 잔치)

우리말로 읽어보면 '가(ca)+로(ro)+우(u)+시(se) → 가(歌: 노래 가) 로(嘮: 떠들썩할 로) 우(어(飫: 물릴 어)) 시(옛말 명사형 접미사, 이것) → 노래 떠들썩하게 실컷 먹는 이것'이다.

□ **어(飫): 물리다, 실컷 먹다.**

캐리(carry: 나르다, 지니다)

우리말로 읽어보면 '가~ㄹ(car)+리(ry) → 가(軻: 수레 가) 리(이(移: 옮길 이)) → 수레 옮기다'이다. '수레로 옮기는 것'이다.

카트(cart: 짐차, 손수레)

우리말로 읽어보면 '가~ㄹ(car)+트(t) → 가~ㄹ(軻: 수레 가) 트(츠 → 차(車: 수레 차) → 수레 수레 → 수레'다.

카르브(carve: 새기다, 조각하다)

우리말로 읽어보면 '가르(car)+브이(ve) → 가르(갈으 → 갈아: '갈다(궁중에서, '깎다'를 이르던 말)'의 활용형) 브이(보여: '보이다'의 활용형) → 깎아 보이다'이다.

케이스(case: 상자, 용기, 그릇)

우리말로 읽어보면 '가(ca)+세(se) → 가세('그릇'의 방언)'다.

캐쉬(cash: 현금)

우리말로 읽어보면 '가(ca)+스(s)+흐(h) → 가(價: 값 가) 스(~의) 흐(호 → 화(貨: 재물 화)) → 값의 재물'이다.

캐스트(cast: 1. 던지다 2. 투옥하다)

1번을 우리말로 읽어보면 '가(ca)+스(s)+트(t) → 가('가다'의 활용형) 스('스다(생기다)'의 활용형) 트(츠 → 채: '채다(재빠르게 센 힘으로 움직이다)'의 활용형) → 가다 생기다 채다'다. '재빠르게 센 힘으로 움직여 가는 것 생기다'이다.

2번은 가(ca)+스드(st) → 가(枷: 도리깨 가: 죄인에게 씌우던 형틀. 두껍고 긴 널빤지의 한끝에 구멍을 뚫어 죄인의 목을 끼우고 비녀장을 질렀다) 스드(쓰다)'다. '가(枷)를 쓴 것' '투옥된 것'이다.

캐스터게이트(castigate: 징계하다, 응징하다, 고치다, 혹평하다)

우리말로 읽어보면 '캐스(cas)+티(ti)+가(ga)+티(te) → 캐스(캐서: '캐다(드러나지 아니한 사실을 밝혀내다)'의 활용형) 티(조그마한 흠) 가(呵: 꾸짖을 가) 티(치 → 쳐: '치다'의 활용형) → 캐서 티 꾸짖다 치다(때리다)'다. '티(흠)를 캐서 꾸짖어 치다'다.

캐주어러(casual: 우연한, 즉석의, 격이 없는, 평상시의)

우리말로 읽어보면 '깨(ca)+스(s)+우(u)+알(al) → 깨('깨다(생각이나 기대 또는 예상을 뒤엎다)'의 활용형) 스('스다(생기다)'의 활용형) 우(遇: 만날 우)) 알(할 → 한: '하다'의 활용형) → 깨다 생기다 만나다 한'이다. '깨는 것 생김에 만나는 것 한'이다.

캐터로그(catalog: 목록, 카탈로그, 일람표)

우리말로 읽어보면 '가트(cat)+아(a)+록(log) → 가트(가츠 → 가추 → 갖추: '갖추다'의 어근) 아(하 → 해(解: 풀 해)) 록(錄: 기록할 록) → 갖추다 설명하다 기록'이다. '갖춘 것 설명하는 기록'이다.

□ 해(解): 풀다, 설명하다(說明--).

캐터플트(catapult: 쇠뇌, 노포(弩砲): 돌.화살 등을 쏘는 옛날 무기)

우리말로 읽어보면 '가(ca)+타(ta)+풀(pul)+트(t) → 가('가다'의 활용형) 타(墒: 돌팔매 타) 풀('팔'의 방언) 트(츠 → 차(車: 수레 차) → 가다 돌팔매 팔 수레'다. '돌팔매 가는 팔의 수레'다.

커태스트로피(catastrophe: 대참사, 큰 재해)

우리말로 읽어보면 '가(ca)+태(ta)+스(s)+뜨(t)+로(ro)+브흐(ph)+이(e) → 가('가다(사람이 죽다)'의 활용형) 태(泰: 클 태) 스('스다(생기다)'의 활용형) 뜨(떼: 무리) 로(조사) 브흐(보흐 → 보혀 → 보여: '보다'의 활용형) 이(명사형 접미사, 이것) → 죽다 크다 생기다 떼로 보여 이것'이다. '죽음이 크게 생겨 떼로 보이는 이것'이다.

캐치(catch: 잡다, 붙잡다)

우리말 읽어보면 '가(ca)+트(t)+츠(ch) → 가('가다'의 활용형) 트(츠 → 치: 물건) 츠(추 → 취(取: 가질 취) → 가다 물건 가지다'이다. '가는 물건 가지는 것'이다.

캐터고리(category: 구분, 부문, 종류, 부류)

우리말로 읽어보면 '가트(cat)+이(e)+고리(gory) → 가트(같으 → 같아: '같다'의 활용형) 이('에'의 방언) 고리(어떤 조직이나 현상을 서로 연관되게 하는 하나하나의 구성 부분 또는 그 이음매를 비유적으로 이르는 말) → 같다 에 고리'다. '같음에 고리'다.

캐터네이트(catenate: ~을 잇다, 연결하다)

우리말로 읽어보면 '가트(cat)+이(e)+느(n)+아디(ate) → 가트(같으 → 같이: '같다'의 활용형) 이(佴: 버금 이) 느(누(屢: 여러 누)) 아디(하디 → 하다) → 같이 잇다 여러 하다'다. '같이 잇는 것 여럿 하다'다.

ㅁ 이(佴): 버금, 잇다.

캐터피럴(caterpillar: (나비, 나방의) 애벌레, 캐터필러, 무한궤도 장치)

우리말로 읽어보면 '가트(cat)+일(er)+프(p)+이르(il)+랄(lar) → 가트(같으 → 같아: '같다'의 활용형) 일(열(列: 사람이나 물건이 죽 벌여 늘어선 줄) 프(포: '거듭'의 옛말) 이르(일으 → 일어: '일다(생기다)'의 활용형) 랄(날: '보습(쟁기, 극젱이, 가래 따위 농기구의 술바닥에 끼우는, 넓적한 삽 모양의 쇳조각)'의 방언) → 같아 열(列) 거듭 생기다 보습'이다. '같은 열(列) 거듭 생기는 보습'이다.

캐떠릭(catholic: 보편적인, 모든 것을 포함하는, 만인에 이르는, 도량이 넓은, 치우치지 않는)

우리말로 읽어보면 '개(ca)+뜧(th)+올(ol)+이그(ic) → 개(皆: 다 개) 뜧(뜻) 오르(올으 → 옳아: '옳다'의 활용형) 이그(이거 → 이것) → 다(모두) 뜻 옳아 이것'이다. '다(모두) 뜻 옳은 이것'이다.

코즈(cause: 원인, 불씨, 근거, 이유)

우리말로 읽어보면 '가우(cau)+시(se) → 가우(과(果: 실과 과)) 시('씨'의 옛말) → 열매(결과) 씨'다. '결과의 씨'다.

□ 과(果): 실과, 과실, 열매, 결과.

커션(caution: 주의, 조심, 경계, 경고[주의]를 주다)

우리말로 읽어보면 '가우(cau)+티(ti)+온(on) → 가우(과(過: 지날 과)) 티(치 → 취(取: 가질 취)) 온(안(案: 책상 안)) → 지나치다 가지다 생각'이다. '지나치게 가진 생각'이다.

□ 과(過): 지나다, 지나치다.

시스(cease: 그만두다, 그치다)

우리말로 읽어보면 '시아(cea)+스(s)+이(e) → 시아(쉬어: '쉬다'의 활용형) 스(사(事: 일 사)) 이(여: 이여) → 쉬어 일(事) 이여'다. '일(事) 쉬는 것이여'다.

세러브레이트(celebrate: 축하[기념]하다)

우리말로 읽어보면 '실(cel)+이(e)+브르(br)+아디(ate) → 실(설(說: 말씀 설)) 이(예(禮: 예도 예) 브르(부러 → 부러워) 아디(하디 → 하다) → 말하다 예도(禮度) 부러워 하다'다. '예도(禮度)로 부러워하는 말을 하다'다.

세머테리(cemetery: 공동묘지, 매장지)

우리말로 읽어보면 '시(ce)+미(me)+터(te)+리(ry) → 시(尸: 주검 시) 미('뫼(사람의 무덤)'의 방언) 터(땅) 리(이: 명사형 접미사, 이것) → 주검 뫼 터 이것'이다.

센셔르(censure: 심한 비난, 책망, 엄한 견책)

우리말로 읽어보면 '센(cen)+수(su)+리(re) → 센('세다'의 활용형) 수(誶: 꾸짖을 수) 리(이: 명사형 접미사) → 센 꾸짖다 이것'이다. '세게 꾸짖는 이것'이다.

센터르(center: 중심, 중앙)

우리말로 읽어보면 '신(cen)+트(t)+이르(er) → 신(선(籗: 굴대 선)) 트(터: 곳) 이르(이라: '이다'의 활용형) → 굴대 곳 이다'다. '굴대 곳이다'다.

□ 선(籗): 굴대(한가운데 뚫린 구멍에 끼우는 긴 나무 막대나 쇠막대).

세레모니(ceremony: 의식, 식, 양식[형식], 격식)

우리말로 읽어보면 '스(c)+이르(er)+에(e)+모(mo)+느(n)+이(y) → 스(서(序: 차례 서)) 이르(이루 → 이뤄: '이루다'의 활용형) 에(예(禮: 예도 예)) 모(模: 본뜰 모) 느(너 → 넣: '넣다'의 활용형) 이(명사형 접미사, (이)것) → 차례 이루어 예도의 법식 넣는 이것'이다.

□ 모(模): 본뜨다, 법(法), 법식(法式).

서~ㄹ튼(certain: ~확신하여, ~함에 틀림없는)

우리말로 읽어보면 '실(cer)+태(ta)+인(in) → 실(설(說: 말씀 설) 태(殆: 거의 태) 인('일다(생기다)'의 활용형) → 말하다 거의 생기다'이다. '말함에 거의 생긴'이다.

처도~ㄹ(chador: 차도르, 이슬람교도나 힌두교도 여성의 전통적인 망토형 의복)

우리말로 읽어보면 '차(cha)+도르(dor) → 차(遮: 가릴 차) 도르(다르 → 달으 → 달아: '달다'의 활용형) → 가리다 달다'이다. '달아 가리는 것'이다.

셔그린(chagrin: 원통함, 분함)

우리말로 읽어보면 '차(cha)+글(gr)+이(i)+느(n) → 차('차하다(표준에 비하여 좀 모자라다)'의 어근) 글(굴(屈: 굽힐 굴)) 이('에'의 방언) 느(내: 마음) → 모자라다 굽히다 에 마음'이다. 즉, '모자람에 굽힌 마음'이다.

체인(chain: 쇠사슬, 구속, 구금)

우리말로 읽어보면 '차(cha)+인(in) → 차(次: 버금 차: '번', '차례'의 뜻을 나타내는 말) 인(繗: 이을 인(린)) → 차례 잇다'다. '차례로 이은 것'이다.

챌린지(challenge: 도전)

우리말로 읽어보면 '찰(chal)+린(len)+제(ge) → 찰('대(對: 대할 대)'의 방언) 린(련(敹: 칠 련)) 제(提: 끌 제) → 상대(相對) 치다 제시하다(提示--)'다. '상대(相對)에게 치는 것을 제시(提示)하는 것'이다.

□ 대(對): 대하다(對--), 상대(相對).

□ 제(提): 끌다, 제시하다(提示--).

챈스(chance: 우연, 가능성, 기회)

우리말로 읽어보면 '차(cha)+느(n)+시(ce) → 차(次: 버금 차: 어떠한 일을 하던 기회나 순간) 느(나: '나다(생기다)'의 활용형) 시(時: 때 시) → 기회 생긴 때'다.

체인지(change: 변하다, 바꾸다, 달라지다)

우리말 '차(cha)+느(n)+지이(ge) → 차(差: 다를 차) 느(나: '나다(생기다)'의 활용형) 지이('지다(어떤 현상이나 상태가 이루어지다)'의 활용형) → 다름 생겨 이루어지다'이다.

챈트(chant: 구호, 성가, 외치다, 부르다)

우리말로 읽어보면 '찬(chan)+트(t) → 찬(讚: 기릴 찬) 트(타: 하다) → 찬양하다'이다.

캐릭터(character: 성격, 개성, 기질, 성질)

우리말로 읽어보면 '차(cha)+르(r)+악(ac)+티(te)+르(r) → 차(差: 다를 차) 르(로: 조사) 악(握: 쥘 악) 티(치: 어떠한 특성을 가진 물건 또는 대상) 르(라: 종결 어미) → 다르다 로 쥐다 치라'다. '다름으로 쥔(가진) 치(어떠한 특성을 가진 대상)라'다.

차지(charge: 요금, 청구하다)

우리말로 읽어보면 '찰(char)+지(g)+이(e) → 찰('대(代: 대신할 대: 물건값으로 치르는 돈)'의 방언) 지(주: '주다'의 어근) 이(명사형 접미사, 이것) → 대(代) 주다 이것'이다. '대(代)로 주는 이것'이다.

채러티(charity: 자선, 적선, 구휼)

우리말로 읽어보면 '찰(char)+이(i)+티(ty) → 찰(察: 살필 찰) 이(위(爲: 할 위: '위하다'의 어근)) 티(어떤 태도나 기색) → 살피다 위(爲)하다(이롭게 하거나 돕다) 태도'다. '살펴 위하는 태도'다.

참(charm: 매력, 마력, (특히 여성의) 아름다운 용모; 애교)

우리말로 읽어보면 '차~ㄹ므(charm) → 참('참하다'의 어근)'이다.

□ 참하다: 생김새 따위가 나무랄 데 없이 말쑥하고 곱다.

차~ㄹ트(chart: 도표, 그래프)

우리말로 읽어보면 '차(cha)+르(r)+트(t) → 차(差: 다를 차) 르(를) 트(츠 → 쳐: '치다(붓이나 연필 따위로 점을 찍거나 선이나 그림을 그리다)'의 활용형) → 다르다 를 그림을 그리다'다. '다름을 그림으로 그린 것'이다.

체이스(chase: ~을 쫓아가다, 추적[추격]하다)

우리말로 읽어보면 '츠(ch)+아(a)+스이(se) → 츠(추(追: 쫓을 추)) 아(하 → 해: '하다'의 활용형) 스이('스다(생기다)'의 활용형) → 쫓는 것 해 생기다'이다.

체크(check: ~을 멈추다, 살피다, 확인, 억누르다)

우리말로 읽어보면 '체(che)+극(ck) → 체(諦: 살필 체) 극(극(極: 다할 극)) → 살피다 다하다'이다. '살핌을 다하는 것'이다.

치어~ㄹ(cheer: 갈채, 환호, 박수)

우리말로 읽어보면 '치(che)+이르(er) → 치(쳐: '치다(큰 소리를 내다, 손이나 물건 따위를 부딪쳐 소리 나게 하다)'의 활용형) 이르(이라) → (큰 소리, 손뼉 치다) 이라'다.

치어스(cheers: 건배)

우리말로 읽어보면 '치(che)+이르스(ers) → 치(취(醉: 취할 취) 이르스(이르세) → 취함 이르세'다.

케미컬(chemical: 약물, 마약, 화학의)

우리말로 읽어보면 '침(chem)+이그(ic)+아(a)+르(l) → 침(浸: 담글 침) 이그(익으 → 익어: '익다(김치, 술, 장 따위가 맛이 들다)'의 활용형) 아('에'의 방언) 르(루 → 류(類: 무리 류)) → 담그다 익다 에 같다'다. '담가서 익는 것과 같은'이다.

ㅁ 류(類): 무리, 같다.

시크(chic: 멋진, 세련된)

우리말로 읽어보면 '치(chi)+그(c) → 치(사람) 그(가(佳: 아름다울 가)) → 사람 아름다운'이다.

차일드(child: 아이, 아동)

우리말로 읽어보면 '칠(chil)+드(d) → 칠('치다(기르다)'의 활용형) 드(즈 → 자(者)) → 칠 자(者)'다.

칠(chill: 냉기, 차가움)

우리말로 읽어보면 '칠(chil)+르(l) → 칠(찰: '차다'의 활용형) 르(리 → 이: 이것) → 찰 이것 → 찬 이것'이다.

차임(chime: (현관의 손님용) 차임벨, 초인종)

우리말로 읽어보면 '침(chim)+이(e) → 침('치다'의 활용형) 이('사람', '사물', '일'의 뜻을 더하고 명사를 만드는 접미사) → 침 이'다. '침에 사물(이것)'이다.

카이라러지(chirology: 수화법(手話法))

우리말로 읽어보면 '치(chi)+로(ro)+로(lo)+지(g)+이(y) → 치(지(指: 가리킬 지)) 로(조사) 로(嚕: 말할 로) 지('지다('짓다(만들다)'의 방언)'의 어근) 이(명사형 접미사, 이것) → 손가락으로 말함을 짓는(만드는) 이것'이다.

□ 지(指): 가리키다, 손가락.

카이라그러피(chirography: 필적, 서법; 서도)

우리말로 읽어보면 '치(chi)+로(ro)+글(gr)+아(a)+브흐(ph)+이(y) → 치('체(體: 일정한 격식이나 모양새)'의 방언) 로(조사) 글(書) 아(하 → 해: '하다'의 활용형) 브흐(보혀 → 보여: '보이다'의 활용형) 이(명사형 접미사, 이것) → 체(體)로 글 해 보여 이것'이다. '일정한 격식이나 모양새로 글을 해 보이는 이것'이다.

카이러프래크터~ㄹ(chiropractor: 척추 지압[조정] 요법사)

우리말로 읽어보면 '치로(chiro)+프라(pra)+그트(ct)+오르(or) → 치로(지(指: 가리킬 지)로) 프라(플아 → 풀어: '풀다'의 활용형) 그트(그드 → 귿으 → 굳어: '굳다'의 활용형) 오르(어리: 옛말 그런 사람의 뜻을 더하는 접미사) → '지(指)로 풀다 굳다 사람'이다. '손가락으로 굳은 것을 푸는 사람'이다.

ㅁ 지(指): 가리키다, 손가락.

초이스(choice: 선택, 고르기)

우리말로 읽어보면 '초(cho)+이(i)+시(ce) → 초(抄: 뽑을 초) 이('에'의 방언) 시(是: 이 시) → 뽑음 에 이것'이다. '뽑는 이것'이다.

촙(chop: ~쳐서[찍어] 자르다)

우리말로 읽어보면 '초(cho)+브(p) → 초(쳐: '치다'의 활용형) 브(부(剖: 쪼갤 부) → 쳐서 쪼개다'이다.

찹스틱(chopstick: 젓가락)

우리말로 읽어보면 '초브(chop)+스틱(stick) → 초브(차브 → 자브 → 잡아: '잡다'의 활용형) 스틱(막대기) → 잡아 막대기'다. '잡는 막대기'다.

신데렐라(Cinderella: 진가를 인정받지 못하는 사람이나 물건)

우리말로 읽어보면 '신드(cind)+이르(er)+엘라(ella) → 신드(신다: 신는 것, 신(신발)) 이르(일으 → 잃어: '잃다'의 활용형) 엘라(얼라: '어린아이'

의 방언) → 신는 것(신발) 잃은 어린아이'다.

사이퍼~ㄹ(cipher: 암호; 암호문)

우리말로 읽어보면 '시(ci)+브흐(ph)+이르(er) → 시(詩: 시 시) 브흐(부호(符號)) 이르(이루 → 이뤄: '이루다'의 활용형) → 기록하다 부호 이뤄'다. '부호(符號)로 이뤄 기록한 것'이다.

□ 시(詩): 시, 기록하다(記錄--).

서클(circle: 원, 원형, 동그라미)

우리말로 읽어보면 '시르(cir)+글(cl)+이(e) → 시르(서르 → 서리: '팽이'의 방언) 글(골: '꼴'의 옛말) 이(명사형 접미사, 이것) → 팽이 꼴(모양) 이것'이다.

서키트(circuit: 순회, 순환, 일주)

우리말로 읽어보면 '시(ci)+르(r)+귀(cui)+트(t) → 시(始: 처음 시) 르(로: 조사) 귀(歸: 돌아갈 귀) 트(티: 모양) → 처음 으로 돌아오는 모양'이다.

□ 귀(歸): 돌아가다, 돌아오다.

서컴스탠스(circumstance: 환경, 상황, 정황)

우리말로 읽어보면 '시르굼(circum)+스탄시(stance) → 시르굼(사르감 → 살아감: '살아가다'의 활용형) stance(스탄시(입장(당면하고 있는 상황)) → 살아감에 입장'이다.

시티(city: 도시, 도회지)

우리말로 읽어보면 '시(ci)+티(ty) → 시(市: 저자 시) 티(터) → 시(市) 터'다.

크레임(claim: 주장하다, (자기 권리나 재산이라고 여겨) 요구[요청]하다, 주장)

우리말로 읽어보면 '글(cl)+아(a)+임(im) → 글(갈(喝: 꾸짖을 갈)) 아(我: 나 아) 임(恁: 생각할 임) → 외치다 나 생각하다'다. '나의 생각함을 외치다'이다.

□ 갈(喝): 꾸짖다, 외치다.

그래스프(clasp: 걸쇠, 죔쇠, 꽉 잡기)

우리말로 읽어보면 '그라(cla)+슾(sp) → 그라(글아 → 걸어: '걸다'의 활용형) 슾(섶 → 섭(楪: 작은 쐐기 섭)) → 걸다 작은 쐐기'다. '거는 작은 쐐기'다.

크린(clean: 청결한, 깨끗한, 새것인)

우리말로 읽어보면 '그(c)+리(le)+안(an) → 그(구(垢: 때 구)) 리(離: 떠날 리) 안(한: '하다'의 활용형) → 때 떼어놓다 한'이다.

□ 리(離): 떠나다, 떼어놓다, 떨어지다.

크리얼(clear: 밝은, 맑은, 투명한, 분명한)

우리말로 읽어보면 '그리(cle)+아르(ar) → 그리(가려: '가리다'의 활용형)

아르(알으 → 알아: '알다'의 활용형) → 가리다 알다'다. '가려도 아는 것' '다 보이는 것' '투명한 것'이다.

크레이먼트(clement: 관대한, 온유한, 너그러운)

우리말로 읽어보면 '그림(clem)+인(en)+트(t) → 그림(끄림 → 꺼림: '꺼리다'의 활용형) 인(연('열다'의 활용형) 트(티: 어떤 태도나 기색) → 꺼리다(싫어하다) 열다 태도'다. '꺼린 것(싫어함)을 연 태도'다.

크라임(climb: 오르다, 올라가다, 등반[등산])

우리말로 읽어보면 '그(c)+르(l)+임(im)+브(b) → 그(고(高: 높을 고)) 르(로: 조사) 임(臨: 임할 임) 브(보(步: 걸음 보) → 위 로 대하다(對--) 걷다'다. '위로 대(對)하여 걷다'이다.

□ 임(臨): 임하다, 대하다(對--).

크라이맥스(climax: 절정, 절정에 이르다, 오르가슴)

우리말로 읽어보면 '그리(cli)+막스(max) → 그리(거리: 성교(性交)) 막스(막(마지막)+스(쓰 → 싸: '싸다'의 활용형) → 성교(性交) 마지막 싸다'다. '성교(性交)에 마지막 싸는 것'이다.

□ 낮거리: 낮에 하는 성교(性交).

클리비(cleave: 쪼개다, 째다, 가르며 나가다)

우리말로 읽어보면 '그르이(cle)+아(a)+브이(ve) → 그르이(가르이: '가르다'의 활용형)) 아(하 → 해: '하다'의 활용형) 브이(보여) → 가르다 해 보여'이다. '가르는 것 해 보이다'이다.

클레버(clever: 영리한, 똑똑한, 재치 있는, 유능한)

우리말로 읽어보면 '글(cl)+에(e)+브(v)+이르(er) → 글(書) 에(예(兒: 어릴 예)) 브(보 → 봐: '보다'의 활용형) 이르(이루 → 이뤄: '이루다'의 활용형) → 글(書) 어려서 봄 이루다'다.

크리느치(clinch: (때려 박은 못 등의) 끝을 구부리다, 단단히 고정시키다, 결말을 내다, 부둥켜안다)

우리말로 읽어보면 '그르이느(clin)+츠(ch) → 그르이느(끄르아느 → 끌으안으 → 끌어안아) 츠(치 → 채: '채다(채우다)'의 어근) → 끌어안다 채우다(걸다)'다. '채워(걸어) 끌어안다'이다.

크링(cling: 착 들러붙다, 꼭 끌어안다)

우리말로 읽어보면 '그르이느(clin)+그(g) → 그르이느(끄르아느 → 끌으안아: '끌어안다'의 활용형) 그(고(固: 굳을 고)) → 끌어안아 굳다'다. '굳게 끌어안다'이다.

크리닉(clinic: 외래환자 진료실, 진료소)

우리말로 읽어보면 '그리(cli)+느(n)+이그(ic) → 그리(거리: '거리다(옛말 거르다. 건지다. 구제하다)'의 어근) 느(니 → 이: 사람) 이그(이거 → 이것) → 구제하다 사람 이것'이다. '사람 구제하는 이것'이다.

클로우즈(스)(close: 1. 가까운, 바싹 2. (눈을) 감다, 닫다, (책, 우산 등을) 접다)

1번을 우리말로 읽어보면 '그(c)+로(lo)+스(s)+이(e) → 그(가: 경계에 가까운 바깥쪽 부분) 로(조사) 스('스다(서다)'의 활용형) 이(邇: 가까울 이) → 가로 서 가까운'이다.

2번을 우리말로 읽어보면 '그로(clo)+스이(se) → 그로(거러 → 걸어: '걸다(잠그다)'의 활용형) 스이('스다(생기다)'의 활용형) → 걸어 스다(생기다)'다. '거는 것 생기다'이다.

크로뜨(cloth: 천, 옷감, 직물)

우리말로 읽어보면 '그르(cl)+옫(ot)+흐(h) → 그르(그로: 그것으로) 옫(옷) 흐(해: '하다'의 활용형) → 그로(그것으로) 옷 하다'다. '그것으로 옷 하는 것'이다.

크라우드(cloud: 구름)

우리말로 읽어보면 '그로(clo)+우(u)+드(d) → 그로(그것으로) 우(雨: 비 우) 드(돼: '되다'의 활용형)'다. '그것으로 비 되는 것'이다.

크럽(club: 클럽, 동호회)

우리말로 읽어보면 '그루(clu)+브(b) → 그루(거러 → 걸어: '걸다'의 활용형) 브(부(部: 떼 부)) → 걸다 떼'다. '걸은 떼(무리)'다.

□ 걸다: 1. 자물쇠, 문고리를 채우거나 빗장을 지르다. 2. 어느 단체에 속한다고 이름을 내세우다.

크루(clue: 실마리, 단서)

우리말로 읽어보면 '크르(cl)+위(ue) → 크르('크르다(끄르다(풀다)'의 방언)'의 어근) 위(頠: 조용할 위) → 끄르다 머리'다. '끄름에 머리'다.

ㅁ 위(頠): 조용하다, 머리.

칵(cock: 수탉)

우리말로 읽어보면 '콕(coc)+크(k) → 콕(꾞) 크(끄) → 꾞 끄 → 꼬꼬(어린아이의 말로, '닭'을 이르는 말) → 닭'이다.

가그네이트(cognate: 동족의, 조상이 같은, 어원이 같은)

우리말로 읽어보면 '곡(cog)+나(na)+티(te) → 곡(공(共: 한가지 공) 나('나다'의 활용형) 티(치: 어떠한 특성을 가진 물건 또는 대상, 사람) → 한 가지에서 난 사람(물건, 대상)'이다.

코일(coil: 돌돌 감다)

우리말로 읽어보면 '고이(coi)+르(l) → 고이(꼬이 → 꼬아: '꼬다'의 활용형) 르(루(屢: 여러 루) → 꼬아 루(屢)'다. '여러 번 되풀이하여 꼬다'다.

ㅁ 루(屢): 여러, 여러 번 되풀이하여.

코울드(cold: 추운, 차가운, 한기를 느끼는)

우리말로 읽어보면 '크(c)+올드(old) → 크(코(鼻)) 올드(얼다) → 코가 얼은'이다.

컬레버레이트(collaborate: 협력하다, 공동으로 작업하다)

우리말로 읽어보면 '골(col)+랍올(labor)+아디(ate) → 골(갈 → 갋: [옛말] 나란히. 함께) 랍올(랍월(臘月)) 아디(하디 → 하다) → 함께 노동하다'다.

□ 랍월(臘月): 음력 12월=설을 세는 달=제사음식을 장만하느라고 노동이 많은 달=노동.

커랩스(collapse: 무너지다, (사람이) 쓰러지다, 졸도하다)

우리말로 읽어보면 '골(col)+랍(lap)+스이(se) → 골(骨: 뼈 골) 랍(拉: 끌 랍)) 스이('스다(생기다)'의 활용형) → 뼈 꺾다 생기다'이다.

□ 랍(拉): 끌다, 꺾다, 치다.

커레이트(collate: 수집하다, 대조하다, 맞추어 보다)

우리말로 읽어보면 '골(col)+르(l)+아디(ate) → 골(갈 → 갋: [옛말] 나란히. 함께) 르(루(累: 묶을 루) 아디(하디 → 하다) → 함께 묶는 것 하다'다.

커렉트(collect: 모으다, 징수하다, 모이다)

우리말로 읽어보면 '골(col)+릭트(lect) → 골(갈 → 갋: [옛말] 나란히. 함께) 릭트(력트 → 역드 → 엮다) → 함께 엮다(묶다)'다.

커라이드(collide: 충돌, 부딪침)

우리말로 읽어보면 '골리디(collide) → 골리디(갈리다: '치이다(받히다)'의 방언) → 치이다'이다.

컬러(colour: 빛깔, 색(채))

우리말로 읽어보면 '골(col)+오우르(our) → 골(갈 → 깔: 물건의 빛깔이나 맵시) 오우르(아우러: '어우러지다'의 어근) → 빛깔 어우러지다'다. '어우러진 빛깔'이다.

콜로세움(Colosseum: 서기 80년에 완성된 로마 최대 원형 경기장)

우리말로 읽어보면 '골(col)+오스(os)+세움(seum) → 골(骨: 뼈 골) 오스(아스 → 앗아: '앗다(빼앗거나 가로채다)'의 활용형) 세움('세우다'의 활용형) → 뼈 앗아 세움(세운 것)'이다.

□ 로마 문명도 우리 민족이 만든 문명이다.

코우머(coma: 혼수 상태에 빠지다)

우리말로 읽어보면 '고(co)+므아(ma) → 고(가: '가다'의 활용형) 므아(무아(無我)) → 가다 무아(無我)'다. '무아(無我)의 상태로 가다'다.

□ 무아(無我): 자기의 존재를 잃음.

컴바인(combine: 연합[결합]시키다, 겸비하다)

우리말로 읽어보면 '곰(com)+바(bi)+느이(ne) → 곰(곤 → 공(共: 함께 공) 바('바다(ᄧᅡ다: '짜다'의 옛말)'의 어근) 느이(너이 → 넣이: '넣다'의 활용형) → 함께 짜다 넣다'다. '함께 짜 넣다'이다.

□ 짜다: 사개를 맞추어 가구나 상자 따위를 만들다.

컴버스트(combust: 연소하다)

우리말로 읽어보면 '곰(com)+부(bu)+스드(st) → 곰(곤 → 공(共: 함께 공) 부(불(火)) 스드(서다) → 함께 불 서다'이다.

컴(come: 오다)

우리말로 읽어보면 '고(co)+미(me) → 고(가: '가다'의 활용형) 미(사람(나)) → 가 나'다. 나에게 가는 것' '오는 것'이다.

카미트(comet: 혜성, 살별)

우리말로 읽어보면 '고(co)+미(me)+트(t) → 고(가: '가다'의 활용형) 미(尾: 꼬리 미) 트(태(台: 별 태)) → 가다 꼬리 별'이다. '가는 꼬리 별'이다.

컴포트(comfort: 위로하다, 달래다, ~의 기운을 북돋우다, 격려하다)

우리말로 읽어보면 '곰(com)+포~ㄹ(for)+트(t) → 곰(공(共: 함께 공)) 포~ㄹ(포(抱: 안을 포)) 트(츠 → 차: '차다(혀끝을 입천장 앞쪽에 붙였다가 떼어 소리를 내다)'의 활용형) → 함께 안다 차다'다. '함께 안아 가여워하는 것'이다.

커맨드(command: 명령하다, ~을 지배하다)

우리말로 읽어보면 '곰(com)+마(ma)+느드(nd) → 곰(감 → 강(強: 강할 강)) 마('말(言)'의 고어인 듯) 느드(넣다) → 억지로 시키는 말 넣다'다.

□ 강(強): 강하다, 강제(強制)로 하다, 억지로 시키다.

커멘스(commence: ~을 시작하다, 개시하다)

우리말로 읽어보면 '곰(com)+민(men)+시(ce) → 곰(감(感: 느낄 감)) 민(맨: 더 할 수 없을 정도나 경지에 있음을 나타내는 말) 시(始: 비로소 시) → 움직이다 맨 처음'이다. '맨 처음 움직이다'다.

□ 감(感): 느끼다, 움직이다.

□ 시(始): 비로소, 처음.

커멘드(commend: 추천[천거]하다, 칭찬하다)

우리말로 읽어보면 '곰(com)+민드(mend) → 곰(곤 → 공(共: 한가지 공)) 민드(민다: '밀다'의 활용형) → 함께 밀다'다.

□ 공(共): 한가지, 함께, 같이.

□ 밀다: 특정한 지위를 차지하도록 내세우거나 지지하다.

카머스(commerce: 상업, 무역)

우리말로 읽어보면 '곰(com)+므(m)+이르(er)+시(ce) → 곰(곤 → 공(共: 한가지 공)) 므(무(貿: 바꿀 무)) 이르(이루 → 이뤄: '이루다'의 활용형) 시(옛말의 명사형 접미사, (이)것) → 함께 무(貿) 이루다 이것'이다. '함께 바꿈을 이루는 것'이다.

□ 공(共): 한가지, 함께, 같이.

컴밍글(commingle: 뒤섞다, 혼합하다)

우리말로 읽어보면 '곰(com)+민그르이(mingle) → 곰(곤 → 공(共: 한가지 공)) 민그르이(밍그르이 → 맹그르이 → 맹글으이: '맹글다('만들다'의 방언)'의 활용형) → 함께(한꺼번에 같이) 만들다'이다.

커미저레이트(commiserate: 동정하다, 가엽게 여기다)

우리말로 읽어보면 '곰(com)+미스(mis)+이르(er)+아디(ate) → 곰(곤 → 공(共: 한가지 공)) 미스(메스: '메다('모이다'의 방언)'의 활용형) 이르(이로 → 위로(慰勞: 따뜻한 말이나 행동으로 괴로움을 덜어 주거나 슬픔을 달래 줌) 아디(하디 → 하다) → 함께 모여서 위로하다'이다.

커미트(commit: 저지르다, 범하다, (생각 등을 기록, 기억 등에) 남겨두다)

우리말로 읽어보면 '곰(com)+미트(mit) → 곰(검('금(禁: 금할 금)'의 방언)) 미트(미츠 → 미쳐: '미치다(공간적 거리나 수준 따위가 일정한 선에 닿다)'의 활용형) → 금하다 미치다'다. '금(禁)하는 것에 닿다' '금(禁)하는 선에 닿다'이다.

커먼(common: 공통[공유]의, 공동으로 행하여지는, 흔한, 공유지)

우리말로 읽어보면 '곰(com)+몬(mon) → 곰(공(共: 한가지 공)) 몬(만: '모두'의 방언) → 함께 모두'다. '모두 함께'다.

커뮨(commune: 1. 이야기하다, 마음이 통하다, 코뮌 2. 생활공동체)

1번을 우리말로 읽어보면 '곰(com)+무(mu)+느이(ne) → 곰(공(共: 한가지 공)) 무(마: '말(言)'의 고어인 듯) 느이(넣이: '넣다'의 활용형) → 함께 말 넣다'이다.

2번을 우리말로 읽어보면 '곰(com)+문(mun)+이(e) → 곰(곤 → 공(共:

함께 공)) 문(門: 문 문) 이(명사형 접미사, 이것) → 함께 문 이것'이다. '문을 함께하는 이것'이다.

커뮤니케이트(communicate: 전달하다, 연락하다, 전하다, 소통하다, 전하다)

우리말로 읽어보면 '곰(com)+무(mu)+느(n)+이(i)+그(c)+아디(ate) → 곰(공(共: 한가지 공)) 무(마: '말'의 고어인 듯) 느(너 → 넣: '넣다'의 어근) 이(의(意: 뜻 의)) 그(가: '가다'의 활용형) 아디(하디 → 하다) → 함께 말 넣어 뜻 가는 것 하다'다.

커뮤트(commut: 교환하다)

우리말로 읽어보면 '곰(com)+무(mu)+트(t) → 곰(공(共: 한가지 공)) 무(貿: 무역할 무) 트(츠 → 쳐: '치다(벌이거나 저지르다)'의 활용형) → 함께 바꾸다 벌이다'이다.

□ 공(共): 한가지, 함께, 같이.

□ 무(貿): 무역하다, 바꾸다.

컴팩트(compact: 꽉 찬, 빽빽한)

우리말로 읽어보면 '곰(com)+빽(pac)+트(t) → 곰(곤 → 공(空: 빌 공)) 빽(여럿이 좁은 곳에 촘촘히 둘러 있는 모양) 트(티: 모양)) → 공간(空間) 빽 모양'이다. '공간(空間) 빽빽한 모양'이다.

□ 공(空): 비다, 공간(空間).

컴패년(companion: 동료, 친구, 벗)

우리말로 읽어보면 '곰(com)+반(pan)+이오느(ion) → 곰(곤 → 공(共: 함께 공)) 반(伴: 짝 반) 이오느(이오니: '이다'의 활용형) → 함께 반려(伴侶: 짝이 되는 동무)이다'이다. '함께하는 동무이다'다.

□ **반(伴): 짝, 반려(伴侶), 벗, 동료.**

컴페어(compare: 비교하다, 견주다, 비유하다)

우리말로 읽어보면 '곰(com)+브(p)+아르이(are) → 곰(곤 → 공(共: 함께 공)) 브(보 → 봐: '보다'의 활용형) 아르이(알으이: '알다'의 활용형) → 함께 봐 알다'다.

컴펠(compel: 억지로[무리하게] 시키다)

우리말로 읽어보면 '곰(com)+브(p)+이르(el) → 곰(감 → 강(强: 강할 강)) 브(부(�: 부릴 부)) 이르(일으 → 일어: '일다(생기다)'의 활용형) → 강제로 부리다는 것 생기다'이다.

캄펜세이트(compensate: 보상하다, 갚다, 배상하다)

우리말로 읽어보면 '곰(com)+폐(pe)+느(n)+스(s)+아디(ate) → 곰(공(贛: 줄 공)) 폐(廢: 폐할 폐: 남에게 끼치는 신세나 괴로움) 느(나: '나다(생기다)'의 활용형) 스(수(賥: 재물 수)) 아디(하디 → 하다) → 주다 폐 생기다 재물 하다'다. '폐(廢)가 생겨 재물 주는 것 하다'다.

컴피트(compete: 경쟁하다, 겨루다, 맞서다)

우리말로 읽어보면 '곰(com)+비(pe)+티(te) → 곰(공(共: 한가지 공)) 비(比: 견줄 비) 티(어떤 태도나 기색) → 함께 견주다 태도'다. '함께 견주는 태도'다.

캄퍼터트(competent: 유능한, 역량 있는, 적격인)

우리말로 읽어보면 '곰(com)+비(pe)+띤(ten)+트(t) → 곰(공(共: 함께 공)) 비(比: 견줄 비) 띤('띠다('뜨이다'의 방언)'의 활용형) 트(티: 모양) → 함께 견주어 뜨인 모양'이다.

컴프레인(complain: 불평[불만]을 말하다, 투덜대다)

우리말로 읽어보면 '곰(com)+블(pl)+아이(ai)+느(n) → 곰(공(公: 공평할 공)) 블(불(不: 아니 불) 아이(하이: '하다'의 활용형) 느(노(嚕: 말할 노)) → 공평하다 아니다 하다 말하다'다.

캄프러먼트(complement: 보충물, 보완물)

우리말로 읽어보면 '곰(com)+브(p)+르(l)+이(e)+메(me)+느(n)+트(t) → 곰(공(空: 빌 공)) 브(부(部: 떼 부)) 로(조사) 이(異: 다를 이) 메('뭐'의 방언) 느(넣: '넣다'의 활용형) 트(츠 → 치: 물건) → 빈 곳으로 다른 무엇 넣는 물건'이다. '빈 곳으로 넣는 다른 물건'이다.

□ 부(部): 떼, 곳, 장소(場所).

컴프리트(complete: 완전한, 완성[완료]된, 다 된)

우리말로 읽어보면 '곰(com)+블(pl)+이(e)+티(te) → 곰(감(喊: 꾸짖을 감)) 블(불(不: 아닐 불)) 이('에'의 방언) 티(모양) → 꾸짖음 없음에 모양'이다. '흠잡을 것이 없는 모양'이다.

□ 불(不): 아니다, 없다.

컴프리케이트(complicate: 복잡하게[뒤얽히게] 하다, 곤란하게 하다)

우리말로 읽어보면 '곰(com)+블(pl)+이그(ic)+아디(ate) → 곰(감(勘: 헤아릴 감)) 블(불(不: 아닐 불)) 이그(이게: 조사) 아디(하디 → 하다) → 헤아리는 것 불(不) 이게 하다'다. '헤아리는 것 아니 되게 하다'다.

컴프러먼트(compliment: 찬사, 칭찬하는 말)

우리말로 읽어보면 '곰(com)+프르(pl)+이(i)+민(men)+트(t) → 곰(감(甘: 달 감)) 프르(플으 → 풀어: '풀다'의 활용형) 이(위(爲: 할 위)) 민(民: 백성 민) 트(츠 → 치(治: 다스릴 치)) → 달다 풀다 위하다 사람 말'이다. '단 것(들어서 기분(氣分) 좋은 것)을 풀어 사람을 위하는 말'이다.

□ 감(甘): 달다, 들어서 기분(氣分) 좋다.

□ 위(爲): 하다, 위하다.

□ 민(民): 백성, 사람.

□ 치(治): 다스리다, 말, 언사(言辭).

컴포우즈(compose: 조립하다, 정리하다, 작곡하다)

우리말로 읽어보면 '곰(com)+포(po)+스이(se) → 곰(감: 대상이 되는 도구, 사물, 사람, 재료의 뜻을 나타내는 말) 포(파(把: 잡을 파)) 스이('스다(생기다)'의 활용형) → 재료 묶는 것 생기다'이다.

□ 파(把): 잡다, 묶다.

캄프리헨드(comprehend: 이해하다)

우리말로 읽어보면 '곰(com)+프르(pr)+이해(ehe)+느드(nd) → 곰(감(勘: 헤아릴 감)) 프르(플으 → 풀어: '풀다'의 활용형) 이해(理解: 깨달아 알아들음) 느드(나다(생기다)) → 헤아리다 풀다 이해(理解) 생기다'이다. '헤아려서 풀어 이해(理解) 생기다'이다.

□ 해(解): 풀다, 깨닫다.

컴프레스(compress: 압축하다)

우리말로 읽어보면 '곰(com)+프레스(press) → 곰(공(共: 한가지 공)) 프레스(누르다) → 함께 누르다'이다.

컴펄서리(compulsory: 강제적인, 강요하는)

우리말로 읽어보면 '곰(com)+불(pul)+소르(sor)+이(y) → 곰(공 → 강(強: 강할 강) 불(벌(罰)) 소르(사르 → 살으 → 살아: '살다'의 활용형) 이(이것) → 강제로 벌(罰) 살아 이것'이다. '강제로 벌(罰) 사는 이것'이다.

□ 강(強): 강하다, 강제(強制)로 하다, 억지로 시키다.

컴퓨우트(compute: 계산하다, 산출하다)

우리말로 읽어보면 '곰(com)+부(pu)+티(te) → 곰(감(勘: 헤아릴 감) 부

(附: 더할 부) 티(치(値: 값 치) → 헤아리다 더하다 값'이다. '값을 더하여 헤아리다(세다)'다.

컨실(conceal: 감추다, 보이지 않게 하다)

우리말로 읽어보면 '곤(con)+세(ce)+알(al) → 곤(간(看: 볼 간) 세('사이'의 방언) 알(按: 막을 알) → 보다 사이 막다'이다. '보는 사이(틈) 막다'이다.

컨시드(concede: 인정하다, 용인[시인]하다)

우리말로 읽어보면 '곤(con)+시(ce)+디(de) → 곤(공 → 긍(肯: 즐길 긍)) 시(是: 이 시) 디(돼: '되다'의 활용형) → 수긍하다(首肯--) 이것 되다'이다.

□ 긍(肯): 즐기다, 수긍하다(首肯--).

컨시트(conceit: 자만심, 자부심, 자기 과대 평가)

우리말로 읽어보면 '곤(con)+시(ce)+이(i)+트(t) → 곤(콘 → 칸 → 큰: '크다'의 활용형) 시('씨'의 옛말) 이(台: 나 이) 트(티: 어떤 태도나 기색)) → 큰 씨 나 태도'다. '내가 큰 씨라는 태도(마음가짐)'다.

컨시이브(conceive: 1. 마음에 품다, (계획 등을) 생각해 내다 2. 임신하다)

1번을 우리말로 읽어보면 '곤(con)+시(ce)+이브이(ive) → 곤(간(肝: 간 간)) 시('씨'의 옛말) 이브이(입으이: '입다'의 활용형) → 마음 씨 입다'이다. '마음의 씨를 입은(가진) 것'이다.

□ 간(肝): 간, 마음.

2번을 우리말로 읽어보면 '곤(con)+시(ce)+이(i)+비(ve) → 곤(간(幹: 줄기 간) 시('씨'의 옛말) 이(사람) 비(배: '배다'의 어근) → 몸에 씨+사람=아이 배다'이다.

□ 간(幹): 줄기, 몸.

칸선트레이트(concentrate: 집중시키다, 액체를 응축하다)

우리말로 읽어보면 '곤(con)+신(cen)+트(t)+르(r)+아디(ate) → 곤(공(共: 한가지 공)) 신(선(籑: 굴대 선)) 트(츠 → 처(處: 곳 처)) 르(루(瞜: 볼 루)) 아디(하디 → 하다) → 함께 굴대 곳 보다 하다'다. '함께 굴대 곳 보는 것 하다'다.

□ 굴대: 수레바퀴의 한가운데에 뚫린 구멍에 끼우는 긴 나무 막대나 쇠막대.

컨셉션(conception: (계획 등의) 구상, 이해, 신념)

우리말 읽어보면 '콘(con)+시프(cep)+티(ti)+온(on) → 콘(칸 → 큰: '크다'의 활용형) 시프(싶으 → 싶어: '싶다'의 활용형) 티(치 → 쳐: '치다(그리다)'의 활용형) 온(안(案: 책상 안)) → 큰 싶다 그리다 생각'이다. '큰 싶음 그린 생각'이다.

□ 안(案): 책상, 안건, 생각.

컨서른(concern: 관계[관여]하다)

우리말로 읽어보면 '곤(con)+설(cer)+느(n) → 곤(간(間: 사이 간) 설(說: 말씀 설) 느(넣: '넣다'의 활용형) → 사이 말씀 넣다'다. '사이에서 말을 넣는 것'이다.

칸설트(concert: 음악회, 연주회)

우리말로 읽어보면 '콘(con)+실(cer)+트(t) → 곤(공(共: 한가지 공)) 실(絲) 트(타: '타다(악기의 줄을 퉁기거나 건반을 눌러 소리를 내다)'의 활용형) → 함께 실 타다(연주하다)'다. '함께 실을 타는 것'이다.

□ 공(共): 한가지, 함께.

컨세션(concession: 양보, 양여, 승인, 용인)

우리말로 읽어보면 '곤(con)+스(c)+이스(es)+스(s)+이오느(ion) → 곤(관(寬: 너그러울 관)) 스(사(思: 생각 사)) 이스(있어: '있다'의 활용형) 스(사(辭: 말씀 사)) 이오느(이오니: '이다'의 활용형) → 너그럽다 생각 있어 사양(辭讓)하다 이오니'다. '너그러운 생각이 있어 사양하는 것이다'이다.

□ 사(辭): 말씀, 사양하다(辭讓--).

컨시리에이트(conciliate: 불신[적의] 등을 없애다, (남을) 달래다, ~회유하다)

우리말로 읽어보면 '곤(con)+시리(cili)+아디(ate) → 곤(간(看: 볼 간)) 시리(서래: '넋두리'의 방언) 아디(하디 → 하다) → 헤아리다 넋두리 하다'다. '넋두리함을 헤아리다(살피다)'이다.

□ 간(看): 보다, 헤아리다.

□ 넋두리: 불만을 길게 늘어놓으며 하소연하는 말.

컨크루우드(conclude: 종결하다, 결말을 짓다)

우리말로 읽어보면 '곤(con)+그루(clu)+디(de) → 곤(공(功: 공 공)) 그루(걸우 → 걸어: '걸다(잠그다)'의 활용형) 디(대 → 돼: '되다'의 활용형) → 일 걸어 되다'이다. '일 거는 것 되다'이다.

□ 공(功): 공, 공로(功勞), 공적(功績), 일, 사업(事業).

칸칵트(concoct: 혼합하여 만들다, 조합하다)

우리말로 읽어보면 '곤(con)+곡(coc)+트(t) → 곤(공(共: 함께 공)) 곡(각(各: 각각 각) 트(타: '타다(넣어 섞다)'의 활용형) → 함께 각각 타다'다.

칸카머턴트(concomitant: ~과 공존하는)

우리말로 읽어보면 '곤(con)+곰(com)+이(i)+탄(tan)+트(t) → 곤(공(共: 함께 공) 곰(감: '가다'의 활용형) 이('에'의 방언) 탄('타다'의 활용형) 트(티: 모양) → 함께 감에 탄 모양'이다.

칸커르드(concord: 일치, 조합, 화합, 우호, 친교)

우리말로 읽어보면 '곤(con)+골(cor)+드(d) → 곤(공(共: 한가지 공)) 골('꼴(모양)'의 옛말) 드(돼: '되다'의 활용형) → 한가지 꼴 돼'다. '한가지 꼴 된 것'이다.

□ 공(共): 한가지, 함께, 같이.

캉크리트(concrete: 콘크리트로 된, 콘크리트)

우리말로 읽어보면 '곤(con)+그르(cr)+이(e)+티(te) → 공(共: 한가지 공)

그르(끄르 → 꼬르 → 꼴아: '꼴다('굳다'의 방언)'의 활용형) 이('에'의 방언) 티(치: 물건) → 함께 굳음에 물건'이다. '함께 굳은 물건'이다.

컨커르(concur: 같은 의견이다, 일치하다, 동시에 일어나다)

우리말로 읽어보면 '곤(con)+구르(cur) → 곤(공(共: 한가지 공)) 구르(가르: '가르다('말하다'의 방언)'의 어근) → 같게 하다 말하다'이다. '같게 하여 말하다'이다.

□ 공(共): 한 가지, 같게 하다.

컨커스(concuss: ~을 세게 흔들다, ~충격을 주다)

우리말로 읽어보면 '콘(con)+구(cu)+스스(ss) → 콘(큰: '크다'의 활용형) 구(고 → 교(攪: 흔들 교)) 스스(슷으 → 섯어: '서다(생기다)'의 활용형) → 큰 흔들다 생기다'이다. '크게 흔드는 것 생기다'이다.

컨뎀(condemn: 비난[책망]하다, ~을 비난할 근거가 되다, 유죄 판결을 내리다)

우리말로 읽어보면 '곤(con)+댐(dem)+느(n) → 곤(간(間: 사이 간)) 댐(땜: '때문'의 준말) 느('너'의 방언) → 헐뜯다 때문 너'다. '너 때문이라고 헐뜯다'이다.

□ 간(間): 사이, 헐뜯다.

컨덴스(condense: 농축시키다, 요약[단축]하다)

우리말로 읽어보면 '곤(con)+딘(den)+스이(se) → 곤('고다(졸아서 진하게 엉기도록 끓이다)'의 활용형) 딘(진(津: 나루 진: 진액) 스이('스다(생기다)'의 활용형) → 곤 진액 생기다'이다. '곤 진액 생기다' '농축시키는 것'이다.

□ 진(津): 나루, 진액, 침, 땀.

컨디션(condition: 상태, 모양, 형편, 건강 상태)

우리말로 읽어보면 '곤(con)+디(di)+트(t)+이오느(ion) → 곤(간(干: 줄기 간)) 디(지: '지다(어떤 현상이나 상태가 이루어지다)'의 어근) 트(티: 모양) 이오느(이오니: '이다'의 활용형) → 몸 지다 모양 이다'다. '몸이 진 모양이다'다.

□ 간(干): 줄기, 몸.

컨도우러토리(condolatory: 조의를 표하는, 애도하는)

우리말로 읽어보면 '곤(con)+도르(dol)+애토리(atory) → 곤(관(棺: 널 관: 시체를 담는 궤) 도르(돌으 → 돌아: '돌다'의 활용형) 애토리(애타리: '애타다(몹시 답답하거나 안타까워 속이 끓는 듯하다)'의 활용형) → 관(棺) 돌아 애타리'다. '관(棺) 돌아 애타는 것'이다.

칸도우네이션(condonation: (죄 등의) 용서, (특히 간통에 대한) 묵과)

우리말로 읽어보면 '곤(con)+도(do)+나(na)+트(t)+이오느(ion) → 곤(간(姦: 간음할 간)) 도(다 → 자(慈: 사랑 자) 나('나다(생기다)'의 활용형) 트(티: 모양) 이오느(이오니: '이다'의 활용형) → 간음함에 사랑 생긴 모양이다'이다.

칸더르(condor: 콘도르, 대머리수리)

우리말로 읽어보면 '콘(con)+도르(dor) → 콘(칸 → 큰) 도~ㄹ(도~ㄹ → 조(鳥: 새 조)) → 큰 새'이다.

칸덕트(conduct: 1. 행위, 처신, 지도 2. 지휘하다 3. 수행하다, 안내하다)

1번을 우리말로 읽어보면 '곤(con)+둑(duc)+트(t) → 곤(건(件: 물건 건)) 둑(닥 → 작(作: 지을 작)) 트(츠 → 치: 어떠한 특성을 가진 물건 또는 대상) → 사건(事件) 만든 대상'이다.

□ 건(件): 물건(物件), 사건(事件).

□ 작(作): 짓다, 만들다.

2번을 우리말로 읽어보면 '고(co)+느(n)+둑(duc)+트(t) → 고(가(歌: 노래 가)) 느(나: '나다'의 활용형) 둑(독: '도와'의 옛말) 트(츠 → 쳐: '치다(신호를 보내다)'의 활용형) → 노래 나다 도와 신호를 보내다'다. '노래 나는 것을 돕는 신호를 보내는 것'이다.

3번을 우리말로 읽어보면 '고(co)+느(n)+둑(duc)+트(t) → 고(가: '가다'의 활용형) 느(나: '나다(생기다)'의 활용형) 둑(독: '도와'의 옛말) 트(츠 → 치: 사람) → 가다 생기다 도와 사람'이다. '사람 도와 가는 것 생기다'이다.

코운(cone: 원뿔)

우리말로 읽어보면 '곤(con)+이(e) → 곤(관(管: 대롱 관)) 이(여(鱺: 뿔 여)) → 대롱 뿔'이다. '뿔(모양) 대롱'이다.

카너스태오우거(Conestoga: (북미에서 서부 이주자가 이용했던) 대형 포장마차)

우리말로 읽어보면 '콘(con)+이스(es)+토(to)+가(ga) → 콘(칸: 사방을 둘러막은 일정한 테두리의 안) 이스(있어: '있다'의 활용형) 토(타: '타다'의 활용형) 가(軻: 수레 가) → 칸 있어 타는 수레'이다.

칸패브(confab: 담소하다, 잡담하다)

우리말로 읽어보면 '곤(con)+파(fa)+브(b) → 곤(공 → 긍(肯: 즐길 긍)) 파(화(話: 말씀 화)) 브(보('보다'의 어근) → 즐기다 말씀 보다'이다. '말해 즐기다'이다.

컨페더러트(confederate: 동맹[연합]한; 공모한)

우리말로 읽어보면 '곤(con)+피(fe)+드(d)+이르(er)+아디(ate) → 곤(공(共: 함께 공)) 피(패(牌: 패 패: 같이 어울려 다니는 사람의 무리) 드(돼: '되다'의 활용형) 이르(이루 → 이뤄: '이루다'의 활용형) 아디(하디 → 하다) → 함께 패 돼 이룬 것 하다'이다.

컨퍼르(confer: 주다, 수여하다, 상의하다, 협의하다)

우리말로 읽어보면 '곤(con)+브(f)+이르(er) → 곤(건(件: 물건 건)) 브(부(付: 줄 부)) 이르(이루 → 이뤄: '이루다'의 활용형) → 물건 주는 것 이루다'이다.

컨페스(confess: 고백[자백]하다, 인정하다, 자인하다)

우리말로 읽어보면 '고(co)+느(n)+브(f)+이쓰(ess) → 고(告: 고할 고) 느(나: '나다(생기다)'의 활용형) 브(부(不: 아닐 부: 어긋남, 잘못함)) 이쓰(있으 → 있어: '있다'의 활용형) → 고하다 생기다 잘못함 있다'이다. '잘못함 있다고 고(告)함 생기는 것'이다.

컨피던스(confidence: 신뢰, 자신감, 확신)

우리말로 읽어보면 '곤(con)+피(fi)+딘(den)+시(ce) → 곤(관(關: 관계할 관) 피(血) 딘(된: '되다'의 활용형) 시(是: 이 시) → 관계함에 피(血) 된 이것'이다.

□ 피: 혈연(血緣) 또는 겨레임을 비유적으로 이르는 말.

컨파인(confine: 한정[제한]하다, 가두다)

우리말로 읽어보면 '곤(con)+비(fi)+느이(ne) → 곤(관(關: 관계할 관)) 비(배(排: 밀칠 배)) 느이(나이: '나다(생기다)'의 활용형) → 관계하다 밀치다 생기다'이다. '관계함에 밀침 생기다'이다.

컨퍼름(confirm: 입증[확증]하다, 승인하다, 재가하다, 굳히다, 강화하다)

우리말로 읽어보면 '곤(con)+브(f)+이름(irm) → 곤(간(看: 볼 간)) 브(부(符: 부호 부)) 이름(이룸: '이루다'의 활용형) → 보다 부절 이룸'이다. '부절 이룸 보다' '부절이 서로 맞는 것을 보다'이다.

□ 부(符): 부호, 증표, 부절(符節: 돌이나 대나무·옥 따위로 만들어 신표로 삼던 물건).

칸피스케이트(confiscate: 몰수[압수]하다)

우리말로 읽어보면 '곤(con)+비스(fis)+그(c)+아디(ate) → 곤(간 → 강(強: 강할 강)) 비스(삐스 → 뺏어: '뺏다'의 활용형) 그(가: '가다'의 활용형) 아디(하디 → 하다) → 강제(強制)로 하다 뺏어 가 하다'다. '강제(強制)로 뺏어가다'이다.

컨프릭트(conflict: 충돌하다, 모순되다)

우리말로 읽어보면 '곤(con)+블(fl)+이(i)+그트(ct) → 곤(관(慣: 익숙할 관)) 블(발(새로 생긴 나쁜 버릇이나 관례)) 이(주격 조사) 그(가: '가다'의 활용형) 트(츠 → 쳐: '치다'의 활용형) → 관례(慣例) 발 이 가 쳐'다. '관례(慣例)에 발(새로 생긴 나쁜 버릇이나 관례)이 가 치다(때리다)'이다.

□ 관(慣): 익숙하다, 관례(慣例).

컨포름(conform: (규칙, 관습 등에) 따르다, 순응하다)

우리말로 읽어보면 '곤(con)+볼(for)+므(m) → 곤(관(慣: 익숙할 관)) 보르(바로: 일정한 방향이나 곳) 므(무 → 뮈: '뮈다('움직이다'의 옛말)'의 어근) → 익숙함에 방향으로 움직이다'이다.

칸파운드(confound: 당황하게[어리둥절하게] 하다)

우리말로 읽어보면 '곤(con)+포(fo)+우(u)+느드(nd) → 곤(건(件: 물건 건)) 포('거듭'의 옛말) 우(偶: 짝 우) 느드(나다(생기다)) → 사건(事件) 거듭 우연(偶然) 생기다'이다.

□ 건(件): 물건, 사건(事件).

□ 우(偶): 짝, 우연(偶然).

컨프런트(confront: 직면하다, 마주보다, 앞길을 가로막다)

우리말로 읽어보면 '곤(con)+브르(fr)+온(on)+트(t) → 곤(간(看: 볼 간)) 브르(바로) 온(안(顔: 낯 안) 트(츠 → 처(處: 곳 처)) → 보다 바로 낯(얼굴)+곳=앞'이다. '바로 앞 보다'이다.

컨퓨우즈(confuse: 혼란시키다, 당황하게[난처하게] 하다)

우리말로 읽어보면 '곤(con)+푸(fu)+스이(se) → 곤(공(公: 공평할 공)) 푸(파(破: 깨뜨릴 파)) 스이('스다(생기다)'의 활용형) → 공평하다 깨뜨리다 생기다'이다. '공평함을 깨뜨린 것 생기다' '혼란시키는 것'이다.

컨제스트(congest: 충만[밀집]시키다, 혼잡하게 하다)

우리말로 읽어보면 '곤(con)+지(ge)+스(s)+트(t) → 곤(공(共: 함께 공)) 지('죄(모두)'의 방언) 스('스다(서다)'의 활용형) 트(티: '티다('치다(때리다)'의 옛말)'의 어근) → 함께 모두 서다 때리다'다. '함께 모두 서게 때리다'이다.

컨그라머러트(conglomerate: 집합, 집괴(集塊), 역암(礫岩))

우리말로 읽어보면 '곤(con)+그르(gl)+옴(om)+이르(er)+아디(ate) → 곤(공(共: 함께 공)) 그르(글으 → 걸어: '걸다(잠그다)'의 활용형) 옴(암(巖: 바위 암)) 이르(이루 → 이뤄: '이루다'의 활용형) 아디(하디 → 하다) → 함께 걸어 바위 이뤄 하다'다. '함께 걸어 바위 이룬 것'이다.

컨그레츄레이트(congratulate: 축하하다, 기뻐하다, 자랑스러워하다)

우리말로 읽어보면 '곤(con)+그래트(grat)+우르(ul)+아디(ate) → 곤(공(共: 함께 공)) 그래트(가래 → 헹가래)+트(츠 → 쳐: '치다'의 활용형)) 우르(위로) 아디(하디 → 하다) → 함께 헹가래 쳐 위로 하다'다.

□ 헹가래: 사람의 몸을 번쩍 들어 자꾸 내밀었다 들이켰다 하는 일. 또는 던져 올렸다 받았다 하는 일. 기쁘고 좋은 일이 있는 사람을 축하하거나, 잘못이 있는 사람을 벌줄 때 한다.

캉그리게이트(congregate: 모이다)

우리말로 읽어보면 '곤(con)+그리(gre)+가(ga)+티(te) → 곤(공(空: 빌 공)) 그리(거리) 가('가다'의 활용형) 티(치 → 채: '채다(채우다)'의 활용형) → 빈 거리 가서 채우다'이다.

캉그루언스(congruence: 일치, 조합, 적합, (수학의) 합동, 상동)

우리말로 읽어보면 '곤(con)+그르(gr)+우(u)+인(en)+시(ce) → 곤(공(共: 함께 공)) 그르(거리: '켤레'의 방언) 우(偶: 짝 우) 인('이다'의 활용형) 시(옛말의 명사형 접미사=이것) → 함께 켤레 짝인 이것'이다.

컨조인(conjoin: 결합[연접, 연합, 합동]시키다)

우리말로 읽어보면 '곤(con)+조이(joi)+느(n) → 곤(공(共: 함께 공)) 조이(조여: '조이다'의 활용형) 느(나 → 놔: '놓다'의 활용형) → 함께 조여 놔'다.

칸주걸(conjugal: 결혼의, 혼인의, 부부의)

우리말로 읽어보면 '곤(con)+주(ju)+그(g)+알(al) → 곤(공(共: 함께 공)) 주(住: 살 주) 그(구(軀: 몸 구) 알(할: '하다'의 활용형) → 함께 사는 몸 할'이다.

컨정크트(conjunct: 결합한, 밀접한 관계에 있는)

우리말로 읽어보면 '곤(con)+준그(junc)+트(t) → 곤(공(共: 함께 공)) 준그(잔그 → 잠그: '잠그다'의 어근) 트(티: 모양)) → 함께 잠그다 모양'이다. '함께 잠근 모양'이다.

칸저르(conjure: (악마나 악령을 주문, 주술)로 불러내다, 마법을 걸다)

우리말로 읽어보면 '곤(con)+즈(j)+울(ur)+이(e) → 곤(간(看: 볼 간)) 즈(주(呪: 빌 주)) 울(얼: 정신의 줏대, 영혼) 리(이: 사람) → 보다 주술 부리다 영혼 사람'이다. '주술 부려 영혼(넋) 사람 보다'다.

□ 주(呪): 빌다, 주술(呪術)을 부리다.

커넥트(connect: ~을 잇다, 연결[접속]하다)

우리말로 읽어보면 '곤(con)+닉트(nect) → 곤(공(共: 함께 공)) 닉트(익트 → 역트 → 엮다) → 함께 엮다'이다.

캉커(conquer: (국가, 영토, 적을) 정복하다, 획득하다)

우리말로 읽어보면 '곤(con)+구(qu)+이르(er) → 곤(간 → 강(強: 강할 강) 구(軀: 몰 구) 이르(이루 → 이뤄: '이루다'의 활용형) → 강제(強制)로

하다 내쫓다 이뤄'다.

□ 구(驅): 몰다, 내쫓다.

칸생그위너티(consanguinity: 혈족(관계)

우리말로 읽어보면 '곤(con)+산(san)+구(gu)+인(in)+이(i)+띠(ty) → 곤(공(共: 함께 공)) 산(産: 낳을 산) 구('식구'의 옛말) 인('이다'의 활용형) 이(사람) 띠(떼: 무리) → 함께 낳은 식구 인 사람 무리'이다.

칸셔스(conscious: 자각[의식]하고 있는)

우리말로 읽어보면 '곤(con)+스시(sci)+오우스(ous) → 곤(간(看: 볼 간)) 스시(ㅅ시 → 씨: '태도' 또는 '모양'의 뜻을 더하는 접미사) 오우스(오우(위(爲)+스(~의)=함의=한) → 보다(본) 태도 한'이다.

컨스크리프트(conscript: 징집하다, 징병하다, 장발[징용]하다)

우리말로 읽어보면 '곤(con)+스(s)+글(cr)+이(i)+브드(pt) → 곤(공 → 강(強: 강할 강)) 스(사(師: 스승 사)) 글(갈: '가다'의 활용형) (이: 사람) 브드(보다: 준비하여 갖추다) → 강제(強制)로 하다 군대(軍隊) 갈 사람 준비하여 갖추다'다. '강제(強制)로 군대(軍隊) 갈 사람 준비하여 갖추다'다.

□ 강(強): 강하다, 강제(強制)로 하다.

□ 사(師: 스승, 군사(軍士), 군대(軍隊).

칸서크레이트(consecrate: ~을 신성하게 하다, 신성하다고 선언하다)

우리말로 읽어보면 '곤(con)+세(se)+그르(cr)+아디(ate) → 곤(간(幹: 줄기 간)) 세(洗: 씻을 세) 그르(기르 → 기려: '기리다(받들다)'의 활용형) 아디(하디 → 하다) → 몸 씻다 받들다 하다'다. '몸 씻어 받드는 것을 하다'이다.

□ 간(幹): 줄기, 몸.

컨센서스(consensus: (의견 등의) 일치, 조화)

우리말로 읽어보면 '곤(con)+신(sen)+수스(sus) → 곤(공(共: 한가지 공)) 신(信: 믿을 신) 수스(서스 → 섯어: '스다(생기다)'의 활용형) → 한가지 믿음 생기다'이다. '한가지 믿음 생긴 것'이다.

컨센트(consent: 동의하다, 동의)

우리말로 읽어보면 '곤(con)+스(s)+인(en)+트(t) → 곤(공(共: 한가지 공)) 스(사(思: 생각 사)) 인('일다(생기다)'의 활용형) 트(티: 모양) → 한가지 생각인 모양'이다.

컨서퀸스(consequence: 1. 결과 2. 중요성, 중대함)

1번을 우리말로 읽어보면 '곤(con)+시(se)+구우(qu)+인(en)+시(ce) → 곤(간(看: 볼 간)) 시(始: 비로소 시) 구우(구아 → 과(果: 실과 과)) 인('일다(생기다)'의 활용형) 시(옛말 명사형 접미사, 이것) → 보다 시작하다 과실 생긴 이것'이다. '시작 보아 실과(열매) 생긴 이것'이다.

□ 시(始): 비로소, 시작하다(始作--).

2번을 우리말로 읽어보면 '곤(con)+시(se)+꾸아(qu)+인(en)+시(ce) → 곤(간(看: 볼 간)) 시(세(勢: 형세 세) 꾸아(꽈 → 꽤: 보통보다 조금 더) 인

('일다(생기다)'의 활용형) 시(옛말 명사형 접미사,이것) → 보는 형세(기운차게 뻗치는 모양이나 상태) 꽤 인(생긴) 이것'이다.

컨서브(conserve: ~을 보존[보호]하다)

우리말로 읽어보면 '곤(con)+실(ser)+비(ve) → 곤(간(看: 볼 간)) 실(失: 잃을 실) 비(備: 갖출 비) → 지키다 잃다 예방하다(豫防--)'다. '지켜 잃음 예방하다(豫防--)'이다.

□ 간(看): 보다, 지키다.

□ 비(備): 갖추다, 예방하다(豫防--).

컨시덜(consider: 숙고하다)

우리말로 읽어보면 '곤(con)+시(si)+드(d)+이르(er) → 곤(간(揀: 가릴 간)) 시(사(思: 생각 사)) 드(도 → 또: 거듭) 이르(일으 → 일어: '일다(생기다)'의 활용형) → 가리다 생각 거듭 생기다'이다. '생각을 가리는 것이 거듭 생기다'이다.

컨소울(console: 위로[위안]하다)

우리말로 읽어보면 '곤(con)+소리(sole) → 곤(간(間: 사이 간) 소리(말) → 살피다 말하다'다. '살피는 말하다'이다.

□ 간(間): 사이, 살피다.

컨스탄트(constant: 1. 불변의, 변함없는 2. 끊임없이 계속되는)

1번을 우리말로 읽어보면 '곤(con)+스트(st)+안(an)+트(t) → 곤(간(看:

볼 간)) 스트(스다(서다(멈추다)) 안(한: '하다'의 활용형) 트(티: 모양) → 보다 멈추다 한 모양'이다. '봄에 멈춤 한 모양'이다.

2번을 우리말로 읽어보면 '곤(con)+스탄(stan)+트(t) → 곤(간(看: 볼 간)) 스탄(슫안 → 숱한: '숱하다(아주 많다)'의 활용형) 트(티: 모양) → 보다 (봄이) 숱한 모양'이다.

칸스털네이션(consternation: 깜짝 놀람, 대경실색)

우리말로 읽어보면 '콘(con)+스드(st)+이르(er)+느(n)+아(a)+트(t)+이오느(ion) → 콘(칸 → 큰) 스드(스다(서다)) 이르(일으 → 일어: '일다(생기다)'의 활용형) 느(노(涰: 놀랄 노)) 아(하 → 해: '하다'의 활용형) 트(츠 → 추 → 취(趣: 뜻 취) 이오느(이오니: '이다'의 활용형) → 큰 서다 생기다 놀라다 하다 뜻이다'다. '크게 섬이 생겨 놀라 하는 뜻이다'다.

컨스트럭트(construct: 조립하다, 건설[가설, 건조]하다)

우리말로 읽어보면 '곤(con)+스틀(str)+우(u)+그(c)+트(t) → 곤(건(建: 세울 건)) 스틀(새틀: '사다리'의 방언) 우(위) 가('가다'의 활용형) 트(츠 → 쳐: '치다(벽 따위를 둘러서 세우거나 쌓다)'의 활용형) → 세우다 사다리 위 가 치다'다. '사다리 위에 가서 치고 세우다'이다.

컨설트(consult: 상의[상담]하다)

우리말로 읽어보면 '곤(con)+술(sul)+트(t) → 곤(공(共: 함께 공)) 술(述: 펼 술) 트(츠 → 추 → 취(趣: 뜻 취) → 함께 말하다 뜻'이다. '뜻을 함께 말하다'이다.

□ 술(述): 서술하다, 말하다.

컨숨(consume: ~을 다 써 버리다, 소비[소모]하다, 먹다, 마시다)

우리말로 읽어보면 '곤(con)+숨이(sume) → 곤(간(乾: 마를 간)) 숨이(씀이: '쓰다'의 활용형) → 마르다 씀이'다. '씀이 마르다'이다.

컨택트(contact: 접촉, 연락하다)

우리말로 읽어보면 '곤(con)+탁(tac)+트(t) → 곤(간(簡: 대쪽 간)) 탁(擢: 줄 탁) 트(츠 → 추 → 취(取: 가질 취) → 편지(便紙) 주고 받다'다.

□ 간(簡): 대쪽, 편지(便紙).

□ 취(取): 가지다, 받다.

컨태머네이트(contaminate: 더럽히다, 불순하게 하다)

우리말로 읽어보면 '곤(con)+때(ta)+미(mi)+느(n)+아디(ate) → 곤(간(矸: 깨끗할 간)) 때(더러운 물질) 미(메: '메다('메우다'의 준말)'의 어근) 느(넣: '넣다'의 활용형) 아디(하디 → 하다) → 깨끗함에 때 메우다 넣다 하다'다. '깨끗함에 때 메워 넣는 것을 하다'이다.

칸텀프레이트(contemplate: 1. 응시하다, 눈여겨보다 2. 심사숙고하다)

1번을 우리말로 읽어보면 '곤(con)+딤(tem)+브라(pla)+디(te) → 곤(공(共: 함께 공)) 딤(뎜 → 점(點: 점 점) 브라(보라: '보다'의 활용형) 디(돼: '되다'의 활용형) → 함께 점(點) 보라 돼'다.

2번을 우리말로 읽어보면 '곤(con)+딤(tem)+프(p)+르(l)+아디(ate) → 곤

(관(觀: 볼 관)) 딤(점(點: 점 점)) 프(포: '거듭'의 옛말) 르(로: 조사) 아디(하디 → 하다) → 관점(觀點: 사물이나 현상을 관찰할 때, 그 사람이 보고 생각하는 태도나 방향 또는 처지) 포(거듭)로 하다'다.

컨템프트(contempt: 경멸, 모욕, 멸시)

우리말로 읽어보면 '곤(con)+딤(tem)+브드(pt) → 곤(공(共: 함께 공)) 딤(점(䀿: 흠 점: 사람의 성격이나 언행에 나타나는 부족한 점)) 브드(보다) → 함께 흠 보다'이다. '함께 흠 보는 것'이다.

컨텐드(contend: 다투다, 싸우다)

우리말로 읽어보면 '곤(con)+틴드(tend) → 곤(간(斡: 주장할 간)) 틴드(친다: '치다(상대편에게 피해를 주기 위하여 공격을 하다)'의 활용형) → 주장함으로 친다'다.

칸테스트(contest: 경쟁, 경주, 콘테스트, 콩쿠르)

우리말로 읽어보면 '곤(con)+티(te)+스(s)+트(t) → 곤(공(公: 공평할 공)) 티(태(汰: 일 태)) 스('스다(생기다)'의 활용형) 트(티: 모양) → 공평하다 가려 뽑다 생기다 모양'이다. '공평하게 가려 뽑는 것 생기는 모양'이다.

□ 태(汰): 일다(흔들어서 쓸 것과 못 쓸 것을 가려내다), 걸러내다, 가려 뽑다.

컨티그주어스(contiguous: 인접[접촉]하고 있는, 근접한, 이웃한)

우리말로 읽어보면 '곤(con)+티(ti)+주(gu)+오우(ou)+스(s) → 곤(근(近: 가까울 근)) 티('터'의 방언) 주(住: 살 주) 오우스(오우(위(爲))+스(~의))=

함의=한)) → 가까운 터에 사는 것 한'이다.

콘티넌트(continent: 대륙)

우리말로 읽어보면 '콘(con)+띤(tin)+인(en)+트(t) → 콘(칸 → 간(間: 사이 간)) 띤('띠다(띄우다)'의 활용형) 인(연(衍: 넓을 연)) 트(터: 땅) → 사이 띄운 넓은 땅'이다.

컨티뉴(continue: 계속[지속, 존속]되다)

우리말로 읽어보면 '곤(con)+틴(tin)+우이(ue) → 곤(간(間: 사이 간)) 틴(친: '끈'의 방언) 우이(위(爲: 할 위) → 때 끈(연결) 하다'다.

□ 간(間): 사이, 때, 동안.

컨토르트(contort: 비틀다, 일그러뜨리다, 찌푸리다)

우리말로 읽어보면 '곤(con)+톨드(tort) → 곤(간 → 강(強: 강할 강)) 톨드(틀다) → 강하게 틀다'다.

칸투얼(contour: 윤곽, 외곽, 외형)

우리말로 읽어보면 '곤(con)+토(to)+울(ur) → 곤(건(件: 물건 건)) 토(초 → 추(瞅: 볼 추)) 울('위'의 방언) → 물건 보다 위'다. '물건 봄에 위'다.

콘트러(contra-: 역(逆), 반(反), 항(抗)의 뜻)

우리말로 읽어보면 '고(co)+느(n)+트라(tra) → 고(가: '가다'의 활용형) 느(나: '나다(생기다)'의 활용형) 트라(틀아 → 틀어: '틀다'의 활용형) →

가다 생기다 틀다'다. '틀어 가는 것 생긴'이다.

칸트러세프션(contraception: 피임)

우리말로 읽어보면 '곤드라(contra)+시(ce)+브(p)+트(t)+이오느(ion) → 곤드라(抗: 막을 항) 시('씨'의 고어) 브(봐: '보다'의 활용형) 트(츠 → 추 → 취(趣: 뜻 취) 이오느(이오니: '이다'의 활용형) → 항(抗) 씨 보다 뜻 이다'이다. '씨 보는 것을 막는 뜻이다'이다.

컨트랙트(contract: 1. 계약서 2. 살인 청부 3. 줄어들다, 수축하다)

1번을 우리말로 읽어보면 '곤(con)+틀(tr)+아(a)+그트(ct) → 곤(권(券: 문서 권)) 틀(형식) 아(하 → 해: '하다'의 활용형) 그트(글으 → 같이) → 문서 형식 해 같이'다. '같이 틀(형식) 한 문서'이다.

2번을 우리말로 읽어보면 '곤(con)+드르(tr)+아(a)+크드(ct) → 곤(간(懇: 간절할 간)) 드르(들으 → 들어: '듣다'의 활용형) 아(하 → 해(害: 해할 해)) 크드(흐드 → 하다) → 간절함 들어 해(害)하다 하다'다. '간절함 들어 해(害)하는 것을 하다'이다.

3번을 우리말로 읽어보면 '곤(con)+뜨라그드(tract) → 곤(공(球)) 뜨라그드(쯔라가다 → 쫄어가다 → 줄어가다) → 공(球)이 줄어가다'이다.

컨트래스트(contrast: 대조하다, 대비하다)

우리말로 읽어보면 '곤(con)+틀(tr)+아(a)+스트(st) → 곤(간(看: 볼 간)) 틀(츨 → 찰: '대(對: 사물과 사물의 대비나 대립을 나타내는 말)'의 방언) 아(애 → 해: '하다'의 활용형) 스트('스다(생기다)) → 보다 대(對) 해 생기다'이다. '봄에 대(對)함 생기다'이다.

컨트리뷰트(contribute: 기부[기증]하다, 기여하다)

우리말로 읽어보면 '곤(con)+트르(tr)+입(ib)+우(u)+티(te) → 곤(공(供: 이바지할 공) 트르(틀으 → 털어: '털다'의 활용형) 입(入: 들 입: 수입(收入=소득)) 우(佑: 도울 우) 티(치: 사람) → 이바지하다 털다 수입(收入) 돕다 사람'이다. '수입(收入=소득) 털어 사람 도와 이바지하는 것'이다.

□ 입(入): 들다, 수입(收入).

컨트롤(control: 지배(권), 통제)

우리말로 읽어보면 '곤(con)+틀(tr)+올(ol) → 곤(관(管: 대롱 관)) 틀(테두리) 올(알: '아래(조건, 영향 따위가 미치는 범위)'의 방언) → 다스림의 테두리 아래(범위)'다.

□ 관(管): 대롱, 다스리다.

컨벤션(convention: 1. 관습, 관례 2. (전문직 종사자들이나 정당 등의 대규모) 대회, (국가나 지도자 간의) 조약[협약])

1번을 우리말로 읽어보면 '곤(con)+빈(ven)+트(t)+이오느(ion) → 곤(간 → 관(慣: 익숙할 관) 빈(밴: '배다'의 활용형) 트(투(套: 씌울 투: 말이나 글, 행동 따위에서 버릇처럼 일정하게 굳어진 본새나 방식) 이오느(이오니: '이다'의 활용형) → 익숙함이 밴 투(套) 이오니'다.

2번을 우리말로 읽어보면 '곤(con)+비(ve)+느(n)+트(t)+이오느(ion) → 곤(콘 → 큰) 비(벼: '비다(보이다)'의 활용형) 느(나: '나다(생기다)'의 활용형) 트(츠 → 추 → 취(聚: 모을 취)) 이오느(이오니: '이다'의 활용형) → 큰 보임이 나는 모임이다'다.

□ 취(聚): 모으다, 모으다.

컨버어스(converse: 1. (~와) 대화를 나누다 2. (어떤 사실이나 진술의) 정반대)

1번을 우리말로 읽어보면 '곤(con)+브(v)+이르(er)+세(se) → 곤(공(共: 한가지 공)) 브(부(畜: 볼 부)) 이르(이루 → 이뤄: '이루다'의 활용형) 세('혀(말)'의 방언) → 함께 보다 이루다 말하다'다. '함께 보는 것 이뤄 말하다'다.

□ 공(共): 한가지, 함께, 같이

2번을 우리말로 읽어보면 '콘(con)+브(v)+이르스이(erse) → 콘(큰: '크다'의 활용형) 브(부(不: 아닐 부) 이르스이(일어스이: '일어서다'의 활용형) → 큰 아님이 일어선 것'이다.

컨버트(convert: ~을 변하게 하다, 변형[변질]시키다)

우리말로 읽어보면 '곤(con)+빌(ver)+트(t) → 곤(간(幹: 줄기 간)) 빌(별(別: 다를 별)) 트(태(兌: 바꿀 태)) → 몸 다르게 바꾸다'다.

□ 간(幹): 줄기, 몸.

컨베이(convey: 나르다, 전하다, 전달하다)

우리말로 읽어보면 '곤(con)+배(ve)+이(y) → 곤(건(件: 물건 건)) 배(背: 등 배: 등에 지다) 이(移: 옮길 이) → 물건 등에 지고 옮기다'이다.

쿡(cook: 요리하다)

우리말로 읽어보면 '국(cook) → 국(국) → 국(끓이는 것) → 요리하는 것'이다.

코우아퍼레이트(cooperate: 협력[협동]하다)

우리말로 읽어보면 '고(co)+오브(op)+일(er)+아디(ate) → 고(구(俱: 함께 구)) 오브(어브 → 업으 → 업어: '업다'의 활용형) 일(事) 아디(하디 → 하다) → 함께 업어(합쳐) 일(事)하다'다.

카피(copy: 사본, 부본, 복사)

우리말로 읽어보면 '고(co)+브(p)+이(y) → 고(稿: 원고 고) 브(부(倣: 본뜰 부)) 이(이것) → 원고 본뜬 이것'이다.

코어(core: 속심, 중심부, 핵심적인, 가장 중요한)

우리말로 읽어보면 '골(cor)+이(e) → 골(骨: 뼈 골) 이(명사형 접미사, 이것) → 중심(中心) 이것'이다.

□ 골(骨): 뼈, 골격(骨格·骨骼), 사물(事物)의 중추(中樞), 중심(中心), 골수(骨髓).

코너르(corner: 구석, 모서리, 모퉁이)

우리말로 읽어보면 '코~ㄹ(cor)+너르(ner) → 코~ㄹ(코: 포유류의 얼굴 중앙에 튀어나온 부분) 너르('너르다((공간이) 넓고 크다)'의 어근) → 튀어나온 부분 너르다'이다. '너른 것에 튀어나온 부분'이다.

커로우너(corona: 코로나, 광환(光環))

우리말로 읽어보면 '고르(cor)+온(on)+아(a) → 고르(고리) 온('오다'의 활용형) 아('해'의 고어) → 고리 온 해'다. '둥근 고리가 생긴 해'다.

□ 고리: 긴 쇠붙이나 줄, 끈 따위를 구부리고 양 끝을 맞붙여 둥글거나 모나게 만든 물건.

커퍼레이션(corporation: 법인)

우리말로 읽어보면 '골(cor)+포~ㄹ(por)+아(a)+트(t)+이오느(ion) → 골(갈(ㄹㅃ: 옛말 나란히. 함께) 포~ㄹ(포 → 푸: '점포'의 옛말) 아(하 → 해: '하다'의 활용형) 트(츠 → 추 → 취(聚: 모을 취)) 이오느(이오니: '이다'의 활용형) → 함께 점포 해 모이다 이오니'이다. '함께 점포 해 모인 것이다'이다.

□ 취(聚): 모으다, 모이다.

코르프스(corpse: 시체, 송장)

우리말로 읽어보면 '골(cor)+프(p)+시(se) → 골('널'의 고어) 프(포(包: 쌀 포)) 시(屍: 주검 시) → 널 싸다 주검'이다. '널에 싼 주검'이다.

커라버레이트(corroborate: 확인하다, 확증하다)

우리말로 읽어보면 '골(cor)+롭(rob)+오르(or)+아디(ate) → 골(갈(ㄹㅃ: 옛말 나란히. 함께) 롭(랍 → 납(納: 들일 납)) 오르(올으 → 옳아: '옳다'의 활용형) 아디(하디 → 하다) → 함께 들이다 옳다 하다'다. '함께 들여 옳다고 하는 것' '확인하는 것'이다.

커러게이트(corrugate: 주름을 잡다, 골지게 하다)

우리말로 읽어보면 '골(cor)+루(ru)+개(ga)+티(te) → 골(물체에 얇게 팬 줄이나 금) 루(累: 여러 루) 개(個) 티(치 → 쳐: '치다(만들다)'의 활용형) → 골 루(累) 개(個) 만들다'이다.

커러프트(corrupt: 부패한, 타락한)

우리말로 읽어보면 '고르(cor)+릅(rup)+트(t) → 고르(골으 → 골아: '골다('곯다'의 방언)'의 활용형) 릅(랍(垃: 쓰레기 랍)) 트(티: 모양) → 곯아(곯은) 쓰레기 모양'이다.

코즈메틱(cosmetic: 화장품, 결점을 감추는 것)

우리말로 읽어보면 '고(co)+스(s)+미(me)+뜨(t)+이그(ic) → 고(가(加: 더할 가)) 스('스다(생기다)'의 활용형) 미(美: 아름다울 미) 뜨('뜨다(돋다)'의 어근) 이그(이것) → 더하다 생기다 아름다움 뜨다 이것'이다. '더함 생겨 아름다움 뜨는(돋는) 이것'이다.

코즈모스(cosmos: 우주)

우리말로 읽어보면 '코(co)+스(s)+못(mos) → 코(커: '크다'의 활용형) 스(~의) 못(맛 → 뭇: '가장'의 옛말) → 큼 의 가장(제일)'이다. '가장 큰 것'이다.

코스트(cost: 대가, 값)

우리말로 읽어보면 '고(co)+스(s)+트(t) → 고(가(賈: 값 가) 스(~의) 트(츠

→ 치: 것) → 값의 것 → 값'이다.

카운설(council: (지방 자치 단체의) 의회, 협의[심의]회, 회의)

우리말로 읽어보면 '고(co)+운(un)+실(cil) → 고(高: 높을 고) 운(䫿: 둥글 운) 실(室: 집 실) → 높다 둥글다 집'이다. '높고 둥근 집(의회의 상징)'이다.

카운트(count: ~을 차례로 세다, 계산하다)

우리말로 읽어보면 '고운(coun)+트(t) → 고운('곱다('꼽다'의 방언)'의 활용형) 트(츠 → 치(値: 값 치)) → 꼽다(수나 날짜를 세려고 손가락을 하나씩 헤아리다) 값'이다. '값을 헤아리는 것'이다.

카운터(counter: ~과 반대[역] 방향, 반대[역으]로)

우리말로 읽어보면 '고(co)+운(un)+트(t)+이르(er) → 고(가: '가다'의 활용형) 운(온: '오다'의 활용형) 트(츠 → 처(處: 곳 처)) 이르(이라: '이다'의 활용형) → 가다 온 곳이라'다. '감에 온 곳이라'다.

컨트리(country: 국가, 나라, 지역)

우리말로 읽어보면 '관(coun)+트(t)+리(ry) → 관(官: 벼슬 관) 트(터: 땅) 리(이: 명사형 접미사, 이것) → 임금 땅 이것'이다.

□ **관(官): 벼슬, 관청, 임금.**

커플(couple: 두 사람, 한 쌍)

우리말로 읽어보면 '고(co)+우(u)+브(p)+리(le) → 고(家: 여자 고) 우(오 → 와: 조사) 브(부(夫: 지아비 부)) 리(이: 사람) → 여자 와 사내 사람'이다.

□ 부(夫): 지아비, 남편(男便), 사내, 장정.

커리지(courage: 용기)

우리말로 읽어보면 '그오울(cour)+아(a)+지(ge) → 그오울(걸(偈: 굳셀 걸)) 아('에'의 방언) 지('기(氣: 기운 기)'의 옛말) → 굳셈 에 기백(氣魄)'이다.

□ 기(氣): 기운(눈에는 보이지 않으나 오관(五官)으로 느껴지는 현상), 기백(氣魄).

코스(course: 1. 강의, 강좌 2. 진행, 진로, 행로, 길)

1번을 우리말로 읽어보면 '고우~ㄹ(cour)+세(se) → 고우~ㄹ(과~ㄹ → 과(科: 과목 과) 세('혀(말)'의 방언) → 과목 말'이다. '과목(科目)에 말'이다.

□ 과목(科目): 가르치거나 배워야 할 지식 및 경험의 체계를 세분하여 계통을 세운 영역.

2번을 우리말로 읽어보면 '고(co)+울(ur)+시(se) → 고(가: '가다'의 활용형) 울('위(位: 자리 위)'의 방언) 시(是: 이 시) → 가다 자리 이것'이다. '자리(위치, 곳, 장소) 가는 이것'이다.

□ 위(位: 자리 위): 자리, 곳, 위치(位置).

커버(cover: ~을 덮다)

우리말로 읽어보면 '곱(cov)+이르(er) → 곱(갑(甲: 갑옷 갑)) 이르(이리:

'이다(머리에 얹다)'의 활용형) → 껍질 이다'이다. '껍질을 이는 것' '덮은 것'이다.

□ 갑(甲): 갑옷, 껍질.

카우(cow: 암소)

우리말로 읽어보면 '고(co)+우(w) → 고(牯: 암소 고) 우(牛: 소 우) → 암소'다.

카우얼드(coward: 겁쟁이, 비겁자)

우리말로 읽어보면 '고유(cow)+알(ar)+드(d) → 고유(교(嬓: 움츠릴 교)) 알(할: '하다'의 활용형) 드(즈 → 자(者: 놈 자) → 움츠리는 것 할 사람'이다.

□ 교(嬓): (무서워 몸을) 움츠리다.

코지(cozy: 아늑한, 편안한)

우리말로 읽어보면 '고(co)+지(zy) → 고(固: 굳을 고) 지(져: '지다'의 활용형) → 편안함 져'다.

□ 고(固): 굳다, 평온하다(平穩--), 편안하다(便安--).

크래크(crack: 갈라지다, 금이 가다, 깨지다, ~이 날카로운 소리를 내다)

1번을 우리말로 읽어보면 '그르(cr)+아(a)+극(ck) → 그르('그릇'의 고어) 아('에'의 방언) 극(극(隙: 틈 극)) → 그릇에 틈 → 갈라진 것'이다.

크래프트(craft: 공예, 공예품을 만들다, 기술)

우리말로 읽어보면 '그라(cra)+브트(ft) → 그라(글아 → 갈아: '갈다'의 활용형) 브트(븥으 → 붙여: '붙이다'의 활용형) → 갈아 붙여'다. '갈아 붙이는 것'이다.

크래쉬(crash: 사고, 쾅 하고 박살나다, 짜부라지다, 굉장한 소리를 내다)

우리말로 읽어보면 '그라(cra)+스흐(sh) → 그라(가라 → 갈아 → 갈려: '갈리다('치이다('의 방언)'의 활용형) 스흐(쇄(碎: 부술 쇄)) → 치이다 부서지다'다. '치어 부서지다'이다.

□ 쇄(碎): 부수다, 부서지다.

크레이지(crazy: 미친 듯한, 무분별한)

우리말로 읽어보면 '글(cr)+애(a)+지(zy) → 글(골(腦)) 애(礙: 거리낄 애) 지(持: 가질 지) → 골(腦) 장애(障礙)가 되다 가지다'다. '골(腦)에 장애(障礙)가 됨을 가진 것'이다.

□ 애(礙): 거리끼다, 장애(障礙)가 되다.

크레이트(create: 창조하다, 창작하다)

우리말로 읽어보면 '그리(cre)+아디(ate) → 그리(그려: '그리다(생각, 현상 따위를 말이나 글, 음악 등으로 나타내다)'의 활용형) 아디(하디 → 하다) → 그리는 것 하다'다.

크레디트(credit: 신용, 신뢰)

우리말로 읽어보면 '그리(cre)+디(di)+트(t) → 그리(거리 → 거래(去來)) 디(되: '되다'의 어근) 트(터: 바탕) → 거래(去來) 되다 바탕'이다. '거래(去來)됨의 바탕'이다.

크리쉔도(crescendo: (기세, 음, 양, 목소리 등의 크기가) 점점 세어지기)

우리말로 읽어보면 '글(cr)+이(e)+스(s)+세(ce)+느(n)+도(do) → 글(골: '꼴'의 옛말) 이(주격 조사) 스(서(徐: 천천히 할 서) 세('세다'의 활용형) 느(나: '나다(생기다)'의 활용형) 도(조(調: 고를 조)) → 꼴(모양) 이 천천히 세게 나는 음률(音律)'이다.

□ 조(調): 고르다, 가락, 음률(音律).

크레슨트(crescent: 초승달)

우리말로 읽어보면 '글(cr)+이스(es)+신(cen)+트(t) → 글(골: '꼴(모양)'의 옛말) 이스(에서: 조사) 신(新: 새 신) 트(토(兔: 토끼 토)) → 꼴(모양) 에서 새 달 → 꼴에서 새 달'이다.

□ 토(兔): 토끼, 달(달 속에 토끼가 있다는 뜻에서 달의 별칭이 됨).

크라임(crime: 죄, 범죄)

우리말로 읽어보면 '그리(cri)+미(me) → 그리(가리: '까닭'의 방언) 미('매(막대기)'의 방언) → 까닭 매'다. '매의 까닭인 것' '매를 맞는 이유' '죄'이다.

크린지(cringe: (사람, 짐승이 겁이 나서) 움츠리다)

우리말로 읽어보면 '그(c)+르(r)+인(in)+즈(g)+이(e) → 그(구(懼: 두려워할 구)) 르(로: 조사) 인(因: 인할 인) 즈(자(趑: 물러설 자)) 이(이여) → 두려워함으로 인해 물러서는 것이여'이다.

크라이시스(crisis: 위기, 최악의 고비)

우리말로 읽어보면 '그리(cri)+스(s)+이(i)+스(s) → 그리(가리: '때(時)'의 방언) 스(수(壽: 목숨 수)) 이(위(危: 위태할 위)) 스('스다(생기다)'의 활용형) → 때(時) 목숨 위태하다 생기다'이다. '목숨 위태함 생긴 때(時)'다.

크리티클(critical: 비판적인, 비난하는)

우리말로 읽어보면 '그르이(cri)+트(t)+익(ic)+알(al) → 그르이(가르이: '가르다(말하다)'의 어근) 트(티: 조그마한 흠) 익(益: 더할 익) 알(할 → 한: '하다'의 활용형) → 가르다(말하다) 티 이롭다 한'이다. '이롭게 티 말한'이다.

□ 익(益): 더하다, 이롭다.

크로스(cross: 십자가)

우리말로 읽어보면 '그로(cro)+스(s)+스(s) → 그로(가로) 스(~의) 스('스다(서다)'의 활용형) → 가로 서 생기다'이다. '가로 의 서'이다. '가로에 선 것'이다.

크라우드(crowd: 사람들, 군중, 무리)

우리말로 읽어보면 '그르(cr)+오(o)+유(w)+드(d) → 그르(거르 → 거리: 사람이나 차가 많이 다니는 길) 오(아: '에'의 방언) 유(類: 무리 류(유)) 드(즈 → 자(者: 놈 자)) → 거리에 무리 사람'이다.

크루얼(cruel: 잔인한, 무자비한, 모진)

우리말로 읽어보면 '그(c)+르(r)+우(u)+일(el) → 그(가(苛: 가혹할 가) 르('를'의 방언) 우(尤: 더욱 우) 이르(이루 → 이뤄: '이루다'의 활용형) → 가혹함을 더욱 이룬'다.

크루즈(cruise: 순항하다, 순양하다)

우리말로 읽어보면 '그루(cru)+이(i)+스이(se) → 그르(거루: 돛이 없는 작은 배) 이(迤: 갈 이) 스이(수이 → 쉬이: 어렵거나 힘들지 아니하게) → 거루 가다 쉬이'다.

크런치(crunch: 씹다)

우리말로 읽어보면 '그루(cru)+느(n)+츠(ch) → 그루(글우 → 갈어: '갈다'의 활용형) 느(나: '나다(생기다)'의 활용형) 츠(치(齒: 이 치)) → 갈다 생기다 이빨'이다. '이빨로 가는 것 생기다'이다.

크루세이드(crusade: 십자군, (옳다고 믿는 것을 이루기 위한 장기적이고 단호한) 운동)

우리말로 읽어보면 '그루(cru)+스(s)+아(a)+대(de) → 그루(가루: '가로'

의 방언) 스('스다(서다)'의 활용형) 아('에'의 방언) 대(隊: 무리 대: 군대(軍隊)) → 가로+서=십자가에 군대(軍隊)'다.

크러쉬(crush: 눌러 부수다, 으깨다, 찌부러뜨리다)

우리말로 읽어보면 '그르(cr)+우(u)+스(s)+흐(h) → 그르(글으 → 굴어: '굴다'의 활용형) 우(위) 스흐(스: '스다'의 활용형) 흐(후 → 훼(毁: 부술 훼)) → 굴다 위 서 부수다'이다. '위에 서서 부수게 굴다' '위에 서서 부수다'이다.

크러츠(crutch: 목발, 협장(脇杖))

우리말로 읽어보면 '그르(cr)+우(u)+트(t)+츠(ch) → 그르(글으 → 걸어: '걷다'의 활용형) 우(祐: 도울 우) 트(투 → 두: 둘) 츠(채: 가마, 들것, 목도 따위의 앞뒤로 양옆에 대서 메거나 들게 되어 있는 긴 나무 막대기) → 걸어 돕다 둘 나무 막대기'다. '걷는 것을 돕는 두 개의 나무 막대기'다.

걸(cull: (특정 동물을 그 수를 제한하기 위해) 도태시키다)

우리말로 읽어보면 '구르(cul)+르(l) → 구르(가르 → 가려: '가리다'의 활용형) 르(루 → 류(劉: 죽일 류)) → 가려 죽이다'이다.

컬티베이트(cultivate: 경작하다, 갈다, 기르다)

우리말로 읽어보면 '구르(cul)+티(ti)+밭에(vate) → 구르(거루: '거루나('기르다'의 방언)'의 어근) 티(치 → 채(菜: 나물 채)) 밭에(밭에서) → 기르다 나물 밭에서'다. '밭에서 나물 기르다'이다.

컬쳐(culture: 교양, 문화)

우리말로 읽어보면 '구르(cul)+툴(tur)+이(e) → 구르(거루: '거루다('기르다'의 방언)'의 어근) 툴(출 → 철(哲: 밝을 철)) 이(명사형 접미사, 이것) → 기르다 슬기롭다 이것'이다. '슬기로움을 기른 이것'이다.

□ 철(哲): 밝다, 슬기롭다.

컬머젼(curmudgeon: 심술궂은 사람, 까다로운 사람, 구두쇠)

우리말로 읽어보면 '구르(cur)+무드(mud)+지이(ge)+오(o)+느(n) → 구르(굴으 → 굴어: '굴다(그러하게 행동하거나 대하다)'의 활용형) 무드(마드 → 마다: '싫다'의 옛말) 지이(주이: '주다'의 활용형) 오(아: '에'의 방언) 느(니 → 이: 사람) → 굴다 싫다 주다 에 사람'이다. '싫은 행동을 하여 주는 사람'이다.

큐어(cure: 치료, 치료법)

우리말로 읽어보면 '그(c)+우르(ur)+이(e) → 그(구(救: 구원할 구)) 우르(아르 → 알으 → 앓아: '앓다'의 활용형) 이(명사형 접미사, 이것) → 구(救) 앓다 이것'이다. '앓는 것을 구하는 이것'이다.

커르스(curse: 저주, 저주의 말, 주문(을 외기))

우리말로 읽어보면 '굴(cur)+시(se) → 굴('굴다(옛말 방자하다. 저주하다)'의 활용형) 시('혀(말)'의 방언) → 저주하다 말'이다. '저주하는 말'이다.

커르드(curt: (언행이) 퉁명스러운)

우리말로 읽어보면 '구르(cur)+트(t) → 구르(거르 → 걸어: '걸다(말씨가 거칠고 험하다)'의 활용형) 트(티: 어떤 태도나 기색) → 걸은 티'다.

커어브(curve: 곡선, 만곡, 커브)

우리말로 읽어보면 '구~ㄹ브(curv)+이(e) → 구~ㄹ브(구브 → 굽으 → 굽어: '굽다'의 활용형) 이(명사형 접미사, 이것) → 굽은 (이)것'이다.

커스텀(custom: 관습, 습관, 습관적 행위)

우리말로 읽어보면 '구(cu)+스(s)+톰(tom) → 구(舊: 예 구) 스(쓰 → 써: '쓰다'의 활용형) 톰(탐(耽: 즐길 탐)) → 옛날 써 즐기다'이다. '옛날 것 써 즐기는 것'이다.

D

댐(dam: 댐, 둑, (댐 등으로) 막아놓은 물)

우리말로 읽어보면 '담(dam) → 담'이다. '담'은 '집이나 일정한 공간을 둘러막기 위하여 흙, 돌, 벽돌 따위로 쌓아 올린 것'이다.

대미지(damage: 손해, 손상)

우리말로 읽어보면 '댐(dam)+아(a)+지(g)+이(e) → 댐(땜: 어떤 액운을 넘기거나 다른 고생으로 대신 겪는 일) 아(하 → 해: '하다'의 활용형) 지(持: 가질지) 이(명사형 접미사, 이것) → 땜 해 가지는 이것'이다.

데인저(danger: 위험)

우리말로 읽어보면 '단(dan)+즈(g)+이르(er) → 단(잔(㥻: 해칠 잔) 즈(조(兆: 조 조)) 이르(이라: '이다'의 활용형) → 해치다 조짐(兆朕) 이라'다. '해치는 조짐이라'다.

□ 조(兆): 조, 조짐(兆朕).

다~ㄹ크(dark: 어두운, 캄캄한)

우리말로 읽어보면 '달(dar)+크(k) → 달('불(火)'의 또다른 말) 크(끄 → 꺼: '끄다'의 활용형)'다. '불 끈 것'이다.

달링(darling: 가장 사랑하는 사람, 사랑스러운 사람)

우리말로 읽어보면 '달(dar)+르(l)+잉(ing) → 달('달다(甘)'의 활용형) 르(느 → 나: '나다(생기다)'의 활용형) 잉('인(人)'의 고어)'다. '달다(甘) 나다 사람' '달콤한 사람' '사랑스러운 사람'이다.

데이터(data: 1.자료, 데이터, 기초 사실(특정한) 2. 날짜, 시기)

1번을 우리말로 읽어보면 '드(d)+아(a)+태(ta) → 드(즈 → 지(知: 알 지)) 아('에'의 방언) 태(퇴(堆: 쌓을 퇴) → 지식(知識)에 쌓인 것'이다.

2번을 우리말로 읽어보면 '다(da)+ 때(ta) → 다(닿: '닿다'의 활용형) 때(時) → 닿은 때(時)'다.

돈(dawn: 새벽, 여명, 동틀 녘)

우리말로 읽어보면 '다운(dawn) → 다운(단(旦: 아침 단)'이다.

데이(day: 낮, 하루, 날)

우리말로 읽어보면 '대(da)+이(y) → 대(對: 대할 대) 이('해(日)'의 고어) → 대하다 해'이다. '해 대하는 것' '낮'이다.

데프(deaf: 귀먹은, 청각 장애가 있는)

우리말로 읽어보면 '드(d)+이(e)+아프(af) → 드(도(覩: 볼 도)) 이(耳: 귀이) 아프(아파: '아프다'의 활용형) → 듣다 귀 아프다'다. '들음에 귀 아프다'이다.

□ 도(覩): 보다, 듣다.

데이바클(debacle: 파괴, 붕괴, 전복)

우리말로 읽어보면 '디(de)+바클(bacl)+이(e) → 디(지(地: 땅 지)) 바클(박을: '박다(머리 따위를 부딪치다)'의 활용형) 이(명사형 접미사, 이것) → 땅 박다 이것'이다. '땅에 박을 이것'이다.

디베이트(debate: 논의, 논쟁, 토론)

우리말로 읽어보면 '디(de)+바(ba)+트(t)+이(e) → 디(대(對: 대할 대)) 바(앞에서 말한 내용 그 자체나 일 따위를 나타내는 말) 트(토(吐: 토할 토)) 이(명사형 접미사, 이것) → 마주하다 일 말하다 이것'이다. '마주하여 일 말하는 이것'이다.

□ 대(對): 대하다, 마주하다.

□ 토(吐): 토하다, 말하다.

데트(debt: 빚, 부채)

우리말로 읽어보면 '디(de)+브(b)+트(t) → 디(대(貸: 빌릴 대)) 브(부(富: 부유할 부: 재산)) 트(츠 → 치: 것) → 빌린 재산 치(것)'이다.

디캐피테이트(decapitate: 목을 자르다, 참수하다)

우리말로 읽어보면 '대가삐(decapi)+뜨(t)+아디(ate) → 대가삐('대가리(머리)'의 고어인 듯) 뜨(떼: '떼다'의 활용형) 아디(하디 → 하다) → 머리 떼다 하다'다.

디시이브(deceive: 속이다, 기만하다, 사기치다)

우리말로 읽어보면 '디(de)+시(ce)+이(i)+비(ve) → 디(지 → 제(製: 지을 제)) 시('혀(말)'의 방언) 이(위(僞: 거짓 위)) 비(벼: '비다(보이다)'의 활용형) → 짓다 말 거짓 보이다'다. '말을 지어 거짓 보이다'이다.

디센트(decent: 제대로 된, 알맞은, 어울리는)

우리말로 읽어보면 '디(de)+신(cen)+트(t) → 디(대 → 재: '재다(여러모로 따져 보고 헤아리다)'의 활용형) 신(선(選: 가릴 선)) 트(티: 모양) → 재다 좋다 모양'이다. '재서 뽑은 모양'이다.

□ 선(選): 가리다, 뽑다, 좋다.

디사이드(decide: 결정하다, 해결하다, 결말짓다, 판결을 내리다)

우리말로 읽어보면 '디(de)+사(ci)+디(de) → 디(지 → 져: '지다('맺히다'의 방언)'의 활용형) 사(事: 일 사) 디(돼: '되어'의 준말) → 맺히다(매듭이 지게 되다) 일 돼'다. '매듭짓는 일 돼'이다.

디시주어스(deciduous: 낙엽성의)

우리말로 읽어보면 '디(de)+시(ci)+두(du)+오우스(ous) → 디(지: '지다'의 어근) 시(時: 때 시) 두('두다'의 어근) 오우스(오우(위(爲)+스(~의)=함의=한) → 지다 시(時) 두다 한'이다. '지는 때 두는 것 한'이다.

디클레어(declare: ~을 선언[공표, 포고]하다)

우리말로 읽어보면 '디(de)+그르(cl)+알이(are) → 디(지 → 제(諸: 모두 제)) 그르(가르: '가르다('말하다'의 방언)) 알이(알리 → 알려: '알리다'의 활용형) → 모두 말하다 알리다'다. '모두에게 말하여 알리다'이다.

디크라인(decline: 1. 감소, 줄어들다 2. ~을 거절[사퇴]하다)

1번을 우리말로 읽어보면 '디(de)+글(cl)+이(i)+느이(ne) → 디(뒤) 글(갈: '가다'의 활용형) 이(瀰: 많을 이) 느이(나이: '나다(생기다)'의 활용형) → 뒤로 가는 많음 생기다'이다.

2번을 우리말로 읽어보면 '디(de)+그르이(cli)+느이(ne) → 디(지(止: 그칠 지)) 그르이(가로이: '가로다('말하다'의 옛 스런 표현)'의 활용형) 느이(나이: '나다(생기다)'의 활용형) → 금하다(禁--) 말하다 생기다'이다. '금(禁)하는 말함 생기다'이다.

□ 지(止): 그치다, 금하다(禁--).

데커레이트(decorate: 장식하다)

우리말로 읽어보면 '디(de)+골(cor)+아디(ate) → 디(지 → 제(製: 지을 제)) 골('꼴(모양이나 형태)'의 옛말) 아디(하디 → 하다) → 짓다 꼴 하다'다. '꼴을 짓는 것을 하다'이다.

디코이(decoy: 유인하는 사람, 사기꾼의 한패, 바람잡이)

우리말로 읽어보면 '디(de)+고(co)+이(y) → 디(지 → 제(製: 지을 제)) 고(꼬 → 꾀: '꾀다'의 어근) 이(사람) → 짓다 꾀다 사람'이다. '꾀는 것을 짓는(만드는) 사람'이다.

디크리스(decrease: 서서히 줄다, 줄다, 감소하다)

우리말로 읽어보면 '디(de)+그리(cre)+아(a)+스이(se) → 디(지(遲: 더딜 지)) 그리(가리: 단으로 묶은 곡식이나 장작 따위를 차곡차곡 쌓은 더미) 아(하(下: 아래 하)) 스이('스다(생기다)'의 활용형) → 더디게 가리(더미) 낮아짐 생기다'이다.

□ 하(下): 아래, 내리다, 낮아지다.

디크레피트(decrepit: 약해진, 노쇠한, 늙어빠진)

우리말로 읽어보면 '디(de)+글(cr)+이(e)+비(pi)+트(t) → 디(지 → 져: '지다(어떤 현상이나 상태가 이루어지다)'의 활용형) 글(골(骨)) 이(주격 조사) 비('비다'의 어근) 트(티: 모양) → 지다 골(骨) 비다 모양'이다. '골(骨)이 빈 모양 이루어진'이다.

디크리쉔도(decrescendo: ((이탈리아어)) ((음악)) 데크레셴도; 점점 여리게)

우리말로 읽어보면 '디(de)+그리(cre)+스게느(scen)+도(do) → 디(뒤) 그리(가리: '가다'의 활용형) 스게느(세게 나: '세게 나다'의 어근) 도(조(調: 고를 조) → 뒤 가다 세게 나다 가락'이다. '세게 남이 뒤로 가는 가락'이다.

□ 조(調): 고르다, 가락, 음률(音律).

디크리프트(decrypt: (암호 등을) 해독하다)

우리말로 읽어보면 '디(de)+크르이(cry)+브(p)+트(t) → 디(되: 도로) 크르이('크르다('끄르다'의 방언)'의 활용형) 브(부(符: 부호 부)) 트(티: 모양) → 도로 끄르다 부호 모양'이다. '부호 모양을 도로 끄르다(풀다)'이다.

데디케이트(dedicate: (시간, 노력을) 바치다, 전념(헌신)하다)

우리말로 읽어보면 '디(de)+디(di)+그(c)+아디(ate) → 디(지(志: 뜻 지)) 디(지: '죄(남김없이 모조리)'의 방언) 그(가: '가다'의 활용형) 아디(하디 → 하다) → 마음 모두 가 하다'다. '마음 모두 가게 하다'다.

□ 지(志): 뜻, 마음.

데듀스(deduce: 추론하다, 밝히다)

우리말로 읽어보면 '대(de)+두(du)+시(ce) → 대(對: 대할 대) 두(더: 그 위에 보태어) 시(視: 볼 시) → 대조하다(對照--) 더 보다'다. '대조(對照)하여 더 보다'이다.

□ 대(對): 대하다, 대조하다.

디덕트(deduct: 빼다, (일정한 금액을) 제하다, 추론하다)

우리말로 읽어보면 '디(de)+둑(duc)+트(t) → 디(지 → 제(除: 덜 제)) 둑(죽 → 적(積: 쌓을 적)) 트(츠 → 치: 것) → 덜다 쌓은 것'이다. '쌓은 것을 더는 것'이다.

디드(deed: 행위, 행동, 실행)

우리말로 읽어보면 '드(d)+이(e)+이드(ed) → 드(즈: '자기'의 방언) 이(위(爲: 할 위) 이드(이다: 종결 어미) → 자기 함이다'다.

디프(deep: 깊은)

우리말로 읽어보면 '디이프(deep) → 디이프(지이프 → 지프 → 짚으 → 짚어: '짚다('깊다'의 방언)'의 방언)) → 깊어'다.

디팰케이트(defalcate: ~을 부정하게 사용하다, 부당 유용하다, 횡령하다)

우리말로 읽어보면 '디(de)+파르(fal)+가(ca)+티(te) → 디(뒤: 몰래) 파르(팔으 → 팔어: '팔다'의 활용형) 가('가다'의 활용형) 티(치 → 취(取: 가질 취)) → 몰래 팔아 가다 가지다'이다.

디폴트(default: 채무 불이행)

우리말로 읽어보면 '디(de)+파(fa)+울(ul)+트(t) → 디(지(支: 지탱할 지)) 파(破: 깨뜨릴 파) 울('위(爲: 할 위)'의 방언) 트(츠 → 채(債: 빚 채)) → 지불(支拂) 깨뜨리다 하다 빚'이다. '지불 깨뜨림에 빚' '빚을 갚지 않는 것'이다.

□ 지(支): 지탱하다, 지불(支拂).

디피트(defeat: ~을 패배시키다)

우리말로 읽어보면 '디(de)+패아드(feat) → 디(지 → 제(製: 지을 제)) 패아드(패하드 → 패(敗: 패할 패)하다) → 짓다 敗하다'다. '敗함을 짓다(만들다)'이다.

디펙트(defect: 결점, 단점, 약점)

우리말로 읽어보면 '디(de)+백(fec)+트(t) → 디(지(持: 가질 지)) 백(白:

흰 백) 트(티: 조그마한 흠) → 가진 명백한 흠'이다.

□ 백(白): 희다, 분명하다(分明--), 명백하다(明白--).

디펜드(defend: 방어하다, 지키다, 막다)

우리말로 읽어보면 '대(de)+배(fe)+느드(nd) → 대(對: 대할 대)) 배(北: 달아날 배) 느드(나다(생기다)) → 대(對)하여(대응하여) 달아남이 생기다'이다.

데퍼시트(deficit: 부족액; 결손, 적자)

우리말로 읽어보면 '딥(def)+이스이(ici)+트(t) → 딥(-집: '그것이 생긴 자리' 또는 '그것의 흔적'의 뜻을 더하는 접미사) 이스이(있으이: '있다'의 활용형) 트(츠 → 차: '차다'의 활용형) → 그것의 흔적 있다 차다(가득하게 되다)'이다. '차 있던 그것의 흔적'이다.

디파인(define: 정의하다, 뜻을 밝히다)

우리말로 읽어보면 '디(de)+비(fi)+느이(ne) → 디(지 → 제(製: 지을 제)) 비('비다(보이다)'의 어근) 느이(나이: '나다(생기다)'의 활용형) → 짓다 보이다 생기다'이다. '지어 보임 생기다'이다.

디플레이트(deflate: 공기를 빼다, 오므라들게 하다)

우리말로 읽어보면 '디(de)+ 브르(fl)+아디(ate) → 디(되: '도리어' 또는 '반대로'의 뜻을 더하는 접두사) 브르(부르 → 불으 → 불어: '불다('붇다(늘거나 많아지다)'의 방언)'의 활용형) 아디(하디 → 하다) → 반대로 불어 하다'다.

디플렉트(deflect: (본래의 진로에서) 빗나가(게 하)다, 굴절시키다)

우리말로 읽어보면 '디(de)+브르이(fle)+그드(ct) → 디(띠 → 찌: '찌다('굽다(한쪽으로 휘다)'의 방언)'의 어근) 브르이(바르이: '바르다'의 활용형) 그드(가다) → 굽다 바르다 가다'다. '굽어 바르게 가다'이다.

디플라워(deflower: ~에서 꽃을 따다, 처녀성을 빼앗다, 범하다, 능욕하다 (ravish, violate))

우리말로 읽어보면 '디(de)+플라워(flower) → 디(떼: '떼다'의 어근) 플라워(꽃) → 떼다 꽃'이다. '꽃을 따는 것'이다. '꽃을 여성에 비유한 것'이다.

디펑크트(defunct: 소멸된, 죽은, 현존하지 않은)

우리말로 읽어보면 '디(de)+분(fun)+그(c)+트(t) → 디(지: '지다(손이 끊기거나 씨가 없어지다)'의 어근) 분(번(繁: 번성할 번)) 그(거 → 것) 트(티: 모양) → 지다 번성하다 것 모양'이다. '번성한 것 진 모양'이다.

디퓨즈(defuse: (폭탄, 지뢰 등에서) 신관을 제거하다)

우리말로 읽어보면 '디(de)+부(fu)+스(s)+이(e) → 디(떼: '떼다'의 활용형) 부(불(火)) 스('스다(생기다)'의 활용형) 이(명사형 접미사, 이것) → 떼다 불 생기는 이것'이다. '불 생기게 하는 것 떼다'다.

디파이(defy: 반항하다, 무시하다, 문제시 하지 않다)

우리말로 읽어보면 '디(de)+피(fy) → 디(대(對: 대할 대)) 피(펴: '펴다(사람이 일이나 행동을 벌이거나 드러내다)'의 활용형) → 대((對)함 벌이다'이다.

디글이드(degrade: 1. 강등[좌천]시키다, 박탈하다 2. 분해되다)

1번을 우리말로 읽어보면 '디(de)+그라(gra)+디(de) → 디(뒤) 그라(글아: 걸어: '걸다'의 활용형) 디(돼: '되다'의 활용형) → 뒤 걸다 돼'다.

2번을 우리말로 읽어보면 '디(de)+그라(gra)+디(de) → 디(지: '죄(모두)'의 방언) 그르(갈으 → 갈아: '갈다'의 활용형) 디(지 → 져: '지다(없어지다)'의 활용형) → 모두 갈아 없어지다'이다.

디그리(degree: 도, 정도, 학위, 한 단계[단락], 한 매듭)

우리말로 읽어보면 '디(de)+그르이(gre)+이(e) → 디(대 → 재: '자(길이를 재는 데 쓰는 도구)'의 방언) 그르이(가르이: '가르다'의 활용형) 이(명사형 접미사, 이것) → 자 가르다 이것'이다. '자를 가른 이것'이다.

디하이드레이트(dehydrate: 탈수하다, 수분을 없애다)

우리말로 읽어보면 '디(de)+히(hy)+들(dr)+아디(ate) → 디(띠: '띠다(떼다)'의 활용형) 히(하(河: 물 하))+들(즐 → 질(質: 바탕 질)=물 아디(하디 → 하다) → 떼다 물 하다'다. '물 떼는 것을 하다'이다.

딜레이(delay: 지연, 지체, 미룸, 연기하다, 미루다)

우리말로 읽어보면 '디르(del)+아이(ay) → 디르(지르 → 질어: '질다('길다'의 방언)'의 활용형) 아이(하이: '하다'의 활용형) → 길다 하다'다. '길게 하는 것'이다.

딜리크트(delict: 불법행위, 범죄)

우리말로 읽어보면 '대(de)+리(li)+그트(ct) → 대(對: 대할 대: '그것을 상대로 한' 또는 '그것에 대항하는'의 뜻을 더하는 접두사) 리(釐: 바를 리) 그트(그츠 → 그치 → 가치(價値)) → 대항하다 바른 가치(價値)'다. '바른 가치에 대항하는 것'이다.

델리거트(delegate: 대리자[인])

우리말로 읽어보면 '디리(dele)+가(ga)+티(te) → 디리(대리(代理) 가('가다'의 활용형) 티(치: 사람) → 대리(代理)로 가는 사람'이다.

딜리트(delete: 삭제[말소]하다, 지우다)

우리말로 읽어보면 '디(de)+려(le)+티(te) → 디(지 → 제(除: 덜 제)) 려(錄: 사실할 려) 티(치: 것) → 없애다 사실하다(寫實--: 사물을 있는 그대로 그리다) 것'이다. '사실(寫實)한 것을 없애다'이다.

□ 제(除): 덜다, 없애다.

데리티어리어스(deleterious: 해로운; 해독을 끼치는)

우리말로 읽어보면 '딜(del)+이(e)+티(te)+리(ri)+오우(ou)+스(s) → 딜(질

(質: 바탕 질)) 이(주격 조사) 티(치: '치다(공격하다)'의 어근) 리(利: 이로울 리) 오우(위(爲)+스(~의)=함의=한 → 성질(性質)이 치다 이롭다 한'이다. '성질(性質)이 이로움을 공격하는'이다.

□ **질(質): 바탕, 성질.**

디리버러트(deliberate: 1. 고의의, 의도적 2. 숙고하다, 신중한)

1번을 우리말로 읽어보면 '디(de)+립(lib)+일(er)+아디(ate) → 디(지(志: 뜻 지) 립(立: 설 립) 일(事) 아디(하디 → 하다) → 마음 세우다 일 하다'다. '마음 세워 일하는 것'이다.

2번을 우리말로 읽어보면 '디(de)+리(li)+브(b)+일(er)+아디(ate) → 디(되: 다시) 리(려(慮: 생각할 려)) 브(부(瞀: 볼 부)) 일(事) 아디(하디 → 하다) → 다시 생각해보는 일을 하다'이다.

델리케이트(delicate: 연약한, 여린, 다치기(부서지기) 쉬운, 섬세한, 우아한)

우리말로 읽어보면 '딜(del)+이(i)+가트이(cate) → 딜(질(胅: 태아 질)) 이(사람) 가트이(같으이: '같다'의 활용형) → 태아 사람 같다'이다.

딜리셔스(delicious: 매우 맛있는)

우리말로 읽어보면 '딜(del)+이(i)+시(ci)+오우스(ous) → 딜(질: '제일'의 방언) 이('에'의 방언) 시('혀(맛)'의 방언) 오우(위(爲)+스(~의))=함의=한 → 제일의 맛난'이다.

디라이트(delight: 큰 기쁨, 환희, 유쾌)

우리말로 읽어보면 '디(de)+릭(lig)+흐(h)+트(t) → 디(대(大: 클 대)) 릭(익(謚(웃을 익)) 흐(해: '하다'의 활용형) 트(티: 것) → 크다 웃다 하다 것'이다. '크게 웃게 하는 것'이다.

디링퀀트(delinquent: 비행의, 범죄 성향을 보이는, 채무를 이행하지 않은)

우리말로 읽어보면 '디(de)+리(li)+느(n)+뀌(que)+느(n)+트(t) → 디(지(遲: 더딜 지)) 리(利: 이로울 리) 느(내: '내다(돈이나 물건 따위를 주거나 바치다)'의 활용형) 뀌(꽤(보통보다 조금 더한 정도로)) 느(累: 여러 누) 트(티: 모양) → 더디게 이자 냄이 꽤 여러 모양'이다.

□ 리(利): 이롭다, 이하다(利--: 이익이나 이득이 되다), 이자(利子), 이익(利益).

디리어리어스(delirious: 의식이 혼탁한, 헛소리하는)

우리말로 읽어보면 '디(de)+르(l)+이르이(iri)+오우스(ous) → 디(지(知: 알 지)) 르('를'의 방언) 이르이(일으이 → 잃으이: '잃다'의 활용형) 오우스(위(爲)+스(~의)=함의=한) → 앎을 잃다 한'이다.

디루디(delude: (남의 마음, 판단을) 혼란[현혹] 시키다, 속이다)

우리말로 읽어보면 '디루디(delude) → 디루디(디르다 → 두르다: '속이다'의 방언) → 속이다'이다.

델유즈(deluge: 큰물, 대홍수)

우리말로 읽어보면 '딜(del)+우(u)+지이(ge) → 딜(질: '제일(여럿 가운데 가장)'의 방언) 우(雨: 비 우) 지이('지다(어떤 현상이나 상태가 이루어지다)'의 활용형) → 제일 비 이루어지다'다. '제일의 비로 이루어진 것'이다.

딜루전(delusion: 망상, 착각, 오해)

우리말로 읽어보면 '딜(del)+우(u)+스(s)+이오느(ion) → 딜(질(質: 바탕 질)) 우(위(韙: 어그러질 위)) 스(사(思: 생각 사)) 이오느(이오니: '이다'의 활용형) → 바탕 어그러진 생각이다'다.

디맨드(demand: 요구[청구]하다)

우리말로 읽어보면 '떼(de)+매(ma)+느드(nd) → 떼(부당한 요구나 청을 들어 달라고 고집하는 짓) 매(보통 정도보다 훨씬 심하게) 느드(넣다) → 떼 매우 넣다'이다.

디말케이트(demarcate: 경계선을 긋다, 경계를 정하다)

우리말로 읽어보면 '디(de)+말(mar)+ 그(c)+아디(ate) → 디(지(地: 땅 지) 말(末: 끝 말) 그(거: '긋다'의 활용형) 아디(하디 → 하다) → 땅끝 긋다'다.

디메리트(demerit: 결점, 단점)

우리말로 읽어보면 '디(de)+므이(me)+리(ri)+트(t) → 디(뒤: '반대로' 또는 '뒤집어'의 뜻을 더하는 접두사) 므이(무이 → 뭐에: 무엇에) 리(利: 이로울 리) 트(츠 → 치: 것) → 반대로 무엇에 이롭다 것'이다. '무엇에 이로운 것 반대로' '무엇에 안 이로운 것'이다.

디멀설(demersal: 해저 등에 사는, 심해에 있는)

우리말로 읽어보면 '디(de)+밀(mer)+사르(sal) → 디(지 → 저(低: 밑 저)) 밀(물(水)) 사르(살으 → 살어: '살다'의 활용형) → 밑 물 살어'다. '물 밑에 사는'이다.

데미(demi-: 반…, 부분적의 뜻)

우리말로 읽어보면 '드이(de)+미(mi) → 드이(두이 → 둘) 미(㵟: 나눌 미) → 둘 나누다'이다. '둘로 나눈 것' '반'이다.

데미만데인(demimondaine: 매춘부, 화류계)

우리말로 읽어보면 '딤(dem)+이(i)+몬(mon)+대(dai)+니(ne) → 딤(뎜: '상점'의 옛말) 이(위(慰: 위로할 위)) 몬('몸'의 고어인 듯) 대('대다(공급하다)'의 활용형) 니(이: 사람) → 상점 위로하다 몸 대다 사람'이다. '위로하는 상점에서 몸을 대는 사람'이다.

디마이즈(demise: 사망, 서거, (황제 등의) 붕어(崩御))

우리말로 읽어보면 '디(de)+밋(mis)+이(e) → 디(지('지다(목숨이 끊어지다)'의 어근) 밋(맛 → 뭇: '가장'의 옛말) 이(사람) → 지다 가장(제일) 사람'이다. '제일 사람 죽는 것'이다.

디먼(demon: 악령, 악마, 귀신)

우리말로 읽어보면 '디(de)+모(mo)+느(n) → 디(지 → 저: '적(敵: 대적할 적: 어떤 것에 해를 끼치는 요소를 비유적으로 이르는 말)'의 방언) 모(마(魔: 마귀 마) 느(니 → 이: 사람) → 해를 끼치는 마귀 사람'이다.

데몬스트레이트(demonstrate: 논증[입증, 증명, 명백히]하다, 증명하다)

우리말로 읽어보면 '딤(dem)+온(on)+스(s)+드르(tr)+아디(ate) → 딤(짐(斟: 짐작할 짐)) 온(안(案: 책상 안)) 스(수(數: 셈 수)) 드르(들으 → 들어: '들다(설명하거나 증명하기 위하여 사실을 가져다 대다)'의 활용형) 아디(하디 → 하다) → 짐작하다 생각 이치 들다 하다'다. '짐작한 생각을 이치 드는 것을 하다'이다.

□ 안(案): 책상, 생각, 안건.

□ 수(數): 셈, 산법, 이치, 규칙.

디마운트(demount: 떼어내다, 뜯어내다)

우리말로 읽어보면 '디(de)+모운(moun)+트(t) → 디(띠 → 떼: '떼다'의 활용형) 모운(모은: '모으다'의 활용형) 트(츠 → 치: 어떠한 특성을 가진 물건 또는 대상) → 떼다 모은 물건'이다. '모아놓은 물건에서 떼다'이다.

디멀(demur: 반대하다, 이의[불만]을 제기하다)

우리말로 읽어보면 '디(de)+물(mur) → 디(대(對: 대할 대)) 물(말(言)) → 대항하는 말하다'이다.

□ 대(對): '그것을 상대로 한' 또는 '그것에 대항하는'의 뜻을 더하는 접두사.

디뮤얼(demure: 얌전한, 조용한)

우리말로 읽어보면 '디(de)+물(mur)+이(e) → 디(지 → 제(除: 덜 제)) 물(말(言)) 이(에: 조사) → 없애다 말(言) 에(의)'다. '말(言) 없앰에(의)'다.

□ 제(除): 덜다, 없애다.

디노머네이트(denominate: 이름을 붙이다, 명명(命名)하다)

우리말로 읽어보면 '디(de)+놈(nom)+이(i)+느(n)+아디(ate) → 디(지 → 제(制: 지을 제)) 놈(남: 다른 것) 이(위(謂: 이를 위)) 느(넣: '넣다'의 어근) 아디(하디 → 하다) → 짓다 다른 것에 이름 넣 하다'다. '다른 것에 이름 지어 넣는 것을 하다'이다.

덴스(dense: 밀집한; 농후한, 짙은)

우리말로 읽어보면 '딘(den)+시(se) → 딘(진(津: 나루 진: '津하다'의 어근)) 시(是: 이 시) → 진(津)한 이것'이다.

□ 진(津)하다: 액체의 농도가 짙다.

디나이(deny: ~을 부인[부정]하다)

우리말로 읽어보면 '드(d)+인(en)+이(y) → 드(도(倒: 넘어질 도)) 인(認: 알 인) 이(여: 이여) → 뒤집다 인정하다(認定--) 이여'다. '인정(認定)하는 것을 뒤집는 것이여'다.

디파~ㄹ트(depart: 출발하다)

우리말로 읽어보면 '디(de)+발(par)+뜨(t) → 디(지(之: 갈지)) 발(足) 뜨

(떠: '띠다('떼다(걸음을 옮기어 놓다)'의 방언)'의 활용형) → 가다 발(足) 떼다'다. '가는 발 떼다'이다.

디펜드(depend: 신뢰[신용]하다, 믿다, 의지하다)

우리말로 읽어보면 '디(de)+펀(pen)+드(d) → 디(대(待: 기다릴 대)) 펀(편(便: 편할 편)) 드(즈 → 주 → 줘: '주다'의 활용형) → 기대다 편하다 주다'다. '기대어 편함 주다'이다.

□ 대(待): 기다리다, 기대다.

디프로~ㄹ(deplore: 깊이 뉘우치다, 유감으로 생각하다, 애통해하다, 슬퍼하다)

우리말로 읽어보면 '디(de)+프르(pl)+오르이(ore) → 디(지: '죄(罪)'의 방언) 프르(플으 → 풀어: '풀다(말하다)'의 활용형) 오르이(아르이 → 앓으이: '앓다(마음에 근심이 있어 괴로움을 느끼다)'의 활용형) → 죄(罪) 말해 앓다'이다.

디포~ㄹ트(deport: 추방하다)

우리말로 읽어보면 '디(de)+보르(por)+트(t) → 디(지(之: 갈 지)) 보르(보로: '부러'의 방언) 트(츠 → 쳐: '치다(때리다)'의 활용형) → 가다 부러치다'이다. '일부러 때려 가다'이다.

디포지트(deposit: 1. 보증금 2. 놓다 3. (강, 호수 등이 흙 등을 어떤 장소에) 쌓이게 하다)

1번을 우리말로 읽어보면 '드이(de)+보(po)+스(s)+이(i)+트(t) → 드이(즈이 → 주이: '주다'의 활용형) 보(保: 지킬 보) 스('스다(생기다)'의 활용형) 이('에'의 방언) 트(츠 → 치(値: 값 치)) → 주다 보증하다(保證--) 생기다 에 값'이다. '보증 생김에 값으로 주는 것'이다.

□ **보(保): 지키다, 보증하다(保證--).**

2번을 우리말로 읽어보면 '디보스(depos)+이(i)+트(t) → 디보스(지버서 → 집어서: '집다'의 활용형) 이(위(位: 자리 위)) 트(츠 → 치(置: 둘 치)) → 집어서 자리(곳)에 두다'다.

3번을 우리말로 읽어보면 '디(de)+포(po)+스이(si)+트(t) → 지(地: 땅 지) 포('거듭'의 옛말) 스이드(사이 → 쌓이: '쌓이다'의 어근) 트(츠 → 치(置: 둘 치) → 지(地=땅=흙)이 거듭 쌓이게 두다'이다.

디프레이브(deprave: 부패[타락]시키다)

우리말로 읽어보면 '디(de)+브르(pr)+아(a)+비(ve) → 디(지 → 제(制: 지을 제)) 브르(부러: 일부러) 아(하: 정도가 매우 심하거나 큼을 강조하여 이르는 말. '아주', '몹시'의 뜻을 나타낸다) 비(費: 쓸 비) → 만들다 일부러 몹시 쓰다'다. '일부러 몹시 쓰게 만들다'이다.

디프레스(depress: 의기소침[낙담]하게 하다, 우울하게[슬프게] 하다)

우리말로 읽어보면 '디(de)+플(pr)+이(e)+스스(ss) → 디(지 → 제(除: 덜 제)) 플(풀: 세찬 기세나 활발한 기운) 이(주격 조사) 스스(슷으 → 섯어: '서다(생기다)'의 활용형) → 없애다 풀이 생기다'이다. '풀이 생긴 것을 없애다'이다.

□ 제(除): 덜다, 없애다.

디프러베이션(deprivation: (특권 등의) 박탈, (재산 등의) 몰수, 파면)

우리말로 읽어보면 '디(de)+브르이(pri)+브(v)+아드(at)+이오느(ion) → 디(지 → 제(諸: 모두 제)) 브르이(바르이: '바르다(껍질을 벗기어 속에 들어 있는 알맹이를 집어내다)'의 활용형) 부(富: 부유할 부) 아드(하다) 이오느(이오니: '이다'의 활용형) → 모두 바르다 재산 하다 이다'이다. '모든 재산을 바르는 것 하는 것이다'다.

□ 부(富): 부유하다, 재산.

데프뜨(depth: 깊이)

우리말로 읽어보면 '디프(dep)+트흐(th) → 디프(딮으 → 짚어: '짚다('깊다'의 방언)'의 활용형) 트흐(티흐 → 티: 어떠한 특성을 가진 물건 또는 대상, 것) → 깊어 대상(것)'이다. '깊은 대상(것)' '깊이'다.

디라이디(deride: 조롱(조소)하다)

우리말로 읽어보면 '디리디(deride) → 디리디(디리다: '꼬다'의 방언) → 꼬다(남의 마음에 거슬릴 정도로 빈정거리다)'다. '꼬다'이다.

디라이브(derive: 이끌어내다, 유래하다)

우리말로 읽어보면 '디(de)+리(ri)+비(ve) → 디(지 → 제(提: 끌 제)) 리(라 → 나: '나다(생기다)'의 활용형) 비('비다(보이다)'의 어근) → 끌다 생기다 보이다'다. '끌음 생겨 보이다'다.

디센드(descend: 내려가다, 내려오다)

우리말로 읽어보면 '디(de)+스(s)+신(cen)+드(d) → 디(지 → 저(低: 낮을 저)) 스('스다(생기다)'의 활용형) 신(땅을 딛고 서거나 걸을 때 발에 신는 물건을 통틀어 이르는 말) 드(닿: '닿다'의 활용형) → 낮다 생기다 신 닿'다. '낮음 생겨 신 닿다'이다.

올라가는 것(ascend)를 우리말로 읽어보면 '아(a)+스(s)+신(cen)+드d) → 아(峨: 높을 아) 스('스다(생기다)'의 활용형) 신 드(닿: '닿다'의 활용형) → 높음 생겨 신 닿'다.

디스크라이브(describe: 묘사하다, 서술[기술]하다)

우리말로 읽어보면 '디스(des)+그리비(cri)+비(be) → 디스(지스 → 져서 → 지어서: '짓다'의 활용형) 그리(그려: '그리다'의 활용형) 비('비다(보이다)'의 어근) → 지어서 그려 보이다'다.

데저트(desert: 사막)

우리말로 읽어보면 '디(de)+스(s)+이르(er)+트(t) → 디(대(大: 클 대)) 스(사(沙: 모래 사)) 이르(이루 → 이뤄: '이루다'의 활용형) 트(터: 땅) → 크게 모래(로) 이뤄(진) 땅'이다.

데시케이트(desiccate: 바싹 건조 시키다, 건조 보존하다)

우리말로 읽어보면 '디(de)+스(s)+익(ic)+그(c)+아디(ate) → 디(지 → 제(除: 덜 제)) 스(수(水: 물 수) 익(益: 더할 익) 그(구 → 꾸: '꾸다('굽다'의 방언)'의 어근) 아디(하디 → 하다) → 물 없애다 더하다 굽다 하다'다.

'물 없앰에 더하여 굽는 것을 하다'이다.

□ 제(除): 덜다, 없애다.

디자인(design: 디자인[설계]하다, 도안을 그리다)

우리말로 읽어보면 '디(de)+시(si)+근(gn) → 디(지 → 제(製: 지을 제)) 시(사(寫: 베낄 사)) 근(건(建: 세울 건)) → 짓다 그리다 세우다'다. '그려 세우는 것을 짓다(만들다)'다.

데지그네이트(designate: ~을 가르키다, 지적[지시, 명시]하다)

우리말로 읽어보면 '디(de)+스(s)+이그(ig)+느(n)+아디(ate) → 디(지(指: 손가락 지)) 스(쓰 → 써: '쓰다'의 활용형) 이그(이거 → 이것) 느(나: '나다(생기다)'의 활용형) 아디(하디 → 하다) → 손가락 써 이것 생기다 하다'다. '손가락 써 이것 생기는 것을 하다'이다.

디자이어(desire: 바라다, 원하다, 욕구, 갈망, 욕정)

우리말로 읽어보면 '디(de)+스(s)+이르(ir)+이(e) → 디(지(志: 뜻 지)) 스('스다(생기다)'의 활용형) 이르(이루: '이루다'의 어근) 이(명사형 접미사, 이것) → 뜻 생기다 이루다 이것'이다. '이룸에 뜻 생긴 이것'이다.

데스퍼러트(desperate: 자포자기한, 발악하는, 필사적인, 간절히 필요로 하는)

우리말로 읽어보면 '딧(des)+필(per)+아(a)+티(te) → 딧(짓: 몸을 놀려 움직이는 동작) 필(畢: 마칠 필) 아(하 → 해: '하다'의 활용형) 티(모양) →

짓 마치다 하다 모양'이다. '마치는 짓 하는 모양'이다.

데스티네이션(destination: 목적지. (물품의) 도착지)

우리말로 읽어보면 '디(de)+스(s)+띠나(tina)+트(t)+이오느(ion) → 디(지: '죄(모두)'의 방언) 스('스다(서다)'의 활용형) 띠나(떠나: '떠나다'의 어근) 트('터'의 방언) 이오느(이오니: '이다'의 활용형) → 모두 서다 떠나 터이다'다. '떠나 모두 서는 터(곳)이다'다.

데스터니(destiny: (사람 등의) 운명)

우리말로 읽어보면 '디(de)+스(s)+티느(tin)+이(y) → 디(지: '지다('쥐다'의 방언)'의 활용형) 스(수(壽: 목숨 수)) 티느(태나 → 태어나: '태어나다'의 활용형) 이(명사형 접미사, 이것) → 쥐다(가지다) 목숨 태어나 이것'이다. '태어나 가진 목숨 이것'이다.

데서르토리(desultory: 종잡을 수 없는, 막연한, (행동이) 굼뜬, 엉뚱한, 당돌한)

우리말로 읽어보면 '딧(des)+울토리(ultory) → 딧(짓: 몸을 놀려 움직이는 동작) 울토리(얼타리: '얼타다(보통 사람이라면 할 수 있는 어떤 일을, 하는 방법을 몰라서 제대로 하지 못하다)'의 활용형) → 짓 얼타다'다. '얼타는(제대로 하지 못하는) 짓'이다.

디테일(detail: 세부, 세목, 항목, 상세히 알리다)

우리말로 읽어보면 '디(de)+태(ta)+이르(il) → 디(지: '죄(모두)'의 방언)

태(態: 모습 태) 이르('이르다(말하다)'의 어근) → 모두 모습 말하다'다. '모든 모습 말하는 것'이다.

디테인(detain: (남을) 붙들다, 지체하게 하다, 기다리게 하다)

우리말로 읽어보면 '디(de)+타(ta)+인(in) → 디(지: '지다('쥐다'의 방언)'의 어근) 타(他: 다를 타) 인(人: 사람 인)' → 쥐다 다르다 사람'이다. '다른 사람 쥐다' '다른 사람 붙들다'이다.

디텍트(detect: 발견하다[알아내다, 감지하다])

우리말로 읽어보면 '디티(dete)+그(c)+트(t) → 디티(더터: '더트다('뒤지다'의 활용형)'의 활용형) 그(가(瞡: 볼 가)) 트(츠 → 치: 어떠한 특성을 가진 물건 또는 대상, 것) → 더터 보다 치'다. '더터 치(물건, 대상, 것)를 본 것' '발견한 것'이다.

디터르(deter: 단념시키다, 그만두게 하다)

우리말로 읽어보면 '디(de)+트(t)+이르(er) → 디(지(志: 뜻 지)) 트('트다('뜨다(떠나다)'의 방언)'의 어근) 이르('이르다(말하다)'의 어근) → 뜻(마음) 떠나게 이르다'이다.

디티어리어레이트(deteriorate: 악화되다, 더 나빠지다)

우리말로 읽어보면 '디(de)+띠리(teri)+올(or)+아디(ate) → 디(지('지다(어떤 현상이나 상태가 이루어지다)'의 어근) 띠리(뙤리 → 뙤레: '도리어'의 방언) 올(알: '아래'의 방언) 아디(하디 → 하다) → 지다 도리어 아래 하다'다. '상태 이루어짐이 도리어 아래 하다'다.

디터르전트(detergent: 세척성의, 세척제)

우리말로 읽어보면 '디(de)+띠르(ter)+진(gen)+트(t) → 디(지: '지다(없애다)'의 어근) 띠르(띠를 → 때를) 진('지다('쥐다'의 방언)'의 활용형) 트(츠 → 치: 어떠한 특성을 가진 물건) → 없애다 때를 쥔(가진) 물건'이다. '때를 없애는 것을 쥔(가진) 물건'이다.

디터르민(determine: 결정하다, 한정하다, 정하다)

우리말로 읽어보면 '디(de)+뜨(t)+이르(er)+미(mi)+내(ne) → 디(대 → 재: '재다(여러모로 따져 보고 헤아리다)'의 활용형) 뜨(또: 거듭) 이르(일으 → 일어: '일다(생기다)'의 활용형) 미(매: '매듭(일의 순서에 따른 결말)'의 방언) 내('내다(내놓다)'의 활용형) → 재다 거듭 생겨 매듭 내놓다'이다. '재는 것 거듭 생겨 매듭 내놓다'이다.

디투어~ㄹ(detour: 우회로, 돌아가는 길)

우리말로 읽어보면 '디(de)+토(to)+우(u)+르(r) → 디(지(之: 갈 지)) 토(터(장소)) 우(迂: 에돌 우) 르(로(路: 길 로)) → 가다 터 에돌다(선뜻 나아가지 아니하고 멀리 피하여 돌다) 길'이다. '터(장소) 감에 에도는 길'이다.

디타크서파이(detoxify: 해독하다, 독성을 없애다)

우리말로 읽어보면 '디(de)+독시(toxi)+비(fy) → 디(띠 → 떼: '떼다'의 활용형) 독시(독(毒)) 비('비다'의 활용형) → 떼다 독(毒) 비다'다. '독이 비

(없)게 떼다'이다.

디트랙(detract: (사람, 주의 등을) 딴 데로 돌리다)

우리말로 읽어보면 '디(de)+트라(tra)+크드(ct) → 디(지 → 제(醍: 볼 제) 트라(틀아 → 틀어: '틀다(돌리다)'의 활용형) 크드(흐드 → 하다) → 보다 돌리다 하다'다. '보는 것 돌리는 것을 하다'이다.

디바스테이트(devastate: 황폐시키다, 유린하다)

우리말로 읽어보면 '디(de)+바스트(vast)+아디(ate) → 디(지: '죄(모두)'의 방언) 바스트(바스다: '부수다'의 방언) 아디(하디 → 하다) → 모두 부수다 하다'다. '모두 부수다'이다.

디베러프(develop: 발달[발전]시키다, 개발하다)

우리말로 읽어보면 '디(de)+브(v)+이르(el)+옾(op) → 디(지(之: 갈 지)) 브(부(富: 부유할 부) 이르(이루 → 이뤄: '이루다'의 활용형) 옾(앞: 앞으로) → 가다 부(富) 이뤄 앞으로'다. '부(富) 이뤄 앞으로 가다'이다.

디보우트(devote: 바치다, 헌납하다)

우리말로 읽어보면 '디(de)+보티(vote) → 디(지: '죄(모두)'의 방언) 보티(바티 → 바쳐: '바치다'의 활용형) → 모두 바쳐'다.

듀(dew: 이슬)

우리말로 읽어보면 '드(d)+이(e)+우(w) → 드(즈 → 주(珠: 구슬 주) 이

('에'의 방언) 우(汻: 물 우)'다. '구슬에 물'이다.

다이그노시스(diagnosis: 진단)

우리말로 어보면 '디(di)+아그(ag)+느오스(nos)+이스(is) → 디(지(指: 가리킬 지)) 아그(아구 → 하구 → 하고: '하다'의 활용형) 느오스(누어서: '눕다'의 활용형) 이스(잇으 → 있어: '있다'의 활용형) → 손가락 하고 누어서 있어'다. '손가락으로 (진맥하고) 누어있는 것'이다.

□ 지(指): 가리키다, 지시하다, 손가락.

다이어레크트(dialect: 방언, 지방어, 지방 사투리)

우리말로 읽어보면 '디(di)+아(a)+리(le)+그(c)+트(t) → 디(지(地: 땅 지) 아('에'의 방언) 리(脷: 혀 리) 그(거 → 것) 트(투(套: 씌울 투: 말이나 글, 행동 따위에서 버릇처럼 일정하게 굳어진 본새나 방식)) → 지(地: 땅, 곳, 장소) 에 혀(말하다) 것 투(套)'다. '장소에 말하는 것에 투(套)'이다.

다이어리(diary: 일기, 메모장)

우리말로 읽어보면 '디(di)+아르(ar)+이(y) → 디(지(誌: 기록할 지) 아르(하르: '하루'의 방언) 이(명사형 접미사, 이것) → 기록하다 하루 이것'이다. '하루 기록한 이것'이다.

딕테이트(dictate: 1. 받아쓰게 하다 2. 구술하다 3. 지시[명령]하다)

1번을 우리말로 읽어보면 '디그(dic)+태티(tate) → 디그(지그 → 직으 → 적어: '적다'의 활용형) 태티(채치: '채치다(일을 재촉하여 다그치다)'의 어근) → 적다 채치다'다. '적게 채치다'다.

2번을 우리말로 읽어보면 '디(di)+그드(ct)+아디(ate) → 디(지 → 제(制: 지을 제)) 그드(구두(口頭: 마주 대(對)해 입으로 하는 말) 아디(하디 → 하다) → 지어 구두(口頭) 하다'다.

3번을 우리말로 읽어보면 '디(di)+근(ct)+아디(ate) → 디(지(指: 가리킬 지)) 근(것) 아디(하디 → 하다) → 지시하는 것 하다'다.

□ 지(指): 가리키다, 지시하다(指示--).

딕셔너리(dictionary: 사전)

우리말로 읽어보면 '딕(dic)+티온(tion)+아르이(ary) → 딕(직 → 적(籍: 문서 적)) 티온(치온 → 천(千: 일천 천) 아르이(알으이: '알다'의 활용형) → 책 수효(數爻)가 많다 알다'이다. '알을 수효(數爻)가 많은 서적'이다.

□ 적(籍): 문서, 서적.

디드(did: do의 과거형)

우리말로 읽어보면 '디드(did) → 디드(되다 → 됐다)'다.

다이(die: 죽다)

우리말로 읽어보면 '디이(die) → 디이(지이: '지다(목숨이 끊어지다)'의 활용형) → 지다'이다.

디퍼(differ: 다르다)

우리말로 읽어보면 '디브(dif)+브(f)+이르(er) → 디브(대브 → 대봐: '대보다(서로 견주어 보다)'의 활용형) 브(부(不: 아닐 부) 이르(이루 → 이뤄: '이루다'의 활용형) → 대보다 아니다 이루다'다. '대본 것이 아님을 이루다'이다.

디피컬트(difficult: 어려운, 곤란한)
우리말로 읽어보면 '딥(dif)+비(fi)+구르(cul)+트(t) → 딥(집(家)) 비(벼: '비다(없다)'의 활용형) 구르(거르: '거르다(굶다)'의 어근) 트(티: 모양) → 집 없다 굶다 모습'이다. '집이 가난하여 굶는 모습'이다.

디퓨우즈(diffuse: 흩뜨러뜨리다, 방산[확산, 산란]하다.
우리말로 읽어보면 '딥(dif)+푸(fu)+스이(se) → 딥(집(集: 모을 집)) 푸(파(破: 깨뜨릴 파)) 스이('스다(생기다)'의 활용형) → 모은 것 깨뜨리는 것 생기다'이다.

디그(dig: 파다, 쿡쿡 찌르다)
우리말로 읽어보면 '딕(dig) → 디그(딕으 → 찍으 → 찍어: '찍다'의 활용형)'의 활용형)'이다. '찍다'는 '날이 있는 연장 따위로 내려치는 것'이다. '(밭을 찍으면) 파는 것'이다.

다이제스트(digest; 소화하다, (음식의) 소화를 돕다)
우리말로 읽어보면 '디(di)+지(ge)+스드(st) → 디(대: '대다((사람이 입에 음식이나 술을) 가져다 먹거나 마시다)'의 활용형) 지('지다(이슬 따위가 사라져 없어지다)'의 활용형) 스드(스다(생기다)) → 대다(먹거나 마시

다) 지다 생기다'이다. '먹거나 마신 것이 지는 것 생기다'이다.

디지트(digit: 아라비아 숫자: 0에서 9까지, 손가락)

우리말로 읽어보면 '디(di)+지(g)+이(i)+트(t) → 디(지(指: 가리킬 지)) 지(쥐: '쥐다'의 어근) 이(위(謂: 이를 위) 트(츠 → 치(値: 값 치)) → 손가락 쥐어 이른 값'이다.

ㅁ 지(指): 가리키다, 손가락.

디그너티(dignity: 존엄, 위엄)

우리말로 읽어보면 '딕(dig)+느(n)+이(i)+티(ty) → 딕(직(直: 곧을 직)) 느(니 → 이: 사람) 이(위(偉: 클 위) 티(기색(마음의 작용으로 얼굴에 드러나는 빛)) → 곧은 사람에 훌륭한 기색'이다.

ㅁ 위(偉): 크다, 훌륭하다, 위대하다(偉大--).

다이레이트(dilate: (특히 몸의 기관을) 부풀다, 팽창시키다)

우리말로 읽어보면 '디(di)+르(l)+아디(ate) → 디(지: '자기'의 방언) 르(로 → 뢰(위(偉: 클 뢰)) 아디(하다) → 자기 크게 하다'다.

딜레마(dilemma: 딜레마, 진퇴양난)

우리말로 읽어보면 '드이(di)+르(l)+임(em)+므(m)+아(a) → 드이(두이: 二: 두 이) 르(로(路: 길 로)) 임(臨: 임할 임) 므(무(無: 없을 무)) 아(하 → 해(解: 풀 해: 풀이)) → 둘 길 임하다 없다 풀이'이다. '해(解)가 없는 두 길에 임한 것'이다.

□ 임하다(臨--: 어떤 사태나 일에 직면하다).

디러전트(diligent: 근면한, 부지런한)

우리말로 읽어보면 '드(d)+이르이(ili)+진(gen)+트(t) → 드(즈: '자기(自己)'의 방언) 이르이(이루이: '이루다'의 활용형) 진(盡: 다할 진) 트(티: 태도) → 자기 이룸에 다하는 태도(모양)'다.

디멘션(dimension: 규모, 크기, 부피)

우리말로 읽어보면 '디(di)+메(me)+느(n)+스(s)+이오느(ion) → 디('되(분량을 헤아리는 데 쓰는 그릇 또는 부피의 단위)'의 방언) 메('몇'의 방언) 느(넣: '넣다'의 어근) 스(수(數: 셈 수) 이오느(이오니: '이다'의 활용형) → 되 몇 넣다 수(數) 이다'다. '되 몇 넣음에 수(數) 이다'다.

디미니쉬(diminish: 줄이다, 깎아내리다, 작게[적게]하다)

우리말로 읽어보면 '디(di)+미느(min)+이(i)+스흐(sh) → 디('되(분량을 헤아리는 데 쓰는 그릇 또는 부피의 단위)'의 방언) 미느(미는: '밀다'의 활용형) 이('사람' 또는 '사물'의 뜻을 더하고 명사를 만드는 접미사) 스흐(쓰흐: '쓰다'의 활용형) → 되+미는+이(평미레) 쓰다'다. '되에 올라온 부분을 평미레로 평평하게 하여 덜어내는 것'이다.

다이어(dire: 대단히 심각한, 엄청난, 지독한, 끔찍한)

우리말로 읽어보면 '디리(dire) → 디리('들입다(세차게 마구)'의 방언) → 들입다'다.

디(다이)렉트(direct: (중간에 제삼자나 매개물 없이) 직접적인)

우리말로 읽어보면 '디르이(dire)+그(c)+트(t) → 디르이(지르이: '지르다(지름길로 가깝게 가다)'의 활용형) 그(가: '가다'의 어근) 트(티: 모양) → 질러가는 모양'이다.

더트(dirt: 1. 진흙 2. 쓰레기 3. 먼지)

1번을 우리말로 읽어보면 '디르(dir)+트(t) → 디르(지르 → 질으 → 질어: '질다'의 활용형) 트(토(土: 흙 토)) → 질은 흙'이다.

2번을 우리말로 읽어보면 '디르(dir)+트(t) → 디르(디러: '디럽다('더럽다'의 방언)'의 활용형) 트(츠 → 치: 물건) → 더럽다 물건'이다. '더러운 물건'이다.

3번을 우리말로 읽어보면 '디르(dir)+트(t) → 딜(질(質: 바탕 질)) 트(티: 작은 부스러기) → 바탕 티'다. '바탕이 티인 것'이다.

더티(dirty: 더러운)

우리말로 읽어보면 '디르(dir)+티(ty) → 디르(디러: '디럽다('더럽다'의 방언)'의 활용형) 티(모양) → 더러운 티'다.

디재스터(disaster: 천재, 참사, 재난, 재해)

우리말로 읽어보면 '디(di)+스(s)+아스(as)+트(t)+일(er) → 디(지: '죄(모두)'의 방언) 스(수(壽: 목숨 수)) 아스(앗으 → 앗아: '앗다(빼앗다)'의 활용형) 트(태(泰: 클 태)) 일(事) → 모두 목숨 앗다 크다 일(事)'이다. '모두 목숨 빼앗음이 큰일'이다.

디스카드(discard: (쓸데없는 것을) 버리다, 포기[폐기]하다)

우리말로 읽어보면 '디(di)+스(s)+갈드(card) → 디(지 → 제(除: 덜 제)) 스('스다(생기다)'의 활용형) 갈드(갈다: 이미 있는 사물을 다른 것으로 바꾸다) → 없애다 생기다 갈다'다. '갈아 없애는 것 생기다'이다.

□ 제(除): 덜다, 없애다.

디서프린(discipline: 훈육하다, 규율, 훈련, 단련, 연습)

우리말로 읽어보면 '딧(dis)+시프(cip)+리(li)+느이(ne) → 딧(짓: 몸을 놀려 움직이는 동작) 시프(싶으 → 싶어: '싶다(마음이나 욕구를 갖고 있음을 나타내는 말)'의 활용형) 리(理: 다스릴 리) 느이(너이 → 넣이: '넣다'의 활용형) → 짓 싶다 다스리다 넣다'다. '싶은 짓에 다스림을 넣다'이다.

디스커스(discuss: 논의[토론, 토의, 검토, 심의]하다)

우리말로 읽어보면 '디(di)+스(s)+궃(cus)+스(s) → 디(지 → 제(題: 제목 제)) 스('스다(서다)'의 활용형) 궃(궅 → 갇: '갇다('말하다'의 방언)'의 어근) 스('스다(생기다)'의 활용형) → 제목 서다 말하다 생기다'이다. '주제를 세워 말하는 것'이다.

디스멤버르(dismember: 팔다리를 잘라 버리다, 주검을 훼손하다)

우리말로 읽어보면 '디(di)+스(s)+멤(mem)+비(be)+르(r) → 디(지: '지다(목숨이 끊어지다)'의 어근) 스(수(壽: 목숨 수)) 멤('몸'의 방언) 비(벼: '비다'의 활용형) 르(라: 종결 어미) → 지다 목숨 몸 비다 라'다. '목숨 끊어진 몸 비는 것이다'다.

디스퓨트(dispute: 분쟁, 분규, 논란, 논쟁)

우리말로 읽어보면 '딧(dis)+부트이(pute) → 딧(짓: 몸을 놀려 움직이는 동작) 부트이('부트다('붙다'의 방언)'의 활용형) → 짓 붙다(겨루는 일 따위가 서로 어울려 시작되다)'이다. '붙는 짓' '다투는 짓'이다.

디세미네이트(disseminate: (정보, 지식 등을) 퍼뜨리다)

우리말로 읽어보면 '딧(dis)+새(se)+므(m)+인(in)+아디(ate) → 딧(짓: '짓하다'의 어근) 새(이미 있던 것이 아니라 처음 마련하거나 다시 생겨난) 므(무 → 뭐: 무엇) 인(認: 알 인) 아디(하디 → 하다) → 짓하다 새 무엇 알다 하다'다. '새 무엇을 알게 하는 짓하다'이다.

디씨페이트(dissipate: 소멸하다, 소멸시키다)

우리말로 읽어보면 '디(di)+스(s)+시(si)+브(p)+아디(ate) → 디(지: '지다(없어지다)'의 어근) 스(수(壽: 목숨 수)) 시('씨'의 옛말) 브(부(不: 아닐 부)) 아디(하디 → 하다) → 지다 목숨 씨 없다 하다'다. '목숨이 없어져 씨 없다'다.

□ 부(不): 아니다, 못하다, 없다.

디스턴스(distance: 거리, 간격)

우리말로 읽어보면 '디(di)+스(s)+딴(tan)+시(ce) → 디('데(장소)'의 방언) 스(~의) 딴('동안(두 지점 사이의 거리)'의 방언) 시(옛말 명사를 만드는 접미사, 이것) → 장소 의 동안 이것'이다. '장소의 두 지점 사이의 거리'다.

□ 동안: 1. 어느 한때에서 다른 한때까지 시간의 길이 2. 두 사람 사이의 떨어진 촌수 3. 두 지점 사이의 거리

디스틸(distill: 증류하다)

우리말로 읽어보면 '디(di)+스(s)+트(t)+이(i)+르(l)+르(l) → 디(지: '지다('찌다'의 옛말)'의 어근) 스(수(水: 물 수) 트(츠 → 차: '차다'의 어근) 이(위(爲: 할 위)) 르(루 → 류(溜: 낙숫물 류) 르(느 → 나: '나다(생기다)'의 활용형) → 찌다 물 차다 하다 물방울 생기다'이다. '물을 쪄 차게 해 물방울이 생기다'이다.

□ 류(溜): 낙숫물, 물방울.

디스팅크트(distinct: 뚜렷한, 분명한, 별개의, 전혀 다른)

우리말로 읽어보면 '디(di)+스(s)+틴(tin)+그트(ct) → 디(지 → 제(齊: 가지런할 제)) 스(서: '에서'의 준말) 틴(튄: '튀다'의 활용형) 그(거: 것) 트(티: 모양) → 가지런하다 에서 튄 것 모양'이다. '가지런함에서 튄 것의 모양'이다.

디스토르트(distort: 왜곡하다, 곡해하다)

우리말로 읽어보면 '디(di)+스(s)+톨트(tort) → 디(지 → 제(齊: 가지런할 제)) 스(서: '에서'의 준말) 톨트(톨다 → 탈다: '꼬다'의 방언) → 가지런함에서 꼬다'이다.

디스트래크트(distract: 빗가게 하다, 흩뜨리다, 산만하게 하다)

우리말로 읽어보면 '딧(dis)+트라(tra)+그드(ct) → 딧(짓: '짓하다'의 어근) 트라(틀아 → 틀어: '틀다'의 활용형) 그드(가다) → 짓하다 틀어 가다'이다. '틀어 가게 짓하다'이다.

디스트리뷰트(distribute: 분배하다, 배급하다, 할당하다)

우리말로 읽어보면 '딧(dis)+뜨르(tr)+이(i)+브(b)+우(u)+티(te) → 딧(짓: 행위) 뜨르(따로) 이(위(爲: 할 위)) 브(부(付: 줄 부)) 우(유(有: 있을 유)) 티(치: 어떠한 특성을 가진 물건 또는 대상, 것) → 짓 따로 하다 주다 있다 치(것)'다. '있는 것을 따로 하여 주는 짓(행위)'이다.

디스트리크트(district: 지구, 지역, 관할구)

우리말로 읽어보면 '디(di)+스(s)+틀(tr)+이(i)+그(c)+트(t) → 디(지(地: 땅 지)) 스(~의) 틀(일정한 격식이나 형식) 이(異: 다를 이) 그(구(區: 구분할 구)) 트(터) → 땅의 형식 다르다 구분하다 터'다. '땅의 형식이 다른 구분한 터'이다.

디떨(dither: 떨림, 오한)

우리말로 읽어보면 '디(di)+뜨흐이르(ther) → 디(되: '되게(아주 몹시)'의 방언) 뜨흐이르(띠르 → 떨으 → 떨어: '떨다'의 활용형) → 되게 떨다'다. '크게 떠는 것'이다.

디토우(ditto: 위와[앞의 것과] 같음)

우리말로 읽어보면 '드이(di)+트(t)+토(to) → 드이(두이: 둘, 두) 트(츠 → 치: 어떠한 특성을 가진 물건 또는 대상) 토(초(肖: 같을 초)) → 두 치 같다'이다.

다이베스트(divest: 1. (옷을) 벗다, ~을 처분하다[없애다] 2. ~에게서 ~을 빼앗다)

1번을 우리말로 읽어보면 '디(di)+비스드(vest) → 디(지: '죄(모조리)'의 방언) 비스드(빗으다 → 벗으다: '벗다'의 활용형) → 전부 벗다'이다.

2번을 우리말로 읽어보면 '디(di)+비스드(vest) → 디(지: '죄(모조리)'의 방언) 비스드(빼스다: '뺏다'의 활용형) → 모조리 뺏다'이다.

디바이드(divide: 나누다, 분리하다)

우리말로 읽어보면 '딥(div)+이(i)+디(de) → 딥(집: '크기' 또는 '부피'의 뜻을 더하는 접미사) 이(離: 떠날 이) 디(돼: '되다'의 활용형) → 크기 또는 부피 가르다 돼'다.

□ 이(離): 떠나다, 가르다, 분할하다(分割--).

디바인(divine: 1. 신의, 신성한 2. 알다 3. 수맥을 찾다)

1번을 우리말로 읽어보면 '디(di)+브(v)+인(in)+이(e) → 디(지: '죄(모두)'의 방언) 브(부(父: 아비 부) 인(人: 사람 인) 이(의: 조사) → 모두+만물(萬物)을 화육(化育)하는 근본(根本)+사람=신에 → 신의'다.

□ 부(父): 아비, 만물(萬物)을 화육(化育)하는 근본(根本), 창시자(創始者).

2번을 우리말로 읽어보면 '디(di)+비(vi)+느이(ne) → 디(지(知: 알 지)) 비('비다(보다)'의 어근) 느이(나이: '나다(생기다)'의 활용형) → 알아 봄 생기다'이다.

3번을 우리말로 읽어보면 '디(di)+브(v)+이(i)+니(ne) → 디(지(地: 땅 지) 브(부(否: 볼 부)) 이(裏: 속 이) 니('물'의 고어) → 땅 보다 속 물'이다. '땅 속에 물을 보다'이다.

디보르스(divorce: 이혼, ~을 ~와 분리하다)

우리말로 읽어보면 '디(di)+볼(vor)+시(ce) → 디(띠 → 떼: '떼다'의 활용형) 볼('벌(짝을 이룬 것)'의 방언) 시(옛말의 명사형 접미사, 이것) → 떼다 짝 이것'이다. '짝 떼는 이것'이다.

두(do: 하다, 행하다)

우리말로 읽어보면 '도(do) → 도'다. 우리말 '다' '도' '돼' '두'이다. 의문사로 쓰이는 'Do'는 '도 → 줘'다. '나 도' '나 줘' '나에게 달라고 하는 것'이다.

□ Do=도 → 조 → 주 → 줘: '주다'의 활용형.

□ How(何: 어찌 하) do you(汝: 너 여) do. 어떻게 돼 너 돼=너 어떻게 돼. I(我: 나 아) do(나 두).

독(dock: 선창, 부두)

우리말로 읽어보면 '독(doc)+크(k) → 독(둑) 크(그 → 가(舸: 배 가) → 둑 배'다. '배의 둑'이다. '둑'은 '논둑, 밭둑'의 '둑'이다.

닥터(doctor: 의사)

우리말로 읽어보면 '독(doc)+트(t)+오르(or) → 독(毒: 독 독) 트(츠 → 치(治: 다스릴 치)) 오르(어리: 옛말 그런 사람의 뜻을 더하는 접미사) → 독(毒) 다스리는 사람'이다.

닥트린(doctrine: 원칙, 교리, 가르침)

우리말로 읽어보면 '독(doc)+틀(tr)+이(i)+느(n)+이(e) → 독(족 → 적(敵: 대적할 적)) 틀(일정한 격식이나 형식) 이(위(爲: 할 위)) 느(노 → 놓: '놓다'의 어근) 이(명사형 접미사, 이것) → 대적하다 틀 하다 놓다 이것'이다. '대적하는 것을 틀 하여 놓은 이것'이다.

다큐먼트(document: 문서, 파일, 기록하다)

우리말로 읽어보면 '독우(docu)+맨(men)+트(t) → 독우(족우 → 적어: '적다'의 활용형) 맨('매다'의 활용형) 트(츠 → 치: 물건) → 적어 맨 물건'이다.

다지(dodge: 재빨리 몸을 비키다, 교묘히 몸을 피하다)

우리말로 읽어보면 '도드(dod)+지이(ge) → 도드(다드 → 닫으 → 닫아: '닫다(빨리 뛰어 가다)'의 활용형) 지이('지다(없어지다)'의 활용형) → 닫아(빨리 뛰어가다) 없어지다'이다.

도울체이(dolce: ((이탈리아어)) ((음악의 연주 지시)) 감미로운, 부드럽게)

우리말로 읽어보면 '도르(dol)+치(ce) → 도르(다르 → 달으 → 달아: '달다'의 활용형) 치(쳐: '치다'의 활용형) → 달다 치다'다. '달게 쳐'다.

□ 'C'는 독일어 음가 '체'이다.

돔(dome: 돔, 둥근 지붕)

우리말로 읽어보면 '드(d)+오므(om)+이(e) → 드(두(頭: 머리 두)) 오므(오무: '오무다('오므리다'의 방언)'의 어근) 이(이것) → 꼭대기 오므린 것'이다.

도미네이트(dominate: (특히 불쾌한 방식으로) 지배[군림]하다, 특징이 되다, 가장 크다[높다])

우리말로 읽어보면 '돔(dom)+이(i)+느(n)+아디(ate) → 돔(좀 → 점(占: 점령할 점)) 이(理: 다스릴 이) 느(나: '나다(생기다)'의 활용형) 아디(하디 → 하다) → 점령하여 다스림 나(생겨) 하다'다.

도미노(domino: 연달아 쓰러지다)

우리말로 읽어보면 '돔(dom)+이(i)+노(no) → 돔(담: '다음'의 준말) 이(邐: 이어질 이) 노(뇌(踒: 넘어질 뇌)) → 다음 이어져 넘어지다'이다.

도우네이트(donate: 기부[기증, 희사]하다)

우리말로 읽어보면 '도(do)+내(na)+티(te) → 도(조 → 주 → 줘: '주다'의 활용형) 내(나의) 티(치: 어떠한 특성을 가진 물건 또는 대상, 것) → 주다 내 것'이다. '내 것 주다'이다.

당키(donkey: 당나귀)

우리말로 읽어보면 '도느키(donkey) → 도느키(다느기 → 다나기 → 당나귀) → 당나귀'다.

두래리(doolally: ((비격식)) 머리가 돈)

우리말로 읽어보면 '두(doo)+랄리(lally) → 두(頭: 머리 두) 랄리(날리 → 난리(難離): 사고나 다툼 등으로 질서가 없이 어지럽고 소란스런 상태)'다. '머리에 난리(難離)가 난'이다.

둠(doom: 운명; 액운, 비운, 파멸, 멸망, 죽음)

우리말로 읽어보면 '두(doo)+므(m) → 두(주(宙: 집 주)) 므(무(務: 힘쓸 무)) → 하늘 일'이다. '하늘에서 하는 일'이다.

□ 주(宙): 집, 때, 하.

□ 무(務): 힘쓰다, 일, 업무(業務).

다운(down: 아래로, 아래에)

우리말로 읽어보면 '도(do)+윤(wn) → 도('되('도리어' 또는 '반대로'의 뜻을 더하는 접두사)'의 방언) 윤(阭: 높을 윤) → 반대로 높다'다. '높음의 반대로'다.

도우지(doze: 선잠을 자다, (졸려서) 꾸벅꾸벅하다)

우리말로 읽어보면 '도(do)+즈이(ze) → 도(조 → 쪼: '쪽(작은)'의 방언) 즈이(자이: '자다'의 활용형) → 작은 자다'다. '쪽잠'이다.

드래프트(draft: 밑그림, 선(묘)화, 스케치, 데생)

우리말로 읽어보면 '들(dr)+앞(af)+트(t) → 들(즐 → 줄: '맥(줄기)'의 옛말) 앞(前) 트(츠 → 쳐: '치다(그리다)'의 활용형) → 줄기 먼저 그리다'이다. '줄기를 먼저 그린 것'이다.

드래그(drag: (무거운 것을) 끌다, 끌어당기다)

우리말로 읽어보면 '드르(dr)+아(a)+그(g) → 드르(다르 → 다리: '다리다(당기다)'의 어근) 아(하: '하다'의 어근) 그(가: '가다'의 어근) → 당기다 하다 가다'이다. '당기는 것 하여 가다'이다.

드레인(drain: 배출시키다, 배수를 하다)

우리말로 읽어보면 '드르(dr)+아이(ai)+느(n) → 드르(뜨르 → 띠리: '띠리다('버리다'의 방언)'의 어근) 아이(하이 → 해: '하다'의 활용형) 느(니: 물(水)) → 버리다 하다 물'이다. '물 버리는 것을 하다'이다.

드라마(drama: 드라마, 극, 연극, 극적인 사건)

우리말로 읽어보면 '드르(dr)+아마(ama) → 드르(들으 → 들어: '듣다'의 활용형) 아마(단정할 수는 없지만 미루어 짐작하거나 생각하여 볼 때 그럴 가능성이 크다는 뜻을 나타내는 말) → 듣다 아마'다. '아마를 듣는 것'이다.

드로(draw: 잡아[끌어]당기다, (우물에서) 퍼 올리다)

우리말로 읽어보면 '드르(dr)+아(a)+우(w) → 드르(다르 → 다리: '다리다(당기다)'의 어근) 아(하 → 해: '하다'의 활용형) 우(위) → 당기다 하다 위'다. '위로 당기는 것을 하다'이다.

드레드(dread: ~을 매우 무서워하다, 싫어하다)

우리말로 읽어보면 '드리(dre)+아드(ad) → 드리(두리: '두리다('두려워하다'의 옛말)'의 어근) 아드(하드 → 하다) → 두리다 하다'이다.

드림(dream: 꿈)

우리말로 읽어보면 '드(d)+리(re)+암(am) → 드(즈 → 자: '자다'의 활용형) 리(睖: 볼 리) 암(함: '하다'의 활용형) → 자다 보다 함'다. '자면서 함을 보는 것' '자면서 보는 것'이다.

드링크(drink: 마시다, 다 마시다, 비우다)

우리말로 읽어보면 '드린크(drink) → 드린크(드린키 → 드링켜 → 들이켜)'다.

드라이브(drive: 1. (소, 새 등을) 몰다, 쫓다 2. 운전하다)

1번을 우리말로 읽어보면 '뜨르(dr)+입(iv)+이(e) → 뜨라(떠라('뜨다'의 활용형)) 입(口) 이(에: '에다(외치다)'의 어근) → 뜨라고 입으로 외치다'다.

2번을 우리말로 읽어보면 '들(dr)+이(i)+브(v)+이(e) → 들(즐 → 질: '길'의 방언) 이(迆: 갈 이) 브(부(軵: 수레 부) 이(에: 조사) → 길 가다 수레에'다. '수레에 길 가다'이다.

드라운(drown: 익사하다, 물에 빠지다)

우리말로 읽어보면 '들(dr)+오(o)+윤(wn) → 들(즐 → 졸(卒: 마칠 졸)) 오('오다'의 어근) 윤(淪: 빠질 윤) → 죽다 오다 빠지다'다. '빠져 죽음 오다'이다.

□ 졸(卒): 마치다, 죽다.

드렁크(drunk: 술 취한, 만취한)

우리말로 읽어보면 '드(d)+르(r)+우(u)+느(n)+크(k) → 드(즈 → 주(酒: 술 주)) 르(로: 조사) 우(위(胃: 밥통 위) 느(넣: '넣다'의 활용형) 크(커: '크다'의 활용형)'이다. '술로 위(胃) 넣 커' '술을 크게 마신 것'이다.

드라이(dry: 마른, 건조한)

우리말로 읽어보면 '드(d)+리(ry) → 드(즈 → 조(燥: 마를 조)) 리(位: 임할 리) → 마르다 임하다'이다. '마름이 된'이다.

듀얼(dual: 둘의, 두 사람)

우리말로 읽어보면 '두(du)+아(a)+르(l) → 두(둘(二)) 아('에'의 방언) 르(리 → 이: 사람)'이다. '둘에 사람' '두 사람'이다.

두비오우스(dubious: 의심스러운, 분명치 않은, 모호한)

우리말로 읽어보면 '두(du)+비(vi)+오우(ou)+스(s) → 두(둘(二)) 비('비다(보이다)'의 활용형) 오우(위(爲))+스(~의)=함의=한 → 둘로 보이다 한 → 둘로 보이는 것 한'이다.

덤프(dump: 털썩 떨어뜨리다, 쓰레기로서 버리다)

우리말로 읽어보면 '둠(dum)+프(p) → 둠('덤('두엄'의 방언)'의 방언) 프(포(抛: 던질 포)) → 두엄 버리다'이다.

□ 포(抛): 던지다, 버리다.

던스(dunce: 바보, 얼간이, 등신)

우리말로 읽어보면 '둔(dun)+스(c)+이(e) → 둔(鈍: 둔할 둔) 스('스다(생기다)'의 활용형) 이(사람) → 둔하다 생기다 사람'이다. '둔(鈍)함이 생긴 사람'이다.

덩(dung: 똥)

우리말로 읽어보면 '둥(dung) → 둥(뚱 → 똥)'이다.

듀어런스(durance: 투옥, 구금)

우리말로 읽어보면 '드(d)+울(ur)+안(an)+시(ce) → 드(두 → 둬: '두다'의 활용형) 울('우리"의 방언) 안(內) 시(옛말 명사형 접미사, 이것) → 둬 우리 안 이것'이다. '우리 안에 두는 이것'이다.

더스크(dusk: 해질녘, 황혼, 저녁, 땅거미)

우리말로 읽어보면 '두(du)+슥(sk) → 두(주(朱: 붉을 주)) 슥(석(夕: 저녁 석) → 붉은빛 저녁'이다.

□ 주(朱): 붉다, 붉은빛.

더스트(dust: 먼지, 티끌, 흙먼지)

우리말로 읽어보면 '두(du)+스(s)+트(t) → 두(더 → 떠: '뜨다'의 활용형) 스('스다(생기다)'의 활용형) 트(티: 먼지처럼 아주 잔 부스러기) → 뜨다 생기다 티'다. '떠 생긴 티'다.

드우어르프(dwarf: 난쟁이)

우리말로 읽어보면 '두아르(dwar)+브(f) → 두아르(주아르 → 좌르 → 자르 → 잘으 → 잘아: '잘다(크기가 작다)'의 활용형) 브(부(夫: 지아비 부: 사람)) → 잘은 사람'이다.

다이나믹(dynamic: 정력적인, 활발한)

우리말로 읽어보면 '뎌(dy)+나므(nam)+이(i)+그(c) → 뎌(더: 계속하여. 또는 그 위에 보태어) 나므('남으 → 남아: '남다'의 활용형) 이(爲: 할 위) 그(구(具: 갖출 구)) → 더 남아 하다 힘'이다. 하는 힘이 더 남는 것'이다.

□ 구(具): 갖추다, 힘.

E

이치(each: 각각[각자])

우리말로 읽어보면 '이(e)+아(a)+츠(ch) → 이(異: 다를 이) 아(하(何: 어찌 하)) 츠(치(것)) → 다른 어떤 치(것)'다.

□ 하(何): 어찌, 어떤.

이걸(eager: 갈망[열망]하는, 몹시 하고 싶어 하는)

우리말로 읽어보면 '이(e)+아길(ager) → 이(애: 초조한 마음속) 아길(하길 → 하기를: '하다'의 활용형) → 애 하길'이다. '초조한 마음속 하길'이다.

이어(ear: 귀)

우리말로 읽어보면 '이아~ㄹ(ear) → 이아~ㄹ(이(耳: 귀 이)) → 귀'다.

어리(early: 일찍이, 일찍부터)

우리말로 읽어보면 '애르리(early) → 애르리(이르리: '이르다(대중이나 기준을 잡은 때보다 앞서거나 빠르다)'의 활용형) → 이르리'다.

어뜨(earth: 지구, 지표, 대지)

우리말로 읽어보면 '이(e)+알(ar)+트(t)+흐(h) → 이('해'의 고어) 알('아래'의 방언) 트(터: 땅) 흐(호(浩: 넓을 호)) → 해(하늘) 아래 땅 넓다'다. '하늘 아래 넓은 땅'이다.

이지(ease: 편함, 안락함)

우리말로 읽어보면 '이(e)+아(a)+시(se) → 이(易: 쉬울 이) 아('에'의 방언) 시(옛말 명사를 만드는 접미사, 이것) → 편안함에 이것'이다.

□ 이(易): 쉽다, 편안하다(便安--), 평온하다(平穩--).

이스트(east: 동쪽)

우리말로 읽어보면 '이(e)+아(a)+스드(st) → 이(여기) 아('해'의 고어) 스트(서드 → 서다) → 여기 해 서다'다. '해 서는 여기' '동쪽'이다.

이트(eat: 먹다, 씹어 삼키다)

우리말로 읽어보면 '이(e)+아트(at) → 이(여(茹: 먹을 여)) 아트(하드 → 하다) → 먹다 하다'다.

이카이네이트(echinate: 가시가 많은, 바늘이 있는)

우리말로 읽어보면 '이(e)+치(chi)+느(n)+아(a)+티(te) → 이(외(外: 바깥 외)) 치(채(蠆: 전갈 채)) 느(나: '나다'의 활용형) 아(하: '하다('많다'의 옛말)'의 어근) 티(모양) → 밖 가시 나다(생기다) 많다 모양'이다.

□ 채(蠆): 전갈, 가시.

이크리프스(eclipse: (일식 월식의) 식(蝕; 좀먹을 식))

우리말로 읽어보면 '이(e)+그리(cli)+브(p)+시(se) → 이('해'의 고어) 그리(가리 → 가려: '가리다'의 활용형) 브(부(不: 아닐 부)) 시(視: 볼 시) → 해 가려져서 안 보이는 것'이다.

이코노믹(economic: 경제의, 경제성이 있는, 채산이 맞는)

우리말로 읽어보면 '이(e)+고(co)+놈(nom)+이그(ic) → 이(利: 이로울 이) 고(가: 주격 조사) 놈(남: '나다'의 활용형) 이그(이것) → 이익 가(이) 남 이것'이다. '이익이 남는 이것'이다.

에크스터시(ecstasy: 무아(無我)의 경지, 정신 혼미)

우리말로 읽어보면 '익(ec)+스다(sta)+시(sy) → 익(액(液: 진 액) 스다(쓰다 → 싸다) 시(時: 때 시) → 액(정액) 싸다 때'다. '사정할 때'다.

에듀케이트(educate: 교육[훈육]하다)

우리말로 읽어보면 '이(e)+두그(duc)+아디(ate) → 이(사람) 두그(도그 → 되그 → 되게: '되다(사람으로서의 품격과 덕을 갖추다)'의 활용형) 아디(하디 → 하다) → 사람 되게 하다'다.

이페트(effect: 1. 결과 2. 영향)

1번을 우리말로 읽어보면 '입(ef)+벡(fec)+트(t) → 입(立: 설 입) 배그(배기 → 배겨: '배기다(끝까지 참고 견디다)'의 활용형) 트(치: 물건이나 대상을 나타내는 말) → 이루어지다 배기다 대상'이다. '배겨(참고 견디어) 이루어진 대상'이다.

□ 입(立): 서다, 이루어지다.

2번을 우리말로 읽어보면 '입(ef)+배그(fec)+트(t) → 입(옆) 배그(배기 → 배겨: '배기다(바닥에 닿는 몸의 부분에 단단한 것이 받치는 힘을 느끼게 되다)'의 활용형) 트(치: 물건이나 대상을 나타내는 말) → 옆 배기다(받치다) 대상'이다. '옆에 배기는(받치는) 대상'이다.

에퍼트(effort: 노력, 수고, 노고)

우리말로 읽어보면 '입(ef)+볼(for)+트(t) → 입(入: 들 입) 볼(발: '기세' 또는 '힘'의 뜻을 더하는 접미사) 트(티 → 치: 것) → 들이다 힘 것'이다. '힘들인 것'이다.

□ 입(入): 들다, 들이다.

이고(ego: 자기, 자아(自我))

우리말로 읽어보면 '익(eg)+오(o) → 익(역: '자기'의 방언) 오(吾: 나 오) → 자기 나'다. '자기자신(自己自身)'이다.

이그리트(egret: ((조류)) 해오라기)

우리말로 읽어보면 '이그리(egre)+트(t) → 이그리(에가리 → 왜가리) 트(츠 → 추(隹: 새 추)) → 왜가리 새'다.

이덜(either: 어느 쪽의)

우리말로 읽어보면 '이(e)+이(i)+트(t)+흐(h)+일(er) → 이(二: 둘 이) 이(위(位: 자리 위)) 트(츠(초(抄: 뽑을 초)) 흐(해: '하다'의 활용형) 일(一: 한 일) → 둘 자리 뽑다 하다 하나'다. '두 자리에 하나 뽑는 것 함에' '두 자리 중에 하나 뽑는 것 함의'다.

이젝트(eject: 내쫓다, 나가게 하다)

우리말로 읽어보면 '이(e)+제(je)+그(c)+트(t) → 이(외(外: 바깥 외)) 제(諸: 모두 제) 그(가: '가다'의 어근) 트(츠 → 쳐: '치다(때리다)'의 활용형) → 바깥으로 모두 가게 때리다'이다.

이래스틱(elastic: 신축성[탄력]이 있는, 유연한, 잘 휘는)

우리말로 읽어보면 '엘아(ela)+스(s)+티(ti)+그(c) → 엘아(얼아 → 얼아이: '어린아이'의 방언) 스(~의) 티(모양) 그(기(肌: 살갗 기)) → 어린아이의 모양 살갗'이다. '어린아이의 살갗 모양'이다.

이렉트(elect: 선출하다, 선택하다)

우리말로 읽어보면 '이(e)+리(le)+크드(ct) → 이(사람) 리(려(濾: 거를 려)) 크드(흐드 → 하다) → 사람 거르다 하다'다. '사람 거르다'이다.

이렉트릭(electric: 전기의, 전기를 띤)

우리말로 읽어보면 '이리크(elec)+틀(tr)+이그(ic) → 이리크(이리키 → 일이키 → 일으켜: '일으키다'의 활용형) 틀(털: 사람이나 동물의 피부에 나는 가느다란 실 모양의 것) 이그(이것) → 일으키다 털 이것'이다. '털을 일으키는 이것'이다. '정전기를 말하는 것'이다.

에리건스(elegance: 우아, 단정, 기품)

우리말로 읽어보면 '엘(el)+이(e)+가(ga)+느(n)+스이(ce) → 엘(하늘=알, 할, 엘, 알라) 이('에'의 방언) 가(佳: 아름다울 가) 느(나: '나다(생기다)'의 활용형) 시(옛말의 명사형 어미, 이것) → 하늘(높음)에 아름다움 생기는 이것'이다.

에러먼트(element: 요소, 성분, 원소)

우리말로 읽어보면 '이르이(ele)+므(m)+인(en)+트(t) → 이르이(이루이: '이루다'의 활용형) 므(무 → 뭐) 인(因: 인할 인) 트(츠 → 치: 것) → 이루다 뭐 인하다 것'이다. '뭐 이룸에 말미암은 것'이다.

□ 인(因): 인하다(因--: 어떤 사실로 말미암다), 말미암다.

에러베이트(elevate: (사람, 물건을) 들어 올리다)

우리말로 읽어보면 '엘(el)+에(e)+브(v)+아디(ate) → 엘('하늘'의 고어) 에(조사) 브(부(浮: 뜰 부)) (아디(하디 → 하다) → 하늘 에 뜨게 하다'다.

이리머네이트(eliminate: 제거[배제]하다, 떼어 버리다)

우리말로 읽어보면 '이르(el)+임(im)+인(in)+아디(ate) → 이르(일으 → 일어: '일다(곡식이나 사금 따위를 그릇에 담아 물을 붓고 이리저리 흔들어서 쓸 것과 못 쓸 것을 가려내다)'의 활용형) 임(臨: 임할 임: '臨하다'의 어근) 인(안: '아니'의 준말) 아디(하디 → 하다) → 일다 임하다 아니하다'다. '이는 것에 임하여 아니하다' '걸러서 아니 취하는 것'이다.

이리트(elite: 엘리트, 선발된 사람, 정예)

우리말로 읽어보면 '이르(el)+이(i)+티(te) → 이르(일으 → 일어: '일다(곡식이나 사금 따위를 그릇에 담아 물을 붓고 이리저리 흔들어서 쓸 것과 못 쓸 것을 가려내다)'의 활용형) 이(위(爲: 할 위)) 티(치: 사람) → 일어 하다 사람 → 일어 한 사람 → 거른 사람'이다.

엘스(else: 그 밖의)

우리말로 읽어보면 '이(e)+르(l)+스(s)+이(e) → 이(외(外: 바깥 외)) 르(로: 조사) 스('스다(생기다)'의 활용형) 이(에: 조사) → 바깥으로 생기다에'다. '밖으로 생긴 것에'다.

이리지엄(elysium: ((그리스신화)) 엘리시움: 축복받은 사람들이 죽은 후에 사는 낙원)

우리말로 읽어보면 '엘(el)+이(y)+시(si)+움(um) → 엘('하늘'의 고어) 이('에'의 방언) 시(쉬: '쉬다'의 어근) 움(집) → 하늘 에 쉬는 집'이다. 그리스 문명도 우리 민족이 이룩한 문명이다.

에머네이트(emanate: (~에서 향기, 빛 등이) 나다, 발하다, 발산하다)

우리말로 읽어보면 '염(em)+안(an)+아디(ate) → 염(炎: 불꽃 염) 안(한 → 환(煥: 빛날 환)) 아디(하디 → 하다) → 불꽃 빛나다 하다'다. '불꽃이 빛나는 것을 하다'이다.

임밤(embalm: (시체에 약품, 향유 등으로) 방부 처리하다)

우리말로 읽어보면 '염(em)+바름(balm) → 염(殮: 염할 염) 바름('바르다'의 활용형) → 염하다 바르다'이다. '바르는 염하다'이다.

임바~ㄹ고(embargo: (상선에 대한) 입출항 금지 명령, 금수 조치)

우리말로 읽어보면 '애(e)+므(m)+배(ba)+르(r)+고(go) → 애(捱: 막을 애) 므(무 → 뮈: '뮈다(''움직이다'의 고어)'의 어근) 배(舟) 르(로: 조사) 고(가: '가다'의 활용형) → 막다 움직이다 배(舟) 로 가'다. '배(舟)로 가는 움직임을 막다'다.

임배러스(embarrass: 당황스럽게[어색하게, 쑥스럽게] 만들다, 곤란[난처]하게 만들다)

우리말로 읽어보면 '임(em)+발(bar)+라(ra)+스(s)+스(s) → 임(任: 맞을 임) 발(勃: 일어날 발) 라(나: '나다(생기다)'의 활용형) 스(수(羞: 부끄러울 수)) 스('스다(생기다)'의 활용형) → 멋대로 발기(勃起) 나 부끄러움 생기다'이다.

□ 임(任): 맞다, 당하다(當--), 마음대로, 멋대로.

임베즐(embezzle: 횡령[착복]하다)

우리말로 읽어보면 '임(em)+비(be)+즈(z)+즈리(zle) → 임(任: 맡길 임) 비(費: 쓸 비) 즈('자기'의 방언) 즈리(주리 → 쥐리: '쥐다(가지다)'의 활용형) → 맡기다 재화(財貨) 자기 가지다'이다. '맡겨진 재화(財貨) 자기 가지다'이다.

□ 비(費): 쓰다, 소모하다, 재화(財貨).

임브레이스(embrace: 포옹하다, 껴안다, 기꺼이 받아들이다)

우리말로 읽어보면 '임(em)+블(br)+아(a)+스이(ce) → 임(臨: 임할 임) 블

(불: '벌(그릇 따위가 2개, 붙은 것)'의 방언) 아(하 → 해: '하다'의 활용형) 스이('스다'의 활용형) → 임하다 짝 해 스다'다. '짝해 서는 것 임하다'이다.

에므브러케이트(embrocate: (약, 물약을 문질러) 바르다)

우리말로 읽어보면 '엠(em)+브르오(bro)+그(c)+아디(ate) → 엠(염(捻: 비틀 염)) 브르오(바르오: '바르다'의 활용형) 그(고(膏: 기름 고)) 아디(하다) → 비틀다 바르다 고약(膏藥) 하다'다. '고약(膏藥)을 비틀어 바르는 것을 하다'이다.

□ 고(膏): 바르다, 고약(膏藥: 헐거나 곪은 데에 붙이는 끈끈한 약).

에므브리오(embryo: ((생물)) 씨눈, 배(胚); (보통 임신 8주까지의 태아)

우리말로 읽어보면 '임(em)+블(br)+요(yo) → 임(姙: 아이 밸 임) 블(발(發: 필 발)) 요(幺: 작을 요) → 아이배다 나타나다 작다'다. '아이 뱀이 나타난 작은 것'이다.

이머지(emerge: 나오다, 모습을 드러내다, 생겨나다)

우리말로 읽어보면 '이(e)+므(m)+이르지(erge) → 이(에 → 외(外: 바깥 외)) 므(모(貌: 모양 모)) 이르지(이뤄져: '이루어지다'의 활용형) → 밖으로 모양 이루어지다'이다.

이머전시(emergency: 비상)

우리말로 읽어보면 '이므(em)+이르(er)+진(gen)+시(cy) → 이므(이무:

'이미'의 방언) 이르(일으 → 일어: '일다(생기다)'의 활용형) 진(전(戰: 싸움 전)) 시(時: 때 시) → 이미 생기다 싸움 때'다. '이미(벌써, 앞서) 생긴 전시(戰時)'다.

엠퍼스이스(emphasis: 강조, 역설, 중요시)

우리말로 읽어보면 '이므(em)+프(p)+해스(has)+이(i)+스(s) → 이므(이무: '이미'의 방언) 프(포: '거듭'의 방언) 해스(해서: '하다'의 활용형) 이(위(謂: 이를 위)) 스('스다(생기다)'의 활용형) → 이미 거듭 해서 이르다 생기다'이다. '이미 거듭 해서 이름이 생긴 것' '이미 거듭 말한 것'이다.

임프로이(employ: 고용하다)

우리말로 읽어보면 '임(em)+브로여(ploy) → 임(賃: 품삯 임) 브로여(부려: '부리다'의 활용형) → 품삯 부리다'이다. '품삯을 주고 부리다'이다.

엠프티(empty: 빈, 든 것이 없는, 비어 있는)

우리말로 읽어보면 '이(e)+므(m)+브(p)+티(ty) → 이(裏: 속 이) 므(무(無: 없을 무)) 브(비: '비다'의 어근) 티(모양) → 속 없다 비다 모양'이다. '속 없이 빈 모양'이다.

인애머르(enamor: 반하게 하다, 매혹하다)

우리말로 읽어보면 '인(en)+아(a)+모(mo)+르(r) → 인(引: 끌 인) 아(雅: 맑을 아) 모(貌: 모양 모) 르(로: 조사) → 끌다 아름답다 모양 (으)로'이다. '아름다운 모양으로 끌다'이다.

□ 아(雅): 맑다, 아름답다.

인카운터(encounter: (특히 반갑지 않은 일에) 맞닥뜨리다[부딪히다])

우리말로 읽어보면 '이(e)+느(n)+관(coun)+트(t)+이르(er) → 이(泥: 거리낄 이) 느(나: '나다(생기다)'의 활용형) 관(觀: 볼 관) 트(티: 모양) 이르(이라) → 거리끼다 생기다 보다 이라'다. '거리낌 생겨 봄이라'다.

엔드(end: 끝)

우리말로 읽어보면 '이(e)+느드(nd) → 이(여기) 느드(나다: 행동이 끝났음을 나타내는 말)'다. '여기서 나다' '여기서 끝'이다.

인듀어(endure: 견디다, 참다, 인내하다)

우리말로 읽어보면 '인(in)+두리(dure) → 인(忍: 참을 인) 두리('두다(어떤 상황이나 상태 속에 놓다)'의 활용형) → 참아 두다'이다.

에너미(enemy: 적)

우리말로 읽어보면 '이(e)+느(n)+이(e)+미(my) → 이(애(礙: 거리낄 애)) 느(나: '나다'의 활용형) 이('에'의 방언) 미('놈('사람'의 옛말)'의 방언) → 거리끼다 나다 에 사람'이다. '거리낌 생김에 사람'이다.

□ 거리끼다: 일이나 행동 따위를 하는 데에 걸려서 방해가 되다.

에너지(energy: 정력, 활기, 기운)

우리말로 읽어보면 '인(en)+이르(er)+지(gy) → 인(絪: 기운 인) 이르(이루 → 이뤄: '이루다'의 활용형) 지('기(其: 그 기)'의 옛말) → 기운 이루다 그것'이다. '기운 이룬 그것'이다.

인게이지드(engage: 사로잡다[끌다], 고용하다, 관계를 맺다)

1번을 우리말로 읽어보면 '인(en)+가져(gage) → 인(人: 사람 인) 가져('가지다'의 활용형) → 사람 가지다'다. 요컨대 '사람 가지다'이다.

잉글리쉬(English: 영어, 영어학)

우리말로 읽어보면 '인(En)+글(gl)+이(i)+스흐(sh) → 인(잉(認: 적을 잉)) 글(書) 이(易: 쉬울 이) 스흐(쓰 → 써: '쓰다'의 활용형) → 적다 글 쉽다 쓰다'다. '쉽게 쓰는 적는 글'이다.

언이그머(enigma: 수수께끼)

우리말로 읽어보면 '인(en)+이그마(igma) → 인(因: 인할 인) 이그마(이거 머) → 인(因)하다 이것 뭐(무엇)'이다. '인(因)함으로 이것 뭐(무엇) 하는 것'이다.

□ 인(因): 인하다(因--: 어떤 사실로 말미암다).

인조이(enjoy: 즐기다, 향유하다)

우리말로 읽어보면 '인(en)+조이(joy) → 인('일다(생기다)'의 활용형) 조이(좋이: '좋다'의 활용형) → 생기다 좋다'이다. '좋음 생긴 것' '즐기는 것'이다.

이너프(enough: 충분한, 족한)

우리말로 읽어보면 '인(en)+오우(ou)+그흐(gh) → 인(牣: 찰 인) 오우(위(上)) 그흐(가: '가다'의 활용형) → 차다 위 가'다. '차서 위 간'이다.

엔터~ㄹ(enter: 들어가다)

우리말로 읽어보면 '인(en)+트(t)+이르(er) → 인(안(內)) 트(터) 이르('이르다(도착하다)'의 어근) → 안 터에 이르다'다.

이페머러(ephemera: (하루살이처럼) 단명하는[덧없는] 것)

우리말로 읽어보면 '입(ep)+힘(hem)+이르(er)+아(a) → 입(立: 설 입) 힘(力) 이르(일으 → 잃어: '잃다'의 활용형) 아(俄: 아까 아) → 존재하다 힘 잃어 잠시(暫時: 짧은 시간에)'다. '짧은 시간에 존재하는 힘 잃는 것'이다.

□ 입(立): 서다, 존재하다.

□ 아(俄): 아까, 잠시(暫時).

에퍼소우드(episode: 삽화(揷話), 에피소드)

우리말로 읽어보면 '입(ep)+이(i)+소(so)+드(d)+이(e) → 입(扱: 낄 입) 이(위(謂: 이를 위)) 소(사(詞: 말 사)) 드(도(圖: 그림 도)) 이(이것) → 끼어 이르는 말 그림 이것'이다.

엪트(ept: 유능한, 솜씨 있는, 효율적인)

우리말로 읽어보면 '이(e)+브(p)+트(t) → 이(易: 쉬울 이) 브(부(附: 붙을 부)) 트(티: 모양) → 쉬움 붙은 모양'이다.

이쿼~ㄹ(equal: 같은, 동일한)

우리말로 읽어보면 '이(e)+구(qu)+알(al) → 이(여(如: 같을 여)) 구(軀: 몸 구) 알(할 → 한: '하다'의 활용형) → 같은 몸 한'이다.

이쿼리브리엄(equilibrium: 균형, 평형)

우리말로 읽어보면 '이(e)+귀(qui)+립(lib)+리(ri)+우(u)+므(m) → 이(에 → 외: 옛말 외따로 하나인) 귀(모가 난 물건의 모서리) 립(立: 설 립) 리(釐: 바를 리) 우(위(位: 자리 위)) 므(모(貌: 모양 모)) → 외 모서리에 서서 바르게 자리 잡은 모양'이다.

ㅁ 위(位): 자리, 자리 잡다.

이쿠잎(equip: 갖추다, 마련하다)

우리말로 읽어보면 '이(e)+구입(quip) → 이(에 → 예(豫: 미리 예)) 구입(購入) → 미리 구입하다'이다. '미리 구입하다'이다.

ㅁ 구입(購入): 물건(物件)을 사들임.

이퀴버컬(equivocal: 분명치 않은, 애매한)

우리말로 읽어보면 '에(e)+꾸이(qui)+보(vo)+갈(cal) → 에(애(靄: 안개 애)) 꾸이(뀌 → 껴: '끼다'의 활용형) 보(바 → 봐: '보다'의 활용형) 갈(겹: '겹'의 옛말) → 안개 껴 봐 겹'이다. '안개가 껴서 보이는 것이 겹으로 보이는 것'이다.

이래디케이트(eradicate: (잡초) 전멸시키다, 근절[박멸]하다)

우리말로 읽어보면 '이르(er)+아(a)+디(di)+그(c)+아디(ate) → 이르(일으 → 일어: '일다(생기다)'의 활용형) 아(芽: 싹 아) 디(지: '죄(모두)'의 방언) 그(거(去: 갈 거)) 아디(하디 → 하다) → 생긴 싹 모두 죽이다 하다'다.

□ 거(去): 가다, 버리다, 물리치다, 죽이다.

이레이스(erase: 지워 없애다)

우리말로 읽어보면 '이라(era)+시(se) → 이라(일아 → 일어 → 잃어: '잃다'의 활용형) 시(세(洗: 씻을 세)) → 잃게 씻다'이다.

이렉트(erect: (몸, 기둥 등이) 곧추선, 수직의, 세우다, 건립하다)

우리말로 읽어보면 '이르(er)+엑(ec)+트(t) → 이르(일으 → 일어: '일다(생기다)'의 활용형) 엑(역(逆: 거스를 역) 트('터'의 방언) → 생기다 거꾸로 터'다. '터(방향)에 거꾸로 생긴 것'이다.

□ 역(逆): 거스르다, 거꾸로.

이로우드(erode: ~을 서서히 파괴하다, (병이 몸을) 좀먹다)

우리말로 읽어보면 '이로(ero)+디(de) → 이로(이라 → 일아 → 잃아 → 잃어: '잃다'의 활용형) 디(지(遲: 더딜 지)) → 잃다 더디다'다. '더디게 잃다'다.

에로스(Eros: 에로스, ((그리스신화)) 사랑의 신)

우리말로 읽어보면 '이(e)+로(ro)+스(s) → 이(에 → 애(愛: 사랑 애)) 로

(지위나 신분 또는 자격을 나타내는 격 조사) 스(신(神: 귀신 신) → 애(愛) 로 신(神)'이다.

□ '신(神)'의 'ㄴ'이 생략된 '스'가 유럽, 이집트의 신(神)이다.

얼(err: 틀리다, 잘못을 범하다)

우리말로 읽어보면 '엘(er)+르(r) → 엘(얼: 겉에 드러난 흠) 르(느 → 나: '나다(생기다)'의 활용형) → 흠 생기다'이다.

에런드(errand: 심부름)

우리말로 읽어보면 '일(er)+라느(ran)+드(d) → 일(事) 라느(나누: '나누다'의 어근) 드(대(代: 대신할 대)) → 일 나누다 대신하다'다. '나누어 대신 하는 일'이다.

이러프트(erupt: (화산이) 분출하다)

우리말로 읽어보면 '엘(er)+우프(up)+트(t) → 엘(열(熱)) 우프(웊으 → 엎어: '엎다(쏟다)'의 활용형) 트('터'의 방언) → 열(熱) 엎어 터(땅)'다. '땅이 열을 엎다(쏟다)'다.

에스컬레이트(escalate: 확대[증가, 악화]되다[시키다])

우리말로 읽어보면 '에(e)+스(s)+크(c)+알(al)+아디(ate) → 에(애 → 왜(矮: 난장이 왜) 스(서: '에서'의 준말) 크(커: '크다'의 활용형) 알(할(割: 벨 할)) 아디(하디 → 하다) → 짧다 에서 커 비율(比率) 하다'다. '비율(比率)로 짧음에서 커지는 것을 하다'이다.

□ 할(割): 베다, 비율(比率).

이스케이프(escape: 도망치다, 벗어나다)

우리말로 읽어보면 '에(e)+스(s)+가(ca)+피(pe) → 에(애: 몹시 수고로움) 스(쓰 → 써: '쓰다'의 활용형) 가('가다'의 활용형) 피(避: 피할 피) → 애써 가다 피하다'이다. '애써 피해 가다'이다.

에스코트(escort: 호위대, 의장대, 보호자, 수행원)

우리말로 읽어보면 '이(e)+스(s)+골(cor)+트(t) → 이(외(外: 밖 외)) 스(수(守: 지킬 수)) 골(갈: '가다'의 활용형) 트(츠 → 치: 사람(들)) → 밖 지키며 갈 사람(들)'이다.

이스페셜(especial: 특별한)

우리말로 읽어보면 '에(e)+스(s)+비(pe)+스(c)+이(i)+알(al) → 에(예(例: 법식 예)) 스(서: '에서'의 준말) 비(比: 견줄 비) 스(수: 일을 처리하는 방법이나 수완) 이(異: 다를 이) 알(할 → 한: '하다'의 활용형) → 선례(先例)에서 견주어 방법 다르게 한'이다.

□ 예(例): 법식, 관례(慣例), 전례(前例), 선례(先例).

에스피어니지(espionage: 스파이 행위, 첩보 활동)

우리말로 읽어보면 '이(e)+스(s)+피(pi)+오(o)+느(n)+아지(age) → 이(利: 이로울 이) 스('스다(생기다)'의 활용형) 피(彼: 저 피) 오(아: '에'의 방언) 느(니 → 이: 사람) 아지(하지: '하기('하다'의 활용형)'의 옛말) →

이롭다 생기다 저쪽 에 사람 하기'다. '저쪽(상대편)에 이로움 생김에 사람 하기'다.

에센스(essence: 본질, 정수, 가장 중요한)

우리말로 읽어보면 '이(e)+스(s)+신(sen)+시(ce) → 이(어(語: 말씀 어)) 스(서: '에서'의 준말) 신(선(先: 먼저 선)) 시(옛말 명사형 접미사, 이것) → 말하다 에서 첫째 이것'이다. '말함에서 첫째인 이것'이다.

□ 선(先): 먼저, 앞, 처음, 첫째.

이스태브리쉬(establish: 수립하다, 창설[설립]하다, 확립하다, 제정하다)

우리말로 읽어보면 '이스(es)+태(ta)+블(bl)+이(i)+스흐(sh) → 이스(잇으 → 있어: '있다'의 활용형) 태(胎: 아이 밸 태) 블(볼: '보다'의 활용형) 이(위(爲: 할 위)) 스흐(서: '스다(생기다)'의 활용형) → 있다 처음 볼 하다 생기다'이다. '있음에 처음 볼 함 생기다'이다.

□ 태(胎): 아이 배다, 처음.

이스팀(esteem: 존경[존중]하다, 중히 여기다)

우리말로 읽어보면 '에(e)+스(s)+티(te)+임(em) → 에(예(禮: 예도 예(례)) 스('스다(생기다)'의 활용형) 티(어떤 태도나 기색) 임(臨: 임할 임) → 예(禮) 생긴 태도로 대하다'다.

□ 임(臨): 임하다(臨--: 어떤 사태나 일에 직면하다), 대하다(對--).

에스터메이트(estimate: ~을 어림잡다, ~을 추정하다)

우리말로 읽어보면 '이(e)+스(s)+티(ti)+마트이(mate) → 이(訑: 볼 이) 스(쓰 → 써: '쓰다'의 활용형) 티(치(値: 값 치)) 마트이(마츠이 → 마추이 → 맞추이: '맞추다('맞히다'의 비표준어)'의 활용형) → 보다 써 값 맞히다'이다.

에트세터라(etcetera: 그 밖의 여러 가지[사람], 기타 등등)

우리말로 읽어보면 '에트(et)+세(ce)+티(te)+라(ra) → 에트(여타(餘他: 그 밖의 다른 것) 세(世: 인간 세) 티(치: 어떠한 특성을 가진 물건 또는 대상) 라(종결 어미) → 여타(餘他)의 세상(世上) 치라'다.

□ 세(世): 인간, 세상(世上).

이터~ㄹ널(eternal: 영원한, 영구의)

우리말로 읽어보면 '이(e)+띠(te)+르(r)+느(n)+알(al) → 이('해'의 고어) 띠(때(時)) 르(로: 조사) 느(누(累: 여러 누)) 알(할 → 한: '하다'의 활용형) → 해 때(時)로 거듭하다 한'이다. '거듭하는 해의 때'다.

□ 누(累): 여러, 거듭하다.

에디컬(ethical: 윤리[도덕]적인)

우리말로 읽어보면 '이(e)+뜨흐(th)+익(ic)+알(al) → 이(에 → 예(禮: 예도 예) 드흐(뜨흐 → 띠어: '띠다'의 활용형) 익(廙: 공경할 익) 알(할: '하다'의 활용형) → 예(禮) 띠어 공경할'이다.

□ 공경(恭敬): 공손히 받들어 모심.

에티키트(etiquette: 예의, 에티켓, 예법)

우리말로 읽어보면 '에(e)+티(ti)+구(qu)+이(e)+띠(tte) → 에(예(禮: 예도 예)) 티(태도나 기색) 구(俱: 함께 구) 이(사람) 띠(때(時)) → 예(禮) 태도 함께 사람 때'다. '사람 함께 할 때 예(禮)의 태도'다.

이배류에이트(evaluate: 평가하다)

우리말로 읽어보면 '입(ev)+아르(al)+우(u)+아디(ate) → 입(엽(葉: 잎 엽: 예전에 사용하던, 놋쇠로 만든 돈) 아르(아로 → ᄋᆞ로: '으로'의 옛말) 우(위(謂: 이를 위)) 아디(하디 → 하다) → 돈(값) 으로 이르는 것을 하다'이다.

이배퍼레이트(evaporate: 증기가 되다, 기화하다, 증발하다)

우리말로 읽어보면 '이(e)+브(v)+앞(ap)+오르(or)+아디(ate) → 이(니: '물'의 고어) 브(부: '불'의 고어) 앞(前) 오르('오르다'의 어근) 아디(하디 → 하지 → 하다) → 물 불 앞 오르다 하다'다. '물이 불 앞에서 올라가는 것을 하다'이다.

이브닝(evening: 저녁, 밤, 야간)

우리말로 읽어보면 '이(e)+비(ve)+니(ni)+늑(ng) → 이('해'의 고어) 비('비다(보이다)'의 어근) 니('니다('누이다'의 방언)'의 어근) 늑('넉('녘'의 방언)'의 방언) → 해 보이다 누이다 녘(어떤 때의 무렵)'이다. '해 보임이 누인 무렵'이다.

에버~ㄹ(ever: 언제나, 항상, 늘)

우리말로 읽어보면 '이(e)+브(v)+이르(er) → 이('해'의 고어) 브(바 → 봐: '보다'의 활용형) 이르(으레: 틀림없이 언제나) → 해 봐 으레'다.

에버던트(evident: 분명한, 명백한)

우리말로 읽어보면 '이(e)+비(vi)+딘(den)+트(t) → 이(에 → 애(曖: 희미할 애)) 비('비다(보이다)'의 어근) 딘(된: '되다'의 활용형) 트(티: 모양) → 희미하다 보이다 된 모양'이다. '희미함이 보이게 된 모양'이다.

이벌(evil: 나쁜, 못된, 부도덕한)

우리말로 읽어보면 '이(e)+비(vi)+르(l) → 이(에 → 예(禮: 예도 예)) 비(非: 아닐 비) 르(라: 어미) → 예도 아님이라)'다.

이비서레이트(eviscerate: ~의 내장을 꺼내다)

우리말로 읽어보면 '이(e)+비(vi)+스(s)+실(cer)+아디(ate) → 이(에 → 애(내장)) 비('비다('베다'의 방언)'의 어근) 스(수(收: 거둘 수) 실('일(事)'의 고어) 아디(하디 → (하다) → 내장 베어 거두는 일 하다'다.

이볼브(evolve: 차츰 발전[전개]시키다)

우리말로 읽어보면 '입(ev)+오르(ol)+비(ve) → 입(立: 설 입) 오르('오르다'의 어근) 비(比: 견줄 비) → 이루어지다 오르다 견주다'다. '견주어 오르게 이루어지다'이다.

□ 입(立): 서다, 이루어지다.

이그재크트(exact: 정확한, 틀림없는)

우리말로 읽어보면 '이(e)+크스(x)+아(a)+그트(ct) → 이(二: 두 이) 크스(긋 → 것) 아(하: '아주'의 방언) 그트(가트 → 같으 → 같아: '같다'의 활용형) → 두 것 아주 같다'이다.

이그재저레이트(exaggerate: ~을 과장해서 말하다)

우리말로 읽어보면 '이크스(ex)+아그(ag)+질(ger)+아디(ate) → 이크스(익(益: 더할 익)+스('스다(생기다)'의 어근)) 아그(아구: '아가리'의 방언) 질(행위) 아디(하디 → 하다) → 더함 생겨 아가리(입: 말하다) 행위 하다'다. '더함 생겨 말하는 행위하다'이다.

이그재미내이션(examine: 시험을 실시하다)

우리말로 읽어보면 '익스(ex)+암(am)+이(i)+내(ne) → 익스(익('익히다)'의 어근)+스('스다(생기다)'의 어근)) 암(앎: '알다'의 활용형) 이(위(爲: 할 위)) 내('내다('꺼내다'의 방언)'의 어근) → 익히다 생기다 알다 하다 꺼내다'이다. '익혀서 아는 것 꺼내는 것을 하다'이다.

이그젬플(example: 예, 보기)

우리말로 읽어보면 '읶스(ex)+암(am)+블(pl)+이(e) → 읶스(익+스 → 익(益: 더할 익)+스(쓰: '쓰다'의 어근)) 암(앎: '알다'의 활용형) 블(볼: '보다'의 활용형) 이(명사형 접미사, 이것) → 돕다 쓰다 알다 볼 이것'이다. '도움 써 앎 볼 이것'이다.

□ **익(益): 더하다, 돕다.**

이그제스퍼레이트(exasperate: 분개시키다)

우리말로 읽어보면 '익스(ex)+애스(as)+브(p)+이르(er)+아디(ate) → 익스(익+스 → 익(益: 더할 익)+스('스다'의 활용형)) 애스(애('창자'의 옛말)+스(서: '에서'의 준말)) 브(부('불'의 옛말)) 이르(일으 → 일어: '일다(생기다)'의 활용형) 아디(하디 → 하다) → 더함 생겨 창자에서(속에서) 불 일게 하다'다. '속에서 불(火)이 생기게 하다'다.

이크시드(exceed: ~의 한계[범위] 등을 넘다, 초과하다)

우리말로 읽어보면 '익스(ex)+시(ce)+이드(ed) → 익스(역+스 → 역(歷: 지날 역)+스(~의)) 시(새: 모양) 이드(이다) → 뛰어넘다의 모양이다'.

□ 역(歷): 지나다, 넘다, 뛰어넘다.

이크세프트(except: ~을 제외하고, ~이외는)

우리말로 읽어보면 '익스(ex)+세(ce)+브트(pt) → 익스(익(溺: 빠질 익)+스('스다(생기다)'의 어근)) 세('세다'의 어근) 브트(보드 → 보다) → 빠뜨림 생겨 세어 보다'이다.

익세스(excess: 지나침, 과도, 과잉, 초과량)

우리말로 읽어보면 '익스(ex)+세(ce)+스스(ss) → 익스(역+스 → 역(歷: 지날 역)+스(~의)) 시(새: 모양) 스스(슷으 → 섯어: '서다(생기다)'의 활용형) → 넘다 의 모양 생기다'이다. '넘음의 모양이 생긴 것'이다.

□ 역(歷): 지나다, 넘다, 뛰어넘다.

익사이트(excite: 흥분시키다)

우리말로 읽어보면 '익스(ex)+사(ci)+태(te) → 익스(역+스 → 역(睪: 엿볼 역)+스(~의)) 사(思: 생각 사) 태('태다(느끼게 하다)'의 어근) → 엿보다의 마음 느끼게 하다'다.

□ 사(思): 생각, 마음.

이크스크루드(exclude: ~을 못 들어오게 하다, 차단하다)

우리말로 읽어보면 '익스(ex)+그루(clu)+디(de) → 익스(역(逆: 거스를 역)+스('스다(생기다)'의 어근)) 그루(그러 → 걸어: '걸다'의 활용형) 디(돼: '되다'의 활용형) → 거절하다(拒絶--) 생기다 걸어 되다'이다. '거절함 생겨 거는 것 되다'이다.

□ 역(逆): 거스르다, 거절하다(拒絶--).

이크스커~ㄹ전(excursion: 짧은 여행, 유람, 당일치기 여행)

우리말로 읽어보면 '이(e)+크스(x)+구르(cur)+스(s)+이오느(ion) → 이(외(外: 바깥 외)) 크스(가스 → 가서: '가다'의 활용형) 구르('구르다(스치며 지나가다)'의 어근) 스(소(釗: 볼 소)) 이오느(이오니: '이다'의 활용형) → 바깥 가서 스치며 지나서 보는 것이다'다.

익스큐스(excuse : 용서하다, 변명, 이유)

우리말로 읽어보면 '익스(ex)+구(cu)+스이(se) → 익스(익스: 익(匿: 숨길 익)+스('스다(생기다)'의 활용형)) 구(가 → 과(過: 지날 과) 시(施: 베풀 시) → 숨기다 생기다 잘못 실시하다(實施--)'이다. '잘못 실시(實施)함에 숨겨줌 생기다' '잘못함에 숨겨줌 생기다'이다.

□ 과(過): 지나다, 잘못.

□ 시(施): 베풀다, 실시하다(實施--).

익스이큐트(execute: 실행[실시]하다, 처형하다)

우리말로 읽어보면 '읶스이(exe)+구(cu)+티(te) → 읶스이(읶 → 역(逆: 거스를 역)+스('스다(생기다)'의 활용형+이(사람)) 구(거(去: 갈 거)) 티(치: '치다(치우다)'의 어근) → 거스르다 생기다 사람 죽이다 치우다'이다. '거스름 생긴 사람 죽여 치우다'이다.

□ 거(去): 가다, 죽이다.

엑스사이즈(exercise: 운동)

우리말로 읽어보면 '읶스(ex)+일(er)+사(ci)+스(s)+이(e) → 읶스(역스: 역(力: 힘 역)+스(쓰 → 써: '쓰다'의 활용형)) 일(事) 사('사다(일부러 하다)'의 어근) 스('스다(생기다)'의 어근) 이(명사형 접미사, 이것) → 힘쓰는 일(事) 일부러 함 생기는 이것'이다.

이그저~ㄹ트(exert: 쓰다, 발휘하다, 행사하다, 분투하다, 있는 힘껏 노력하다)

우리말로 읽어보면 '익스(ex)+일(er)+트(t) → 익스(역스(역(力: 힘 력(역))+스(쓰 → 써: '쓰다'의 활용형)) 일(事) 트(츠 → 쳐: '치다(어렵거나 힘든데 치르거나 겪다)'의 활용형) → 힘써 일(事) 치르다'이다.

이그저스트(exhaust: 다 써 버리다, 고갈시키다, 기진맥진하게 만들다)

우리말로 읽어보면 '읶스(ex)+하(ha)+우(u)+스드(st) → 읶스(익 → 역(力: 힘 역)+스(쓰 → 써: '쓰다'의 활용형) 하(정도가 매우 심하거나 큼을 강조하여 이르는 말. '아주', '몹시'의 뜻을 나타낸다) 우(위) 스드(쓰다) → 힘쓰다 몹시 위 쓰다'이다. '힘씀을 몹시 위로 쓴 것'이다.

이그지비트(exhibit: 전시하다, 나타내다)

우리말로 읽어보면 '이(e)+크스(x)+히(hi)+비드(bit) → 이(覗: 볼 이)+크스(그스 → 긋 → 것) 히(해: '하다'의 활용형) 비드(비다(보이다)) → 볼 것 해 보이다'이다.

이그자일(exile: 국외 추방, 망명)

우리말로 읽어보면 '이크스(ex)+일(il)+이(e) → 읶스(익 → 역(易: 바꿀 역))+스(서: '에서'의 준말)일(失: 놓을 일) 이(명사형 접미사, 이것) → 국경 에서 놓아주는 이것'이다.

□ 역(易): 바꾸다, 교환하다, 국경(國境).

□ 일(失): 놓다, 놓아주다, 풀어놓다.

이그지스트(exist: 존재[현존, 실재]하다)

우리말로 읽어보면 '이크스(ex)+이스드(ist) → 이크스((이크 → 여그 → 여기)+스('스다(생기다)'의 활용형) 이스드(잇다 → 있다) → 여기 생기다 있다'다. '여기 생겨 있다'이다.

엑시트(exit: 출구)

우리말로 읽어보면 '이크스(ex)+이(i)+트(t) → 이크스(이기스 → 여기서) 이(離: 떠날 이) 트(터: 곳) → 여기서 떠나는 곳'이다.

이그자너레이트(exonerate: 해방하다, 면제하다)

우리말로 읽어보면 '익스(ex)+온(on)+이르(er)+아디(ate) → 익스(익+스 → 익(搦: 억누를 익)+스('스다(생기다)'의 활용형) 온(안(案: 책상 안)) 이르(일으 → 잃어: '잃다'의 활용형) 아디(하디 → 하다) → 억누름 생긴 안건(문제) 잃게 하다'다.

□ 안(案): 책상, 생각, 안건(案件).

엑소사이즈(exorcise: (마귀 등을 사람, 장소에서) 쫓아 버리다)

우리말로 읽어보면 '액스(ex)+올(or)+씨스이(cise) → 액스(액(厄: 액 액: 모질고 사나운 운수)+스('스다(생기다)'의 활용형) 올(얼: 정신의 줏대) 씨스이(씻으이: '씻다'의 활용형) → 액 생긴 얼 씻다'이다.

이크스팬드(expand: 확대하다, 늘리다, 팽창시키다)

우리말로 읽어보면 '익스(ex)+판(pan)+드(d) → 익스(익+스 → 익(益: 더할 익)+스('스다(생기다)'의 활용형) 판(昄: 클 판) 드(돼: '되다'의 활용형) → 더함 생겨 크게 돼'다.

□ 판(昄): 크다, 크게.

에크스페이트리어트(expatriate: (고국에서) 추방하다, 고국을 떠나다)

우리말로 읽어보면 '익스(ex)+브(p)+아(a)+트(t)+리(ri)+아디(ate) → 익스(역(易: 바꿀 역)+스('에서'의 준말)) 브(부(父: 아비 부)) 아('에'의 방언) 트(터: 땅) 리(離: 떠날 리) 아디(하다) → 국경(國境)에서 아버지에 땅 떠나게 하다'다.

□ 역(易): 바꾸다, 국경(國境).

이크스펙토레이트(expectorate: 기침하여 (뱉어) 내다, 뱉다)

우리말로 읽어보면 '이크스(ex)+백토~ㄹ(pector)+아디(ate) → 이크스(이그스 → 이(欬: 기침 이)+그(가: 주격 조사) 스('스다(생기다)'의 활용형) 백토~ㄹ(배토 → 뱉어: '뱉다'의 활용형) 아디(하다) → 기침이(가) 생겨 뱉다'이다.

이크스펠(expel: 쫓아내다, 쫓아 버리다)

우리말로 읽어보면 '익스(ex)+프(p)+이르(el) → 익스(역스: 역(易: 바꿀 역)+스(서: '에서'의 준말) 프(포(抛: 던질 포) 이르(이루 → 이뤄: '이루다'의 활용형) → 국경에서 버림 이루다'다.

□ 역(易): 바꾸다, 국경(國境).

□ 포(抛): 던지다, 버리다.

이크스펜드(expend: 소비하다, 다 소모하다)

우리말로 읽어보면 '익스(ex)+비(pe)+느드(nd) → 익스(익(益: 더할 익)+스('스다(생기다)'의 활용형)) 비(費: 쓸 비) 느드(나다) → 이로움 생겨 쓰다 나다'다. '이로움 생겨 쓰는 것 생기다'이다.

□ 익(益): 더하다, 이롭다.

□ 비(費): 쓰다, 비용(費用).

익스피어리언스(experience: 경험, 체험)

우리말로 읽어보면 '익스(ex)+피리(peri)+인(en)+시(ce) → 익스(익('익다(익숙하다)'의 어근)+스(~의) 피리(파리: '밭(어떤 사물의 바탕이나 토대를 비유적으로 이르는 말)'의 방언) 인('일다'의 활용형) 시(옛말 명사형 접미사=이것) → 익숙함의 밭(토대)일은(생긴) 이것'이다.

익스퍼트(expert: 전문가, 전문가의, 숙련된)

우리말로 읽어보면 '이크스(ex)+필(per)+트(t) → 이크스(이그+스 → 이그(익어: '익다'의 활용형)+스('스다(생기다)'의 활용형)) 필(畢: 마칠 필) 트(츠 → 치: 사람) → 익다 생기다 완성하다 사람'이다. '익음(익숙함) 생김을 완성한 사람'이다.

□ 필(畢): 마치다, 끝내다, 완성하다(完成--: 완전히 다 이루다).

에크스피레이트(expiate: 보상하다, ~의 죄를 속죄하다)

우리말로 읽어보면 '익스(ex)+피(pi)+아디(ate) → 익스(익(益: 더할 익)+스('스다(생기다)'의 활용형)) 피(被: 입을 피) 아디(하디 → 하다) → 이로움 생기다 당하다(當--) 하다'다. '당(當)함에 이로움 생기다'이다.

□ 익(益): 더하다, 이로움.

□ 피(被): 입다, 당하다(當--).

이크스프리시트(explicit: 명백[명확]한)

우리말로 읽어보면 '익스(ex)+프리(pli)+시(ci)+트(t) → 익스(익(益: 더할 익)+스('스다(생기다)'의 활용형)) 프리(플이 → 풀이) 시(試: 시험 시) 트(티: 모양) → 더함 생겨 풀이 검증하다(檢證--) 모양'이다. '더함 생겨 풀이 검증한 모양'이다.

□ 시(試): 시험(試驗), 검증하다(檢證--).

이크스프로우드(explode: 폭발하다)

우리말로 읽어보면 '익스(ex)+프(p)+로(lo)+디(de) → 익스(역스(역(靂: 벼락 역)+스('스다(생기다)'의 활용형) 프(파(破: 깨뜨릴 파)) 로(조사) 디(대 → 돼: '되다'의 활용형) → 벼락 생겨 깨뜨리다 로 돼'다. '벼락 생기는 깨뜨림으로 돼'다.

이크스프로~ㄹ(explore: 탐험[답사]하다, ~을 개척하다)

우리말로 읽어보면 '이(e)+크스(x)+프(p)+르(l)+오르이(ore) → 이(예(豫: 미리 예)) 크스(그스 → 가서: '가다'의 활용형) 프(포(怖: 두려워할 포)) 르(로: 조사) 오르이(아르이 → 알으이: '알다'의 활용형) → 미리 가서 두려움으로 알다'다.

□ 포(怖): 두려워하다, 두려움.

이크스포~ㄹ트(export: 수출하다)

우리말로 읽어보면 '익스(ex)+볼(por)+트(t) → 익스(역스(역(易: 바꿀 역)+스(서: '에서'의 준말))볼(발(發: 필 발)) 트(츠 → 치: 물건) → 국경에서 떠나다 물건'이다. '국경에서 물건 떠나다'이다.

□ 역(易): 바꾸다, 국경(國境).

□ 발(發): 피다, 떠나다.

익스포우즈(expose: 드러내다, 폭로하다)

우리말로 읽어보면 '익스(ex) +보(po)+스이(se) → 익스(익(匿: 숨길 익)+스(서: '에서'의 준말)) 보(봐: '보다'의 활용형) 스이('스다(생기다)'의 활용형) → 숨김에서 보는 것 생기다'이다.

엑스프레스(express: 1. 말로 표현하다[나타내다], 2. 물건을 급송하다)

1번을 우리말로 읽어보면 '읷스(ex)+플이(pre)+스스(ss) → 읷스(익스 → 익(嗌: 목구멍 익)+스(쓰 → 써: '쓰다'의 활용형) 플이(풀이: 모르거나 어려운 것을 알기 쉽게 밝히어 말하는 일) 스스(슷으 → 섯어: '스다(생기다)'의 활용형) → 목구멍(말) 써 풀이 생기다'이다.

2번을 우리말로 읽어보면 '읷스(ex)+브리(pre)+쓰(ss) → 읷스(익+스 → 익(⿺辶翼: 급히 달릴 익)+스(~의) 브리(바리: 마소의 등에 잔뜩 실은 짐) 쓰(쏘 → 쏴: '쏘다'의 활용형) → 급히 달림의 짐 쏘다'다.

에크스템퍼레이니어스(extemporaneous: (연설 등이) 즉석의, 원고 없이 하는, (연주 등이) 즉흥적인)

우리말로 읽어보면 '이크스(ex)+팀(tem)+보라(pora)+느이(ne)+오우스(ous) → 이크스(이그스 → 여기서) 팀(침: '처음'의 방언) 보라('보다'의 활용형) 느이(나이: '나다(생기다)'의 활용형) 오우스(위(爲)+스(~의)=함의=한)) → 여기서 팁(침: '처음'의 방언) 보라 생기다 한 → 여기서 처음 보라 생기다 한'이다. '여기서 처음 보라는 것이 생긴'이다.

이크스텐드(extend: 잡아 늘이다, 연장하다)

우리말로 읽어보면 '읶스(ex)+티(te)+느드(nd) → 읶스(익스 → 익(益: 더할 익)+스('스다(생기다))'의 활용형)) 티(치: 길이 단위) 느드(내다: 안에서 밖으로 옮기다) → 더함 생겨 치(길이) 내다'다.

익스팅크(extinct: 멸종한, 사멸한, 끊어진, 꺼진)

우리말로 읽어보면 '읶스(ex)+티느(tin)+그(c)+트(t) → 읶스(익(益: 더할 익)+스('스다(생기다)'의 활용형) 티느(태느 → 태어나: '태어나다'의 활용형) 그(거(去: 갈 거)) 트(티: 모양) → 더하다 생기다 태어나 간(없어진) 모양'이다. '더함 생겨 태어남이 간(없어진) 모양'이다.

이크스토~ㄹ트(extort: 강요하다, 강청하다, 빼앗다)

우리말로 읽어보면 '익스(ex)+또르트(tort) → 익스(역스: 역(力: 힘 역)+스(쓰 → 써: '쓰다'의 활용형) 또르트(쪼르트 → 쪼르다: '조르다'의 방언) → 힘써 조르다'이다.

엑스트러(extra: 여분의, 특별한)

우리말로 읽어보면 '익스(ex)+트(t)+라(ra) → 익스(익(益: 더할 익)+스(~의)) 트(츠 → 치: 사람 또는 어떠한 특성을 가진 물건 또는 대상) 라(서술하는 뜻을 나타내는 종결 어미) → 더함의 치(사람, 물건) 라'다.

엑스트래크트(extract: 추출물, 뽑다, 빼[내]다, 끌어내다)

우리말로 읽어보면 '읶스(ex)+틀(tr)+아(a)+그(c)+트(t) → 읶스(액스: 액(液: 진 액)+스('스다(생기다)'의 활용형)) 틀(츨 → 찰(札: 뽑을 찰)) 아(하 → 해: '하다'의 활용형) 그(대명사) 트(츠 → 치: 것) → 액 생기다 뽑다 하다 그것'이다. '뽑는 것 하여 액 생긴 그것'이다.

엑스트림(extreme: 극도의, 극단적인, 극단, 극도)

우리말로 읽어보면 '익스(ex)+트르이(tre)+미(me) → 익스(익사(溺死: 물에 빠져 죽음) 트르이(츠르이 → 치르이: '치르다(무슨 일을 겪어 내다)'의 활용형) 미(尾: 꼬리 미) → 익사(溺死) 겪어 내다 끝'이다. '물에 빠져 죽음을 겪어 내는 끝'이다.

이그절트(exult: 기뻐 날뛰다, 미칠 듯이 기뻐하다)

우리말로 읽어보면 '이(e)+크스(x)+우르(ul)+뜨(t) → 이(怡: 기쁠 이) 크스(커서: '크다'의 활용형) 우르(위로) 뜨(뗘: '띠다('뛰다'의 방언)' 활용형) → 기쁨 커서 위로 뛰다'이다.

F

팩트(fact: 사실, 진실, 진상, 실제)

우리말로 읽어보면 '백(fac)+트(t) → 백(白: 흰 백) 트(츠 → 치: 어떠한 특성을 가진 물건 또는 대상) → 명백(明白)한 대상'이다.

□ 백(白): 희다, 명백하다(明白--).

팩터리(factory: 공장, 제작소)

우리말로 읽어보면 '바그(fac)+트(t)+오르이(ory) → 바그(박으 → 박어: '박다(틀이나 판에 넣어 눌러 만들다)'의 활용형) 트(터) 오르이(어르이 → 여러이: 여러 사람) → 박다(만들다) 터 여러 사람'이다. '여러 사람이 만드는 터'다.

페일(fail: 실패하다, 부족하다, 없어지다)

우리말로 읽어보면 '패(fa)+이르(il) → 패(敗: 패할 패) 이르(이루 → 이뤄 '이루다'의 활용형) → 패함 이루다'다.

□ 참고로 'f'는 'ㅂ' 'ㅍ' 'ㅃ'소리가 난다.

페어(fair: 공정한, 공평한)

우리말로 읽어보면 '브(f)+아(a)+이르(ir) → 브(부(付: 줄 부)) 아(雅: 바를 아) 이르(이루 → 이뤄: '이루다'의 활용형) → 주다 바르다 이루다'다. '줌에 바름을 이룬 것'이다.

페이뜨(faith: 믿음, 신앙[심])

우리말로 읽어보면 '바(fa)+이(i)+뜷(th) → 바(배(拜: 절 배)) 이(위(爲: 할 위)) 뜷(뜻: 생각, 마음) → 배(拜) 하는 마음'이다.

□ 배(拜): 절, 삼가고 공경하다.

페이크(fake: 가짜의, 거짓된, 모조의)

우리말로 읽어보면 '바(fa)+키(ke) → 바(앞에서 말한 내용 그 자체나 일 따위를 나타내는 말) 키(기(欺: 속일 기)) → 일 속이다'다. '일을 속이는 것' '거짓'이다. 가짜뉴스(Fake News).

폴스(false: 그릇된, 옳지 않은, 정확하지 않은)

우리말로 읽어보면 '바르(fal)+새(se) → 바르('바르다'의 어근) 새('새다(원래 가야 할 곳으로 가지 아니하고 딴 데로 가다)'의 어근) → 바르다 새다'다. '바른 것이 샌'이다.

폴터~ㄹ(falter: 비틀거리다, 발에 걸려 넘어지다)

우리말로 읽어보면 '발(fal)+띠르(ter) → 발(足) 띠르(떠르 → 떨어: '떨다'의 활용형) → 발 떨어'이다.

페임(fame: 명성)

우리말로 읽어보면 '프(f)+암(am)+이(e) → 프(포(褒: 기릴 포)) 암(앎: '알다'의 활용형) 이(명사형 접미사, 이것) → 기려 아는 이것'이다.

퍼밀려(familiar: 보통의, 흔히 있는, 일상의, 잘 알려진, 친한, 익숙한)

우리말로 읽어보면 '바(fa)+미리(mili)+아르(ar) → 바(봐: '보다'의 활용형) 미리(먼저) 아르(알으 → 알아: '알다'의 활용형) → 보다 미리 알다'이다. '미리 봐 아는'이다.

패미리(family: 가족, 가정)

우리말로 읽어보면 '파(fa)+므(m)+이르(il)+이(y) → 파(爸: 아비 파) 므(모(母: 어머니 모)) 이르(이루: '이루다'의 어근) 이(명사형 접미사, 이것) → 아버지 어머니가 이룬 이것'이다.

패민(famine: 기근, 굶주림, 공복)

우리말로 읽어보면 '바(fa)+므(m)+이(i)+느이(ne) → 바(앞에서 말한 내용 그 자체나 일 따위를 나타내는 말) 므(무(無: 없을 무) 이(위(胃: 위장 위)) 느이(넣이: '넣다'의 활용형) → 일 없다 위장 넣다'이다. '위장에 넣는 일이 없는 것'이다.

팬(fan: 1. 부채, 선풍기 2. 팬, 열광적인 지지자)

1번을 우리말로 읽어보면 '판(fan) → 판(板: 널빤지 판)'이다. '부채처럼 넓다란 것'이다.

2번을 우리말로 읽어보면 '프(f)+아(a)+느(n) → 프(포(褒: 기릴 포)) 아(하: 정도가 매우 심하거나 큼을 강조하여 이르는 말. '아주', '몹시'의 뜻을 나타낸다) 느(니 → 이: 사람) → 기리다 몹시 사람'다. '기림에 몹시인 사람'이다.

파~ㄹ(far: 멀리(에))

우리말로 읽어보면 '파(fa)+르(r) → 파(頗: 자못 파) 르(리(離: 떠날 리)) → 꽤 떨어져'다.

□ 파(頗): 자못, 꽤, 상당히, 매우, 몹시.

□ 리(離): 떠나다, 떼어놓다, 떨어지다.

페어(fare: 승차 요금[운임])

우리말로 읽어보면 '브(f)+아(a)+르(r)+이(e) → 비(부(軵: 수레 부) 아('에'의 방언) 르(로 → 료(料: 헤아릴 료) 이(이것) → 수레 에 삯 이것'이다.

□ 료(料): 헤아리다, 삯, 값.

패서네이트(fascinate: 매혹하다, 황홀하게 하다)

우리말로 읽어보면 '배스(fas)+시(ci)+느(n)+아디(ate) → 배스(빼스 → 뺏어: '뺏다'의 활용형) 시(視: 볼 시) 느(나: '나다(생기다)'의 활용형) 아디(하디 → 하다) → 뺏다 보다 나다 하다'이다. '뺏음에 봄 생기게 하다'다.

파스트(fast: 1. 배의 계류(繫留) 밧줄 2. 고착된)

1번을 우리말로 읽어보면 '배(fa)+스(s)+트(t) → 배(舟) 스(~의) 트(츠 → 추(鞦: 언치 추) → 배의 밧줄'이다.

□ 추(鞦): 언치(안장 밑에 깔아 등을 덮어 주는 방석), (잡아끄는) 밧줄.

2번을 우리말로 읽어보면 '배(fa)+스(s)+트(t) → 배(舟) 스('스다(서다)'의 활용형) 트(티: 모양) → 배(舟) 스다 모양'이다. '배(舟) 선 모양'이다.

페이틀(fatal: 죽음을 초래하는, 치명적인, 돌이킬 수 없는)

우리말로 읽어보면 '패(fa)+따르(tal) → 패(폐(斃: 죽을 폐)) 따르('따르다'의 어근) → 죽다 따르다'이다. '죽음이 따르는'이다.

파덜(father: 아버지)

우리말로 읽어보면 '파(fa)+드흐(th)+에르(er) → 파(爸: 아비 파) 드흐(되흐 → 되어: '되다'의 활용형) 에르(어리: 옛말 그런 사람의 뜻을 더하는 접미사) → 아비 되어(되는) 사람'이다.

퍼티그(fatigue: 피로, 피곤)

우리말로 읽어보면 '파디구(fatigu)+이(e) → 파디구(파지구 → 퍼지구: '퍼지다(지치거나 힘이 없어 몸이 늘어지다)'의 활용형) 이(명사형 접미사, 이것) → 퍼지는 이것'이다.

폴트(fault: 결점, 흠, 결함)

우리말로 읽어보면 '바(fa)+우르(ul)+트(t) → 바(봐: '보다'의 활용형) 우르(울으 → 울어: '울다(발라 놓거나 바느질한 것 따위가 반반하지 못하고 우글쭈글해지다)'의 활용형) 트(티: 모양) → 봐 울어 모양'이다. '봄에 울은 모양'이다.

페이버~ㄹ(favor: 친절한 행위, 은혜, 돌봄)

우리말로 읽어보면 '파(fa)+브(v)+오(o)+르(r) → 파(叵: 어려울 파) 브(부(扶: 도울 부)) 오(아('에'의 방언)) 르(리 → 이(也: 이것 이) → 어렵다 돕다 에 이것'이다. '어려움을 돕는 이것'이다.

피어(fear: 무서움, 두려움, 공포)

우리말로 읽어보면 '프(f)+이(e)+아르(ar) → 프(포(怖: 두려워할 포)) 이('에'의 방언) 아르(알으 → 앓아: '앓다'의 활용형) → 두렵다 에 앓다'이다. '두려움에 앓는 것'이다.

피스트(feast: (주로 종교적인) 축제, 제례)

우리말로 읽어보면 '피(fe)+아스(as)+트(t) → 피(폐(弊: 폐단 폐)) 아스(앗으 → 앗아: '앗다('없애다'의 옛말)'의 활용형) 트(츠 → 체(禘: 제사 체)) → 해(害) 없애는 큰 제사(祭祀)'다.

□ 폐(弊): 폐단(弊端), 해(害).

□ 체(禘): (고대 제왕이 지내는) 제사(祭祀), 큰 제사(祭祀).

피(fee: 수수료, 요금)

우리말로 읽어보면 '피(fee) → 피(비(費: 쓸 비)) → 비용(費用)'이다.

□ 비(費): 쓰다, 비용(費用).

페더럴(federal: 연합의, 동맹의, 연방의)

우리말로 읽어보면 '피(fe)+딜(der)+알(al) → 피(패(牌: 패 패)) 딜(질: 행위) 알(할 → 한: '하다'의 활용형) → 패(같이 어울려 다니는 사람의 무리) 행위 한'이다. '패(牌) 이루는 행위를 한'이다.

페런(felon: 중죄인)

우리말로 읽어보면 '빌(fel)+오(o)+느(n) → 빌('비다('베다'의 방언)'의 활용형) 오(어(圄: 옥 어)) 느(니 → 이: 사람) → 벨 감옥(監獄) 사람'이다.

피메일(female: 여성, 암컷)

우리말로 읽어보면 '비(fe)+말(mal)+이(e) → 비(非: 아닐 비) 말('망울'의 방언) 이(사람) → 비(非) 망울 사람'이다. '망울이 없는 사람'이다.

□ '망울'은 동그랗게 뭉쳐 굳어진 덩이로, 남자의 고환을 말한 것이다.

퓨(few: 1. 소수의, 거의 없는, 근소한)

1번을 우리말로 읽어보면 '피유(few) → 피유(표(標: 표할 표) → 적다'다.

□ 표(標): 표하다, 나타나다, 적다.

파이트(fight: 싸움, 전투)

우리말로 읽어보면 '피(fi)+그(g)+흐트(ht) → 피(避: 피할 피) 그(구(毆: 때릴 구)) 흐트(흐츠 → 해쳐: '해치다'의 활용형) → 피하고 때리고 해쳐'다. '피하고 때리고 해치는 것'이다.

파일(file: 파일, 정리 보존 기구, 철(綴))

우리말로 읽어보면 '브(f)+이르(il)+이(e) → 브(부(部: 떼 부) 이르(이루 → 이뤄: '이루다'의 활용형) 이(명사형 접미사, 이것) → 문서 이룬 이것'이다.

□ 부(部): 떼, 부락, 집단, 마을, 분류, 문서.

필(fill: 채우다, 가득하게 하다)

우리말로 읽어보면 '브(f)+일(il)+르(l) → 브(부 → 붜 → 부어: '붓다'의 활용형) 일(溢: 넘칠 일) 르(느 → 나: '나다(생기다)'의 활용형) → 부어 넘치다 생기다'이다. '부어 넘침 생기다'이다.

파이날(final: 최후의, 최종적인)

우리말로 읽어보면 '피(fi)+날(nal) → 피(파(罷: 마칠 파)) 날('나다(생기다)'의 활용형) → 파(罷) 날'이다. '마침이 날'이다.

피낸스(finance: 재원, 세입, 수입)

우리말로 읽어보면 '비(fi)+난(nan)+시(ce) → 비(費: 쓸 비) 난('나다(생기다)'의 활용형) 시(是: 이 시) → 쓰다 난 이것'이다. '쓰는 것 생긴 이것'이다.

파인드(find: 발견하다, 찾아내다)

우리말로 읽어보면 '피(fi)+느(n)+드(d) → 피(파(把: 잡을 파)) 느(누(瞜: 볼 누) 드(도 → 돼: '되다'의 활용형) → 잡다 보다 되다'이다. '잡는 봄이 되다'이다.

파인(fine: 질 높은, 좋은, 건강한)

우리말로 읽어보면 '피(fi)+느이(ne) → 피(파 → 화(和: 화할 화)) 느이(나이: '나다(생기다)'의 활용형) → 화하다(和--: 서로 뜻이 맞아 사이 좋은 상태가 되다) 나다'이다. '좋은 상태 됨 생긴'이다.

피니쉬(finish: ~을 끝내다[마치다], 완료[종료]하다)

우리말로 읽어보면 '핀(fin)+이(i)+스(s)+흐(h) → 핀(판: 어떤 일이나 사실의 원인) 이(주격 조사) 스('스다(서다)'의 활용형) 흐(하 → 해: '하다'의 활용형) → 일이 서다 하다'이다.

파이어(fire: 불, 불꽃, 화재)

영어로 읽어보면 '파이어(fire) → 파(화(火: 불 화)) 이어(이여: '이다'의 활용형) → 불이여'다.

프레임(flame: 불꽃, 화염, 불길)

우리말로 읽어보면 '블(fl)+아(a)+미(me) → 블(불) 아('에'의 방언) 미(尾: 꼬리 미) → 불 에 꼬리'다. '불에 꼬리'다.

플런트(flaunt: 과시하다, 관능미를 과시하다)

우리말로 읽어보면 '브르(fl)+아(a)+우(u)+느트(nt) → 브르(보라: '보다'의 활용형) 아(하 → 해: '하다'의 활용형) 우(優: 뛰어날 우) 느트(느츠 → 나체(裸體)) → 보라 해 뛰어난 나체(裸體)'다. '뛰어난 나체(裸體) 보라고 해'다.

프라이트(flight: 날기, 비행)

우리말로 읽어보면 '브리(fli)+그흐(gh)+트(t) → 브리(부리: '벌(蜂)'의 방언) 그흐(가: '가다'의 활용형) 트(티: 모양) → 벌이 가는 모양'이다.

프린트(flint: 부싯돌)

우리말로 읽어보면 '블(fl)+인(in)+트(t) → 블(불) 인('일다'의 활용형) 트(츠 → 치: 물건) → 불 이는(생기는) 물건'이다.

플러드(flood: 홍수, 물에 잠기다)

우리말로 읽어보면 '브르(fl)+우(oo)+드(d) → 브르(부르 → 불으 → 불어: '불다('붇다'의 방언)'의 활용형) 우(雨: 비 우) 드(다: 종결 어미) → 붇다(늘거나 많아지다) 우(雨)다'이다. '불은 비다'이다.

프라우어(flour: 밀가루, 소맥분)

우리말로 읽어보면 '브(f)+르(l)+오우(ou)+르(r) → 브(부(剖: 쪼갤 부)) 르(루(屢: 여러 루)) 오우(와: '오다'의 활용형) 르(래(秾: 밀 래)) → 쪼개다 여러 오다 밀'이다. '쪼갬이 여러 번 온 밀'이다.

풀라우어(flower: 꽃)

우리말로 읽어보면 '브르(fl)+오유(ow)+이르(er) → 브르(부리('벌'의 방언)) 오유(요(樂: 좋아할 요)) 이르(이라: '이다'의 활용형) → 벌 좋아하다 이라'다. '벌이 좋아하는 것이다'다.

프루언트(fluent: 유창한, 거침없는)

우리말로 읽어보면 '프르(fl)+우(u)+인(en)+트(t) → 프르(플으 → 풀어: '풀다(생각이나 이야기 따위를 말하다)'의 활용형) 우(優: 뛰어날 우) 인('일다(생기다)'의 활용형) 트(티: 모양) → 말하다 뛰어나다 생기다 모양'

이다. '말함이 뛰어나게 생긴 모양'이다.

프루이드(fluid: 유체, 유동체, 유동성의)

우리말로 읽어보면 '브(f)+르(l)+위(ui)+드(d) → 브(부(浮: 뜰 부)) 르(로: 조사) 위(僞: 움직일 위) 드(즈 → 자(者: 놈 자)) → 뜸 으로 움직이는 것' 이다.

□ 자(者): 놈, 사람, 것.

프렁크(flunk: [시험 등에서] 실패하다, 낙제하다)

우리말로 읽어보면 '프루(flu)+늑(nk) → 프루(프러 → 풀어: '풀다'의 활용형) 늑(낙(落: 떨어질 락)) → 풀은 것(시험) 떨어지다'이다.

프러쉬(flush: 홍조, 상기, 붉어짐)

우리말로 읽어보면 '블(fl)+우(u)+스(s)+흐(h) → 블(볼: 뺨의 가운데를 이루고 있는 살집) 우(위) 스(~의) 흐(하(赮: 붉을 하)) → 볼 위의 붉은 빛'이다.

□ 하(赮): 붉다, 붉은빛.

프루트(flute: 플루트, 피리)

우리말로 읽어보면 '브루(flu)+티(te) → 브루(블우 → 불어: '불다'의 활용형) 티(치: 것) → 부는 것'이다.

프라이(fly: 날다, 날아다니다, 파리)

우리말로 읽어보면 '브르(fl)+이(y) → 브르(블으 → 불어: '불다(바람을 일으키다)'의 활용형) 이(尒: 갈 이) → 바람을 일으키다 가다'이다. '바람을 일으켜 가는 것'이다.

포움(foam: 거품(덩어리), 물거품)

우리말로 읽어보면 '포(fo)+암(am) → 포(泡: 거품 포) 암('물'의 방언) → 거품 물(水)'이다. '물거품'이다

포우커스(focus: 집중하다, 초점, 중심, 주안점)

우리말로 읽어보면 '폭(foc)+우(u)+스(s) → 폭(폭 → 퍽: 보통 정도를 훨씬 넘게) 우(盱: 쳐다볼 우) 스('스다(생기다)'의 활용형) → 퍽 쳐다봄 생기다'이다.

포울드(fold: 접다, 접어 포개다, 구부리다)

우리말로 읽어보면 '볼(fol)+드(d) → 볼(발(븘): '겹'의 옛말)+드(다: 종결어미) = 겹다 → 겹다('접다'의 방언)'다. '접다'이다.

포우크(folk: 사람들, 세상 사람들)

우리말로 읽어보면 '보르(fol)+크(k) → 보르(바리: 일부 명사나 어근 뒤에 붙어, '그러한 사람'의 뜻과 얕잡는 뜻을 더하여 명사를 만드는 말) 크(커 → 거(巨: 클 거)) → 그러한 사람 많다'다. '많은 그러한 사람'이다.

□ 거(巨): 크다, 많다.

팔로우(follow: (~의 뒤를) 따라가다[오다], ~뒤에[뒤이어] ~을 하다)

우리말로 읽어보면 '보르(fol)+르(l)+오우(ow) → 보르(바로) 르(루(累: 묶을 루)) 오우('오다'의 활용형) → 바로 포개어 오다'다.

□ 루(累): 묶다, 거듭하다, 포개다.

폰트(font: 서체)

우리말로 읽어보면 '본(fon)+트(t) → 본(本: 근본 본: '바탕이 되는, 본보기'의 뜻을 더하는 접두사)) 트(츠 → 체(體: 몸 체) → 본보기 서체(書體)'이다.

□ 체(體): 몸, 서체(書體).

푿(food: 식량, 음식, 식품, 먹이)

우리말로 읽어보면 '포(fo)+오(o)+드(d) → 포(哺: 먹일 포) 오(아: '에'의 방언) 드(즈 → 자(者: 놈 자) → 먹다 에 것'이다. '먹는 것'이다.

□ 포(哺): 먹다, 먹이다.

□ 자(者): 놈, 사람, 것, 곳.

풀(fool: 바보, 분별없는)

우리말로 읽어보면 '부(foo)+르(l) → 부(不: 아닐 부) 르(리 → 이(사람) → 부(不) 사람'이다. '못한 사람' '모자란 사람'이다.

□ 부(不): 아니다, 못하다.

프트(foot: 발, (길이의 단위) 피트, 걸음걸이)

우리말로 읽어보면 '보(fo)+오(o)+트(t) → 보(步: 걸음 보) 오(아: '에'의 방언) 트(츠 → 치: 것, 길이 단위) → 걸음의 길이'다.

포~ㄹ(for: 1.~을 하기 위해[위한] 2. ~동안)

1번을 우리말로 읽어보면 '보르(for) → 보르(보러: '보다'의 활용형) → 보러'다.

2번을 우리말로 읽어보면 '포(fo)+르(r) → 포르(포: '해', '달', '날' 따위의 말 뒤에 붙어, '얼마 동안'의 뜻을 더하여 명사를 만드는 말) 르(묵음) → 포'이다. '얼마 동안'이다.

□ 예: 달포.

포리지(forage: (말, 소의) 먹이, 사료, 마초, 꼴)

우리말로 읽어보면 '폴(fol)+아(a)+지(ge) → 폴(풀) 아('에'의 방언) 지(저(䭈: 먹이 저)) → 풀에 먹이'다.

퍼비드(forbid: 금하다, 용납하지 않다)

우리말로 읽어보면 '포~ㄹ(for)+비(bi)+드(d) → 포~ㄹ(포(包: 쌀 포)) 비(非: 아닐 비) 드(돼: '되다'의 활용형) → 용납하다(容納--) 아니 돼'다.

□ 포(包): 싸다, 감싸다, 용납하다(容納--).

포스(force: 1. 물리력, 폭력 2. 힘)

1번을 우리말로 읽어보면 '포~ㄹ(for)+스(c)+이(e) → 포~ㄹ(포(暴: 사나울 포)) 스(쓰 → 써: '쓰다'의 활용형) 이(명사형 접미사, 이것) → 사나움 쓰는 이것'이다.

2번을 우리말로 읽어보면 '볼(for)+시(ce) → 볼(발: '기세' 또는 '힘'의 뜻을 더하는 접미사. 접미사의 형태로 말이 남아있다. 예: 끗발) 시(옛말 명사형 접미사, 이것) → 힘 이것'이다.

보~ㄹ(fore: 앞부분의, 앞쪽의)

우리말로 읽어보면 '볼(for)+이(e) → 볼(뺨의 한복판) 이(위(位: 자리 위) → 볼 위치'다.

□ 위(位): 자리, 곳, 위치(位置).

포보우드(forebode: 예언하다)

우리말로 읽어보면 '보리(fore)+보(bo)+대(de) → 보리(앞쪽에) 보(報: 알릴 보) 대(돼: '되다'의 활용형) → 앞쪽에 알리다 돼'다. '앞서 알리는 것 돼'다.

포캐스트(forecast: 예상[예측]하다, 예보하다)

우리말로 읽어보면 '보리(fore)+카(ca)+스드(st) → 보리(앞으로) 카(가(瞡: 볼 가)) 스드(스다(생기다)) → 앞으로 보다 생기다'이다. '앞으로 보는 것 생기다'이다.

포에버(forever: 영원히, 영구히)

우리말로 읽어보면 '포(for)+이(e)+브(v)+이르(er) → 포~ㄹ('해', '달', '날'

따위의 말 뒤에 붙어, '얼마 동안'의 뜻을 더하여 명사를 만드는 말) 이 ('해(태양)'의 고어) 브(바 → 봐: '보다'의 활용형) 이르(으레: 틀림없이 언제나) → 동안 태양 봐 으레'다. '으레 태양 보는 동안'이다.

퍼겟(forget: 잊다)

우리말로 읽어보면 '포~ㄹ(for)+그(g)+이트(et) → 포~ㄹ(抱: 안을 포) 그(구(拘: 잡을 구)) 이트(이츠 → 잊혀: '잊히다'의 활용형) → 생각 잡다 잊히다'이다. '잡은 생각 잊히다'이다.

□ 포(抱): 안다, 품다, 마음, 생각.

퍼기브(forgive: 용서하다)

우리말로 읽어보면 '포~ㄹ(for)+기(gi)+비(ve) → 포~ㄹ(包: 쌀 포) 기(乞: 줄 기) 비(非: 아닐 비) → 감싸다 주다 잘못(허물)'이다. '허물 감싸주다'이다.

□ 포(包): 싸다, 감싸다.

□ 비(非): 아니다, 허물, 잘못.

포름(form: 종류, 유형, 형태, 형성되다)

우리말로 읽어보면 '포~ㄹ(for)+므(m) → 포~ㄹ(포: '표(表)'의 방언) 므(모(貌: 모양 모)) → 겉모양'이다.

퍼르네이크(forsake: 저버리다, 버리다, 그만두다)

우리말로 읽어보면 '보르(for)+삭(sak)+이(e) → 보르(버르 → 버려: '버리다'의 활용형) 삭(삭: '싹(모두)'의 방언) 이(여: 이여) → 버리다 모두 이여'다. '모두 버리는 것이여'다.

포~ㄹ트(fort: 요새, 성채, 보루)

우리말로 읽어보면 '보르(for)+트(t) → 보르(보루(堡壘: 적의 침입을 막기 위하여 돌이나 콘크리트 따위로 튼튼하게 쌓은 구축물) 트(터: 땅) → 보루(堡壘) 터'다.

포츄너트(fortunate: 운 좋은, 행복한)

우리말로 읽어보면 '포(fo)+르(r)+투(tu)+나(na)+티(te) → 포('거듭'의 방언) 르(로: 조사) 투(타 → 차(次: 어떠한 일을 하던 기회나 순간) 나('나다(생기다)'의 활용형) 티(모양) → 거듭 으로 기회 생긴 모양'이다.

□ 차(次): 버금, 때, 기회(機會).

포췬(fortune: 부, 재산, 큰돈)

우리말로 읽어보면 '보(fo)+르(r)+툰(tun)+이(e) → 보(寶: 보배 보) 르('를'의 방언) 툰(탄 → 찬('차다'의 활용형) 이(이것) → 보배 를 찬(가진) 이것'이다.

포~ㄹ워~ㄹ드(forward: 앞으로, 장래(를 향하여), 금후)

우리말로 읽어보면 '보르(for)+유알(war)+드(d) → 보르(보로: '벌써(앞서)'의 방언) 유알(열(閱: 볼 열)) 드(데: 곳) → 앞서 보는 곳'이다.

포스터~ㄹ(foster: 촉진[조장, 육성]하다, 기르다)

우리말로 읽어보면 '보(fo)+스(s)+트(t)+이르(er) → 보(保: 지킬 보) 스('스다(생기다)'의 활용형) 트(츠 → 쳐: '치다(기르다)'의 활용형) 이르(이루 → 이뤄: '이루다'의 활용형) → 보호(保護)함 생겨 기르는 것 이루다'다.

□ 보(保): 지키다, 보호하다(保護--).

파울(foul: 악취가 나는, 역겹도록 싫은, 더러운)

우리말로 읽어보면 '브(f)+오우(ou)+르(l) → 브(부(腐: 썩을 부)) 오우(외(外: 바깥 외)) 르(로: 조사) → (나쁜)냄새가 나다 바깥으로'다.

□ 부(腐): 썩다, (나쁜) 냄새가 나다.

파운드(found: 기초를 쌓다, 건설하다, 갖추어진)

우리말로 읽어보면 '포(fo)+우(u)+느드(nd) → 포(파(擎: 터 닦을 파)) 우('위'의 방언) 느드(나다(생기다)) → 터 닦아 위 생기다'이다.

프래질(fragile: 부서지기 쉬운, 취약한)

우리말로 읽어보면 '쁘라지(frag)+이르(il)+이(e) → 브라지(부라져 → 부러져: '부러지다'의 활용형) 이르(이루: '이루다'의 어근) 이(易: 쉬울 이) → 부러져 이루다 쉽다'이다.

프레이그런트(fragrant: 냄새 좋은, 향기로운)

우리말로 읽어보면 '블(fr)+애(a)+그라느(gran)+트(t) → 블(불: '벌(蜂)'의 방언) 애(해: '많이'의 방언) 그라느(끄라내 → 끌어내: '끌어내다'의 활용형) 트(츠 → 추 → 취(臭: 냄새 취)) → 벌 많이 끌어내는 냄새'다.

프레임(frame: 틀, 뼈대, 체격)

우리말로 읽어보면 '블(fr)+암(am)+이(e) → 블(쁠 → 뿔(角)) 암(함(含: 머금을 함)) 이(명사형 접미사, 이것) → 뿔(角) 머금은 이것 → 뼈대'다.

프랭크(frank: 솔직한, 거리낌 없는)

우리말로 읽어보면 '프라느크(frank) → 프라느크(플아느크 → 풀어노코 → 풀어놓고: '풀어놓다((사람이 마음에 맺혀 있거나 품고 있는 것 따위를) 말이나 글로 이야기하다)'의 활용형) → 풀어놓은'이다.

프랜틱(frantic: 정신없는, 광란적인, 미칠 것 같은)

우리말로 읽어보면 '블(fr)+안(an)+티(ti)+크(c) → 블(불(不: 아닐 불) 안(晏: 편안할 안) 티(어떤 태도나 기색) 크(커: '크다'의 활용형) → 불안(不晏) 기색 커'다. '불안 큰 기색'이다.

프리(free: 자유로운, 석방하다)

우리말로 읽어보면 '프르(fr)+이(e)+이(e) → 프르(플으 → 풀어: '풀다(금지되거나 제한된 것을 할 수 있도록 터놓다)'의 활용형) 이(離: 떠날 이) 이(이것) → 풀어 떠난 이것'이다.

프리즈(freeze: 얼다, 빙결[동결]하다)

우리말로 읽어보면 '블(fr)+이(e)+이(e)+지(ze) → 블(불(炦: 찰 불)) 이('에'의 방언)) 이(乀: 흐를 이) 지(止: 그칠 지) → 참(冷) 에 흐름 그치다'다.

프리퀀트(frequent: 자주[빈번히] 일어나는)

우리말로 읽어보면 '블(fr)+이(e)+꿰(que)+느(n)+트(t) → 블(볼: '보다'의 활용형) 이(也: 이것 이) 꿰(꽤: 보통보다 조금 더한 정도로) 느(나: '나다(생기다)'의 활용형) 트(티: 모양) → 볼 이것 꽤 생기다 모습'이다. '볼 것 꽤 생기는 모양'이다.

프레쉬(fresh: 신선한)

우리말로 읽어보면 '프르이(fre)+스(s)+흐(h) → 프르이(푸르이: '푸르다(공기 따위가 맑고 신선하다)'의 활용형) 스('스다(생기다)'의 활용형) 흐(해: '하다'의 활용형) → 푸름 생겨 한'이다.

프레트(fret: (~때문에) 안달나다, 초조해하다, 애타다)

우리말로 읽어보면 '블(fr)+이(e)+트(t) → 블(발(發: 필 발)) 이(애: 초조한 마음속) 트(타: '타다'의 활용형) → 나타나다 애 타'다. '애가 탐이 나타나다'다.

□ 발(發): 피다, 나타나다.

프렌드(friend: 친구)

우리말로 읽어보면 '브리(fri)+인(en)+드(d) → 브리(바리: 일부 명사나 어근 뒤에 붙어, '그러한 사람'의 뜻과 얕잡는 뜻을 더하여 명사를 만드는 말, 접미사 형태로 남아있음) 인(䚯: 친할 인) 드(즈: '자기(自己)'의 방언) → 그러한 사람 친하다 자기(自己)'다. '자기(自己)와 친한 그러한 사람'이다.

프라이트(fright: 공포, 경악)

우리말로 읽어보면 '블(fr)+이(i)+그(g)+흐(h)+트(t) → 블(벌(罰: 죄 벌)) 이(위(爲: 할 위)) 그(구(懼: 두려워할 구)) 흐(하 → 해(駭: 놀랄 해)) 트(츠 → 치: 그것) → 죄 하다 두려워하다 놀라다 그것'이다. '죄지어 두려워하고 놀라는 그것'이다.

프람(from: ~에서)

우리말로 읽어보면 '블(fr)+옴(om) → 블(발(發: 필 발)) 옴('오다'의 활용형) → 떠나 옴'이다.

□ 발(發): 피다, 쏘다, 일어나다, 떠나다.

프런트(front: 맨 앞 부분, 최전열, 앞, 표면)

우리말로 읽어보면 '블(fr)+온(on)+트(t) → 블(볼(빰의 한복판)) 온('오다'의 활용형) 트(터: 곳) → 볼 온 곳'이다.

프루트(fruit: 과일, 과실)

우리말로 읽어보면 '플(fr)+우(u)+이(i)+트(t) → 플('풀'의 옛말) 우(위) 이(飴: 엿 이) 트(츠 → 치: 물건) → 풀 위 단맛 물건'이다.

□ 이(飴): 엿, 단맛.

프러스트레이트(frustrate: 좌절감을 주다, 방해하다)

우리말로 읽어보면 '블(fr)+우(u)+스(s)+트르(tr)+아디(ate) → 블(불(不: 아닐 불) 우(위(爲: 할 위)) 스(사(思: 생각 사)) 트르(츠르 → 차라: '차다'의 활용형) 아디(하디 → 하다) → 못 함의 생각 차라 하다'다. '못함에 생각 차게(가지게) 하다'다.

□ 불(不): 아니다, 못하다.

퍽크(fuck: ~과 성교하다)

우리말로 읽어보면 '부그(fuc)+크(k) → 부그(바그 → 박아: '박다'의 활용형) 크(그 → 구(尿: 자지 구)) → 박아 구(尿)'다.

퓨얼(fuel: 연료)

우리말로 읽어보면 '부(fu)+이(e)+르(l) → 부('불'의 방언) 이('에'의 방언) 르(로 → 료(料: 헤아릴 료) → 불에 거리(재료)'다.

□ 료(料): 헤아리다, 거리.

풀필(fulfil: 실행하다, 이루다, (소망, 야심 등을) 달성하다)

우리말로 읽어보면 '부(fu)+르(l)+필(fil) → 부(바: 앞에서 말한 내용 그 자체나 일 따위를 나타내는 말) 르('를'의 방언) 필(畢: 마칠 필) → 바(일)를(을) 마치다'이다.

풀(full: 가득한, 충만한, 빽빽한)

우리말로 읽어보면 '불르(full) → 불르(불러: '부르다(가득하다)'의 활용형) → 불러'다.

펀(fun: 재미, 즐거움)

우리말로 읽어보면 '분(fun) → 분(반(弁: 즐거워할 반) → 즐거워하다'이다.

펀드(fund: 자금, 기본금, 기금)

우리말로 읽어보면 '분(fun)+드(d) → 분(본(本: 근본 본) 드(즈(자(資: 재물 자)) → 근본 자본(資本)'이다.

ㅁ 자(資): 재물(財物), 자본(資本).

퓨너럴(funeral: 장례식)

우리말로 읽어보면 '분(fun)+이르(er)+아(a)+르(l) → 분(墳: 무덤 분) 이르(이루 → 이뤄: '이루다'의 활용형) 아('에'의 방언) 르(려(禮: 제사 려)) → 무덤 이룸에 제사'다.

퓨리어스(furious: 몹시 화가 난, 맹렬한)

우리말로 읽어보면 '불(fur)+이(i)+오우(ou)+스(s) → 불(거세게 일어나는 감정을 비유적으로 이르는 말=화(火)) 이(瀰: 많을 이) 오우(위(爲: 할 위))+스(~의)=함의=한 → 화(火) 많이 한 → 화(火) 많이 난'이다.

펄니스(furnace: 노(爐), 아궁이, 화덕)

우리말로 읽어보면 '불나(furna)+시(ce) → 불나(불놔) 시(옛말 명사를 만드는 접미사, 이것) → 불놔 이것'이다. '불 놓는 이것' '화덕'이다.

퍼~ㄹ니쉬(furnish: 마련해 주다, 공급하다)

우리말로 읽어보면 '푸르(fur)+니(ni)+스흐(sh) → 푸르(풀으 → 풀어: '풀다'의 활용형) 니('너'의 방언) 스흐(쓰 → 써: '쓰다'의 활용형) → 풀어 너 쓰다'다. '너 쓰는 것 풀다'다.

퍼니쳐(furniture: 가구, 비품, 세간)

우리말로 읽어보면 '부(fu)+르(r)+느이(ni)+툴(tur)+이(e) → 부(福: 간직할 부) 르('를'의 방언) 느이(넣이 → 넣어: '넣다'의 활용형) 툴(둘('두다'의 활용형)) 이(명사형 접미사, 이것) → 간직하다 을(를) 넣어 둘 이것'이다. '간직하는 것을 넣어 둘 이것'이다.

퍼~ㄹ뜨~ㄹ(further: 더 멀리)

우리말로 읽어보면 '부르(fur)+드흐(th)+이르(er) → 부르(버르 → 벌으 → 벌어: '벌다(틈이 나서 사이가 뜨다)'의 활용형) 드흐(더: 그 위에 보태어) 이르(이라) → 벌음(사이가 뜸)이 더 이라'다.

퓨어리(fury: 격노, 격분)

우리말로 읽어보면 '불(fur)+이(y) → 불(火) 이(명사형 접미사, 이것)'다. '불(火: 몹시 못마땅하거나 언짢아서 나는 성) 이것'이다.

퓨우즈(fuse: (폭약 등의) 신관(信管), 도화선)

우리말로 읽어보면 '부(fu)+시(se) → 부('불'의 방언) 시(鍉: 열쇠 시) → 불 열쇠'다.

퍼스(fuss: 야단법석, 소란한 토론)

우리말로 읽어보면 '부(fu)+스(s)+스(s) → 부(部: 떼 부) 스(~의) 스(서: '혀(말)'의 방언) → 떼 의 말'이다.

퓨타일(futile: 쓸데없는, 효과없는)

우리말로 읽어보면 '부틸(futil)+이(e) → 부틸(부칠 → 부질) 이(離: 떠날 이) → 부질 떠나다(없다) → 부질없다(대수롭지 아니하거나 쓸모가 없다)'다. '부질없는'이다.

퓨쳐(future: 미래, 장래)

우리말로 읽어보면 '부(fu)+투(tu)+리(re) → 부(바 → 봐: '보다'의 활용형) 투(터: '예정'이나 '추측', '의지'의 뜻을 나타내는 말) 리(이: 명사형 접미사, 이것) → 보다 예정 이것'이다. '볼 예정인 이것'이다.

G

개불(gabble: ((비격식)) 시시한 소리를 지껄이다)

우리말로 읽어보면 '개뿔이(gabble) → 개뿔이'다. '개뿔 같은 소리'다.

게인(gain: 얻다, 획득하다)

우리말로 읽어보면 '그(g)+아이(ai)+느(n) → 그(구(求: 구할 구)) 아이(하이 → 해: '하다'의 활용형) 느(나: '나다(생기다)'의 활용형) → 구 해 생기다'이다. '구함 생기다'이다.

게이트(gait: 걸음걸이)

우리말로 읽어보면 '가(ga)+이(i)+트(t) → 가('가다'의 활용형) 이('에'의 방언) 트(티: 모양) → 가 에 모양'이다. '감에 모양'이다.

갬블(gamble: 도박하다)

우리말로 읽어보면 '감(gam)+블(bl)+이(e) → 감(感: 느낄 감) 블(벌: '벌다'의 어근) 이(명사형 접미사, 이것) → 감(感) 벌다 이것'이다. '감(感)으로 버는 이것' '도박'이다.

게임(game: 놀이, 오락, 경기)

우리말로 읽어보면 '감(gam)+이(e) → 감(酣: 흥겨울 감) 이(희: 戲: 놀이 희) → 흥겨운 놀이'이다.

거라지(garage: 차고)

우리말로 읽어보면 '가~ㄹ(gar)+아(a)+지(ge) → 가~ㄹ(軻: 수레 가) 아('에'의 방언) 지(脂: 집 지)'다. '수레에 집'이다.

가비지(garbage: 쓰레기, 찌꺼기)

우리말로 읽어보면 '그(g)+알(ar)+배지(bage) → 그(거(去: 갈 거)) 알(할: '하다'의 활용형) 배지('배기('그런 물건'의 뜻을 더하는 접미사)'의 옛말) → 버리다 할 그런 물건'이다.

□ 거(去): 가다, 버리다.

가~ㄹ든(garden: 뜰, 정원)

우리말로 읽어보면 '갈드(gard)+인(en) → 갈드(갈다: 궁중에서, '깎다'를 이르던 말) 인(堙: 마당 인) → 깎는 마당'이다.

가먼트(garment: 의류, 옷)

우리말로 읽어보면 '갈(gar)+맨(men)+트(t) → 갈(褐: 굵은 베 갈) 맨('매다(끈이나 줄 따위로 꿰매거나 동이거나 하여 무엇을 만들다)'의 활용형) 트(츠 → 치: 물건) → 갈(褐)로 맨(만든) 물건'이다.

□ 갈(褐): 짐승의 털로 짜서 만든 비단. 고대의 거친 모직물.

개습(gasp: 헐떡임, 숨참)

우리말로 읽어보면 '가스브(gasp) → 가 ㅅ브('쁘'의 고어) → 가쁘('가쁘다'의 어근)'이다.

□ 가쁘다: 숨이 몹시 차다.

개덜(gather: 모이다, 모으다, 수집하다)

우리말로 읽어보면 '그아(ga)+뜨흐(th)+이르(er) → 그아(구하 → 구해: '구(求)하다'의 활용형) 뜨흐(떼) 이르(이루 → 이뤄: '이루다'의 활용형) → 구(求)해 떼 이뤄'다.

젠덜(gender: 성(性)[남성, 여성, 중성, 통성])

우리말로 읽어보면 '지(ge)+느(n)+딜(der) → 지('기'의 옛말: '기(耆: 자지 기)'의 옛말) 느(나: 조사) 딜(질(膣: 음도 질)) → 자지 나 보지'다.

□ 질(膣): 음도.

제너럴(general: 1. 전반적인, 총, 보통의, 대다수의 2. 장군)

1번을 우리말로 읽어보면 '제(ge)+니르(ner)+알(al) → 제(諸: 모두 제) 니르('니르다('이르다(말하다)'의 옛말)'의 어근) 알(할 → 한: '하다'의 활용형) → 모두 말하다 한'이다. '전체를 말한'이다.

2번을 우리말로 읽어보면 '제(ge)+니르(ner)+아(a)+르(l) → 제(諸: 모두 제) 니르('니르다('이르다(말하다)'의 옛말)'의 어근) 아('에'의 방언) 르(리 → 이: 사람) → 모두 말하다 에 사람'이다. '모두에게 말하는(명령하는) 사람'이다.

제너레이트(generate: 발생시키다, 일으키다)

우리말로 읽어보면 '진(gen)+이르(er)+아디(ate) → 진(전(電: 번개 전))

이르(일으 → 일어: '일다(생기다)'의 활용형) 아디(하디 → 하다) → 전기 생기다 하다'다. '전기 생기게 하다'다.

□ 전(電): 번개, 전기, 전류.

제너러스(generous: 아끼지 않은, 인심이 좋은, 관대한)

우리말로 읽어보면 '진(gen)+이르(er)+오우(ou)+스(s) → 진(縝: 고울 진) 이르(일으 → 일어: '일다(생기다)'의 활용형) 오우(위(爲: 할 위)) 스(~의) → 자상하다(仔詳--) 생겨 함의=한 → 자상(仔詳)함 생기다 한'이다.

□ 진(縝): 곱다, 자상하다(仔詳--).

젠틀(gentle: 온화한, 친절한, 정다운, 다정한)

우리말로 읽어보면 '진(gen)+틀(tl)+이(e) → 진(縝: 고울 진) 틀(모양) 이(이것) → 자상(仔詳)함 모양에 이것'이다.

□ 진(縝): 곱다, 자상하다.

지오(geo-: (지구, 토지, 토양, 지리학)의 뜻)

우리말로 읽어보면 '지(ge)+오(o) → 지(地: 땅 지) 오(아('에'의 방언) → 땅에'이다.

지오메터리(geometry: 기하학)

우리말로 읽어보면 '지(ge)+오(o)+므(m)+이(e)+뜰(tr)+이(y) → 지(地: 땅 지) 오(아: '에'의 방언) 므(모(貌: 모양 모) 뜰('뜨다(만들다)'의 활용형) 리(理: 다스릴 리) → 땅에 모양 뜰 학문(學問)'이다.

□ 리(理): 다스리다, 학문(學問)·과목(科目)의 약칭(略稱).

저르머네이트(germinate: 싹이 트다, 발아하다)

우리말로 읽어보면 '지르(ger)+민(min)+아디(ate) → 지르(질으 → 질어: '질다('길다(자라다)'의 방언)'의 활용형) 민(밍 → 맹(萌: 움 맹)) 아디(하디 → 하다) → 자라다 움(싹) 하다'다. '움(싹)이 자라다'이다.

제스쳐~ㄹ(gesture: 제스쳐, 몸짓)

우리말로 읽어보면 '짓두리(gesture) → 짓두리(짓다리) → 짓다리('짓둥이: 몸을 놀리는 모양새를 이르는 말)'의 방언'이다.

게트(get: 획득하다, 얻다, 받다)

우리말로 읽어보면 '게트(get) → 게트(께트 → 꿰트 → 꿰츠 → 꿰차: '꿰차다'의 어근) → 꿰차다'이다.

□ 꿰차다: (속되게) 자기 것으로 만들어 가지다.

걸(girl: 소녀, 계집아이, ((비격식)) 매춘부)

우리말로 읽어보면 '길르(girl) → 길르(갈라: '계집아이'의 방언) → 계집아이'다.

기브(give: 주다, 증여하다, 기부하다)

우리말로 읽어보면 '기(gi)+비(ve) → 기(乞: 줄 기) 비(費: 쓸 비) → 주다 재화(財貨)'이다.

□ 비(費): 쓰다, 재화(財貨).

그라이드(glide: 미끄러지듯 가다)

우리말로 읽어보면 '그르이(gli)+디(de) → 그르이(구르이: '구르다(스치며 지나가다)'의 활용형) 디(지(之: 갈 지)) → 스치며 지나가게 가다'이다.

그림프스(glimpse: 흘끗 보기, 일별)

우리말로 읽어보면 '글임(glim)+브(p)+시(se) → 글임(굴임 → 굴림: '굴리다'의 활용형) 브(보 → 봐: '보다'의 활용형) 시(옛말 명사를 만드는 접미사; 이것) → (눈알을) 굴려서 보는 이것'이다.

그리터(glitter: 반짝반짝 빛나다, 반짝거리다)

우리말로 읽어보면 '그리(gli)+뜨(t)+트(t)+이르(er) → 그리(거리(距離): 일정한 시간 동안에 이동할 만한 공간적 간격) 뜨(떠: '뜨다('두다'의 방언)'의 활용형) 트(츠 → 채(彩: 채색 채) 이르(일으 → 일어: '일다(생기다)'의 활용형)'이다. '거리(距離) 둬 빛 생기다'이다.

□ 채(彩): 채색(彩色), 고운 빛깔, 빛.

그룸(gloom: 어둑어둑함, 우울)

우리말로 읽어보면 '글(gl)+움(oom) → 글(굴(窟)) 움(음(陰: 그늘 음)) → 굴(窟) 어둠'이다.

□ 음(陰): 그늘, 어둠.

고우(go: 가다)

우리말로 읽어보면 '고(go) → 고(가) → 가('가다'의 활용형)'다.

갓(god: 신, 창조주, 조물주)

우리말로 읽어보면 '곧(god) → 곧(갇) → 갓'이다. '갓'은 '머리에 쓰는 모자'다. '갓을 쓰는 우리 민족을 부르는 말에서 의미가 변한 것'이다. 수천 년 전에 유럽 사람들이 우리 민족을 표현한 말이다. 수천 년 전 우리 민족은 그들에게 '갓(god)'이었다.

간조우(gonzo: ((미. 속어)) 미친, 정신이 나간)

우리말로 읽어보면 '곤(gon)+조(zo) → 곤(간('가다'의 활용형)) 조(자(者: 놈 자) → 간 놈'이다.

□ 가다: 원래의 상태를 잃고 상하거나 변질되다.

굳(good: 좋은, 나무랄 데 없는, 만족할 만한)

우리말로 읽어보면 '굳(good) → 굳'이다.

□ 굿(굳): '여러 사람이 모여 떠들썩하거나 신명 나는 구경거리, '굳이 굳'이다.

골지(gorge: 골짜기, 산골짜기)

우리말로 읽어보면 '골(gor)+지(ge) → 골(산과 산사이에 움푹 패어 들어간 곳) 지(地: 땅 지)'다. '골 땅'이다.

가스펄(gospel: 복음(그리스도와 그 사도들의 가르침))

우리말로 읽어보면 '갓(gos)+브(p)+이르(el) → 갓(신) 브(부(咐: 분부할 부)) 이르(이라: '이다'의 활용형)'의 활용형) → 신 분부 이라' '신의 명령이나 지시라'다.

거버른(govern: 통치[지배]하다, 다스리다)

우리말로 읽어보면 '곱(gov)+이르느(ern) → 곱(갑(押: 단속할 갑)) 이르느(일으나 → 일어나: '일어나다(생기다)'의 활용형) → 단속하다 생기다'이다.

□ 단속하다: 규칙이나 법령, 명령 따위를 지키도록 통제하다.

그레이스(grace: 우아, 품위 있음, 고상)

우리말로 읽어보면 '글(gr)+아(a)+시(ce) → 글(걸(傑: 뛰어날 걸)) 아(娥: 예쁠 아) 시(옛말의 명사를 만드는 접미사, 이것) → 뛰어나게 아름다운 이것'이다.

그레이드(grade: 등급, 계급, 학년)

우리말로 읽어보면 '글(gr)+아(a)+디(de) → 글(걸(嵥: 높을 걸)) 아('에'의 방언) 디(지 → 제(第: 차례 제) → 높음 에 차례'이다.

□ 제(第): 차례, 순서, 등급(等級), 서열(序列).

그래주얼(gradual: 점진적인, 단계적인, 조금씩의)

우리말로 읽어보면 '그(g)+르(r)+아드(ad)+우(u)+알(al) → 그(가: '가다'

의 활용형) 르('를'의 방언) 아드(아즈 → 아주) 우(慢: 느릿할 우) 알(할: '하다'의 활용형) → 가는 것을 아주 느릿하게 할'이다.

그래쥬에이트(graduate: 졸업하다, 학위를 받다)

우리말로 읽어보면 '글(gr)+아(a)+드(d)+우(u)+아디(ate) → 글(書) 아(하 → 해(解: 풀 해) 드(도 → 돼: '되다'의 활용형) 우(旭: 마칠 우) 아디(하디 → 하다) → 글 통달하다(通達--) 돼 마치다 하다'다. '글 통달함 돼 마치는 것을 하다'이다.

□ 해(解): 풀다, 통달하다(通達--).

그레인(grain: 곡물, 곡식의 낟알)

우리말로 읽어보면 '그라(gra)+이(i)+느(n) → 그라(글아 → 갈아: '갈다(재배하다)'의 활용형) 이(이것) 느(나(나다)) → 갈아 이것 나다'다. '갈아서 나는 이것'이다.

그래머(grammar: 문법, 문법학)

우리말로 읽어보면 '글(gr)+암(am)+매(ma)+르(r) → 글(書) 암(함: '하다'의 활용형) 매('생김새' 또는 '맵시'의 뜻을 더하는 접미사) 르(라: 종결어미) → 글 함 생김새 라'이다. '글 함에 생김새(모양새)라'다.

그랜드(grand: 웅장한, 장대한, 인상적인)

우리말로 읽어보면 '글(gr)+아(a)+느드(nd) → 글(걸(傑: 뛰어날 걸) 아(하(嘏: 클 하)) 느드(나다(생기다)) → 뛰어나다 크다 생기다'이다. '뛰어나게 크게 생긴 것'이다.

그래프(graph: 그래프, 도표)

우리말 '그르(gr)+아(a)+브흐(ph) → 그르(그리 → 그려: '그리다'의 활용형) 아(하 → 해: '하다'의 활용형) 브흐(부호(符號: 일정한 뜻을 나타내기 위하여 따로 정하여 쓰는 기호) → 그리다 하다 부호(符號)'다. '그린 부호(符號)'다.

그래플(grapple: 1. 잡아 거는 갈고리, 네 갈고리 닻 2. 붙잡고 싸우다, 격투 끝에 붙잡다)

1번을 우리말로 읽어보면 '그르(gr)+아(a)+브브리(pple) → 그르(글으 → 걸어: '걸다'의 활용형) 아('에'의 방언) 브브리(부부리: '부리(물체의 뾰족한 부분)'의 방언) → 걸어(걸음) 에 부리'다.

2번을 우리말로 읽어보면 '그르(gr)+아(a)+프(p)+프리(ple) → 그르(거르 → 걸어: '걸다'의 활용형)아(하 → 해(偕: 함께 해)) 프(포(捕: 잡을 포)) 프리(패리: '패다(때리다)'의 활용형) → 걸다 함께 잡고 패다'다. '함께 걸어 잡고 패는 것'이다.

그레이트(grate: 강판에 갈다, (난로 안의 연료를 받치는) 쇠살대)

우리말로 읽어보면 '그르(gr)+아디(ate) → 그르(글으 → 갈아: '갈다'의 활용형) 아디(하디 → 하다)'다. '갈아서 하다'다.

그레이트펄(grateful: 감사하는, 고마워하는)

우리말로 읽어보면 '글(gr)+아(a)+티(te)+푸르(ful) → 글(굴(屈: 굽힐 굴)) 아('에'의 방언) 티(모양) 푸르(풀으 → 풀어: '풀다((사람이 비축한 돈이나 물건을) 널리 밖으로 내놓다)'의 활용형) → 굽힘 에 모습 풀어'다. '풀음(내놓음)에 굽히는 모습'이다.

그래버티(gravity: 중력, 인력, 만류 인력, 엄숙함, 심각성)

우리말로 읽어보면 '그(g)+르(r)+압(av)+이티(ity) → 그(거(擧: 들 거)) 르('를'의 방언) 압(壓: 누를 압) 이티(이치: 이것) → 들다 를 누르다 이것'이다. '드는 것을 누르는 이것'이다.

그레이(gray: 회색[쥐색, 잿빛])

우리말로 읽어보면 '그르(gr)+아이(ay) → 그르(글으 → 글어: '글다('그을다'의 준말)'의 활용형) 아이(하이 → 하야 → 하얀: '하얗다'의 활용형)'다. '그을어 하얀 것' '검게 하얀 것'이다.

그레이트(great: 큰, 거대한, 장대한)

우리말로 읽어보면 '글(gr)+이(e)+아(a)+트(t) → 글(골('꼴'의 옛말)) 이(주격 조사) 아(하(嘏: 클 하) 트(티: 모양) → 꼴이 큰 모양'이다.

그리트(greet: [말, 편지, 포옹 등으로] 맞이하다, 환영하다)

우리말로 읽어보면 '그르(gr)+이(e)+이(e)+트(t) → 그르(구르 → 굴어: '굴다(행동하거나 대하다)'의 활용형) 이(怡: 기쁠 이) 이(사람) 트(티: 모양) → 굴다 기쁘다 사람 모양'이다. '사람에게 기쁘게 대하는 모양'이다.

그리브(grieve: 몹시 슬퍼하다, 비탄하다)

우리말로 읽어보면 '그(g)+리(ri)+이(e)+브이(ve) → 그(가: '가다(죽다)'의 활용형) 리(이: 사람) 이(애(哀: 슬플 애)) 브이(보여: '보이다'의 활용형) → 죽다 사람 슬프다 보여'다. '사람 죽어 슬픔 보이다'다.

그림(grim: 엄격[준엄]한, 가차없는)

우리말로 읽어보면 '그(g)+르(r)+임(im) → 그(구(矩: 법도 구)) 르(로: 조사) 임(臨: 임할 임) → 법도로 대하다'이다.

□ 구(矩): 법도(法度), 상규(常規), 규칙(規則).

□ 임(臨): 임하다, 대(對)하다.

그라임(grime: 더럼, 때, 검댕, 더깨)

우리말로 읽어보면 '그림(grim)+이(e) → 그림(그렘('그을음'의 방언)) 이(이것)'다.

그로우스(gross: 총체[총계]의, 전부[전체]의)

우리말로 읽어보면 '그로(gro)+스(s)+스(s) → 그로(고로: '다(남거나 빠진 것이 없이 모두)'의 방언) 스(~의) 스(수(數: 셈 수)) → 모두의 수(數)'다.

그라운드(ground: 땅, 지면, 지표, 흙, 토양, 토지, 장소, 근거)

우리말로 읽어보면 '그르(gr)+오운(oun)+드(d) → 그르(그루: '그루다

('기르다'의 방언)'의 어근) 오운(원(元: 으뜸 원: '본래의' 또는 '바탕이 되는'의 뜻을 더하는 접두사) 드(데: 곳) → 기름의 바탕이 되는 곳'이다.

그룹(group: 떼, 그룹, 무리, 모임, 집단)

우리말로 읽어보면 '그(g)+로(ro)+우브(up) → 그(가(家: 집 가: '그것을 전문적으로 하는 사람' 또는 '그것을 직업으로 하는 사람'의 뜻을 더하는 접미사) 로(조사) 우브(어브 → 업어: '업다(어우르다)'의 활용형) → 그것을 전문적으로 하는 사람 어우르다'다. '그것을 전문적으로 하는 사람이 어우른(여럿이 모인) 것'이다.

그로우(grow: 자라다, 성장[생장]하다)

우리말로 읽어보면 '그로(gro)+유(w) → 그로(기러 → 길어: '길다('자라다'의 옛말)'의 활용형) 유(幼: 어릴 유) → 자라다 어린 것'이다. '어린 것이 자라다'다.

가~ㄹ드(guard: 지키다, 망보다, 경계하다, 경호원)

우리말로 읽어보면 '구(gu)+알(ar)+드(d) → 구(救: 구원할 구) 알(할: '하다'의 활용형) 드(즈 → 자(者: 놈 자) → 구원하다 할 사람'다. '구원하는 것 할 사람'다.

게스(guess: 추측하다, 억측하다, 알아맞히다, 풀다, 생각하다)

우리말로 읽어보면 '궤(gue)+스스(ss) → 궤(계(計: 셀 계) 스스(슷으 → 섯어: '서다'의 활용형) → 예측하다(豫測--: 미리 헤아려 짐작하다) 서다

(생기다)'다. '예측(豫測)함 생기다'이다.

□ 계(計): 세다, 헤아리다, 예측하다(豫測--).

게스트(guest: 손님)

우리말로 읽어보면 '구(gu)+이(e)+스(s)+트(t) → 구(가(家: 집 가)) 이(에 → 외(外: 바깥 외)) 스(수(逿: 머무를 수) 트(츠 → 치: 사람) → 가족(家族) 외(外) 머무르는 사람'이다.

□ 가(家): 집, 가족(家族).

가이드(guide: 길을 안내하다, 유도하다, 안내인)

우리말로 읽어보면 '구(gu)+이(i)+드(d)+이(e) → 구(가: '가다'의 활용형) 이(利: 이로울 이) 드(즈 → 주 → 줘: '주다'의 활용형) 이(사람) → 감에 이로움 주는 사람'이다.

길티(guilt: 죄, 범죄, 비행, 유죄)

우리말로 읽어보면 '구(gu)+이르(il)+트(t) → 구(가(呵: 꾸짖을 가)) 이르(일으 → 일어: '일다(생기다)'의 활용형) 트(츠 → 치(어떠한 특성을 가진 물건 또는 대상) → 꾸짖다 생기다 대상'이다. '꾸짖음 생긴 대상'이다.

가이(guy: 녀석, 남자, 놈)

우리말로 읽어보면 '구(gu)+이(y) → 구(駒: 망아지 구) 이(사람)'다. '망아지 사람' '망아지 같은 사람'이다.

짐네이지엄(gymnasium: 체육관, (실내) 경기장, (고대 그리스의) 연무장(演武場))

우리말로 읽어보면 '지(gy)+므(m)+나(na)+시(si)+움(um) → 지('자기'의 방언) 므(무(武: 호반 무) 나('나다('낫다'의 방언)'의 활용형) 시(試: 시험 시) 움(집) → 자기 무예(武藝) 낫게 훈련하는 집'이다.

□ 시(試): 시험, 잠시, 떠보다, 익히다, 훈련하다.

□ 무(武): 호반(虎班: 무관(武官)의 반열(班列)), 무예(武藝), 무술(武術).

H

하(ha: (놀람, 슬픔, 기쁨, 뽐냄 등을 나타내어) 어마, 어유, 하, 아, 야. 하하 하는 웃음소리의 '하')

우리말 '하'다.

해비트(habit: 습관, 버릇, 습성)

우리말로 읽어보면 '해(ha)+비(bi)+트(t) → 해('많이'의 방언) 비('비다(보이다)'의 어근) 트(투(套: 씌울 투: 말이나 글, 행동 따위에서 버릇처럼 일정하게 굳어진 본새나 방식) → 많이 보이는 투'다.

해거드(haggard: 몹시 수척한, 초췌한, 말라빠진)

우리말로 읽어보면 '학(hag)+가~ㄹ드(gard) → 학(확: 일의 상태가 세고 빠르게 변화되거나 그렇게 되도록 진행시키는 모양을 나타내는 말) 가~ㄹ드(가다: 원래의 상태를 잃고 상하거나 변질되다) → 확 가다'이다. '(얼굴이) 확 간 것'이다.

해프(half: 반, 절반, 2분의 1, 절반의 것)

우리말로 읽어보면 '할(hal)+브(f) → 할(헐: '허리'의 방언) 브(부(部: 떼 부)) → 허리 곳'이다.

□ **부(部): 떼, 곳, 장소(場所).**

헤일오우(halo: (성상(聖像) 머리둘레나 그 위쪽에 그려지는) 원광(圓光), 광륜(光輪))

우리말로 읽어보면 '해(ha)+로(lo) → 해(骸: 머리 해) 로(라: '해'의 고어) → 머리 해'다. '머리에 (생긴) 해'다.

홀드(halt: 멋다, 정지하다, 그치다, 중지하다)

우리말로 읽어보면 '해(ha)+르(l)+트(t) → 해('하다'의 활용형) 르('를'의 방언) 트(츠 → 쳐: '치다(치우다)'의 활용형) → 하는 것 을 치우다(그만 두다)'이다.

행(hang: 걸다, 매달다, 교수형에 처하다)

우리말로 읽어보면 '행(hang) → 행 → 핸(현(縣: 매달 현)) → 매달다'다.

햅(hap: 운, 행운, 운명, 우연한 사건, 우연히 일어나다)

우리말로 읽어보면 '해(ha)+프(p) → 해(邂: 만날 해) 프(파(把: 잡을 파)) → 요행 잡다'다. '잡은 [요행, 우연]'이다.

□ 해(邂): (우연히)만나다, 우연, 요행.

해프헤저드(haphazard: 무계획적인, 되는 대로의)

우리말로 읽어보면 '햅(hap)+하자(haza)+르(r)+드(d) → 햅(요행) 하자('하다'의 활용형) 르(로(조사)) 드(디 → 되 → 돼: '되다'의 활용형) → 햅(요행) 하자로 돼'다. '요행으로 하자 돼'다.

해펀(happen: 일어나다, 생기다, 닥치다)

우리말로 읽어보면 '햅(hap)+피(pe)+느(n) → 햅(우연한 사건) 피('피다(겉으로 나타나다)'의 어근) 느(나: '나다(생기다)'의 활용형) → 우연한 사건 겉으로 나타남 생기다'이다.

해피(happy: 행복한, 기쁜, 만족스러운)

우리말로 읽어보면 '합(hap)+펴(py) → 합(흡(洽: 흡족할 흡)) 펴('피다(겉으로 나타나다)'의 활용형) → 흡족함 피다'다.

하드(hard: 굳은, 단단한, 어려운)

우리말로 읽어보면'할(har)+드(d) → 할(硈: 견고할 할) 드(돼: '되다'의 활용형) → 견고함 돼'다.

할러퀸(harlequin: 할리퀸, (프랑스에서) 아를르캥: 얼룩무늬의 타이츠를 입은 중세 무언극 등의 어릿광대. 익살꾼)

우리말로 읽어보면 '하(ha)+를(rl)+여꾸(equ)+인(in) → 하(嚇: 웃을 하) 를(조사) 여꾸(엮우 → 엮어: '엮다'의 활용형) 인(人: 사람) → 웃음을(를) 엮는 사람'이다.

하~ㄹ러트(harlot: 음탕한 여자, 간음자, 매춘부)

우리말로 읽어보면 '하르(har)+로(lo)+트(t) → 하르('하르다('핥다'의 방언)'의 어근) 로(료(膋: 자지 료)) 트(츠 → 치: 사람) → 핥다 자지 사람'이다.

하~ㄹ므(harm: 해, 손해, 손상)

우리말로 읽어보면 '해(ha)+름(rm) → 해(害: 해할 해) 름(람(覽: 볼 람) → 해(害) 봄'이다.

하~ㄹ쉬(harsh: 가혹한, 혹독한, 눈에 거슬리는, 거친, 껄껄한, 조악한)

우리말로 읽어보면 '해(ha)+르(r)+스(s)+흐(h) → 해(害: 해할 해) 르(로: 조사) 스(수(秀: 빼어날 수)) 흐(해: '하다'의 활용형) → 해(害)하다 로 빼어나다 하다'다. '해(害)함으로 빼어남 한'이다.

하비스트(harvest; 수학, 추수, 채취)

우리말로 읽어보면 '하(ha)+르(r)+비스(ves)+트(t) → 하(화(禾: 벼 화)) 르('를'의 방언) 비스(베어서: '베다'의 활용형) 트(츠 → 치(置: 둘 치)) → 곡식(穀食)을 베어서 두는 것'이다.

ㅁ 화(禾): 벼, 곡식(穀食).

헤이스트(haste: 급함, 신속, 서두름)

우리말로 읽어보면 '흐(h)+아스(as)+티(te) → 흐(호(呼: 부를 호)) 아스(어서: 일이나 행동을 지체 없이 빨리하기를 재촉하는 말) 티(모양) → 부르다 어서 모양'이다. '부름 어서인 모양'이다.

헤이트(hate: 미워하다, 혐오하다)

우리말로 읽어보면 '해(ha)+티(te) → 해(害: 해할 해) 티(어떤 태도나 기색) → 해함에 티'다.

홀(haul: 끌어당기다, 잡아 끌다)

우리말로 읽어보면 '해(ha)+우르(ul) → 해(혀: '혀다(옛말 이끌다. 당기다)'의 어근) 우르(위로) → 당기다 위로'다. '위로 당기다'이다.

하운트(haunt: 자주 들르다[가다], 노상 출입하다, 자주 가는 곳)

우리말로 읽어보면 '해(ha)+우(u)+느(n)+트(t) → 해('많이'의 방언) 우(遇: 만날 우) 느(나: '나다(생기다)'의 활용형) 트(터: 곳) → 많이 만남 생기는 곳'이다.

해브(have: 가지고 있다, 소유 하다) 해스(has: 가지다)

'have'나 'has'의 'ha'는 우리말 '해'이다. '해'는 '그 사람의 소유물임을 나타내는 말'이다. 예: 이건 내 해이다.=이건 내 것(소유물)이다. 'have=ha(소유물(자기 것으로 가지고 있는 물건)) ve(비(보이다))'=소유물(가진 것) 보이다=가지고 있다'이다.

해저~ㄹ드(hazard: 위험, 모험)

우리말로 읽어보면 '해(ha)+즈(z)+아르(ar)+드(d) → 해(害: 해할 해) 즈(주 → 줘: '주다'의 활용형) 아르(알으 → 알아: '알다'의 활용형) 드(도(道: 길 도)) → 해(害) 주다 알다 가다'다. '해(害)줌을 알고 가는 것'이다.

□ 도(道): 길, 가다.

히(he: 그, 그분, 일반적인 사람, 수컷)

우리말로 읽어보면 '히(he) → 히('형(兄)'의 방언) → 형'이다.

□ 형(兄)에서 일반적인 남자의 대명사로 의미가 변한 것이다.

헤드(head: 머리, 두부, 얼굴)

우리말로 읽어보면 '해(hea)+드(d) → 해(骸: 머리 해) 드(다: 어미) → 머리다'다.

힐(heal: 고치다, 달래다, 낫게 하다)

우리말로 읽어보면 '히(he)+아르(al) → 히(해(解: 풀 해)) 아르(알으 → 앓아: '앓다'의 활용형) → 풀다 앓다'이다. '앓는 것을 풀다'이다.

히어~ㄹ(hear: 듣다, 들려오다, 들리다)

우리말로 읽어보면 '흐(h)+이(e)+알(ar) → 흐(호(呼: 부를 호)) 이(耳: 귀 이) 아르(알으 → 알아: '알다'의 활용형) → 부르다 귀 알다'다. '부르는 것 귀 알아'다.

하~ㄹ트(heart: 심장, 마음, 동정, 애정)

우리말로 읽어보면 '히(he)+알(ar)+트(t) → 히(회(懷: 품을 회)) 알('아래'의 방언) 트(츠 → 쳐: '치다'의 활용형) → 가슴 아래 치다'다. '가슴 아래 치는 것'이다.

□ 회(懷): 품다, 품, 가슴.

히~트(heat: 열, 더위, 온도)

우리말로 읽어보면 '히(he)+아(a)+트(t) → 히('해'의 방언) 아(하(煆: 뜨거울 하)) 트(츠 → 치: 어떠한 특성을 가진 물건 또는 대상, 것) → 해 뜨겁다 것'이다. '해의 뜨거운 것'이다.

헤번(heaven: 하늘, 창공)

우리말로 읽어보면 '히(he)+아비(ave)+느(n) → 히('해'의 방언) 아비('아버지'의 옛말) 느(네: 종결 어미) → 해 아버지 네'다. '해 아버지네' '하늘나라'다.

헤클(heckle: 방해하다, 야유를 퍼붓다)

우리말로 읽어보면 '해(he)+그(c)+크리(kle) → 해(害: 해할 해) 그(가: '가다'의 활용형) 크리(그리 → 가려: '가리다(막다)'의 활용형) → 해하다 가다 가리다'이다. '가려(막아) 해(害) 가다'이다.

헤지(hedge: 산울타리, 울타리, 담, 경계, 장애물)

우리말로 읽어보면 '해(he)+드(d)+제(ge) → 해(害: 해할 해) 드(두(杜: 막을 두) 제(堤: 둑 제) → 해(害)하다 막다 둑'이다. '해(害)함을 막는 둑'이다.

히도니즘(hedonism: 향락주의, 쾌락주의)

우리말로 읽어보면 '해(he)+돈(don)+이(i)+슴(sm) → 해(諧: 화할 해) 돈(존: '좋은'의 준말)) 이(理: 다스릴 이) 슴('스다'의 활용형) → 어울려 좋은 이치(理致) 슴'이다.

□ 해(諧): 화하다, 어울리다.

□ 이(理): 다스리다, 이치(理致).

해이너스(heinous: 악랄한, 극악무도한)

우리말로 읽어보면 '히(he)+이(i)+느(n)+오우(ou)+스(s) → 히(해(害: 해칠 해) 이(사람) 느(누(屢: 여러 루) 오우(위(爲: 할 위))+스(~의))=함의=한 → 해(害) 사람 여러 한'이다. '사람 해친 것 여럿 한'이다.

□ 해치다: 다치게 하거나 죽이다.

에어~ㄹ(heir: 상속인, 계승자, 후계자)

우리말로 읽어보면 '히(he)+이(i)+르(r) → 히(해: 그 사람의 소유물임을 나타내는 말) 이(隶: 미칠 이) 르(리(사람)) → 해 미치는 사람'이다. '소유물 이르(닿)는 사람'이다.

하이스트(heist: 강탈하다, 훔치다)

우리말로 읽어보면 '히(he)+이스(is)+트(t) → 히(해(害: 해할 해)) 이스(잇으 → 잇어: '잇다('있다'의 고어)'의 활용형) 트(츠 → 채: '채다(재빠르게 센 힘으로 빼앗거나 훔치다)'의 활용형) → 해함 있어 채다'다.

히라이어컬(heliacal: 태양의, ((천문)) 태양 근방에서 일어나는, (별의 출몰이) 태양과 동시인)

우리말로 읽어보면 '히(he)+리(li)+아(a)+그(c)+알(al) → 히('해'의 고어) 리(里: 마을 리) 아('에'의 방언) 그(가(瞷: 볼 가)) 알(할 → 한: '하다'의 활용형) → 해 이웃에 보는(보이는) 것 한'이다.

□ 리(里): 마을, 이웃.

히리앤떠스(helianthus: 해바라기)

우리말로 읽어보면 '히(he)+리(li)+안(an)+드흐우(thu)+스(s) → 히(해) 리(睐: 볼 리) 안(顔: 얼굴 안) 드흐우(두우 → 두어: '두다'의 활용형) 스(수(樹: 나무 수)) → 해 보는 얼굴 둔 초목'이다.

□ 수(樹): 나무, 초목.

헬(hell: 지옥, 생지옥)

우리말로 읽어보면 '히(he)+를(ll) → 히('해'의 고어) 를(랄(剌: 집 랄)) → 해 감옥'이다.

□ 랄(剌): 집, 감옥(監獄).

헤로우(hello: 여보세요)

우리말로 읽어보면 '흐이(he)+르(l)+르(l)+오(o) → 흐이(으이 → 어이: 부르는 소리) 르(리 → 이: 사람) 르(루(瞜: 볼 루)) 오(吾: 나 오) → 어이 사람 봐 나'다.

헬밋(helmet: 헬멧, 투구(모양의 것))

우리말로 읽어보면 '히(he)+르(l)+매(me)+트(t) → 히(해(骸: 머리 해)) 르('를'의 방언) 매('매다(끈이나 줄 따위를 몸에 두르다)'의 활용형) 트(츠 → 치: 물건) → 머리를 두르는 물건'이다.

헬프(help: 거들다, 돕다)

우리말로 읽어보면 '흐(h)+이르(el)+브(p) → 흐(호(護: 도울 호)) 이르(일으 → 일어: '일다(생기다)'의 활용형) 브(부(付: 줄 부)) → 돕다 일어 주다'이다.

헤럴드(herald: ((원래)) 왕[영주]의 사자(使者), 전령, 선구자, 보도하다)

우리말로 읽어보면 '히(he)+라르(ral)+드(d) → 히('혀'의 방언) 라르(나르: '나르다'의 어근) 드(즈 → 자(者: 놈 자) → 혀(말) 나르는 사람'이다.

허르드(herd: (소, 돼지의) 떼)

우리말로 읽어보면 '히(he)+르(r)+드(d) → 히(해('많이'의 방언)) 르(루(屢: 여러 루) 드(대(隊: 무리 대)) → 많은 여러(여럿) 무리'다.

히로우(hero: 영웅, 용사)

우리말로 읽어보면 '흐(h)+이(e)+르(r)+오(o) → 흐(호(豪: 호걸 호)) 이('에'의 방언) 르(리 → 이: 사람) 오('이오'의 옛말) → 호걸 에 사람 이오'다.

□ 호걸(豪傑): 명사 지혜와 용기가 뛰어나고 기개와 풍모가 있는 사람.

헤저테이트(hesitate: 망설이다, 주저하다)

우리말로 읽어보면 '해(he)+시(si)+태(ta)+디(te) → 해('하다'의 활용형) 시(始: 비로소 시) 태(怠: 게으를 태) 티(어떤 태도나 기색) → 하다 처음 게으름 기색'이다. '처음 함에 게으른 기색'이다.

□ 시(始): 비로소, 처음, 시초(始初).

힉 제이세트(hic jacet: ((라틴어)) 여기에 잠들도다. 묘비명의 첫 글)

우리말로 읽어보면 '히(hi)+그(c)+자시(jace)+트(t) → 히('해(하늘)'의 방언) 그(가: '가다'의 활용형) 자시('자시다(주무시다)'의 어근) 트(터) → 하늘+가=죽어 자시는 터'다.

하이드(hide: 숨기다, 감추다)

우리말로 읽어보면 '히(hi)+디(de) → 히(혜(匸: 감출 혜) 디(돼: '되다'의 활용형) → 감춤 돼'다.

하이(high: 높은)

우리말로 읽어보면 '히(hi)+그(g)+흐(h) → 히(하: '하다('높다'의 옛말)'의 어근) 그(거 → 것) 흐(후 → 휘(麾: 모양 휘)) → 높다 것 모양'이다. '높은 것의 모양'이다.

힐(hill: 언덕, 작은 산, 동산)

우리말로 읽어보면 '흐(h)+일르(ill) → 흐(허(墟: 터 허)) 일르(일라) → 터 일라(일어나) → 터 일어나'다. '일어난 터'다.

히말라야(himalaya: 아시아 대륙의 남부를 달리는 산계)

우리말로 읽어보면 '히(hi)+말(mal)+아(a)+야(ya) → 히('히다('희다'의 방언)'의 어근) 말(만(巒: 메 만)) 아(하 → 해: '많이'의 방언) 야(也: 잇기

야) → 희다 산 많이 잇기'다. '하얀 산이 많이 이어진 것'이다.

□ 야(也): 잇기(한곳에 대어 잇거나 한곳에 닿아서 붙는 일).

하인드(hind: 뒤쪽의, 후부[후방]의)

우리말로 읽어보면 '흐(h)+인드(ind) → 흐(후(後: 뒤 후)) 인드(인데: 인 곳) → 뒤인 곳'이다.

힌저(hinder: 지연시키다, 방해하다)

우리말로 읽어보면 '히(hi)+느(n)+딜(der) → 히(해(害: 해할 해)) 느(나: '나다(생기다)'의 활용형) 딜(질: 좋지 않은 행위에 비하하는 뜻을 더하는 접미사) → 방해하다 생기다 행위'이다. '방해하는 질(행위) 생기다'이다.

□ 해(害): 해하다, 방해하다(妨害--).

힌트(hint: 암시, 힌트, 시사)

우리말로 읽어보면 '히(hi)+느(n)+트(t) → 히(해(解: 풀 해)) 느(나: '나다'의 활용형) 트(티: 먼지처럼 아주 잔 부스러기) → 해(解)가 생기는 티'다.

힢(hip: 엉덩이, 둔부)

우리말로 읽어보면 '흐(h)+입(ip) → 흐(후(後: 뒤 후)) 입 → 뒤 입'이다. '뒤에 입'이다.

히스토리(history: 역사(학))

우리말로 읽어보면 '히(hi)+스토리(story) → 히(해(年)) 스토리(이야기)

→ 해(年) 이야기'다.

히트(hit: 치다, 때리다)

우리말로 읽어보면 '히(hi)+트(t) → 히(해('하다'의 활용형)) 트(타(打: 칠 타)) → 하다 치다'다. '치(때리)는 것을 하다'이다.

호비(hobby: 취미, 도락)

우리말로 읽어보면 '호(ho)+브(b)+비(by) → 호(好: 좋을 호) 브(부(副: 버금 부)) 비(費: 쓸 비) → 즐기다 버금(으뜸 다음) 쓰다'다. '버금으로 쓰면서 즐기는 것'이다.

□ 호(好): 좋다, 훌륭하다, 즐기다.

호우호우(ho-ho: 호호, 하하)

우리말로 읽어보면 '호호'다.

호울(hole: 구멍)

우리말로 읽어보면 '홀(hol)+이(e) → 홀(혈(穴: 구멍 혈) 이(명사형 접미사, 이것) → 혈(穴) 이것'이다.

홀노우(hollow: 속이 빈, 공중(空中)의, 움푹 꺼진 곳, 우묵하게 만들다)

우리말로 읽어보면 '홀(hol)+로유(low) → 홀(할: '하늘'의 방언) 로유(료(廖: 텅빌 료)) → 하늘 텅비다'다. '텅빈 하늘'이다.

할러고스트(holocaust: (특히 화재에 의한) 대참사, 대파괴, 전멸)

우리말로 읽어보면 '호(ho)+로(lo)+가(ca)+우(u)+스(s)+트(t) → 호(화(火: 불 화)) 로(조사) 가('가다(죽다)'의 활용형) 우(盱: 클 우) 스('스다(생기다)'의 활용형) 트(티: 모양) → 불 로 죽음 크게 생긴 모양'이다.

할러그래프(holograph: 글 전체가 자필인, 자필문)

우리말로 읽어보면 '호로(holo)+글(gr)+아(a)+프흐(ph) → 호로(홀오 → 홀로) 글(書) 아(하 → 해: '하다'의 활용형) 프흐(펴흐 → 펴: '펴다'의 활용형) → 홀로 글 해 펴다'다. '홀로 글 써 편 것'이다.

호우리(holy: 신성한, 성스러운, 종교행사에 관한)

우리말로 읽어보면 '홀(hol)+여(y) → 홀(할; '하늘'의 방언) 여(如: 같을 여) → 하늘 같은'이다.

하미지(homage: 존경, 경의)

우리말로 읽어보면 '홈(hom)+아지(age) → 홈(흠(欽: 공경할 흠)) 아지(하지 → 하기: '하다'의 활용형) → 흠(欽) 하기'다.

□ 공경(恭敬): 공손히 받들어 모심.

홈(home: 집, 자택, 자기집)

우리말로 읽어보면 '호(ho)+미(me) → 호(戶: 집 호) 미(나) → 호(戶) 나'다. '내 집'이다.

하머사이드(homicide: 살인(죄), 살인범)

우리말로 읽어보면 '호(ho)+미(mi)+시(ci)+디(de) → 호(하 → 해(害: 해할 해)) 미('놈('사람'의 옛말)'의 방언) 시(尸: 주검 시) 디(돼: '되다'의 활용형) → 해(害)하다 사람 주검 되다'다. '사람 해(害)하여 주검 되는 것'이다.

하머레틱(homiletic: 설교의, 설교[훈계]적인)

우리말로 읽어보면 '호(ho)+밀(mil)+에트(et)+이그(ic) → 호(昊: 하늘 호) 밀(말(言)) 에트(에츠 → 외쳐: '외치다'의 어근) 이그('이거(이것)'의 방언) → 하늘 말 외치는 이것'이다.

아니스트(honest: 정직한, 공정한, 솔직한)

우리말로 읽어보면 '혼(hon)+이(e)+스(s)+트(t) → 혼(魂: 넋 혼) 이(敼: 바를 이) 스('스다(생기다)'의 활용형) 트(티: 모양) → 혼(정신)이 바르게 생긴 모양'이다.

안어~ㄹ(honor: 명예, 명성)

우리말로 읽어보면 '호(ho)+느(n)+올(or) → 호(號: 이름 호) 느(나: '나다(생기다)'의 활용형) 올(알(嶭: 높을 알)) → 이름 나다 높다'다. '높게(훌륭하게) 이름난 것'이다

후러건(hooligan: 불량배, 깡패, 건달)

우리말로 읽어보면 '후리그(hoolig)+아(a)+느(n) → 후리그(후리고: '후

리다(휘둘러서 때리거나 치다)'의 활용형) 아('에'의 방언) 느(니: 사람) → 후리고 에 사람'이다. '후리는 사람'이다.

후트(hoot: 고함치다, 외치다, 야유하다)

우리말로 읽어보면 '후(hoo)+트(t) → 후(吼: 울부짖을 후) 트(츠 → 쳐: '치다'의 활용형) → 울부짖음 쳐'다.

호우프(hope: 희망, 소망)

우리말로 읽어보면 '호(ho)+프(p)+이(e) → 호(好: 좋을 호) 프(파(巴: 바랄 파)) 이(명사형 접미사, 이것) → 좋음을 바라는 이것'이다.

호라이즌(horizon: 지평선, 수평선)

우리말로 읽어보면 '홀(hor)+이(i)+지(z)+온(on) → 홀(할: '하늘'에 방언) 이(隶: 미칠 이) 지(地: 땅 지) 온('오다'의 활용형) → 하늘 미치다 땅 온'이다. '하늘이 미쳐 땅에 온 것'이다.

□ 이(隶): 미치다(공간적 거리나 수준 따위가 일정한 선에 닿다), 닿다.

혼(horn: (소, 양, 염소 등의) 뿔)

우리말로 읽어보면 '호~(르)느(horn) → 호~(르)느(혼(觗: 뿔 혼)) → 뿔'이다.

호러(horror: 공포, 경악)

우리말로 읽어보면 '호~ㄹ(hor)+로(ro)+르(r) → 호~ㄹ(하: 정도가 매우 심하거나 큼을 강조하여 이르는 말. '아주', '몹시'의 뜻을 나타낸다) 로(涍: 놀랄 로) 르(라: 종결 어미) → 몹시 놀라다 라'다. '몹시 놀람이라'다.

핱(hot: 뜨거운, 더운)

우리말로 읽어보면 '호(ho)+트(t) → 호(하(煆: 뜨거울 하) 트(티: 모양) → 뜨거운 모양'이다.

하우(how: 어떻게, 어찌)

우리말로 읽어보면 '호(ho)+유(w) → 호(하(何: 어찌 하)) 유('요'의 방언) → 어찌 요'다.

하울(howl: (개, 이리 등이) 소리를 길게 뽑으며 짖다, (바람 등이) 윙윙거리다)

우리말로 읽어보면 '호(ho)+우르(wl) → 호(猲: 개 호) 우르(울어: '울다'의 활용형) → 개 울다'다.

허프(huff: 불끈[발끈] 화를 냄, 골냄)

우리말로 읽어보면 '후(hu)+프브(ff) → 후(하 → 화(火: 불 화: 몹시 못마땅하거나 언짢아서 나는 성)) 프브(퍼붜 → 퍼부어: '퍼붓다(저주, 욕설, 비난 따위를 마구 하다)'의 활용형) → 화 퍼붓다'다.

험불(humble: 겸손[겸허]한, 교만하지 않은)

우리말로 읽어보면 '훔브르(humbl)+이(e) → 훔브르(함부로: 조심하거나 깊이 생각하지 아니하고 마음 내키는 대로 마구) 이(외(外: 바깥 외)) → 함부로 멀리하다'이다. '함부로 하는 것을 멀리하는'이다.

□ 외(外): 바깥, 밖, 멀리하다.

휴미드(humid: 습기 찬, 눅눅한)

우리말로 읽어보면 '후(hu)+미(mi)+드(d) → 후(候: 기후 후) 미(瀰: 물 가득할 미) 드(즈 → 져: '지다'의 활용형) → 기후가 물 가득해 져'다. '습한 것'이다.

휴머~ㄹ(humor: 유머, 해학, 익살, 우스꽝스러운)

우리말로 읽어보면 '후(hu)+몰(mor) → 후(欨: 즐거워할 후) 몰(말(言)) → 즐거워하는 말'이다.

헌트(hunt: 사냥하다, 찾다)

우리말로 읽어보면 '후(hu)+느(n)+트(t) → 후(嗅: 맡을 후) 느(나: '나다(생기다)'의 활용형) 트(투 → 추(追: 쫓을 추)) → (냄새)맡다 생겨 쫓다'다. '냄새 맡는 것이 생겨 쫓다'다.

헝그리(hungry: 배고픈, 허기진)

우리말로 읽어보면 '후(hu)+느(n)+그르이(gry) → 후(하(嗄: 먹을 하)) 느(누(屢: 여러 루)) 그르이(거르이: '거르다(굶다)'의 활용형) → 먹는 것 여러 거르다'이다.

허리(hurry: 서두르다, 급히하다)

우리말로 읽어보면 '후리(hur)+리(ry) → 후리(하리: '하다'의 활용형) 리(浰: 빠를 리) → 하리 빠르다 → 빠르게 하리'다.

허~ㄹ트(hurt: 상하게[다치게]하다, 아픔을 느끼게 하다)

우리말로 읽어보면 '훌(hur)+트(t) → 훌(할(割: 벨 할)) 트(츠 → 치(致: 이를 치) → 손상하다(損傷--) 주다'이다. '손상함 주다'다.

□ 할(割): 베다, 손상하다(損傷--).

□ 치(致): 이르다, 주다.

I

아이(I: 나는, 내가 우리말 '아(我: 나 아)'다.)

아이(I: 나) 우리말 아(我: 나 아), 유(you: 너) 우리말 여(汝: 너 여), 히(he: 그, 그 분, 사람) 우리말 히('兄(형)'의 방언)다. 헐(her: 그녀)은 히(he: 兄(형))+르(r: 르 → 리 → 이(사람)). '형(남자) 사람'이다. '형(남자)의 사람'이 'her'이다.

아이스(ice: 얼음)

우리말로 읽어보면 '이(i)+세(ce) → 이(니: '물'의 고어) 세('쇠'의 방언) → 물 쇠'다. '물이 쇠 같은 것' '얼음'이다.

아이시클(icicle: 고드름)

우리말로 읽어보면 '이시(ici)+그르(cl)+이(e) → 이시(ice=ici=얼음) 그르(기르 → 길어: '길다'의 활용형)) 이(명사형 접미사, 이것) → 얼음이 기는 이것'이다.

아이콘(icon: ((컴퓨터)) 아이콘, (신앙 등에서) 우상시되는 인물)

우리말로 읽어보면 '이(i)+콘(con) → 이(사람) 콘('큰'의 고어) → 사람 큰'이다. '큰 사람' '받드는 사람'이다.

-익스(-ics: ~학, ~술)

우리말로 읽어보면 '이크(ic)+스(s) → 이크(익호 → 익혀: '익히다'의 활용형) 스(수: 일을 처리하는 방법이나 수완) → 익히는 수'다.

아이디어(idea: 개념, 사상, 관념)

우리말로 읽어보면 '이(i)+디아(dea) → 이(理: 다스릴 이) 디아(되어: '되다'의 활용형) → 깨닫다 되어'다. '깨달음 된 것'이다.

□ 이(理): 다스리다, 깨닫다, 이치(理致).

아이디얼(ideal: 이상, 궁극적인 목적)

우리말로 읽어보면 '이(i)+디아(dea)+르(l) → 이(理: 다스릴 이) 디아(되어: '되다'의 활용형) 르(로(路: 길 로)) → 깨닫다 되다 길'이다. '깨달음 되는 길'이다.

□ 로(路): 길, 방법(方法).

아이덴티파이(identify: (본인, 동일한 것임을) 확인하다)

우리말로 읽어보면 '이(i)+딘(den)+티(ti)+비(fy) → 이(위(爲: 할 위)) 딘(진(眞: 참 진)) 티(치 → 취(取: 가질 취)) 비(比: 견줄 비) → 하다 참(진짜) 가지다 견주다'이다. '견주어 진짜 가지는 것 하다'다.

이디엄(idiom: 숙어, 관용구)

우리말로 읽어보면 '이(i)+디오(dio)+므(m) → 이(而: 말이을 이) 디오(지오 → 지어: '짓다'의 활용형) 므(모(貌: 모양 모) → 말 잇다 짓다 모양'이다. '말 이어 지은 모양'이다.

아이들(idle: 일하지 않는, 할 일이 없는, 놀고 있는)

우리말로 읽어보면 '아이(i)+들(dl)+이(e) → 아이('아직'의 방언) 들('들다(애써 하려고 하다)'의 어간) 이(외(外: 밖 외) → 아직 애써 하려고 함 밖'이다.

아이들(idol: 우상, 신상)

우리말로 읽어보면 '이(i)+드오(do)+르(l) → 이(위(偉: 클 위)) 드오(즈오 → 조아 → 좋아: '좋다'의 활용형) 르(리 → 이: 사람) → 크게 좋은 사람'이다.

이프(if: ((가정, 조건)) 만일[만약] ~이라면)

우리말로 읽어보면 '이(i)+브(f) → 이(而: 말 이을 이) 브(부(覔: 볼 부) → 만일 보다'이다. '만일 보다'이다.

□ 이(而): 말을 잇다, 만약, 만일.

이그나이트(ignite: ~불을 붙이다)

우리말로 읽어보면 '익(ig)+느이(ni)+티(te) → 익(熼: 불빛 익) 느이(나이: '나다(생기다)'의 활용형) 티(티끌) → 불빛 생기다 티끌'다. '티끌 불빛 생기다' '불을 붙인 것'이다.

이그노어(ignore: 무시하다, 돌보지 않다)

우리말로 읽어보면 '익(ig)+노리(nore) → 익(眲: 업신여길 익) 노리(나리: '나다(생기다)'의 활용형) → 업신여김 생기다'이다.

일(ill: 병든, 편찮은)

우리말로 읽어보면 '이르(il)+르(l) → 이르(아르 → 알으 → 앓아: '앓다'의 활용형) 르(느 → 나: '나다(생기다)'의 활용형) → 앓다 생기다'이다. '앓는 것 생긴'이다.

이루머네이트(illuminate: 조명하다, 비추다, 밝게하다)

우리말로 읽어보면 '일루(illu)+미(mi)+느(n)+아디(ate) → 일루('이리(이쪽 방향으로)'의 방언) 미(煝: 빛날 미) 느(나: '나다(생기다)'의 활용형) 아디(하디 → 하다) → 이리 빛남 생기다 하다'다. '이쪽 방향으로 빛남 생기게 하다'다.

일루전(illusion: 환각, 환영)

우리말로 읽어보면 '일(il)+루(lu)+시(si)+온(on) → 일(一: 한 일) 루(屢: 여러 루) 시(視: 볼 시) 온('오다'의 활용형) → 하나 여러 보이다 온'이다. '하나가 여럿으로 보이는 것이 온 것'이다.

일러스트레이트(illustrate: 설명하다, 명확히 하다, 예증[예시]하다)

우리말로 읽어보면 '일(il)+루스(lus)+틀(tr)+아(a)+티(te) → 일(어떤 내용을 가진 상황이나 장면) 루스(누스 → 넣서: '넣다'의 활용형) 틀(츨 → 찰

(札: 편지 찰)) 아(하 → 해: '하다'의 활용형) 티(치(譤: 웃을 치)) → 일 넣어서 조각해 말하다'이다.

□ 찰(札): 편지, 패, 조각.

□ 치(譤): 웃다, 말하다.

이미지(image: 1. 상; 화상(畵像), 조각상, 사람 모습의 상 2. 모양, 모습, 외형 3. 아주 닮은 사람 4. 이미지, 영상, 표상)

우리말로 읽어보면 '이(i)+매(ma)+지(g)+이(e) → 이(裏: 속 이) 매('생김새' 또는 '맵시'의 뜻을 더하는 접미사) 지(底: 이룰 지) 이(명사형 접미사, 이것) → 속 생김새 이루다 이것'이다. '속에 생김새(모양) 이룬 이것'이다.

이매진(imagine: 상상하다, 마음에 그리다, 마음에 떠올리다)

우리말로 읽어보면 '임(im)+아(a)+진(gin)+이(e) → 임(恁: 생각할 임) 아(하 → 해: '하다'의 활용형) 진('지다('짓다'의 방언)'의 활용형) 이('이다'의 어근) → 생각하다 해 짓다 이다'다. '생각해 진 것이다(이여)'다.

임버실(imbecile: 바보, 얼간이)

우리말로 읽어보면 '임(恁: 생각할 임) 비시리(비실이) → 생각함이 비실이'다.

이머테이트(imitate: 본받다, 모범으로 삼다, 모방하다)

우리말로 읽어보면 '이미(imi)+뜨(t)+아디(ate) → 이미('의미(意味)'의 방언) 뜨(떠: '뜨다(흉내내어 그대로 좇아 하다)'의 활용형) 아디(하디 → 하다) → 의미(意味) 뜨는 것 하다'다.

이머넌트(imminent: (나쁜 일이) 당장에라도 일어나려고 하는, 절박[긴박]한)

우리말로 읽어보면 '임(im)+미(mi)+니(ne)+느(n)+트(t) → 임(臨: 임할 임) 미('메(뭐)'의 방언)) 니(邇: 가까울 니) 느(나: '나다(생기다)'의 활용형) 트(티: 모양) → 임(臨)하다 뭐 가깝다 생기다 모양'이다. '뭐 임(臨)함이 가깝게 생긴 모양'이다.

이뮨(immune: 면역이 된, 면역의)

우리말로 읽어보면 '이므(im)+무(mu)+느(n)+이(e) → 이므(이무: '이미'의 방언) 무(武: 호반 무) 느(나: '나다(생기다)'의 활용형) 이(이것) → 이미 굳셈(강함) 생긴 이것'이다.

□ 무(武): 호반, 굳세다.

임팩트(impact: 충돌, 충격, 부딪치기)

우리말로 읽어보면 '임(im)+바그(pac)+트(t) → 임(臨: 임할 임) 바그(박으 → 박어: '박다'의 활용형) 트(티: 모양) → 임하다 박다 모양'이다. '박음에 임한 모양'이다.

임페일(impale: (뾰족한 말뚝 등에(으로)) 고정시키다, 찌르다, 꽂다, 푹 찌르다)

우리말로 읽어보면 '임(im)+발(pal)+이(e) → 임(羊: 찌를 임) 발('바늘'의 방언) 이(주격 조사) → 찌르다 바늘 이'다. '바늘이 찌르다'다.

임패늘(impanel: ((법률)) (인명 등을) 배심 명부에 올리다[기명하다], 명단을 올리다)

우리말로 읽어보면 '임(im)+판(pan)+에(e)+르(l) → 임(任: 맡을 임) 판(判: 판단할 판) 에(조사) 르(리: 사람) → 맡다 판단하다 에 사람'이다. '판단함에 사람 맡다'이다.

임피큐니어스(impecunious: 돈이 없는, 무일푼의, 가난한)

우리말로 읽어보면 '이므(im)+피(pe)+구(cu)+니(ni)+오우(ou)+스(s) → 이므(이무: '이미'의 방언) 피(패(貝: 조개 패, 돈)) 구(가: 주격 조사) 니(나(贏: 벌거벗을 나)) 오우(위(爲: 할 위)+스(~의)=함의=한) → 이미 돈이(가) 벌거벗다 한'이다.

임펠(impel: (남을) 압박하여 ~하게 하다)

우리말로 읽어보면 '이므(im)+브(p)+이르(el) → 이므(의무(義務)) 브(부(付: 줄 부)) 이르(이라: '이다'의 활용형) → 의무 줌 이라'다.

임펜드(impend: 1. 걸리다, 매달리다 2. 금방이라도 일어나려 하다)

1번을 우리말로 읽어보면 '임(im)+피(pe)+느드(nd) → 임(任: 맞을 임) 피(패(佩: 찰 패)) 느드(나다(생기다)) → 당하다 달다 생기다'이다. '다는 것을 당하다'다.

□ 임(任): 맞다, 당하다.

□ 패(佩): 차다, 달다.

2번을 우리말로 읽어보면 '임(im)+비(pe)+느드(nd) → 임(臨: 임할 임) 비(벼: '비다(보이다)'의 활용형) 느드(나다(생기다)) → 임하다(臨--: 어떤 사태나 일에 직면하다) 보이다 생기다'이다. '보임 생김에 직면하다'이다.

임피어리얼(imperial: 제국의)

우리말로 읽어보면 '임(im)+피(pe)+리(ri)+알(al) → 임(林: 수풀 임) 피(패(霸: 으뜸 패)) 리(理: 다스릴 리) 알(할('하다'의 활용형)) → 임금 패도(霸道: 무력이나 권모술수로써 공리(功利)만을 꾀하는 일) 다스리다 할'이다. '임금이 패도(霸道)로 다스리는 것 할'이다.

□ 임(林): 수풀, 모임, 집단, 임금, 군왕.

□ 패(霸): 으뜸, 패도(霸道).

임퍼르터너트(impertinent: 주제넘은, 뻔뻔스러운, 버릇없는)

우리말로 읽어보면 '이므(im)+비릍(pert)+인(in)+인(en)+트(t) → 이므(이무: '이미'의 방언) 비릍(버릍 → 버릇: 윗사람에 대하여 지켜야 할 예의) 인(안(不)) 인('일다(생기다)'의 활용형) 트(티: 모양) → 이미 버릇(예의) 안 생긴 모양'이다.

임퍼르터르버블(imperturbable: 쉽사리 동요[흥분]하지 않은, 냉정한, 차분한)

우리말로 읽어보면 '임(im)+브(p)+이르(er)+툴(tur)+브(b)+아브르이

(able) → 임(인 → 안: '아니(不)'의 준말) 브(부(불(火: 몹시 못마땅하거나 언짢아서 나는 성)) 이르(일으 → 일어: '일다(생기다)'의 활용형) 툴(출(出: 날 출)) 브(보 → 봐: '보다'의 활용형) 아브르이(해 부르다: 할 수 있다고 말하다, 할 수 있는) → 아니다 화(火) 나타나다 보다 할 수 있는'이다. '화(火) 나타남 보는 것 할 수 있는 것이 아닌'이다.

□ 출(出): 나다, 나타나다.

임퍼르비어스(impervious: 통과시키지 않은, 불침투성의)

우리말로 읽어보면 '임(im)+필(per)+비(vi)+오우(ou)+스(s) → 임(인 → 안: '아니(不)'의 준말) 필(潷: 거를 필) 비('비다(보다)'의 활용형) 오우(위(爲)+스(~의)=함의=한 → 아니다 거르다 보다 한'다. '거름 봄 아니 한'이다.

임페츄어스(impetuous: 충동적인, 성급한, 경솔한)

우리말로 읽어보면 '이므(im)+비투(petu)+오우(ou)+스(s) → 이므(이미) 비투(배터 → 밸어: '밸다'의 활용형) 오우(위(爲: 할 위)+스(~의))=함의=한 → 이미(미리) 밸다 한'이다.

임핀지(impinge: 영향을 주다)

우리말로 읽어보면 '임(im)+빈(pin)+지이(ge) → 임(臨: 임할 임) 빈(변(變: 변할 변)) 지이(주이: '주다'의 활용형) → 대하다(對--) 변함 주이'다. '대(對)하여 변함 주다'다.

□ 임(臨): 임하다, 대하다(對--).

임피어스(impious: 불손한, 무례한)

우리말로 읽어보면 '임(im)+비(pi)+오우(ou)+스(s) → 임(인 → 안: '아니(不)'의 준말) 비(배(拜: 절 배)) 오우(위(爲: 할 위))+스(~의)=함의=한 → 아니다 삼가고 공경하다(恭敬--) 한'다. '삼가고 공경함 아니 한'이다.

□ 배(拜): 절, 삼가고 공경하다(恭敬--).

임프래커블(implacable: (적, 미움 등이) 달랠 수 없는, 앙심 깊은)

우리말로 읽어보면 '임(im)+프라그(plac)+아브르이(able) → 임(인 → 안: '아니(不)'의 준말) 프라그(풀어가(풀어가다)) 아브르이(해 브르이=할 수 있는) → 아니다 풀어가다 할 수 있는'이다. '풀어가 할 수 있는 것이 아닌' '마음을 풀지 못하는'이다.

임플란트(implant: 심다, 가르쳐 주다, 불어넣다, ((의학)) 이식하다)

우리말로 읽어보면 '임(im)+플(pl)+안(an)+트(t) → 임(臨: 임할 임) 플('풀'의 고어) 안(內) 트(터: 땅) → 임하다 풀 안 땅'이다. '땅 안에 풀 임하다'이다.

임프리멘트(implement: 도구, 용구, 기구, 시행하다)

우리말로 읽어보면 '임(im)+브리(ple)+민(men)+트(t) → 임(臨: 임할 임) 브리(부려: '부리다(다루다)'의 활용형) 민(脗: 꼭 맞을 민) 트(츠 → 치: 물건) → 임하다 부리다 꼭 맞다 물건'이다. '부림에 임하는 꼭 맞는 물건'이다.

임프리케이트(implicate: (범죄 등에) 말려들게 하다, (병, 해악 등에) 관련[연루]시키다, 관련되었음을 나타내다)

우리말로 읽어보면 '임(im)+브리(pli)+가티(cate) → 임(任: 맞을 임) 브리(부리: '벌(罰: 죄 벌)'의 방언) 가티(같이) → 맞다 죄 같이'이다. '죄를 같이 맞다'이다.

임프로~ㄹ(implore: 간청하다, 탄원하다)

우리말로 읽어보면 '임(im)+브로리(plore) → 임(臨: 임할 임) 브로리(비라리: 구구한 말을 하여 가며 남에게 무엇을 청하는 일) → 뵙고 청하다'이다.

□ 임(臨): 임하다, 대하다(對--), 뵙다.

임프라이(imply: ~의 뜻을 함축하다, ~을 내포하다, 암시하다)

우리말로 읽어보면 '임(im)+블(pl)+이(y) → 임(암(暗: 어두울 암)) 블(볼: '보다'의 활용형) 이(이것) → 넌지시 볼 이것'이다. '넌지시 볼 이것'이다.

□ 암(暗): 어둡다, 남몰래, 넌지시.

임퍼라이트(impolite: 버릇없는, 실례가 되는, 무례한)

우리말로 읽어보면 '임(im)+보리디(polite) → 임(인 → 안: '아니'의 준말) 보리디(버리디 → 버리지: '버릇'의 방언) → 아니 버릇(윗사람을 대하여 지켜야 할 예의)'이다. '버릇이 아닌'이다.

임포~ㄹ트(import: 수입하다, 들여오다)

우리말로 읽어보면 '임(im)+포(po)+르(r)+트(t) → 임(입(入: 들 입)) 포(포(浦: 물가 포) 르(로: 조사) 트(츠 → 치: 물건) → 들이다 포(浦)로 물건'이다. '포(浦)로 물건 들이다'이다.

임포~ㄹ턴트(important: 중요한, 중대한, 소중한)

우리말로 읽어보면 '임(im)+보르트(port)+안(an)+트(t) → 임(臨: 임할 임) 보(르)트(보트 → 바투: 두 대상이나 물체의 사이가 썩 가깝게. (가까이, 바싹)) 안(한: '하다'의 활용형) 트(티: 모양) → 임하다(臨--: 어떤 사태나 일에 직면하다) 가까이 한 모양'이다. '임(臨)함에 가까이 한 모양'이다.

임포우즈(impose: (죄, 세금, 벌금, 의무 등)을 (사람, 물건)에 지우다, 부과하다)

우리말로 읽어보면 '임(im)+보(po)+스이(se) → 임(任: 맞을 임) 보(부(賦: 부세 부)) 스이('스다'의 활용형) → 당하다(當--) 세금 생기다'이다. '세금 당(當)함 생기다'이다.

□ 임(任): 맞다, 당하다(當--).

임프레그네이트(impregnate: 임신[수태]시키다, 수정시키다)

우리말로 읽어보면 '임(im)+블(pr)+엑(eg)+느(n)+아디(ate) → 임(姙: 임신할 임) 블(불(고환)) 엑(액(液: 진 액)) 느(너 → 넣: '넣다'의 어근) 아디(하다) → 임신하다 고환 액 넣다 하다'다. '고환 액 넣어 임신하다'이다.

임프레스(impress: 감동시키다, 감동을 주다)

우리말로 읽어보면 '이(i)+므(m)+프르(pr)+이쓰(ess) → 이(위(爲: 할 위)) 므(무 → 뮈: '뮈다('움직이다'의 옛말)'의 어근) 프르(풀어: '풀다(생각이나 이야기 따위를 말하다)'의 활용형) 이쓰(있어: '있다'의 활용형) → 하다 움직이다 풀다 있다'다. '풀음(생각이나 이야기 따위를 말함) 있어 움직이는 것 하다'이다.

임프린트(imprint: 각인시키다, 자국; (찍은) 도장)

우리말로 읽어보면 '임(im)+프린트(print) → 임(恁: 생각할 임) 프린트(인쇄하다) → 생각함을 인쇄하다'이다.

임프람퓨트(impromptu: (연설, 시, 곡 등이) 준비 없는, 즉석[즉흥]의)

우리말로 읽어보면 '임(im)+브로(pro)+므(m)+브(p)+투(tu) → 임(臨: 임할 임) 브로(바로: 시간적인 간격을 두지 아니하고 곧) 므(무 → 뭐: 무엇) 브(보: '보다(보이다)'의 어근) 투(터: '처지'나 '형편'의 뜻을 나타내는 말) → 임하다 바로 무엇 보다(보이다) 처지'이다. '바로 무엇 보이는 처지에 임하는'이다.

임퓨던트(impudent: 뻔뻔스러운, 염치없는, 주제넘은, 경솔한)

우리말로 읽어보면 '임(im)+뿌딘(puden)+트(t) → 임(頔: 고개 숙일 임) 뿌딘(빼댄: '빼대다('버티다'의 방언)'의 활용형) 트(티: 모양) → 고개 숙이다 버티다 모양'이다. '고개 숙임에 버틴 모양' '고개를 숙여야 할 상황에 버틴 모양'이다.

임펄스(impulse: 충동, 충격, 추진력)

우리말로 읽어보면 '이(i)+므(m)+부르(pul)+스(s)+이(e) → 이(위(爲: 할 위)) 므(무 → 뭐: 무엇) 부르(바로: 시간적인 간격을 두지 아니하고 곧) 스('스다(생기다)'의 활용형) 이(명사형 접미사, 이것) → 하다 무엇 바로 생기다 이것'이다. '무엇함이 바로 생기는 이것'이다.

임퓨트(impute: (결과 등을 사람, 사물에) 돌리다, 지우다, 전가하다)

우리말로 읽어보면 '이(i)+므(m)+부티(pute) → 이(爲: 할 위) 므(무 → 뭐: 무엇) 부티(부치 → 부쳐: '부치다(어떤 문제를 다른 곳이나 다른 기회로 넘기어 맡기다)'의 활용형) → 하다 무엇 부치다'다. '할 무엇 부치는 것'이다.

인(in: 안에(에서, 의))

우리말로 읽어보면 '인(in) → 인 → 안(內)'이다. '인(in)'의 다른 뜻을 보면, 'in tears(눈물을 흘리고)'의 '인(in)'은 우리말 '~이나(~이 나오다)'를 알파벳으로 쓴 것이다. '인(人: 사람 인)'을 알파벳으로 쓴 '인(in)'은 'in school'은 '학교 사람'은 '학생, 교직원 등' '학교에 관련된 일을 하는 사람'이다. '있네' '있는' '~인'도 'in'으로 표현되었다.

인에인(inane: 1. 어리석은 2. 무의미한, 공허한, 텅 빈)

1번을 우리말로 읽어보면 '이(i)+내(na)+느이(ne) → 이(아 → 아이: 아기) 내(냄새) 느이(나이: '나다'의 활요형) → 아이 냄새 나는'이다.

2번을 우리말로 읽어보면 '인(in)+안이(ane) → 인(안(不)) 안(內)이'다.

'안(內)이 없는 것'이다.

□ 안(不): 아니다, 없다.

잉커(inca: 잉카족(의 사람), 잉카인)

그 쪽 말로 읽어보면 '잉카'다. '잉'은 '해'의 변형이고 '카'는 '가(사람)'이다. '해의 사람'이다. '하늘의 자손'이다. 이들도 우리와 같은 민족이다.

인커르너트(incarnate: 육체를 가진, 인간 모습을 가진, 화신(化身)한)

우리말로 읽어보면 '인(in)+갈(car)+나(na)+티(te) → 인(人: 사람 인) 갈(깔: '상태' 또는 '바탕'의 뜻을 더하는 접미사) 나('나다(생기다)의 활용형) 티(모양) → 사람 바탕 생긴 모양'이다. '사람 바탕으로 생긴 모양' '사람 모양을 하고 생긴 모습'이다.

인센스(incense: 몹시 화나게 하다)

우리말로 읽어보면 '인(in)+신(cen)+스이(se) → 인(忍: 참을 인) 신(센: '세다'의 활용형) 스이('스다(생기다)'의 활용형) → 참다 세다 생기다'이다. '세게 참는 것이 생기다'이다.

인선티브(incentive: 유인(誘因), 자극)

우리말로 읽어보면 '인(in)+신(cen)+팁(tiv)+이(e) → 인(引: 끌 인) 신(어떤 일에 흥미나 열성이 생겨 매우 좋아진 기분) 팁(칩(蟄: 숨을 칩)) 이(명사형 접미사, 이것) → 끌다 신 숨다 이것'이다. '신남을 끄는 숨은 이것'이다.

인셉션(inception: 처음, 시초, 개시)

우리말로 읽어보면 '인(in)+시(ce)+브(p)+뜨(t)+이오느(ion) → 인('일다(생기다)'의 활용형) 시(始: 비로소 시) 브(보 → 봐('보다'의 활용형)) 뜨(때(時)) 이오느(이오니: '이다'의 활용형) → 생기다 비로소 봐 때(時) 이다'이다. '생김에 근본 보는 때이다'이다.

□ 시(始): 비로소, 근본.

인세슨트(incessant: 끊임없는, 그칠 새 없는)

우리말로 읽어보면 '인(in)+시(ce)+스(s)+산(san)+트(t) → 인(안: '아니다'의 활용형) 시(時: 때 시) 스('스다(서다)'의 활용형) 산('살다'의 활용형) 트(티: 모양) → 안 때(時) 서다 산 모양'이다. '때(時)가 서지 않고 산 모양'이다.

인코우어트(inchoate: 방금[막] 시작한, 갓 시작한)

우리말로 읽어보면 '인(in)+초(cho)+아디(ate) → 인('일다(생기다))'의 활용형) 초(차(此: 이 차) 아디(하디 → 하지 → 하다) → 인 지금 하다'다. '지금 생긴 것 한'이다.

인서던트(incident: 사건, 생긴 일)

우리말로 읽어보면 '인(in)+시(ci)+딘(den)+트(t) → 인(因: 인할 인: 인하다(因--: 어떤 사실로 말미암다)) 시('씨'의 옛말) 딘(된: '되다'의 활용형) 트(티 → 치: 어떠한 특성을 가진 물건 또는 대상) → 인(因)함에 씨 된 대상'이다.

인시너레이트(incinerate: 소각하다, 화장하다)

우리말로 읽어보면 '인(in)+신(cin)+이르(er)+아디(ate) → 인(閃: 불꽃 인) 신(薪: 섶 신) 이르(일으 → 잃어: '잃다'의 활용형) 아디(하다 → 하다) → 불꽃 섶(땔나무를 통틀어 이르는 말) 잃다 하다'다. '불꽃이 섶을 잃게 하다' '태우는 것'이다.

인시피언트(incipient: 시작의, 처음의, 초기의)

우리말로 읽어보면 '이(i)+느(n)+시(ci)+비(pi)+인(en)+트(t) → 이(위(爲: 할 위)) 느(나: '나다(생기다)'의 활용형) 시(始: 비로소 시) 비('비다(보이다)'의 어근) 인(인: '일다'의 활용형) 트(티: 모양) → 하다 생기다 비로소 보이다 인(생긴) 모양'이다. '하는 것 생김에 비로소(처음) 보인 생긴 모양'이다.

인사이즈(incise: 칼금을 내다, 새기다)

우리말로 읽어보면 '인(in)+사(ci)+스이(se) → 인(印: 도장 인) 사(詞: 글(말) 사) 스이(쓰이: '쓰다'의 활용형) → 도장 글 쓰다'다. '도장에 글 쓰는 것' '새기는 것'이다.

인사이트(incite: 격려[고무]하다)

우리말로 읽어보면 '인(in)+사(ci)+티(te) → 인(絪: 기운 인) 사(賜: 줄 사) 티(치 → 쳐: '치다'의 활용형) → 기운 주려 치다'다.

인크라인(incline: 마음이 기울다, 마음이 내키다)

우리말로 읽어보면 '인(in)+글(cl)+이(i)+느이(ne) → 인(안(案: 책상 안)) 글(굴(詘: 굽을 굴)) 이(조사) 느이(나이: '나다(생기다)'의 활용형) → 생각 굽다 이 생기다'이다. '생각 굽음이 생기다'이다.

□ 안(案): 책상, 생각.

인크루드(include: 포함하다)

우리말로 읽어보면 '인(in)+그루(clu)+디(de) → 인(안(內)) 그루(거루 → 것으로) 디(돼: '되다'의 활용형) → 안(內)에 것으로 돼'이다.

인코퍼레이트(incorporate: 법인[단체 조직]으로 만들다, 포함하다, 합병하다)

우리말로 읽어보면 '인(in)+골(cor)+프(p)+오르(or)+아디(ate) → 인(人: 사람 인) 골(갈 → ᄀᆞᆲ: 옛말 나란히. 함께) 프(푸: '점포'의 옛말) 오르(요르 → 욜으 → 욜어: '욜다('열다'의 활용형)'의 활용형) 아디(하다) → 사람 함께 점포 열다 하다'다. '사람을 함께 점포 여는 것 하다'다.

인크리스(increase: 늘리다, 크게 하다, 증대시키다)

우리말로 읽어보면 '인(in)+그리(cre)+아(a)+스이(se) → 인(引: 끌 인) 그리(가리: '막('마구'의 준말)'의 방언) 아(하: '하다('많다'의 옛말)'의 어근) 스이('스다(생기다)'의 활용형) → 늘이다 마구(아주 심하게) 많다 생기다'이다. '아주 많게 늘임 생기다'이다.

□ 인(引): 끌다, 당기다, 늘이다.

인큐베이트(incubate: 알을 품다, 알을 까다, 부화하다)

우리말로 읽어보면'인구(incu)+브(b)+아디(ate) → 인구(안구 → 안고: '안다'의 활용형) 브(부(孵: 알깔 부)) 아디(하다) → 안고 알까다 하다'다. '안고 알 까는 것을 하다'이다.

인디슨트(indecent: 버릇없는, 품위 없는, 점잖지 못한)

우리말로 읽어보면 '인(in)+디(de)+신(cen)+트(t) → 인(안: '아니'의 준말) 디(지(持: 가질 지)) 신(愼: 삼갈 신) 트(티: 모양) → 아니다 가지다 삼가다 모습'이다. '삼가는 모습을 가진 것이 아닌'이다.

□ 삼가다: 몸가짐이나 언행을 조심하다.

인디드(indeed: 참으로, 실로, 정말, 확실히)

우리말로 읽어보면 '인(in)+디드(deed) → 인(因: 인할 인)) 디드(지드 → 지다: 어떤 현상이나 상태가 이루어지다) → 인하다(말미암다) 지다'다. '인(因)함 지는 것'이다.

인덱스(index: (책의) 색인(索引), 목록)

우리말로 읽어보면 '인(in)+딕스(dex) → 인(引: 끌 인) 딕스(딕 → 직(直: 곧을 직, 바로)+스(수(搜: 찾을 수)) → 이끌다 바로 찾다'다. '바로 찾게 이끄는 것'이다.

인디케이트(indicate: 1. 가리키다 2. 지시[지적]하다 3. 나타내다)

1번을 우리말로 읽어보면 '인디(indi)+가(ca)+띠(te) → 인디(인지: 人指

(집게손가락) 가('가다'의 활용형) 띠('띠다('뜨이다'의 방언)'의 어근) → 집게손가락 가 뜨이다(눈에 보이다)'다. '집게손가락 가 뜨이다'다.

2번을 우리말로 읽어보면 '인디(indi)+가(ca)+티(te) → 인디(인지: 人指(집게손가락) 가('가다'의 활용형) 티(흠) → 집게손가락 가 흠'이다. '흠으로 집게손가락 가다' '흠을 지적하는 것'이다.

3번을 우리말로 읽어보면 '인(in)+디(di)+가티(cate) → 인(認: 알 인) 디(지: '죄(모두)'의 방언) 가티(같이: 함께) → 알다 모두 같이'다. '모두 같이 알다' '드러내 보인 것'이다.

인다이트(indict: 비난하다, 공격하다, 기소[고발]하다)

우리말로 읽어보면 '인(in)+디그(dic)+트(t) → 인(因: 인할 인: 어떤 사실로 말미암다) 디그(지그 → 직으 → 적어: '적다'의 활용형) 트(츠 → 쳐: '치다(공격하다)'의 활용형) → 어떤 사실로 말미암다 적다 치다'다. '어떤 사실로 말미암아 적어 공격하다'다.

인디져너스(indigenous: (어떤 지역) 고유의, 원산인, 토종인)

우리말로 읽어보면 '인(in)+디(di)+진(gen)+오우(ou)+스(s) → 인('일다(생기다)'의 활용형) 디('데(곳)'의 방언) 진('주인'의 방언) 오우(위(爲: 할 위))+스(~의)=함의=한 → 생기다 데(곳) 주인 한'이다. '생긴 곳의 주인 한'이다.

인디그넌트(indignant: 분개한, 성난, 화난)

우리말로 읽어보면 '인(in)+디그(dig)+난(nan)+트(t) → 인(忍: 참을 인)

디그(되게: 아주 몹시) 난('나다(생기다)'의 활용형) 트(티: 모양) → 참음 되게 난 모양'이다.

인듀스(induce: 설득[권유]하여 ~하게 하다, 야기하다, 유발하다, 유도하다, 유인하다)

우리말로 읽어보면 '인(in)+두(du)+스이(ce) → 인(引: 끌 인) 두(斗: 꾈 두) 스이('스다(생기다)'의 활용형) → 끌다 꾀다 생기다'이다. '꾀여 끄는 것 생기다'이다.

인덕트(induct: 취임시키다, 입대시키다, (조직에) 가입시키다)

우리말로 읽어보면 '인(in)+둑(duc)+트(t) → 인(人: 사람 인) 둑(죽 → 적(籍: 문서 적)) 트(츠 → 추 → 취(取: 가질 취) → 사람 징집하다(徵集--) 가지다'이다.

□ 적(籍): 문서, 등록부, 징집(徵集)하다.

인덜지(indulge: (욕망.쾌락 등)에 빠지다, 탐닉하다)

우리말로 읽어보면 '인(in)+뚜르지(dulge) → 인(안(安: 편안 안)) 뚜르지(떠르져 → 떨어져: '떨어지다(어떤 상태나 처지에 빠지다)'의 활용형) → 즐김에 빠져'다.

□ 안(安): 편안, 즐기다.

인듀레이트(indulate: 다지다, 굳히다, 단단하게 하다)

우리말로 읽어보면 '인(in)+둘(dul)+아디(ate) → 인(躪: 밟을 인) 둘(달:

'땅'의 고어) 아디(하지 → 하다) → 밟다 땅 하다'다. '땅을 밟는 것을 하다'이다.

인더스트리얼(industrial: 산업[공업]의)

우리말로 읽어보면 '인(in)+두그(dus)+틀(tr)+이(i)+알(al) → 인(人: 사람) 두스(둬서 → 두어서: '두다'의 활용형) 틀(기계) 이(위(緯: 씨 위)) 알(할: '하다'의 활용형) → 사람 두어서 틀(기계) 만들다 할'이다. '사람을 두어서 틀(기계)로 만드는 것 할'이다.

□ 위(緯): 씨, 씨줄, 짜다, 만들다.

인어트(inert: 기력이 없는, 비활성[불활성]의)

우리말로 읽어보면 '인(in)+이르(er)+트(t) → 인(絪: 기운 인) 이르(일으 → 잃어: '잃다'의 활용형) 트(티: 모양) → 기운 잃은 모습'이다.

인펀시(infancy: 유년, 유아기)

우리말로 읽어보면 '인(in)+팬(fan)+시(cy) → 인(안(不)) 팬('패다(아이가 자라서 성인이 되면서 굵어지다)'의 활용형) 시(時: 때 시) → 아니 팬 때'다.

인펙트(infect: 감염시키다, 옮기다, 영향을 주다)

우리말로 읽어보면 '인(in)+배(fe)+그(c)+뜨(t) → 인(隣: 이웃 인) 배('배다(스며들다)'의 어근) 그(가: '가다'의 활용형) 뜨(때: 불순하고 속된 것) → 이웃 배다 가다 때'다. '더러움이 이웃에게 배어 가다'이다.

인퍼~ㄹ(infer: 추론[추단]하다, 뜻하다)

우리말로 읽어보면 '인(in)+브(f)+이르(er) → 인(隣: 이웃 인) 브(보 → 봐: '보다'의 활용형) 이르(이르다(말하다)) → 이웃 보다 말하다'다. '이웃(주변)을 보고 말하다'다.

인피어럴(inferior: 하위의, 낮은, 못한, 못한 사람)

우리말로 읽어보면 '인(in)+비~ㄹ(fer)+이(i)+올(or) → 인(隣: 이웃 인) 비~ㄹ(比: 견줄 비) 이(위(位: 자리 위)) 올(알: '아래'의 방언) → 이웃하다 견주다 자리 아래'다. '이웃한 것에 견주어 자리 아래'다.

인페스트(infest: (강도단, 야수, 해충, 병 등이) 출몰하다, 횡행하다, 마구 설치다)

우리말로 읽어보면 '인(in)+피(fe)+스드(st) → 인(躪: 짓밟을 인)) 피(패: 무리) 스드(스다(생기다)) → 짓밟는 패(무리) 생기다'이다.

인퍼너트(infinite: 헤아릴 수 없을 만큼 큰, 무한[무궁]한)

우리말로 읽어보면 '인(in)+빈(fin)+이(i)+티(te) → 인(안(不)) 빈(반(䰉: 헤아릴 반)) 이('에'의 방언) 티(태(太: 클 태)) → 없다 헤아리다 에 크다'다. '헤아릴 수 없음에 큼'이다.

□ 안(不): 아니다, 없다.

인프레임(inflame: 타오르게 하다, 불을 붙이다, 태우다, 흥분시키다)

우리말로 읽어보면 '인(in)+브(f)+라(la)+므이(me) → 인('일다(생기다)'

의 활용형) 브(부(불)) 라(나: '나다(생기다)'의 활용형) 므이(무에 → 뭐에: 무엇에) → 생기다 불 나다 무엇에'다. '무엇에 불남 생기다'이다.

인프레이트(inflate; 부풀리다, 팽창시키다)

우리말로 읽어보면 '인(in)+브르(fl)+아디(ate) → 인(안(內)) 브르(블으 → 불어 → 불러: '부르다'의 활용형) 아디(하디 → 하지 → 하다) → 안(內) 불러 하다'다. '안(內) 부르게 하다'다.

인프릭트(inflict: (고통, 타격, 형벌, 부담 등) 주다, 가하다, 입히다)

우리말로 읽어보면 '인(in)+브리(fli)+크(c)+트(t) → 인('일다(생기다)'의 활용형) 브리(부리: '벌(罰: 죄 벌)'의 방언) 크(커: '크다'의 활용형) 트(츠 → 쳐: '치다'의 활용형) → 생기다 죄 커 치다'다. '생긴 죄가 커 치다(때리다)'이다.

인프루언스(influence: 영향, 세력, 영향을 미치다)

우리말로 읽어보면 '인(in)+프(f)+루(lu)+인(en)+시(ce) → 인(鄰: 이웃 인) 프(파(波: 물결 파) 루(로: 조사) 인('일다(생기다)'의 활용형) 시(옛말 명사를 만드는 접미사, 이것) → 이웃 물결 로 생긴 이것'이다.

인포름(inform: 알리다, 통지하다, 알려주다)

우리말로 읽어보면 '인(in)+포~ㄹ(for)+므(m) → 인(認: 알 인) 포~ㄹ(咆: 고함지를 포) 므(무 → 뭐: 무엇) → 알다 고함 지르다 무엇'이다. '무엇 고함 지름으로 알다'다.

인퓨우즈(infuse: (신념, 사상 등을) 불어넣다, 주입하다)

우리말로 읽어보면 '인(in)+부(fu)+스이(se) → 인(안(案: 책상 안)) 부(咐: 불 부) 스이('스다(생기다)'의 활용형) → 생각 부는 것 생기다'이다.

□ 안(案): 책상, 생각.

인지니어스(ingenious: 기발한, 재간이 많은, 독창적인)

우리말로 읽어보면 '인(in)+지(ge)+느이(ni)+오우(ou)+스(s) → 인(안(案: 책상 안)) 지(재(才: 재주 재)) 느이(나이: '나다'의 활용형) 오우(위(爲: 할 위))+스(~의)=함의=한 → 생각 재주 나다 한'이다. '재주 나게 생각한'이다.

잉걸(ingle: 화롯불, 화로)

우리말로 읽어보면 '인글(ingl)+이(e) → 인글(잉걸: 불이 이글이글하게 핀 숯덩이) 이(명사형 접미사, 이것) → 잉걸 이것'이다.

인그레인(ingrain: 깊이 배어든, 깊이 배게 하다, 심어주다, 뿌리내리게 하다)

우리말로 읽어보면 '인(in)+그라(gra)+인(in) → 인(안(案: 책상 안)) 그라(글아 → 걸어: '걸다(잠그다)'의 활용형) 인(認: 알 인) → 생각 걸다 알다'다. '생각 걸어(잠궈) 알다'다.

인그레이쉬에이트(ingratiate: 환심 사다, 비위를 맞추다)

우리말로 읽어보면 '인(in)+그라티(grati)+아디(ate) → 인(안(案: 책상 안)) 그라티(그러치 → 그렇지: 감탄사 틀림없이 그렇다는 뜻으로 하는 말) 아디(하디 → 하다) → 생각 그렇지 하다'다. '생각에 그렇지 하는 것'이다.

□ 안(案): 책상, 생각.

인그리디언트(ingredient: (혼합물의) 성분, 재료, 요소, 원료, 내용물)

우리말로 읽어보면 '인(in)+그리(gre)+디인(dien)+트(t) → 인(안(內)) 그리(거리: 내용이 될 만한 재료) 디인(된: '되다'의 활용형) 트(티 → 치: 물건) → 안(內) 재료 된 물건'이다.

인해비트(inhabit: 살다, 거주하다, 서식하다)

우리말로 읽어보면 '이(i)+느(n)+해(ha)+비(bi)+트(t) → 이(위(爲: 할 위)) 느(나: '나다(지내다)'의 활용형) 해(趕: 머무를 해) 비(삐: 옛말 '끼'의 옛말) 트(토(초(噍: 먹을 초)) → 하다 지내다 머무르다 끼니 먹다'다. '머물러 끼니 먹으며 지내다'이다.

인히얼(inhere: 본래 갖추어져 있다, 고유한 것으로 있다)

우리말로 읽어보면 '안(in)+흐(h)+이르이(ere) → 인('일다(생기다)'의 활용형) 흐(하: '해(그 사람의 소유물임을 나타내는 말, 가진 것)'의 옛말) 이르이('이르다(말하다)'의 활용형) → 생기다 가진 것 말하다'다. '생겨서 가진 것 말하다'이다.

이니셜(initial: 처음의, 최초의, 초기의, 이름의 첫 글자)

우리말로 읽어보면 '인(in)+이(i)+트(t)+이(i)+알(al) → 인(認: 알 인) 이('에'의 방언) 트(츠 → 초(初: 처음 초) 이(위(謂: 이를 위)) 알(할: '하다'의 활용형)) → 알다 에 처음 이르다 할'이다. '앎에 처음을 말하는 것 할'이다.

인젝트(inject: 주입하다, 넣다)

우리말로 읽어보면 '인(in)+즈(j)+이(e)+그트(ct) → 인(안(內)) 즈(주(注: 부을 주)) 이(이것) 그트(가츠 → 갇혀) → 안(內) 붓다 이것 갇혀'다. '안에 부어 갇히는 것' '넣은 것'이다.

인저~ㄹ(injure: 상처를 입히다, 다치게 하다)

우리말로 읽어보면 '이(i)+느(n)+주리(jure) → 이(痍: 상처 이) 느(나: '나다(생기다)'의 활용형) 주리('주다'의 활용형) → 상처 나게 주리'다.

이너~ㄹ(inner: 내부의, 안의)

우리말로 읽어보면 '인(in)+내(ne)+르(r) → 인('일다(생기다)'의 활용형) 내(內) 르(라: 어미) → 생긴 안(內)이라'다.

이너선트(innocence: 결백, 무죄)

우리말로 읽어보면 '인(in)+노(no)+신(cen)+시(ce) → 인(人) 노(없다) 신(辛: 매울 신) 시(옛말 명사를 만드는 접미사, 이것) → 인(人) 없다 신(辛: 매울 신) 이것 → 사람 허물없는 이것'이다.

□ 신(辛): 맵다, 독하다, 허물, 큰 죄.

이너베이트(innovate: 혁신[쇄신]하다)

우리말로 읽어보면 '인(in)+놉(nov)+아디(ate) → 인(여러 번 되풀이하여 몸에 깊이 밴 버릇) 놉(납(搦: 꺾을 납) 아디(하디(하다)) → 인 꺾다 하다'다.

인세인(insane: 미친, 실성한, 정신 이상의)

우리말로 읽어보면 '인(in)+사(sa)+내(ne) → 인('일다(생기다)'의 활용형) 사(思: 생각 사) 내(疓: 병 내) → 생기다 생각 병'이다. '생각에 병 생긴'이다.

인설트(insert: 삽입하다, 끼워넣다)

우리말로 읽어보면 '인(in)+시(se)+르(r)+트(t) → 인(軔: 쐐기 인) 시(세('사이'의 방언)) 르(로: 조사) 트(츠 → 쳐: '치다'의 활용형) → 쐐기 사이로 쳐'다.

□ 쐐기: 물건의 틈에 박아서 사개가 물러나지 못하게 하거나 물건의 사이를 벌리는 데 쓰는 물건.

인시스트(insist: 강력히 주장하다, 우기다)

우리말로 읽어보면 '인(in)+시(si)+스드(st) → 인(靭: 질길 인) 시('혀'의 방언) 스드(스다) → 질기다 혀(말) 스다'다. '질기게 말 서다'다.

인스펙트(inspect: 검사[정밀 조사]하다, 점검하다)

우리말로 읽어보면 '인(in)+스백(spec)+트(t) → 인(靭: 질길 인) 스백(ㅅ백(ㅅ白: '白(흰 백)'의 고어) 트(츠 → 추(瞅: 볼 추)) → 질기게 명백하게 보다'다.

□ 白(흰): 희다, 명백하다.

인스파이어(inspire: 고무하여 마음이 내키게 하다, 불어넣다, 생기게 하다)

우리말로 읽어보면 이(i)+느(n)+스프(sp)+이르이(ire) → 이(위(爲: 할 위)) 느(나: '나다(생기다)'의 활용형) 스프(슾으 → 싶어: '싶다(무엇을 하고자 하는 마음이나 의욕이 있음을 나타내는 말)'의 활용형) 이르이(이루이: '이루다'의 활용형) → 하다 생기다 싶다 이루다'다. '이루고 싶음이 생기게 하다'다.

인스톨(install: 설치[가설]하다, 설비하다)

우리말로 읽어보면 '인(in)+스(s)+다르(tal)+르(l) → 인(陻: 막을 인) 스('스다'의 활용형) 다르(달으 → 달아: '달다'의 활용형) 르(르 → 느 → 놔: '놓다'의 활용형) → 사다리 스(서) 달아 놔'다. '사다리에 서서 달아 놓는 것'이다.

□ 인(陻): 막다, 막히다, 틀어막다, 사다리.

인스턴스(instance: 경우, 사실, 실례, 예, 예증)

우리말로 읽어보면 '인(in)+스(s)+딴(tan)+시(ce) → 인(因: 인할 인) 스(사(事: 일 사)) 딴('따다(글이나 말 따위에서 필요한 부분을 뽑아 취하다)'의 활용형) 시(고어 명사를 만드는 접미사, 이것) → 인하다(因--: 어떤 사실로 말미암다) 일 딴 이것'이다. '인(因)함에 일 딴 이것'이다.

인스턴트(instant: 순간(瞬(눈 깜짝일 순)間(사이 간))

우리말로 읽어보면 '인(in)+스(s)+딴(tan)+뜨(t) → 인(焛: 불꽃 인) 스(수(燧: 부싯돌 수) 딴('동안'의 방언) 뜨(때: 시간의 어떤 순간이나 부분) → 불꽃 부싯돌 동안 때'다. '부싯돌에 불꽃 반짝일 동안에 때(시간)'이다.

인스터게이트(instigate: 선동하다, 부추기다)

우리말로 읽어보면 '인(in)+스(s)+띠(ti)+그(g)+아디(ate) → 인(人: 사람) 스(서: '서다'의 활용형) 띠(떼: 무리) 그(구(求: 구할 구)) 아디(하디 → 하다) → 사람 서다 떼(무리) 구하다(求--) '하다'다. '사람이 무리에 서서 구하는(청하는) 것을 하다'이다.

인스팅트(instinct: 본능, 타고난 재능)

우리말로 읽어보면 '인(in)+스(s)+티느(tin)+그트(ct) → 인(認: 알 인) 스('스다(생기다)'의 활용형) 티느(티나 → 태어나) 그트(가츠 → 갖춰: '가추다'의 활용형) → 알다 생기다 태어나 가춰'다. '태어나면서 갖춘 앎'이다.

인스터튜트(institute: 설치하다, 마련하다, 열다, 개시하다)

우리말로 읽어보면 '인(in)+스티(sti)+트(t)+우(u)+티(te) → 인(仞: 길 인) 스티(수티 → 수치(數値: 계산하여 얻은 값) 트('터(집이나 건물을 지었거나 지을 자리)'의 방언) 우(위) 티(치 → 쳐: '치다(그리다)'의 활용형) → 재다 수치 터 위 그리다'다. '수치를 재 터 위에 그리다' '집을 지으려고 터를 재단하는 것' '첫 삽을 뜨는 것'이다.

□ 인(仞): 길(높이의 단위), 재다.

인스트럭트(instruct: 가르치다, 교육하다, 지시하다)

우리말로 읽어보면 '인(in)+스(s)+드르(tr)+우(u)+크드(ct) → 인(認: 알 인) 스(수(殳: 몽둥이 수)) 드르(들으 → 들어: '들다'의 활용형) 우(毆: 때릴 우) 크드(흐드 → 하다) → 알다 몽둥이 들어 때리다 하다'다. '알게 몽둥이(매) 들어 때리다'이다.

인설트(insult: 모욕하다, 창피를 주다)

우리말로 읽어보면 '인(in)+술(sul)+트(t) → 인(忍: 참을 인) 술(설(舌: 혀 설)) 트(츠 → 쳐: '치다'의 활용형) → 동정심(同情心)이 없다 말 치다'다. '동정심(同情心)이 없는 말로 때리다'이다.

□ 인(忍): 참다, 동정심(同情心)이 없다.

□ 설(舌): 혀, 말.

인서르전트(insurgent: 반란자, 반란군, 폭도)

우리말로 읽어보면 '인(in)+술(sur)+진(gen)+트(t) → 인(人: 사람 인) 술(살(殺: 죽일 살)) 진('주인'의 방언) 트(츠 → 치: 사람) → 사람 죽이다 주인 사람'이다. '주인 사람 죽인 사람'이다.

인태크트(intact: 손상되지 않은, 온전한)

우리말로 읽어보면 '인(in)+타(ta)+그트(ct) → 인(안(不)) 타('타다(사람이나 물건이 많은 사람의 손길이 미쳐 약하여지거나 나빠지다)'의 활용형) 그트(그츠 → 가치(價値: 값어치) → 안(不) 타다 가치(價値)'다. '가치(價値)가 타지 아니한 것'이다.

인탤조우(intaglio: ((이탈리아어)) 음각, 그 무늬[장식])

우리말로 읽어보면 '인(in)+따(ta)+질(gl)+이오(io) → 인(안(內)) 따('따다(붙어 있는 것을 잡아떼다)'의 활용형) 질(質: 바탕 질) 이오(요(凹: 오목할 요)) → 안(內) 따다 바탕 오목하다'다.

'안(內)을 떼어 내 바탕이 오목한 것'이다.

인터그레이트(integrate: 통합하다, 합치다)

우리말로 읽어보면 '인(in)+티(te)+그르(gr)+아디(ate) → 인(隣: 이웃 린(인)) 티(터: '트다(막혀 있던 것을 치우고 통하게 하다)'의 활용형) 그르(걸으 → 걸어: '걸다(자물쇠, 문고리를 채우거나 빗장을 지르다)'의 활용형) 아디(하디 → 하지 → 하다) → 이웃 터서 걸다'이다.

인테러전트(intelligent: 총명한, 높은 지능을 갖춘, 머리가 좋은)

우리말로 읽어보면 '인(in)+틸(tel)+리(li)+진(gen)+트(t) → 인(認: 알 인) 틸(칠 → 철(哲: 밝을 철)) 리(理: 다스릴 리) 진(쥔: '쥐다'의 활용형) 트(티: 모양) → 알다 밝다 이치 쥐다 모양'이다. '앎에 밝은 이치 쥔 모양'이다.

□ 리(理): 다스리다, 이치(理致).

인텐드(intend: (~할) 작정이다, (~하려고) 생각하다, 의도하다, 의미하다)

우리말로 읽어보면 '인(in)+띈드(tend) → 인(認: 알 인) 띈드(띈다: '띠다('뜨이다'의 방언)'의 활용형) → 행하다 뜨인다'다. '행함이 뜨인다(눈에 보이다)'다.

□ 안(認): 알다, 행하다.

인텐스(intense: 격렬한, 극도의, 맹렬한, 강렬한, 대단한)

우리말로 읽어보면 '인(in)+띈(ten)+세(se) → 인(絪: 기운 인) 띈('띠다'의 활용형) 세(勢: 형세 세) → 기운(눈에는 보이지 않으나 오관(五官)으로 느껴지는 현상) 띈 기세(氣勢: 기운차게 뻗치는 형세) → 기운 띈 기세'다.

인터르(inter: 매장하다, 장사를 지내다)

우리말로 읽어보면 '인(in)+트(t)+이르(er) → 인(人) 트(터: 땅) 이르('이르다'의 어근) → 사람 땅 이르다'이다. '사람을 묻는 것이다'다.

인터~ㄹ(inter-: ~ 사이의, 상호간의)

우리말로 읽어보면 '인(in)+트(t)+이르(er) → 인(軔: 쐐기 인) 트(터: 곳) 이르(이라: '이다'의 활용형) → 쐐기 곳이라'다.

□ 쐐기: 물건의 틈에 박아서 사개가 물러나지 못하게 하거나 물건들의 사이를 벌리는 데 쓰는 물건.

인터~ㄹ셉트(intercept: 도중에서 붙잡다, 도중에서 빼앗다)

우리말로 읽어보면 '인터(inter)+시브드(cept) → 인터(사이) 시브드(세비다 → 쎄비다: '훔치다'의 방언) → 사이에서 훔치다'다.

인터~ㄹ피어(interfere: 방해하다)

우리말로 읽어보면 '인터(inter)+피(fe)+르이(re) → 인터(사이) 피(榌: 얽힐 피) 르이(느이 → 넣이: '넣다'의 활용형) → 사이에 얽힘 넣다'다.

인터~ㄹ엄(interim: 짬, 잠시)

우리말로 읽어보면 '인(in)+테르(ter)+임(im) → 인(燐: 도깨비불 인) 테르(톄로: 옛말 '처럼'의 옛말) (臨: 임할 임) → 도깨비불처럼 얼마 동안의 시간'이다.

□ 임(臨): 임하다(臨--: 어떤 사태나 일에 직면하다), 임시(臨時: 얼마 동안의 시간).

인터러게이트(interrogate: 질문하다, 따져 묻다, 심문하다)

우리말로 읽어보면 '인(in)+티르(ter)+로그(rog)+아디(ate) → 인(人: 사람 인) 티르(터러 → 털어: '털다(남이 가진 정보 따위를 모두 캐내다)'의 활용형) 로그(로고 → 노고(勞苦: 힘들여 수고하고 애씀) 아디(하디 → 하다) → 사람 털어 노고 하다'다. '사람 터는 노고하다'이다.

인터~ㄹ벌(interval: 간격, 사이, 짬)

우리말로 읽어보면 '인터(inter)+발(val) → 인터(사이) 발(길이의 단위) → 사이 발(길이)'이다.

□ 발: '두 팔을 양옆으로 펴서 벌렸을 때 한쪽 손끝에서 다른 쪽 손끝까지의 길이.

인터뷰(interview: 면접, 인터뷰, 기자회견)

우리말로 읽어보면 '인(in)+티르(ter)+비(vi)+이유(ew) → 인(人) 티르(터러 → 털어: '털다(남이 가진 정보 따위를 모두 캐내다)'의 활용형) 비('비다(보다)'의 어근) 이유(이여: '이다'의 활용형) → 인(人) 털다 보다 이여'다. '사람 털어 보는 것이여'다.

인티머트(intimate: 친밀한, 친한, 친숙한)

우리말로 읽어보면 '인(in)+팀(tim)+아(a)+태(te) → 인(人: 사람 인) 팀('보증'의 옛말) 아('에'의 방언) 태(態: 모습 태) → 사람 보증에 모양'이다. '사람을 보증하는 모양'이다.

인투(into: ~의 안에, ~부딪쳐, 마주치다)

우리말로 읽어보면 '인(in)+트(t)+오(o) → 인(안(內)) 트(터: 장소) 오(아: '에'의 방언) → 안(內) 터에'다.

인토운(intone: 특정한 음조로 말하다, 억양을 붙여서 말하다)

우리말로 읽어보면 '인(in)+트(t)+온(on)+이(e) → 인(언(言: 말씀 언)) 트(투(套: 말이나 글, 행동 따위에서 버릇처럼 일정하게 굳어진 본새나 방식) 온('오다'의 활용형) 이(명사형 접미사, 이것) → 말하다 투(套) 온 이것'이다. '투(套) 온 이것으로 말하다'다.

인 토우토우(in toto: ((라틴어)) 모두 해서, 전체로서, 완전히)

우리말로 읽어보면 '인(in)+ 도도(toto) → 인(鄰: 이웃 인) 도도(다(모두) 다(모두)) → 이웃한 모두모두'다.

□ 라틴어 역시 우리말이다.

인톡시케이트(intoxicate: (술, 마약 등으로) 취하게 하다, 중독시키다)

우리말로 읽어보면 '인(in)+독스(tox)+익(ic)+아디(ate) → 인(人: 사람) 독스(독(毒: 독 독)~의(에)) 익(溺: 빠질 익) 아디(하다) → 사람 독에 익(溺) 하다'다. '사람 독에 빠지게 하다'이다.

인드리커트(intricate: 뒤얽힌, 엉크러진)

우리말로 읽어보면 '인(in)+트리(tri)+가티(cate) → 인(躪: 짓밟을 인) 트리(터리: '털'의 방언) 가티(같이: 어떤 상황이나 행동 따위와 다름이 없이) → 짓밟은 털 같이'다.

인트로우(intro-: 안쪽으로, 안으로, 안의)

우리말로 읽어보면 '인(in)+트(t)+로(ro) → 인(안(內)) 트(터) 로 → 안 터(장소)로'다.

인트로듀스(introduce: 대면시키다, 소개하다)

우리말로 읽어보면 '인(in)+트(t)+로(ro)+두(du)+스이(ce) → 인(人: 사람 인) 트(터: '트다(열다)'의 활용형) 로(조사) 두(뚜: 중매인) 스이(스다(서다)) → 사람 트는 것 으로 중매인 서다'이다.

인투르드(intrude: 들어가다, 침입하다)

우리말로 읽어보면 '인(in)+트루(tru)+디(de) → 인(鄰: 이웃 인) 트루(츠루 → 치러: '치다'의 활용형) 디(지(之: 갈지) → 이웃 치러 가다'이다.

인튜이트(intuit: 직감으로 알다, 직관하다)

우리말로 읽어보면 '인(in)+투(tu)+이(i)+트(t) → 인(認: 알 인) 투(추(推: 밀 추)) 이('에'의 방언) 트(츠 → 치: 것) → 알다 추측하다(推測--) 에 치' 이다. '추측(推測)하는 치(것)로 알다'이다.

□ 추(推): 밀다, 추측하다(推測--).

인튜메스(intumesce: 부어오르다, 팽창하다, 비등하다)

우리말로 읽어보면 '인(in)+투(tu)+밋(mes)+스이(ce) → 인(안(內)) 투(터: 장소) 밋('바닥'의 방언) 스이('스다(서다)'의 활용형) → 안(內) 장소 바닥 서다'다.

인베이드(invade: 침입하다, 침략하다)

우리말로 읽어보면 '인(in)+바대(vade) → 인(隣: 이웃 린) 바대(빠대: '빠대다(밟아서 어지렵혀 놓다)'의 활용형) → 이웃 빠대다'다.

인벤트(invent: 발명하다, 연구하여 만들어 내다, 고안하다)

우리말로 읽어보면 '인(in)+비(ve)+느트(nt) → 인(안(案: 책상 안)) 비('비다(보이다)'의 어근) 느트(눟드 → 놓다) → 생각을 보여(보이게) 놓다'다.

□ 안(案): 책상(冊床), 생각.

인버~ㄹ스(inverse: 역(逆)의, 정반대의)

우리말로 읽어보면 '이(i)+느(n)+비(ve)+르(r)+스이(se) → 이(위(位: 자리 위)) 느(나: '나다(생기다)'의 활용형) 비(배(背: 등 배)) 르(로: 조사) 스('스다(서다)'의 활용형) 이(에: 조사) → 자리 생기다 등지다 로 서다'다. '등짐으로 선 위치 생김에'이다.

□ 배(背): 등, 뒤, 등지다.

□ 위(位): 자리, 위치.

인베스트(invest: 투자[출자, 운용]하다)

우리말로 읽어보면 '이(i)+느(n)+비(ve)+스드(st) → 이(利: 이로울 이) 느(나: '나다(생기다)'의 활용형) 비(費: 쓸 비) 스드(쓰다) → 이(利) 생기다 비(費) 쓰다'다. '이익 생기는 것에 돈 쓰다'이다.

□ 이(利): 이롭다, 이자, 이익.

인베스티게이트(investigate: 수사하다, 조사하다)

우리말로 읽어보면 '인(in)+비(ve)+스(s)+티(ti)+그(g)+아디(ate) → 인(人: 사람 인) 비(非: 아닐 비) 스('스다(생기다)'의 활용형) 티(흠: 잘못된 부분) 그(구(拘: 잡을 구)) 아디(하디 → 하다) → 사람 허물(죄) 생겨 흠(잘못된 부분)잡는 것 하다'다.

□ 비(非): 아니다, 잘못, 허물.

인베터러트(inveterate: 뿌리 깊은, 만성의)

우리말로 읽어보면 '인(in)+배(ve)+트(t)+이르(er)+아디(ate) → 인(여러 번 되풀이하여 몸에 깊이 밴 버릇) 배('배다(버릇이 배어 익숙해지다)'의 활용형) 트(투(套: 말이나 글, 행동 따위에서 버릇처럼 일정하게 굳어진 본새나 방식) 이르(일으 → 일어: '일다(생기다)'의 활용형) 아디(하디 → 하다) → 인 배 투(套) 생겨 하다'다.

인바이트(invite: 초청하다, 초대하다)
우리말로 읽어보면 '인(in)+바(vi)+트(t)+이(e) → 인(사람) 바(봐: '보다'의 활용형) 트(츠 → 초(招: 부를 초)) 이(여: '이여'의 옛말) → 사람 봐 부르다 이여'다. '사람 보게 부르는 것이여'다.

인보우크(invoke: (신, 영혼 등의 도움, 가호를) 기원하다, 부르다, 호소하다)
우리말로 읽어보면 '인(in)+복(vok)+이(e) → 인(人: 사람 인) 복(福: 복 복) 이(眲: 빌 이) → 사람 복(福) 빌다'다

인볼브(involve: 말려들게 하다, 끌어들이다, 연루시키다)
우리말로 읽어보면 '인(in)+볼브(volv)+이(e) → 인(안(內)) 볼브(볼부: '볼부다('밟다'의 방언)'의 어근) 이(誀: 꾈 이) → 안(內) 밟다 꾀다'다. '안으로 발 디디게 꾀다'다.

인벌너러블(invulnerable: 불사신[불사조]의, 무적의, 해칠 수 없는, 안전한)
우리말로 읽어보면 '인(in)+불(vul)+니르(ner)+아브르이(able) → 인(안(不)) 불(벌(伐: 칠 벌)) 니르(닐으 → 닐어: '닐다('일어나다'의 고어)'의

활용형) 아브르이(해(하다)부르다=할 수 있는) → 아니다 치다 일다 할 수 있는'이다. '치는 것 일어나게 할 수 있는 것 아닌'이다.

어러더슨트(iridescent: 무지개 빛깔의)

우리말로 읽어보면 '이리(iri)+대(de)+슥(sc)+인(en)+트(t) → 이리('이레'의 방언) 대(돼('되다'의 활용형) 슥(색(色:빛 색) 인('일다(생기다)'의 활용형) 트(티: 모양) → 이레(7) 돼 색 인 모습'이다.

□ 이레: 일곱 날(7).

아이러니(irony: 비꼬기, 풍자)

우리말로 읽어보면 '아로(iro)+느(n)+이(y) → 아로(야로: 남에게 드러내지 아니하고 우물쭈물하는 속셈이나 수작을 속되게 이르는 말) 느(너 → 넣: '넣다'의 활용형) (예(呼: 말할 예)) → 속셈 넣어 말하는 것'이다.

이레이디에이트(irradiate: 빛을 비추다, 밝게 하다)

우리말로 읽어보면 '이르(ir)+라(ra)+디(di)+아디(ate) → 이르(일으 → 일어: '일다(생기다)'의 활용형) 라('해'의 고어, 빛) 디(지(地: 땅 지)) 아디(하디(하다)) → 생기다 빛 땅 하다'다. '햇빛이 생겨 땅에 비추는 것을 하다'이다.

이러게이트(irrigate: 관개하다, 물을 대다[끌다])

우리말로 읽어보면 '일(ir)+리(ri)+그(g)+아디(ate) → 일(事) 리(니('물살(물)'의 방언)) 그(가(가다)) 아디(하디 → 하다 → 일(事) 물살(물) 가(가

다) 하다'다. '물이 가게 하는 일(事)'이다.

이러테이트(irritate: 짜증나게[초조하게] 하다)

우리말로 읽어보면 '이르(ir)+리(ri)+타(ta)+티(te) → 이르(이리: 이렇게) 리(裏: 속 리) 타('타다'의 활용형) 티(치 → 쳐: '치다(속이는 짓이나 짓궂은 짓, 또는 좋지 못한 행동을 하다)'의 활용형) → 이렇게 속 마음 타게 치다'다.

□ 리(裏): 속, 속 마음.

이즈(is: 이다)

우리말로 읽어보면 '이스(is) → 이스 → 이즈 → 이지: '이다'의 활용형'이다.

아이런드(island: 섬; 섬같이 고립된 장소)

우리말로 읽어보면 '이(i)+스(s)+란드(land) → 이(위(圍: 에워쌀 위)) 스(수(水: 물 수)) 란드(땅) → 에워싸다 물 땅 → 물로 에워싼 땅'이다.

-이즘(-ism: 명사, 형용사에 붙여 행동, 행위, 상태, 상황, 주의, 교리, 학설, 관례, 이상(異常) 등을 나타내는 추상명사를 만듦)

우리말로 읽어보면 '이슴(ism) → 이슴(있음) → 있음'이다. 또 다르게 읽어보면 '이(i)+슴(sm) → 이(理: 다스릴 리(이)) 슴('스다'의 활용형) → 학문 선 것'이다.

□ 이(理): 다스리다, 깨닫다, 도리, 이치, 학문.

아이서레이트(isolate: 떼어놓다, 분리하다, 격리하다)

우리말로 읽어보면 '이(i)+소르(sol)+아디(ate) → 이(離: 떠날 이) 소르(서로) 아디(하다) → 떼어놓다 서로 하다'다. '서로 떼어놓는 것을 하다'이다.

□ 이(離): 떠나다, 떼어 놓다.

이슈(issue: 논점, 쟁점, 문제점, 발행, 결과, 주제, 발표하다)

우리말로 읽어보면 '이(i)+쓰우(ssu)+이(e) → 이(異: 다를 이) 쓰우(싸우: '싸우다'의 어근) 이(명사형 접미사, 이것) → 다름으로 싸우는 이것'이다.

이트(it: 그것이[은]; 그것을[에])

우리말로 읽어보면 '이(i)+트(t) → 이(지시 대명사) 트(츠 → 치: 것) → 이것'이다.

이츠(itch: 가렵다, 근질근질하다)

우리말로 읽어보면 '이(i)+트(t)+츠(ch) → 이(사람 몸에 기생하는 곤충) 트(타: '타다(부끄럼이나 노여움 따위의 감정이나 간지럼 따위의 육체적 느낌을 쉽게 느끼다)'의 활용형) 츠(치 → 체(搽: 긁을 체) → 이 타 긁다'다. '이 타 긁는 것'이다.

아이템(item: 항목, 사항, 조항, 종목, 물품, 물건)

우리말로 읽어보면 '이(i)+텀(tem) → 이(위(謂: 이를 위)) 텀(침('처음'의 방언)) → 이르다(말하다) 처음'이다. '이름(이르는 바)에 처음'이다.

이터레이트(iterate: 되풀이하여 말하다, 반복하다)

우리말로 읽어보면 '이(i)+뜨(t)+이르(er)+아디(ate) → 이(위(謂: 이를 위)) 뜨(또: 다시) 이르(이러 → 일러: '이르다'의 활용형) 아디(하디하다) → 이르다 또 이르다 하다'다.

아이버리(ivory: 상아, (코끼리 등의) 엄니)

우리말로 읽어보면 '아이(i)+보르(vor)+이(y) → 아이(아(牙: 어금니 아)) 보르(버르 → 벌으 → 벌어: '벌다'의 활용형) 이(齒) → 아(牙) 벌다 이(齒) → 어금니 벌은 이빨'이다.

J

쟁글(jangle: 땡그랑거리다, 시끄러운 소리를 내다)

우리말로 읽어보면 '장그리(jangle) → 장그리(짱그려 → 쨍거려: "땡(땡그랑)"거려)'다.

조인(join: 연결하다, 잇다)

우리말로 읽어보면 '조이(joi)+느(n) → 조이(조여: '조이다('죄다'의 본말)'의 활용형) 느(나: '나다(생기다)'의 활용형) → 조이다 생기다'이다. '조임이 생긴 것' '이은 것'이다.

조쉬(josh: 놀리다, 희롱하다)

우리말로 읽어보면 '조(jo)+스흐(sh) → 조(嘲: 비웃을 조) 스흐('서다(생기다)'의 활용형) → 비웃다 서다(생기다)'다.

조슬(jostle: 난폭하게 떠밀다)

우리말로 읽어보면 '조(jo)+스(s)+트(t)+리(le) → 조('마구'의 방언) 스('스다(생기다)'의 활용형) 트(츠 → 추(推: 밀 추)) 리(종결 어미) → 마구 생겨 밀으리 → 마구 밀으리'다.

저르널(journal: 일지, 일기, 수기)

우리말로 읽어보면 '조(jo)+우르(ur)+날(nal) → 조(造: 지을 조) 우르('우리'의 방언) 날(지구가 한 번 자전하는 동안) → 조(造) 우리 날'이다. '우리 날을 저술한 것'이다.

□ 조(造): 짓다, 만들다, 저술하다, 세우다.

조이(joy: 기쁨, 환희)

우리말로 읽어보면 '즈오(jo)+이(y) → 즈오(조아 → 좋아: '좋다'의 활용형) 이(명사형 접미사, 이것) → 좋은 이것'이다.

저지(judge: 재판관, 법관, 판사)

우리말로 읽어보면 '주드(jud)+지(g)+이(e) → 주드(주다) 지('죄'의 방언) 이(사람) → 주다 죄 사람'이다. '죄를[벌을] 주는 사람'이다.

준이어(junior: 1. 하급의, 부하의 2. 하급자)

1번을 우리말로 읽어보면 '준(jun)+이(i)+올(or) → 준(準: 준할 준: '구실이나 자격이 그 명사에는 못 미치나 그에 비길 만한'의 뜻을 더하는 접두사. 예: 준결승) 이(위(位: 자리 위)) 올('오다'의 활용형) → 준(準) 자리 올'이다.

2번을 우리말로 읽어보면 '준(jun)+이(i)+오르(or) → 준(準: 준할 준: '구실이나 자격이 그 명사에는 못 미치나 그에 비길 만한'의 뜻을 더하는 접두사. 예: 준결승) 이(위(位: 자리 위)) 오르(어리: 옛말 그런 사람의 뜻을 더하는 접미사) → 준(準) 자리 사람'이다.

정크(junk: 쓸모없는 물건, 폐물, 쓰레기)

우리말로 읽어보면 '준(jun)+크(k) → 준(중) 크(고) → 중고'다. (ㄴ- → ㅇ)

□ 중고(中古): 오래된 물건이나 쓸모없는 물건.

저스트(just: 올바른, 공정[공평]한, 정당[당연]한, ('정확히'라는 뜻의) 딱 [꼭])

우리말로 읽어보면 '주(ju)+스(s)+트(t) → 주(자: 길이를 재는 데 쓰는 도구) 스(쓰 → 써: '쓰다'의 활용형) 트(티: 모양) → 자 쓴 모양'이다.

□ 자: 사업과 생활을 해 나감에 있어서 모든 문제를 분석·평가하고 풀어 나갈 때 의거하여야 할 원칙적 기준을 비유적으로 이르는 말.

K

킨(keen: 날카로운, 예리한, 잘 드는)

우리말로 읽어보면 '키(ke)+인(en) → 키(기(氣: 기운 기)) 인(刃: 칼날 인) → 기운 칼날'이다. '칼날에 기운'이다.

킵(keep: 보유하다, 보존하다, 간직하다)

우리말로 읽어보면 '키(ke)+입(ep) → 키('치(値: 값 치)'의 방언)) 입(立: 설 입) → 가지다 존재하다'다. '가져 존재하다'다.

□ 치(値): 값, 값어치, 가지다, 지니다.

□ 입(立): 서다, 존재하다.

키(key: 열쇠, 키)

우리말로 읽어보면 '키(ke)+이(y) → 키(께: '께라다('열다'의 방언)'의 어근) 이(명사형 접미사, 이것) → 여는 이것'이다.

나이트(knight: 기마 무사, 기사(騎士))

우리말로 읽어보면 '큰이(kni)+그(g)+흐(h)+트(t) → 큰이(큰 사람) 그(가(軻: 수레 가)) 흐(호(扈: 보호할 호) 트(츠 → 치: 사람) → 큰이=왕 가(軻) 호(扈) 사람'이다. '왕 수레 보호하는 사람'이다.

노우(know: 알고 있다, 알다, 이해하고 있다)

우리말로 읽어보면 '큰(kn)+오(o)+유(w) → 큰(근 → 긍(肯: 즐길 긍)) 오(悟: 깨달을 오) 유(有: 있을 유) → 수긍하다(首肯--) 깨닫다 있다'다. '깨달음 있음에 고개를 끄덕임' '아는 것'이다.

□ 긍(肯): 즐기다, 수긍하다(首肯--).

L

레이버(labor: 노동)

우리말로 읽어보면 '랍(lab)+올(or) → 랍(납(臘: 섣달 납) 올(월(月)) → 납(臘) 월(月)'이다. '납월(臘月)'은 '음력 섣달을 달리 이르는 말'이다. '납월(臘月)'에는 '납향제(臘享祭)'를 지내는데, 이때 많은 일을 하여 만들어진 말이다. '레이브(lave: 씻다)'도 이때 만들어진 말이다. 납월(臘月)에는 '몸을 깨끗이 씻는' 풍습이 있었다.

랙(lack: 부족, 결핍, 결여)

우리말로 읽어보면 '래(la)+극(ck) → 래(내: '내다(돈이나 물건 따위를 주거나 바치다)'의 어근) 극(극(極: 다할 극)) → 내다 다하다'다. '내는 것이 다한 것'이다.

랙테이트(lactate: 젖을 분비하다, 수유(授乳)하다)

우리말로 읽어보면 '락(lac)+트(t)+아디(ate) → 락(酪: 쇠젖 락) 트(터: '트다(열다)'의 활용형) 아디(하디 → 하다) → 쇠젖 트다(열다) 하다'다.

래덜(ladder: 사다리)

우리말로 읽어보면 '래(la)+드드르(dder) → 래(倈: 섬돌 래) 드디르(디딜이: 디디는 것) → 층계 디딜이'이다. '층계 져 디디는 것'이다.

□ 래(倈): 섬돌, 층계(層階).

랙(lag: 처지다, 떨어지다, 진행이 느리다)

우리말로 읽어보면 '라(la)+그(g) → 라(懶: 게으를 라) 그(가: '가다'의 활용형) → 게으르다 가다'다. '게으르게 가는 것'이다.

램(lam: (막대기, 매 등으로) 때리다, 치다)

우리말로 읽어보면 '라(la)+므(m) → 라(剆: 칠 라) 므(미: '매(사람이나 짐승을 때리는 막대기, 몽둥이, 회초리, 곤장, 방망이 따위를 통틀어 이르는 말)'의 방언) → 쳐 매'다. '매로 치다'다.

레임(lame: 다리를 저는, 절름발이의)

우리말로 읽어보면 '람(lam)+이(e) → 람(남: '나무'의 방언) 이(쫘: 갈 이) → 나무 가다'다. '나무 짚고 가는 것'이다.

러멘트(lament: 슬퍼하다, 비탄하다, 후회하다, 애도)

우리말로 읽어보면 '람(lam)+인(en)+트(t) → 람(婪: 슬퍼할 람) 인('일다(생기다)'의 활용형) 트(티: 모양) → 슬퍼하다 생긴 모양'이다.

램프(lamp: 등, 램프, 등잔)

우리말로 읽어보면 '라(la)+므브(mp) → 라('해'의 고어) 므브(move(움직이다))'다. '움직이는 해'다.

랜드(land: 뭍, 육지, 땅, 토지)

우리말로 읽어보면 '르(l)+애(a)+느(n)+드(d) → 르(느 → 니: '뭍'의 고어) 애(皚: 가까울 애) 느(나: '나다(솟아 나다)'의 활용형) 드(즈 → 지(地: 땅 지)) → 물 가깝다 솟아나다 땅'이다. '물 가깝게 솟아난 땅'이다.

랭귀지(language: 언어, 말)

우리말로 읽어보면 '랜(lan)+구(gu)+아(a)+지(ge) → 랜(랭 → 령(䨩: 소리 령)) 구(口: 입 구) 아(하 → 해(該: 갖출 해)) 지(志: 뜻 지) → 소리 입 갖추다 뜻'이다. '뜻을 갖춘 입에 소리'다.

랭귀드(languid: 늘어진, 나른한, 노곤한, 맥없는)

우리말로 읽어보면 '란(lan)+구(gu)+이드(id) → 란(嬾: 하품하는 모양 란) 구(軀: 몸 구) 이드(이다) → 하품하는 모양의 몸이다'다.

랄서니(larceny: 도둑질, 절도)

우리말로 읽어보면 '랄(lar)+세(ce)+느(n)+이(y) → 랄(埒: 담 랄) 세(跇: 넘을 세) 느(너 → 넣: '넣다'의 어근) 이(명사형 접미사, 이것) → 담 넘어 넣는 이것'이다.

라~ㄹ지(large: 큰, 넓은)

우리말로 읽어보면 '라르지(large) → 라르지(나르지 → 너르지: '너르다(공간이 두루 다 넓다)'의 활용형)'이다.

라~ㄹ크(lark: 종다리, 유쾌하고 즐거운 일, 흥청망청 놀기)

우리말로 읽어보면 '랔(la(r)k) → 랔(락(樂: 즐길 락)) → 즐기다'다. '즐기는 것'이다.

레이트(late: 1. 늦은 2. 최근의 3. 작고한, 고(故))

1번을 우리말로 읽어보면 '래(la)+태(te) → 래(來: 올 래) 태(怠: 게으를 태) → 오다 느리다'다. '느리게 오는'이다.

□ 태(怠): 게으르다, 느리다.

2번을 우리말로 읽어보면 '르(l)+아(a)+띠(te) → 르(느 → 니(泥: 가까울 니)) 아('에'의 방언) 띠(때(時)) → 가깝다 에 때'이다. '가까움에 때(時)'다.

3번을 우리말로 읽어보면 '라(la)+티(te) → 라('해'의 고어) 티(치: 사람) → 해(하늘) 사람'이다. '하늘로 간 사람'이다.

론치(launch: (보트 등을) 수면에 내려놓다, 띄우다, 진수시키다)

우리말로 읽어보면 '르(l)+아(a)+운츠(unch) → 르(루(艛: 배 루)) 아(하(河: 물 하)) 운츠(언쳐 → 얹혀: '얹히다(위에 올려져 놓이다. '얹다'의 피동사)'의 활용형) → 배 물에 얹혀'다.

론드리(laundry: 세탁물)

우리말로 읽어보면 '뢴드리(laundry) → 뢴드리 → 뢴드리(넌더리: 지긋지긋하게 몹시 싫은 생각))'이다. '넌더리 나는 것'이다.

□ '빨래'를 두고 어머니가 늘 하시던 말씀이다.

라버(lava: 용암)

우리말로 읽어보면 '랍(lav)+아(a) → 랍(爉: 불 모양 랍) 아(硪: 바위 아)

→ 불 모양 바위'다.

래비쉬(lavish: 마음이 후한, 아끼지 않은)

우리말로 읽어보면 '랍(lav)+이(i)+스(s)+흐(h) → 랍(臘: 섣달 랍) 이('에'의 방언) 스(수(授: 줄 수) 흐(후(厚: 두터울 후)) → 랍(臘) 에 주다 많다'다. '랍 제사에 주는 것이 많은'이다. 랍(臘)은 '납향(臘享)'으로 '음력 12월에 한 해 동안 지은 농사 형편과 그 밖의 일들을 여러 신에게 고하는 제사'다. '제사를 지내고 제사 음식을 후하게 나누어 주는 것'이다.

레이(lay: 놓다, 눕히다, 두다, 수평으로 하다)

우리말로 읽어보면 '르(l)+아이(ay) → 르(느 → 놔: '놓다'의 활용형) 아이(하이: '하다'의 활용형) → 놓아 하다 → 놓다'다.

레이지(lazy: 게으른, 나태한)

우리말로 읽어보면 '라(la)+지(zy) → 라(懶: 게으를 라) 지(져: '지다'의 활용형) → 게으르다 지다'다. '게으른'이다.

리드(lead: 인도하다, 이끌다, (남의) 길 안내를 하다)

우리말로 읽어보면 '리(le)+아드(ad) → 리(려(勵: 도울 려)) 아드(하다) → 인도하는 것 하다'다.

□ 려(勵): 돕다, 인도하다(引導--).

맆(leaf: 잎, 입사귀)

우리말로 읽어보면 '레압(leaf) → 레압(렵 → 엽(葉: 잎 엽)'이다.

리그(league: 동맹, 연맹)

우리말로 읽어보면 '리(le)+아(a)+구(gu)+이(e) → 리(里: 마을 리) 아(하 → 해: '많이'의 방언) 구(講: 얽을 구) 이(명사형 접미사, 이것) → 마을 많이 얽은 이것'이다.

린(lean: 몸을 구부리다, 뻗다, 기울다, 기대다, 의지[의존]하다)

우리말로 읽어보면 '르(l)+이안(ean) → 르(루 → 누: 누구) 이안(은(慇: 기댈 은)) → 누구에게 기대다'다.

러~ㄹ느(learn: 배우다, 익히다, 터득하다)

우리말로 읽어보면 '레(le)+아르(ar)+느(n) → 레(래 → 내: '내다(다른 사람의 모양이나 행동을 따라 하다)'의 어근) 아르(알으 → 알아: '알다'의 활용형) 느(나: '나다(생기다)'의 활용형) → 따라 하다 알다 생겨'다. '따라 해 앎 생기는 것'이다.

리브(leave: 떠나다, 헤어지다, 그만두다)

우리말로 읽어보면 '리(le)+아(a)+비(ve) → 리(離: 떠날 리) 아(하 → 해: '하다'의 활용형) 비('비다('버리다'의 방언)'의 어근) → 떠나다 하다 버리다'다. '떠나 버리다'다.

레치(lech: 색욕, 성욕, 호색가)

우리말로 읽어보면 '려(le)+츠(ch) → 려(여(여자 여)) 츠(추(追: 따를 추)) → 여자 뒤쫓는 사람'이다.

□ 추(追): 따르다, 뒤쫓는 사람.

레전드(legend: 전설, 구전(口傳))

우리말로 읽어보면 '리(le)+젠(gen)+드(d) → 리(脷: 혀 리) 젠(전(傳: 전할 전)) 드(돼: '되다'의 활용형) → 혀(말) 전하다 되다'다. '전(傳)함 되는 말'이다.

렌드(lend: 빌려주다, 대여[대출]하다)

우리말로 읽어보면 '리(le)+느드(nd) → 리(니('길미(이자)'의 방언)) 느드(놓다) → 이자 놓다'다. '돈을 빌려주고 이자를 받다'다.

□ 길미: 돈을 빌리고 지급하는 이자.

렝크뜨(length: 길이)

우리말로 읽어보면 '리(le)+느그(ng)+뜨(t)+흐(h) → 리(里: 마을 리) 느그(나가: '나가다(값이나 무게 따위가 어느 정도에 이르다)의 어근) 뜨(떠: '뜨다(사이가 벌다)'의 활용형) 흐(해: '하다'의 활용형) → 거리 나가다 뜨다 하다'다. '뜬 거리 나가는 것'이다.

□ 리(里): 마을, 이웃, 리(거리를 재는 단위).

렝크뜨언(lengthen: 길게 하다, 늘이다, 연장하다)

우리말로 읽어보면 '리느그뜨흐(length)+인(en) → 리느그뜨흐(길이) 인(引: 끌 인) → 길이 늘이다'다.

□ 인(引): 끌다, 당기다, 늘이다, 연장하다(延長--).

레트(let: 허락하다, 하게 하다, 시키다, 놓아두다)

우리말로 읽어보면 '래뜨(let) → 래뜨(내뛰 → 냅뛰 → 냅둬: '냅두다('내버려두다, 놓아두다'의 방언)'의 활용형) → 내버려두다 → 놓아두다'다.

□ Let us go. 내처 어서 가. 여기서는 '래트(내츠 → 내쳐: '내치다'의 활용형)'다.

레터~ㄹ(letter: 글자, 문자, 편지)

우리말로 읽어보면 '리(le)+트(t)+티(te)+르(r) → 리(俐: 혀 리: 말(言)) 트(츠 → 치: '치다(붓이나 연필 따위로 점을 찍거나 선이나 그림을 그리다)'의 어근) 치(것) 르(라: 종결 어미) → 말 치다(그리다) 것이라'다. '말 그린 것이라'다.

레벌(level: 평평한, 수평의, 같은 높이의)

우리말로 읽어보면 '립(lev)+에(e)+르(l) → 립(立: 설 립) 에(여(如: 같을 여)) 르(라: 어미) → 선 것이 같다 라'다.

라이어블(liability: 빚, 부채, 채무)

우리말로 읽어보면 '리(li)+아(a)+비리(bili)+티(ty) → 리(니: '길미(이자)'의 방언) 아(하 → 해: '하다'의 활용형) 비리(빌이 → 빌리 → 빌려: '빌리다'의 활용형) 티(츠 → 치: 어떠한 특성을 가진 물건 또는 대상) → 이자 해 빌려 대상(것)'이다. '이자 주고 빌린 치(대상, 것)'다.

리버레이트(liberate: 해방하다, 석방하다)

우리말로 읽어보면 '리(li)+빌(ber)+아디(ate) → 리(離: 떠날 리) 빌(벌(罰: 벌할 벌)) 아디(하다) → 리(離) 벌(罰) 하다'다. '벌(罰)함 떠나다'다.

리크(lick: 혀로 핥다)

우리말로 읽어보면 '리(li)+극(ck) → 리(脷: 혀 리) 극(끅 → 끽(喫: 먹을 끽) → 혀 먹다'이다. '혀로 먹는 것' '핥는 것'이다.

라이(lie: 1. 거짓말 2. 눕다)

1번 우리말로 읽어보면 '리(li)+이(e) → 리(脷: 혀 리) 이(위(僞: 거짓 위) → 혀(말) 거짓'다.

2번을 우리말로 읽어보면 '르이이(lie) → 르이이(느이이 → 누이이 → 누우이: '누우다('누이다'의 옛말)'의 활용형)'다.

□ 누이다: 몸을 바닥 따위에 수평 상태로 길게 놓다. '눕다'의 사동사.

라이프(life: 생명, 목숨)

우리말로 읽어보면 '라(li)+브(f)+이(e) → 라(나: '나다(생기다)'의 어근) 브(부(䴸: 숨쉴 부) 이(명사형 접미사, 이것) → 생기다 숨쉬다 이것'이다. '숨 쉬는 것이 생기는 이것'이다.

리프트(lift: 올리다, 들어[끌어] 올리다)

우리말로 읽어보면 '립(lif)+뜨(t) → 립(立: 설 립) 뜨(떠: '뜨다(무거운 물건을 위로 들어 올리다)'의 활용형) → 세우다 뜨다'다. '세워 뜨는 것' '위로 들어 올리는 것'이다.

라이트(light: 빛, 광선, 밝기)

우리말로 읽어보면 '리(li)+그(g)+흐(h)+트(t) → 리(라: '해'의 고어) 그(가: 경계에 가까운 바깥쪽 부분) 흐(호(晧: 밝을 호)) 트(츠 → 치: '물건'의 뜻을 더하는 접미사, 것) → 해 가장자리 밝은 물건(것)'이다.

라이크(like: 1. 같은, 닮은 2. 좋아하다, 마음에 들다)

1번을 우리말로 읽어보면 '라(li)+키(ke) → 라(나: '나다(생기다)'의 활용형) 키(끼: '끼다(겹치다)'의 어근) → 생긴 것이 겹치는'이다.

2번을 우리말로 읽어보면 '락(lik)+이(e) → 락(樂: 즐길 락) 이(이것) → 즐거워하는 이것 → 마음에 드는 것'이다.

□ 락(樂): 즐기다, 즐거워하다.

림브(limb: (머리, 동체와 구별하여) 손발, 수족, 팔, 다리)

우리말로 읽어보면 '리(li)+므(m)+브(b) → 리(니 → 이: 사람) 므(무 → 뮈: '뮈다('움직이다'의 옛말)'의 어근) 브(부(部: 떼 부)) → 사람 움직이는 곳'이다.

□ 부(部): 떼, 부락(部落), 곳, 장소.

리미트(limit: 한계, 극한, 한계점)

우리말로 읽어보면 '림(lim)+이(i)+트(t) → 림(임(臨: 임할 임)) 이('에'의 방언) 트(테: '테두리'의 준말) → 임(臨)함(다스림)에 테두리'이다.

□ 임(臨): 임하다(臨--: 어떤 사태나 일에 직면하다), 다스리다, 통치하다(統治--).

라인(line: 선, 선 모양의 것)

우리말로 읽어보면 '린(lin)+이(e) → 린(繗: 이을 린) 이(명사형 접미사, 이것) → 실 뽑은 이것'이다.

□ 린(繗): 잇다, 실 뽑다.

링거(linger: 오래 머무르다, 그 자리에 처지다)

우리말로 읽어보면 '리(li)+느(n)+기르(ger) → 리(이(사람)) 느(나: '나다(지내다)'의 활용형)) 기르(길으 → 길어: '길다'의 활용형) → 사람 지내다 길어'이다. '사람 길게 지내다'이다.

립(lip: 입, 입술)

우리말로 읽어보면 '립(lip) → 립(입)'이다.

리퀴드(liquid: 액체[액상]의, 유동성[체]의)

우리말로 읽어보면 '리(li)+구(qu)+이(i)+드(d) → 리(니: '물'의 고어) 구(軀: 몸 구) 이(위(爲: 할 위)) 드(즈 → 자(姿: 모양 자) → 물 몸 하다 모양'이다. '물의 몸을 한 모양'이다.

리슨(listen: 듣다, 귀를 기울이다)

우리말로 읽어보면 '리(li)+스(s)+티(te)+느(n) → 리(이(耳: 귀 이) 스('스다(서다)'의 활용형) 티(어떤 태도나 기색) 느(나: '나다(생기다)'의 활용형) → 귀 서는 기색 나'이다. '귀를 기울이는 것'이다.

리터럴(literal: 문자[자의(字義)] 그대로인)

우리말로 읽어보면 '리(li)+트(t)+이르(er)+알(al) → 리(脷: 혀 리)+트(츠 → 쳐: '치다(그리다)'의 활용형)=혀(말)+그린 것=문자 이르('이르다(말하다)'의 어근) 알(할 → 한: '하다'의 활용형) → 문자 이르다(말하다) 한'이다. '문자가 말한'이다.

라이브(live: 살아있는, 살다)

우리말로 읽어보면 '라(li)+브(v)+이(e) → 라(나 → 낳: '낳다'의 어근) 브(부(豧: 숨쉴 부) 이(이것) → 낳다 숨쉬다 이것'이다. '낳아서 숨 쉬는 이것'이다.

로우드(load: 짐, 적하(積荷), 싣다, 태우다)

우리말로 읽어보면 '로(lo)+아(a)+드(d) → 로(노(바, 노끈, 새끼 따위) 아(하 → 해: '하다'의 활용형) 드(즈 → 주(蕏: 꾸러미 주) → 노끈 하다 꾸러미'다. '노끈으로 묶은 꾸러미'다.

로운(loan: 대여물; 대출금, 론; 빚; 공채, 대여, 대출)

우리말로 읽어보면 '로(lo)+아(a)+느(n) → 노(놔: '놓다(이자나 세를 받고 빌려주다)'의 활용형) 아('에'의 방언) 느(니 → 이: 명사형 접미사, 이것) → 놓음에 이것'이다. '빌려줌에 이것'이다.

랍스터(lobster: 바닷가재)

우리말로 읽어보면 '롭(lob)+스(s)+티(te)+르(r) → 롭(랍(臘: 섣달 랍) 스(쓰: '쓰다(用)'다의 어근) 티(치: 것(물건, 대상)) 르(라: 종결 어미) → 쌍날로 된 칼 쓰는 것(물건, 대상)이라'다.

□ 랍(臘): 섣달, 쌍날로 된 칼.

로컬(local: 지역의, 주민)

우리말로 읽어보면 '록(loc)+아(a)+르(l) → 록(락(格: 마을 락)) 아('에'의 방언) 르(리(里: 마을 리) → 마을에 인근'이다.

□ 리(里): 마을, 이웃, 인근.

로지(lodge: 오두막집)

우리말로 읽어보면 '로드(lod)+지(ge) → 로드(라드 → 나드 → 나즈 → 낮으 → 낮아: '낮다'의 활용형) 지(脂: 집 지) → 낮아 집 → 낮은 집'이다.

로프트(loft: 고미다락방, 위층)

우리말로 읽어보면 '로프(lof)+트(t) → 로프(노프 → 높으 → 높아: '높다'의 활용형) 트(츠 → 처(處: 곳 처)) → 높아 처소(處所)'다. '높은 처소'다.

□ 처(處): 곳, 처소(處所).

로프티(lofty: 아주 높은, 우뚝 솟은)

우리말로 읽어보면 '로프(lof)+티(ty) → 로프(높으 → 높아: '높다'의 어근) 티(모양) → 높다 모양'이다. '높은 모양'이다.

로운(lone: 홀로 있는, 혼자의)

우리말로 읽어보면 '르(l)+원(one) → 르(리: 사람) 원(하나) → 사람 하나'다. '한 사람'이다.

룩(look: 보다, 바라보다, 눈을 향하다, 주목하다)

우리말로 읽어보면 '루(loo)+크(k) → 루(瞜: 볼 루) 크(그 → 가: '가다'의 활용형) → 보다 가다'이다. '봄이 가는 것'이다.

루스(loose: 풀려난, 해방된, 자유로운)

우리말로 읽어보면 '루(loo)+시(se) → 루(累: 묶을 루) 시(서(紓: 느슨할 서)) → 묶다 풀다 → 묶은 것을 풀은 것'이다.

ㅁ 서(紓): 느슨하다, 느슨하게 하다, 풀다, 해제하다(解除--).

루트(loot: 전리품, 노획품, 약탈품)

우리말로 읽어보면 '로(lo)+오(o)+트(t) → 로(擄: 노략질할 로) 오(아: '에'의 방언) 트(츠 → 치: 물건) → 노략질함 에 물건'이다. '노략질한 물건'이다.

로우퀘이숴스(loquacious: 말하기를 좋아하는, 수다스러운)

우리말로 읽어보면 '로(lo)+꽤(qua)+시(ci)+오우(ou)+스(s) → 로(嚕: 말할 로) 꽤 시(咊: 좋아할 시) 오우(위(爲: 할 위))+스(~의)=함의=한 → 말하다 꽤 좋아하다 한'이다. '말하는 것 꽤 좋아하는'이다.

루즈(lose: 잃어버리다, 두고 잊어버리다)

우리말로 읽어보면 '로(lo)+새(se) → 로(撈: 잡을 로) 새('새다(돈이나 재산 따위가 일정한 양에서 조금씩 부족해지거나 주인이 모르는 사이에 다른 데로 나가는 상태가 되다)'의 어근) → 잡은 것 새다'다.

로트(lot: 추첨, 제비뽑기)

우리말로 읽어보면 '로(lo)+트(t) → 로(노: 뜻밖에 얻은 재물이나 행운) 트(츠 → 추(抽: 뽑을 추) → 행운 뽑기'다.

라우드(loud: (소리, 음성이) 큰, 높은; 음량이 잘 들리는, 소리가 크게 나는)

우리말로 읽어보면 '로(lo)+우(u)+드(d) → 로(謗: 소리 로) 우(위) 드(돼: '되다'의 활용형) → 소리 위 돼'다. '소리 크게 돼'다.

러브(love: (이성에 대한) 사랑, 애정, 연정, 자비)

우리말로 읽어보면 '로(lo)+브(v)+이(e) → 로(嫪: 사모할 로) 브(부(付: 줄 부) 이(명사형 접미사, 이것) → 사모하다(思慕--) 주다 이것'이다. '사모함을 주는 이것'이다.

□ 사모(思慕): 정(情)을 들이고 애틋하게 생각하며 그리워함.

루큐브레이트(lucubrate: (특히 야간에) 부지런히 일하다, 밤늦게 열심히 공부하다)

우리말로 읽어보면 '루(lu)+쿠(cu)+브(b)+르(r)+아디(ate) → 루(라: '해(불(火))'의 고어) 쿠(커 → 켜: '켜다'의 활용형) 브(부(復: 다시 부)) 르(로(勞: 일할 로)) 아디(하디 → 하다) → 불 켜 다시 일하는 것 하다'다.

루브러케이트(lubricate: 기름을 치다, 급유하다, 기름을 바르다)

우리말로 읽어보면 '루(lu)+브리그(bric)+아디(ate) → 루(류 → 유(油: 기름 유)) 브리그(바르고: '바르다'의 활용형) 아디(하지 → 하다) → 기름 바르고 하다'다.

럭(luck: 행운, 운수)

우리말로 읽어보면 '르(l)+우(u)+그(c)+크(k) → 르(로 → 노: 뜻밖에 얻은 재물이나 행운) 우(偶: 짝 우) 그(구(拘: 잡을 구) 크(그 → 거: '것'을 구어적으로 이르는 말) → 노 우연(偶然) 잡다 것'이다. '노 우연(偶然)히 잡는 것'이다.

□ 우(偶): 짝, 우연(偶然).

러그(lug: (무거운 것을) → 질질 끌어서[애써] 나르다)

우리말로 읽어보면 '루(lu)+그(g) → 루(婁: 끌 루) 그(가: '가다'의 활용형) → 끌고 가다'다.

럴(lull: 달래다, 어르다)

우리말로 읽어보면 '르(l)+울르(ull) → 르(루(淚: 눈물 루)) 울르(얼르: '얼르다'의 어근) → 울다 얼르다('어르다(어떤 일을 하도록 사람을 구슬리다)'의 방언)'이다. '우는 것을 어르다'다.

□ 루(淚): 눈물, 울다.

러스트(lust: 강한 욕망, 성욕, 육욕, 정욕)

우리말로 읽어보면 '르(l)+우(u)+스(s)+트(t) → 르(루(屢: 여러 루)) 우(偶: 짝 우) 스(사(思: 생각 사)) 트(츠 → 취(取: 가질 취)) → 수효(數爻)가 많은 짝짓는 생각을 가지는 것'이다.

□ 루(屢): 여러, 자주, 수효(數爻)가 많은.

□ 우(偶): 짝, 배필, 짝짓다.

M

머쉰(machine: 기계, 기계장치)

우리말로 읽어보면 '마(ma)+치(chi)+느(n)+이(e) → 마(麻: 삼 마) 치('치다(돗자리, 멍석, 가마니 따위를 틀로 짜다)'의 어근) 느('는'의 방언) 이(명사형 접미사, 이것) → 베옷 치 는 이것'이다. '베옷 만드는 이것(베틀)'이다.

□ 마(麻): 삼, 베옷을 일컫는 말.

매드(mad: 미친, 실성한)

우리말로 읽어보면 '매(ma)+드(d) → 매(魅: 도깨비 매) 드(돼: '되다'의 활용형) → 도깨비 돼'다. '도깨비 된'이다.

매직(magic: 마법, 마술, 주술)

우리말로 읽어보면 '매(ma)+지(g)+이그(ic) → 매(魅: 매혹할 매) 지(持: 가질 지) 이그(이것) → 홀리다 가지다 이것'이다.

□ 매(魅): 매혹하다, 홀리다(정신을 흐리게 하다).

매그니트(magnet: 자석, 자철광)

우리말로 읽어보면 '마그(mag)+느(n)+이(e)+트(t) → 마그(마구: 몹시 세차게. 또는 아주 심하게) 느(누(婁: 끌 누)) 이('에'의 방언) 트(츠 → 치: 물건) → 마구 끌다 에 물건'이다.

매그니피슨트(magnificent: 참으로 아름다운, 웅장한, 당당한, 화려한)

우리말로 읽어보면 '마그(mag)+니삐(nifi)+시(ce)+느(n)+트(t) → 마그(마구: 몹시 세차게. 또는 아주 심하게) 니삐(니뻐 → 이뻐: '이뻐다('예쁘다'의 방언)'의 어근) 시(視: 볼 시) 느(나: '나다(생기다)'의 활용형) 트(티: 모양) → 아주 심하게 이뻐 보이게 생긴 모습'이다.

메이드(maid: 소녀, 아가씨)

우리말로 읽어보면 '매(ma)+이드(id) → 매(妹: 누이 매) 이드(이다) → 소녀 이다'다.

□ 매(妹): (손아래) 누이, 소녀.

메인테인(maintain: (관계 등을) 유지[보유, 지속]하다, 계속하다)

우리말로 읽어보면 '매인(main)+태(tai)+느(n) → 매인('매이다(끈이나 줄 따위의 두 끝이 엇걸리고 잡아당겨져 풀어지지 아니하게 마디가 만들어지다. '매다'의 피동사)'의 활용형) 태(態: 모습 태) 느(나: '나다(생기다)'의 활용형) → 매다 모습 생기다'이다. '매인 모습 생기는 것'이다.

메이저러티(majority: 대부분, 대다수, 과반수)

우리말로 읽어보면 '마조리(majori)+티(ty) → 마조리(모조리: 하나도 빠짐없이 모두) 티(모양) → 모조리 티'다.

메이크(make: ~을 만들다, 제작하다, 건설하다, 조립하다)

우리말로 읽어보면 '매기(make) → 매기('매다(끈이나 줄 따위로 꿰매거나 동이거나 하여 무엇을 만들다)'의 활용형) → 매기(만들기)'다.

매래프러포우(malapropos: ((프랑스어)) 적절하지 않은, 어울리지 않은)

우리말로 읽어보면 '말(mal)+앞(ap)+로뽀(ropo)+스(s) → 말(言) 앞(합 → 합(合: 합할 합)) 로뽀(라빠 → 나빠: '나쁘다'의 활용형) 스('스다(생기다)'의 활용형) → 말(言) 적합하다(適合--) 나빠 생겨'다. '말(言)에 적합(適合)함이 나쁘게 생겨'다.

□ 합(合): 합하다, 적합하다(適合--).

멀에이리어(malaria: ((병리)) 말라리아)

우리말로 읽어보면 '마(ma)+르(l)+아르이(ari)+아(a) → 마(痲: 저릴 마) 르('를'의 방언) 아르이(앓으이: '앓다'의 활용형) 아(痾: 병 아) → 마(痲)를 앓는 병'이다. '홍역을 앓듯 고열이 나며 앓는 병'이다.

□ 마(痲): 저리다, 마비되다, 홍역(紅疫).

메일(male: 남성, 남자의, 수컷의)

우리말로 읽어보면 '말(mal)+이(e) → 말('망울'의 방언) 이(사람) → 망울 사람'이다. '망울'은 '둥근 덩어리' 즉 '고환(불알)'이다. '고환(불알)을 갖은 사람'이다.

여자는 'female'이다. 우리말로 읽어보면 '비(fe)+말이(male) → 비(非: 아닐 비) 말이(고환 사람) → 비(非) 고환 사람'이다. '고환이 없는 사람'이다.

매리스(malice: 악의, 적의, 원한)

우리말로 읽어보면 '마(ma)+리(li)+스(c)+이(e) → 마(魔: 마귀 마) 리(裏: 속 리) 스('스다(생기다)'의 활용형) 이(명사형 접미사, 이것) → 마귀 속 마음 생긴 이것'이다.

□ 리(裏): 속, 속마음.

맨(man: 남자, 사나이)

우리말로 읽어보면 '마(ma)+느(n) → 매('매다'의 활용형) 느(니 → 이: 사람) → (상투를) 맨 사람'이다.

매니지(manage: (힘든 일을) 간신히 해내다, 살아 나가다)

우리말로 읽어보면 '마(ma)+나지(nage) → 마('그냥'의 방언) 나지('나다(생활하며 지내다)'의 활용형)'이다. '그냥저냥 살아가는 것'이다.

메이니어(mania: 광적인 열중[열심], 열광)

우리말로 읽어보면 '만이(mani)+아(a) → 만이(많이) 아(하 → 해: '하다'의 활용형) → 많이 해'다. '많이 하는 것'이다.

매니페스트(manifest: 명백한, 분명한)

우리말로 읽어보면 '마니(mani)+비(fe)+스(s)+트(t) → 마니(많이) 비('비다(보이다)'의 활용형) 스(~의) 트(티: 모양) → 많이 보이다 의 모양'이다. '많이 보임의 모양'이다.

머니퓰레이트(manipulate: 잘 다루다, 솜씨 있게 처리[조작]하다)

우리말로 읽어보면 '마니(mani)+풀(pul)+아디(ate) → 마니(많이) 풀(펄: 일하는 솜씨가 아주 능하여 빨리 해치우는 모양) 아디(하디(하다)) → 많이 펄하다'다.

매너(manna: 옛 이스라엘인이 신에게서 받은 음식, 하늘이 주신 양식)

우리말로 읽어보면 '만(man)+나(na) → 만나(맛나) → 맛난 것'이다.

□ 이스라엘 민족은 우리 민족이다.

매너(manner: 방법, 풍습, 예의범절)

우리말로 읽어보면 '매(ma)+느(n)+느(n)+일(er) → 매('생김새' 또는 '맵시'의 뜻을 더하는 접미사) 느(너 → 넣: '넣다'의 어근) 느('는'의 방언) 일(事) → 맵시(아름답고 보기 좋은 모양새) 넣는 일(事)'이다.

메니(many: 많은, 다수의, 허다한)

우리말로 읽어보면 '마니(many) → 마니(많이) → 많이'다.

마치(march: 행진[행군]하다, 진격하다)

우리말로 읽어보면 '므(m)+아(a)+르(r)+츠(ch) → 므(무(武: 호반 무)) 아('에'의 방언) 르((類: 무리 류) 츠(추 → 취(就: 나아갈 취)) → 병사(兵士)에 무리 나아가다'다.

□ 무(武): 호반(虎班: 무관(武官)의 반열(班列)), 무인(武人), 무사(武士), 병사(兵士).

머린(marine: 바다의, 바다에서 나는[사는]

우리말로 읽어보면 '매(ma)+르(r)+이(i)+니(ne) → 매('물'의 방언) 르(로: 조사) 이(위(偉: 클 위)) 니(이: 이것) → 물로 큰 이것'이다.

마~ㄹ멀레이드(marmalade: 마멀레이드, 허황된 이야기)

우리말로 읽어보면 '말(mar)+마라(mala)+디(de) → 말(言) 마라 디(돼: '되다'의 활용형) → 말(言) 마라 돼'다. '(하지)마라 된 말'이다.

매리지(marriage: 결혼, 결혼식)

우리말로 읽어보면 '마르(mar)+리(ri)+아지(age) → 마르(말으 → 말어: '말다'의 활용형) 리(례(禮: 예도 례) 아지(하지 → 하기: '하다'의 활용형) → 말어 의식(儀式) 하기'다. '(남여가) 마는(꼬는) 의식 하기' '결혼하기'다.

□ -지: '-기'의 옛말.

□ 례(禮): 예도(禮度), 예절(禮節), 의식(儀式).

마~ㄹ쉴(marshal: 육군 원수, 사령관, (군인, 군대를) 배열[집결, 정렬]시키다)

우리말로 읽어보면 '말(mar)+스흐(sh)+아(a)+르(l) → 말(言) 스흐(서다) 아('에'의 방언) 르(리 → 이: 사람) → 말 서 에 사람'이다. '말이 서는 사람' '말에 (위엄이)서는 사람'이다.

마~ㄹ벌(marvel: 놀라운 일, 경이, 불가사의)

우리말로 읽어보면 '말(mar)+브(v)+일(el) → 말('큰'의 뜻을 더하는 접두

사) 브(보 → 봐: '보다'의 활용형) 일(事) → 큰 보다 일(事)'이다. '큰 봄에 일(事)' '봄에 큰일(事)'이다.

매스큐린(masculine: 사내다운, 힘센, 씩씩한)

우리말로 읽어보면 '매(ma)+스(s)+구(cu)+린(lin)+이(e) → 매('생김새' 또는 '맵시'의 뜻을 더하는 접미사) 스(서: '에서'의 준말) 구(軀: 몸 구) 린(獜: 튼튼할 린) 이('에'의 방언) → 생김새에서 몸 튼튼하다 에'다. '생김새에서 몸 튼튼함에(의)'이다.

매쉬(mash: 곤죽이 된 것, 으깨다)

우리말로 읽어보면 '마(ma)+스(s)+흐(h) → 마('마다(짓찧어서 부스러뜨리다)'의 어근) 스(~의) 흐(후(候: 기후 후)) → 마다 의 상태(狀態)'다.

□ **후(候): 기후(氣候), 상황(狀況), 상태(狀態).**

매스크(mask: 마스크, 복면, 가면)

우리말로 읽어보면 '므(m)+아(a)+쓰(s)+크(k) → 므(모(貌: 모양 모)) 아('에'의 방언) 쓰(써: '쓰다'의 활용형) 크(끄 → 꺼 → 것) → 얼굴 에 써 것'이다. '얼굴에 쓰는 것'이다.

□ **모(貌): 모양, 얼굴.**

매서컬(massacre: 대학살, 대량 살육)

우리말로 읽어보면 '맛(mas)+사(sa)+클(cr)+이(e) → 맛(뭇: '가장'의 옛말 사(死: 죽을 사) 클('크다'의 활용형) 이(명사형 접미사, 이것) → 가장 죽이다 클 이것'이다. '가장 죽이는 것이 큰 이것'이다.

매사지(massage: 마사지)

우리말로 읽어보면 '마쓰(mass)+아지(age) → 마쓰(마싸 → 마사(摩挲: 손으로 주물러 어루만짐)) 아지(하지 → 하기: '하다'의 활용형, 지: '기'의 옛말) → 마사 하기'다.

마스터(master: 마음대로 할 수 있는 사람, 정통한[숙달한] 사람)

우리말로 읽어보면 '매(ma)+스(s)+트(t)+이르(er) → 매('매다(끈이나 줄 따위로 꿰매거나 동이거나 하여 무엇을 만들다)'의 어근) 스(수: 일을 처리하는 방법이나 수완) 트(츠 → 초 → 최(最: 가장 최) 이르(어리: 옛말 그런 사람의 뜻을 더하는 접미사) → 만들다 방법 최고 사람'이다. '만드는 방법이 최고인 사람'이다.

매트(mat: 매트, 돗자리, 거적)

우리말로 읽어보면 '매(ma)+트(t) → 매('매다'의 활용형) 트('터'의 방언) → 매다 터'다. '터를 맨 것' '장소(자리)를 맨 것'이다.

매츠(match: 1. 성냥 2. 경쟁 상대 3. 경기 4. 결혼, 한 쌍)

1번을 우리말로 읽어보면 '마(ma)+트(t)+츠(ch) → 마(瑪: 차돌 마) 트(타(打: 칠 타) 츠(치(熾: 불꽃 치) → 차돌 치다 불꽃'이다. '차돌을 때려 불꽃을 일으키는 것' '부싯돌'이다.

2번을 우리말로 읽어보면 '맡(mat)+츠(ch) → 맡(만 → 맞: '맞수'의 옛말) 츠(치: 사람) → 맞수 사람'이다.

3번을 우리말로 읽어보면 '맡(mat)+츠(ch) → 맡(맏 → 맞: '맞수'의 옛말) 츠(치(治: 다스릴 치) → 맞수 견주다'다. '맞수끼리 견주는 것'이다.

□ **치(治): 다스리다, 견주다.**

4번을 우리말로 읽어보면 '매트(mat)+츠(ch) → 매트(매츠 → 매치: '매듭'의 방언) 츠(치: 사람) → 매듭 사람'이다. '매듭을 이룬 사람'이다.

메이트(mate: 짝, 배우자, 배필, 동료, 단짝, 친구)

우리말로 읽어보면 '맡(mat)+이(e) → 맡(맏 → 맞: '맞'은 '마주' 또는 '서로 엇비슷하게'의 뜻을 더하는 접두사) 이(사람) → 맞 사람'이다. '마주하는 사람'이다.

머티어리얼(material: 재료, 원료)

우리말로 읽어보면 '므아(ma)+트(t)+이르(er)+이(i)+알(al) → 므아(무아 → 뭐: '무어'의 준말) 트(터: 바탕) 이르(이루 → 이뤄: '이루다'의 활용형) 이('에'의 방언) 알(알갱이) → 무어(무엇) 바탕 이루다 에 알갱이'이다. '무엇의 바탕 이룸에 알갱이'다.

매터~ㄹ(matter: 1. 문제, 중요하다, 상황 2. 물질, 성분)

1번을 우리말로 읽어보면 '마트트(matt)+일(er) → 마트트(마츠츠 → 마추쳐 → 마주쳐: '마주치다(만나다)'의 활용형) 일(事) → 마주쳐 일(事)'이다. '마주치는 일(事)'이다.

2번을 우리말로 읽어보면 '므(m)+아(a)+트(t)+트(t)+이르(er) → 므(무 →

뭐) 아('에'의 방언) 트(터: 바탕) 트(티 → 치: 물건) 이르(이라: '이다'의 어근) → 뭐에 바탕 물건이다'다.

머츄(mature: 어른스러운, 분별 있는)

우리말로 읽어보면 '매(ma)+튤(tur)+에(e) → 매('생김새' 또는 '맵시'의 뜻을 더하는 접미사) 튤(출 → 철: 사리를 분별할 수 있는 힘) 에(예(兒: 어릴 예)) → 생김새 철 어리다'다. '어림이 철(사리를 분별할 수 있는 힘)에 생김새(모양)'다.

메이(may: 해도 좋다)

우리말로 읽어보면 '므(m)+아(a)+여(y) → 므(무 → 뭐) 아(하 → 해: '하다'의 활용형) 여(與: 줄 여) → 뭐 해 허락하다'다.

□ 여(與): 주다, 허락하다(許諾--), 인정하다.

메이비(maybe: 아마, 혹시, 어쩌면)

우리말로 읽어보면 '므아여(may)+비(be) → 므아여(무하여 → 뭐하여) 비('비다(보이다)'의 어근) → 뭐하여 보여'다.

메이지(maze: 미로, 미궁)

우리말로 읽어보면 '마(ma)+지(ze) → 마(魔: 마귀 마: 일이 잘 풀리지 않을 때, 흔히 헤살을 놓는 방해 요소로 상정하는 어떤 추상적 요인을 이르는 말) 지(地: 땅 지) → 마(魔) 장소'다.

□ 지(地): 땅, 곳, 장소.

메도우(meadow: 목초지, 초원)

우리말로 읽어보면 '미(me)+아드(ad)+오(o)+유(w) → 미('모이(동물 먹이)'의 방언) 아드(하드 → 하다) 오('오다'의 어근) 유(여(輿: 수레 여)) → 먹이 하다 오는 땅'이다.

□ 여(輿): 수레, 땅.

메이져(measure: (측정된) 치수, 양, 크기, 넓이, 되, 말)

우리말로 읽어보면 '미(me)+아(a)+수(su)+리(re) → 미(메: '몇'의 방언) 아('에'의 방언) 수(數: 셈 수) 리(里: 마을 리) → 몇 에 수(數) 리(里)'다. '헤아린 몇에 수(數)'다.

□ 리(里): 마을, 인근, 리(거리를 재는 단위), 헤아리다.

메달(medal: 메달, 훈장)

우리말로 읽어보면 '메다르(medal) → 메다르(매달아: '매달다'의 활용형) → 매달아'다. '매다는 것'이다.

미디얼(medial: 중간의, 중앙의, 중앙에 위치하는)

우리말로 읽어보면 '므에(me)+디(di)+알(al) → 므에(뭐에 → 무엇에) 디(지 → 제(齊: 가지런할 제) 알(할 → 한: '하다'의 활용형)) → 무엇에 가운데 한'이다.

□ 제(齊): 가지런하다, 같다, 가운데.

메디컬(medical: 의학[의술]의)

우리말로 읽어보면 '미(me)+딕(dic)+알(al) → 미('놈('사람'의 옛말)'의 방언) 딕(직(直: 곧을 직) 알(할: '하다'의 활용형) → 사람 고치다 할'이다. '사람 고치는 것 할'이다.

□ 직(直): 곧다, 바르다, 바루다, 고치다.

메디신(medicine: (내복)약, 의약품)

우리말로 읽어보면 '미(me)+딕(dic)+이(i)+느(n)+이(e) → 미('놈('사람'의 옛말)'의 방언) 딕(직(直: 곧을 직) 이(利: 이로울 이) 느(넣: '넣다'의 활용형) 이(명사형 접미사, 이것) → 사람 고치다 이롭게 하다 넣다 이것'이다. '사람 고치는데 이롭게 넣는 이것'이다.

메더테이트(meditate: ~을 꾀하다, 기도[계획]하다)

우리말로 읽어보면 '므(m)+이(e)+딭(dit)+아디(ate) → 므(모(謀: 꾀할 모)) 이('에'의 방언) 딭(딛 → 딪 → 짓: 몸을 놀려 움직이는 동작) 아디(하디(하다)) → 꾀함에 짓하다'다.

메드리(medley: [종류가 서로 다른 것들을] 그러모은 것, 잡동사니)

우리말로 읽어보면 '므이드(med)+르(l)+이(e)+이(y) → 므이드(모이다) 르(루(累: 여러 루)) 이(異: 다를 이) 이(명사형 접미사, 이것) → 모이다 여러 다르다 이것'이다. '여러 다른 것 모인 이것'이다.

미드(meed: 보답, 보수, 보상)

우리말로 읽어보면 '므(m)+이(e)+이(e)+드(d) → 므(모(冒: 무릅쓸 모)) 이('에'의 방언) 이(利: 이로울 이) 드(다: 종결 어미) → 무릅씀에 이로움이다'다.

□ 무릅쓰다: 힘들고 어려운 일을 참고 견디다.

미크(meek: 온순한)

우리말로 읽어보면 '미(me)+이(e)+크(k) → 미('매(회초리)'의 방언) 이('에'의 방언) 크(키 → 기: '기다(남에게 눌리어 비굴할 정도로 꼼짝 못하다)'의 어근) → 매에 기는 것'이다.

미트(meet: 만나다, 맞닥뜨리다, 우연히 만나다)

우리말로 읽어보면 '미(me)+이(e)+트(t) → 미(覫: 볼 미) 이(離: 떠날 이) 트(츠 → 치: 사람) → 보다 떨어지다 사람'다. '떨어진 사람 보다'다.

□ 이(離): 떠나다, 떨어지다.

메가(mega: 엄청나게 큰, 대규모의, 멋진)

매(me)+그(g)+아(a) → 매('생김새' 또는 '맵시'의 뜻을 더하는 접미사) 그(거(巨: 클 거) 아(하: 정도가 매우 심하거나 큼을 강조하여 이르는 말. '아주', '몹시'의 뜻을 나타낸다) → 생김새 크다 아주'다. '몹시 큰 생김새(모양)'다.

메런카리(melancholy: 우울, 침울)

우리말로 읽어보면 '밀(mel)+안(an)+촐(chol)+이(y) → 밀(蜜: 꿀 밀) 안(安: 편안 안) 촐(찰(拶: 짓누를 찰) 이(이것) → 달콤하다 편안하다 짓누르다 이것'이다. '달콤한 편안함을 짓누르는 이것'이다.

□ 밀(蜜): 꿀, '달콤하다'다.

멜로우(mellow: 익은, 말랑한, 단)

우리말로 읽어보면 '밀(mel)+료(low) → 밀(蜜: 꿀 밀) 료(料: 헤아릴 료: '재료'의 뜻을 더하는 접미사) → 꿀 재료'다.

메러디(melody: 아름다운 선율, 듣기 좋은 가락)

우리말로 읽어보면 '밀(mel)+오(o)+디(dy) → 밀(蜜: 꿀 밀) 오(아: '에'의 방언) 디(지(篪: 피리 지) → 꿀 에 피리'다. '달콤한 피리 연주'다.

멤버~ㄹ(member: (집단의) 한 사람; 회원 단원, 사원)

우리말로 읽어보면 '멤(mem)+브(b)+이르(er) → 멤('몸'의 방언) 브(부(部: 떼 부)) 이르(어리: 사람) → 몸 부분 사람'다. '몸(집단)에 부분 사람'이다.

□ 부(部): 떼, 부분.

메모랜덤(memorandum: 비망록, 메모)

우리말로 읽어보면 '멤(mem)+오르(or)+안(an)+둠(dum) → 멤('몸'의 방언) 오르(아르 → 알으 → 알아: '알다'의 활용형) 안(한: '하다'의 활용형)

둠('두다'의 명사형) → 몸 알아 한 둠'이다. '몸이 알게 한 둠'이다.

메모리(memory: 기억)

우리말로 읽어보면 '멤(mem)+오르(or)+이(y) → 멤('마음'의 방언) 오르(아르 → 알으 → 알아: '알다'의 활용형) 이(명사형 접미사, 이것) → 마음 알아 이것'이다. '마음이 아는 이것'이다.

메니스(menace: 위협, 협박)

우리말로 읽어보면 '매(me)+느(n)+아시(ace) → 매(사람이나 짐승을 때리는 막대기, 몽둥이, 회초리, 곤장, 방망이 따위를 통틀어 이르는 말. 또는 그것으로 때리는 일) 느(나: '나다(생기다)'의 활용형) 아시(아ᅀᅵ: '처음'의 옛말) → 매질 생기다 처음'이다. '매질이 시작될 때의 처음' '매질하기 전에 어르는 것'이다.

멘드(mend: 고치다, 수리하다)

우리말로 읽어보면 '맨드(mend) → 맨드(맨즈 → 만져: '만지다((사람이 제대로 기능하지 못하는 신체 부위나 물건을) 고치거나 손질하다)'의 활용형) → 만져'다.

멘탈(mental: 정신의, 마음의)

우리말로 읽어보면 '미(me)+느(n)+딸(tal) → 미('놈('사람'의 옛말)'방언) 느(내(內: 안 내)) 딸('키(배의 방향을 조종하는 장치)'의 방언) → 사람 내(內) 키'이다. '사람 안에서 방향을 조종하는 것' '정신'이다.

메뉴(menu: (레스토랑 등의) 식단)

우리말로 읽어보면 '미(me)+누(nu) → 미(메: 먹이) 누(屢: 여러 누) → 먹이(먹는 것) 여러'다. '여럿에 먹는 것'이다.

메이트리쉬스(meretricious: 야하게 차려서 남의 이목을 끄는; 저속한)

우리말로 읽어보면 '멜(mer)+이(e)+트리(tri)+시(ci)+오우스(ous) → 멜(멸(蔑: 업신여길 멸)) 이('에'의 방언) 트리(츠리 → 치리: '치레(꾸밈)'의 방언) 시(視: 볼 시) 오우스(오우(위(爲: 할 위)+스(~의)=함의=한) → 업신여김에 꾸밈보이는 것 한'이다.

메리트(merit: 장점, 가치, 우수함)

우리말로 읽어보면 '므(m)+이(e)+리(ri)+트(t) → 므(모(某: 아무 모)) 이('에'의 방언) 리(利: 이로울 리(이)) 트(츠 → 치: 것) → 무엇(아무) 에 이롭다 것'이다. '무엇에 이로운 것'이다.

메쉬(mesh: 그물코)

우리말로 읽어보면 '매(me)+스(s)+흐(h) → 매('매듭'의 방언) 스(~의) 흐(호(戶: 집 호)) → 매듭의 집'이다.

메스(mess: 혼란, 엉망인 상태, 지저분한[어질러진] 것)

우리말로 읽어보면 '매(me)+스(s)+스(s) → 매(생김새' 또는 '맵시'의 뜻을 더하는 접미사) 스(사(絲: 실 사)) 스(소(搜: 어지러울 소)) → 생김새 실 흐트러지다'다. '실 흐트러진 생김새'다.

□ 소(搜): 어지럽다, 흐트러지다.

미시지(message: 전갈, 메시지, 전언, 전보)

우리말로 읽어보면 '미(me)+스(s)+사(sa)+지(g)+이(e) → 미('놈('사람'의 옛말)'의 방언)) 스(써: '쓰다(用)'의 활용형) 사(辭: 말씀 사) 지(之: 갈 지) 이(이것) → 사람 써 말씀 가다 이것'이다. '사람 써서 말씀 간 이것'이다.

메터몰포우즈(metamorphosis: 모습[구조, 본질]의 완전한 변화, 탈바꿈, 변태)

우리말로 읽어보면 '므이(me)+태(ta)+모르브흐오(morpho)+스(s)+이스(is) → 므이(무에 → 뭐에: 무엇에) 태(態: 모습 태) 모르브흐오(모르보아 → 몰라보아 → 몰라봐) 스('스다(생기다)'의 활용형) 이스(있어) → 무엇에 모습 몰라봐 생겨 있어'다. '무엇에 모습이 몰라보게 생겨 있는 것'이다.

메터폴(metaphor: ((수사학)) 은유, 암유(暗喩)

우리말로 읽어보면 '미(me)+타(ta)+프호~ㄹ(phor) → 미(味: 맛 미) 타(他: 다를 타) 프호~ㄹ(포(包: 쌀 포)) → 뜻 다르게 싸는 것'이다.

□ 미(味): 맛, 뜻, 의의(意義).

메떠드(method: 방법, 방식)

우리말로 읽어보면 '메(me)+트(t)+호(ho)+드(d) → 메('뭐'의 방언) 트(츠 → 치(致: 이를 치)) 호(好: 좋을 호) 드(도(道: 길 도)) → 뭐 이름에 좋은 길'이다.

□ 치(致): 이르다, 이루다.

머티큐러스(meticulous; 작은 일에 신경을 쓰는, 지나치게 소심한)

우리말로 읽어보면 '매(me)+티(ti)+구(cu)+로(lo)+우(u)+스(s) → 매('생김새' 또는 '맵시'의 뜻을 더하는 접미사) 티(티끌) 구(거 → 것) 로(조사) 우(憂: 근심 우) 스(쓰 → 써: '쓰다'의 활용형) → 생김새 티끌+것=작은 것으로 근심 써'다.

메트로우(metro: 지하철)

우리말로 읽어보면 '밑(met)+로(ro) → 밑(물체의 아래나 아래쪽) 로(路: 길 로) → 밑 길'이다.

마이크로(micro-: 현미경의, 100만 분의 1의)

우리말로 읽어보면 '미(mi)+크(c)+로(ro) → 미(微: 작을 미) 크(커: '크다'의 활용형) 로(조사) → 작은 것 커 로'다. '작은 것을 큰 것으로'다.

미들(middle: 한가운데의, 중앙, 중간)

우리말로 읽어보면 '미드(mid)+들(dl)+이(e) → 미드(미다: '메다'의 방언) 들('들다'의 어근) 이(여기) → 메다 들다 여기'다. '메는 것 드는 여기'다.

마일드(mild: 유순한, 상냥한, 부드러운)

우리말로 읽어보면 '밀(mil)+드(d) → 밀(蜜: 꿀 밀) 드(즈 → 져: '지다'의 활용형) → 꿀 져'이다.

마일(mile: 마일, 거리의 단위)

우리말로 읽어보면 '므(m)+이(i)+리(le) → 므(무(袤: 길이 무)) 이(아: '에'의 방언) 리(里: 마을 리) → 길이 에 리(里: 거리의 단위)'다.

밀러턴트(militant: 공격적인, 호전적인, 어떠한 것도 두려워하지 않는)

우리말로 읽어보면 '미리(mili)+탄(tan)+트(t) → 미리(어떤 일이 생기기 전에. 또는 어떤 일을 하기에 앞서) 탄('탄하다(남의 일을 아랑곳하여 시비하다)'의 어근) 트(티: 모양) → 미리 탄하는 모양'이다.

밀리테리(military: 군(대)의, 군대)

우리말로 읽어보면 '므(m)+이르(il)+이(i)+트(t)+아(a)+르여(ry) → 므(무(武: 호반 무)) 이르(이루 → 이뤄: '이루다'의 활용형) 이(위(衛: 지킬 위)) 트(투(鬪: 싸울 투)) 아('에'의 방언) 르여(류(類: 무리 류)) → 전술(戰術) 이뤄 지키다 싸우다 에 무리'다. '전술(戰術) 이루어 지키고 싸움함에 무리'다.

□ **무(武): 호반(虎班: 무관(武官)의 반열(班列)), 전술(戰術).**

밀(mill: 제분기, 맷돌)

우리말로 읽어보면 '미(mi)+를(ll) → 미(매: 곡식을 가는 데 쓰는 기구. 둥글넓적한 돌 두 짝을 포개고 윗돌 아가리에 갈 곡식을 넣으면서 손잡이를 돌려서 간다) 를(랄(揧: 갈 랄)) → 맷돌 갈다'다. '가는 맷돌'이다.

미니(mini-: 소형의)

우리말로 읽어보면 '미(mi)+니(ni) → 미(微: 작을 미) 니(이) → 작은 이'다. '작은 것'이다.

미니어쳐(miniature: 축소 모형, 축소도)

우리말로 읽어보면 '미니(mini)+아(a)+튤(tur)+이(e) → 미니(작은 것) 아(하 → 해: '하다'의 활용형) 튤(둘 → 둔: '두다'의 활용형) 이(명사형 접미사, 이것) → 작은 것 해 둔 이것'이다.

마이너(minor: 보다 적은, 작은 쪽의)

우리말로 읽어보면 '미(mi)+느(n)+올(or) → 미(微: 작을 미) 느(나: '나다(생기다)'의 활용형) 올(알: '아래'의 방언) → 작다 생기다 아래'다. '작게 생긴 것 아래'다.

마이너스(minus: ~을 뺀, ~이 없이)

우리말로 읽어보면 '미(mi)+느(n)+우스(us) → 미(微: 작을 미) 느(나: '나다(생기다)'의 활영형) 우스(아스 → 앗으 → 앗아: '앗다('없애다'의 옛말)의 활용형) → 작다 생기다 없애다'다. '없애서 작음 생긴'이다.

미너스큘(minuscule: (문자가) 소문자인, 소문자로 쓰인)

우리말로 읽어보면 '미(mi)+누(nu)+스(s)+굴(cul)+이(e) → 미(微: 삭을 미) 누(나: '나다(생기다)'의 활용형) 스(~의) 굴(글(書)) 이(에(의): 조사) → 작다 생기다 의 글(書) 이여'이다. '작게 생김의 글에'다.

미러~ㄹ(mirror: 거울, 경대)

우리말로 읽어보면 '미(mi)+르(r)+롤(ror) → 미(매: '물'의 방언) 르(루(瞜: 볼 루)) 롤(랄(埒: 담 랄) → 물 보다 담장'이다. '담장 해 보는 물'이다.

밋(mis-: 잘못되어, 나쁘게, 불리하게)

우리말로 읽어보면 '미(mi)+스(s) → 미(未: 아닐 미) 스('스다(생기다)'의 활용형) → 못함 생겨'다.

□ 미(未): 아니다, 못하다, 아직~하지 못하다.

미세져네이션(miscegenation: (특히 흑인과 백인의) 잡혼(雜婚); 혼혈, 인종 조합)

우리말로 읽어보면 '밋(mis)+시(ce)+진(gen)+앝(at)+이오느(ion) → 밋('몇'의 방언) 시('씨'의 옛말) 진('지다('쥐다'의 방언)'의 활용형) 앝(밭: 어떤 사물의 바탕이나 토대를 비유적으로 이르는 말) 이오느(이오니: '이다'의 활용형) → 몇 씨 진(쥔) 바탕 이오니'이다. '몇 씨 쥔 바탕 이다'다.

미저리(misery: 비참, 고통, 불행, 궁핍, 아픔)

우리말로 읽어보면 '미(mi)+시르(ser)+이(y) → 미('메(밥)'의 방언) 시르(서러: '설다('섧다(원통하고 슬프다)'의 비표준어)'의 활용형) 이(명사형 접미사, 이것) → 밥 섧다 이것'이다. '먹는 것에 서러운 이것'이다.

미스(miss: 1. 놓치다, 빗맞히다, 잡는데 실패하다 2. ~양, 아가씨)

1번을 우리말로 읽어보면 '미(mi)+스(s)+스(s) → 미(未: 아닐 미) 스(수(收: 거둘 수)) 스('스다(생기다)'의 활용형) → 못하다 잡다 생기다'이다. '못 잡은 것이 생기다' '못잡다' '놓치다'다.

□ 수(收): 거두다, 잡다.

2번 우리말로 읽어보면 '미(mi)+숫(ss) → 미(未: 아닐 미) 숫(숫: '수컷'의 방언) → 못하다 수컷'이다. '수컷과 (관계를) 못한'이다.

□ 미(未): 아니다, 못하다.

미스트(mist: 안개, 놀, 연무)

우리말로 읽어보면 '미(mi)+스(s)+트(t) → 미(매('물'의 방언)) 스(~의) 트(티: 먼지처럼 아주 잔 부스러기) → 물의 티'다.

미티게이트(mitigate: 완화[경감]시키다)

우리말로 읽어보면 '미(mi)+티(ti)+그(g)+아디(ate) → 미('미다('메다'의 방언)'의 어근) 티(치: 물건) 그(가 → 까: '까다(빼다)'의 활용형) 아디(하디 → 하다) → 메다 물건 까다 하다'다. '멘 물건 까는 것 하다'다.

모크(mock: 조롱하다, 비웃다, 흉내내며 놀리다)

우리말로 읽어보면 '목(moc)+크(k) → 목(막('마구(아무렇게나 함부로)'의 준말) 크(끄 → 까: '까다('꼬다(남의 마음에 거슬릴 정도로 빈정거리다)'의 방언) 어근) → 마구 꼬다'다.

모우드(mode: 방법; 방식)

우리말로 읽어보면 '모(mo)+대(de) → 모(模: 본뜰 모) 대(돼: '되다'의 활용형) → 법(法) 되다'다. '되는 법(法)'이다.

□ 모(模): 본뜨다, 법(法)

모들(model: 모범, 본보기, 규범, 기준이 될 만한 것)

우리말로 읽어보면 '모(mo)+딜(del) → 모(模: 본뜰 모) 딜(질(質: 바탕 질)) → 본뜸에 바탕'이다.

모더러트(moderate: 절도를 지키는, 온건한)

우리말로 읽어보면 '모(mo)+딜(der)+아(a)+태(te) → 모(橅: 법 모) 딜(질(質: 바탕 질)) 아('에'의 방언) 티(모양) → 규범 바탕 에 모양'이다.

□ 모(橅): 법, 규범.

모디스트(modest: 겸손한, 삼가는)

우리말로 읽어보면 '모(mo)+디(de)+스(s)+트(t) → 모(모(橅: 법 모)) 디(지(持: 가질 지)) 스(~의) 트(티: 어떤 태도나 기색) → 규범 가지다 의 태도'다. '규범 가진 태도'이다.

모더파이(modify: 부분 수정하다, 모양을 얼마간 바꾸다, ~을 수식하다)

우리말로 읽어보면 '모(mo)+디(di)+비(fy) → 모(貌: 모양 모) 디(되: 다시) 비(벼: '비다('마르다'의 방언)'의 활용형) → 모양 다시 마르다'다.

□ 마르다: 옷감이나 재목 따위의 재료를 치수에 맞게 자르다.

모우디쉬(modish: 유행의, 유행을 따르는, 멋있는)

우리말로 읽어보면 '몯(mod)+이(i)+스(s)+흐(h) → 몯(몿 → 멋) 이(乁: 흐를 이) 스(수(遺: 따를 수) 흐(해: '하다'의 활용형) → 멋에 흐름 따라 하는'이다.

모쥬레이트(modulate: (어떤 기준에 맞추어) 조절[조정]하다, 가감하다)

우리말로 읽어보면 '모(mo)+두(du)+르(l)+아디(ate) → 모(模: 본뜰 모) 두(둬: '두다'의 활용형) 르(로 → 료(料: 헤아릴 료) 아디(하디 → 하다) → 본보기(本--) 둬 헤아림 하다'다. '본보기(本--)를 두고 헤아리는 것을 하다'이다.

□ 모(模): 본뜨다, 본보기(本--)

모이스트(moist: 축축한, 습기 있는)

우리말로 읽어보면 '모(mo)+이스(is)+트(t) → 모(마 → 매: '물'의 방언) 이스(있어) 트(티: 티끌) → 물 있어 티끌'이다. '물의 티끌이 있는'이다.

모울더~ㄹ(molder: 썩다, 썩어 무너지다, 붕괴하다)

우리말로 읽어보면 '모르(mol)+드(d)+이르(er) → 모르(무르 → 물어: '물다(더위나 습기로 떠서 상하다)'의 활용형) 드(즈: '자기'의 방언) 이르(잃어: '잃다'의 활용형) → 물어 자기 잃는 것'이다.

멈(mome: 바보, 얼간이, 멍청이)

우리말로 읽어보면 '몸(mom)+이(e) → 몸(멈 → 멍: '멍하다'의 어근) 이

(사람) → 멍한 사람'이다.

먼뜨(month: (달력의) 달)

우리말로 읽어보면 '몬(mon)+뜨흐(th) → 몬(mo(o)n(달(月)) 뜨흐(때(時)) → 달 시간'이다.

모랄(moral: 도덕상의, 도덕에 관한)

우리말로 읽어보면 '모(mo)+르(r)+알(al) → 모(模: 본뜰 모) 르(로: 조사) 알(할 → 한: '하다'의 활용형) → 법도(法度: 생활상(生活上)의 예법(禮法)과 제도(制度)) 로 한'이다.

□ 모(模): 본뜨다, 법도(法度: 생활상(生活上)의 예법(禮法)과 제도(制度)).

모랄(morale: 사기, 의욕, 의기, 기세)

우리말로 읽어보면 '몰(mor)+알(al)+이(e) → 몰(멀 → 뭘: 무엇을) 알(할: '하다'의 활용형) 이(명사형 접미사, 이것) → 무엇을 할 이것'이다. '무엇을 하려고 하는 이것'이다.

모러토리엄(moratorium: 모라토리엄, 지불 유예, 일시적 정지)

우리말로 읽어보면 '모르(mor)+아(a)+톨(tor)+이(i)+움(um) → 모르(무르 → 물어: '물다(갚아야 할 것을 치르다)'의 활용형) 아(하 → 호(翗: 늦출 호)) 톨(탈(頉: 탈날 탈)) 이('이다('일다(생기다)'의 방언)'의 어근) 움(엄: 어음(돈을 주기로 약속한 표 쪽)) → 물다 늦추다 탈 생기다 어음'이다. '탈이 생긴 어음 무는 것 늦추는 것'이다.

몰그(morgue: 시체 공시장(公示場), 시체 안치소)

우리말로 읽어보면 '몰(mor)+구(gu)+이(e) → 몰(歿: 죽을 몰) 구(軀: 몸 구) 이(裏: 속 이) → 죽은 몸에 장소'다.

□ 이(裏): 속, 태, 모태, 곳, 장소(場所).

머로우스(morose: 시무룩한, 기분이 언짢은)

우리말로 읽어보면 '몰(mor)+오(o)+새(se) → 몰(멀: '멀미(진저리가 날 정도로 싫은 느낌)'의 방언) 오(아: '에'의 방언) 새('모양', '상태', '정도'의 뜻을 더하는 접미사) → 멀미 에 모양'이다. '진저리가 날 정도로 싫은 느낌에 모양'이다.

모~ㄹ틀(mortal: 죽음을 면할 수 없는, 죽을 운명의)

우리말로 읽어보면 '몰(mor)+따르(tal) → 몰(歿: 죽을 몰) 따르('따르다'의 어근) → 죽다 따르다'다. '죽음이 따르는 것'이다.

모~ㄹ기지(mortgage: (특히 주택융자금을 빌리기 위한) (양도) 저당)

우리말로 읽어보면 '몰(mor)+뜨(t)+가(ga)+지(g)+이(e) → 몰(沒: 빠질 몰) 뜨(때(時)) 가(家: 집 가) 지(주: '주다'의 어근) 이(명사형 접미사, 이것) → 바닥나다(돈이나 물건을 다 써서 없어지다) 때(時) 집 주는 이것'이다. '바닥났을 때 집 주는 이것'이다.

□ 몰(沒): 빠지다, 잠수하다, 바닥나다(돈이나 물건을 다 써서 없어지다).

모~ㄹ춰리(mortuary: 시체 안치소, 영안실)

우리말로 읽어보면 '몰(mor)+트(t)+우아(ua)+리(ry) → 몰(歿: 죽을 몰) 트(츠 → 치: 사람) 우아(와: '오다'의 활용형) 리(裏: 속 리) → 죽다 사람 와 장소'다. '죽은 사람 오는 장소'다.

□ 리(裏): 속, 곳, 장소(場所).

모스트(most: 가장 큰[많은], 최대[최고]의)

우리말로 읽어보면 '못(mos)+트(t) → 못(맛 → 뭇: '가장'의 옛말) 트(티 → 태(泰: 클 태) → 가장 큰'이다.

모우트(mote: 티끌, 미진(微塵))

우리말로 읽어보면 '모(mo)+티(te) → 모(마(麽: 작을 마)) 트(티: 먼지처럼 아주 잔 부스러기) → 작은 티'다.

머덜(mother: 어머니)

우리말로 읽어보면 '모(mo)+드흐(th)+이르(er) → 모(母: 어미 모) 드흐(되흐 → 되어: '되다'의 활용형) 이르(어리: 사람) → 모(母) 되어 사람'이다. '엄마 되는 사람'이다.

모우션(motion: 운동, 움직임, 이동)

우리말로 읽어보면 '모(mo)+트(t)+이오니(ion) → 모(무 → 뮈: '뮈다('움직이다'의 고어)'의 어근) 트(티: 모양) 이오니('이다'의 활용형) → 움직이는 모양 이다' '움직이는 모양'이다.

모우티베이트(motivate: ~에 동기[자극]를 주다)

우리말로 읽어보면 '모(mo)+티(ti)+브(v)+아디(ate) → 모(무 → 뮈: '뮈다('움직이다'의 고어)'의 어근) 티(먼지처럼 아주 잔 부스러기, 티끌) 브(부(付: 줄 부)) 아디(하디 → 하다) → 움직임에 티(티끌) 주는 것 하다'다.

모터(motor: 모터)

우리말로 읽어보면 '모(mo)+트(t)+올(or) → 모(무 → 뮈: '뮈다('움직이다'의 고어)'의 어근) 트(츠 → 치: 물건) 올(알(斡: 돌 알)) → 움직이다 물건 돌다'다. '돌아 움직이는 물건'이다.

마운트(mountain: 산, 산더미)

우리말로 읽어보면 '뫈(moun)+태(ta)+인(in) → 뫈(만(巒: 뫼 만)) 태(態: 모습 태) 인(繗: 이을 인) → 산 모양 잇다'다. '산 이은 모양'이다.

모른(mourn: 슬퍼하다, 한탄하다)

우리말로 읽어보면 '모우은(mou(r)n) → 모운(몬 → 만(輓: 애도할 만))' 이다.

무브(move: 움직이다, 이전하다)

우리말로 읽어보면 '모(mo)+비(ve) → 모(무 → 뮈: '뮈다('움직이다'의 고어)'의 어근) 비('비다(보이다)'의 활용형) → 움직이다 보이다'다. '움직이는 것 보이다' '움직이다'다.

멀터프라이(multiply: 증대[증가]시키다, 늘리다, 다양화[다변화]하다)

우리말로 읽어보면 '물(mul)+티(ti)+블여(ply) → 물(말: '큰'의 뜻을 더하는 접두사) 티(치: 일정한 몫이나 양) 블여(불려: '불리다(분량이나 수효를 많아지게 하다)'의 활용형) → 큰 양으로 불리다'다.

멀티튜드(multitude: 수가 많음, 무수한, 군중)

우리말로 읽어보면 '물(mul)+티(ti)+투(tu)+디(de) → 물('무리'의 옛말) 티(치: 사람) 투(타(夥: 많을 타)) 디(대(大: 클 대)) → 무리 사람 많다 크다'다. '크게 많은 무리 사람'이다.

뮤니퍼슨트(munificent: (사람이) 아낌없이 주는, 후한)

우리말로 읽어보면 '무니(muni)+피(fi)+스(c)+인(en)+트(t) → 무니(마니 → 많이) 피(폐(幣: 화폐 폐)) 스(수(授: 줄 수)) 인('일다(생기다)'의 활용형) 트(티: 모양) → 많이 재물 주는 것 생긴 모양'이다.

□ 폐(幣): 화폐, 재물(財物)

멀덜(murder: 살인, 살해, 살인죄)

우리말로 읽어보면 '물(mur)+딜(der) → 물(몰(歿: 죽을 몰)) 딜(질: 주로 좋지 않은 행위에 비하하는 뜻을 더하는 접미사) → 죽음 질'이다.

머~ㄹ크(murk: 암흑, 어둠, 어슴프레함)

우리말로 읽어보면 '무~ㄹ크(mu(r)k) → 무(르)(霧: 안개 무) 크(커: '크다'의 활용형) → 어둡다 크다'다. '어둠이 큰 것'이다.

□ 무(霧): 안개, (안개가 자욱하여) 어둡다.

멀멀(murmur: 낮고 불분명한 계속음, 중얼거림, 속삭임)

우리말로 읽어보면 '무르(mur)+무르(mur) → 무르무르(뭐라뭐라) → 뭐라 뭐라'다. '뭐라고 뭐라고 중얼거리는 것'이다.

무트(mut: 하루 종일 게으르게 앉아있었다)

우리말로 읽어보면 '므(m)+우(u)+트(t) → 므(무(無: 없을 무)) 우(위(爲: 할 위)) 트(퇴(侳: 오래 앉을 퇴) → 없다 하다 오래 앉다'다. '하는 것 없이 오래 앉다'다.

뮤추얼(mutual: 상호 간의, 서로의)

우리말로 읽어보면 '무(mu)+투(tu)+알(al) → 무(繆: 얽을 무) 투(타(他: 다를 타)) 알(할 → 한: '하다'의 활용형) → 얽다 다르다 한'다. '다른 것과 얽는 것 한'이다.

미스터리(mystery: 신비, 불가사의, 수수께끼)

우리말로 읽어보면 '미(my)+스(s)+트(t)+이르(er)+이(y) → 미(迷: 미혹할 미) 스(~의) 트('터('예정'이나 '추측', '의지'의 뜻을 나타내는 말)'의 방언) 이르(일으 → 일어: '일다(생기다)'의 활용형) 이(명사형 접미사, 이것) → 헷갈림의 추측 생기는 이것'이다.

□ 미(迷): 미혹하다, 헷갈리다.

N

나이브(naive: 순진한, 천진난만한)

우리말로 읽어보면 '나(na)+이(i)+브(v)+이(e) → 나('나다(生)'의 활용형) 이(사람) 브(부(腑: 육부 부) 이(이여) → 나다 사람 마음 이여'다. '어린아이 마음이여'다.

□ 부(腑): 육부(六腑), 마음,

네이키드(naked: 발가벗은, 나체의)

우리말로 읽어보면 '낙(nak)+이(e)+드(d) → 낙(낙(烁: 벗겨질 낙)) 이(이것) 드(돼: '되다'의 활용형)'이다. '벗겨진 것 돼'다.

네임(name: 이름, 성명, 성함)

우리말로 읽어보면 '느(n)+암(am)+이(e) → 느(니: '누구'의 방언) 암(함: '하다(이름 지어 부르다)'의 활용형) 이(명사형 접미사, 이것) → 누구 이름 지어 부르는 이것'이다.

나~ㄹ서시즘(narcissism: 자기 사랑, 자애, 자기중심 주의)

우리말로 읽어보면 '나르(nar)+시(ci)+스(s)+스(si)+슴(sm) → 나르(나를) 시(侍: 모실 시) 스(~의) 시(사(思: 생각 사)) 슴('스다(생기다)'의 활용형) → 나를 모심의 생각 슴(생김)'이다.

날코우스이스(narcosis: 마취약의 작용[영향], (약물에 의한) 혼수[수면] 상태)

우리말로 읽어보면 '나르(nar)+고(co)+스(s)+이스(is) → 나르(나라 → 날아: '날다'의 활용형) 고(가: '가다'의 활용형) 스(수(睡: 졸음 수) 이스(있어) → 날다 가다 자다 있어'다. '날아가는 잠자는 것' '나는 (기분으로) 자고 있는 것'이다.

내로우(narrow: 폭이 좁은, 좁고 긴)

우리말로 읽어보면 '날(nar)+로(ro)+유(w) → 날(연장의 가장 얇고 날카로운 부분) 로(路: 길 로) 유(類: 무리 유(류)) → 날에 길 같은'이다.

□ 유(類): 무리, 같다.

내스티(nasty: 더러운, 몹시 불결한, 불쾌한)

우리말로 읽어보면 '내(na)+스(s)+트(t)+이(y) → 내(코로 맡을 수 있는 온갖 기운) 스('스다(생기다)'의 활용형) 트(토(吐: 토할 토)) 이(이것) → 냄새 생겨 토하는 이것'이다.

네이션(nation: 국민, 국가, 민족, 종족)

우리말로 읽어보면 '나(na)+티(ti)+오(o)+느(n) → 나('나다(지내다)'의 활용형) 티('터'의 방언) 오(아: '에'의 방언) 느(니: '이(사람, 이것)'의 옛말) → 지내는 터 에 (사람, 이것)'이다.

네이춰~ㄹ(nature: 1. 자연 2. 본질, 본성)

1번을 우리말로 읽어보면 '나툴(natur)+이(e) → 나툴(나둘 → 나둔: '나두다('놓아두다'의 방언)'의 활용형) 이(명사형 접미사, 이것) → 나둔(놓아둔) 이것'이다.

2번을 우리말로 읽어보면 '나(na)+툴(tur)+이(e) → 나('나다(생기다)'의 활용형) 툴(둘 → 둔: '두다(부여하거나 가지다)'의 활용형) 이(명사형 접미사, 이것) → 나다 가지다 이것'이다. '나서 가진 이것'이다.

노지에이트(nauseate: 욕지기가 나게[메스껍게] 하다, 역겹게 하다)

우리말로 읽어보면 '나우(nau)+시(se)+아디(ate) → 나우(나와) 시('혀'의 방언) 아디(하디 → 하다) → 나와 혀 하다'다. '혀가 나오게(구역질하게) 하다'다.

니어(near: 가까이, 가까운 장소에)

우리말로 읽어보면 '니(ne)+알(ar) → 니(邇: 가까울 니) 알(할 → 한: '하다'의 활용형) → 가깝다 한'다. '가까이 한'이다.

네서세리(necessary: 필요한, ~에 없어서는 안 될, 필수의)

우리말로 읽어보면 '느(n)+이(e)+쓰이(ce)+스(s)+살(sar)+이(y) → 느(나: '나다(지내다)'의 활용형) 이('에'의 방언) 쓰이(쓰여: '쓰이다'의 활용형) 스(수(須: 모름지기 수)) 살('사다(값을 치르고 자기 것으로 만들다)'의 활용형) 이(이것) → 나다(지내다) 에 쓰여 모름지기(마땅히) 살(구매할) 이것'이다. '지내는 데 쓰여 마땅히 살 이것'이다.

니드(need: 필요성, 필요한)

우리말로 읽어보면 '느(n)+이(e)+이(e)+드(d) → 느(나: '나다(지내다)'의 활용형) 이('에'의 방언) 이(利: 이로울 이) 드(즈 → 주 → 줘: '주다'의 활용형) → 지내다 에 이롭다 주다'다. '지냄에 이로움을 주는 것'이다.

니페리어스(nefarious: 범죄의, 비도덕적인)

우리말로 읽어보면 '내(ne)+발(far)+이(i)+오우스(ous) → 내('내다(생기게 하다)'의 어근) 발(벌(罰: 죄 벌) 이(위(爲: 할 위: 행위)) 오우(위(爲: 할 위))+스(~의)=함의=한 → 내다 벌(罰) 행위 한'이다. '죄 행위 낸 것 한' '죄 행위 낸'이다.

네거티브(negative: 부정의, 소극적인, 비관적인)

우리말로 읽어보면 '니(ne)+가(ga)+티(ti)+브이(ve) → 니(泥: 거리낄 니) 가('가다'의 활용형) 티(어떤 태도나 기색) 브이(보여) → 거리끼다 가다 태도 보이다'다. '거리낌 가는 태도 보인'다.

니그렉트(neglect: 무시[경시]하다, 얕보다, 등한시하다, 방치하다)

우리말로 읽어보면 '닉(neg)+르(l)+이(e)+그트(ct) → 닉(暱: 업신여길 닉) 르(루(陋: 더러울 루)) 이(사람) 그트(가티 → 같이) → 업신여기다 더러운 사람 같이'다. '더러운 사람 같이 업신여기다'다.

니고우쉐이트(negotiate: 교섭하다, 담판[협의, 협상]하다)

우리말로 읽어보면 '내(ne)+고티(goti)+아디(ate) → 내('내다((어떤 사람이 다른 사람에게 의견을) 말이나 글로 제시하다)'의 활용형) 고티(고치 → 고쳐: '고치다'의 활용형) 아디(하디 → 하다) → 내다 고치다 하다'다. '낸 것을 고치는 것을 하다'이다.

네머시스(nemesis: 응당 받아야 할[피할 수 없는] 벌, 천벌)

우리말로 읽어보면 '느(n)+이미(eme)+스(s)+이스(is) → 느(누(累): 남의 잘못으로 말미암아 받게 되는 정신적인 괴로움이나 물질적인 손해) 이미(벌써) 스('스다(생기다)'의 활용형) 이스(잇으 → 있어) → 누(累) 이미 생겨 있어'다. '이미 생겨 있는 누(累)'다.

네어네이트(neonate: 신생아)

우리말로 읽어보면 '느이오(neo)+나(na)+트(t)+이(e) → 느이오(누이어: '누이다(배설물을 몸 밖으로 내보내게 하다. '누다'의 사동사)'의 활용형) 나('나다(지내다)'의 활용형) 트(츠 → 치(稚: 어릴 치)) 이(사람) → 누이다 지내다 어리다 사람'이다. '누이어 지내는 어린 사람'이다.

너~ㄹ버스(nerve: 신경, 긴장)

우리말로 읽어보면 '닐(ner)+브(v)+이(e) → 닐(널: '넋'의 방언) 브(부(付: 줄 부)) 이(명사형 접미사, 이것) → 넋(정신)을 주는 이것'이다.

네스트(nest: 보금자리, 서식처)

우리말로 읽어보면 '느이(ne)+스(s)+트(t) → 느이(나이: '나다(생활하며 지내다)'의 활용형) 스(~의) 트(터(자리)) → 생활하며 지냄 ~의 터'다.

네트(net: 그물, 망)

우리말로 읽어보면 '느(n)+이(e)+트(t) → 느(나(羅: 그물 나)) 이('에'의 방언) 트(츠 → 치: 물건) → 그물에 물건'이다.

뉴트럴(neutral: 중립의, 불편부당의)

우리말로 읽어보면 '느(n)+이우(eu)+틀(tr)+알(al) → 느(노: 'no': 아니다) 이우(에우 → 외(歪: 기울 외) 틀(일정한 격식이나 형식) 알(할 → 한: '하다'의 활용형)) → 아니다 기울다 형식 한'이다. '아니 기운 형식 한'이다.

네버~ㄹ(never: 지금까지 한 번도 ~않다)

우리말로 읽어보면 '느(n)+이(e)+빌(ver) → 느(노: 'no': 아니다) 이('해'의 고어)=낮 빌('별'의 방언)=밤 → 낮 밤 = 밤낮 =늘, 항상' → 아니다 항상'이다. '아니다 항상' '늘 아니다'이다.

뉴(new: 새로운, 새로 나타난)

우리말로 읽어보면 '느이(ne)+유(w) → 느이(나이: '나다(생기다)'의 활용형) 유(有: 있을 유) → 생기다 있다'다. '있음이 생긴'이다.

넥그트(next: 다음의, 바로 다음의, 뒤따르는)

우리말로 읽어보면 '닉스(nex)+트(t) → 닉스(닉 → 익(益: 더할 익)+스('스다(생기다)'의 활용형)) 트(츠(차(次: 버금 차)) → 더함 생김 차례'다.

□ 차(次): 버금, 차례(次例).

니브(nib: (새 등의) 부리)

우리말로 읽어보면 '닙(nib) → 닙(입)'이다.

니블(nibble: 조금씩 갉아먹다, 조금씩 뜯어먹다)

우리말로 읽어보면 '닙(nib)+브르(bl)+이(e) → 닙(입) 브르(부루: 한꺼번에 없애지 아니하고 오래가도록 늘여서) 이(여(茹: 먹을 여)) → 입으로 한꺼번에 없애지 아니하고 오래가도록 늘여서 먹다'다.

나이스(nice: 즐거운, 유쾌한, 기분 좋은, 멋진, 세심한 주의가 필요한)

우리말로 읽어보면 '니(ni)+스이(ce) → 니(이(怡: 기쁠 이)) 스이('스다(생기다)'의 활용형) → 기쁨 생겨'다.

나이트(night: 밤, 야간)

우리말로 읽어보면 '닉(nig)+흐(h)+뜨(t) → (匿: 숨을 닉)+흐(히 → 해(태양)) + 뜨(때(時)) → 숨다 해 때'다. '해 숨은 때'다.

닢(nip: ~을 꼬집다, 이로 물다)

우리말로 읽어보면 '니(ni)+프(p) → 니(이(齒)) 프(포(捕: 잡을 포)) → 이빨 잡다'다. '이빨로 잡은 것' '물은 것'이다.

노우블(noble: 귀족의; 지위[신분, 계급]가 높은, 고귀한)

우리말로 읽어보면 '노브(nob)+르(l)+이(e) → 노브(놉으 → 높아: '높다'의 활용형) 르(루 → 류(類: 무리 류: '부류'의 뜻을 더하는 접미사) 이(에:

조사) → 높아 부류 에'다. '높은 부류에'다.

노이스(noise: 소리, 소음, 잡음, 시끄러움)

우리말로 읽어보면 '뇨(noi)+스(s)+이(e) → 뇨(閙: 시끄러울 뇨) 스(사(哪: 소리 사)) 이(명사형 접미사, 이것) → 시끄럽다 소리 이것'이다. '시끄러운 소리 이것'이다.

노미네이트(nominate: 후보자로 추천[지명]하다, 임명하다)

우리말로 읽어보면 '놈(nom)+인(in)+아디(ate) → 놈('사람'의 옛말) 인(引: 끌 인) 아디(하디: 하지(하다)) → 사람 추천하다(推薦--) 하다'이다. '사람 추천하는 것 하다'이다.

□ 인(引): 끌다, 당기다, 추천하다(推薦--), 천거하다(薦擧--).

노뜨(north: 북, 북쪽)

우리말로 읽어보면 '노~ㄹ(nor)+드흐(th) → 노~ㄹ(노: 뱃사람들의 은어로 '북쪽'을 이르는 말) 드흐(다히: '쪽'의 옛말) → 북쪽'이다.

노우터블(notable: 주목할 만한, 눈에 띄는; 중요한, 유명한, 유명 인물)

우리말로 읽어보면 '노다(nota)+블(bl)+이(e) → 노다(나다: 사람 됨됨이나 생김새가 뛰어나다) 블(볼: '보다'의 활용형) 이(이것) → 나다 볼 이것'이다. '뛰어남 볼 이것'이다.

나우(now: 지금, 이제)

우리말로 읽어보면 '노(no)+유(w) → 노(옛말 현재임을 나타내는 어미) 유(여; 이여) → 현재 이여'다.

누드(nude: 벌거벗은, 나체의)

우리말로 읽어보면 '누(nu)+디(de) → 누(나(裸: 벌거벗을 나)) 디(돼: '되다'의 활용형) → 나(裸)돼'다.

O

오베이(obey: 복종하다, 따르다, 응하다)

우리말로 읽어보면 '옵(ob)+이(e)+여(y) → 옵(압(壓: 누를 압) 이('에'의 방언) 여(如: 같을 여) → 누름에 따르다'이다.

□ 여(如): 같다, 좇다, 따르다.

오브직트(object: 물건, 물체)

우리말로 읽어보면 '옵(ob)+지(je)+긑(ct) → 옵(압(㬎: 드러날 압)) 지('지다(어떤 현상이나 상태가 이루어지다)'의 어근) 긑(긑 → 긋 → 것) → 드러나게 이루어진 것'이다.

오브저~ㄹ게이트(objurgate: ((고어)) ~을 심하게 책망[비난, 힐난]하다)

우리말로 읽어보면 '옵(ob)+주(ju)+르(r)+그(g)+아디(ate) → 옵(압(㬎: 드러날 압)) 주(저(詛: 저주할 저)) 르(로: 조사)) 그(구(口: 입 구)) 아디(하지 → 하다) → 드러나다 저주하다 로 입(말) 하다'다. '드러나는 저주함으로 말하다'다.

오브러게이트(obligate: 의무를 지우다)

우리말로 읽어보면 '옵(ob)+리(li)+그(g)+아디(ate) → 옵(업(業: 업 업)) 리(理: 다스릴 리) 그(가(加: 더할 가)) 아디(하디 → 하다) → 일 의뢰(依賴--)함 加하다'다.

□ 업(業): 업(業: 직업. 부여된 과업), 일, 직업(職業).

□ 리(理): 다스리다, 의뢰하다(依賴--).

어브리크(oblique: 기울어진, 비스듬한)

우리말로 읽어보면 '옵(ob)+리(li)+궤(que) → 옵(압(㬥: 드러날 압)) 리(異: 다를 리) 궤('궤다('괴다(고이다)'의 방언)'의 어근) → 드러나다 다르다 고이다'다. '다르게 고여 드러난 것'이다.

어브리터레이트(obliterate: 흔적을 없애다, 제거하다)

우리말로 읽어보면 '오브리(obli)+트(t)+일(er)+아디(ate) → 오브리(어부리: '웅어리'의 방언) 트(츠 → 쳐: '치다(치우다)'의 활용형) 일(事) 아디(하디 → 하다) → 웅어리(찌꺼기) 치우는 일 하다'다.

□ 응어리: 사물 속에 깊이 박힌 것. 유의어: 찌꺼기, 덩어리, 한.

어브신(obscene: 외설[음탕]한, 성적 흥분을 일으키는)

우리말로 읽어보면 '옵(ob)+슥(sc)+이(e)+느이(ne) → 옵(압(姶: 예쁠 압)) 슥(색(色: 빛 색, 색정이나 여색)) 이(주격 조사) 느이(나이: '나다'의 활용형) → 예뻐 색정이 나는'이다.

어브스큐어~ㄹ(obscure: 불명료한, 애매한, 눈에 띄지 않는, 잘 보이지 않는)

우리말로 읽어보면 '옵(ob)+슥(sc)+우르(ur)+이(e) → 옵(압(㬥: 드러날 압)) 슥(색(色: 빛 색) 우르(어르 → 어려: '어리다(빛이나 그림자, 모습 따위가 희미하게 비치다)'의 활용형) 이(에: 조사) → 드러나다 모양 어리다 에'다. '드러나는 모양이 어림에'다.

□ 색(色): 빛, 빛깔, 모양.

업져브(observe: 알다, 알아채다, 관찰하다, (관찰한 것에 대하여) 말하다)

우리말로 읽어보면 '옵서~ㄹ(obser)+비(ve) → 옵서~ㄹ(압서 → 앞서: 지금보다 앞선 때에) 비('비다(보다)'의 어근) → 앞서 보다'다.

오브서리트(obsolete: 쇠퇴한, 쓸모없어진)

우리말로 읽어보면 '옵소(obso)+리(le)+티(te) → 옵소(업서 → 없어: '없다'의 활용형) 리(利: 이로울 리) 티(모양) → 없다 이롭다 모양'이다. '이로움 없는 모양'이다.

오브스터클(obstacle: 장애(물), 장애)

우리말로 읽어보면 '옵(ob)+스(s)+타(ta)+그르(cl)+이(e) → 옵(압 → 앞) 스('스다(서다)'의 활용형) 타(他: 다를 타) 그르(거르 → 걸어: '걸다'의 활용형) 이(명사형 접미사, 이것) → 앞에 서서 다른 곳을 거는 이것'이다.

□ 타(他): 다르다, 남, 다른 곳, 다른 데.

어브스트레퍼스(obstreperous: 사납게 날뛰는, 다루기 힘든)

우리말로 읽어보면 '옵(ob)+스(s)+틀(tr)+이(e)+프(p)+이르(er)+오우(ou)+스(s) → 옵(압(罨: 그물 압)) 스(~의) 틀('덫'의 방언) 이('에'의 방언) 프(포(暴: 사나울 포)) 이르(일어: '일다(생기다)'의 활용형) 오우(위(爲: 할 위))+스(~의)=함의=한 → 그물의 덫에 사나움 일어 한'이다.

어브스트럭트(obstruct: 막다, 방해하다)

우리말로 읽어보면 '옵(ob)+스트(st)+락(ruc)+트(t) → 옵(압(浥: 흐를 압)) 스트(스다: '서다'의 방언) 락(路: 울짱 락) 트(츠 → 쳐: '치다'의 활용형) → 흐르다 서다 울짱(울타리) 치다'다. '흐름에 서는 울타리 치는 것'이다.

어브테인(obtain: 획득하다, 손에 넣다)

우리말로 읽어보면 '옵(ob)+타(ta)+이(i)+느(n) → 옵(압(甲: 가질 압)) 타(他: 다를 타) 이('사람', '사물', '일'의 뜻을 더하고 명사를 만드는 접미사) 느(너 → 넣: '넣다'의 활용형) → 가지다 다르다 물건 넣다'다. '다른 물건을 넣어 가지는 것'이다.

어브튜스(obtuse: 날카롭지 않은, 뾰족하지 않은)

우리말로 읽어보면 '옵(ob)+투(tu)+새(se) → 옵(압(壓: 누를 압)) 투(추(錐: 송곳 추)) 새('모양', '상태', '정도'의 뜻을 더하는 접미사) → 무너진 송곳 모양'이다.

□ 압(壓): 누르다, 무너지다.

어브비어스(obvious: 명백한, 분명한)

우리말로 읽어보면 '옵(ob)+비(vi)+오우(ou)+스(s) → 옵(압(㬎: 드러날 압)) 비(祕: 숨길 비) 오우(위(爲: 할 위))+스(~의)=함의=한 → 드러나다 숨기다 한'이다. '숨긴 것이 드러난 것 한'이다.

어크루드(occlude: 닫다, 막다)

우리말로 읽어보면 '오그(oc)+그루(clu)+디(de) → 오그(옥으 → 옥여: '옥이다(안쪽으로 조금 오그라져 있게 만들다)'의 활용형) 그루(글우 → 걸우 → 걸어: '걸다'의 활용형) 디(돼: '되다'의 활용형) → 옥여 걸어 돼' 다. '옥여 걸은 것 돼' '닫은 것'이다.

오큐파이(occupy: 차지하다, 점유하다)

우리말로 읽어보면 '옥(oc)+구비(cupy) → 옥(악(握: 쥘 악) 구비(具備: 갖춤(확보)) → 쥐다 갖춤(확보)'이다. '갖춤 쥐다'다.

오우션(ocean: 대양, 대해, 해양)

우리말로 읽어보면 '오(o)+스이(ce)+아(a)+느(n) → 오(아('해'의 고어)) 스이('스다'의 활용형) 아(하(㗇: 클 하)) 느(니: '물'의 고어) → 해 서다 하(㗇) 물'다. '해가 솟아오르는 큰 물' '바다'다.

어펜드(offend: 1. 화를 내다 2. 죄를 범하다)

1번을 우리말로 읽어보면 '오프(of)+프(f)+인드(end) → 오프(어프 → 엎으 → 엎어: '엎다'의 활용형) 프(포 → 표(表: 겉 표) 인드(인다: '일다(생기다)'의 활용형) → 엎어 조짐(兆朕) 생기다'이다. '엎을 조짐(兆朕) 생기는 것'이다.

□ **표(表): 겉, 表하다, 조짐(兆朕).**

2번을 우리말로 읽어보면 '오프(of)+피(fe)+느드(nd) → 오프(어프 → 엎으 → 엎어: '엎다'의 활용형) 피(被: 입을 피) 느드(나다(생기다)) → 엎어

당(當)함 생기다'이다.

□ 피(被): 입다, 당하다(當--).

오피스(office: 근무처, 사무소, 사옥)

우리말로 읽어보면 '옵(of)+비(fi)+스(c)+이(e) → 옵(업(業: 업 업)+비('비다(보다)'의 활용형) 스(소(所: 바 소)) 이(명사형 접미사, 이것) → 업(業) 보다 장소 이것'이다. '업무 보는 곳'이다.

□ 소(所): 바(일의 방법이나 방도), 곳, 일정(一定)한 곳이나 지역(地域).

오퍼(offer: 제공하다)

우리말로 읽어보면 '옵(of)+브(f)+이르(er) → 옵(업(業: 업 업) 브(부(付: 줄 부)) 이르(이라: '이다'의 활용형) → 일에 주는 것이라'다.

어펀(often: 종종, 자주, 대개)

우리말로 읽어보면 '옵(of)+뜨(t)+인(en) → 옵(업(業: 업 업) 뜨(1. 또: 어떤 일이 거듭하여 2. 떠: '뜨다(시간적으로 동안이 오래다)'의 활용형) 인('일다(생기다)'의 활용형)) → 일 또, 떠 생긴'이다. '일이 1. 또 2. 떠 생긴'이다.

오울드(old: 나이 든, 늙은)

우리말로 읽어보면 '오르드(old) → 오르드(오래돼)'다.

오우멘(omen: 전조, 징조, 조짐)

우리말로 읽어보면 '옴(om)+인(en) → 옴('오다'의 활용형) 인(絪: 기운 인) → 옴에 기운'이다.

옴니(omni-: 모든(의 뜻))

우리말로 읽어보면 '옴(om)+니(ni) → 옴(온: 전부의, 모두의) 니(이: (이) 것) → 전부의 것'이다.

오운리(only: 유일한, 오직[겨우]~만의, 단 하나의[유일한], 오직[단지])

우리말로 읽어보면 '오(o)+느리(nly) → 오(외: '홀로'의 뜻을 더하는 접두사) 느리(누리: '세상'의 옛말) → 홀로 세상'이다. '세상에 홀로'다.

오우펀(open: 열린, 열려있는)

우리말로 읽어보면 '옾(op)+엔(en) → 옾(앞(前)) 엔(연: '열다'의 활용형) → 앞 연'이다.

어포우넌트(opponent: 반대자, 대항자, 상대)

우리말로 읽어보면 '오프(op)+폰(pon)+인(en)+트(t) → 오프(어프 → 엎어: '엎다'의 활용형) 폰(판: 처지', '판국', '형편'의 뜻을 나타내는 말) 인('일다(생기다)'의 활용형) 트(츠 → 치: 사람) → 엎어 판국 생긴 사람'이다.

어포우즈(oppose: 반대하다, 겨루다)

우리말로 읽어보면 '오프(op)+포(po)+스이(se) → 오프(어프 → 엎어: '엎다'의 활용형) 포(표(表: 겉 표, 표시) 스이('스다(생기다)'의 활용형) → 엎어 표시 생기다'이다.

오퍼튜너티(opportunity: 기회, 호기)

우리말로 읽어보면 '오브(op)+폴(por)+툰(tun)+이띠(ity) → 오프(어프 → 엎으 → 엎어: '엎다'의 활용형) 폴(볼 → 발: '기세' 또는 '힘'의 뜻을 더하는 접미사)) 툰(둔('두다'의 활용형)) 이띠(이때: 바로 지금의 때) → 엎어 힘 둔(가진) 이때'다. '엎을 힘을 가진 이때'다.

오프터멀(optimal: 최선[최상]의, 가장 바람직한)

우리말로 읽어보면 '옵(op)+티(ti)+마르(mal) → 옵(업(業: 업 업)) 티(모양) 마르(마루: 어떤 사물의 첫째) → 일 모양 첫째'다. '일의 (되어가는) 모양이 첫째인 것'이다.

옾티미즘(optimism: 낙천주의, 낙관주의)

우리말로 읽어보면 '옾(op)+띠(ti)+미슴(mism) → 옾(앞) 띠(때: 좋은 기회나 알맞은 시기) 미슴(마슴 → ᄆᆞᅀᆞᆷ: '마음'의 옛말) → 앞(으로) 좋은 기회나 알맞은 시기 마음'이다.

오~ㄹ(or: 또는)

우리말로 읽어보면 '오~ㄹ(or) → 오~ㄹ(오(俁: 갈래지을 오) → 또'다.

□ 오(俁): 갈래짓다, 또.

오럴(oral: 구두의, 구술의

우리말로 읽어보면 '올(or)+알(al) → 올(알('아가리'의 방언)) 알(할('하다'의 활용형)) → 아가리(입) 할(하다)'이다. '입(말)으로 할'이다.

오레이트(orate: 연설하다)

우리말로 읽어보면 '올(or)+아디(ate) → 올(알('아가리'의 방언)) 아디(하디(하다)) → 아가리(입=말) 하다'다. '입으로 떠드는 것을 하다'이다.

오르데인(ordain: (신, 운명, 법률 등이) ~을 정하다, 운명을 정해놓다)

우리말로 읽어보면 '올(or)+대(da)+인(in) → 올(알: '하늘'의 옛말) 대(재: '재다(헤아리다)'의 활용형) 인(因: 인할 인) → 하늘 헤아리다 인하다'다. '하늘에 헤아림으로 인하다'다.

오더~~ㄹ(order: 순서, 차례, 순번, 명령, 질서, 순조로움)

우리말로 읽어보면 '올(or)+디(de)+르(r) → 올('오다'의 활용형) 디(뒤: 시간이나 순서상으로 다음이나 나중) 르(라: 어미) → 올 뒤(다음)라'다.

오더너리(ordinary: 보통의, 통상의, 평범한)

우리말로 읽어보면 '오르(or)+딘(din)+아리(ary) → 오르(으르 → 으레: 두말할 것 없이 당연히) 딘(된: '되다'의 활용형) 아리(하리: '하루'의 방언) → 으레 된 하루'다.

오리언트(orient: 동양, 아시아)

우리말로 읽어보면 '오르(or)+이(i)+인(en)+트(t) → 오르('오르다'의 어근) 이('해'의 고어) 인('일다(생기다)'의 활용형) 트(터(곳)) → 오르는 해 생긴 터'이다.

오리진(origin: 기원, 근원, 출처)

우리말로 읽어보면 '올(or)+이(i)+진(gin) → 올(알(卵)) 이('에'의 방언) 진('주인'의 방언) → 알(卵) 에 주인'이다.

오르뜨어도크스(orthodox: 정통의, 옳다고 인정된, 인습적인)

우리말로 읽어보면 '올(or)+트흐(th)+오(o)+독스(dox) → 올(얼: 정신의 줏대) 트흐(뜨 → 떠: '뜨다(흉내내어 그대로 좇아 하다)'의 활용형) 오('오다'의 어근) 독스(족스(族: 겨레 족: 그런 특성을 가지는 사람이나 사물의 무리)+스(~의)) → 얼 뜨다 오다 족(族) 의'다. '얼을 승계해 온 족(族)의'다.

아더(other: 또 다른, 그 밖의)

우리말로 읽어보면 '오(o)+뜨흐(th)+이르(er) → 오(외(外: 바깥 외) 뜨흐(또: 그 밖에 더) 이르(이라) → 밖에 또 이라'다.

아우어(our: 우리(들)의)

우리말로 읽어보면 '오(o)+우르(ur) → 오(아(我: 나 아) 우르('우리'의 방언)'다. '나 우리'다.

아우트(out: 밖에)

우리말로 읽어보면 '오우(ou)+트(t) → 오우(외(外: 밖 외)) 트(터) → 외(外) 터'다.

P

팩(pack: 꾸러미, 다발)

우리말로 읽어보면 '박(pac)+크(k) → 박(縛: 얽을 박) 크(그 → 거: '것'을 구어적으로 이르는 말) → 묶은 것'이다.

□ 박(縛): 얽다, 묶다.

패크트(pact: (개인 사이의) 약속, 계약)

우리말로 읽어보면 '박(pac)+트(t) → 박(縛: 얽을 박) 트(츠 → 치: 어떠한 특성을 가진 물건 또는 대상) → 얽은 대상'이다.

패드(pad: 덧대는[채우는] 것)

우리말로 읽어보면 '패(pa)+드(d) → 패(佩: 찰 패) 드(대(帶: 띠 대) → 차는 띠(너비가 좁고 기다랗게 생긴 물건. 둘러매는 끈)'다.

페인(pain: 고통, 아픔)

우리말로 읽어보면 '패(pa)+인(in) → 패('패다'의 활용형) 인(忍: 참을 인) → 패다 참다'다. '패서 참는 것' '고통' '아픔'이다.

페인트(paint: 그림물감, 페인트, 안료, 도료)

우리말로 읽어보면 '패(pa)+인(in)+트(t) → 패(貝: 조개 패) 인(歅: 찧을 인) 트(츠 → 치: 물건)'다. '조개껍데기 찧은 물건'이다.

□ 조개껍데기를 빻아서 칠을 하는 데서 유래함.

□ 패(貝): 조개, 조개껍데기.

페어(pair: 한 쌍[켤레]의, 한 쌍의 남녀)

우리말로 읽어보면 '배(pa)+이르(ir) → 배(配: 짝 배) 이르(이루 → 이뤄: '이루다'의 활용형) → 짝 이뤄 → 짝 이룬'이다.

팰(pal: 동료, 친구, 동무)

우리말로 읽어보면 '패(pa)+르(l) → 패(牌: 패 패) 르(리(사람)) → 패(牌: 같이 어울려 다니는 사람의 무리) 사람'이다.

페일(pale: 창백한, 핏기가 없는)

우리말로 읽어보면 '파(pa)+리(le) → 파리('파리하다'의 어근)'다.

□ 파리하다: '몸이 마르고 낯빛이나 살색이 핏기가 전혀 없다.

팰러세이드(palisade: (둘러싸거나 방어하기 위한) 울타리, 말뚝)

우리말로 읽어보면 '발(pal)+이스(is)+애(a)+대(de) → 발(가늘고 긴 물체의 가락) 이스(잇으 → 잇어: '잇다'의 활용형) 애(阨: 막을 애) 대(가늘고 긴 막대) → 발 잇어 막다 가늘고 긴 막대'이다. '발 잇어 막는 가늘고 긴 막대'이다.

팰리에이트(palliate: 변명하다, 꾸며대다)

우리말로 읽어보면 '패(pa)+르(l)+리(li)+아디(ate) → 패(覇: 남을 교묘히 속이는 꾀) 르(로: 조사) 리(脷: 혀 리) 아디(하디(하다)) → 패(霸) 로 혀(말) 하다'다.

팰페이트(palpate: 만져보다, 더듬어 찾다)

우리말로 읽어보면 '브(p)+아르(al)+바(pa)+티(te) → 브(부(膚: 살갗 부) 아르(알으 → 알아: '알다'의 활용형) 바(봐: '보다'의 활용형) 티(치: 물건) → 살갗 알아 봐 물건'이다. '물건을 살갗으로 알아보는 것'이다.

팬데닉(pandemic: 전 지역에 걸치는, 전국적[세계적]으로 유행하는)

우리말로 읽어보면 '판(pan)+딤(dem)+이(i)+크(c) → 판('처지', '판국', '형편'의 뜻을 나타내는 말) 딤(됨: '되다'의 명사형)) 이(주격 조사) 크(커: '크다'의 활용형) → 판국 됨이 커'다.

ㅁ 판국: 일이 벌어진 사태의 형편이나 국면.

팬덜(pander: 정사의 뚜쟁이, (남자) 매춘 알선인)

우리말로 읽어보면 '프(p)+애(a)+느드(nd)+이르(er) → 프(포(抱: 안을 포: 포주(抱主)) 애(해: '하다'의 활용형) 느드(나다: 지내다) 이르(어리: 옛말 그런 사람의 뜻을 더하는 접미사) → 포주(抱主)해 지내는 사람'이다.

페인(pane: 창유리, 판판한 널빤지, 문판자)

우리말로 읽어보면 '판(pan)+이(e) → 판(板: 널빤지 판) 이(이것) → 판(板) 이것'이다. '판(板)'이다.

패널(panel: 판, 금속판)

우리말로 읽어보면 '판(pan)+이르(el) → 판(板: 널빤지 판) 이르(이라) → 판 이라'다.

팬잰드럼(panjandrum: (고관이나 거드름 피우는 공무원을 놀리는 말) 영감님, 나리)

우리말로 읽어보면 '팬잔(panjan)+드르(dr)+우(u)+므(m) → 팬잔(핀잔: 맞대어 놓고 언짢게 꾸짖거나 비꼬아 꾸짖는 일) 드르(들으 → 들어: '듣다'의 활용형) 우(아: '에'의 방언) 므(모(某: 아무 모: 아무개) → 핀잔 들어 에 아무개'다. '핀잔 들음에 아무개' '핀잔 듣는 아무개'다.

페이퍼(paper: 종이)

우리말로 읽어보면 '파피르(paper) → 파피르(파피루스(이집트의 종이))'다.

□ 이집트 문명도 우리 민족이 이룩한 문명이다.

파(par: 등가, 동등, 동등, 같은 수준)

우리말로 읽어보면 '파(pa)+르(r) → 파(頗: 자못 파) 르(루 → 류(類: 무리 류) → 자못(생각보다 매우) 같다'다. '매우 같음'이다.

□ 류(類): 무리, 비슷하다, 같다.

패러슈트(parachute: 낙하산)

우리말로 읽어보면 '파라(para)+추(chu)+태(te) → 파라(펴라) 추(墜: 떨어질 추) 태(‘때(시간)’의 방언) → 펴라 추(墜) 때’다. ‘떨어질 때 펴는 것’ 이다.

퍼레이드(parade: 행렬, 행진)

우리말로 읽어보면 ‘발(par)+아(a)+대(de) → 발(‘걸음’을 비유적으로 이르는 말) 아(雅: 바를 아) 대(隊: 무리 대) → 걸음 바른 군대(軍隊)의 대오(隊伍)’다.

□ 대(隊): 무리, 군대(軍隊)의 대오(隊伍).

패러다이스(paradise: 천국, 낙원)

우리말로 읽어보면 ‘바라드(parad)+이스(is)+이(e) → 바라드(바라다(기대하다)) 이스(있어) 이(여기) → 바라다 있다 여기’다. ‘바라는 것 있는 여기’다.

패러독스(paradox: 역설, 패러독스, 모순된[이치에 맞지 않은] 말, 궤변)

우리말로 읽어보면 ‘파라(para)+독스(dox) → 파라(팔아: ‘팔다’의 활용형) 독스(독(毒)+스(사(詞: 말 사)) → 팔아 독 말’이다. ‘독을 파는 말’ 이다.

□ 독은 사람을 죽이는 것인데 그것을 팔아서 사람이 삶을 이어 나가니 뭔가 모순이 있는 말이다.

패러간(paragon: 모범, 전형, 귀감)

우리말로 읽어보면 ‘발(par)+아(a)+곤(gon) → 발(볼: ‘보다’의 활용형)

아(하 → 해(楷: 본보기 해)) 곤(공(公: 공평할 공)) → 볼 본보기 여럿'다. '여럿이 볼 본보기'다.

□ 공(公): 공평하다, 여럿.

패러레일(parallel: 평행인)

우리말로 읽어보면 '바르(par)+알(al)+르(l)+이르(el) → 바르('바다'의 방언) 알(할: '하늘'의 방언) 르(루(瞜: 볼 루) 이르(이루 → 이뤄: '이루다'의 활용형) → 바다 하늘 보다 이뤄'다. '바다와 하늘이 봄 이룬 것'이다.

패러프레이즈(paraphrase: 바꾸어 말하기)

우리말로 읽어보면 '발(par)+아(a)+프흐르(phr)+아시(ase) → 발(말(言)) 아(하 → 해: '하다'의 활용형) 프흐르(풀어) 아시(하시 → 하기) → 말 해 풀어 하기'다. '말하는 것 풀어 하기'다.

패러사이트(parasite: 기생 동물[식물], 겨우살이)

우리말로 어보면 '바라(para)+시(si)+티(te) → 바라(빠라 → 빨아: '빨다'의 활용형) 시(視: 볼 시) 티(치: 어떠한 특성을 가진 물건 또는 대상) → 빨아 사는 치(것)'다.

□ 시(視): 보다, 살다.

파~ㄹ든(pardon: 용서, 관용, 관대, 사면)

우리말로 읽어보면 '발(par)+돈(don) → 발(벌(罰: 벌할 벌)) 돈(단(斷: 끊을 단)) → 벌하다 끊다'다. '벌함을 끊는 것'이다.

페얼(pare: 껍질을 벗기다)

우리말로 읽어보면 '바르이(pare) → 바르이('바르다'의 활용형)'이다.

□ 바르다: 껍질을 벗기어 속에 들어 있는 알맹이를 집어내다.

페어런트(parent: 어버이, 양친)

우리말로 읽어보면 '배(pa)+르(r)+이(e)+느(n)+트(t) → 배(配: 짝 배) 르(로: 조사) 이(台: 나 이) 느(나 → 낳: '낳다'의 어근) 트(치: 사람) → 짝짓다 로 나 낳다 사람'이다. '짝지음으로 나를 낳은 사람'이다.

□ 배(配): 짝, 짝짓다.

파르히리온(parhelion: 환일(幻日), 무리해)

우리말로 읽어보면 '발(par)+히(he)+리(li)+온(on) → 발(發: 필 발) 히('해'의 고어) 리(이(둘)) 온('오다'의 활용형) → 나타나다 해 둘 온'이다. '나타난 해 둘 온 것'이다.

□ 환일 현상이 일어나면 하늘에 해가 3개가 보인다. 이 현상을 표현한 것이다.

□ 발(發): 피다, 나타나다.

퍼라이어(pariah: 따돌림을 받는 사람, 부랑자)

우리말로 읽어보면 '바리(pari)+아(a)+흐(h) → 바리(버리 → 버려: '버리다'의 활용형) 아('에'의 방언) 흐(호(戶: 지게 호)) → 버려 에 사람'이다. '버린 사람'이다.

□ 호(戶): 집, 사람, 백성(百姓).

바르런스(parlance: 말투, 어조)

우리말로 읽어보면 '발(par)+란(lan)+시(ce) → 발(말(言)) 란(난('나다(생기다)'의 활용형) 시(씨: '태도' 또는 '모양'의 뜻을 더하는 접미사) → 말난 씨'다. '말 생긴 모양'이다.

파~ㄹ레이(parlay: 내기에 걸다)

우리말로 읽어보면 '패(pa)+르(r)+르(l)+아이(ay) → 패(牌: 패 패; 화투나 투전에서 각 장. 또는 그것이 나타내는 끗수 따위의 내용) 르(로: 조사) 르(로 → 노: 뜻밖에 얻은 재물이나 행운) 아이(하이: '하다'의 활용형) → 패 로 노 하이'다. '패(牌)로 노 나는 것 하이'이다.

파~ㄹ리이(parley: 논의, 토의)

우리말로 읽어보면 '바(pa)+르(r)+리(le)+이(y) → 바(일의 방법이나 방도) 르(를) 리(脷: 혀 리) 이(명사형 접미사, 이것) → 바를 혀(말하다) 이것'이다. '바(일의 방법이나 방도)를 말하는 것'이다.

파르럴(parlor: 응접실, 거실)

우리말로 읽어보면 '바~ㄹ(par)+로르(lor) → 바~ㄹ(바: '방'의 방언) 로르(노르 → 너러 → 널어 → 넓어: '넓다'의 활용형) → 방 넓어'다. '넓은 방'이다.

파크(park: 공원, 주차하다)

우리말로 읽어보면 '바~ㄹ크(park) → 바~ㄹ크(박으 → 박아: '박다(붙이거나 끼워넣다)'의 활용형) → 박아'다. '(차를) 박다'다.

패러디(parody: 패러디, 우스꽝스러운[풍자적인] 것의 흉내, 서투른 모방[희화화(戱畫化)])

우리말로 읽어보면 '발(par)+오(o)+드(d)+이(y) → 발(말(言)) 오(외(歪: 기울 외)) 드(즈 → 조(嘲: 비웃을 조) 이(명사형 접미사, 이것) → 말 기울여 비웃는 이것'이다.

퍼로우르(parole: 가석방[가출옥])

우리말로 읽어보면 '바르(par)+오(o)+리(le) → 바르(보로: '벌써(예상보다 빠르게)'의 방언) 오(어(圄: 옥 어)) 리(離: 떠날 리) → 벌써 옥 떠나는 것'이다.

패러사이드(parricide: 아버지[어머니] 살해, 근친 살해)

우리말로 읽어보면 '배(pa)+르(r)+르(r)+이(i)+스(c)+읻(id)+이(e) → 배(配: 짝 배) 르(리 → 이: 사람) 르(느 → 낳: '낳다'의 어근) 이(台: 나 이) 스(수(壽: 목숨 수)) 읻(잇 → 앗: '앗다(빼앗다)'의 어근) 이(명사형 접미사, 이것) → 짝 사람 낳다 나(我) 목숨 빼앗다 이것'이다. '나를 낳은 짝 사람(부모) 목숨 빼앗는 이것'이다.

패러트(parrot: 앵무새)

우리말로 읽어보면 '발(par)+로(ro)+트(t) → 발(말(言)) 로(嘮: 지껄일 로) 트(츠 → 추(隹: 새 추)) → 말(言) 지껄이는 새'다.

파르스(parse: ((문법)) 품사를 설명하다)

우리말로 읽어보면 '발(par)+스(s)+이(e) → 발(말(言)) 스(쓰 → 씨: 단어를 기능, 형태, 의미에 따라 나눈 갈래) 이(위(謂: 이를 위)) → 말(言) 씨 설명하다(說明--)'다.

□ 위(謂): 이르다, 설명하다(說明--).

파~ㄹ트(part: 일부, 부분)

우리말로 읽어보면 '브(p)+알(ar)+트(t) → 브(부(部: 떼 부)) 알(할(割: 벨 할) 트(츠 → 치: 어떠한 특성을 가진 물건 또는 대상) → 떼 베다 치'이다. '떼에서 벤 치(것)'다.

파~ㄹ티서페이트(participate: 참가[관여]하다, 가담하다)

우리말로 읽어보면 '패(pa)+르(r)+티스(tic)+입(ip)+아디(ate) → 패(牌: 패 패: 같이 어울려 다니는 사람의 무리) 르(로: 조사) 티스(치스 → 쳐서: '치다(계산에 넣다)'의 활용형) 입(入: 들 입) 아디(하디 → 하다) → 패 로 쳐서 들다 하다'이다. '패(무리)로 쳐서 드는 것을 하다'이다.

패스트(past: 끝난, 과거의, 지나간)

우리말로 읽어보면 '패(pa)+스(s)+뜨(t) → 패(跡: 걸어넘을 패) 스('스다(생기다)'의 활용형) 뜨(때(時)) → 걸어넘다 생긴 때'다. '지난 때'다.

패스췰(pasture: 방목장, 목초지)

우리말로 읽어보면 '밧(pas)+트(t)+우리(ure) → 밧('밭'의 방언) 트(츠 →

초(草: 풀 초)) 우리('울타리'의 방언) → 밭 풀 울타리'다. '울타리 풀밭'이다.

패츠(patch: 헝겊[가죽] 조각, (기구 수리 때 대는) 금속 판자[조각])
우리말로 읽어보면 '패(pa)+트(t)+츠(ch) → 패(牌: 패 패: 어떤 사물의 이름, 성분, 특징 따위를 알리기 위하여 그림을 그리거나 글씨를 쓰거나 새긴 종이나 나무, 쇠붙이 따위의 조그마한 조각) 트(츠 → 치: '치다(그리다)'의 어근) 츠(치: 물건) → 패(牌) 그리는 물건'이다.

퍼트로울(patrol: 순회[순찰]자, 경찰 순찰대)
우리말로 읽어보면 '패(pa)+틀(tr)+올(ol) → 패(牌: 같이 어울려 다니는 사람의 무리) 틀(찰 → 찰(察: 살필 찰)) 올(알(斡: 돌 알)) → 패(牌) 살피다 돌다'다. '살펴 도는 패(무리)'다.

페이트런(patron: 단골, 고객)
우리말로 읽어보면 '프(p)+아(a)+트르(tr)+오(o)+느(n) → 프(푸: 옛말 '점포'의 옛말) 아(하: 아주, 몹시) 트르(드르 → 들으 → 들러: '들르다'의 활용형) 오(아: '에'의 방언) 느(니 → 이: 사람) → 점포 몹시 들러 에 사람'이다.

페이트로나이즈(patronize: 1. (윗사람 행세를 하며) 가르치려 들다, 깔보는 듯한 태도로 대하다, 아랫사람 대하듯 하다 2. (특정 상점, 식당 등을) 애용하다)

1번을 우리말로 읽어보면 '바(pa)+트(t)+론(ron)+이(i)+지(z)+이(e) → 바(봐: '보다'의 활용형) 트(티: 모양) 론(란 → 난)+이(사람)=난 사람 지(재: '재다(뽐내다)'의 어근) 이(여(如: 같을 여)) → 보는 모양 난 사람 뽐내다 같다'다.

2번을 우리말로 읽어보면 '바드로느(patron)+이(i)+즈이(ze) → 바드로느(patron: 단골손님) 이(위(爲: 할 위)) 즈이(주이: '주다'의 활용형) → 단골손님 하여 주다'다.

포퍼라이즈(pauperize: 빈곤에 몰아넣다, 궁핍하게 하다)

우리말로 읽어보면 '파(pa)+우(u)+브(p)+이르(er)+이(i)+즈이(ze) → 파(破: 깨뜨릴 파) 우(優: 넉넉할 우) 브(부(富: 부유할 부) 이르(일으 → 잃어: '잃다'의 활용형) 이(위(危: 위태할 위)) 즈이(주이: '주다'의 활용형) → 깨뜨리다 넉넉하다 부유하다 잃다 위태롭다(危殆--) 주다'다. '넉넉함을 깨뜨려 부유함을 잃어 위태(危殆)로움을 주다'다.

포즈(pause: 중지, 휴지, 한숨 돌리기)

우리말로 읽어보면 '브(p)+아(a)+우(u)+스(s)+이(e) → 브(부(豧: 숨쉴 부)) 아(하 → 해: '하다'의 활용형) 우(유(臾: 자깐 유)) 스('스다(서다)'의 어근) 이(명사형 접미사, 이것) → 숨쉬다 해 잠깐 서다 이것'이다. '숨 쉬려 잠깐 서는 것'이다.

페이(pay: 내다, 납부하다)

우리말로 읽어보면 '브(p)+아이(ay) → 브(부(付: 줄 부) 아이(하이: '하다'의 활용형) → 주다 하다'다. '주다'다.

피큐리얼(peculiar: 특유한, 독특한, 특징적인)

우리말로 읽어보면 '비(pe)+구(cu)+리(li)+알(ar) → 비(比: 견줄 비) 구(거: '것'을 구어적으로 이르는 말) 리(異: 다를 리) 알(할 → 한: '하다'의 활용형) → 견준 것이 다르다+한=다른'이다.

피얼(peer: 동료, 동등한 사람)

우리말로 읽어보면 '피(pe)+이르(er) → 피(패(牌: 패 패)) 이르(어리: 옛말 그런 사람의 뜻을 더하는 접미사) → 패(牌) 사람'이다.

□ 패(牌): 같이 어울려 다니는 무리.

퍼데스트리언(pedestrian: 보행자, 보도 여행자)

우리말로 읽어보면 '빼대스(pedes)+드르이(tri)+아(a)+느(n) → 빼대스(빠대서: '빠대다('밟다'의 방언)'의 활용형) 드르이(들르이: '들르다(지나가는 길에 잠시 들어가 머무르다)'의 활용형) 아('에'의 방언) 느(니 → 이(사람)) → 밟아서 들르다 에 사람'이다.

필(peel: 껍질을 벗기다)

우리말로 읽어보면 '피(pee)+르(l) → 피(皮: 가죽 피) 르(리(剺: 벗길 리)) → 껍질 벗기다'다.

□ 피(皮): 가죽, 껍질, 거죽(물체의 겉 부분).

피브(peeve: 안달나게 하다, 약올리다)

우리말로 읽어보면 '피~(pee)+브이(ve) → 피(부사 비웃는 태도로 입술을 비죽이 벌리며 입김을 내뿜을 때 나는 소리. 또는 그 모양) 브이(보이 → 보여) → 피 보여'다. "피" 하는 모양 보이는 것' '약 올리는 것'이다.

펜(pen: 펜촉, 펜)

우리말로 읽어보면 '핀(pen) → 핀(필(筆: 붓 필)) → 필(筆)'이다.

피널(penal: 형의, 형벌의, 형사상의)

우리말로 읽어보면 '비(pe)+느(n)+알(al) → 비(非: 아닐 비) 느(나: '나다(생기다)'의 어근) 알(할: '하다'의 활용형)) → 벌하다(罰--) 생기다 할'이다. '벌(罰)함 생기는 것 할'이다.

□ 비(非): 아니다, 벌하다(罰--).

페너트레이트(penetrate: ~을 꿰뚫다, 뚫고 나가다)

우리말로 읽어보면 '피(pe)+느이(ne)+뜨르(tr)+아디(ate) → 피(彼: 저 피) 느이(나이: '나다(생기다)'의 활용형) 뜨르(뜰으 → 뚫어: '뚫다'의 활용형) 아디(하디 → 하다) → 피(彼) 생기다 뚫다 하다'다. '뚫는 것 하여 저쪽 생기다' '저쪽 생기게 뚫다'다.

피플(people: (세상) 사람들, 국민)

우리말로 읽어보면 '패(pe)+오(o)+브(p)+리(le) → 패(霸: 으뜸 패) 오(아: '에'의 방언) 브(부(附: 붙을 부)) 리(이: 사람) → 으뜸(왕) 에 붙은 사람'

이다. '왕을 따르는 사람'이다.

□ 패(霸): 으뜸, 두목, 우두머리.

□ 브(부(附): 붙다, 따르다.

퍼램뷰레이트(perambulate: 걸어다니다, 답사하다, 순회하다)

우리말로 읽어보면 '비르(per)+아므(am)+부(bu)+르(l)+아디(ate) → 비르(보러: '보다'의 활용형) 아므(아무: 대상의 범위를 제한하거나 한정하지 않을 때 쓰는 말) 부(部: 떼 부) 르(로(路: 길 로)) 아디(하디 → 하다) → 보러 아무 곳 길을 가다 하다'다. '보러 아무 곳에 길 가는 것을 하다'이다.

□ 부(部): 떼, 부분, 지역, 곳.

□ 로(路): 길, 길을 가다.

퍼시브(perceive: 알아차리다, 인지하다)

우리말로 읽어보면 '브(p)+이르(er)+새(cei)+비(ve) → 브(보 → 봐: '보다'의 활용형) 이르('이르다(시간상 앞서 있다)'의 어근) 새('모양', '상태', '정도'의 뜻을 더하는 접미사) 비('비다(보다)'의 어근) → 봐 이르다 상태 보다'다. '상태 보는 것을 이르게 봐'다.

퍼르커레이트(percolate: 여과하다, 고르다)

우리말로 읽어보면 '필(per)+고르(col)+아디(ate) → 필(滗: 거를 필) 고르(골으 → 골라: '고르다'의 어간) 아디(하디 → 하다) → 거르다 고르다 하다'다. '걸러서 고르는 것을 하다'이다.

펄듀러블(perdurable: 영원한, 불멸의)

우리말로 읽어보면 '프(p)+이르(er)+둘(dur)+아(a)+블(bl)+이(e) → 프(포: '거듭'의 옛말) 이르(일으 → 일어: '일다(생기다)'의 활용형) 둘(달(月)) 아('해'의 고어) 블(불(빛남)) 이(이것) → 거듭 생기다 달 해 불(빛남) 이것'이다. '거듭 생긴 달 해 불(빛남) 이것'이다.

페러그러네이트(peregrinate: (특히 도보로) 여행하다)

우리말로 읽어보면 '브(p)+이르(er)+이(e)+그리(gri)+느(n)+아디(ate) → 브(보(步: 걸음 보)) 이르(이루 → 이뤄: 조사) 이(異: 다를 이) 그리(거리(街)) 느(누(瞜: 볼 누)) 아디(하디 → 하다) → 걸음 이뤄(으로) 다른 거리 보는 것 하다'다.

퍼레니얼(perennial: 지속하는, 영구적인)

우리말로 읽어보면 '프(p)+이르(er)+인(en)+느이(ni)+알(al) → 프(포: '거듭'의 옛말) 이르(일으 → 일어: '일다(생기다)'의 활용형) 인(仞: 길 인) 느이(나이: 사물이 생겨나서 존속해 온 햇수) 알(할 → 한: '하다'의 활용형) → 거듭 생긴 나이 한'이다.

퍼픽트(perfect: 완벽한, 완전한)

우리말로 읽어보면 '필(per)+백(fec)+트(t) → 필(畢: 마칠 필) 백(벽(璧: 구슬 벽)) 트(티: 모양) → 완성하다(完成--: 완전히 다 이루다) 구슬 모양'이다. '완전히 다 이룬 구슬 모양'이다.

□ 필(畢): 마치다, 완성하다.

□ 완벽(完璧): 「흠이 없는 구슬」이라는 뜻으로, 결함(缺陷)이 없이 완전(完全)함을 이르는 말.

퍼폼(perform: 행하다, 수행하다, (역을) → 연기하다, 연주하다)

우리말로 읽어보면 '필(per)+볼(for)+므(m) → 필(畢: 마칠 필) 볼('보다'의 활용형) 므(무 → 뮈: '뮈다('움직이다'의 옛말)'의 어근) → 완성하다(完成--: 완전히 다 이루다) 볼 움직이다'다. '완성(完成)함을 볼 움직임'이다.

페럴(peril: 위험, 위난, 위기, 모험)

우리말로 읽어보면 '프(p)+이르(er)+일(il) → 프(포(怖: 두려워할 포)) 이르(일으 → 일어: '일다(생기다)'의 활용형) 일(어떤 상황이나 사실) → 두려움 생김에 사실'이다.

피리네이틀(perinatal: 출산 전후의)

우리말로 읽어보면 '필(per)+이(i)+나(na)+뜨(t)+아르(al) → 필(畢: 마칠 필) 이(사람) 나('나다'의 활용형) 뜨(때(時)) 아르(아래: 조건, 영향 따위가 미치는 범위) → 마치다 사람 나다 때 아래'다. '사람 낳는 것을 마친 때 아래'다.

피어리어드(period: 기간, 시기, 시대)

우리말로 읽어보면 '프(p)+이르이(eri)+오드(od) → 프(포: '해', '달', '날' 따위의 말 뒤에 붙어, '얼마 동안'의 뜻을 더하여 명사를 만드는 말) 이르이('이르다(말하다)'의 활용형) 오드(어디) → 얼마 동안 말하다 어디'다. '어디에 얼마 동안을 말하다'다.

페리쉬(perish: 죽다, 사라지다, 소멸하다)

우리말로 읽어보면 '필(per)+이(i)+스흐(sh) → 필(畢: 마칠 필) 이(주격조사) 스흐(스: '스다(생기다)'의 활용형) → 마침 이 생기다'이다.

퍼르먼트(permanent: 영속하는, 영구적인)

우리말로 읽어보면 '빌(per)+므안이(mane)+느(n)+트(t) → 빌('별'의 방언) 므안이(무한(無限)이) 느(나: '나다(지내다)'의 활용형) 트(티: 모양) → 별 무한(無限)이 지내는 모양'이다.

퍼미트(permit: 허락하다, 용인하다)

우리말로 읽어보면 '비르(per)+미트(mit) → 비르(빌으 → 빌어: '빌다(바라는 바를 이루게 하여 달라고 신이나 사람, 사물 따위에 간청하다)'의 활용형) 미트(미츠 → 미쳐: '미치다(영향이나 작용 따위가 대상에 가하여지다. 또는 그것을 가하다)'의 활용형) → 빌어 미쳐'다. '청함이 대상에 가하여 진 것' '허락된 것'이다.

펄뮤트(permute: 변경하다, 바꾸다)

우리말로 읽어보면 '빌(per)+무(mu)+티(te) → 빌(별(別: 다를 별) 무(貿: 바꿀 무) 티(치 → 쳐: '치다((사람이 어떤 행위를) 벌이거나 저지르다)'의 활용형) → 다르다 바꾸다 벌이다'이다. '다르게 바꾸는 것 벌이다'이다.

펄니셔스(pernicious: 파멸적인, 해로운)

우리말로 읽어보면 '프(p)+이르(er)+니(ni)+스이(ci)+오우(ou)+스(s) → 프(포: '거듭'의 옛말) 이르(일으 → 일어: '일다(생기다)'의 활용형) 니('길미(이자)'의 방언) 스이(쓰이: '쓰다(用)'의 활용형) 오우(위(爲: 할 위))+스(~의)=함의=한) → 거듭 생기는 이자 쓰는 것 한'이다.

퍼르펀디큐러(perpendicular: 수직의, 고추선, 직립한)

우리말로 읽어보면 '필(per)+핀(pen)+딕(dic)+우르(ul)+알(ar) → 필(畢: 마칠 필) 핀(편(偏: 치우칠 편)) 딕(직(直: 곧을 직)) 우르(위로) 알(할 → 한: '하다'의 활용형) → 마침에 치우침이 곧게 위로 한'이다.

□ 편(偏): 치우치다, 기울다.

퍼~ㄹ페츄얼(perpetual: 영구한, 영원히 계속되는, 무궁한)

우리말로 읽어보면 '빌(per)+빋(pet)+우(u)+알(al) → 빌('별'의 방언) 빋(빛) 우(又: 또 우) 알(할 → 한: '하다'의 활용형)) → 별 빛 거듭하다 한'이다. '별빛이 거듭되는 것 한'이다.

□ 우(又): 또, 거듭하다.

퍼프리크스(perplex: 당혹하게 하다, 혼란 시키다)

우리말로 읽어보면 '프(p)+이르(er)+블(pl)+이크스(ex) → 프(포(咆: 고함지를 포)) 이르(일으 → 일어: '일다(생기다)'의 활용형) 블(볼: 빰) 이크스(이크 → 이그 → 익어: '익다'의 활용형)+스(수(授: 줄 수)) → 고함지르다 생기다 볼(빰)+익다=얼굴 붉어지다 주다'다. '고함지름이 생겨 얼굴

붉어짐을 주는 것'이다.

펄시큐트(persecute: 박해[압박]하다, 학대하다)

우리말로 읽어보면 '프(p)+이르(er)+세(se)+구(cu)+티(te) → 프(포(暴: 사나울 포) 이르(일어: '일다(생기다)'의 활용형) 세('세다'의 어근) 구(毆: 때릴 구) 티(모양) → 사나움 생기다 세다 때리다 모양'이다. '사나움이 세게 생겨 때리는 모양'이다.

퍼르서비얼(persevere: 버티어[해]내다, 목적을 이루다)

우리말로 읽어보면 '프(p)+이르스이(erse)+브(v)+이르이(ere) → 프(포: '거듭'의 옛말) 이르스이('일어서다'의 활용형) 브(부(赴: 다다를 부) 이르이(이루이: '이루다'의 활용형) → 거듭 일어서서 다다름 이루다'다.

퍼르시스트(persist: 고집하다, 단호히 관철하다)

우리말로 읽어보면 '프(p)+이르(er)+시(si)+스(s)+트(t) → 프(포: '거듭'의 옛말) 이르(으로: 조사) 시('혀(말)'의 방언) 스('스다(서다)'의 활용형) 트(티: 모양) → 거듭으로 말 세우는 모양'이다.

퍼~ㄹ슨(person: 사람, 인간)

우리말로 읽어보면 '빌(per)+손(son) → 빌('별'의 방언) 손(지나가다가 잠시 들른 사람) → 별 손(손님)'이다. '별에 지나가다가 잠시 들른 사람'이다.

퍼스파이어(perspire: 땀을 흘리다, 땀이 나다)

우리말로 읽어보면 '피(pe)+르(r)+습(sp)+이르이(ire) → 피(皮: 가죽 피) 르(로: 조사) 습(습(濕: 젖을 습)) 이르이(일으이: '일다(생기다)'의 활용형) → 피(皮) 로 습(濕) 생기다'이다. '살갗으로 물기 생기다'이다.

□ 피(皮): 가죽, 껍질, 겉, 표면.

□ 습(濕): 젖다, 습기(濕氣), 물기.

퍼르스웨이드(persuade: 설득하다, 재촉하다)

우리말로 읽어보면 '비르(per)+수(su)+아디(ade) → 비르(빌으 → 빌어: '빌다(바라는 바를 이루게 하여 달라고 신이나 사람, 사물 따위에 간청하다)'의 활용형) 수(사(詞: 말 사)) 아디(하디 → 하다) → 빌어(비는) 말 하다'다.

퍼르터네이셔스(pertinacious: 고수하는, 끈덕진, 끈질긴)

우리말로 읽어보면 '필(per)+띤(tin)+아스이(aci)+오우(ou)+스(s) → 필(必: 반드시 필) 띤('띠다(어떤 성질을 가지다)'의 활용형) 아스이(애쓰이: '애쓰다'의 활용형) 오우(위(爲: 할 위))+스(~의)=함의=한 → 반드시 성질을 가진 애를 쓰는 것 한'이다.

펄베이드(pervade: 전체에 보급되다, 퍼지다, 배어들다)

우리말로 읽어보면 '브(p)+이르(er)+배(va)+디(de) → 브(보(普: 넓을 보)) 이르(이루 → 이뤄: '이루다'의 활용형) 배(配: 나눌 배) 디(돼: '되다'의 활용형) → 넓음 이뤄 나누는 것 되다'이다.

퍼르버르트(pervert: 빗나가다, 그르치다)

우리말로 읽어보면 '필(per)+브(v)+이르(er)+트(t) → 필(彃: 쏠 필) 브(부(不: 아닐 부)) 이르('이르다'의 어근) 트(터: 장소) → 쏘다 아니다 이르다 터'다. '쏜 것이 터에 아니 이른 것'이다.

퍼서미즘(pessimism: 비관[염세] 주의, 비관, 염세)

우리말로 읽어보면 '피(pe)+스(s)+심(sim)+이슴(ism) → 피(被: 입을 피) 스(~의) 심(心: 마음 심) 이슴(있음) → 당하다(當--) 의 마음 있음'이다. '당(當)함의 마음이 있는 것'이다.

□ 피(被): 입다, 당하다(當--).

페스터르(pester: 괴롭히다, 고통을 주다)

우리말로 읽어보면 '페(pe)+스(s)+트(t)+이르(er) → 페(폐: 남에게 끼치는 신세나 괴로움) 스(쓰 → 써: '쓰다'의 활용형) 트(츠 → 쳐: '치다'의 활용형) 이르(일어: '일다(생기다)'의 활용형) → 폐 써 쳐 생기다'이다. '폐를 써서 때리는 것 생기다'이다.

페스터사이드(pesticide: 살충제)

우리말로 읽어보면 '피(pe)+스(s)+티(ti)+시(ci)+디(de) → 피(被: 입을 피) 스('서다(생기다)'의 활용형) 티(치(豸: 벌레 치)) 시(弑: 죽일 시) 디(지 → 제(劑: 약제 제) → 피(被) 생기는 벌레 죽이는 제(劑)'다.

페트(pet: ((옛투)) 토라짐, 기분이 언짢음)

우리말로 읽어보면 '삐트(pet) → 삐트(삐츠 → 삐쳐: '삐치다(성나거나 못마땅해서 마음이 토라지다)'의 활용형) → 삐쳐 → 삐침'이다.

팬텀(phantom: 환상, 환영, 환각, 귀신)

우리말로 읽어보면 '프흐안(phan)+톰(tom) → 프흐안(환(幻: 헛보일 환) 톰(돔 → 덤: '더미'의 방언) → 헛보이는 더미(많은 물건이 한데 모여 쌓인 큰 덩어리)'이다.

피남(phenom: ((미)속어)) 천재)

우리말로 읽어보면 '브흐이(phe)+놈(nom) → 브흐이(브이 → 비(飛: 날 비)) 놈('사람'의 옛말) → 비(飛) 사람'이다. '나는 사람' '비범(非凡)한 사람'이다.

피나미넌(phenomenon: 1. 현상 2. 경이로운 사람)

1번을 우리말로 읽어보면 '프흐이(phe)+놈(nom)+인(en)+온(on) → 프흐이(프이 → 피(皮: 가죽 피)) 놈(남: '나다(생기다)'의 활용형) 인(因: 인할 인) 온('오다'의 활용형) → 겉 남(생김) 인(因)하다 온'이다. '인(因)함으로 온 겉에 생김'이다.

2번을 우리말로 읽어보면 '브흐이(phe)+놈(nom)+인(en)+오(o)+느(n) → 브흐이(브이 → 비(飛: 날 비)) 놈(남: '나다(생기다)'의 활용형) 인(絪: 기운 인) 온('오다'의 활용형) → 뛰어넘다 사람 기운(눈에는 보이지 않으나 오관(五官)으로 느껴지는 현상) 오(아: '에'의 방언) 느(니 → 이: 사람) →

뛰어넘다 남 기운 에 사람'이다. '기운 남이 뛰어넘는 사람' '뛰어넘는 기운에 사람'이다.

□ 비(飛): 날다, 뛰어넘다.

퓨(phew: 아이고; 언짢은 일, 걱정거리 등이 끝나서 안도할 때 냄. 못 참겠다; 지치거나 숨이찰 때 냄. 에그, 아이구; 놀랏을 때 냄)

우리말로 읽어보면 '퓨(phew) → 퓨(휴(감탄사))'다. '휴~우' 하고 '한숨 쉬는 소리'다.

피로우(philo-: ((접두사)) '사랑하는'의 뜻)

우리말로 읽어보면 '브흐이(phi)+로(lo) → 브흐이(비(悲: 슬플 비))로'다. 자비(慈悲)의 '비(悲)'다. '가엾이 여기는 마음으로'다.

□ 비(悲): 슬프다, 동정, 가엾이 여기는 마음, 은혜를 베푸는 일.

프레그매틱(phlegmatic: 침착한, 냉정한)

우리말로 읽어보면 '쁘흐르(phl)+이(e)+그(g)+맡(mat)+이그(ic) → 쁘흐르(쁠 → 뿔: '성'을 속되게 이르는 말) 이(주격 조사) 그(가: '가다'의 활용형) 맡('마당(어떤 일이 이루어지는 판이나 상황)'의 옛말) 이그(이거 → 이것) → 성(노여움) 이 간 마당(상황) 이것'이다.

포우비어(phobia: 공포증)

우리말로 읽어보면 '포(pho)+비(bi)+아(a) → 포(怖: 두려워할 포) 비('비다(보이다)'의 어근) 아(疴: 병 아) → 두려움 보이는 병'이다.

픽쳐르(picture: 그림, 사진)

우리말로 읽어보면 '비그(pic)+트(t)+우르(ur)+이(e) → 비그(비게 → 보이게) 트(츠 → 쳐: '치다(붓이나 연필 따위로 점을 찍거나 선이나 그림을 그리다)'의 활용형) 우르(아르 → 알아: '알다'의 활용형) 이(명사형 접미사) → 보이게 그려 알 이것'이다.

픽쳐스크(picturesque: 그림 같은; 그림 같이 아름다운)

우리말로 읽어보면 '피그두리(picture)+스(s)+뀌(que) → 피그두리(그림) 스(사(似: 닮을 사)) 뀌(꿰 → 꽤) → 그림 같다 꽤(제법 괜찮을 정도로)'다. '꽤(제법 괜찮을 정도로) 그림 같다'다.

□ 사(似): 닮다, 비슷하다, 같다.

피스(piece: 한 조각, 조각, 부분)

우리말로 읽어보면 '피(pi)+이(e)+시(ce) → 피(猈: 나눌 피) 이('에'의 방언) 시(是: 이 시) → 나누다 에 이것'이다. '나눔에 이것' '나눈 이것'이다.

피어스(pierce: 꿰찌르다, 꿰뚫다)

우리말로 읽어보면 '비(pi)+일(er)+스이(ce) → 비(拯: 찌를 비) 일(窦: 구멍 일) 스이('스다(생기다)'의 활용형) → 찔러 구멍 생기다'이다.

필그림(pilgrim: (성지) 순례자)

우리말로 읽어보면 '피(pi)+르(l)+그르(gr)+이(i)+므(m) → 피(罷: 고달플 피) 르(로(路: 길 로)) 그르(글으 → 걸어: '걷다'의 활용형) 이(사람) 므(모

(慕: 그릴 모)) → 고달프다 길 걷다 사람 우러러 받들어 본받다'다. '우러러 받들어 본받으며, 고달프게 길을 걷는 사람'이다.

□ 모(慕): 그리다(사랑하는 마음으로 간절히 생각하다), 뒤를 따르다, 우러러 받들어 본받다.

필그러미지(pilgrimage: 순례, 성지참배)

우리말로 읽어보면 '필그림(pilgrim) 아지(age) → 필그림(순례자) 아지(하지 → 하기, -지: '-기'의 옛말) → 순례자 하기'다.

필로우(pillow: 베게)

우리말로 읽어보면 '빌(pil)+로우(low) → 빌('비다: 누을 때, 베개 따위를 머리에 받치다)'의 활용형) 로우(루우 → 누어) → 빌 누어'다. '누어 빌 것'이다.

파이러트(pilot: 수로 안내인, 도선사, 파일럿)

우리말로 읽어보면 '비(pi)+로(lo)+트(t) → 비(배(舟)) 로(路: 길 로) 트(츠 → 치: 사람) → 배 길 사람'이다.

핌플(pimple: 뾰루지, 여드름)

우리말로 읽어보면 '피(pi)+므(m)+브르(pl)+이(e) → 피(皮: 가죽 피) 므(모(물건의 거죽으로 쑥 나온 귀퉁이)) 브르(블으 → 불러: '부르다(불룩하게 부풀어 있다)'의 활용형) 이(명사형 접미사, 이것) → 피(皮) 모 부르다 이것'이다. '가죽이 모나게 불러 있는 이것'이다.

핀(pin: 핀, 가는 못, 장식 핀)

우리말로 읽어보면 '비느(pin) → 비느(비나('비녀'의 방언)) → 비녀'다.

□ 비녀: 여자의 쪽 찐 머리가 풀어지지 않도록 꽂는 장신구.

핀치(pinch: 꼬집기, 꼬집다, 집다)

우리말로 읽어보면 '피(pi)+느(n)+츠(ch) → 피(皮: 가죽 피) 느(너 → 넣: '넣다'의 어근) 츠(차: '차다('짜다'의 방언)'의 어근) → 가죽 넣어 짜는 것'이다.

□ 짜다: 누르거나 비틀어서 물기나 기름 따위를 빼내다.

파이어니어(pioneer: 개척자, 선구자)

우리말로 읽어보면 '피(pi)+온(on)+이(e)+이르(er) → 피(披: 헤칠 피) 온('오다'의 활용형) 이(異: 다를 이) 이르(어리: 옛말 그런 사람의 뜻을 더하는 접미사) → 헤치다 온 다른 것 사람'이다. '다른 것을 헤쳐 온 사람'이다.

□ 피(披): 헤치다, 개척하다.

□ 이(異): 다르다, 다른 것.

파이어스(pious: 경건한, 신앙심이 깊은, 독실한)

우리말로 읽어보면 '비(pi)+오우(ou)+스(s) → 비(毖: 삼갈 비) 오우(위(爲: 할 위))+스(~의)=함의=한 → 삼가 한'이다.

□ 삼가다: 몸가짐이나 언행을 조심하다.

피크(pique: (남을) 화나게 하다, (남의) 약을 올리다)

우리말로 읽어보면 '비구이(pique) → 비구이(비꾸이 → 비꼬이: '비꼬다'의 활용형) → 비꼬다'다.

□ 비꼬다: 남의 마음에 거슬릴 정도로 빈정거리다.

파이어럳(pirate: 해적, 해적선)

우리말로 읽어보면 '비(pi)+라(ra)+트(t)+이(e) → 비(배(舟)) 라(拏: 붙잡을 라) 트(투(偸: 훔칠 투)) 이(사람) → 배(舟) 붙잡아 훔치는 사람'이다.

피스(piss: 오줌(누기))

우리말로 읽어보면 '비(pi)+스(s)+스(s) → 비(泌: 분비할 비) 스(~의) 스(수(水: 물 수) → 분비함의 물'이다.

피트(pit: (땅에 생긴) 구멍, 함정)

우리말로 읽어보면 '비(pi)+트(t) → 비(扉: 구멍 비) 트(터)'다. '구멍 터'다.

피티(pity: 연민, 동정)

우리말로 읽어보면 '비(pi)+티(ty) → 비(悲: 슬플 비) 티(어떤 태도나 기색) → 비(悲) 티'다. '가엾이 여기는 마음에 태도'다.

□ 비(悲): 슬프다, 비애, 동정, 가엾이 여기는 마음.

퍼재즈(pizazz: 활기, 생기, 화려함)

우리말로 읽어보면 '피(pi)+재즈(zaz)+즈(z) → 피(皮: 가죽 피) 재즈(째

져: '째지다(기분이 매우 좋다)'의 활용형) 즈(지: '기(氣: 기운 기)'의 옛말) → 걸 기분이 매우 좋다 기운'이다. '겉으로 나타난 기분이 매우 좋은 기운'이다.

프레이케이트(placate: 달래다, 위로하다)

우리말로 읽어보면 '프라(pla)+그(c)+아디(ate) → 프라(풀아 → 풀어: '풀다'의 활용형) 그(구(求: 구할 구)) 아디(하디(하다)) → 풀다 구(求) 하다'다. '(마음) 풀음을 구(求)하다'다.

프레이스(place: 장소, 곳)

우리말로 읽어보면 '브라(pla)+시(ce) → 브라(바라 → 바ᄅᆞ: '바로(일정한 방향이나 곳, 또는 부근을 이르는 말)'의 옛말)) 시(是: 이 시) → 바로(일정한 곳) 이것'이다. '바로'다.

□ 시(是): 이, 이것, 여기.

프레이저리즘(plagiarism: 표절, 도작)

우리말로 읽어보면 '블(pl)+아(a)+지아(gia)+리(ri)+슴(sm) → 블(발(拔: 뽑을 발)) 아(하 → 해: '하다'의 활용형) 지아(지어: '짓다'의 활용형) 리(理: 다스릴 리) 슴(씀: '쓰다'의 활용형) → 뽑다 해 지어 학문(學問) 씀'이다.

□ 리(理): 다스리다, 학문(學問)

플레이그(plague: 역병, 전염병)

우리말로 읽어보면 '블(pl)+아(a)+구(gu)+이(e) → 블(발: '걸음'을 비유적으로 이르는 말) 아(하 → 해: '하다'의 활용형) 구(가: '가다'의 활용형) 이(에 → 예(瘗: 병 예)) → 걸음 해 가는 병'이다.

플레인(plain: 1. 분명한, 명백한 2. 평원)

1번을 우리말로 읽어보면 '블(pl)+아(a)+이(i)+느(n) → 블(불(火)) 아(睋: 바랄 아) 이(理: 다스릴 리) 느(니: '니다('이다'의 옛말)'의 활용형) → 불(火) 보다 이(理) 니'다. '불 봄에 이치 니'이다.

□ 아(睋): 바라다, 보다.

□ 이(理): 다스리다. 깨닫다, 도리, 이치.

2번을 우리말로 읽어보면 '플(pl)+애(ai)+느(n) → 플('풀'의 고어) 애(해(海: 바다 해)) 느(니 → 이: 이것) → 풀 넓다 이것'이다. '풀이 넓은 이것'이다.

□ 해(海): 바다, 넓다.

프랜(plan: 계획, 안, 방책)

우리말로 읽어보면 '브르(pl)+안(an) → 브르(보로: '벌써(어떤 일이나 동작이 일어난 시각이나 시기보다 앞서서. 또는 그전에)'의 방언) 안(案: 책상 안) → 앞서 생각'이다. '앞선 생각'이다.

□ 안(案): 책상, 생각, 안건.

프랜트(plant: 식물, 초목, 풀)

우리말로 읽어보면 '플(pl)+안(an)+트(t) → 플('풀(草)'의 옛말) 안(한: '하다'의 활용형) 트(츠 → 치: 어떠한 특성을 가진 물건 또는 대상) → 풀(草)한 물건(것)'다.

프리드(plead: 탄원[간청]하다, 주장하다)

우리말로 읽어보면 '프(p)+르(l)+이(e)+아(a)+드(d) → 프(포: '거듭'의 옛말) 르(로: 조사) 이(애(哀: 슬플 애) 아(睋: 바랄 아) 드(즈 → 주 → 줘: '주다'의 활용형) → 거듭(으)로 슬프게(애처로이) 바라다(원하다) 줘'다.

□ 애(哀): 슬프다, 슬프게, 애처로이.

프레지(pledge: 약속, 약속하다)

우리말로 읽어보면 '브(p)+르(l)+이드(ed)+지(g)+이(e) → 브(보 → 봐: '보다'의 활용형) 르('를'의 방언) 이드(이뜨 → 이따: 조금 지난 뒤에) 지(持: 가질 지) 이(명사형 접미사, 이것) → 보다 를 이따 가지다 이것'이다. '보는 것을 이따 가지는 이것'이다.

프렌티(plenty: 많음, 충분)

우리말로 읽어보면 '쁘르(pl)+인(en)+티(ty) → 쁘르(뿌러 → 뿔어 → 불어: '부르다(가득하다)'의 활용형) 인('일다(생기다)'의 활용형) 티(모양) → 부름(가득함) 생긴 모양'이다.

프라트(plot: 은밀한 계획, 음모)

우리말로 읽어보면 '플(pl)+오(o)+트(t) → 플(블 → 불(不: 아닐 불)) 오(悟: 깨달을 오) 트(츠 → 치: '올가미'의 방언) → 못하다 깨닫다 올가미'다. '깨닫지 못하는 올가미'다.

□ 불(不):아니다, 못하다.

프라우(plow: 쟁기, 쟁기로 갈다)

우리말로 읽어보면 '프(p)+로우(low) → 프(브 → 부(耜: 밭갈 부)) 로우(뢰(耒: 가래 뢰)) → 밭 가는 쟁기'다.

□ 뢰(耒): 가래(흙을 파헤치거나 떠서 던지는 기구), 쟁기(논밭을 가는 농기구).

프러크(pluck: 뽑다, 잡아뜯다, 뜯어내다)

우리말로 읽어보면 '플(pl)+욱(uc)+크(k) → 플('풀'의 옛말) 욱('위'의 방언) 크(캐: '캐다'의 활용형) → 풀 위 캐'다. '풀을 위로 캐는 것'이다.

프럼(plum: 서양자두, 플럼, 작은 사탕)

우리말로 읽어보면 '프룸(plum) → 프룸(브룸 → 부럼)'이다.

□ 부럼: 음력 정월 대보름날 새벽에 깨물어 먹는 딱딱한 열매류인 땅콩, 호두, 잣, 밤, 은행 따위를 통틀어 이르는 말.

프런지(plunge: 뛰어들다, 빠지다, 떨어져 내림, 급락)

우리말로 읽어보면 '브르(pl)+우(u)+느(n)+지(g)+이(e) → 브르(부러(일부러)) 우(위) 느(놔: '놓다'의 활용형) 지(地: 땅 지) 이(이것) → 일부러

위에서 놔 땅 이것'이다. '일부러 위에서 땅에 놓는 이것'이다.

프루어럴(plural: 복수의, 두 사람[개] 이상의[으로 이루어지는]

우리말로 읽어보면 '블(pl)+우(u)+르(r)+알(al) → 블(벌: 옷이나 그릇 따위가 두 개 또는 여러 개 모여 갖추는 덩어리) 우(偶: 짝 우) 르(로: 조사) 알(할(하다)) → 벌에 짝으로 할'이다.

플러그(plug: (전기) 플러그, 마개)

우리말로 읽어보면 '쁠(pl)+우(u)+그(g) → 쁠(뿔(角)) 우(偶: 짝 우) 그(거: '것'의 구어적인 표현) → 뿔 짝 것'이다. '뿔에 짝 것' '뿔 둘'이다.

프라이(ply: ((고어 또는 문어)) (연장, 재능 등을) 부지런히 놀리다, 쓰다)

우리말로 읽어보면 '플(pl)+이(y) → 플(펄: 일하는 솜씨가 아주 능하여 빨리 해치우는 모양) 이(여: 옛말 이여)'이다. '펄이여'다.

포우츠(poach: 침입하다, 침범하다)

우리말로 읽어보면 '포(po)+아츠(ach) → 포(보(保: 지킬 보)) 아츠(하츠 → 해쳐: '해치다'의 활용형) → 지키다 해쳐'다. '지키는 것을 해치는 것'이다.

포키트(pocket: 호주머니, 포켓)

우리말로 읽어보면 '복(poc)+키(ke)+트(t) → 복(服: 옷 복) 키(끼: '끼다('끼우다'의 준말)'의 어근) 트(츠 → 처(處: 곳 처)) → 옷 끼우다 곳'이다.

'옷에 끼우는(넣는) 곳'이다.

포인트(point: 끝, 점, 작은 점)

우리말로 읽어보면 '보인(poin)+트(t) → 보인('보이다'의 활용형) 트(티: 티끌) → 보인 티끌'이다.

포이즈(poise: 평형, 균형, 침착, 냉정)

우리말로 읽어보면 '포(po)+이(i)+스(s)+이(e) → 포(표(滮: 흐를 표) 이(敼: 바를 이) 스('스다'의 활용형) 이(명사형 접미사, 이것) → 흐름이 바르게 선 이것'이다.

포이즌(poison: 독, 독약, 독물)

우리말로 읽어보면 '포(po)+이(i)+소(so)+느(n) → 포(보(補: 기울 보)) 이(위(違: 어긋날 위)) 소(사(死: 죽을 사)) 느(니 → 이: '명사형 접미사, 이것) → 보(補)하다 어긋나다 죽이다 이것'이다. '보(補)함에 어긋난 죽이는 이것'이다.

펄우트(pollute: 더럽히다, 불결하게 하다)

우리말로 읽어보면 '보르(pol)+루(lu)+티(te) → 보르(바르: '바르다'의 어근) 루(陋: 더러울 루) 티(치: 것) → 바르다 더러운 것'이다. '더러운 것을 바르다'다.

포리(poly-: ((접두사)) 많은, 중합된)

우리말로 읽어보면 '포(po)+리(ly) → 포('거듭'의 옛말) 리(이: 이것)'다. '거듭된 이것'이다.

퍼레이트(polite: 예의 바른, 공손한, 정중한)

우리말로 읽어보면 '보르이(poli)+티(te) → 보르이(바르이: '바르다(형용사 말이나 행동 따위가 사회적인 규범이나 사리에 어긋나지 아니하고 들어맞다)'의 활용형) 티(모양) → 바른 모양'이다.

팜퍼스(pompous: 오만한, 뽐내는, 젠체하는)

우리말로 읽어보면 '뽐(pom)+보우(pou)+스(s) → 뽐(의기양양하여 잘난 체하며 으스댐) 보우(보어 → 보여: '보이다'의 활용형) 스('스다'의 활용형) → 뽐 보여 생겨'다.

판드(pond: (특히 인공으로 만든) 연못)

우리말로 읽어보면 '폰(pon)+드(d) → 폰(판: '파다'의 활용형) 드(즈 → 지(池: 못 지)) → 판 못'이다.

폰덜(ponder: 잘 생각하다, 심사숙고하다)

우리말로 읽어보면 '포(po)+느(n)+딜(der) → 포('거듭'의 옛말) 느(나: '나다(생각, 기억 따위가 일다)'의 활용형) 딜(질: 행위) → 거듭 생각 이는 행위'다.

프어르(poor: 가난한, 빈곤한, 가난한 사람들)

우리말로 읽어보면 '브우(poo)+르(r) → 브우(부어('붓다'의 활용형)) 르(리 → 이: 사람) → 부어 사람'이다. '(못 먹어서 얼굴이) 부은 사람'이다.

파퓨럴(popular: 인기 있는, 대중적인)

우리말로 읽어보면 '포(po)+푸(pu)+르(l)+아르(ar) → 포(褒: 기릴 포) 푸(부(部: 떼 부)) 르(로: 조사) 아르(알으 → 알아: '알다'의 활용형) → 기리다 떼 로 알아'이다. '기려 떼로 아는 것'이다.

포리(pore: 심사숙고하다)

우리말로 읽어보면 '포(po)+리(re) → 포('거듭'의 고어) 리(㒧: 생각할 리) → 거듭 생각하다'다.

포르트(port: 항구)

우리말로 읽어보면 '포~ㄹ(por)+트(t) → 포~ㄹ(포(浦: 물가 포)) 트(터) → 물가 터'다.

포터~ㄹ(porter: 운반 인부)

우리말로 읽어보면 '포~ㄹ트(port)+이르(er) → 포~ㄹ트(항구) 이르(어리: 그런 사람의 뜻을 더하는 접미사) → 항구 사람'이다. '항구에서 일하는 사람'이다.

포트레이트(portrait: 초상화, 얼굴 그림)

우리말로 읽어보면 '볼(por)+틀(tr)+아(a)+이(i)+트(t) → 볼(뺨의 한복판; 얼굴) 틀(어떤 물건의 테두리나 얼개가 되는 물건) 아('에'의 방언) 이(移: 옮길 이) 트(츠 → 쳐: '치다(붓이나 연필 따위로 점을 찍거나 선이나 그림을 그리다)'의 활용형) → 볼(얼굴)을 틀 에 옮겨 그린 것'이다.

포우즈(pose: 포즈를 취하다, 어떤 성격을 가장하다)

우리말로 읽어보면 '포시(pose) → 포시(표시: '표시하다'의 어근) → 표시하다'다.

□ 표시(表示)하다: 겉으로 드러내 보이다.

포제스(possess: 소유하다, 점유하다)

우리말로 읽어보면 '포(po)+스(s)+스(s)+이쓰(ess) → 포(捕: 잡을 포) 스('스다(생기다)'의 활용형) 스(수(手: 손 수) 이쓰(있어) → 잡다 생겨 손 있다'다. '잡아 손에 있어'다.

파서블(possible: 가능한, 할 수 있는, 가능성 있는 사람)

우리말로 읽어보면 '포(po)+스(s)+시(si)+블(bl)+이(e) → 포(砲: 대포 포) 스(쓰 → 싸 → 쏴: '쏘다'의 활용형) 시(眡: 과녁 시) 블(볼: '보다'의 활용형) 이(이것) → 포 쏴 과녁 볼 이것'이다. '포 쏴 과녁에서 볼 이것' '포 쏴 과녁 맞을 이것'이다.

포스튜머스(posthumous: 사후(死後)의)

우리말로 읽어보면 '포(po)+스(s)+뜨(t)+후(hu)+므(m)+오우(ou)+스(s) → 포(파(罷: 마칠 파)) 스(壽: 목숨 수) 뜨(때(時)) 후(後: 뒤 후) 므(모(模: 본뜰 모)) 오우(위(爲: 할 위))+스(~의)=함의=한 → 마치다 목숨 때 뒤 모양 한'이다. '목숨을 마친 때(時) 후에 모양 한'이다.

□ 모(模): 본뜨다, 모양.

퍼텐셜(potential: (~이 될) 가능성이 있는, 잠재적인, 가능성)

우리말로 읽어보면 '보(po)+텐(ten)+티(ti)+알(al) → 보('벌써'의 방언) 텐(던 → 된: '되다'의 활용형) 티(어떤 태도나 기색) 알(할 → 한: '하다'의 활용형)) → 벌써 된 티 한'이다.

파우치(pouch: 작은 주머니, 쌈지, 우편낭)

우리말로 읽어보면 '포(po)+우(u)+츠(ch) → 포(包: 쌀 포: 종이, 피륙, 가죽 따위로 만든 큰 자루) 우(아: '에'의 방언) 츠(치: 물건, 것) → 자루에 치(물건)'이다.

파운스(pounce: (사람, 동물, 맹금, 비행기가 흔히 위쪽에서) [~에] 갑자기 달려들다[덤벼들다])

우리말로 읽어보면 '포(po)+우(u)+느(n)+스이(ce) → 포(暴: 갑자기 포) 우(위) 느(나(拏: 칠 나) 스이('스다(생기다)'의 활용형) → 갑자기 우(위)에서 치는 것 스이(생기다)'다.

포어(pour: 따르다, 쏟다, 붓다)

우리말로 읽어보면 '브오(po)+우르(ur) → 브오(부어: '붓다'의 활용형) 우르(위로) → 부어 위로'다. '위로 붓는 것'이다.

파우트(pout: (못마땅하여) 삐쭉거리다, 뾰루퉁하다)

우리말로 읽어보면 '보우(pou)+트(t) → 보우(부어: '붓다'의 활용형) 트(티: 모양) → 부은 모양'이다.

□ 붓다: 성이 나서 뾰로통해지다.

파버티(poverty: 가난, 빈곤, 궁핍)

우리말로 읽어보면 '봅(pov)+이르(er)+티(ty) → 봅(밥: 끼니) 이르(잃으 → 잃어: '잃다'의 활용형) 티(모양) → 끼니 잃은 모양'이다.

파우덜(powder: 가루, 분말)

우리말로 읽어보면 '뽀(po)+유(w)+딜(der) → 뽀(뽀: '뽀다('빻다'의 방언)'의 어근) 유(有: 있을 유) 딜(질(質: 바탕 질)) → 빻 있는 모양 → 가루'다.

□ 유(有): 있다, 존재하다.

□ 질(質): 바탕, 본질(本質), 모양.

파우어(power: 능력, 힘)

우리말로 읽어보면 '포(po)+유(w)+이르(er) → 포(파(波: 물결 파)) 유(由: 말미암을 유) 이르(이라: '이다'의 활용형) → 움직임에 말미암음

이라’다.

□ 파(波): 물결, 움직이다.

□ 유(由): 말미암다(어떤 현상이나 사물 따위가 원인이나 이유가 되다).

파크스(pox: 천연두, 두창(痘瘡), 수포성 질환)

우리말로 읽어보면 ‘포(po)+크스(x) → 포(疱: 물집 포) 크스(크(커: ‘크다’의 활용형 스(소(瘯: 병 소)) → 물집 크다 병(病)’이다. ‘물집이 큰 병’이다.

프랙티스(practice: 언제나[항상]하기, 관행, 습관, 풍습)

우리말로 읽어보면 ‘프(p)+르(r)+아그(ac)+띠(ti)+시(ce) → 프(포: ‘거듭’의 옛말) 르(로: 조사) 아그(하그 → 하기: ‘하다’의 활용형) 띠(때(時)) 시(명사를 만드는 접미사, 이것) → 거듭으로 하기 때(時) 이것’이다. ‘때(時)에 거듭으로 하는 이것’이다.

프레이즈(praise: 칭찬, 찬미, 숭배)

우리말로 읽어보면 ‘프~ㄹ(pr)+아(a)+이(i)+시(se) → 프~ㄹ(포(褒: 기릴 포)) 아(하: 정도가 매우 심하거나 큼을 강조하여 이르는 말. ‘아주’, ‘몹시’의 뜻을 나타낸다) 이(위(爲: 할 위)) 시(명사를 만드는 접미사, 이것) → 기리는 것 몹시 하는 이것’이다.

프리(pre-: ((접두사)) 미리, 이전의, ~의 앞부분에 있는)

우리말로 읽어보면 ‘브리(pre) → 브리(버리 → 버러: ‘벌써’의 방언) →

벌써'다.

프리앰블(preamble: 서문, 머리말)

우리말로 읽어보면 '브리(pre)+암(am)+블(bl)+이(e) → 브리(버리 → 버러: '벌써'의 방언) 암('알다'의 활용형) 블(볼('보다'의 활용형) 이(명사형 접미사, 이것) → 미리 알다 보다 이것'이다. '미리 알게 보는 이것'이다.

프리케어리어스(precarious: 위험한, 위태로운, 남에게 달린)

우리말로 읽어보면 '브리(pre)+갈(car)+이(i)+오우(ou)+스(s) → 브리(버리 → 버러: '벌써'의 방언) 갈('가다(죽다)'의 활용형) 이(위(危: 위태할 위)) 오우(위(爲: 할 위))+스(~의)=함의=한 → 벌써 죽을 위태함 한'이다.

프리시드(precede: 선행하다, 앞서다)

우리말로 읽어보면 '브리(pre)+시(ce)+디(de) → 브리(버리 → 버러: '벌써(미리)'의 방언) 시(서('서다'의 활용형)) 디(지(之: 갈지) → 미리 서 가다'다.

프리센털(precentor: (교회에서) 성가대나 회중의 주창자, 선창자)

우리말로 읽어보면 '브리(pre)+시(ce)+느(n)+트(t)+오리(or) → 브리(버리 → 버러: '벌써(미리)'의 방언) 시(始: 처음 시) 느(느 → 넣: '넣다'의 활용형) 트(토(吐: 토할 토)) 오르(어리: 옛말 그런 사람의 뜻을 더하는 접미사) → 미리 처음 넣어 말하는 사람'이다.

□ **토(吐): 토하다, 말하다.**

프리세프트(precept: 가르침, 교훈, 훈계, 수칙, 계율)

우리말로 읽어보면 '브리(pre)+시(ce)+브트(pt) → 브리(버리 → 버러: '벌써(미리)'의 방언) 시('혀(말)'의 방언) 브트(부츠 → 부쳐: '부치다('심다'의 방언)'의 활용형) → 미리 말 마음속에 확고하게 자리 잡게 하는 것'이다.

□ 심다: 초목의 뿌리나 씨앗 따위를 흙 속에 묻다. 마음속에 확고하게 자리 잡게 하다.

프리싱크트(precinct: 지구, 관구; (도시 계획 등의) 전용 구역)

우리말로 읽어보면 '브리(pre)+신(cin)+그(c)+트(t) → 브리(버리 → 버러: '벌써(미리)'의 방언) 신(新: 새 신) 그(구(區: 구분할 구)) 트(터: 땅) → 미리 새로 구분한 터'다.

□ 신(新): 새, 새로운, 새로.

프리셔스(precious: 값비싼, 귀중한)

우리말로 읽어보면 '브르이(pre)+시(ci)+오우(ou)+스(s) → 브르이(부르이: '부르다'의 활용형) 시('금(金)'의 방언) 오우(위(爲: 할 위))+스(~의)=함의=한 → 부르다 금(金) 한'이다. '부르는 것이 금(金)인 것'이다.

프리시비테이트(precipitate: ~의 발생을 재촉하다, 갑자기 생기게 하다, 갑자기 빠뜨리다)

우리말로 읽어보면 '쁘리(pre)+시(ci)+브이(pi)+뜨(t)+아디(ate) → 쁘리(빠리 → 빨리) 시(始: 비로소 시) 브이(보이 → 보여: '보다'의 활용형)

뜨(떼: 부당한 요구나 청을 들어 달라고 고집하는 짓) 아디(하디 → 하다) → 빨리 시작하다 보여 떼 하다'다. '빨리 시작하는 것 보이라고 떼쓰다'다.

□ 시(始): 비로소, 처음, 시초(始初), 시작하다(始作--).

프리사이스(precise: 정확한, 정밀한)

우리말로 읽어보면 '블(pr)+이(e)+시(ci)+스이(se) → 블(발 → 볼: '겹'의 옛말) 이(주격 조사) 시(사(似: 닮을 사)) 스이('스다(생기다)'의 활용형) → 겹 이 같게 생긴'이다.

□ 사(似): 닮다, 같다.

프리딕트(predict: 예언하다, 예시하다)

우리말로 읽어보면 '브리(pre)+딕(dic)+트(t) → 브리(버리 → 버러: '벌써(미리)'의 방언) 딕(직(直: 곧을 직)) 트(토(吐: 토할 토) → 미리 옳게 말하다'다.

□ 직(直): 곧다, 바르다, 옳다.

□ 토(吐): 토하다, 털어놓다, 말하다.

프레피스(preface: 서문, 머리말, 서론)

우리말로 읽어보면 '브리(pre)+바(fa)+시(ce) → 브리(버리 → 버러: '벌써(미리)'의 방언) 바(봐: '보다'의 활용형) 시(서(書: 글 서)) → 미리 봐 글'이다. '미리 보는 글'이다.

프리퍼(prefer: ~을 좋아하다, 좋게 여기다, 택하다)

우리말로 읽어보면 '브리(pre)+프(f)+이르(er) → 브리(부러: 일부러) 프(포(褒: 기릴 포) 이르(일으 → 일어: '일다(생기다)'의 활용형) → 일부러 기리는 것 생기다'이다.

프레그넌트(pregnant: 임신[수태]하고 있는)

우리말로 읽어보면 '쁘리(pre)+그(g)+난(nan)+트(t) → 쁘리(뿌리: 근원) 그(구(軀: 몸 구)) 난('나다(생기다)'의 활용형) 트(티: 모양) → 근원 몸 생긴 모양'이다. '몸에 근원 생긴 모양'이다.

프레쥬디스(prejudice: 편견, 선입관)

우리말로 읽어보면 '브리(pre)+주디(judi)+시(ce) → 브리(버리 → 버러: '벌써(미리)'의 방언) 주디(주지('주다'의 활용형)) 시(視: 볼 시) → 미리 주다 시(視)'다. '미리 간주(看做)함을 주는 것'이다.

□ 시(視): 보다, 보이다, 간주(看做)하다.

□ 간주(看做): 그러한 것으로 여김.

프리머춰(premature: 너무 이른, 때아닌)

우리말로 읽어보면 '브리(pre)+매(ma)+튤(tur)+이(e) → 브리(버리 → 버러: '벌써(미리)'의 방언) 매('생김새' 또는 '맵시'의 뜻을 더하는 접미사) 튤(출(出: 날 출)) 이(이것) → 미리 생김새 나온 이것'이다.

플레미스(premise: 전제, 근거)

우리말로 읽어보면 '브리(pre)+밋(mis)+이(e) → 브리(미리(어떤 일을 하기에 앞서)) 밋('밑(일의 기초 또는 바탕)'의 방언) 이(명사형 접미사, 이것) → 미리 밑 이것'이다. '어떤 일을 하기에 앞서 일의 기초 또는 바탕인 이것'이다.

프리페어(prepare: 준비하다)

우리말로 읽어보면 '브리(pre)+브(p)+아리(are) → 브리(버리 → 버러: '벌써(미리)'의 방언) 브(비(備: 갖출 비)) 아리(하리: '하다'의 활용형) → 미리 갖추는 것 하리'다.

프리라거티브(prerogative: 특권, 특전)

우리말로 읽어보면 '블(pr)+이(e)+록(rog)+아(a)+티(ti)+브(v)+이(e) → 블(별(別: 다를 별)) 이('에'의 방언) 록(락(諾: 허락할 락)) 아(하 → 해: '하다'의 활용형) 티(치(治: 다스릴 치)) 브(부(付: 줄 부)) 이(이것) → 다르게 허락하다 해 다스리다 주다 이것'이다. '다르게 허락해 다스리는 것을 주는 이것'이다.

프레시지(presage: 예감, 육감, 전조, 조짐)

우리말로 읽어보면 '브리(pre)+스(s)+아(a)+지(ge) → 브리(버리 → 버러: '벌써(미리)'의 방언) 스('스다(생기다)'의 활용형) 아('에'의 방언) 지('기(氣)'의 옛말) → 미리 생김에 기운'다.

□ 기(氣): 기운(눈에는 보이지 않으나 오관(五官)으로 느껴지는 현상).

프리스크라이브(prescribe: 정하다, 명하다, 규정하다, 처방을 내리다)

우리말로 읽어보면 '브리(pre)+스(s)+그리브이(cribe) → 브리(버리 → 버러: '벌써(미리)'의 방언) 스(소(召: 부를 소)) 그리브이(그려보이 → 그려보여) → 미리 부름을 그려 보이는 것'이다.

프레전트(present: 1. 있는, 출석해 있는, 현재, 2. 소개하다 3. 선물)

1번을 우리말로 읽어보면 '브리스(pres)+이느(en)+트(t) → 브리스(부리스 → 불러서: '부르다'의 활용형) 이느(있는) 트(티: 모양) → 불러서 있는 모양'이다.

2번을 우리말로 읽어보면'브리(pre)+센(sen)+트(t) → 브리(부리: 입(말)) 센(선: 사람의 좋고 나쁨과 마땅하고 마땅하지 않음을 가리는 일. 주로 결혼할 대상자를 정하기 위하여 만나 보는 일을 이른다) 트(츠 → 치: 사람) → 말하다 선 사람'다. '선볼 사람 말하는 것'이다.

3번을 우리말로 읽어보면'브(p)+리(re)+신(sen)+트(t) → 브(부(付: 줄 부)) 리(利: 이로울 리) 신(선(善: 착할 선) 트(츠 → 치: 물건) → 주다 이롭다 좋아하다 물건'이다. '이롭게 주는 좋아하는 물건'이다.

□ 선(善): 착하다, 좋아하다.

프리저브(preserve: 지키다[보호하다], (원래 상태좋은 상태를 유지하도록) 보존[관리]하다)

우리말로 읽어보면 '브리(pre)+실(ser)+비(ve) → 브리(미리) 실(失: 잃을 실) 비(備: 갖출 비) → 미리 잃음 준비하다'다.

□ 비(備): 갖추다, 준비하다.

프레지던트(president: 대통령, 사장, 회장)

우리말로 읽어보면 '블(pr)+이(e)+스(s)+이(i)+딘(den)+트(t) → 블(발(拔: 뽑을 발)) 이('에'의 방언) 스(수(首: 머리 수)) 이(위(位: 자리 위) 딘(된: '되다'의 활용형) 트(츠 → 치: 사람) → 뽑음 에 으뜸 자리 된 사람'이다.

□ 수(首): 머리, 우두머리, 으뜸, 임금.

프레스(press: 누르다, 밀다, 밀어붙이다)

우리말로 읽어보면 '블(pr)+이(e)+스(s)+스(s) → 블(발(足)) 이(주격 조사) 스(서: '서다'의 활용형) 스(수(推: 밀 수)) → 발 이 서다 밀다'다. '발이 서서 밀다'다.

프레스티지(prestige: 위신, 위세, 평판이 자자한)

우리말로 읽어보면 '블(pr)+이스(es)+티(ti)+지(g)+이(e) → 블(발: '기세' 또는 '힘'의 뜻을 더하는 접미사) 이스(있어) 티(모양) 지(持: 가질 지) 이(명사형 접미사, 이것) → 힘 있어 모양 가지다 이것'이다. '힘 있는 모양 가진 이것'이다.

프리줌(presume: 추정하다, 가정하다)

우리말로 읽어보면 '브리(pre)+수(su)+미(me) → 브리(미리) 수(數: 셈 수) 미(매: '매다(어떤 기준에 따라 평가하여 정하다. (=매기다))'의 활용형) → 미리 셈하다 매기다'다. '미리 셈하여 매기다'다.

□ 수(數): 셈, 세다, 계산하다(計算--), 셈하다.

프리점프추어스(presumptuous: 주제넘은, 건방진)

우리말로 읽어보면 '브리(pre)+숨(sum)+브투(ptu)+오우(ou)+스(s) → 브리(부리=입=말) 숨(섬(㒢: 경박할 섬) 브투(븥우 → 붙어: '붙다'의 활용형) 오우(위(爲: 할 위))+스(~의)=함의=한 → 말 경박하다(輕薄--) 붙어 한'이다. '말에 경박함이 붙은'이다.

□ 경박하다(輕薄--): 언행이 신중하지 못하고 가볍다.

프리텐드(pretend: ~인 체하다)

우리말로 읽어보면 '브리(pre)+티(te)+느드(nd) → 브리(부러: 실없이 거짓으로) 티(어떤 태도나 기색) 느드(내다) → 부러 티 내다'다.

프리티(pretty: 귀여운, 예쁜, 아름다운)

우리말로 읽어보면 '블(pr)+이뜨(et)+티(ty) → 블(볼: 뺨, 얼굴) 이뜨(에뗘 → 애뗘: '애띠다('앳되다'의 방언)'의 활용형) 티(어떤 태도나 기색) → 얼굴 앳된 티'다.

프리베일(prevail: 보급[유행]되고 있는, 만연하다)

우리말로 읽어보면 '브리(pre)+배(va)+이르(il) → 브리(버리 → 버러: '벌써(미리)'의 방언) 배('배다(버릇이 되어 익숙해지다)'의 활용형) 이르(이루 → 이뤄: '이루다'의 활용형) → 미리 배는 것 이루다'다.

프리벤트(prevent: ~을 막다, 방해하다)

우리말로 읽어보면 '브리(pre)+비(ve)+느트(nt) → 브리(버리 → 버러:

'벌써(미리)'의 방언) 비(배(排: 밀칠 배)) 느트(놓드 → 넣다) → 미리 물리침 넣다'다.

□ 배(排): 밀치다, 물리치다.

프리비어스(previous: 이전의, 앞의)

우리말로 읽어보면 '브리(pre)+비(vi)+오우(ou)+스(s) → 브리(버리 → 버러: '벌써(미리)'의 방언) 비('비다(보이다)'의 어근) 오우(위(爲: 할 위)+스(~의)=함의=한 → 미리 보다 한'이다. '미리 보는 것 한'이다.

프리크(prick: 찔린 상처, 찌르기)

우리말로 읽어보면 '블(pr)+이(i)+큭(ck) → 블(발('바늘'의 방언)) 이(위(爲: 할 위)) 큭(쿡: 크게 또는 깊이 찌르거나 박거나 찍는 모양) → 바늘하다 쿡'이다. '바늘이 쿡한 것'이다.

프라이드(pride: 자만심, 우월감, 교만, 거만)

우리말로 읽어보면 '블(pr)+이(i)+디(de) → 블(발(拔: 뽑을 발)) 이(台: 나이) 디(지(志: 뜻 지) → 뛰어나다 나(我) 마음'이다. '나 뛰어나다는 마음'이다.

□ 발(拔): 뽑다, 뛰어나다.

프리머티브(primitive: 원시의, 태고의)

우리말로 읽어보면 '블(pr)+이(i)+미(mi)+트이(ti)+배(ve) → 블(불(火)) 이('이다('일다'의 방언)'의 어근) 미(未: 아닐 미) 트이('트이다'의 어근))

배(빼: '때'의 옛말) → 불 일다 아니다 트이다 때(時) '다. '불을 생기게 하는 것이 아니 트인 때(時)'이다.

프린서플(principle: (개인의 도덕, 신념과 관련된) 원칙, (법, 규정, 이론 등의 기본이 되는) 원칙, 주의, 신조)

우리말로 읽어보면 '브~ㄹ(pr)+인(in)+시(ci)+블(pl)+이(e) → 브~ㄹ(보(普: 넓을 보)) 인(認: 알 인) 시(施: 베풀 시) 블(벌(罰: 죄 벌)) 이(명사형 접미사, 이것) → 널리 알다 실시하다(實施--) 벌(罰) 이것'이다. '널리 알게 벌(罰)을 실시하는 이것'이다.

ㅁ 벌(罰): 죄, 벌(罰).

프린트(print: 인쇄하다)

우리말로 읽어보면 '브(p)+르(r)+인(in)+트(t) → 브(부(部: 떼 부)) 르(로: 조사) 인(印: 도장 인) 트(츠 → 쳐: '치다((사람이 도장을) 서류나 종이 따위에 찍다)'의 활용형) → 떼로 도장 찍다'다.

프리즌(prison: 교도소, 구치소)

우리말로 읽어보면 '블(pr)+이(i)+소(so)+느(n) → 블(벌(罪)) 이(사람) 소(所: 바 소) 느(나: '나다(지내다)'의 활용형) → 벌 사람 곳 나다'이다. '죄지은 사람이 지내는 곳'이다.

ㅁ 소(所): 바(일의 방법이나 방도), 곳, 처소(處所), 관아(官衙).

프라이버트(private: 사적인, 개인 입장의)

우리말로 읽어보면 '프~ㄹ(pr)+이(i)+배(va)+트(t)+이(e) → 프~ㄹ(포(抱: 안을 포)) 이(台: 나 이) 배(排: 밀칠 배) 트(타(他: 다를 타)) 이('에(조사)'의 방언) → 안다 나 밀치다 다른 사람 에'다. '나를 안고 다른 사람을 밀침에'다.

□ 타(他): 다르다, 다른 사람, 다른 곳.

프리버리지(privilege: 특전, 특권, 명예, 영광)

우리말로 읽어보면 '블(pr)+이(i)+브(v)+일(il)+이지(ege) → 블(별(別: 다를 별)) 이(利: 이로울 이) 브(부(付: 줄 부)) 일(事) 이지('이다'의 활용형) → 다르게 이로움 주는 일이다'다.

프라이즈(prize: 상, 포상, 상금)

우리말로 읽어보면 '프(p)+르(r)+이(i)+즈(z)+이(e) → 프(포(褒: 기릴 포)) 르(로: 조사) 이(利: 이로울 이) 즈(주 → 줘: '주다'의 활용형) 이(명사형 접미사, 이것) → 칭찬함으로 이로움(이익) 주는 이것'이다.

□ 포(褒): 기리다, 칭찬하다(稱讚--).

프로우(pro-: ((접두사)) 전의, 먼저의, 앞[바깥]으로 나가는, 돌출하는)

우리말로 읽어보면 '브로(pro) → 브로(불오 → 불러: 1. '부르다(불룩하게 부풀어 있다)'의 활용형)' '2. 브로(보로('벌써'의 방언))'이다.

프로우브(probe: 탐침으로 살피다[조사하다], 철저히 조사하다)

우리말로 읽어보면 '프(p)+로(ro)+비(be) → 프(피(鈹: 쇠꼬챙이 피) 로(조사) 비(보다)'다. '쇠꼬챙이로 찔러 보다'다.

프로브럼(problem: 문제, 의문, 난문제)

우리말로 읽어보면 '프로브르(probl)+임(em) → 프로브르(풀어보라) 임('이다'의 명사형) → 풀어 보라 임'이다. '풀어보는 것 임'이다.

프러시져르(procedure: 순서, 절차, 방법)

우리말로 읽어보면 '브로(pro)+시(ce)+둘(tur)+이(e) → 브로(바로: 시간적인 간격을 두지 아니하고 곧) 시(서(序: 차례 서)) 둘('두다'의 활용형) 이(명사형 접미사, 이것) → 바로 차례 둘 이것'이다.

프로시드(proceed: (특히 정지한 상태에서) 나아가다, 전진하다)

우리말로 읽어보면 '브(p)+로(ro)+시이드(ceed) → 브(보(步: 걸음 보)) 로(노 → 나: '나다(생기다)'의 활용형) 시이드(서이다 → 서있다) → 걸음 생기다 서 있다'다. '서 있다 걷는 것 생기다'이다.

프로세스(process: (특정 결과를 달성하기 위한) 과정[절차], (자연스런 변화가 일어나는) 과정)

우리말로 읽어보면 '블(pr)+오(o)+스(c)+이쓰(ess) → 블(발(醱: 술 괼 발)) 오(아: '에'의 방언) 스(서(序: 차례 서)) 이쓰(있어) → 발효함 에 차례 있어'다. '발효함에 차례 있는 것'이다.

□ 발(醱): 술을 괴다(식초 따위가 발효하여 거품이 일다), 술을 거듭 빚다, 발효하다(醱酵--).

프로우크레임(proclaim: 공표하다, 선언하다)

우리말로 읽어보면 '브(p)+로(ro)+글(cl)+아(a)+이(i)+므(m) → 브(보(報: 알릴 보)) 로(조사) 글(書) 아(하 → 해: '하다'의 활용형) 이(위(謂: 이를 위)) 므(모(貌: 모양 모)) → 알리다 로 글(書) 하다 이르다 모양'이다. '알리는 것으로 글(書) 해 이르는 모양'이다.

프로우크래스터네이트(procrastinate: 미루다, 지연되다, 질질끌다)

우리말로 읽어보면 '브로(pro)+그라스(cras)+띠(ti)+느(n)+아디(ate) → 브로(부러: 일부러) 그라스(끌어서) 띠(때(時)) 느(누(累: 묶을 누)) 아디(하디(하다)) → 일부러 끌어서 때(時) 묶다 하다'다. '일부러 끌어서 때(時)를 묶는 것을 하다'이다.

프러듀스(produce: 생산[제조]하다, 생기게 하다)

우리말로 읽어보면 '브(p)+로(ro)+두(du)+스(ce) → 브(부(部: 떼 부)) 로(조사) 두(주(作: 만들 주)) 스이('스다(생기다)'의 활용형) → 떼 로 만들다 생기다'이다. '떼로 만드는 것 생기다'이다.

프러페스(profess: 1. ~인 체하다, 가장하다 2. 주장하다, 인정하다)

1번을 우리말로 읽어보면 '브로(pro)+프(f)+이쓰(ess) → 브로(부러: 실없이 거짓으로) 프(포 → 표(表: 겉 표: 나타내다) 이쓰(있으 → 있어) → 부러 내타냄 있어'다.

□ 표(表): 겉, 나타내다.

2번을 우리말로 읽어보면 '브로(pro)+패(fe)+스스(ss) → 브로(바로: 사리나 원리, 원칙 등에 어긋나지 아니하게) 패(펴: '펴다(생각, 감정, 기세 따위를 얽매임 없이 자유롭게 표현하거나 주장하다)'의 활용형) 스스(슷으 → 섯어: '서다(생기다)'의 활용형) → 바로 폄 생기다'이다.

프로파일(profile: 측면, 옆얼굴, 반면상)

우리말로 읽어보면 '블(pr)+오(o)+피(fi)+르(l)+이(e) → 블(볼: 뺨의 한복판) 오(아: '에'의 방언) 피(跛: 비스듬히 설 피) 르(루(瞜: 볼 루)) 이(이것) → 볼(얼굴)에 비스듬히 섬 보는 이것'이다.

프로피트(profit: 이익, 이득, 수익)

우리말로 읽어보면 '브로(pro)+비(fi)+트(t) → 브로(불어('불다('붇다'의 방언)'의 활용형) 비(費: 쓸 비) 트(츠 → 치: 어떠한 특성을 가진 물건 또는 대상) → 붇다(불어나다) 재화(財貨) 대상'이다. '불어난 재화(財貨) 치(대상)'이다.

□ 비(費): 쓰다, 재화(財貨), 재보(財寶: 보배로운 재물)

프러파운드(profound: 학식이 깊은, 해박한, 뜻깊은)

우리말로 읽어보면 '브(p)+로(ro)+보(fo)+운드(und) → 브(보(普: 넓을 보)) 로(조사) 보(甫: 클 보) 운드(안다: '알다'의 활용형) → 넓다 로 많이 알다 → 넓게 많이 아는'이다.

□ 보(甫): 크다, 많다.

프라그노우시스(prognosis: 예후(豫後), 예상, 예측)

우리말로 읽어보면 '브로(pro)+그(g)+노스(nos)+이스(is) → 브로(보로('벌써'의 방언)) 그(가(睯: 볼 가) 노스(나서: '나다(생기다)'의 활용형) 이스(잇으 → 있어: '있다'의 활용형) → 벌써 보다 생겨서 있어'다. '벌써 보는 것 생겨 있는 것'이다.

프로우그램(program: 계획, 예정, 일정)

우리말로 읽어보면 '브로(pro)+그르(gr)+암(am) → 브로(보로('벌써'의 방언)) 그르(그려: '그리다'의 활용형) 암(함: '하다'의 활용형) → 벌써(미리, 앞서) 그리다 함'이다. '함(하는 것)을 벌써 그린 것'이다.

프로그레스(progress: 진행, 전진, 진척)

우리말로 읽어보면 '브(p)+르(ro)+그르(gr)+이쓰(ess) → 브(부(赴: 다다를 부)) 그르(그르 → 걸어: '걷다'의 활용형) 이쓰(있어) → 나아가다 걸어 있어'다. '걸어 나아감 있는 것'이다.

□ 부(赴): 다다르다, 나아가다.

프로젝트(project: 계획, 기획, 안(案))

우리말로 읽어보면 '브로(pro)+직(jec)+트(t) → 브로(보로('벌써'의 방언)) 직(織: 짤 직) 트(츠 → 치: 것) → 벌써(이미, 앞에) 짠 것'이다.

연극, 책 영화프로로그(prologue: 의 도입부)

우리말로 읽어보면 '브로(pro)+르(l)+오(o)+구(gu)+이(e) → 브로(보로: '벌써'의 방언) 르(루(瞜: 볼 루) 오(아: '에'의 방언) 구(句: 글귀 구) 이(명사형 접미사, 이것) → 벌써(미리, 앞서) 봄 에 글귀 이것'이다.

프롬(prom=promenade: 무도회)

우리말로 읽어보면 '브롬(prom) → 브롬(보름: 음력 15일; 음력 8월 15일; 추석)'이다. promenade를 우리말로 읽어보면 '보롬(prom)+이(e)+나대(nade) → 보롬(보름(추석)) 이('에'의 방언) 나대('나대다(얌전히 있지 못하고 철없이 촐랑거리다)'의 활용형) → 보름 에 나대'이다. '보름에 나대는 것'이다.

프로머넌트(prominent: 돌출한, 눈에 띄는, 현저한, 중요한)

우리말로 읽어보면 '브롬(prom)+인(in)+인(en)+트(t) → 브롬(바람) 인(안(內)) 인('일다(겉으로 부풀거나 위로 솟아오르다)'의 활용형) 트(티: 모양) → '바람이 안에 일은 모습'이다.

프라미스(promise: 약속, 맹세)

우리말로 읽어보면 '브르(pr)+옴(om)+이(i)+스(s)+이(e) → 브르(부로: '일부러'의 방언) 옴('오다'의 활용형) 이(예(豫: 미리 예)) 스('스다(생기다)'의 활용형) 이(명사형 접미사, 이것) → 일부러 옴 미리 생긴 이것'이다.

프러모우트(promote: 촉진하다, 홍보하다, 승진[승격]시키다)

우리말로 읽어보면 '프(p)+로(ro)+모(mo)+티(te) → 프(포(褒: 기릴 포)) 로(조사) 모(마(罵: 꾸짖을 마)) 티(모양) → 칭찬하다(稱讚--) 로 꾸짖다 모양'이다. '칭찬(稱讚)함으로 꾸짖는 모양'이다.

□ 포(褒): 기리다, 칭찬하다(稱讚--).

프롬프트(prompt: 즉석의, 즉각적인)

우리말로 읽어보면 '브로(pro)+므(m)+브(p)+트(t) → 브로(바로) 므(무 → 뮈: '뮈다('움직이다'의 옛말)'의 어근) 브(보 → 봐: '보다'의 활용형) 트(티: 모양) → 바로 움직이다 봐 모양'이다. '바로 움직임 보는 모양'이다.

프러나운스(pronounce: 발음하다, 읽다, 말하다)

우리말로 읽어보면 '블오(pro)+노운(noun)+시(ce) → 블오(불어: '불다'의 활용형) 노운(나온: '나오다'의 활용형) 시('혀(말)'의 방언) → 불어 나온 혀(말(言))'이다. '불어 나온 말'이다.

프루프(proof: 증거, 증명)

우리말로 읽어보면 '브로(pro)+오프(of) → 브로(바로: 사리나 원리, 원칙 등에 어긋나지 아니하게) 오프(어프 → 엎어: '엎다'의 활용형) → 바로 엎어'다. '바로(바르게) 엎는 것'이다.

프라퍼갠더(propaganda: 선전 (활동), ((비격식)) 유언비어, 허위보도)

1번을 우리말로 읽어보면 '브(p)+로(ro)+파(pa)+가(ga)+느드(nda) → 브

(보(報: 알릴 보)) 로(조사) 파(播: 뿌릴 파) 가('가다'의 활용형) 느드(나다(생기다)) → 알리다 로 퍼뜨리러 가다 생기다'이다. '알리는 것으로 퍼뜨리러 감 생긴 것'이다.

□ 펴다: 생각, 감정, 기세 따위를 얽매임 없이 자유롭게 표현하거나 주장하다.

□ 파(播): 뿌리다, 퍼뜨리다.

프로펄(proper: 적합한, 알맞은, 바람직한, 예의 바른)

우리말로 읽어보면 '브로(pro)+빌(per) → 브르(바로: 사리나 원리, 원칙 등에 어긋나지 아니하게) 빌('비다(보이다)'의 활용형) → 바르게 보일'이다.

프라퍼티(property: 재산, 자산)

우리말로 읽어보면 '브로(pro)+브(p)+이르(er)+티(ty) → 브로(버러 → 벌어: '벌다(일을 하여 돈 따위를 얻거나 모으다)'의 활용형) 브(부(富: 부유할 부)) 이르(이루: '이루다'의 어근) 티(치: 물건) → 벌어 부(富) 이룬 물건'이다.

프로피트(prophet: 예언자, 신의 대변자)

우리말로 읽어보면 '브로(pro)+브히(phe)+트(t) → 브로(보로('벌써'의 방언)) 브히(보히 → 보여: '보다'의 활용형) 트(츠 → 치: 사람) → 벌써 보여 사람'이다. '미리 보는 사람'이다.

프러핑쿼티(propinquity: 가까움, 근접, 근친)

우리말로 읽어보면 '브로(pro)+비느(pin)+구(qu)+이(i)+티(ty) → 브로

(바로: 다른 것이 아니라 곧) 비느(비는 → 보이는) 구(거: 것) 이('에'의 방언) 티(치: 거리의 단위) → 바로 보이는 것 에 거리'다.

프러피쉐이트(propitiate: 달래다, 가라앉히다, 비위를 맞추다)

우리말로 읽어보면 '플오(pro)+비티(piti)+아디(ate) → 플오(풀어) 비티(삐티 → 삐치 → 삐쳐: '삐치다'의 활용형) 아디(하디(하다)) → 풀어 삐쳐 하다'다. '삐친 것 푸는 것 하다'다.

프러포우즈(propose: 제의[제안, 건의, 발의]하다, 청혼하다)

우리말로 읽어보면 '브로(pro)+포(po)+스이(se) → 브로(보로: '속셈(마음속으로 하는 궁리나 계획)'의 방언) 포(표(表: 겉 표)) 스이('스다(생기다)'의 활용형) → 마음속으로 하는 궁리나 계획 표(表)하다 생기다'이다.

프로우스크라이브(proscribe: 금지하다, 못하게 하다)

우리말로 읽어보면 '브로(pro)+스그리(scri)+비(be) → 브로(보로: '부러(일부러)'의 방언) 스그리(사그리: '깡그리(모조리)'의 방언) 비(배(排: 밀칠 배) → 일부러 사그리 밀어내다'다.

□ 배(排): 밀치다, 밀어내다, 물리치다.

프로스펙트(prospect: 전망, 가망)

우리말로 읽어보면 '브로(pro)+스(s)+백(pec)+트(t) → 브로(보로('벌써(앞서)'의 방언)) 스(시(視: 볼 시)) 백(白: 흰 백) 트(츠 → 치: 것) → 벌써(미리, 앞으로) 보다 분명하다(分明--) 것'이다. '앞을 분명(分明)하게 보는 것'이다.

프로스펄(prosper: 번영[번창]하다, 성공하다

우리말로 읽어보면 '브(p)+로스(ros)+브(p)+이르(er) → 브(부(富: 부유할 부) 로스(로서: 지위나 신분 또는 자격을 나타내는 격 조사) 브(보(步: 걸음 보)) 이르(이루 → 이뤄: '이루다'의 활용형) → 부(富)로서 걸어가다 이루다'다. '부(富)로서 걸어감 이루다'다.

□ 보(步): 걸음, 걸어가다.

프로스티튜트(prostitute: 매춘부, 창녀)

우리말로 읽어보면 '프(p)+로스(ros)+티(ti)+투(tu)+티(te) → 프(포(抱: 안을 포)) 로스(로서: 지위나 신분 또는 자격을 나타내는 격 조사) 티(치(値: 값 치)) 투(추 → 취(取: 가질 취)) 티(치: 사람) → 포(抱) 로서 값 가지다 사람'이다. '포(抱)로서 값을 취하는 사람'이다.

프로스트레이트(prostrate: 엎드리다)

우리말로 읽어보면 '플(pr)+오(o)+스(s)+트(t)+르(r)+아디(ate) → 플(팔)+오(仵: 짝 오) 스('스다(서다)'의 활용형) 트(터: 땅) 로(방향을 나타내는 조사) 아디(하디(하다)) → 팔 짝 서다 땅 으로 하다'다. '두 팔로 서서 땅 쪽으로 하다'다.

프로텍트(protect: 보호하다, 막다, 지키다)

우리말로 읽어보면 '브(p)+로(ro)+택(tec)+트(t) → 브(보(保: 지킬 보)) 로

(어떤 일의 수단·도구를 나타내는 격 조사) 택(책(柵: 울타리 책)) 트(츠 → 쳐: '치다(벽 따위를 둘러서 세우거나 쌓다)'의 활용형) → 지키다 로 울타리 쳐'다. '지킴으로 울타리 치는 것'이다.

프로테스트(protest: 항의, 불복)

우리말로 읽어보면 '브로(pro)+떼(te)+스(s)+트(t) → 브로(보로: '부러(일부러)'의 방언) 떼(부당한 요구나 청을 들어 달라고 고집하는 짓) 스(쓰: '쓰다'의 어근) 트(티: 어떤 태도나 기색) → 일부러 떼 쓰는 태도'다.

프라우드(proud: 자랑으로[영광으로] 여기는, 거만한)

우리말로 읽어보면 '브로우(prou)+드(d) → 브로우(부러워: '부럽다(남의 좋은 일이나 물건을 보고 자기도 그런 일을 이루거나 그런 물건을 가졌으면 하고 바라는 마음이 있다)'의 활용형) 드(즈 → 주 → 줘: '주다'의 활용형) → 부러워 줘'다. '부러움 주는 것' '자랑하는 것'이다.

프루브(prove: 입증하다, 증명하다)

우리말로 읽어보면 '프로(pro)+브이(ve) → 프로(플오 → 풀어: '풀다(모르거나 복잡한 문제 따위를 알아내거나 해결하다)'의 활용형) 브이(보이 → 보여: '보이다'의 활용형) → 풀어 보이다'다.

프로버르브(proverb: 속담, 격언)

우리말로 읽어보면 '프로브이(prove)+릅(rb) → 프로브이(증명하다) 릅(립 → 닙 → 입: 사람이 하는 말을 비유적으로 이르는 말) → 증명하다 말'이다. '증명된 말'이다.

프로바이드(provide: 주다, 공급[제공]하다)

우리말로 읽어보면 '프로(pro)+비(vi)+디(de) → 프로(플오 → 풀어: '풀다'의 활용형) 비(費: 쓸 비) 디(대: '대다(돈이나 물건 따위를 마련하여 주다)'의 활용형) → 풀어 쓰는 것 대다'다.

프러보우크(provoke: 성나게 하다, 자극하다)

우리말로 읽어보면 '브로(pro)+보크(vok)+이(e) → 브로(부러: 일부러) 보크(보끄 → 볶으 → 볶어: '볶다(사람을 성가시게 괴롭히다)'의 활용형) 이('이다'의 활용형) → 일부러 볶으이'다.

프루덴트(prudent: 신중한)

우리말로 읽어보면 '프(p)+르(r)+우(u)+딘(den)+트(t) → 프(포: '거듭'의 옛말) 르(로) 우(憂: 근심 우) 딘(된: '되다'의 활용형) 트(티: 모양) → 거듭 으로 근심 된 모양'이다.

프라이(pry: 캐다, 들추어내다)

우리말로 읽어보면 '프리(pry) → 프리(파리: '파다('후비다(아주 깊이 파헤쳐 속내를 알아내다)'의 방언)'의 활용형) → 파리'다.

수도우(pseudo: 가짜의, 가장의)

우리말로 읽어보면 '프새(pse)+우(u)+도(do) → 프새(피새: '거짓말'의 방언) 우(아: '에'의 방언) 도(度: 법도 도) → 거짓말 에 모양'이다.

□ 도(度): 법도, 모양, 모습.

수더님(pseudonym: 익명, 가명, 필명)

우리말로 읽어보면 '브시우도(pseudo)+니(ny)+므(m) → 브시우도(가짜의) 니(你: 너 니) 므(무 → 뭐: '무어(모르는 사실이나 사물을 가르키는 지시 대명사)'의 준말) → 가짜의 너+무어(뭐야)=이름'이다. '가짜의 이름'이다.

프스트(psst: 잠깐, 여보세요. (주의를 환기시킬 때의 소리))

우리말로 읽어보면 '브스(ps)+스(s)+트(t) → 브스(보소('여보시오'의 방언)) 스(시 → ㅿ|: '이'의 옛말)) 트(츠 → 치: 사람) → 보소 이 사람'이다. '여보시오 이 사람'이다.

사이크(psych: 불안하게 하다, 겁먹게 하다)

우리말로 읽어보면 '쁘시(psy)+츠(ch) → 쁘시(빠시: '빠시다('빨다('흘겨보다'의 방언)'의 활용형)'의 어근) 츠(쳐: '치다(나쁜 행동을 하다)'의 활용형) → 흘겨보는 행동하다'다.

퍼불리쉬(publish: 출판[발행]하다)

우리말로 읽어보면 '푸(pu)+브(b)+리(li)+스흐(sh) → 푸('점포'의 옛말) 브(부(部: 떼 부)) 리(脷: 혀 리) 스흐(쓰흐 → 써: '쓰다'의 활용형) → 점포에서 떼로 혀(말, 글) 써'다.

퍼프(puff: 한 번 불기)

우리말로 읽어보면 '픕(puf)+브(f) → 픕(입김을 내뿜는 소리) 브(부(咐: 불 부)) → "픕"불다'다.

풀(pull: 끌어[잡아]당기다, 당기다[끌다])

우리말로 읽어보면 '브(p)+우르(ul)+르(l) → 브(부(摭: 잡을 부)) 우르(위로) 르(루(婁: 끌 루) → 잡아 위로 끌다'다.

펄스(pulse: 맥박, 맥, 고동)

우리말로 읽어보면 '브(p)+우르(ul)+스(s)+이(e) → 브(부(膚: 살갗 부) 우르(위로) 스('스다(서다)'의 활용형) 이(명사형 접미사, 이것) → 살갗 위로 서는 이것'이다.

펌프(pump: 펌프, 양수기, 압축기)

우리말로 읽어보면 '푸므(pum)+프(p) → 푸므(품으 → 품어: '품다(괴어 있는 물을 계속해서 많이 푸다)'의 활용형) 프(포(砲: 대포 포)) → 품는 대포'다.

펑크췰(punctual: 약속한 시간[기한]을 엄수하는)

우리말로 읽어보면 '부느그(punc)+뜨(t)+우(u)+알(al) → 부느그(보는 거 → 보는 것) 뜨(때: 시간의 어떤 순간이나 부분) 우(위(衛: 지킬 위)) 알(할 → 한: '하다'의 활용형) → 보는 것 때(時) 지키는 것 한'이다.

펑크춰에이트(punctuate: 구두점을 찍다, 구두점으로 끊다)

우리말로 읽어보면 '분(pun)+그(c)+투(tu)+아디(ate) → 분(分: 나눌 분) 그(구(句: 글귀 구)) 투(두 → 주(黈: 점찍을 주)) 아디(하디(하다)) → 나누다 글귀 점 찍는 것 하다'다. '글귀 나누는 점 찍는 것 하다'다.

퍼니쉬(punish: 처벌하다, 벌하다, 응징하다)

우리말로 읽어보면 '분(pun)+이스(is)+흐(h) → 분(憤: 분할 분) 이스(잇으 → 있어: '있다'의 활용형) 흐(해(害: 해할 해)) → 분함 있어 해하다'다.

퓨얼(pure: 순수한, 불순물이 없는)

우리말로 읽어보면 '푸르이(pule) → 푸르이('푸르다(공기 따위가 맑고 신선하다)'의 활용형) → 푸르다'다. '맑고 신선한'이다.

퍼지(purge: (조직에서 사람을, 흔히 폭력적인 방법으로) 제거[숙청]하다, (나쁜 생각 감정을) 몰아내다[없애다])

우리말로 읽어보면 '불(pur)+지(g)+이(e) → 불(벌(罰: 벌할 벌) 지(至: 이를 지) 이(離: 떠날 이) → 벌(罰) 주다 떼어놓다'다. '벌을 주어 떼어놓다'다.

□ 이(離): 떠나다, 떼어놓다.

□ 지(至): 이르다, 주다.

퍼~ㄹ퍼스(purpose: 목적, 의도, 동기)

우리말로 읽어보면 '부르(pur)+포(po)+스(s)+이(e) → 부르(부러: '일부러(어떤 목적이나 생각을 가지고)'의 방언) 포(抱: 안을 포) 스('스다(생기다)'의 활용형) 이(명사형 접미사, 이것) → 일부러 마음 생긴 이것'이다.

□ 포(抱): 안다, 마음, 생각.

퍼슈(pursue: 뒤쫓다, 추적하다)

우리말로 읽어보면 '부르(pur)+수(su)+이(e) → 부르(부러: '일부러'의 방언) 수(搜: 찾을 수) 이(여: 옛말 이여. 이오) → 일부러 찾음 이여'다.

풑(put: 놓다, 두다, 얹다, 넣다)

우리말로 읽어보면 '부(pu)+트(t) → 부(附: 붙을 부) 트(터: 땅, 곳) → 붙다 땅'이다. '땅에 붙는 것' '땅에 놓는 것'

퍼즐(puzzle: 수수께끼, 난문제, 퍼즐, 당황하다)

우리말로 읽어보면 '푸(pu)+지(z)+질이(zle) → 푸(파(破: 깨뜨릴 파)) 지(知: 알 지) 질이(질의(質疑)) → 깨뜨리다 앎 질문'이다. '앎을 깨뜨리는 질문'이다.

□ 지(知): 알다, 지식(知識), 앎.

피라미디(pyramid: 피라미드, 금자탑)

우리말로 읽어보면 '피(py)+라(ra)+미(mi)+드(d) → 피(彼: 저 피(저 세상)) 라(해(태양: 절대자(왕)) 미('뫼(무덤)'의 방언) 드(다: 종결형 어미) → 저 세상 왕 무덤 이다'다. '라'는 없어진 우리말로 '낮(晝)'으로 흔적이 남아있다. '저세상 간 왕의 무덤이다'다. 신라(新羅)의 '라'가 '태양'이다.

Q

쿠액(quack: 꽥꽥 우는 소리)

우리말로 읽어보면 '꾸(qu)+악(ac)+크(k) → 꾸악크(꽥: 의성어)'이다.

쿠아드러트(quadrate: 정사각형의, 직사각형의)

우리말로 읽어보면 '구(qu)+아(a)+드(d)+르(r)+아디(ate) → 구(矩: 모날 구) 아('에'의 방언) 드(즈 → 주(柱: 기둥 주)) 르(루 → 류(類: 무리 류)) 아디(하디 → 하다) → 사각형 에 기둥 같다 하다'다.

□ 구(矩): 모나다, 사각형.

□ 류(類): 무리, 같다.

퀘이크(quake: 덜덜 떨다, 전율하다)

우리말로 읽어보면 '구(qu)+아(a)+크이(ke) → 구(軀: 몸 구) 아(掗: 흔들 아) 크이('크다'의 활용형) → 몸 흔들다 크다'다. '몸에 흔들림이 크다' '몸을 크게 흔드는 것'이다.

쿠아러파이(qualify: 자격을 주다, 한정[제한]하다)

우리말로 읽어보면 '괄(qual)+이(i)+브여(fy) → 괄(궐 → 권(權: 권세 권)) 이(利: 이로울 이) 브여(부여(附與)) → 권리(權利) 부여(附與)'다.

쿠아러티(quality: 특성, 특질, 속성)

우리말로 읽어보면 '구(qu)+아(a)+리(li)+티(ty) → 구(區: 구분할 구) 아('에'의 방언) 리(異: 다를 리) 티(모양) → 구분하다 에 다르다 모양'이다. '구분함에 다른 모양'이다.

쿠암(qualm: 양심의 가책, 마음의 꺼림칙함)

우리말로 읽어보면 '꾸아름(qualm) → 꾸아름(꿰름 → 께름: '께름하다'의 어근)'이다.

□ 께름하다: 마음에 걸려서 언짢은 느낌이 꽤 있다.

쿠아미쉬(qualmish: 마음이 꺼림칙한)

우리말로 읽어보면 '꾸아름(qualm)+이스흐(ish) → 꾸아름(께름) 이스흐(있어) → 께름 있어'다.

콴터티(quantity: 양, 수량, 분량)

우리말로 읽어보면 '구안(quan)+티(ti)+티(ty) → 구안(관 → 권(權: 저울추 권)) 티(치: 어떠한 특성을 가진 물건 또는 대상) 티(치: 일정한 몫이나 양) → 저울질하다 물건 양'이다. '저울질한 물건의 양'이다.

□ 권(權): 저울 추, 저울, 저울질하다, 계량하다.

쿼런틴(quarantine: (전염병 확산을 막기 위한 동물, 사람의) 격리, 격리하다)

우리말로 읽어보면 '구(qu)+아(a)+라느(ran)+띠(ti)+느이(ne) → 구(區:

구분할 구) 아(하 → 해: '하다'의 활용형) 라느(나누 → 나눠: '나누다'의 활용형) 띠(떠: '띠다('떼다'의 방언)'의 활용형) 느이(노이 → 놓이: '놓다'의 활용형) → 구분 해 나눠 떼어 놓다'다.

쿼럴(quarrel: 말다툼, 언쟁, 싸움)

우리말로 읽어보면 '구(qu)+알(ar)+릴(rel) → 구(口: 입 구) 알(할(割: 벨 할)) 릴(렬(烈: 매울 렬) → 말하다 베다 사납다'다. '사납게 말로 베는 것'이다.

□ 구(口): 입, 말하다.

□ 렬(烈): 맵다, 사납다.

쿼르터르(quarter: 4분의 1)

우리말로 읽어보면 '괄(quar)+트(t)+일(er) → 괄(궐 → 걸: 윷놀이에서, 윷짝의 세 개는 젖혀지고 한 개는 엎어진 경우를 이르는 말) 트(타(他: 다를 타)) 일(一: 한 일) → 걸 다르다 하나'다. '걸의 다른 하나'다.

쿠이지(queasy: 욕지기 나는, 매스꺼운, 구역질 나는)

우리말로 읽어보면 '궤아(quea)+시(sy) → 궤아(게워: '게우다'의 활용형) 시(始: 처음 시) → 게워 처음'이다. '게움에 처음'이다.

쿠이얼(queer: 기묘한, 괴상한)

우리말로 읽어보면 '귀(que)+이르(er) → 귀(괴(怪: 기이할 괴)) 이르(이라) → 기이함이라'다.

퀘스트(quest: 탐구, 탐색)

우리말로 읽어보면 '구(qu)+이(e)+스(s)+트(t) → 구(求: 구할 구) 이('에'의 방언) 스(수(搜: 찾을 수) 트(티: 모양) → 구하다 에 찾다 모양'이다. '구함에 찾는 모양'이다.

퀘스천(question: 질문, 물음)

우리말로 읽어보면 '구(qu)+이스(es)+티(ti)+온(on) → 구(求: 구할 구) 이스(있어) 티(어떤 태도나 기색) 온(언(言: 말씀 언) → 구하다 있다 태도 말'다. '구함이 있는 태도의 말'이다.

퀵(quick: 빠른)

우리말 '퀵(곽(霍: 빠를 곽)) → 빠르다'다.

쿠이브리(quibble: 둘러대기, 발뺌, 핑계)

우리말로 읽어보면 '뀌브브리(quibble) → 뀌브브리(뀌브(브)려 → 꾀부려: '꾀부리다(일의 어려운 부분이나 책임을 살살 피하여 자기에게 이롭게만 하다)'의 활용형) → 꾀부려'다. '꾀부리기'다.

콰이어트(quiet: 고요, 조용함)

우리말로 읽어보면 '구이에(quie)+트(t) → 구이에(구이여 → 고여 → 고요: 조용하고 잠잠한 상태) 트(티: 모양) → 고요한 모양'이다.

쿠아이이터스(quietus: 결정타, 최후의 일격)

우리말로 읽어보면 '고요(quie)+투(tu)+스(s) → 고요 투(타(打: 칠 타)) 스('스다(생기다)'의 활용형) → 고요 타(打) 생겨'다. '고요(조용함)가 생기는 때림'이다.

쿠이트(quit: 그만두다, 중지하다)

우리말로 읽어보면 '귀트(quit) → 귀트(귀드 → 게다: '끝나다'의 방언)'이다.

콰이트(quite: 꽤, 상당히, 완전히, 아주, 전적으로)

우리말로 읽어보면 '뀌(qui)+티(te) → 뀌(꽤: 보통보다 조금 더한 정도로) 티(모양) → 꽤 모양'이다.

퀴즈(quiz: 간단한 질문을 하다, 퀴즈)

우리말로 읽어보면 '구(qu)+이(i)+지(z) → 구(求: 구할 구) 이(易: 쉬울 이) 지(知: 알 지) → 묻다 쉽다 앎'이다. '쉬운 지식(앎)을 묻는 것'이다.

□ 구(求): 구하다(求--), 묻다.

쿠오우트(quote: 인용하다)

우리말로 읽어보면 '꾸오(quo)+티(te) → 꾸오(꾸어: '꾸다(빌리다)'의 활용형) 티(치(治: 다스릴 치)) → 꾸다 말'이다. '꾸어(빌려) 말하는 것'이다.

□ 치(治): 다스리다, 말, 언사(言辭).

R

레이스(race: 1. 경주, 경쟁 2. 인종)

우리말로 읽어보면 '라(ra)+시(ce) → 라(나 → 내: '내다'의 어근) 시(옛말 명사를 만드는 접미사) 내시 → 내기'이다.

□ 내기: 1. 금품을 거는 등 일정한 약속 아래에서 승부를 다툼. 2. 그 지역에서 태어나고 자라서 그 지역 특성을 지니고 있는 사람. 예: 서울내기

레이디에이트(radiate: 빛을 발하다, 퍼지다)

우리말로 읽어보면 '라(ra)+디(di)+아디(ate) → 라('해'의 고어) 디(지(之: 갈 지) 아디(하디(하다)) → 빛 가다 하다'다. '빛 가는 것을 하다' '빛나다'다.

래그(rag: 넝마[누더기] 조각)

우리말로 읽어보면 '락(rag) → 락(落: 떨어질 락(떨어지다, 죽다, 버리다, 쓸모없다))'다. '쓸모없는 것'이다.

레이지(rage: 격노, 격분)

우리말로 읽어보면 '르(r)+아지(age) → 르(로(怒: 성낼 로)) 아지(하지 → 하기: '하다'의 활용형) → 로(怒)하기'다.

□ -지: '-기'의 옛말.

레이드(raid: 급습, 습격, (경찰의) 현장 급습)

우리말로 읽어보면 '라(ra)+이(i)+드(d) → 라(剆: 칠 라) 이(浰: 빠를 이) 드(다: 종결 어미) → 치다 빠르다 다'다. '빠르게 치다'다.

레인(rain: 비, 빗물)

우리말로 읽어보면 '라(ra)+이(i)+느(n) → 라('해(하늘)'의 고어) 이('에'의 방언) 느(니: '물'의 고어) → 하늘 에 물'이다. '하늘에서 (떨어진) 물'이다.

레이즈(raise: (들어) 올리다, 일으키다, 재배하다)

우리말로 읽어보면 '라(ra)+이(i)+스이(se) → 라(拏: 붙잡을 라) 이([illegible]: 끌 이) 스이('스다'의 활용형) → 붙잡아 끌어 스다'다. '일으킨 것'이다.

랠리(rally: 놀리다, 야유하다)

우리말로 읽어보면 '랄(ral)+리(ly) → 날리 → 놀리 → 놀려'다.

라마단(Ramadan: ((회교)) 라마단; 회교력의 제9월로 일출에서 일몰까지 단식함)

우리말로 읽어보면 '라(Ra)+마(ma)+단(dan) → 라('해'의 고어) 마(饝: 떡 마) 단(斷: 끊을 단) → 해(밝음) 떡(음식) 끊다'이다. '밝을 때 떡(음식)을 끊는 것'이다.

램브리(ramble: 산책[소요]하다, 거닐다, 어슬렁거리다)

우리말로 읽어보면 '람(ram)+브(b)+르(l)+이(e) → 람(覽: 볼 람) 브(보(步: 걸음 보)) 로(조사) 이(迻: 갈 이) → 두루 보는 걸음으로 가다'다.

□ 람(覽): 보다, 두루 보다.

램페이지(rampage: 난폭한 행동)

우리말로 읽어보면 '람(ram)+프(p)+아지(age) → 람(남: 자기 이외의 다른 사람) 프(포(暴: 사나울 포) 아지(하지 → 하기, -지: '-기(명사를 만드는 접미사)'의 옛말) → 남에게 사납게 하기'다.

랜덤(random: 되는 대로의[닥치는 대로의], 생각나는 대로의)

우리말로 읽어보면 '란(ran)+도(do)+므(m) → 란(亂: 어지러울 난) 도('두어'의 방언) 므(모(貌: 모양 모)) → 어지럽게 두는 모양'이다.

레인지(range: (변동이 가능한) 범위, 폭, 한도)

우리말로 읽어보면 '라(ra)+느지(nge) → 라(羅: 벌일 라) 느지(내지(乃至: 수량(數量)을 나타내는 말들 사이에 쓰이어 「얼마에서 얼마까지」의 뜻을 나타냄) → 벌이어 놓다 얼마에서 얼마까지'다. '벌이어 놓은 얼마에서 얼마까지'다.

□ 라(羅): 벌이다, 벌여 놓다.

랭크(rank: 계급, 지위, 신분)

우리말로 읽어보면 '란(ran)+크(k) → 란(랑 → 령(令: 하여금 령)) 크(키:

높이) → 벼슬 높이'이다.

□ 령(令): 하여금, 벼슬.

랜색(ransack: 샅샅이 뒤지다, 샅샅이 찾다)

우리말로 읽어보면 '란(ran)+삭(sac)+크(k) → 란(랑(娘: 심할 랑)) 삭(색(索: 찾을 색) 크(흐 → 하 → 해: '하다'의 활용형) → 심하게 찾는 것 해'다.

레이프(rape: 강간, 부녀자 폭행, 강탈, 약탈)

우리말로 읽어보면 '랍(rap)+이(e) → 랍(拉: 끌 랍) 이(여(女: 여자 여)) → 꺾다 여자'이다.

□ 랍(拉): 끌다, 끌고가다, 꺾다, 부러뜨리다.

래피드(rapid: (시간적으로) 빠른, 신속한)

우리말로 읽어보면 '래피드(rapid) → 래피드(내피드 → 내피다: '냅다'의 방언) → 냅다'다.

□ 냅다: 몹시 빠르고 세찬 모양.

레어(rare: 1. 드문, 좀처럼 없는, 진귀한 2. 덜 익은)

1번을 우리말로 읽어보면 '랄(rar)+이(e) → 랄(날 → 놀: '놀다(드물어서 구하기 어렵다)'의 활용형) 이(이것) → 놀은 이것'이다.

2번을 우리말로 읽어보면 '랄(rar)+이(e) → 랄(날: 익지 않은) 이(이것) → 익지 않은 이것'이다.

래쉬(rash: 무모[경솔]한, (언동이) 무분별한)

우리말로 읽어보면 '랏(ras)+흐(h) → 랏(낫: '낯(눈, 코, 입 따위가 있는 얼굴의 바닥)'의 방언) 흐(후(厚: 두터울 후)) → 낯 두껍다(염치가 없고 뻔뻔하다)'다.

□ 후(厚): 두텁다, 두껍다.

레이트(rate: 1. 비율 2. 평가하다)

1번을 우리말로 읽어보면 '라(ra)+띠(te) → 라(羅: 벌일 라) 띠('도(度: 어떠한 정도나 한도)'의 방언) → 벌이다 정도'이다. '벌인 정도'이다.

□ 벌이다: 일을 계획하여 시작하거나 펼쳐 놓다.

2번을 우리말로 읽어보면 '르(r)+아(a)+티(te) → 르(로(嚕: 말할 로)) 아(하 → 해(該: 갖출 해)) 티(치(値: 값 치)) → 말하다 맞다 값어치'다. '맞는 값어치를 말하다'이다.

□ 해(該): 갖추다, 맞다.

래덜(rather: 1. (흔히 비판, 실망, 놀람을 나타내는 표현에서) 꽤, 아주, 상당히, 좀, 약간(동사와 함께 써서 진술의 강도를 완화시킬 때) 2. (상대방의 제안에 동의를 나타내어) 좋다)

1번을 우리말로 읽어보면 '라(ra)+드흐(th)+이르(er) → 라(나 → 내(內: 안 내: 일정한 범위의 안) 드흐(더: 그위에 보태어) 이르(이라: '이다'의 활용형) → 내(內) 더 이라'다. '일정한 범위의 안에 더 이라'이다.

2번을 우리말로 읽어보면 '라드흐(rath)+이르(er) → 라드흐(나두흐 → 나두) 이르(이라 → 이여 → 야)'다. '나두야'다

래틀(rattle: 덜컥덜컥 소리 나다, 덜컥[짤그락]거리게 하다)

우리말로 읽어보면 '르(r)+아(a)+트(t)+틀(tl)+이(e) → 르(리(謧: 쥐 리)) 아('에'의 방언) 트(치: 어떠한 특성을 가진 물건 또는 대상) 틀('덫'의 방언) 이(예(嘊: 소리 예) → 쥐 에 치=쥐 틀 소리'다. '쥐틀 소리'다.

래비지(ravage: 파괴 행위, 파괴, 약탈)

우리말로 읽어보면 '랍(rav)+아지(age) → 랍(拉: 끌 랍, 꺾을 랍) 아지(하지 → 하기, '-지': '기'의 옛말)) → 랍(拉) 하기'다.

□ 랍(拉): 끌다, 끌고가다, 꺾다, 치다, 때리다.

레이(ray: 광선, 한 줄기 빛)

우리말로 읽어보면 '라(ra)+이(y) → 라('해'의 고어) 이(縭: 끈 이) → 해(빛)에 끈'이다.

리치(reach: 도착하다, 닿다)

우리말로 읽어보면 '리(re)+아(a)+츠(ch) → 리(離: 떠날 리) 아(하 → 해: '하다'의 활용형) 츠(치(致: 이를 치) → 떠나다 해 이르다'이다. '떠나서 이르다(어떤 장소나 시간에 닿다)'다.

리액트(react: 반작용하다, (상호) 작용하다, (서로) 영향을 미치다)

우리말로 읽어보면 '리(re)+아(a)+그(c)+트(t) → 리(이: 二, 둘, 다시, 도로) 아(하 → 해: '하다'의 활용형) 그(가: '가다'의 활용형) 트(츠 → 치: 대상) → 둘, 다시, 도로=되 하다+간+대상=행동'이다. '도로(반대로) 행동' '반대로 행동'이다.

리드(read: 읽다, 작품을 읽다)

우리말로 읽어보면 '리(re)+아(a)+드(d) → 리(脷: 혀 리) 아(하 → 해: '하다'의 활용형) 드(두(嚽: 읽을 두)) → 혀(말) 해 읽다'다.

레디(ready: 채비[준비]가 된)

우리말로 읽어보면 '리(re)+아(a)+디(dy) → 리(離: 떠날 리) 아(御: 맞을 아) 디(돼: '되다'의 활용형) → 떠나다 맞다 돼'다. '떠남을 맞는 것 돼'다.

리얼(real: 진짜의, 진정한)

우리말로 읽어보면 '리(re)+알(al) → 리(𠩺: 바를 리) 알(할 → 한: '하다'의 활용형) → 바르다 한'이다.

□ 바르다: 사실과 어긋남이 없다.

레름(realm: 왕국, 영역, 범위)

우리말로 읽어보면 '리(re)+아름(alm) → 리(里: 마을 리) 아름(둘레의 길이를 나타내는 단위) → 마을 아름'이다.

리즌(reason: 이유, 원인, 까닭)

우리말로 읽어보면 '리(re)+아(a)+손(son) → 리(理: 다스릴 리) 아('에'의 방언) 손(순(筍: 죽순 순: 나무의 가지나 풀의 줄기에서 새로 돋아 나온 연한 싹) → 깨닫다 에 싹(시초, 근원)'이다. '깨달음의 싹(근원)'이다.

□ 순(筍)

□ 리(理): 다스리다, 깨닫다, 이치.

리베이트(rebate: 리베이트, 환불)

우리말로 읽어보면 '리(re)+브(b)+아(a)+티(te) → 리(이, 둘, 다시) 브(부(付: 줄 부)) 아('에'의 방언) 티(치(値: 값 치)) → 다시 주는 값(돈)'이다.

레벌(rebel: 반역자, 반항자)

우리말로 읽어보면 '리(re)+베(be)+르(l) → 리(異: 다를 리) 베('베다'의 활용형) 르(리 → 이: 사람) → 거슬러 베는 사람'이다.

□ 리(異): 다르다, 거스르다.

리콜(recall: ~을 상기하다, 생각나게 하다)

우리말로 읽어보면 '리(re)+갈(call) → 리(이(二), 둘, 다시) 갈(부르다) → 다시 부르다'다.

리시트(receipt: 영수증, 받기, 인수)

우리말로 읽어보면 '리(re)+시(ce)+입(ip)+트(t) → 리(이(二), 둘) 시(市: 저자 시) 입(압(押: 누를 압: 수결(手決) 또는 서명(署名)을 이르는 말) 트(츠 → 치: 물건) → 둘 거래 서명(署名) 물건'이다. '둘 거래에 서명(署名) 한 물건'이다.

□ 시(市): 저자, 장사, 거래(去來), 매매(賣買).

리시이브(receive: 받다, 수여받다)

우리말로 읽어보면 '리(re)+시(ce)+입(iv)+이(e) → 리(이(二), 둘) 시(市: 저자 시) 입(入: 들 입) 이(여: 옛말 이여. 이오) → 둘 거래 들이다 이여'다. '둘 거래에 들이는 것이여'다.

리센트(recent: 최근의, 근간의, 새로운)

우리말로 읽어보면 '리(re)+신(cen)+뜨(t) → 리(니(邇: 가까울 니)) 신(新: 새 신) 뜨(띠 → 때(時)) → 가까운 새로운 때(時)'다.

리시프러케이트(reciprocate: 보답[답례]하다, 보은하다)

우리말로 읽어보면 '리(re)+시(ci)+브(p)+로(ro)+그(c)+아디(ate) → 리(다시, 도로) 시(사(謝: 사례할 사)) 브(보(寶: 보배 보)) 로(조사) 그(가: '가다'의 활용형) 아디(하디 → 하다) → 도로 사례하다 보배 로 가다 하다'다. '도로 사례함을 보배로 가는 것 하다'다.

리사이트(recite: 암송하다, 낭독하다, 말하다)

우리말로 읽어보면 '리(re)+시(ci)+트(t)+이(e) → 리(둘, 다시) 시(사(思: 생각 사)) 트(토(吐: 토할 토)) 이(여: 옛말 이여. 이오) → 다시 생각하다 말하다 이여'다. '다시 생각해 말하는 것이여'다.

□ 토(吐): 토하다, 말하다.

□ 사(思): 생각, 생각하다.

리코그나이즈(recognize: (사람, 사물을 정식으로) 인정하다, 승인하다, 알아보다)

우리말로 읽어보면 '릭(rec)+옥(og)+니(ni)+지(ze) → 릭(닉: '너울(예전에, 여자들이 나들이할 때 얼굴을 가리기 위하여 쓰던 물건)'의 방언) 옥(渥: 가릴 옥) 니('이(사람)'의 옛말) 지(知: 알 지) → 너울 가리다 사람 알다'다. '너울 가려진 사람을 아는 것' '알아보는 것'이다.

레컨사일(reconcile: 화해시키다, 조화시키다, 화목하게 하다)

우리말로 읽어보면 '릭(rec)+온(on)+시르이(cile) → 릭(닉(搦: 억누를 닉)) 온(穩: 편안할 온) 시르이(사르이: '살다'의 활용형) → 억누르다 편안하다 살다'이다. '억눌러 편안하게 살다'다.

리코르드(record: 기록[기재]하다, 말하다, 녹화하다)

우리말로 읽어보면 '리(re)+골(cor)+드(d) → 리(脷: 혀 리) 골(꼴: 모양) 드(즈 → 져: '지다(어떤 현상이나 상태가 이루어지다)'의 활용형) → 혀(말) 모양 지다'다.

리크루트(recruit: 신병, 초년병, 신입 회원[당원])

우리말로 읽어보면 '리(re)+그르(cr)+위(ui)+트(t) → 리(이, 둘, 다시) 그르(글으 → 갈아: '갈다(바꾸다)'의 활용형) 위(衛: 지킬 위) 트(치: 사람) → 다시(새로) 바꾼 지키는 사람'다.

리큐퍼레이트(recuperate: 회복하다, 재기하다)

우리말로 읽어보면 '리(re)+구(cu)+브(p)+이르(er)+아디(ate) → 리(다시) 구(軀: 몸 구) 브(보(補: 기울 보)) 이르(일으 → 일어: '일다(생기다)'의 활용형) 아디(하디 → 하다) → 다시 몸 채우다 생기다 하다'다. '다시 몸 채움 생기게 하다'다.

ㅁ 보(補): 깁다, 고치다, 채우다.

리커르(recur: 다시 일어나다, 되풀이되다, 순환하다)

우리말로 읽어보면 '리(re)+구르(cur) → 리(다시) 구르('구르다'의 어근) → 다시 구르다'다.

리디(redeem: 갚다, 상환[변제]하다, 도로 찾다)

우리말로 읽어보면 '리(re)+드이(de)+임(em) → 리(다시) 드이(즈이 → 주이: '주다'의 활용형) 임(賃: 품삯 임) → 다시 주이 빌리다'이다. '빌린 것 다시 주다'다.

ㅁ 임(賃): 품삯, 빌리다.

리듀스(reduce: 줄이다, 감소시키다)

우리말로 읽어보면 '리(re)+두(du)+스이(ce) → 리(니(濔: 많을 니) 두(주 → 줘: '주다'의 활용형) 스이('스다(생기다)'의 활용형) → 많다 주다 생기다'이다. '많음을 주는 것 생기다'이다.

리드(reed: 갈대)

우리말로 읽어보면 '르이(re)+이드(ed) → 르이(루이 → 뤼 → 위(葦: 갈대 위)) 이드(이다) → 갈대 이다'다.

릴(reel: 릴, 감는 틀, 얼레)

우리말로 읽어보면 '리(re)+이르(el) → 리(니(檷: 실패 니)) 이르(이라: '이다'의 활용형) → 실패 이라' '실패'다.

□ 실패: 실을 감아 두는 작은 도구.

리펄(refer: 1. 조회시키다, 참조하다 2. 지시하다)

1번을 우리말로 읽어보면 '리(re)+브(f)+이르(er) → 리(𥉻: 볼 리) 브(부(部: 떼 부)) 이르(여르 → 열어: '열다'의 활용형) → 보다 문서 열다'다. '문서 열어 보다'다.

□ 부(部): 떼, 문서(文書).

2번을 우리말로 읽어보면 '리(re)+브(f)+이르(er) → 리(니(抳: 가리킬 니)) 브(부(咐: 분부할 부)) 이르(이라: '이다'의 활용형) → 가리켜 분부하는 것이라'다.

리플렉트(reflect: 반사하다, (음을) 반향하다)

우리말로 읽어보면 '리(re)+브르(fl)+익(ec)+트(t) → 리(다시) 브르(바로: 시간적인 간격을 두지 아니하고 곧) 익(역(逆: 거스를 역)) 트(츠 → 추(推: 밀 추)) → 다시 바로 거꾸로 밀다'다.

□ 역(逆): 거스르다, 거꾸로.

리프레인(refrain: 삼가다, 그만두다, 자제하다)

우리말로 읽어보면 '리(re)+블(fr)+아이(ai)+느(n) → 리(니(訑: 거리낄 니)) 블(불(不: 아니 불)) 아이(하이: '하다'의 활용형) 느(나: '나다(생기다)'의 활용형) → 거리껴 아니 함 생기다'이다.

리프레쉬(refresh: 기운이 나게 하다, 상쾌하게 하다, 새롭게 하다)

우리말로 읽어보면 '리(re)+플(fl)+이(e)+스(s)+흐(h) → 리(둘(다시)) 플(풀: 세찬 기세나 활발한 기운) 이(주격 조사) 스('스다(생기다)'의 활용형) 흐(해: '하다'의 활용형) → 다시 풀 이 서다(생기다) 해'다. '다시 기운이 생기게 해'다.

리펀드(refund: 반환[반제]하다, 돌려주다)

우리말로 읽어보면 '리(re)+부(fu)+느드(nd) → 리(둘(다시)) 부(付: 줄 부) 느드(나다(생기다)) → 다시 주는 것 생기다'이다.

리퓨즈(refuse: 거절하다, 사절[사퇴하다])

우리말로 읽어보면 '리(re)+푸(fu)+스이(se) → 리(俚: 속될 리) 푸(파(破: 깨뜨릴 파)) 스이('스다(생기다)'의 활용형) → 부탁하는 것 깨뜨리는 것 생기다'이다.

□ 리(俚): 속되다, 부탁하다.

리가르드(regard: 간주하다, 생각하다)

우리말로 읽어보면 '리(re)+깔드(gard) → 리(睩: 볼 리) 깔드(깔다: 어떤 생각이나 현상의 바탕이 되게 하다) → 보다 깔다'다. '깔고 보는 것'이다.

리전트(regent: 섭정(攝政))

우리말로 읽어보면 '리(re)+진(gen)+트(t) → 리(이: 사람) 진('지다(무엇을 뒤쪽에 두다)'의 활용형) 트(츠 → 치(治: 다스릴 치) → 사람 진 다스림'이다.

리지스털(register: (성명 등의) 표, 목록, 기록[등록, 등기]부, 명부)

우리말로 읽어보면 '리(re)+지(gi)+스(s)+티(te)+르(r) → 리(려(錄: 사실할 려)) 지('죄(모조리)'의 방언) 스(쓰 → 써: '쓰다'의 활용형) 티(치: 대상(것)) 르(라: 종결 어미) → 사실하여 모조리 쓴 것 이라'다.

□ **사실(寫實)하다: 사물을 있는 그대로 그려 내다.**

리그레스(regress: 되돌아가다; 예전 상태로 복귀하다)

우리말로 읽어보면 '리(re)+그리(gre)+스스(ss) → 리(다시) 그리(가리: '가다'의 활용형) 스스(슷으 → 섯어: '서다(생기다)'의 활용형) → 다시 감 생기다'이다.

리그레트(regret: 후회하다, 뉘우치다)

우리말로 읽어보면 '리(re)+그리트(gret) → 리(려(慮: 생각할 려)) 그리트(그리츠 → 그리쳐: '그리치다('그르치다(잘못하여 일을 그릇되게 하다)'의 방언)'의 활용형) → 생각하다 그르치다'다. '그르친 것을 생각하다'다.

리규럴(regular: 규칙적인, 순서[질서]가 잡힌, 잘 정돈된)

우리말로 읽어보면 '리(re)+구(gu)+랄(lar) → 리(려(麗: 고울 려)) 구(構: 얽을 구) 랄(날 → 널: '너울('겉모습'을 비유적으로 이르는 말)'의 방언) → 곱게(아름답게) 얽은 겉모습'이다.

리거르져테이트(regurgitate: 역류하다, 넘어오다, 되밀어 내다)

우리말로 읽어보면 '리(re)+구(gu)+르(r)+지(gi)+트(t)+아디(ate) → 리(둘, 다시, 도로) 구(口: 입 구) 르(로: 조사) 지(之: 갈 지) 트(토(吐: 토할 토)) 아디(하디 → 하다) → 도로 입 으로 가 토 하다'다.

리헐스(rehearse: 연습[리허설]하다)

우리말로 읽어보면 '리(re)+히(he)+아르(ar)+스이(se) → 리(다시) 히(해: '하다'의 활용형) 아르('알으 → 알아: '알다'의 활용형) 스이('스다(생기다)'의 어근) → 다시 해 알아 생기다'이다. '다시 해 아는 것 생기는 것' '연습하는 것'이다.

리조이스(rejoice: 기뻐하다)

우리말로 읽어보면 '리(re)+조이(joi)+스이(ce) → 리(니(瀰: 많을 니)) 조이(조아 → 좋아) 스이('스다(생기다)'의 활용형) → 많이 좋아 생기다'이다.

리랩스(relapse: 되돌아가다, [나쁜 상태로] 다시 빠지다)

우리말로 읽어보면 '리(re)+라쁘(lap)+스이(se) → 리(도로) 라쁘(나쁘 → 나빠: '나쁘다'의 활용형) 스이(서다(생기다)) → 도로 나빠 생기다'이다.

리레이트(relate: 얘기하다, 말하다, 이야기하다)

우리말로 읽어보면 '리(re)+르(l)+아디(ate) → 리(莅: 임할 리) 르(로(嚕: 말할 로)) 아디(하디 → 하다) → 임하다(臨--: 어떤 사태나 일을 대하다) 말하다 하다'다. '대하여 말하다'다.

레러티브(relative: 친척, 인척, 집안)

우리말로 읽어보면 '릴(rel)+아(a)+팁(tiv)+이(e) → 릴(닐(昵: 친할 닐)) 아(我: 나 아) 팁(칩(縶: 맬 칩)) 이(사람) → 친하다 나 매다 사람'이다. '나와 친하게 맨 사람'이다.

리랙스(relax: 늦추다, 누그러뜨리다, 휴식을 취하다)

우리말로 읽어보면 '리(re)+락스(lax) → 리(니(濔: 많을 니)) 락스(락(樂: 즐길 락)+스(수 → 쉬: '쉬다'의 어근) → 많이 편안하게 쉬다'다.

□ 락(樂): 즐기다, 편안하다.

리레이(relay: 교대, 교체, 교대반[조], 릴레이 경주, 전달하다)

우리말로 읽어보면 '릴(rel)+아이(ay) → 릴(렬(鴷: 줄지어 달릴 렬)) 아이(하이: '하다'의 활용형) → 줄지어 달리는 것 하다'다.

리리스(release: 해방[해제, 석방]하다, 자유롭게 하다)

우리말로 읽어보면 '르(r)+이(e)+리(le)+아(a)+스이(se) → 르(로(牢: 우리로)) 이('에'의 방언) 리(사람) 아(하 → 해(解: 풀 해)) 스이('스다(생기다)'의 활용형) → 감옥 에 사람 떠나가다 생기다'이다.

□ 로(牢): 우리, 옥, 감옥(監獄).

□ 해(解): 풀다, 떠나가다.

레거게이트(relegate: 쫓아 보내다, 물리치다, 좌천시키다)

우리말로 읽어보면 '렐에(rele)+가(ga)+티(te) → 렐에(렬외(列外): 늘어선 줄의 바깥) 가('가다'의 활용형) 티(치: '치다'의 어근) → 렬외 가다 치다'다. '열외 가게 때리다'다.

리레느트(relent: 상냥해지다, 마음이 부드러워지다)

우리말로 읽어보면 '리(re)+린(len)+트(t) → 리(脷: 혀 리) 린(닌: '니다('누이다'의 방언)'의 활용형) 트(티: 모양) → 혀(말) 누인 모양'이다.

레러번트(relevant: 관계가 있는, 적절한)

우리말로 읽어보면 '리(re)+리(le)+브(v)+안트(ant) → 리(이: 둘) 리(이: '사람', '사물', '일'의 뜻을 더하고 명사를 만드는 접미사) 브(부(附: 붙을 부)) 안(한: '하다'의 활용형) 트(티: 모양) → 둘 (사람, 사물, 일) 붙다 한(형용사형 어미) 모양'이다.

리라이언트(reliant: 의지하고 있는, 믿고 있는)

우리말로 읽어보면 '리(re)+리(li)+안(an)+트(t) → 리(이: 둘) 리(이: 사람) 안(安: 편안 안) 트(티: 모양) → 두 사람 편안한 모양'이다.

리리프(relief: (고통, 고민 등의) 경감, 완화, 제거)

우리말로 읽어보면 '레리이(relie)+브(f) → 레리이(래리어 → 내리어 → 내려: '내리다'의 활용형) 브(부(負: 질 부)) → 내리다 지다'다. '내리어진 것'이다.

리리전(religion: 종교)

우리말로 읽어보면 '리(re)+리(li)+지이(gi)+온(on) → 리(이: 사람) 리(裏: 속 리) 지이(주이: '주다'의 활용형) 온(穩: 편안할 온) → 사람 속마음 주이 편안하다'다. '사람 속마음에 편안함을 주는 것'이다.

□ 리(裏): 속, 속마음

레리쉬(relish: 맛, 풍미, 향기)

우리말로 읽어보면 '릴(rel)+이스(is)+흐(h) → 릴(렬 → 열(悅: 기쁠 열)) 이스(있어) 흐(혀(舌)) → 기쁘다 있어 혀'다. '혀에 기쁨이 있는 것'이다.

리럭턴트(reluctant: 마음이 내키지 않은, 좋아하지 않는)

우리말로 읽어보면 '리(re)+룩(luc)+딴(tan)+트(t) → 리(裏: 속 리) 룩(락 → 락(樂: 즐길 락) 딴(다른) 트(티: 모양) → 속마음 즐거워하다 다른 모양'이다. '속마음으로 즐거워함에 다른 모양' '속마음으로 안 즐거워하는 모양'이다.

□ 리(裏): 속, 속마음.

리라이(rely: 의지하다, 믿다)

우리말로 읽어보면 '리(re)+르이(ly) → 리(이: 사람) 르이(로이 → 뢰(賴: 의뢰할 뢰) → 사람 의지하다'다.

□ 뢰(賴): 의뢰하다(依賴--), 의지하다(依支--).

리메인(remain: 여전히 있다, 변함없이(~의 상태)이다)

우리말로 읽어보면 '리(re)+마이(mai)+느(n) → 리(돌, 다시, 도로) 마이(매(每: 매양 매)) 느(나: '나다'의 활용형) → 도로(먼저와 다름없이) 늘 나다(보이다)'다.

□ 매(每): 매양, 늘.

리마크(remark: 발언, 언급하다, 한마디 하다, 촌평하다, 간단히 쓰다)

우리말로 읽어보면 '리(re)+말(mar)+크(k) → 리(다시) 말(言) 크(흐 → 해: '하다'의 활용형) → 다시 말하다'다.

리머디(remedy: 치료, 처치)

우리말로 읽어보면 '렘(rem)+이(e)+디(dy) → 렘(렴(廉: 살필 렴)) 이(예(瘱: 병 예)) 디(지: '지다(없어지다)'의 어근) → 살피다 병 없어지다'다. '살펴 병이 없어지는 것'이다.

리멤벌(remember: 생각해내다, 상기하다, 문뜩 떠올리다)

우리말로 읽어보면 '리(re)+멤(mem)+브(b)+이르(er) → 리(다시) 멤(멤오리(memory=기억)) 브(보 → 봐: '보다'의 활용형) 이르(일으 → 일어: '일다(생기다)'의 활용형) → 다시 기억 봐 일어'다.

리먼스트레이트(remonstrate: 항의하다, 이의를 제기하다)

우리말로 읽어보면 '램(rem)+온(on)+스드르(str)+아디(ate) → 램(냄: 옛말 분담해서 낼 몫) 온(원(怨: 원망할 원)) 스드르(ㅅ드라 → 뜨라: '뜨다(싸우다)'의 활용형) 아디(하디 → 하다) → 냄 원망하다 싸우다 하다'다. '분담해서 낼 몫을 원망하여 싸우는 것 하다'다.

렌드(rend: 박살내다, 분쇄하다, 잡아 찢다)

우리말로 읽어보면 '리(re)+느드(nd) → 리(剺: 가를 리) 느드(내다) → 가르다 내다'다. '가르는 것 내다'다.

□ 리(剺): 가르다, 쪼개다.

렌덜(render: ~을 만들다, 되게 하다, 행하다)

우리말로 읽어보면 '린(ren)+딜(der) → 린(繗: 이을 린) 딜(질(행위)) → 잇는 행위'다. '이어 붙이는 행위' '만드는 것'이다.

렌트(rent: 지대, 소작료, 집세, 임대료)

우리말로 읽어보면 '리(re)+느(n)+트(t) → 리(니: '길미(이자)'의 방언) 느(나 → 내: '내다'의 어근) 트(터: 땅) → 길미(이자) 내다 땅'이다. '땅에 내는 이자'다.

리피이트(repeat: (말을) 복창하다, 흉내 내어 말하다)

우리말로 읽어보면 '리(re)+비(pe)+아드(at) → 리(脷: 혀 리) 비(比: 견줄 비) 아드(하드 → 하다) → 혀(말하다) 모방하다 하다'다. '모방하여 말하다'다.

□ 비(比): 견주다, 본뜨다, 모방하다.

리프리트(replete: 풍부한, 가득한)

우리말로 읽어보면 '리(re)+브르이(ple)+티(te) → 리(니(濔: 많을 니)) 브르이(부르이('부르다'의 활용형) 티(모양) → 많아 부른 모양'이다.

리프라이(reply: 대답하다, 응답하다)

우리말로 읽어보면 '리(re)+브르이(ply) → 리(니: '네'의 방언) 브르이(부르이: '부르다(구호나 만세 따위를 소리 내어 외치다)'의 활용형) → 네 부르다(외치다)'다. '"네"라고 외치는 것' '대답하는 것'이다.

리포르트(report: 알리다, 보고서, 조사 보고서, 연구 보고서)

우리말로 읽어보면 '리(re)+보~ㄹ(por)+트(t) → 리(睩: 볼 리) 보~ㄹ(보(報: 알릴 보)) 트(츠 → 치: 어떠한 특성을 가진 물건 또는 대상, 것) → 보다 알리다 것'이다. '보게 알리는 것'이다.

리포우즈(repose: 휴식, 휴게, 휴양)

우리말로 읽어보면 '리(re)+보(po)+시(se) → 리(니(濔: 많을 니)) 보(保: 지킬 보) 시(쉬: '쉬다'의 어근) → 많다 편안하다 쉬다'다. '많이 편안하게 쉬는 것'이다.

□ 보(保): 지키다, 편안하다.

리프리젠트(represent: 나타내다, 상징하다, 대리하다, 대표하다)

1번을 우리말로 읽어보면 '립(rep)+르(r)+이(e)+신(sen)+트(t) → 립(立: 설 립) 르(루(屢: 여러 루)) 이('에'의 방언) 신(선(選: 가릴 선)) 트(티 → 치: 것) → 세우다 여럿 에 가리다 것'이다. '여럿에 가린 것으로 세운 것'이다.

□ 립(立): 서다, 세우다.

리프로우치(reproach: 흠잡다, 비난[책망]하다, 나무라다)

우리말로 읽어보면 '리(re)+프로(pro)+아츠(ach) → 리(脷: 혀 리) 프로(플오 → 풀어: '풀다'의 활용형) 아츠(하츠 → 해츠 → 해쳐: '해치다'의 활용형) → 혀(말) 풀다(생각이나 이야기 따위를 말하다) 해치다'다. '말을 풀어 해치는 것'이다.

리퓨디에이트(repudiate: 물리치다, 부인[거절]하다, 거부하다)

우리말로 읽어보면 '리(re)+부(pu)+디(di)+아디(ate) → 리(래(來: 올 래)) 부(不: 아니 부) 디(돼: '되다'의 활용형) 아디(하지 → 하다) → 오다 아니 돼 하다'다. '오는 것 안돼 하다'다.

리펄스(repulse: 격퇴하다, 물리치다, 거절하다)

우리말로 읽어보면 '리(re)+불(pul)+스이(se) → 리(둘, 다시, 도로) 불(벌

(伐: 칠 벌)) 스이('스다(생기다)'의 활용형) → 도로 치다 생기다'이다.

□ 발(發): 피다, 쏘다.

리퀘스트(request: 부탁, 요구, 의뢰)

우리말로 읽어보면 '리(re)+구(qu)+이스(es)+트(t) → 리(이, 둘, 다시) 구(求: 구할 구) 이스(있어) 트(티: 모양) → 다시 구하다 있어 모양'이다. '다시 구함(청함) 있는 모양'이다.

□ 구(求): 구하다(求--), 빌다, 청하다(請--).

리콰이어(require: 필요로 하다, 요구하다)

우리말로 읽어보면 '리(re)+구(qu)+이르이(ire) → 리(利: 이로울 리) 구(求: 구할 구) 이르이('이르다('일다'의 방언)'의 활용형) → 이롭게 하다 구(求)하다 일다(생기다)'다. '이롭게 함에 구함 생기다'이다.

리젬블(resemble: ~을 닮다, 비슷하다)

우리말로 읽어보면 '리(re)+새(se)+므(m)+브리(ble) → 리(이, 둘) 새('모양', '상태', '정도'의 뜻을 더하는 접미사) 므(모(模: 본뜰 모) 브리(보리 → 보리: '보다'의 활용형) → 둘 모양 본뜨다(닮다) 보다'다. '둘 모양 본뜬(닮은) 것 보다'다.

리젠트(resent: 분개하다, 노하다)

우리말로 읽어보면 '르(r)+이(e)+신(sen)+트(t) → 르(로(怒: 성낼 로)) 이(조사) 신(센: '세다'의 활용형) 트(티: 모양) → 성냄 이 센 모양'이다.

리절브(reserve: 1. 예약하다 2. 저장해 두다 3. 보호구역)

1번을 우리말로 읽어보면 '레(re)+실(ser)+비(ve) → 레(례 → 예(豫: 미리 예)) 실(설(說: 말씀 설)) 비('비다('보다'의 방언)'의 어근) → 미리 말하다 보다'다. '보는 것 미리 말하다'다.

□ 설(說): 말씀, 말하다.

2번을 우리말로 읽어보면 '레(re)+실(ser)+비(ve) → 레(례 → 예(豫: 미리 예)) 실(實: 열매 실) 비(備: 갖출 비) → 미리 열매 저축하다'다.

□ 비(備): 갖추다, 저축(貯蓄)하다.

3번을 우리말로 읽어보면 '리(re)+실(ser)+브(v)+이(e) → 리(籬: 울타리 리) 실(설(設: 베풀 설)) 브(보(保: 지킬 보)) 이('여기'를 구어적으로 이르는 말) → 울타리 세우다 보호하다 여기'다. '울타리 세워 보호하는 여기'다.

□ 설(設): 베풀다, 세우다.

□ 보(保): 지키다, 보호하다.

리자이드(reside: 살다, 거주하다)

우리말로 읽어보면 '리(re)+스(s)+이디(ide) → 리(이(사람)) 스(서(棲: 깃들일 서)) 이디(이다) → 사람 깃들이는 것 이다'다.

□ 서(棲): 깃들이다, 살다, 거주하다.

리자인(resign: 사임하다, 그만두다)

우리말로 읽어보면 '리(re)+식(sig)+느(n) → 리(離: 떠날 리) 식('석(席: 자리 석)'의 방언) 느(나 → 나다=생기다) → 떠나다 자리 생기다'이다. '자리 떠남 생기다'이다.

리지스트(resist: 저항[반항]하다)

우리말로 읽어보면 '리(re)+시(si)+스드(st) → 리(異: 다를 리) 시('혀'의 방언) 스드(스다(생기다)) → 거스름에 혀(말) 생기다'이다.

□ 리(異): 다르다, 거스르다.

레절루트(resolute: 굳게 결심하고 있는)

우리말로 읽어보면 '리(re)+소루(solu)+태(te) → 리(裏: 속 리) 소루(솔우 → 솔아: '솔다(굳어지다)'의 활용형) 태(態: 모습 태)) → 속마음 솔아(굳어) 모습'다. '속마음 굳은 모습'이다.

□ 리(裏): 속, 안쪽, 가슴속, 속마음.

리졸브(resolve: ~을 결정하다, 결심하다)

우리말로 읽어보면 '리(re)+솔(sol)+비(ve) → 리(裏: 속 리) 소르(솔으 → 솔아: '솔다(굳어지다)'의 활용형) 비('비다('보이다'의 방언)'의 어근) → 속마음 굳음 보이다'다.

리조르트(resort: 자주가다, 행락지, 휴양지)

우리말로 읽어보면 '리(re)+솔(sor)+트(t) → 리(利: 이로울 리) 솔(설(設: 베풀 설)) 트(터(장소)) → 편리하다 갖추어지다 터'다. '편리함이 갖추어진 터'다.

□ 리(利): 이롭다, 편리하다.

□ 설(設): 베풀다, 세우다, 설립하다(設立--), 갖추어지다.

레저네이트(resonate: 울려 퍼지다, 반향하다, 공명하다)

우리말로 읽어보면 '리(re)+소(so)+느(n)+아디(ate) → 리(둘=다시=도로=되) 소(사(哪: 소리 사)) 느(나: '나다'의 활용형) 아디(하디 → 하다) → 도로 소리 나다 하다'다.

리소르스(resource: 원천, 공급원, 자원, 부(富), 재료)

우리말로 읽어보면 '리(re)+쓰월(sour)+시(ce) → 리(이(恞: 지을 이)) 쓰월(쓰일: '쓰이다'의 활용형) 시(옛말 명사를 만드는 접미사, 이것) → 짓다 쓰이다 이것'이다. '지음에 쓰일 이것'이다.

리스파이얼(respire: 호흡하다, 숨쉬다)

우리말로 읽어보면 '리(re)+습(sp)+이르이(ire) → 리(이, 둘, 다시) 습(숨: 호흡) 이르이(일으이:'일다'의 활용형) → 다시 숨 일다'다.

레스트(rest: 1. 나머지 2. 휴식, 휴게, 수면, 영면)

1번을 우리말로 읽어보면 '리(re)+스(s)+트(t) → 리(려 → 여(餘: 남을 여)) 스(~의) 트(츠 → 치: 어떠한 특성을 가진 물건 또는 대상) → 나머지의 치(물건)'다.

□ 여(餘): 남다, 나머지

2번을 우리말로 읽어보면 '리(re)+스(s)+트(t) → 리(利: 이로울 리) 스(수 → 쉬: '쉬다'의 어근) 트(티: 모양) → 편리하다 쉬다 모양'이다. '편리하게 쉬는 모양'이다.

□ 리(利): 이롭다, 편리하다.

리스토어(restore: 되돌아가게 하다, 회복[복귀]시키다, 복원하다)

우리말로 읽어보면 '리(re)+스트(st)+오리(ore) → 리(이, 둘, 다시) 스트(스다 → 서다) 오리('오다'의 활용형) → 다시 서다 오다'다. '다시 서는 것 오다'다.

리스트리크트(restrict: (크기, 양, 범위 등을) 제한[한정]하다, 방해하다, 제한[통제]하다)

우리말로 읽어보면 '리(re)+스(s)+틀(tr)+이(i)+그트(ct) → 리(里: 마을 리: 거리의 단위) 스(수(數: 셈 수)) 틀(일정한 격식이나 형식) 이(위(爲: 할 위)) 그트(가투 → 가두 → 가둬: '가두다'의 활용형) → 거리 수(數) 틀해 가둬'다.

리절트(result: 결과, 결실, 발생하다)

우리말로 읽어보면 '리(re)+술(sul)+트(t) → 리(이(恠: 지을 이)) 술(설(設: 베풀 설)) 트(츠 → 치: 것) → 짓다 세우다 치(것)'이다. '지음에 세워진 것'이다.

□ 설(設): 베풀다, 세우다.

리줌(resume: 다시 시작하다, 다시 계속하다)

우리말로 읽어보면 '리(re)+수(su)+메(me) → 리(다시) 수(首: 머리 수) 메

('뭐(무엇)'의 방언) → 다시 시작하다 무엇'다. '다시 무엇 시작하다'다.

□ 수(首): 머리, 우두머리, 시작하다.

리서서테이트(resuscitate: 되살리다, 소생시키다)

우리말로 읽어보면 '리(re)+수(su)+스(s)+시(ci)+트(t)+아디(ate) → 리(이, 둘, 다시) 수(壽: 목숨 수) 스('스다(생기다)'의 활용형) 시('씨'의 옛말) 트(터: '트다(식물의 싹, 움, 순 따위가 벌어지다)'의 활용형) 아디(하디 → 하다) → 다시 목숨 생기다 씨 트다 하다'다. '다시 목숨 생김에 씨 트게 하다'다.

리테인(retain: 유지하다, 보유하다)

우리말로 읽어보면 '리(re)+태(tai)+느(n) → 리(이, 둘, 다시, 도로) 태(채: 이미 있는 상태 그대로 있다는 뜻을 나타내는 말) 느(나: '나다(생기다)'의 활용형) → 도로 채(그대로) 나(생겨)'다.

리티리에이트(retaliate: 복수하다, 보복하다)

우리말로 읽어보면 '리(re)+따리(tali)+아디(ate) → 리(이, 둘, 다시, 도로) 따리(때리 → 때려: '때리다'의 활용형) 아디(하디 → 하다) → 도로 때려 하다'다.

리타이어(retire: 퇴직[은퇴, 폐업]하다, 물러가다)

우리말로 읽어보면 '리(re)+트(t)+이르이(ire) → 리(利: 이로울 리) 트(터: 자리) 이르이(일으이 → 잃으이: '잃다'의 활용형) → 이익 터(자리)

잃다'다.

□ 리(利): 이롭다, 이익(利益).

리톨트(retort: 말대꾸하다, 응수하다, 반박하다)

우리말로 읽어보면 '리(re)+토(to)+르(r)+트(t) → 리(다시) 토(吐: 토할 토) 르(로: 조사) 트(츠 → 쳐: '치다(때리다)'의 활용형) → 다시 말함으로 쳐(때려)'다.

□ 토(吐): 토하다, 말하다.

리트리트(retreat: 퇴각, 철수, 후퇴)

우리말로 읽어보면 '리(re)+트(t)+리(re)+아드(at) → 리(다시=도로=되) 트(터: 땅) 리(離: 떠날 리) 아드(하다)'다. '도로 터(땅) 떠나는 것 하다' 이다.

□ 도로: 향하던 쪽으로 되돌아서.

리트로(retro: 복고풍의, 재유행)

우리말로 읽어보면 '리(re)+트로(tro) → 리(례 → 예: 아주 먼 과거) 트로(티로 → 테로: '처럼'의 옛말) → 옛날처럼'이다.

리턴(return: 돌아오다, 되돌아가다)

우리말로 읽어보면 '리(re)+투르(tur)+느(n) → 리(이, 둘, 다시) 투르(두르 → 도르 → 돌아: '돌다'의 활용형) 느(나 → 내 → 래(來: 올 래)) → 다시 돌아오다'이다.

리빌(reveal: 드러내다, 알리다, 밝히다)

우리말로 읽어보면 '리(re)+비(ve)+아르(al) → 리(裏: 속 리) 비(벼: '비다('보이다'의 방언)'의 활용형) 아르(알으 → 알아: '알다'의 활용형) → 속 보여 알아'다.

리벤지(revenge: 복수하다, 원한을 풀다)

우리말로 읽어보면 '리(re)+비(ve)+느(n)+즈이(ge) → 리(이, 둘, 다시, 도로) 비(베: '베다'의 활용형) 느(나: '나다(생기다)'의 활용형) 즈이(주이: '주다'의 활용형) → 도로 베다 생기다 주다'다. '도로 베어 주다'다.

리베버레이트(reverberate: 울리다, (큰 소리 때문에) 떠나갈 듯하다)

우리말로 읽어보면 '레(re)+브(v)+이르(er)+비(be)+르(r)+ 아디(ate) → 레(뢰(雷: 우레 뢰) 브(부: '불'의 다른 말) 이르(일으 → 일어: '일다(생기다)'의 활용형) 비(丕: 클 비) 르(로(謗: 소리 로) 아디(하디 → 하다) → 우레(천둥) 불 일어 큰 소리 하다'다.

리버스(reverse: 거꾸로 된, 반대의, 반대)

우리말로 읽어보면 '리(re)+비(ve)+르(r)+스(s)+이(e) → 리(이, 둘) 비(배(背: 등 배)) 르(로: 조사) 스('스다'의 활용형) 이(이것) → 둘 등 으로 선 이것'이다.

리바이즈(revise: 개정[수정, 교정]하다)

우리말로 읽어보면 '리(re)+브(v)+이스(is)+이(e) → 리(다시) 브(보(補: 기울 보)) 이스(잇으 → 있어: '있다'의 활용형) 이(명사형 접미사, 이것) → 다시 고침 있는 이것'이다.

□ 보(補): 깁다, 고치다, 개선하다.

리보울트(revolt: 반란을 일으키다, 반항하다, 배반하다)

우리말로 읽어보면 '리(re)+볼(vol)+트(t) → 리(異: 다를 리) 볼(발(發: 필 발)) 트(츠 → 쳐: '치다'의 활용형) → 거스르다 일어나다 치다'다. '거스르는 것 일어나 치다'다.

□ 발(發): 피다, 일어나다.

□ 리(異): 다르다, 거스르다.

레버루션(revolution: 혁명)

우리말로 읽어보면 '리(re)+보(vo)+루(lu)+티온(tion) → 리(理: 다스릴 리) 보(봐: '보다'의 활용형) 루(陋: 더러울 루) 티온(치온 → 치운: '치우다'의 활용형) → 다스리다 봐 더럽다 치우다'다. '더러운 것 치운 다스림 보는 것'이다.

리버르드(ribald: 야비한, 야한, 상스러운, 입버릇이 나쁜)

우리말로 읽어보면 '립(rib)+알드(ald) → 립(입: 말, 말하다) 알드(할다: '헐다'의 방언) → 혀(말, 말하다) 헐다'다. '헐은 말하는'이다.

□ 헐다: 나쁘게 말하다.

라이스(rice: 쌀, 쌀밥)

우리말로 읽어보면 '리(ri)+시(ce) → 리(니: '입쌀이나 메벼'의 옛말) 시('씨'의 옛말) → 쌀 씨'다.

리치(rich: 부유한, 돈 많은, 부유한 사람들)

우리말로 읽어보면 '르(r)+이(i)+츠(ch) → 르(로 → 료(膠: 돈 료)) 이(彌: 많을 이) 츠(1. 차: '차다(가득하다)'의 활용형 2. 츠 → 치: 사람) → 돈 많이 1. 가득한 2. 사람)'이다.

리커쉐이(ricochet: 스쳐 날기, 물수제비뜨기)

우리말로 읽어보면 '리(ri)+고(co)+치(che)+트(t) → 리(니: '물'의 고어) 고(高: 높을 고) 치(쳐: '치다(세게 부딪게 하다)'의 활용형) 트(투 → 튀: '튀다'의 어근) → 물 위 치고 튀어'다. '물 위를 치고 튀는 것'이다.

□ 고(高): 높다, 위, 윗.

리드(rid: 제거하다, 없애다)

우리말로 읽어보면 '리(ri)+드(d) → 리(離: 떠날 리) 드(다: 종결 어미) → 리(離) 다'다. '버리다'다.

□ 리(離): 떠나다, 잃다, 버리다.

리들(riddle: 수수께끼, 알아맞히기)

우리말로 읽어보면 '리(ri)+드(d)+들(dl)+이(e) → 리(理: 다스릴 리) 드(도(倒: 넘어질 도)) 들(돌: '돌다(기억이나 생각이 얼른 떠오르지 아니하다)'의 어근) 이(명사형 접미사, 이것) → 이치(理致)가 거꾸로 되어 생각이 얼른 떠오르지 아니한 이것'이다.

□ 리(理): 다스리다, 사리, 도리(道理), 이치(理致).

□ 도(倒): 넘어지다, 거꾸로 되다.

리디큘(ridicule: 비웃음, 조소, 소통, 비웃다)

우리말로 읽어보면 '리(ri)+디(di)+굴(cul)+이(e) → 리(이: 사람) 디(뒤) 굴('굴다('방자하다'의 옛말)'의 어근) 이(명사형 접미사, 이것) → 사람 뒤 방자하다 이것'이다. '사람 뒤에서 방자하게 하는 이것'이다.

□ 방자하다: 어려워하거나 조심스러워하는 태도가 없이 무례하고 건방지다.

라이트(right: 옳은, 정당한, 바른)

우리말로 읽어보면 '리(ri)+긓(gh)+트(t) → 리(理: 다스릴 리) 긓(곧 → 곧: '곧다'의 어근) 트(티: 모양) → 도리(道理) 곧은 모양'이다.

□ 리(理): 다스리다, 도리(道理), 도(道).

리지드(rigid: 굳은, 딱딱한, 단단한)

우리말로 읽어보면 '리(ri)+지드(gid) → 리(니 → 이: 이빨) 지드(지다: 어떤 현상이나 상태가 이루어지다) → 이빨 지다'다. '이빨 같은 상태가 이루어진 것'이다.

리걸(rigor: 엄한, 엄격한, (논리 등의) 엄밀함)

우리말로 읽어보면 '리(ri)+그(g)+올(or) → 리(釐: 바를 리) 그(고 → 과

(過: 지날 과)) 올(알: '아래(조건, 영향 따위가 미치는 범위)'의 방언) → 바르다 지나치다 아래'다. '바름이 지나친 것 아래'이다.

□ 과(過): 지나다, 지나치다.

링(ring: 반지, 귀걸이, 코걸이, 팔찌, 울리다, 울려퍼지다)

우리말로 읽어보면 '링(ring) → 링(랑(琅: 옥돌 랑))'이다.

□ 랑(鋃): 옥돌, 금옥(金玉) 소리(쇠와 옥이 서로 부딪치는 소리), 문고리.

린스(rinse: 헹구다, 부시다, 가시다)

우리말로 읽어보면 '리(ri)+느(n)+세(se) → 리(니: '물'의 고어) 느(너 → 넣: '넣다'의 어근) 세(洗: 씻을 세) → 물에 넣어 씻다'다.

라이어트(riot: 폭동, 소동, 큰소란)

우리말로 읽어보면 '리오(rio)+트(t) → 리오(료(擾: 시끄러울 료)) 트(츠 → 쳐: '치다(상대편에게 피해를 주기 위하여 공격을 하다)'의 활용형) → 시끄럽다 치다'다. '시끄럽게 치는 것'이다.

립(rip: 물살이 센 곳, 여울, 격랑 수역)

우리말로 읽어보면 '리(ri)+브(p) → 리(니: '너울'의 방언) 브(부(部: 떼 부)) → '너울 장소' '너울이 있는 곳'이다.'이다.

□ 부(部): 떼, 지역, 곳, 장소.

라이프(ripe: 익은, 여문, 먹을 만하게 된, 잘 익은)

우리말로 읽어보면 '라(ri)+패(pe) → 라(蓏: 열매 라) 패('패다(아이가 자라서 성인이 되면서 굵어지다)'의 활용형) → 열매 패'다. '열매가 팬 것'이다.

라이즈(rise: 오르다, 솟아오르다, 뜨다)

우리말로 읽어보면 '리(ri)+스이(se) → 리(라: '해'의 고어) 스이('스다'의 활용형)) → 해 스다(뜨다)'다. '해가 스는 것' '뜨는 것'이다.

리스크(risk: 위험)

우리말로 읽어보면 '리(ri)+스(s)+크(k) → 리(니('길미(이자)'의 방언)) 스(쓰 → 써: '쓰다'의 활용형) 크(커: '크다'의 활용형) → 이자 쓰다 크다'다. '이자 씀(돈 빌려 씀)이 큰 것'이다.

라이트(rite: 엄숙하게 올리는 의식)

우리말로 읽어보면 '리(ri)+테(te) → 리(라: '해'의 고어) 테(체(禘: 제사 체)) → 해 제사'다.

라이벌(rival: 경쟁자)

우리말로 읽어보면 '라(ri)+브(v)+아(a)+르(l) → 라(儸: 간능 있을 라) 브(부(複: 겹칠 부)) 아르(어리: 옛말 그런 사람의 뜻을 더하는 접미사) → 간능(幹能: 일을 잘하는 재간과 능력) 있다 겹치다 사람'이다. '간능(幹能: 일을 잘하는 재간과 능력) 있음이 겹치는 사람'이다.

리벌(river: 강)

우리말로 읽어보면 '리(ri)+비(ve)+르(r) → 리(니: '물'의 고어) 비(丕: 클 비) 르(로(路: 길 로)) → 물 크다 길'이다. '큰 물의 길'이다.

로우드(road: 길, 도로)

우리말로 읽어보면 '로(ro)+아(a)+드(d) → 로(輅: 수레 로) 아('에'의 방언) 드(도(道: 길 도) → 수레 에 길'이다.

로움(roam: 돌아다니다, 배회하다)

우리말로 읽어보면 '로(ro)+애므(am) → 로(路: 길 로) 애므(해므 → 헤매: '헤매다'의 활용형) → 길 헤매다'이다.

로르(roar: 고함치다, 소리 지르다)

우리말로 읽어보면 '로(ro)+아르(ar) → 로(嚕: 큰소리 로) 아르(하리: '하다'의 활용형) → 큰소리 하리'다.

로우스트(roast: 굽다)

우리말로 읽어보면 '로(ro)+아스(as)+트(t) → 로(爐: 화로 로) 아스(에서) 트(츠 → 초(燋: 그을릴 초)) → 화로에서 그을리다'다.

랍(rob: 빼앗다, 훔치다, 강탈하다)

우리말로 읽어보면 '랍(rob) → 랍(拉: 끌 랍) → 끌다, 끌고 가다'다.

로버스트(robust: 강건한, 튼튼한, 굳센, 기운찬)

우리말로 읽어보면 '로(ro)+부(bu)+스(s)+트(t) → 로(노(努: 힘쓸 노)) 부(富: 부유할 부) 스('스다(생기다)'의 활용형) 트(티: 모양) → 힘쓰다 성하다(盛--: 기운이나 세력이 한창 왕성하다) 생기다 모양'이다. '힘씀이 성(盛)하게 생긴 모양'이다.

□ 부(富): 부유하다(富裕--), 성하다(盛--: 기운이나 세력이 한창 왕성하다).

로일(roil: 휘젓다, (파도가) 넘실거리다, 요동치다)

우리말로 읽어보면 '로(ro)+이르(il)'이다. '로(澇: 큰 물결 로) 이르(일으 → 일어: '일다'의 활용형) → 큰 물결 일어'이다.

로울(role: 배역, 역할)

우리말로 읽어보면 '로(ro)+리(le) → 로(勞: 일할 로) 리(劦: 벨 리) → 일하다 베다(쪼개다, 가르다)'다. '쪼개서 하는 일'이다.

로울(roll: 1. 구르다, 돌다, 회전하다, 흘러내리다, 전진하다 2. (배가) 좌우로 움직이다)

1번을 우리말로 읽어보면 '로(ro)+를(ll) → 로(轑: 바퀴살 로)를(늘 → 날: '나다(생기다)'의 활용형) → 구르다 생기다 → 구르는 것 생기다'이다.

□ 로(轑): 바퀴살, 구르다.

2번을 우리말로 읽어보면 '로르르(roll) → 로르르(노르르 → 노르리 → 놀으리: '놀다'의 활용형)'다.

□ 놀다: 이리저리 돌아다니다, 고정되어 있던 것이 헐거워 이리저리 움직이다.

로우맨스(romance: 연애, 로맨스)

우리말로 읽어보면 '로(ro)+만(man)+세(ce) → 로(노(帑: 처자 노)) 만(man(남자)) 세('사이'의 방언) → 처자(결혼하지 아니한 성년 여자) 남자 사이(서로 맺은 관계. 또는 사귀는 정분)'이다. '여자 남자의 정분'이다.

론도(rondo: 론도, 회선곡(回旋曲): 주제가 여러 번 반복되는 형식)

우리말로 읽어보면 '르(r)+온(on)+도(do) → 르(루(累: 여러 루)) 온('오다'의 활용형) 도(조(調: 고를 조)) → 거듭하다 온 가락'이다.

□ 루(累): 여러, 자주, 거듭하다.

□ 조(調): 고르다, 가락

로우프(rope: 새끼, 밧줄, 로프)

우리말로 읽어보면 '로(ro)+프(p)+이(e) → 로(노: 실, 삼, 종이 따위를 가늘게 비비거나 꼬아 만든 줄) 프(포: '거듭'의 옛말) 이(명사형 접미사, 이것) → 노 거듭 이것'이다. '노를 거듭한 이것'이다.

라트(rot: 썩다)

우리말로 읽어보면 '로(ro)+뜨(t) → 로(라 → 나: '나다(생기다)'의 활용형) 뜨(떠: '뜨다'의 활용형) → 생기다 뜨다'다. '뜨는 것이 생기다'이다.

□ 뜨다: 물기 있는 물체가 제 훈김으로 썩기 시작하다.

로우터(rota: 순번, 당번)

우리말로 읽어보면 '로(ro)+타(ta) → 로(라(邏: 순라 라) 타(차(次: 버금 차)) → 순라 차례'다.

□ 라(邏): 순라(순찰하는 사람) 돌다, 막다.

□ 차(次): 버금, 차례(次例), 순서(順序).

라운드(round: 둥근, 원형의, 둥근 모양)

우리말로 읽어보면 '로(ro)+운(un)+드(d) → 로(라: '해'의 고어) 운(運: 옮길 운) 드(도(圖: 그림도)) → 해 움직인 그림'이다.

□ 운(運): 옮기다, 움직이다, 돌다.

라우즈(rouse: 깨우다, 각성시키다)

우리말로 읽어보면 '로(ro)+우(u)+스(s)+이(e) → 로(라(攞: 흔들 라)) 우(毆: 때릴 우) 스(수(睡: 졸음 수)) 이(迻: 갈 이) → 흔들다 때리다 졸음 가다'다. '졸음(잠) 가게 흔들어 때리는 것'이다.

루트(route: 길, 노정, 항로, 노선)

우리말로 읽어보면 '로(ro)+우트(ut)+이(e) → 로(路: 길 로) 우트(어츠 → 어치 → 어찌: 어떤 방향으로, 어떻게) 이(迻: 갈 이) → 길 어떤 방향으로 가다'이다. '어떤 방향으로 가는 길'이다.

로우브(rove: 방황하다, 헤매다, 방랑[유랑]하다)

우리말로 읽어보면 '로(ro)+브(v)+이(e) → 로(路: 길 로) 브(부(浮: 뜰 부)) 이(迻: 갈 이) → 길 정함이 없이 가다'다.

□ 부(浮): (물에) 뜨다, 떠다니다, 떠서 움직이다, 덧없다, 정함이 없다.

로이얼(royal: 국왕[여왕]의)

우리말로 읽어보면 '료(roy)+아르(al) → 료(撩: 다스릴 료) 아르(어르 → 어리: 옛말 그런 사람의 뜻을 더하는 접미사) → 다스리는 사람'이다.

루드(rude: 버릇없는, 무례한, 막돼먹은)

우리말로 읽어보면 '루(ru)+대(de) → 루(陋: 더러울 루) 대(對: 대할 대) → 더럽게 대하다'이다.

□ **루(陋): 더럽다, 천하다(賤--).**

루인(ruin: 파괴, 붕괴, 무너짐)

우리말로 읽어보면 '뤼(rui)+느(n) → 뤼(뢰(瀨: 무너질 뢰)) 느(나: '나다(생기다)'의 활용형) → 무너지다 생기다'이다. '무너진 것 생김'이다.

룰(rule: 규칙, 규정, 규약)

우리말로 읽어보면 '룰(rul)+이(e) → 룰(률(律: 법칙 률)) 이(명사형 접미사, 이것) → 규칙(規則) (이)것'이다.

□ **률(律): (학문상의) 법칙(法則), 법(法), 규칙(規則), 법령(法令).**

루머네이트(ruminate: 반추하다, 여러모로 생각하다)

우리말로 읽어보면 '루(ru)+미(mi)+느(n)+아디(ate) → 루(累: 여러 루) 미('먹이'의 방언) 느(넣:'넣다'의 활용형) 아디(하디 → 하다) → 루(累) 먹이 넣다 하다'다. '여러 번 먹이를 넣는 것' '되새김질하는 것'이다.

루멀(rumor: 소문, 풍설, 뜬소문)

우리말로 읽어보면 '루(ru)+몰(mor) → 루(류(流: 흐를 류)) 몰('말(言)'의 방언) → 떠돌다 말'이다. '떠도는 말'이다.

□ **류(流): 흐르다, 떠돌다.**

러스트(rust: (금속의) 녹)

우리말로 읽어보면 '루(ru)+스(s)+트(t) → 루(鏤: 녹 루) 스(~의) 트(츠 → 치: 어떠한 특성을 가진 물건 또는 대상) → 녹의 치(대상) → 녹'이다.

S

세이벌(saber: (특히 기병대의) 군도(軍刀))

우리말로 읽어보면 '사(sa)+빌(ber) → 사(師: 스승 사) 빌('필('칼'을 속되게 이르는 말)'의 방언) → 사(師) 칼'이다. '군대 칼'이다.

□ 사(師): 스승, 군사, 군대.

새버타지(sabotage: 사보타주, 고의로 공장의 기계. 설비를 손상하여 생산을 지연시키는 행위)

우리말로 읽어보면 '사(sa)+보(bo)+태(ta)+지이(ge) → 사(事: 일 사) 보(봐: '보다'의 활용형) 태(怠: 게으를 태) 지이(주이: '주다'의 활용형) → 일(事) 봄에 게으름을 주다'이다.

세이크리드(sacred: 종교적인, 신성한, 거룩한)

우리말로 읽어보면 '삭(sac)+례(re)+드(d) → 삭(朔: 초하루 삭: 일식 현상) 례(례(禮: 예도 례) 드(다: 종결 어미) → 일식 현상 예도 다'다. '일식 현상 의식(儀式)인 것'이다.

□ 례(禮): 예도(禮度), 의식(儀式)

새크리파이스(sacrifice: 산 제물, 제물을 바치는 일, 희생)

우리말로 읽어보면 '삭(sac)+리(ri)+피(fi)+스(c)+이(e) → 삭(朔: 초하루 삭: 달이 태양과 지구 사이에 들어가 일직선을 이루는 때. 달이 빛을 반사하지 않아 보이지 않으며, 흔히 일식 현상이 일어난다) 리(이: 사람) 피(血) 스(수(授: 줄 수)) 이(명사형 접미사, 이것) → 태양이 없어지는 삭(朔) 때 사람 피(血) 주는 이것'이다.

새드(sad: 슬퍼하는, 비탄에 잠긴, 슬픈)

우리말로 읽어보면 '사(sa)+드(d) → 사(思: 생각 사) 드(즈 → 져: '지다('쥐다'의 방언)'의 활용형) → 슬퍼하다 쥐다'이다.

□ 사(思): 생각, 심정, 생각하다, 사색하다, 슬퍼하다.

세이프(safe: 안전한, 안심할 수 있는)

우리말로 읽어보면 '새(sa)+피(fe) → 새('모양', '상태', '정도'의 뜻을 더하는 접미사) 피(避: 피할 피) → 모양 피하다'이다. '피한 모양'이다.

새그(sag: 축 처지다, 늘어지다, 내려앉다)

우리말로 읽어보면 '사그(sag) → 사그(삭으 → 삭어: '삭다(오래되어 본바탕이 변하거나 상하여 바스러지게 되다)'의 활용형) → 삭다'다.

세이지(sage: 매우 슬기로운[현명한] 사람)

우리말로 읽어보면 '사(sa)+지(g)+이(e) → 사(思: 생각 사) 지(智: 지혜 지) 이(사람) → 생각 지혜 사람'다. '생각이 지혜로운 사람'다.

세인트(saint: 성인, 성자)

우리말로 읽어보면 '사(sa)+인(in)+트(t) → 사(師: 스승 사) 인('이다'의 활용형) 트(츠 → 치: 사람) → 스승인 사람'이다.

서레이셔스(salacious: 호색의, 외설스러운, 추잡한)

우리말로 읽어보면 '살(sal)+아(a)+시(ci)+오우스(ous) → 살(설(褻: 더러울 설)) 아('에'의 방언) 시(씨: '태도' 또는 '모양'의 뜻을 더하는 접미사) 오우스(오우(위(爲))+스(~의)=함의=한) → 음란하다(淫亂--) 에 모양 한' 이다.

□ 설(褻): 더럽다, 음란하다(淫亂--).

세일(sale: 판매, 매각)

우리말로 읽어보면 '살(sal)+이(e) → 살('사다'의 활용형) 이(명사형 접미사, 이것) → 사다 이것'이다. '사는 이것'은 '파는 것'이다.

서루트(salute: 인사하다, 경례하다)

우리말로 읽어보면 '사(sa)+루(lu)+티(te) → 사(師: 스승 사) 루(僂: 구부릴 루) 티(모양) → 군사의 구부리는 모양'이다.

□ 사(師): 스승, 군사(軍士), 군대(軍隊)

샐비지(salvage: 구조, 구조하다, 해난 구조)

우리말로 읽어보면 '살(sal)+브(v)+아(a)+지(ge) → 살('살다'의 활용형) 브(보(補: 도울 보)) 아(하: '하다'의 활용형) 지('-기'의 옛말) → 살다 돕다 하기'다. '살게 돕는 것 하기'다.

샐보우(salvo: (대포, 특히 예포의) 일제 사격)

우리말로 읽어보면 '살(sal)+브오(vo) → 살(화살) 브오(부어: '붓다'의 활용형) → 화살 부어'다. '화살을 퍼붓는 것'이다.

세임(same: ~과 같은, 동일한, 같은)

우리말로 읽어보면 '사(sa)+매(me) → 사(似: 같을 사) 매('생김새' 또는 '맵시'의 뜻을 더하는 접미사) → 같다 생김새'다. '생김새 같은'이다.

샘플(sample: 견본, 샘플, 표본)

우리말로 읽어보면 '사(sa)+므(m)+블(pl)+이(e) → 사(似: 같을 사) 므(모(貌: 모양 모)) 블(볼: '보다'의 활용형) 이(명사형 접미사, 이것) → 같다 모양 보다 이것'이다. '같은 모양 볼 이것' '같은 모양인 이것'이다.

샌드(sand: 모래)

우리말로 읽어보면 '사(sa)+느드(nd) → 사(沙: 모래 사) 느드(니다:'이다'의 옛말) → 모래다'다.

세인(sane: 제정신의, 미치지 않은, 양식 있는)

우리말로 읽어보면 '사(sa)+내(ne) → 사(思: 생각 사) 내(來: 올 내) → 생각 돌아오다'이다. '생각 돌아온'이다.

□ 내(來): 오다, 돌아오다.

생귄(sanguine: 자신감이 넘치는, 쾌활한, 낙천적인)

우리말로 읽어보면 '샌(san)+귀(gui)+느(n)+이(e) → 샌(생(生: 날 생) 귀(기(氣: 기운 기)) 느(나: '나다(생기다)'의 활용형) 이('에'의 방언) → 생(生) 기(氣) 남 에(의)'다.

□ 생기(生氣): 활발(活潑)하고 생생한 기운(氣運).

새너테리(sanitary: 위생의, 위생상의)

우리말로 읽어보면 '사(sa)+니(ni)+트(t)+알(ar)+이(y) → 사(渣: 더러울 사) 니('이(대명사, 이것)'의 고어) 트(투(投: 던질 투)) 알(할: '하다'의 활용형) 이(이것) → 더럽다 것 버리다 할 이것'이다. '더러운 것을 버리는 것 할 이것'이다.

□ 투(投): 던지다, 버리다.

새펄(sapper: (참호 등을 파는) 토목 공병)

우리말로 읽어보면 '삽(sap)+프(p)+이르(er) → 삽(揷: 꽂을 삽) 프(파: '파다'의 활용형) 이르(어리: 옛말 그런 사람의 뜻을 더하는 접미사) → 가래로 파는 사람'이다.

□ 삽(揷): 꽂다, 가래(흙을 파헤치거나 떠서 던지는 기구).

사르캐즘(sarcasm: 빈정댐, 비꼼, 야유)

우리말로 읽어보면 '살(sar)+가(ca)+슴(sm) → 살('살짝'의 방언) 가(까: '까다('꼬다'의 방언)'의 활용형) 슴('스다(생기다)'의 활용형) → 살짝 꼬다 슴(생김)'다.

□ 꼬다: 남의 마음에 거슬릴 정도로 빈정거리다.

사르다닉(sardonic: 조소[냉소적]인, 비웃는)

우리말로 읽어보면 '살(sar)+도(do)+느(n)+이그(ic) → 살('살짝'의 방언) 도(조(嘲: 비웃을 조)) 느(너 → 넣: '넣다'의 어근) 이그(이것) → 살짝 비웃다 넣다 이것'이다. '살짝 비웃음 넣는 이것' '살짝 비웃는'이다.

새스(sass: 건방진 대꾸[말], 건방진 대꾸를 하다)

우리말로 읽어보면 '사(sa)+스(s)+스(s) → 사(射: 쏠 사) 스(ㅅ: 조사 옛말의) 스(시: '혀(말)'의 방언) → 쏘다의 말'이다. '쏨의 말'이다.

새타이얼(satire: 풍자, 비꼼, 빈정대기)

우리말로 읽어보면 '사(sa)+트(t)+이르(ir)+이(e) → 사(辭: 말씀 사) 트(츠 → 쳐: '치다(손으로 엮거나 틀어서 만들다, 꼬다)'의 활용형) 이르('이르다(말하다)'의 어근) 이(명사형 접미사, 이것) → 말 꼬아 이르는 이것'이다.

새티스파이(satisfy: 만족시키다, 충족시키다)

우리말로 읽어보면 '새(sa)+티(ti)+스(s)+펴(fy) → 새(사용하거나 구입한 지 얼마 되지 아니한) 티(치: 어떠한 특성을 가진 물건 또는 대상) 스('스다(생기다)'의 활용형) 펴('펴다((사람이 얼굴을) 밝게 가지다)'의 활용형) → 새 물건 생기다 펴다'이다. '새 물건 생겨 얼굴을 밝게 가지는 것'이다.

새춰레이트(saturate: 충분히 배어들다, 흠뻑 스며들게 하다)

우리말로 읽어보면 '새(sa)+트(t)+우르(ur)+아디(ate) → 새('샘'의 방언) 트(츠 → 치(置: 둘 치)) 우르(울으 → 울어: '울다('붇다(물에 젖어서 부피가 커지다)'의 방언)'의 활용형) 아디(하디 → 하다) → 샘에 두어 붇게 하다'다.

소스(sauce: 소스, 양념)

우리말로 읽어보면 '사(sa)+우(u)+시(ce) → 사(서(噬: 씹을 서)) 우(佑: 도울 우) 시(是: 이 시) → 먹는 것 돕는 이것'이다.

□ 서(噬): 씹다, 먹다.

새비지(savage: 포악[흉악]한, 잔인한, 야만적인)

우리말로 읽어보면 '사(sa)+브(v)+아지(age) → 사(邪: 간사할 사) 브(부(付: 줄 부)) 아지(하지 → 하기) → 사악하다 주다 하기'다. '사학함 주는 것 하기'이다.

□ 사(邪): 간사하다(奸邪--), 사악하다(邪惡--).

세이브(save: 1. 구하다, 구조[구출]하다. 2. 저축하다, 제외하고)

1번을 우리말로 읽어보면 '스(s)+아(a)+브(v)+이(e) → 스(수(壽: 목숨 수)) 아(하 → 해(害: 해할 해) 비(배(排: 밀칠 배)) → 목숨 해함을 밀치다'다.

2번을 우리말로 읽어보면 '사(sa)+비(ve) → 사(쌓: '쌓다'의 활용형) 비(費: 쓸 비) → 쌓다 재화(財貨)'다. '재화(財貨)를 쌓는 것'이다.

□ 비(費): 쓰다, 소비하다, 비용, 재화(財貨).

세이벌(savor: 맛, 풍미)

우리말로 읽어보면 '새(sa)+브(v)+오르(or) → 새('혀'의 방언) 브(부(附: 붙을 부)) 오르(아르 → 알아: '알다'의 활용형) → 혀 붙이다 알다'다. '혀를 붙여 아는 것'이다.

세이(say: ~라고 말하다)

우리말로 읽어보면 '스(s)+아이(ay) → 스(사(詞: 말 사)) 아이(하이 → 하다) → 말하다'다.

세이-소(say-so: 멋대로의 발언, 독단)

우리말로 읽어보면 '스아이(say: 말하다) 소(牛) → 말하다 소(牛)'다. '소(같이) 말하는 것' '엉뚱한 말하는 것'이다.

스캡(scab: (상처의) 딱지)

우리말로 읽어보면 '스(s)+갑(cab) → 스(소(瘙: 피부병 소)) 갑(甲: 갑옷 갑) → 피부병 갑(甲)'이다. '피부병에 딱지'이다.

□ 갑(甲): 갑옷, 딱지, 껍질.

스캔(scan: 자세히[꼼꼼히] 살피다, 눈여겨보다)

우리말로 읽어보면 '스(s)+간(can) → 스(서 → 세(細: 가늘 세) 간(看: 볼 간) → 자세하다(仔細·子細--) 보다'다. '자세하게 보다'다.

□ 세(細): 가늘다, 자세하다(仔細 · 子細--).

스캔들(scandal: 스캔들(대중적인 물의를 빚는 부도덕하고 충격적인 사건, 행위))

우리말로 읽어보면 '스(s)+칸(can)+달(dal) → 스(수(羞: 부끄러울 수)) 칸(큰('크다'의 활용형)) 달(喙: 부리 달) → 부끄러움 큰 부리(입(말))'이다. '부끄러움 큰 말'이다.

스캔트(scant: 빠듯한, 모자라는 듯한)

우리말로 읽어보면 '슥(sc)+안(an)+트(t) → 슥(석(惜: 아낄 석)) 안(한: '하다'의 활용형) 트(티: 태도나 기색) → 아쉬워한 티'이다.

□ 석(惜): 아끼다, 소중히 여기다, 아쉬워하다.

스케얼스(scarce: 모자라는, 불충분한)

우리말로 읽어보면 '슥(sc)+알(ar)+시(ce) → 슥(석(惜: 아낄 석)) 알(할: '하다'의 활용형) 시(是: 이 시) → 아쉬워하다 할 이것'이다. '아쉬워할 이것'이다.

□ 석(惜): 아끼다, 소중히 여기다, 아쉬워하다.

스케얼(scare: 겁주다, 질겁하게 하다)

우리말로 읽어보면 '스(s)+가(ca)+리(re) → 스(수(愁: 근심 수)) 가(加: 더할 가) 리(脷: 혀 리) → 근심 더하는 혀(말하다)'다.

스캐털(scatter: 뿌리다, 흩뜨리다)

우리말로 읽어보면 '스(s)+가트(cat)+트(t)+이르(er) → 스(사(沙: 모래 사)) 가트(같으 → 같이: '같다'의 활용형) 트(투(投: 던질 투)) 이르(이라: '이다'의 활용형) → 모래 같이 던지다 이라'다. '모래같이 던짐이라'다.

서내리오(scenario: 시나리오, 각본, 대본)

우리말로 읽어보면 '슥(sc)+인(en)+아(a)+리오(rio) → 슥(석: '거리(음악, 연극 따위에서 단락, 과장, 마당을 이르는 말)'의 방언) 인('일다(생기다)'의 활용형) 아(芽: 싹 아) 리오(료(料: 헤아릴 료) → 마당 생긴 싹 거리(내용이 될 만한 재료)'다. '마당 생긴 싹(시초) 거리'다.

□ 료(料): 헤아리다, 생각하다, 거리(내용이 될 만한 재료).

신(scene: 장소, 현장, 장면, 무대)

우리말로 읽어보면 '슥(sc)+인(en)+이(e) → 슥(석: '거리(음악, 연극 따위에서 단락, 과장, 마당을 이르는 말)'의 방언) 인('일다(생기다)'의 활용형) 이(명사형 접미사, 이것) → 마당 생긴 이것'이다.

스케줄(schedule: 예정, 계획, 스케줄, 예정표)

우리말로 읽어보면 '스(s)+치드(ched)+우래(ule) → 스(서(序: 차례 서)) 치드(치다: 붓이나 연필 따위로 점을 찍거나 선이나 그림을 그리다) 우래(아래: 옛말 뒤. 나중) → 차례 그리다 나중'이다. '나중에 차례를 그린 것'이다.

스킴(scheme: 계획, 기획, 음모)

우리말로 읽어보면 '스(s)+치(che)+므여(me) → 스(수: 일을 처리하는 방법이나 수완) 치(쳐: '치다(그리다)'의 활용형) 므여(모여: '모이다'의 활용형) → 방법 그리다 모여'다. '모여서 방법 그리는 것'이다.

스쿨(school: 학교)

우리말로 읽어보면 '스(s)+츠(ch)+울(ool) → 스(쓰 → 써: '쓰다'의 활용형) 츠(치: '치다('육성하다'의 옛말)'의 어근) 우르(우리=집) → 쓰다 육성하다 집'이다. '쓰는 것을 육성하는 집'이다.

사이언스(science: 과학, 학문)

우리말로 읽어보면 '스(s)+사(ci)+인(en)+시(ce) → 스(수(數: 셈 수)) 사(思: 생각 사) 인(認: 알 인) 시(是: 이 시) → 이치(理致) 생각하다 알다 이것'이다. '이치를 생각해서 아는 이것'이다.

□ 수(數): 셈, 산법(算法), 이치(理致).

스캅프(scoff: 비웃음, 조롱, 조소)

우리말로 읽어보면 '스(s)+고븝(coff) → 스(소(笑: 웃음 소)) 고븝(꼬버 → 꼬워: '꼽다('꼬다(남의 마음에 거슬릴 정도로 빈정거리다)'의 방언)'의 활용형) → 웃음 꼬다'다. '꼬는 웃음'이다.

스코울드(scold: 꾸짖다)

우리말로 읽어보면 '스(s)+골(col)+드(d) → 스(사(師: 스승 사)) 골(비위에 거슬리거나 언짢은 일을 당하여 벌컥 내는 화) 드(즈 → 주: '주다'의 어근) → 스승 골 주다'다. '스승이 골 주는 것' '나무라는 것'이다.

스쿠트(scoot: 빨리[급히] 가다, 달려가다, 돌진하다)

우리말로 읽어보면 '스(s)+구(coo)+트(t) → 스('스다(생기다)'의 활용형) 구(驅: 몰 구) 트(타: '타다'의 활용형) → 생기다 빨리 달리다 타다'다. '타고 빨리 달림 생기다'이다.

□ **구(驅): 몰다, 빨리 달리다.**

스코우프(scope: 범위, 한계)

우리말로 읽어보면 '스(s)+고비(cope) → 스(수: 어떤 일을 할 만한 능력이나 어떤 일이 일어날 가능성) 고비(일이 되어 가는 과정에서 가장 중요한 단계나 대목 또는 막다른 절정) → 수에 고비'다.

스코어(score: 득점, 스코어)

우리말로 읽어보면 '스(s)+고르(cor)+이(e) → 스(수(數: 셈 수)) 고르(거르 → 걸어: '걸다'의 활용형) 이(명사형 접미사, 이것) → 수효(數爻) 걸어 이것'이다. '걸은 수효(數爻) 이것'이다.

스코른(scorn: 경멸, 업신여김, 깔보기)

우리말로 읽어보면 '스(s)+골느(corn) → 스(시(視: 볼 시)) 골느(꼴나: '꼴나다('형편없다'의 방언)'의 어근) → 보다 꼴나다'다. '형편없게 보다'이다.

스카우트(scout: 정찰병, 스카우트, 정찰, 감시)

우리말로 읽어보면 '스(s)+고(co)+우(u)+트(t) → 스(수(首: 머리 수)) 고(가: '가다'의 활용형) 우(유(瞷: 볼 유)) 트(츠 → 치: 사람) → 머리(첫째, 으뜸) 가 보는 사람'이다.

스크레이프(scrape: 문지르다, 문질러서 긁어[닦아]내다)

우리말로 읽어보면 '스(s)+그라(cra)+피(pe) → 스(사(事: 일 사)) 그라(글아 → 갈아: '갈다'의 활용형) 피(피(皮: 가죽 피)) → 일(事) 갈아 표면'다. '표면 가는 일'이다.

□ 피(皮): 가죽, 껍질, 겉, 표면.

스크레치(scratch: 긁다, 할퀴다, 생채기를 내다)

우리말로 읽어보면 '스(s)+그라(cra)+트츠(tch) → 스(소(搔: 긁을 소)) 그라(글아 → 갈아: '갈다'의 활용형) 트츠(터춰: '터추다('터뜨리다'의 방언)'의 활용형) → 긁어 갈아 터추다'다.

스크림(scream: 비명을 지르다)

우리말로 읽어보면 '슥(sc)+리(re)+암(am) → 슥(석(奭: 클 석)) 리(利: 날카로울 리) 암(함(喊: 소리칠 함)) → 크게 날카롭게 소리치다'다.

스크리치(screech: 새된 소리를 지르다, 비명을 지르다)

우리말로 읽어보면 '슥(sc)+리(re)+이츠(ech) → 슥(석(奭: 클 석)) 리(利: 날카로울 리) 이츠(외치 → 외쳐: '외치다'의 활용형) → 크게 날카롭게 외치다'다.

스크린(screen: 병풍, 칸막이, 스크린)

우리말로 읽어보면 '시(s)+그리(cre)+이(e)+느(n) → 시(視: 볼 시) 그리(가리 → 가려: '가리다'의 활용형) 이('사람', '사물', '일'의 뜻을 더하고 명사를 만드는 접미사) 느(니: 니다('이다'의 옛말)'의 어근) → 보이다 가려 사물이다'다. '보임 가리는 사물이다'다.

스크라이브(scribe: (인쇄술 발명 전의) 필경사(筆耕士), 사본 필사자)

우리말로 읽어보면 '스(s)+글(cr)+입(ib)+이(e) → 스(사(寫: 베낄 사)) 글(書) 입(업(業: 업 업)) 이(사람) → 베끼다 글 일하다 사람'이다. '글 베끼는 일하는 사람'이다.

□ 업(業): 업(業: 직업. 부여된 과업), 일, 일하다.

스크라운지(scrounge: 슬쩍 집어가다)

우리말로 읽어보면 '슥(sc)+로(ro)+우(u)+느(n)+지(ge) → 슥(쓱: 슬쩍 사라지는 모양) 로(루(屢: 자루 루) 우(아: '에'의 방언) 느(너 → 넣: '넣다'의 어근) 지(之: 갈 지) → 쓱 자루에 넣어 가다'이다.

스크럼(scrum: ((럭비)) 스크럼(여럿이 팔을 바싹 끼고 횡대를 이루는 것))

우리말로 읽어보면 '스(s)+그룸(crum) → 스(시(翅: 날개 시) 그룸(그룸 → 글움 → 걸음: '걸다'의 활용형) → 시(翅) 걸음'이다. 여기서 시(翅)는 사람의 팔이다. '사람의 팔을 서로 걸은 것'이다.

스크루플(scruple: 양심의 가책, 도덕 관념)

우리말로 읽어보면 '슼(sc)+루(ru)+블(pl)+이(e) → 슼(쓱: 슬쩍 사라지는 모양) 루(러 → 너 → 넣: '넣다'의 어근) 블(발(發: 필 발) 이(裏: 속 이) → 쓱 넣어 나타나는 속마음'이다. '몰래 넣어 나타나는 속마음'이다.

□ 발(發): 피다, 일어나다, 나타나다.

□ 이(裏): 속, 속마음.

스카프(scuff: 발을 끌며 걷다, 닳다)

우리말로 읽어보면 '스(s)+구브(cuf)+브(f) → 스(소(疋: 발 소)) 구브(굽으 → 굽어: '굽다'의 활용형) 브(보(步: 걸음 보) → 다리 굽어 걷다'다.

□ 소(疋): 발, 다리.

□ 보(步): 걸음, 걷다.

스컬춰(sculpture: 조각, 조각술)

우리말로 읽어보면 '슼(sc)+우(u)+르(l)+프(p)+툴(tur)+이(e) → 슼(석(石: 돌 석)) 우(위) 르('를'의 방언) 프(파: '파다'의 활용형) 툴(출(出: 날 출)) 이(명사형 접미사, 이것) → 돌 위 를 파 태어나다 이것'이다. '돌 위를 파 태어난 것'이다.

□ 출(出): 나다, 태어나다, 낳다.

스컴(scum: (끓거나 발효할 때 액체의 표면에 뜨는) 찌꺼기)

우리말로 읽어보면 '스(s)+굼(cum) → 스(수(水: 물 수)) 굼(꿈: '침'의 방언) → 물 침'이다. '물의 침'이다.

□ 침: 침샘에서 분비되는 액체.

스커즈(scuzz: 불쾌한 사람; 더러운 것)

우리말로 읽어보면 '스(s)+구지지(cuzz) → 스('스다(생기다)'의 활용형) 구지지(꾀죄죄: '꾀죄죄하다'의 어근) → 생기다 꾀죄죄'다. '꾀죄죄하게 생긴 것'이다.

□ 꾀죄죄하다: 상태나 언행 따위가 더럽고 지저분하다.

실(seal: 인감, 도장, 옥새)

우리말로 읽어보면 '시(se)+알(al) → 시(새(璽: 도장 새) 알(작고 둥근 물제) → 도장 알'이다.

시얼(sear: 1. (물건의, 표면을) 태우다, 그슬리다 2. (강한 통증 등이 불길처럼) 후끈 치밀다)

1번을 우리말로 읽어보면 '스(s)+이(e)+아르(ar) → 스(소(燒: 불사를 소)) 이(에 → 외(外: 바깥 외)) 아르(하르 → 하리: '하다'의 활용형) → 불사르다 바깥 하리'다. '바깥 태우는 것 하리'다.

2번을 우리말로 읽어보면 '시(se)+알(ar) → 시(쎄: '쎄하다'의 어근) 아르(하르 → 하리: '하다'의 활용형) → 쎄 하리'다.

□ 쎄하다: 어떤 것이 아린 듯한 자극성이 있다.

설츠(search: 찾다, 조사하다, 뒤지다)

우리말로 읽어보면 '시(se)+아(a)+르(r)+츠(ch) → 시(세(細: 가늘 세)) 아

(하 → 해: '하다'의 활용형) 르(루(瞜: 볼 루)) 츠(추(追: 따를 추)) → 자세하다 해 보다 따르다'다. '자세하게 해 보며 따르는 것'이다.

시즌(season: 철, 사철[춘하추동] 중의 하나, 계절)

우리말로 읽어보면 '시(se)+아(a)+손(son) → 시(時: 때 시) 아('에'의 방언) 손(지나가다가 잠시 들른 사람, 나그네) → 때 에 나그네'다. '계절'이다.

시트(seat: 좌석, 자리)

우리말로 읽어보면 '시아(sea)+트(t) → 시아(쉬어: '쉬다'의 활용형) 트(터: '자리'나 '장소'의 뜻을 나타내는 말) → 쉬어 터'다. '쉬는 자리'다.

세컨드(second: 1. 제2의, 둘째 번의 2. (시간의 단위) 초(時))

1번을 우리말로 읽어보면 '시(se)+그(c)+온(on)+드(d) → 시(始: 비로소 시, 처음) 그(가: '가다'의 활용형) 온('오다'의 활용형) 드(데: 곳) → 처음가 온 데'다. '처음이 가서 온 곳'이다.

2번을 우리말로 읽어보면 '시곤(secon)+드(d) → 시곤(시간(時間) 드(도(度: 법도 도)) → 시간(時間) 도(온도 등의 단위)'다.

□ **도(度): 법도, 자, 도구(道具), 도(온도 등의 단위)**

시크리트(secret: 비밀의, 기밀의, 비밀)

우리말로 읽어보면 '시(se)+그르(cr)+이(e)+트(t) → 시('혀'의 방언) 그르(글으 → 걸어: '걸다(자물쇠, 문고리를 채우거나 빗장을 지르다)'의 활용형) 이(籬: 울타리 이) 트(츠 → 쳐('치다'의 활용형) → 혀(말) 걸다(잠그다) 울타리 치다'이다. '말 걸어 울타리 친 것'이다.

섹션(section: 절단, 자르기, 잘라낸 부분, 구역)
우리말로 읽어보면 '식(sec)+티(ti)+온(on) → 식(석(析: 쪼갤 석)) 티(치: 물건) 온('오다'의 활용형) → 쪼개다 물건 온'이다. '물건 쪼개온 것'이다.

세큘러(secular: 세속[속세]의, 세속적인, 현세의)
우리말로 읽어보면 '시(se)+그루(cul)+알(ar) → 시(세(世: 인간 세)) 구르(굴으 → 굴러: '구르다'의 활용형) 알(할 → 한: '하다'의 활용형) → 세상(世上) 굴러 한'이다.

시큐어(secure: 안전한, 안정된, 단단한, 확고한)
우리말로 읽어보면 '시(se)+구르(cur)+이(e) → 시('쇠(여닫게 되어 있는 물건을 잠그는 장치)'의 방언) 구르(거르 → 걸으 → 걸어: '걸다'의 활용형) 이(외(外: 바깥 외)) → 자물쇠 걸다 바깥'이다. '밖에 자물쇠 건 것'이다.

시듀스(seduce: (남을) 꼬드기다, (달콤한 말로) 유혹하다)
우리말로 읽어보면 '시(se)+두(du)+스이(ce) → 시('혀'의 방언) 두(斗: 꾈 두) 스이('스다(생기다)'의 활용형) → 혀(말) 꾀다 생기다'이다. '꾀는 말 생기다'이다.

시(see: 보다, 보이다)

우리말로 읽어보면 '시(see) → 시(視: 볼 시)'다.

시드(seed: 씨, 종자)

우리말로 읽어보면 '시(se)+이드(ed) → 시('씨'의 고어) 이드(이다) → 씨 이다'다.

시크(seek: 찾다, 추구하다)

우리말로 읽어보면 '식(seek) → 식(색(索: 찾을 색) → 찾다'다.

심(seem: 보이다, 생각되다, 듯하다)

우리말로 읽어보면 '시(se)+임(em) → 시(示: 보일 시) 임(臨: 임할 임) → 보이다 임하다'이다. '보임에 임하다' '보이다'다.

□ 임(臨): 임하다(臨--: 어떤 사태나 일에 직면하다), 대(對)하다.

신(seen: 눈에 보이는)

우리말로 읽어보면 '시(se)+인(en) → 시(示: 보일 시) 인('일다(생기다)'의 활용형) → 보이다 인(생긴)'이다. '보이는 것이 생긴'이다.

세그리게이션(segregation: (특히 인종 간의) 분리, 격리)

우리말로 읽어보면 '식(seg)+리(re)+그(g)+아(a)+티온(tion) → 식(색(色: 빛 색)) 리(이: 사람) 그(구(區: 구분할 구)) 아(하 → 해: '하다'의 활용형) 티온(치온 → 천(遷: 옮길 천) → 빛깔 사람 구분 해 옮기다'다. '빛깔 사람 구분해 옮긴 것'이다.

시즈(seize: 1. ~잡다, 파악[이해]하다 2. 체포하다)

1번을 우리말로 읽어보면 '시(se)+이(i)+지(ze) → 시(視: 볼 시) 이(理: 다스릴 리) 지(쥐 → 쥐어: '쥐다'의 활용형) → 보다 깨닫다 쥐다'이다. '보고 깨달아 쥐다'이다.

□ 이(理): 다스리다, 깨닫다.

2번을 우리말로 읽어보면 '시(se)+이(i)+지(ze) → 시('쇠(여닫게 되어 있는 물건을 잠그는 장치)'의 방언) 이(사람) 지(쥐 → 쥐어: '쥐다'의 활용형) → 자물쇠 사람 쥐다'이다.

셀덤(seldom: 좀처럼 ~않다, 드물게)

우리말로 읽어보면 '실(sel)+돔(dom) → 실(설: '충분하지 못하게'의 뜻을 더하는 접두사) 돔(좀: '조금'의 준말) → 충분하지 못하게 조금'이다.

시렉트(select: 골라내다, 선출하다, 발췌하다)

우리말로 읽어보면 '시(se)+리(le)+그트(ct) → 시(視: 볼 시) 리(려(濾: 거를 려)) 그트(그츠 → 거쳐: '거치다(어떤 과정이나 단계를 겪거나 밟다)'의 활용형) → 보다 거르다 거치다'다. '거르는 것 거쳐 보다'다.

셀프(self: 자기, 자기 자신)

우리말로 읽어보면 '스이(se)+르(l)+브(f) → 스이(스+이(둘)=스 스) 르(로) 브(보('그러한 특징을 지닌 사람'의 뜻을 더하는 접미사) → 스스 로 사람'이다. '스스로의 사람'이다.

셀(sell: 팔다, 장사[판매]를 하고 있다)

우리말로 읽어보면 '시(se)+르(l)+르(l) → 시(市: 저자 시) 르(로(조사)) 르(느 → 내: '내다(팔려고 선보이다)'의 활용형) → 시장으로 내다'이다.

시먼(semen: 정액)

우리말로 읽어보면 '시(se)+민(men) → 시('씨'의 고어) 민(맨(남자)) → 씨 남자'다. '남자 씨'다.

세미(semi-: 1. 절반 2. 약간)

1번을 우리말로 읽어보면 '심(sem)+이(i) → 심(心: 마음 심) 이(위(爲: 할 위)) → 중심 하다'다. '함에 가운데'이다.

□ **심(心): 마음, 가운데, 중앙(中央), 중심(中心).**

2번을 우리말로 읽어보면 '시(se)+미(mi) → 시(새: '모양', '상태', '정도'의 뜻을 더하는 접미사) 미(微: 작을 미) → 정도 작다'다. '작은 정도'이다.

센드(send: 보내다, 부치다, 전하다)

우리말로 읽어보면 '세(se)+느드(nd) → 세(서(書: 글 서)) 느드(너다 → 넣다) → 편지 넣다'다.

□ **서(書): 글, 편지(便紙·片紙).**

시니얼(senior: 연상의, 손위인)

우리말로 읽어보면 '시(se)+니(ni)+오르(or) → 시(세(歲: 해 세)) 니(濔: 많을 니) 오르(어리: 그런 사람의 뜻을 더하는 접미사) → 나이 많은 사람'이다.

□ 세(歲): 해, 나이.

센스(sense: 감각, 오감, 느낌, 의식, 기분)

우리말로 읽어보면 '신(sen)+시(se) → 신(身: 몸 신) 시('혀'의 방언) → 몸 혀'이다. '몸으로 맛보는 것' '몸으로 느끼는 것'이다.

세퍼레이트(separate: 가르다, 분리하다)

우리말로 읽어보면 '세(se)+바르(par)+아디(ate) → 세('사이'의 방언) 바르(버르 → 벌어: '벌다(벌어지다)'의 활용형) 아디(하디 → 하다) → 사이 벌어지게 하다'다.

시퀀스(sequence: 연속, 계속하여[잇달아] 일어나기)

우리말로 읽어보면 '시(se)+구(qu)+인(en)+시(ce) → 시(時: 때 시) 구(講: 얽을 구) 인('일다(생기다)'의 활용형) 시(옛말 명사를 만드는 접미사, 이것) → 때 연결하다 생기다 이것'이다. '때(시간) 연결하여 생기는 것'이다.

□ 구(講): 얽다, 연결하다.

세러네이드(serenade: 세레나데: 남자가 밤에 애인 집 창 밑 등에서 부르거나 연주한 곡)

우리말로 읽어보면 '시르(ser)+인(en)+아드(ad)+이(e) → 시르('수컷'의 고어) 인(연(戀: 그릴 연)) 아드(하다) 이(요(謠: 노래 요)) → 수컷 연(戀)하다 노래'다. '수컷에 그리워하는 노래'다.

서린(serene: 조용한, 고요한)

우리말로 읽어보면 '스(s)+이르(er)+인(en)+이(e) → 스(사(唽: 소리 사)) 이르(일으 → 잃어: '잃다'의 활용형) 인('일다(생기다)'의 활용형) 이(이것) → 소리 잃어 생긴 이것'이다.

시리얼(serial: 연재물, 연재소설, 연속물, 계속하는)

우리말로 읽어보면 '실(ser)+이아(ia)+르(l) → 실(설(說: 말씀 설)) 이아(이어: 계속하여) 르(루(瞜: 볼 루) → 말하다 이어 보다'다. '말하는 것 이어 보는 것'이다.

□ 설(說): 말씀, 말하다.

시어리어스(serious: 심각한, 진지한, 엄숙한)

우리말로 읽어보면 '스(s)+이르(er)+이(i)+오우(ou)+스(s) → 스(수(壽: 목숨 수)) 이르(이루 → 이뤄: '이루다'의 활용형) 이(위(危: 위태할 위)) 오우(위(爲: 할 위)+스(~의)=함의=한 → 목숨 이루다 위태하다 한'이다. '목숨 이룸이 위태한'이다.

설브(serve: 섬기다, 봉사하다, 근무하다)

우리말로 읽어보면 '실(ser)+브이(ve) → 실(설(設: 베풀 설)) 브이(보여: '보이다'의 활용형) → 베푸는 것 보이다'다.

세버르(sever: 절단하다, 잘라내다)

우리말로 읽어보면 '시(se)+비르(ver) → 시(灑: 나눌 시) 비르(비리: '비다('베다'의 방언)'의 활용형) → 나누다 베리'다. '나누어 베리'다.

시비얼(severe: 엄한, 엄격한)

우리말로 읽어보면 '세(se)+빌(ver)+이(e) → 세('세다'의 활용형) 빌('벌(罰)'의 방언) 이(여(如: 같을 여) → 센 벌(罰) 같은'이다.

섹스(sex; 성, 암수를 감별하다, 성교)

우리말로 읽어보면 '섁스(sex) → 섁스(색스 → 색(色: 빛 색) 스(사(事: 일 사) → 색사(色事: 남녀가 육체적으로 관계를 맺는 일)'다. 다르게 우리말로 읽어보면 '새크스(sex) → 섁스(색스: 색(色: 빛 색) 스(수(獸: 짐승 수)) → 서로 구별되는 부류나 특성 짐승'이다. '짐승의 구별되는 특성'이다.

□ 색(色): 빛, 빛깔, 색채, 남녀 간의 정사 또는 성적 욕망, 서로 구별되는 부류나 특성.

슈애비(shabby: 오래 입어서 낡은, (옷 등이) 해진)

우리말로 읽어보면 '샵(shab)+비(by) → 삽(褷: 옷이 해질 삽) 비('비다('보이다'의 방언)의 활용형) → 옷이 해져 보이는'이다.

쉐임(shame: 부끄러움, 수치심)

우리말로 읽어보면 '스(s)+함(ham)+이(e) → 스(수(羞: 부끄러울 수)) 함('하다'의 활용형) 이(명사형 접미사, 이것) → 부끄러워 함에 이것'이다.

쉐어르(share: 함께 쓰다, 공유하다, 몫, 지분)

우리말로 읽어보면 '스(s)+할(har)+이(e) → 스(수(需: 쓸 수)) + 할(割: 벨 할) 이(이것) → 쓰다 나누다 이것'이다. '쓰는 것을 나눈 이것'이다.

□ 할(割): 베다, 나누다.

쉬알프(sharp: 날카로운, 잘 드는)

우리말로 읽어보면 '스(s)+할(har)+브(p) → 스(사(鉈: 창 사)) 할(割: 벨 할) 브(부(部: 거느릴 부) → 창 베다 곳'이다. '창의 베는 곳'이다.

□ 부(部): 떼, 부락, 지역, 곳.

쉐이브(shave: 수염을 깎다, 면도하다)

우리말로 읽어보면 '스(s)+하(ha)+비(ve) → 스(수(鬚: 수염 수) 하(해: '하다'의 활용형) 비(벼: '베다'의 활용형) → 수염 하다 베다'다. '수염 베는 것 하다'다.

쉘(shell: 껍질, 꼬투리, 깎지)

우리말로 읽어보면 '스흐(sh)+이(e)+를(ll) → 스흐(쓰흐 → 싸: '싸다'의 활용형) 이(외(外: 바깥 외)) 를(조사) → 싸 바깥 를(을)'이다. '바깥을 싸는 것'이다.

쉘털(shelter: 대피소, 피난처, 오두막)

우리말로 읽어보면 '쉴(shel)+터~ㄹ(ter) → 쉴터'다. '쉬는 터'다.

실드(shield: 방패, 방패 모양의 물건)

우리말로 읽어보면 '스(s)+흐(h)+이(i)+이르드(eld) → 스(사(鉈: 창 사)) 흐(호(扈: 막을 호)) 이('사람' 또는 '사물'의 뜻을 더하고 명사를 만드는 접미사) 이르드(이르다(말하다)) → 창 막다 사물 이르다'다. '창 막는 사물 말하다'이다.

샤인(shine: 빛나다, 비치다)

우리말로 읽어보면 '스(s)+히(hi)+느이(ne) → 스(소(昭: 밝을 소)) 히('해'의 고어) 느이(나이: '나다'의 활용형) → 밝게 해가 나다'이다.

쉬비얼(shiver: 와들와들 떨다, 전율하다)

우리말로 읽어보면 '스(s)+히(hi)+빌(ver) → 스(수(愁: 움직일 수)) 히(해: '많이'의 방언) 빌(별(蔽: 떨 별) → 움직이다 많이 떨다'다. '많이 움직여 떨다'다.

쇼크(shock: 충격, 격돌, 돌발적인 대사건)

우리말로 읽어보면 '스(s)+혹(hoc)+크(k) → 스(사(事: 일 사)) 혹(학 → 확: '확(바람, 냄새 또는 어떤 기운 따위가 갑자기 세게 끼치는 모양)'의 방언) 크(커: '크다'의 활용형) → 일이 확(갑자기) 큰 것'이다.

슈트(shoot: 쏘다, 사격하다)

우리말로 읽어보면 '쓰흐우트(shoot) → 쓰흐우트(쑤트 → 쏘타 → 쏘다) → 쏘다'다.

샵(shop: 가게, 상점)

우리말로 읽어보면 '스흐오(sho)+프(p) → 스흐오(소 → 사: '사다'의 활용형) 프(푸: '점포'의 옛말) → 사다 점포'다. '(물건)사는 점포'다.

쇼르트(short: 짧은, 작은)

우리말로 읽어보면 '스흐올(shor)+트(t) → 스흐올(솔: '소(小)'의 방언) 트(츠 → 치: 길이의 단위) → 소(小) 치'다.

□ 소(小): 작다, 적다.

샤우트(shout: 큰소리치다, 외치다)

우리말로 읽어보면 '스(s)+호우(hou)+트(t) → 스(사(詞: 말 사)) 호우(효(哮: 큰소리 효)) 트(츠 → 쳐: '치다'의 활용형) → 말 큰소리쳐'다.

셔벌(shovel: 삽)

우리말로 읽어보면 '스흐옵(shov)+이르(el) → 스흐옵(솝 → 삽(揷: 꽂을 삽)) 이르(이라: '이다'의 활용형) → 가래이다'이다.

□ 삽(揷): 꽂다, 가래(흙을 파헤치거나 떠서 던지는 기구).

쇼우(show: 보이다, 보여주다)

우리말로 읽어보면 '스흐(sh)+오우(ow) → 스흐(시(示: 보일 시)) 오우('오다'의 활용형) → 보이다 오다'다. '보임 오다' '보이다'다.

샤우얼(shower: 소나기)

우리말로 읽어보면 '스(s)+호우(how)+이르(er) → 스(사(詐: 속일 사)) 호우(豪雨: 줄기차게 많이 오는 비) 이르(이라: '이다'의 활용형) → 갑자기 줄기차게 많이 오는 비라'이다.

□ 사(詐): 속이다, 갑자기, 문득.

쉬리드(shred: 자르다, 조각)

우리말로 읽어보면 '스흐리드(shred) → 스흐리드(사리드 → 사리다: '썰다'의 방언) → 썰다'다.

쉬리크(shriek: (공포. 고통의) 새된 목소리, 비명, 외침)

우리말로 읽어보면 '스흐리(shri)+읶(ek) → 스흐리(소리) 읶(익(㢞: 날카로울 익)) → 소리 날카롭다'이다. '날카로운 소리'다.

쉬릴(shrill: (목소리. 소리가) 높고 날카로운, 새된)

우리말로 읽어보면 '스흐리(shri)+를(ll) → 스흐리(소리) 를(늘 → 눌 → 날: 연장의 가장 얇고 날카로운 부분) → 소리 날 → 날의 소리'이다.

쉬링크(shrink: 오그라들다, 줄어들다)

우리말로 읽어보면 '스흐르(shri)+느(n)+크(k) → 스흐리(수리: '번데기'의 방언) 느(너 → 넣: '넣다'의 활용형) 크(커 → 거 → 것) → 번데기 넣는 것 → 줄어드는 것'이다.

셔덜(shudder: 떨다, 몸서리치다, 부들부들 떨다)

우리말로 읽어보면 '스(s)+후(hu)+드(d)+딜(der) → 스(사(私: 사사 사)) 후(後: 뒤 후) 드(도(掉: 흔들 도) 딜(질: 행위) → 오줌 눈 후(後) 흔드는 질(행위)'이다.

□ 사(私): 사사(私事: 사삿일), 오줌 누다.

셔트(shut: 닫다, 문을 잠그다)

우리말로 읽어보면 '스(s)+후(hu)+트(t) → 스(시(闍: 문 시)) 후(後: 뒤 후) 트(츠 → 추(推: 밀 추) → 문(門) 뒤 밀다'다. (문 앞을 열고 들어와) '문 뒤를 미는 것' '닫는 것'이다.

셔틀(shuttle: 정기 왕복 항공기[버스, 기차], (두 장소를 자주) 왕복하다)

우리말로 읽어보면 '스흐우(shu)+뜨(t)+틀(tl)+이(e) → 스흐우(수(守: 지킬 수)) 뜨(때(時)) 틀(탈: '타다'의 활용형) 이(명사형 접미사, 이것) → 지키다 때(時) 탈 이것'이다. '때(時) 지켜 탈 이것'이다.

샤이(shy: 부끄럼타는, 내성적인)

우리말로 읽어보면 '스(s)+히(hy) → 스(수(羞: 부끄러울 수)) 히(해(該:

갖출 해)) → 부끄럽다 갖추다'이다. '부끄러움 갖춘'이다.

식(sick: 병든, 몸이 불편한)

우리말로 읽어보면 '식(sic)+크(k) → 식(삭(瘵: 병 삭)) 크(그 → 구(拘: 잡을 구)) → 병 가진'이다.

□ 구(拘): 잡다, 가지다.

사이드(side: 측면, 경사면)

우리말로 읽어보면 '시(si)+디(de) → 시(사(斜: 비낄 사)) 디('데('곳'이나 '장소'의 뜻을 나타내는 말)'의 방언) → 비낀 곳'이다.

□ 사(斜): 비끼다, 비스듬하다, 기울다.

사이(sigh: 한숨 쉬다, 탄식하다)

우리말로 읽어보면 '식(sig)+흐(h) → 식(息: 숨 쉴 식) 흐(후 → 휴: '휴우(일이 고되어서 힘에 부치거나 시름이 있을 때 크고 길게 내쉬는 소리)'의 준말)'이다. ' "휴우" 숨을 쉬는 것'이다.

사이트(sight: 보기, 보임, 시각)

우리말로 읽어보면 '시(si)+그흐(gh)+트(t) → 시(視: 볼 시) 그흐(가: '가다'의 활용형) 트(티: 모양) → 보다 가다 모양'이다. '보는 것이 가는 모양'이다.

사인(sign: 서명하다, 계약하다, 기호, 신호, 표지, 간판)

우리말로 읽어보면 '스이(si)+근(gn) → 스이(쓰이: '쓰다'의 활용형) 근(根: 뿌리 근) → 쓰다 근거하다(根據--)'다. '근거(根據)함을 쓰다'다.

□ 근(根): 뿌리, 근거하다(根據--).

시그니피컨트(significant: 중대한, 중요한, 의미심장한)

우리말로 읽어보면 '식(sig)+니비(nifi)+칸(can)+트(t) → 식(蝕: 좀먹을 식) 니비('누에'의 방언) 칸(간(諫: 간할 간) 트(티: 모양) → 갉아먹다 누에 간하다 모양'이다. '누에가 갉아먹어 간하는 모양'이다.

□ 식(蝕): 좀먹다, 갉아먹다.

□ 간(諫): 간하다(諫--: 웃어른이나 임금에게 옳지 못하거나 잘못된 일을 고치도록 말하다).

사이런스(silence: 고요, 정적, 침묵)

우리말로 읽어보면 '사(si)+린(len)+시(ce) → 사(唦: 소리 사) 린(련(戀: 그릴 련)) 시(옛말 명사를 만드는 접미사) → 소리 그리운 이것'이다.

□ 련(戀): 그리다, 그립다.

실크(silk: 생사, 명주실, 비단)

우리말로 읽어보면 '실(sil)+크(k) → 실(絲) 크(그 → 구(冓: 짤 구)) → 실 짜다'이다. '실 짠 것'이다.

시머럴(similar: 유사한, 비슷한, 동종[동류]의)

우리말로 읽어보면 '시(si)+미(mi)+랄(lar) → 시(사(似: 닮을 사)) 미(매: '생김새' 또는 '맵시'의 뜻을 더하는 접미사) 랄(날: '나다(생기다)'의 활용형) → 닮은 생김새 날'이다.

심머(simmer: (부글부글 계속) 끓이다)

우리말로 읽어보면 '심(sim)+므(m)+이르(er) → 심(燂: 삶을 심) 므(무: '물'의 고어) 이르(일으 → 일어: '일다(겉으로 부풀거나 위로 솟아오르다)'의 활용형) → 삶아서 물 일다'다.

심플(simple: 단순한, 다루기 쉬운, 간단한)

우리말로 읽어보면 '심(sim)+프르(pl)+이(e) → 심('셈'의 방언) 프르(플으 → 풀어: '풀다'의 활용형) 이(易: 쉬울 이) → 셈 풀어 쉬운'이다. '셈 풀기 쉬운'이다.

시뮤레이트(simulate: ~인 체하다, ~을 가장하다, 모의 실험하다)

우리말로 읽어보면 '시(si)+무(mu)+르(l)+아디(ate) → 시(施: 베풀 시) 무(머: 무어(무엇)) 르(루 → 류(類: 무리 류)) 아디(하디 → 하다) → 실시하다(實施--) 무엇 같다 하다'다. '실시하는 무엇 같게 하다'다.

□ 시(施): 베풀다, 실시하다(實施--).

사이멀테이니어스(simultaneous: 동시에 존재하는[일어나는, 작용하는])

우리말로 읽어보면 '시(si)+무르(mul)+탄(tan)+이(e)+오우(ou)+스(s) →

시(時: 때 시) 무르(물으 → 물어: '물다(咬)'의 활용형) 탄(誕: 낳을 탄) 이(조사) 오우(와: '오다'의 활용형) 스('스다(생기다)'의 활용형) → 때(時) 물어 탄생하다 이 와 생겨'다. '때를 같이하여 탄생함이 생긴'이다.

신스(since: 그 이후[이래] 죽, 그때부터 지금까지)

우리말로 읽어보면 '시(si)+느스(nc)+이(e) → 시(始: 비로소 시) 느스(나서: '나다'의 활용형) 이(여기) → 처음 나서 여기'다. '비로소(처음) 생겨서 여기(지금)'다.

신시어(sincere: 성실한, 본심을 말하는, 거짓 없는)

우리말로 읽어보면 '신(sin)+실(cer)+이(e) → 신(信: 믿을 신) 실(實: 열매 실) 이('에'의 방언) → 믿음 참됨 에'다. '믿음이 참됨에'다.

□ 실(實): 열매, 참됨.

싱(sing: 노래하다)

우리말로 읽어보면 '싱(송(誦: 외울 송) → 노래하다'이다.

□ 송(誦): 외우다, 노래하다, 읽다.

싱규럴(singular: 뛰어난, 보기 드문, 이례적인)

우리말로 읽어보면 '신(sin)+굴(gul)+알(ar) → 신(싱: '형(形)'의 방언) 굴(걸(傑: 뛰어날 걸)) 알(할 → 한: '하다'의 활용형) → 모양 뛰어나다 한'이다. '뛰어난 모양 한'이다.

싱크(sink: 천천히 하강하다, 서서히 내려가다)

우리말로 읽어보면 '스(s)+이(i)+늑(nk) → 스(서(徐: 천천히 할 서)) 이(迤: 갈 이) 늑(낙(落: 떨어질 낙) → 천천히 하다 가다 떨어지다'이다. '천천히 가며 떨어지다'이다.

설(sir: 님, 귀하, 선생님)

우리말로 읽어보면 '시(si)+르(r) → 시(사(師: 스승 사) 르(리: 사람) → 스승 사람(님)'이다.

시스털(sister: 언니, 누나, 여동생)

우리말로 읽어보면 '시(si)+스(s)+트(t)+이르(er) → 시('씨'의 옛말) 스(~의) 트(터: 바탕) 이르(어리: 옛말 그런 사람의 뜻을 더하는 접미사) → 씨의 바탕 사람'이다.

시트(sit: 앉다, 착석하다)

우리말로 읽어보면 '시(si)+트(t) → 시('시다('쉬다'의 방언)'의 활용형) 트(터: 자리) → 쉬다 자리'다. '자리에 쉬다' '앉다'이다.

사이트(site: (도시, 건물 등의) 위치, 장소, 소재지, 부지)

우리말로 읽어보면 '스(s)+이티(ite) → 스('스다('서다'의 방언)'의 활용형) 이티(위티 → 위치) → 서다 위치'다. '서는 위치'다.

시츄에이트(situate: ~을 [어떤 장소에] 두다, 붙박다, 위치하다, 짓다)

우리말로 읽어보면 '시(si)+투(tu)+아디(ate) → 시(施: 베풀 시) 투(터) 아디(하디 → 하다) → 드러내다 터 하다'다. '터에 드러내는 것 하다'다.

□ 시(施): 베풀다, 드러내다.

사이즈(size: 크기, 대소, 부피)

우리말로 읽어보면 '시(si)+지(z)+이(e) → 시(視: 볼 시) 지(재: '재다'의 어근) 이(명사형 접미사, 이것) → 보다 재다 이것'이다. '보아서 잰 이것'이다.

시즐(sizzle: 지글지글 소리나다)

우리말로 읽어보면 '시(si)+즈즈리(zzle) → 시(사(唦: 소리 사)) 즈즈리(지지리: '지지다'의 활용형) → 소리 지지다'다. '지지는 소리'다.

스케이트(skate: 스케이트, 스케이트를 타다)

우리말로 읽어보면 '스카(ska)+트이(te) → 스카(쓰까 → 쓰께: '썰매'의 방언) 트이(타이: '타다'의 활용형) → 썰매 타다'다.

스케러튼(skeleton: 해골)

우리말로 읽어보면 '슥(sk)+이르(el)+이(e)+톤(ton) → 슥(석(石: 돌 석)) 이르(이루 → 이뤄: '이루다'의 활용형) 이(憶: 생각할 이) 톤(통(通: 통 통)) → 굳다 이루다 생각하다 통'이다. '굳게 이루어진 생각하는 통'이다.

□ 석(石): 돌, 굳다.

스케츠(sketch: 스케치, 사생도, 밑그림)

우리말로 읽어보면 '슥(sk)+이(e)+뜨(t)+츠(ch) → 슥(석: 거침없이 밀거나 쓸어 나가는 소리. 또는 그 모양) 이(외(外: 바깥 외)) 뜨(떠: '뜨다(녹화하거나 녹화물을 복사하다)'의 활용형) 츠(치 → 쳐: '치다(선이나 그림을 그리다)'의 활용형) → 거침없이 바깥 떠(복사해) 그리다'이다.

스킬(skill: 솜씨, 재주)

우리말로 읽어보면 '스(s)+킬(kil)+르(l) → 스(수: 일을 처리하는 방법이나 수완) 킬(길: 어떤 일에 익숙하게 된 솜씨) 르(느 → 나 → 나다) → 방법 길 나'다. '방법에 길 난 것'이다.

스킨(skin: 피부, 살갗, 살가죽)

우리말로 읽어보면 '스(s)+기(ki)+느(n) → 스(사(骼: 뼈 사)) 기('기다('깁다'의 방언)'의 어근) 느(니 → 이: 이것) → 뼈 깁는 이것'이다.

□ 깁다: 떨어지거나 해어진 곳에 다른 조각을 대거나 또는 그대로 꿰매다.

스케르미쉬(skirmish: (군대의, 특히 계획에 없던) 소규모 접전[충돌])

우리말로 읽어보면 '슼(sk)+이르(ir)+미(mi)+스흐(sh) → 슼(석 → 섟: 불끈 일어나는 감정) 이르(일으 → 일어: '일다(생기다)'의 활용형) 미(微: 작을 미) 스흐(쓰흐 → 싸흐 → 싸워: '싸우다'의 활용형) → 섟 일어 작게 싸우는 것'이다.

스컬트(skirt: 스커트, (드레스 등의) 자락)

우리말로 읽어보면 '스(s)+기르(kir)+트(t) → 스(수(垂: 드리울 수)) 기르(길으 → 길어: '길다'의 활용형) 트(츠 → 처(褄: 깃의 단 처)) → 드리우다 길다 치마'다. '드리운 것이 길은 치마'다.

□ 처(褄): 깃의 단, 치마.

스키털(skitter: 경쾌하게 나아가다[미끄러지다])

우리말로 읽어보면 '스키(ski)+트(t)+트(t)+이르(er) → 스키(쓰끼 → 쓰께: '썰매'의 방언) 트(타: '타다'의 활용형) 트(츠 → 추(推: 밀 추)) 이르(이루 → 이뤄: '이루다'의 활용형) → 썰매 타 밀다 이루다'다. '썰매 타고 밀며 가는 것'이다.

스카이(sky: 하늘, 창공)

우리말로 읽어보면 '스(s)+크(k)+이(y) → 스('스다(서다)'의 활용형) 크(커: '크다'의 활용형) 이(이것) → 스다 크다 이것'이다. '선 것이 큰 이 것'이다.

스래크(slack: 느슨한, 약한, 연약한)

우리말로 읽어보면 '슬(sl)+아그(ac)+크(k) → 슬('덜'의 방언) 아그(하게: '하다'의 활용형) 크(그 → 구(拘: 잡을 구)) → 덜 하게 잡다'다. '덜 하게 잡은'이다.

슬랜트(slant: 기울다, 비스듬해지다, 비스듬함, 비스듬히 가다)

우리말로 읽어보면 '슬(sl)+아(a)+느드(nt) → 슬('덜'의 방언) 아(雅: 바를 아) 느(나: '나다(생기다)'의 활용형) 트(티: 모양) → 덜 바르다 생기다 모양'이다. '덜 바름 생긴 모양'이다.

슬래쉬(slash: (칼, 검 등으로) 깊이 베다, 난도질하다)

우리말로 읽어보면 '슬(sl)+아(a)+스(s)+흐(h) → 슬(살: 사람이나 동물의 뼈를 싸서 몸을 이루는 부드러운 부분) 아(하: 정도가 매우 심하거나 큼을 강조하여 이르는 말. '아주', '몹시'의 뜻을 나타낸다) 스(소(捎: 덜 소)) 흐(하 → 해: '하다'의 활용형) → 살 몹시 베는 것 하다'다.

□ 소(捎): 덜다, 제거하다, 베다.

스레이(slay: 죽이다, 살해하다)

우리말로 읽어보면 '슬(sl)+아이(ay) → 슬(살(殺: 죽일 살) 아이(하이 → 하다)'다.

스리프(sleep: 자다, 잠자다)

우리말로 읽어보면 '스(s)+르(l)+이(e)+입(ep) → 스+(르+이(2)=르르)=스르르(졸음이 슬며시 오는 모양) 입(入: 들 입) → 졸음이 슬며시 오는 모양에 들다'다.

스렌덜(slender: 호리호리한, 날씬한)

우리말로 읽어보면 '슬(sl)+이(e)+느(n)+딜(der) → 슬(실(絲)) 이(여(如:

같을 여)) 느(노 → 뇨 → 요(腰: 허리 요) 딜(질(質: 바탕 질)) → 실 같은 허리 모양'이다.

□ 질(質): 바탕, 모양.

스라이스(slice: 얇은 조각, 한 조각)

우리말로 읽어보면 '스르(sl)+이(i)+시(ce) → 스르(쓰르 → 쓸어: '쓸다('썰다'의 방언)'의 활용형) 이(이것) 시(세(細: 가늘 세)) → 쓸어 이것 가늘다'이다. '가늘게 썰은 이것'이다.

슬라이드(slide: 미끄러지다)

우리말로 읽어보면 '슬(sl)+이(i)+디(de) → 슬('스르르(저절로)'의 방언) 이(移: 옮길 이) 디(지 → 져: '지다'의 활용형) → 저절로 옮겨 지다'다.

스라이트(slight: 얼마 안 되는, 조금의)

우리말로 읽어보면 '슬(sl)+익(ig)+흐(h)+트(t) → 슬(살: '살짝'의 방언) 익(益: 더할 익) 흐(하 → 해: '하다'의 활용형) 트(츠 → 치: 일정한 몫이나 양) → 살짝 익(益) 하는 양'이다.

스림(slim: 호리호리한, 가느다란, 여윈)

우리말로 읽어보면 '슬(sl)+이(i)+므(m) → 슬(실(絲)) 이(而: 말 이을 이) 므(모(貌: 모양 모) → 실 같은 모양'이다.

□ 이(而): 말을 잇다, 같다.

슬립(slip: 미끄러지다)

우리말로 읽어보면 '슬(sl)+이(i)+브(p) → 슬('스르르(저절로)'의 방언) 이(移: 옮길 이) 브(부(赴: 갈 부)) → 저절로 옮겨 가다'다.

스로우프(slope: 경사지다, 비탈지다, 경사면, 비탈)

우리말로 읽어보면 '스(s)+로피(lope) → 스(사(斜: 비낄 사)) 로피(노피 → 높이) → 비끼다 높이'다. '비낀 높이'다.

1. 스라우(slough: 진창, 수렁)을 우리말로 읽어보면 '스로(slo)+우(u)+궇(gh) → 스로(수로(水路)) 우(위) 궇(긋 → 것) → 수로(水路) 위 것'이다.

2. 스러프(slough: (뱀 등의) 허물)를 우리말로 읽어보면 '스(s)+로우(lou)+궇(gh) → 스(사(巳: 뱀 사)) 로우(라우 → 나와: '나오다'의 활용형) 궇(긋 → 것) → 뱀 나온 것'이다.

스로우(slow: 늦은, 느린)

우리말로 읽어보면 '슬(sl)+오유(ow) → 슬(살: 천천히 조금씩) 오유(요(猶: 움직일 요)) → 살 움직이다'다. '천천히 조금씩 움직이는 것'이다.

슬럼(slum: 슬럼가, 빈민가)

우리말로 읽어보면 '슬(sl)+움(um) → 슬(설: '충분하지 못하게'의 뜻을 더하는 접두사) 움(움막) → 설 움막 = 헐은 집'이다.

슬러쉬(slush: 녹기 시작한 눈; 곤죽)

우리말로 읽어보면 '슬(sl)+우(u)+스(s)+흐(h) → 슬(설(雪: 눈 설)) 우(아

(‘에’의 방언)) 스(수(水: 물 수) 흐(하 → 해(偕: 함께 해)) → 눈 에 물 함께’다. ‘눈에 물 함께한 것’이다.

스라이(sly: 교활한, 간교한)

우리말로 읽어보면 ‘스(s)+리(ly) → 스(사(邪: 간사할 사) 리(이: 이것) → 간사한 이것’이다.

□ 간사(奸邪): 자기의 이익을 위하여 나쁜 꾀를 부리는 등 마음이 바르지 않다.

스몰(small: 작은, 소형의)

우리말로 읽어보면 ‘스(s)+매(ma)+를(ll) → 스(소(小: 작을 소)) 매(‘생김새’ 또는 ‘맵시’의 뜻을 더하는 접미사) 를(랄 → 날: ‘나다’의 활용형) → 작은 생김새 날’이다.

스말트(smart: 1. 쑤시고 아프다 2. 재치 있는 3. 빈틈없는, 단정한, 말쑥한, 멋진)

1번을 우리말로 읽어보면 ‘슴(sm)+아르(ar)+트(t) → 슴(섬(銛: 날카로울 섬)) 아르(알으 → 앓아: ‘앓다’의 활용형) 트(티: 모양) → 찌르다 앓다 모습’다. ‘찌르게 앓는 모습’이다.

□ 섬(銛): 날카롭다, 찌르다.

2번을 우리말로 읽어보면 ‘슴(sm)+아르트(art) → 슴(섬(孅: 빠를 섬) 아르트(알아츠 → 알아채: ‘알아채다’의 활용형) → 빠르게 알아채’다.

3번을 우리말로 읽어보면 ‘스(s)+매~ㄹ(mar)+트(t) → 스(수(秀: 빼어날 수)) 매~ㄹ(매: 생김새) 트(티: 모양) → 빼어난 생김새 모양’이다.

스매쉬(smash: 분쇄하다, 산산이 부수다, 박살내다)

우리말로 읽어보면 '스(s)+마스(mas)+흐(h) → 스(수(殳: 몽둥이 수)) 마스(마수 → 마숴: '마수다('바수다'의 방언)'의 활용형) 흐(해: '하다'의 활용형) → 몽둥이로 바수는 것 하다'이다.

스멜(smell: 냄새가 나다, 냄새를 맡다)

우리말로 읽어보면 '슴(sm)+이르(el)+르(l) → 슴(숨: 호흡) 이르(일으 → 일어: '일다(생기다)'의 활용형) 르(느 → 내: 냄새) → 숨 일어 냄새'다. '숨 일어 (생긴) 냄새' '냄새를 맡는 것'이다.

스마일(smile: 미소를 짓다, 방긋 웃다, 미소)

우리말로 읽어보면 '스(s)+미(mi)+르이(le) → 스(소(笑: 웃음 소) 미(微: 작을 미) 르이(느이 → 나이: '나다'의 활용형) → 웃음 작다 나다'다. '작은 웃음 나다'다.

스미트(smit: 감염)

우리말로 읽어보면 '스(s)+미(mi)+트(t) → 스(사(瀋: 더러울 사)) 미('메('뭐'의 방언)'의 방언)) 트(타: '타다('옮다'의 방언)'의 활용형) → 더럽다 뭐 옮다'다. '더러움 뭐에 옮은 것'이다.

스모우크(smoke: 연기, 매연)

우리말로 읽어보면 '스(s)+모(mo)+키(ke) → 스(소(燒: 불사를 소)) 모(마 → 매(煤: 그을음 매) 키(기(氣: 기운 기)) → 타다 그을음 공기'다. '불사름에 그을음 공기'다.

□ 기(氣): 기운, 힘, 공기(空氣).

스무뜨(smooth: 매그러운, 반들반들한, 매끈매끈한)

우리말로 읽어보면 '슴(sm)+우(oo)+트(t)+흐(h) → 슴(섬: 섬돌) 우(위) 트(티: 모양) 흐(해: '하다'의 활용형) → 섬돌 위 모양 하다'다. '섬돌(집채의 앞뒤에 오르내릴 수 있게 놓은 돌층계) 위 모양 한'이다.

□ 섬돌은 표면이 닳아 반들반들하다.

스머덜(smother: 덮다, 싸다)

우리말로 읽어보면 '쓰모드흐(smoth)+이르(er) → 쓰모드흐(쓰마드흐 → 싸매다흐 → 싸매다: 무엇을 싸서 풀어지지 아니하게 꼭 매다) 이르(이라: '이다'의 활용형) → 싸매다 이라'다.

스머글(smuggle: 밀수하다, 밀반입[출]하다)

우리말로 읽어보면 '스무(smu)+그(g)+그리(gle) → 스무(숨우 → 숨어: '숨다'의 활용형) 그(가: '가다'의 활용형) 그리(거래) → 숨어 가서 거래'다. '숨어 가서 거래하는 것'이다.

스날(snarl: 으르렁거리다, 고함치다, 심히 잔소리하다)

우리말로 읽어보면 '스(s)+날(nar)+르(l) → 스(사(詞: 말 사)) 날(연장의 얇고 날카로운 부분) 르(느 → 나: '나다(생기다)'의 활용형) → 말 날(날카로움) 생기다'이다.

스니크(sneak: 살금살금 걷다[숨다, 도망치다])

우리말로 읽어보면 '슨(sn)+이(e)+아(a)+크(k) → 슨(선: '서다'의 활용형) 이(履: 밟을 이) 아(하 → 해: '하다'의 활용형) 크(그 → 가: '가다'의 활용형) → 선 밟다 해 가다'다. '선 밟음을 하여 가다' '뒤꿈치를 들고 가다'다.

스니즈(sneeze: 재채기를 하다)

우리말로 읽어보면 '스(s)+느이(nee)+지(ze) → 스(사(唦: 소리 사)) 느이(나이: '나다(생기다)'의 활용형) 지(제(嚏: 재채기 제)) → 소리 나다 재채기'다. '재채기 소리 나다'다.

스납(snob: 속물(지위. 재산이 있는 자에게 아첨하고 남을 깔보는 사람))

우리말로 읽어보면 '스(s)+놉(nob) → 스(사(似: 닮을 사)) 놉(납: '원숭이'의 옛말) → 닮다 원숭이'다. '원숭이 닮은 것' '원숭이처럼 행동하는 것' '모자라게 행동하는 것'이다.

스누즈(snooze: 졸다, 선잠 자다)

우리말로 읽어보면 '스(s)+노(no)+오(o)+즈이(ze) → 스(수(睡: 졸음 수)) 노(나: '나다(생기다)'의 활용형) 오(아(俄: 아까 아)) 즈이(자이: '자다'의 활용형) → 졸음 생겨 잠깐 자다'다.

□ 아(俄): 아까, 갑자기, 잠시(暫時).

스놀(snore: 코를 골다)

우리말로 읽어보면 '스(s)+노(no)+르(r)+이(e) → 스(수(睡: 졸음 수)) 노(나: '나다(생기다)'의 활용형) 르(루(鷜: 코 골 루)) 이(여: 옛말 이여. 이오) → 졸음 나 코 고는 것이여'다.

스너브(snub: 냉대하다, 무시하다)

우리말로 읽어보면 '슨(sn)+우(u)+브(b) → 슨(선(先: 먼저 선)) 우(愚: 어리석을 우) 브(봐(보다)) → 먼저 어리석게 봐'다.

스너그(snug: 아득한, 편안한, 따듯하고 기분 좋은)

우리말로 읽어보면 '슨(sn)+욱(ug) → 슨('스다(생기다)'의 활용형) 욱(奧: 따뜻할 욱) → 생긴 따뜻하다'이다. '따뜻함이 생긴'다.

소우(so: 이와 같이, 그런[이런] 식으로)

우리말로 읽어보면 '소(so) → 소(所: 바 소) → 경우(境遇: 어떤 조건 아래에 놓인 그때의 상황이나 형편)'다.

□ 소(所): 바(일의 방법이나 방도), 것, 곳, 경우(境遇)

소(soar: 급증[급등]하다, 치솟다, 솟구치다, 날아오르다)

우리말로 읽어보면 '스(s)+오(o)+알(ar) → 스(시(翅: 날 시)) 오(와: '오다'의 활용형) 알(介: 갑자기 알) → 날다 오다 갑자기'다. '갑자기 나는 것이 온 것'이다.

소우셜(social: 사회적인)

우리말로 읽어보면 '소(so)+시(ci)+알(al) → 소('속인(俗人: 세속(世俗)의 평범한 사람)'의 방언) 시(사(社: 모일 사)) 알(할: '하다'의 활용형) → 속인(俗人) 모이는 것 할'이다.

서사이어티(society: 협회, 단체)

우리말로 읽어보면 '소(so)+시(ci)+이(e)+띠(ty) → 소('속인(俗人: 세속(世俗)의 평범한 사람)'의 방언) 시(사(社: 모일 사)) 이('에'의 방언) 띠('떼(목적이나 행동을 같이하는 무리)'의 방언) → 속인(俗人) 모임 에 떼'다.

소키트(socket: 꽂는[끼우는] 구멍)

우리말로 읽어보면 '속(soc)+키(ke)+트(t) → 속(內) 키(끼: '끼다(끼우다)'의 어근) 트(터) → 속 끼우다 터'다. '속에 끼우는 터(곳)'이다.

소우더(soda: 소다, 소다수, 탄산수)

우리말로 읽어보면 '소드(sod)+아(a) → 소드(쏘드 → 쏘다) 아(하(河: 물 하))'다. '쏘는 물'이다.

소프트(soft: 부드러운, 유연한)

우리말로 읽어보면 '솦(sof)+트(t) → 솦(섶 → 섭(燮: 부드러울 섭)) 트(티: 모양) → 부드러운 모양'이다.

소일(soil: 흙, 토양(특히 식물의 성장에 관계되는 지표 상층)

우리말로 읽어보면 '소(so)+이르(il) → 소(素: 본디 소) 이르(일으 → 일어: '일다(생기다)'의 활용형) → 바탕 일다(생기다)'다. '생기는 것의 바탕'이다.

□ 소(素): 본디, 바탕, 처음.

소우러(solar: 태양의)

우리말로 읽어보면 '소(so)+라(la)+르(r) → 소(霄: 하늘 소) 라('태양'의 없어진 우리말이다. '낮' '날'에 흔적이 남아있다)) 르(느 → ㄴ: 옛말 ㅅ(의)) → 하늘 태양의'다.

소울져(soldier: 군인, 병사)

우리말로 읽어보면 '솔(sol)+드(d)+이(i)+이르(er) → 솔(살(殺: 죽일 살)) 드(즈 → 주: '주다'의 어근) 이(위(爲: 할 위)) 이르(어리: 옛말 그런 사람의 뜻을 더하는 접미사) → 죽이다 주다 하다 사람'이다. '죽임을 주는 것 하는 사람'이다.

사럼(solemn: 엄숙한, 무게 있는)

우리말로 읽어보면 '솔(sol)+이(e)+므(m)+느(n) → 솔(率: 거느릴 솔) 이('에'의 방언) 므(모(貌: 모양 모)) 느(나: '나다(생기다)'의 활용형) → 거느림에 모양 생긴'이다.

소리드(solid: 고체의, 고형의, 견고한)

우리말로 읽어보면 '소르(sol)+이(i)+드(d) → 소르(솔으 → 솔어: '솔다' 의 어근) 이('사람' 또는 '사물'의 뜻을 더하고 명사를 만드는 접미사) 드(다: 어미) → 솔어 사물이다 → 솔은 사물이다'다.

□ 솔다: 물기가 말라서 죄어들거나 굳어지다.

사리대러티(solidarity: 연대, 결속)

우리말로 읽어보면 '소르(sol)+이(i)+다리(dari)+트(t)+이(y) → 소르(서르: '서로'의 옛말) 이(사람) 다리(둘 사이의 관계를 이어 주는 사람이나 사물을 비유적으로 이르는 말, 통로) 트(터: '트다(서로 스스럼없이 사귀는 관계가 되다)'의 활용형) 이(명사형 접미사, 이것) → 서로 사람 다리 트는 이것'이다.

솔로(solo: 홀로)

우리말로 읽어보면 '솔(sol)+오(o) → 솔('홀('짝이 없이 혼자뿐인'의 뜻을 더하는 접두사)'의 고어) 오(아(我: 나 아)) → 홀 나'다.

□ 세('혀'의 방언) → 헤('혀'의 방언) → 혀(舌), ㅅ- → ㅎ

솔브(solve: (문제, 수수께끼 등을) 풀다, 해명[해답, 해결]하다)

우리말로 읽어보면 '스(s)+오르브이(olve) → 스(수(數: 셈 수)) 오르브이(아르보이 → 알아보이: '알아보다'의 활용형) → 이치(理致) 알아보다'다.

□ 수(數): 셈, 산법(算法), 이치(理致).

솜벌(somber: 어두컴컴한, 컴컴하고 음산한)

우리말로 읽어보면 '소(so)+므(m)+브(b)+이르(er) → 소(昭: 밝을 소) 므(무(無: 없을 무) 브(부(覔: 볼 부)) 이르(이라: '이다'의 활용형) → 밝음 없이 봄이라'다.

섬(some: 1. 어떤, 누군가의 2. 얼마간의, 약, 대략, 조금, 상당한, 대단한)

1번을 우리말로 읽어보면 '스(s)+오므(om)+이(e) → 스(시(是: 이 시)) 오므(아므 → 아무: 어떤 사람이나 사물 따위를 특별히 정하지 않고 이를 때 쓰는 말) 이(사람, 이것) → 이것 아무 이(사람, 이것)'다. '이 아무 사람' '이 아무 것'이다.

2번을 우리말로 읽어보면 '소미(some) → 소미(조미 → 조매: '좀'의 방언) → 좀'이다.

□ 좀: 1. '조금'의 준말. 2. '어지간히'의 뜻을 나타내는 말. 3. '얼마나'의 뜻을 나타내는 말.

선(son: 아들, 자식)

우리말로 읽어보면 '손(son) → 손('사내아이'의 방언) → 사내아이'이다.

송(song: 노래, 가곡)

우리말로 읽어보면 '송(song) → 송(송(誦: 윌 송)) → 노래하는 것'이다.

□ 송(誦): 1. 외우다, 암송하다, (풍악에 맞춰) 노래하다.

순(soon: 곧, 이내, 잠시 후, 빨리)

우리말로 읽어보면 '순(soon) → 순(儁: 빠를 순)'이다.

수트(soot: 검댕)

우리말로 읽어보면 '숱(soot) → 숱('숯'의 방언)'이다.

□ 숯: 나무를 불에 구어낸 검은 덩어리.

소프래노우(soprano: 소프라노)

우리말로 읽어보면 '소(so)+브르(pr)+안(an)+오(o) → 소(卲: 높을 소) 브르(블으 → 불러: '부르다'의 활용형) 안(한: '하다'의 활용형) 오(요(謠: 노래 요)) → 높게 불러 한 노래'다.

소~ㄹ(sore: 몸이 아픈, 염증을 이르킨, 슬픔에 잠긴)

우리말로 읽어보면 '스(s)+오르이(ore) → 스(수(手: 손 수)) 오르이(아르이 → 알으이 → 앓으이: '앓다'의 활용형) → 사람 앓다'다. '사람 앓는 것'이다.

□ 수(手): 손, 재주, 솜씨, 사람.

소로우(sorrow: 슬픔, 비애, 비통, 슬퍼하다)

우리말로 읽어보면 '소르(sor)+로유(row) → 소르(서러: '섧다(원통하고 슬프다)'의 활용형) 로유(료(料: 헤아릴 료)) → 섧다 생각하다'다. '섧게 생각하는 것'이다.

□ 료(料): 헤아리다, 생각하다.

소울(soul: 영혼, 혼, 넋)

우리말로 읽어보면 '스(s)+오(o)+울(ul) → 스(수(手: 손 수)) 오(아: '에'의 방언) 울(얼: 정신의 줏대) → 사람 에 얼'이다.

□ 수(手): 손, 사람.

사운드(sound: 소리, 음, 건강한)

우리말로 읽어보면 '소(so)+운드(und) → 소(사(唦: 소리 사)) 운드(운다: '울다(짐승, 벌레, 바람 따위가 소리를 내다)'의 활용형) → 소리 울다'다. '우는 소리'이다.

소~ㄹ스(source: 근원, 근본, 원천)

우리말로 읽어보면 '스(s)+오우(ou)+르(r)+시(ce) → 스(수(水: 물 수)) 오우(와: '오다'의 활용형) 르(로: 조사) 시(始: 처음 시) → 물 와(오다) 로 처음'이다. '물 오는 것으로 처음'이다.

사우뜨(south: 남쪽)

우리말로 읽어보면 '소(so)+우(u)+뜨(t)+흐(h) → 소(所: 바 소) 우(右: 오른 우) 뜨(떠: '뜨다'의 활용형) 흐(하 → 해: 태양) → 곳 우(右) 뜨다 해'다. '뜨는 해의 오른쪽 곳(위치)'다.

□ 소(所): 바(일의 방법이나 방도), 것, 곳.

소우(sow: (씨를) 뿌리다)

우리말로 읽어보면 '소(so)+유(w) → 소(耖: 씨 뿌릴 소) 유(有: 있을 유)

→ 씨 뿌림 있다'이다.

스페이스(space: 공간, 우주, 대기권 밖)

우리말로 읽어보면 '스(s)+바(pa)+시(ce) → 스(소(霄: 하는 소)) 바('방'의 방언) 시(是: 이 시) → 하늘 방 이것'이다. '하늘 방 이것'이다.

스페이드(spade: 삽, 가래, ((카드놀이)) 스페이드 (패))

우리말로 읽어보면 '습(sp)+아드(ad)+이(e) → 습(삽(揷: 꽂을 삽) 아드(하다) 이(명사형 접미사, 이것) → 꽂는 것 하는 이것'이다.

□ 삽(揷): 꽂다, 가래(흙을 파헤치거나 떠서 던지는 기구).

스페어(spare: 남는, 여분의)

우리말로 읽어보면 '습(sp)+알(ar)+이(e) → 습(삽(澀: 넘칠 삽)) 알(할('하다'의 활용형)) 이(이것) → 넘치다 할 이것'이다. '넘치는 것 할 이것'이다.

스파~ㄹ크(spark: 불꽃, 불똥)

우리말로 읽어보면 '스(s)+발크(park) → 스(수(燧: 부싯돌 수) 발크(발그 → 밝어: '밝다'의 활용형) → 부싯돌 밝어'다. '부싯돌의 밝은 것'이다.

스피크(speak: 말하다, 이야기하다, 지껄이다)

우리말로 읽어보면 '스(s)+백(peak) → 스(사(詞: 말 사) 백(白: 흰백, 아뢸 백) → 말 아뢰다'다. '말 아뢰는 것'이다.

스펙(spec: 명세서, 시방서)

우리말로 읽어보면 '스(s)+백(pec) → 스(서(書: 글 서)) 백(白: 흰백, 아뢸 백) → 글 명백하다 → 명백한 글'이다.

□ 백(白): 희다, 깨끗하다, 분명하다, 명백하다.

스페이셜(special: (일상적인 것에 대하여) 특별한)

우리말로 읽어보면 '습(sp)+이(e)+시(ci)+알(al) → 습(習: 익힐 습: 어떤 행위를 오랫동안 되풀이하는 것) 이(외(外: 바깥 외)) 시(視: 볼 시) 알(할 → 한: '하다'의 활용형) → 습(習) 바깥 보다 한'이다. '습(習)에 바깥 보는 것 한'이다.

스피쉬즈(species: 종류, 종(種))

우리말로 읽어보면 '슾(sp)+이(e)+시(ci)+이(e)+스(s) → 슾('숲'의 방언) 이('에'의 방언) 시('씨'의 고어) 이('에'의 방언) 스(수(數: 셈 수)) → 숲의 씨의 수(수효(數爻))'다.

스페서파이(specify: 명시하다, 이름을 (일일이) 열거하다, 명확히 말하다)

우리말로 읽어보면 '습(sp)+이(e)+시(ci)+펴(fy) → 습(섭: '섭새김'의 옛말) 이('에'의 방언)) 시('혀(말)'의 방언) 펴('펴다'의 활용형) → 섭새김에 말 펴다'이다.

□ 섭새김: 조각에서, 글자나 그림이 도드라지게 가장자리를 파내거나 뚫어지게 새기는 일 또는 그런 방법.

스펙터클(spectacle: 광경, 장관, 기관(奇觀))

우리말로 읽어보면 '스(s)+빅(pec)+태(ta)+클(cl)+이(e) → 스(시(示: 보일 시)) 빅(백(白: 흰 백)) 태(泰: 클 태) 클(큰: '크다'의 활용형) 이(명사형 접미사, 이것) → 보이다 깨끗하다 심하다(甚--: 정도가 지나치다) 큰 이것'이다. '깨끗하게 보이는 것이 심하게 큰 이것'이다.

□ 시(視): 보다, 보이다.

□ 태(泰): 크다, 심하다(甚--: 정도가 지나치다).

스페큘레이트(speculate: 사색하다, 심사숙고하다)

우리말로 읽어보면 '스(s)+빅(pec)+우르(ul)+아디(ate) → 스(사(思: 생각 사) 빅(백(百: 일백 백)) 우르(위로) 아디(하디 → 하다) → 생각 백번 위로 하다'다.

스피취(speech: 말하기, 연설)

우리말로 읽어보면 '스(s)+피(pe)+이츠(ech) → 스(사(詞: 말 사)) 피(펴: '펴다'의 활용형) 이츠(외쳐: '외치다'의 활용형) → 말 펴다 외치다'이다. '외쳐 말 펴는 것'이다.

□ 펴다: 생각, 감정, 기세 따위를 얽매임 없이 자유롭게 표현하거나 주장하다.

스피드(speed: 빠름. 신속, 속력)

우리말로 읽어보면 '스(s)+비(pe)+이(e)+드(d) → 스('스다(생기다)'의 활용형) 비(飛: 날 비) 이('에'의 방언) 드(도(度: 법도 도)) → 생기다 빠르다에 정도'다. '빠름 생김에 정도'다.

□ 비(飛): 날다, 빠르다, 빨리 가다.

□ 도(度): 법도, 자, 정도.

스펜드(spend: (돈. 재산. 자원 등을) 쓰다)

우리말로 읽어보면 '스(s)+비(pe)+느드(nd) → 스(쓰 → 써: '쓰다'의 활용형) 비(費: 쓸 비) 느드(나다 → 내다) → 쓰다 비(費) 내다'다. '돈 내고 쓰다'이다.

□ 비(費): 쓰다, 비용, 재화.

스퓨(spew: 토하다, 게우다)

우리말로 읽어보면 '스(s)+비우(pew) → 스(사(瀉: 쏟을 사)) 비우(비워: '비우다'의 활용형) → 게우다 비우다'다. '게워 비우다'다.

□ 사(瀉): 쏟다, 붓다, 게우다, 토하다.

스파이스(spice: 양념)

우리말로 읽어보면 '스(s)+비(pi)+시(ce) → 스('혀'의 방언) 비(毘: 도울 비) 시(是: 이 시) → 혀(맛) 돕다 이것'이다. '맛을 돕는 이것'이다.

스핀(spin: 잣다(실을 뽑다), 방적하다, 회전시키다, 빙빙 돌다)

우리말로 읽어보면 '스(s)+비느(pin) → 스(사(絲: 실 사)) 비느(비나: '비녀'의 방언) → 실 비녀'이다. '비녀에 실을 감고 실을 잣는 것'이다.

스피리트(spirit: 1. 정신, 마음, 영혼 2. 재빨리 채가다)

1번을 우리말로 읽어보면 '습(sp)+이(i)+리(ri)+트(t) → 습(섭(攝: 다스릴 섭)) 이(사람) 리(裏: 속 리) 트(츠 → 치: 사람) → 다스리다 사람 속 사람'이다. '사람을 다스리는 속의 사람'이다.

'2번을 우리말로 읽어보면 '스비리(spiri)+트(t) → 스비리(ㅅ비리 → 삐리 → 빠리 → 빨리) 트(츠 → 채: '채다'의 활용형) → 빨리 채다'다.

스피트(spit: 침을 뱉다)

우리말로 읽어보면 '스(s)+비트(pit) → 스(시(漦: 줄줄흐를 시)) 비트(배트 → 뱉어: '뱉다'의 활용형) → 침 뱉어'다.

□ 시(漦): 줄줄 흐르다, 침.

스파이트(spite: 악의, 심술, 원한, 앙심)

우리말로 읽어보면 '스(s)+비(pi)+티(te) → 스(사(思: 생각 사)) 비(非: 아닐 비) 티(치 → 취(趣: 뜻 취) → 생각 나쁘다 뜻'이다. '나쁜 뜻의 생각'이다.

□ 비(非): 아니다, 나쁘다.

스프레쉬(splash: (물, 흙탕을) 튀기다)

우리말로 읽어보면 '스(s)+블(pl)+아(a)+스흐(sh) → 스(수(水: 물 수)) 블(발(跋: 밟을 발)) 아(하 → 해: '하다'의 활용형) 스흐(서: '서다'의 활용형) → 물 밟는 것 하여 서다'다. '물을 밟아서 서다'다.

스프리트(split: 쪼개다, 찢다)

우리말로 읽어보면 '스(s)+브(p)+르(l)+이(i)+트(t) → 스(서(庶: 여러 서)) 브(부(部: 떼 부)) 르(로: 조사) 이(劙: 가를 이) 트(츠 → 쳐: '치다'의 활용형) → 여러 곳으로 갈라쳐'다.

□ 부(部): 떼, 부락(部落), 곳.

스포일(spoil: 망쳐놓다, 손상하다, 못쓰게 만들다)

우리말로 읽어보면 '스(s)+포(po)+일(il) → 스('스다(생기다)'의 활용형) 파(破: 깨뜨릴 파) 일(事) → 생기다 망치다 일(事)'이다. '일(事) 망침 생기다'이다.

□ 파(破): 깨뜨리다, 망치다.

스판테이니어스(spontaneous: 자연히 일어나는, 자연 발생적인, 자발적인)

1번을 우리말로 읽어보면 '스(s)+본(pon)+딴(tan)+이(e)+오우(ou)+스(s) → 스(수(手: 손 수)) 본(本: 근본 본) 딴(자기 나름대로의 생각이나 기준) 이('에'의 방언) 오우(위(爲: 할 위))+스(~의)=함의=한 → 스스로 자기 딴에 한'이다.

□ 수(手): 손, 스스로.

□ 본(本): 근본, 자기 자신.

스푼(spoon: 숟가락, 한 숟가락 가득)

우리말로 읽어보면 '스(s)+푸(poo)+느(n) → 스(수(手: 손 수)) 푸(퍼: '푸다'의 활용형) 느(니 → 이: 이것) → 손 푸다 이것'이다. '손으로 푸는 것'

이다.

스파우스(spouse: 배우자)

우리말로 읽어보면 '스(s)+보(po)+우(u)+스(s)+이(e) → 스(시: '씨'의 고어) 보(봐: '보다'의 활용형) 우(偶: 짝 우) 스(~의) 이(사람) → 씨 보는 짝의 사람'이다.

스프레드(spread: 펴다, 벌리다, 뻗다, 뿌리다, 퍼뜨리다)

우리말로 읽어보면 '스브리(spre)+아드(ad) → 스브리(ㅅ브리 → 쁘리 → 뿌리 → 뿌려: '뿌리다'의 활용형) 아드(하다) → 뿌려 하다 → 뿌리다'다.

스프린트(sprint: 전속력으로 달리다)

우리말로 읽어보면 '스브리(spri)+느트(nt) → 스브리(ㅅ브리 → 쁘리 → 빠리 → 빨리) 느트(내투 → 내뛰: '내뛰다(힘껏 앞으로 뛰어서 달려가다)'의 어근) → 빨리 내뛰다'다.

스프라우트(sprout: (싹, 잎 등이) 자라기 시작하다, (나무에서) 싹트다, 눈트다)

우리말로 읽어보면 '스플(spr)+오(o)+우(u)+트(t) → 스플(수풀: 풀, 나무, 덩굴 따위가 한데 엉킨 것) 오(아(芽: 싹 아)) 우(위) 트(터: '트다'의 활용형) → 수풀 싹 위로 트다'다.

스퍼~ㄹ(spur: 박차, 자극, 격려, 고무)

우리말로 읽어보면 '습(sp)+우르(ur) → 습(섭(慴: 두려울 섭)) 우르(어르: '어르다(달래다)'의 어근) → 두렵다 달래다'다. '두려움을 달래는 것'이다.

스파이(spy: 스파이, 탐정, 감시하다)

우리말로 읽어보면 '스(s)+피(py) → 스(사(伺: 엿볼 사)) 피(彼: 저 피) → 엿보다 저쪽(상대편)'이다. '상대 엿보다'다.

스퀘어(square: 정사각형, 정방형, 네모진 것, (시가지의 네모난) 광장)

우리말로 읽어보면 '스(s)+구(qu)+아(a)+리(re) → 스(사(四)) 구(矩: 모날 구) 아(하 → 해(偕: 함께 해) 리(里: 마을 리) → 사(四) 모서리 같다 길이의 단위'다. '네 모서리 같은 길이인 것'이다.

□ 구(矩): 모나다, 모서리.

□ 해(偕): 함께, 같다.

□ 리(里): 마을, 길이의 단위.

스콰쉬(squash: 짓누르다, 짓눌러 찌그러뜨리다)

우리말로 읽어보면 '스그(sq)+우아스흐(uash) → 스그(ㅅ그 → 끄 → 꺼: '끄다'의 활용형) 우아스흐(위에서) → 끄다 위에서'다. '위에서 끄다'다.

□ 끄다: 엉기어 덩어리가 된 물건을 깨어 헤뜨리다.

스크오크(squawk: (오리 등이 놀라서) 꽥꽥[깍깍] 울다)

우리말로 읽어보면 '스구아욱(squawk) → 스구아욱(ㅅ구('꾸'의 고어)아욱 → 꾸아욱 → 꾸아욱 → 꽈욱 → 꽥)'이다. '의성어 '꽥'을 영어로 써놓은 것'이다.

스퀴즈(squeeze: ~을 짜다[압착하다])

우리말로 읽어보면 '스퀘(sque)+이(e)+지(z)+이(e) → 스퀘(세게: '세다'의 활용형) 이(요(繚: 감길 요)) 지(脂: 기름 지) 이(儆: 나타날 이) → 세게 비틀어 기름 나타나다'이다.

□ 요(繚): 감기다, 비틀다.

스퀸트(squint: 사팔뜨기이다, 눈을 가늘게 뜨고 보다)

우리말로 읽어보면 '스(s)+귀(qui)+느(n)+뜨(t) → 스(사(斜: 비낄 사)) 귀(䁛: 볼 귀) 느(나: '나다(생기다)'의 활용형) 트(티: 모양) → 비껴 눈 생긴 모양'이다.

□ 귀(䁛): 보다, 눈.

스퀴쉬(squish: 짓이기다)

우리말로 읽어보면 '스귀(squi)+스흐(sh) → 스귀(ㅅ귀 → 뀌: '뀌다('이기다'의 방언)'의 어근) 스흐(스으 → 스어: '스다(생기다)'의 활용형) → 이기다 생기다'이다.

□ 이기다: 잘게 짓찧어 다지다.

스태브(stab: 찌르다)

우리말로 읽어보면 '스다(sta)+브(b) → 스다(ㅅ다 → 따: '따다(종기나 살갖 따위를 째거나 찔러 터뜨리다)'의 어근) 브(부(膚: 살갖 부)) → 따 살갖'이다.

스태크(stack: 낟가리, 쌓아올린 더미)

우리말로 읽어보면 '스(s)+탁(tac)+크(k) → 스(쓰 → 싸 → 쌓: '쌓다'의 어근) 탁(卓: 높을 탁) 크(거: '것'을 구어적으로 이르는 말) → 쌓다 높다 것'이다. '높게 쌓은 것'이다.

스테이디엄(stadium: 경기장, 야구장, 스타디움)

우리말로 읽어보면 '스트(st)+아(a)+디움(dium) → 스트(수티: '단지'의 방언) 아(하(嘏: 클 하)) 디움(지움 → 지음: '짓다'의 활용형) → 단지 크게 지음'이다. '단지를 크게 지은 것'이다.

스테이지(stage: 단계, 일보(一步), 무대, 스테이지)

우리말로 읽어보면 '스다(sta)+지(ge) → 스다 지(地: 땅 지) → 선(높은) 땅'이다.

스태걸(stagger: 비틀거리다, 휘청거리다)

우리말로 읽어보면 '스다그(stag)+그(g)+이르(er) → 스다그(스다가 → 서다가: '서다'의 활용형) 그(구(傴: 구부릴 구)) 이르(일으 → 일어: '일다(생기다)'의 활용형) → 서다가 구부리다 생기다'이다. '서다가 구부림이 생기는 것'이다.

스테인(stain: 얼룩, 더럼, 오염)

우리말로 읽어보면 '스대(sta)+인(in) → 스대(ㅅ대 → 때(垢)) 인(印: 도장 인) → 때 자국'이다.

□ 인(印): 도장, 흔적, 자국.

스테어(stairs: (계단의) 단, 계단)

우리말로 읽어보면 '스드(st)+아(a)+이르스(irs) → 스드(스다) 아(亞: 버금 아) 이르스(일으스 → 일어서: '일어서다'의 활용형) → 서는 것 다음가는 자리 일어선 것'이다.

□ 아(亞): 버금, 다음가는 자리.

스테이크(stake: 말뚝, 막대기, 내기에 건 돈)

우리말로 읽어보면 '스다(sta)+키(ke) → 스다 키(끼 → 껴: '끼다'의 활용형) → 서다 끼다'이다. '껴 선 것'이다.

스태머~ㄹ(stammer: 말을 더듬다)

우리말로 읽어보면 '스드(st)+암(am)+밀(mer) → 스드(ㅅ드 → 뜨 → 떠: '뜨다(행동 따위가 느리고 더디다)'의 활용형) 암(함: '하다'의 활용형) 밀(말(言)) → 떠 함 말'이다. '말함이 뜨다'이다.

스탠스(stance: 상황, 자세)

우리말로 읽어보면 '스(s)+트(t)+안(an)+시(ce) → 스(사(事: 일 사)) 트(츠 → 처(處: 곳 처)) 안(한: '하다'의 활용형) 시(옛말 명사형 접미사, 이것)

→ 일(事) 처(處)한 이것'이다.

□ 처(處)하다: 어떤 형편이나 처지에 놓이다.

스탠드(stand: 서다, 서 있다, 멈추어 있다)

우리말로 읽어보면 '스다(sta)+느드(nd) → 스다('서다'의 방언) 느드(나다=생기다)'다. '서다'+'생기다'='서다'이다.

스탠더~ㄹ드(standard: 표준, 수준, 규격, 일반적인, 보통의)

우리말로 읽어보면 '스(s)+따(ta)+느드(nd)+알(ar)+드(d) → 스(수(일을 처리하는 방법이나 수완) 따('따다('베끼다'의 방언)'의 활용형) 느드(나다(생기다)) 알(할: '하다'의 활용형) 드(도(度: 법도 도) → 수(방법) 베끼다 생기다 할 도(度: 기준(基準)으로 삼아 따르다)'다. '수(방법) 베낌이 생기게 할 기준(基準)으로 삼아 따르는 것'이다.

□ 도(度): 법도(法度), 법제(法制), 자, 도구(道具), 기준(基準)으로 삼아 따르다.

스테어~ㄹ(stare: (특히 눈을 크게 뜨고) 응시하다, 노려보다)

우리말로 읽어보면 '스(s)+태(ta)+르(r)+이(e) → 스(사(射: 쏠 사)) 태(態: 모습 태) 르(로: 조사) 이(眎: 볼 이) → 쏘는 모양 으로 보다'다.

스타트(start: 출발하다, 시작되다)

우리말로 읽어보면 '스다~ㄹ(star)+뜨(t) → 스다~ㄹ(스다(생기다)) 뜨(떠: '뜨다'의 활용형) → 생기다 떠'이다. '뜨는 것 생기다'이다.

스타트르(startle: ~을 깜짝 놀라게 하다)

우리말로 읽어보면 '스다~ㄹ(star)+트(t)+르(l)+이(e) → 스다(생기다) 트(츠 → 쳐: '치다'의 활용형) 로(滷: 놀랄 로) 이(여(與: 줄 여)) → 생기다 치다 놀라다 주다'다. '치는 것이 생겨 놀람 주다'다.

스테이트(state: 1. 상태, 형편, 모양, 양상 2. 국가, 나라 3. 신분, 지위 4. 말하다, 진술하다, 쓰다)

1번을 우리말로 읽어보면 '스(s)+트(t)+아(a)+티(te) → 스(사(事: 일 사)) 트(츠 → 처(處: 곳 처)) 아(하 → 해: '하다'의 활용형) 티(모양) → 일(事) 처(處) 해 모양'이다. '일(事) 처한 모양'이다.

□ 처(處)하다: 어떤 형편이나 처지에 놓이다.

2번을 우리말로 읽어보면 '스다(sta)+티(te) → 스다(ㅅ다 → 따: '땅'의 고어) 티(치(治: 다스릴 치) → 땅 다스리다'다. '다스림에 땅'이다.

3번을 우리말로 읽어보면 '스다(sta)+트이(te) → 스다(서다) 트이(츠이 → 차이(差異): 서로 같지 아니하고 다름) → 서다 차이'다. '서는 것의 차이'다.

4번을 우리말로 읽어보면 '스(s)+트(t)+아디(ate) → 스('혀(말)'의 방언) 트(토(吐: 토할 토)) 아디(하디 → 하다) → 말 토하는 것을 하다'이다.

스테이션(station: 정거장, 역, 정류장)

우리말로 읽어보면 '스타(sta)+트(t)+이오느(ion) → 스타(서다) 트(터: 장소) 이오니('이다'의 활용형) → 서다 터이다'. '서는 터이다'다.

스터티스틱스(statistics: 통계, 통계학, 통계론)

우리말로 읽어보면 '스(s)+타(ta)+티스(tis)+트(t)+익스(ics) → 스(수(數: 셈 수)) 타(다: 모두) 티스(치스 → 쳐서: '치다(계산에 넣다)'의 활용형) 트(토(討: 칠 토)) 익스(~학문) → 수(數) 모두 계산에 넣다 연구하다 학문'이다. '수(數) 모두 계산에 넣어 연구하는 학문'이다.

□ 토(討): 치다, 연구하다.

□ ~익스(ics) = 익('익히다'의 어근)+스(수(修: 닦을 수)) = 익히고 닦는 것.

스테이(stay: 머무르다)

우리말로 읽어보면 '스(s)+트(t)+아이(ay) → 스(서(棲: 깃들일 서)) 처(處: 곳 처) 아이(하이: '하다'의 활용형) → 깃들여 머무르는 것 하다'다.

□ 처(處): 곳, 처소(處所), 머무르다, 휴식하다.

스테드(stead: (사람. 물건의) 대신, 대리)

우리말로 읽어보면 '스(s)+태(te)+아드(ad) → 스(사(事: 일 사)) 태(대(代: 대신할 대) 아드(하드 → 하다) → 일(事) 대(代) 하다'다. '일(事) 대신하는 것'이다.

스틸(steal: 훔쳐가다, 도둑질하다)

우리말로 읽어보면 '스(s)+티(te)+아르(al) → 스(수(廋: 숨길 수)) 티(치 → 취(取: 가질 취)) 아르(하리: '하다'의 활용형) → 숨겨 가지는 것 하리'다.

스팀(steam: 증기, 스팀, 수증기)

우리말로 읽어보면 '스(s)+티(te)+암(am) → 스(소(素: 흴 소)) 티(먼지처럼 아주 잔 부스러기) 암('물'의 방언) → 흰 티 물'이다.

스티프(steep: (오를 수 없을 정도로) 가파른, 험준한)

우리말로 읽어보면 '스(s)+티(te)+입(ep) → 스(사(斜: 비낄 사)) 티(모양) 입(立: 설 입) → 기울다 모양 서다'다. '선 모양으로 기운 것'이다.

스티어(steer: ~의 키를 잡다, ~을 조종하다)

우리말로 읽어보면 '스(s)+티(te)+일(er) → 스(사(摣: 잡을 사)) 티(치: '키'의 방언) 일(事: 일 사) → 잡다 키 일(事)'이다. '키 잡는 일(事)' '조종하는 것'이다.

스텝(step: 걸음, 걸음걸이)

우리말로 읽어보면 '스(s)+띠(te)+브(p) → 스('스다(서다)'의 활용형) 띠('띠다('떼다'의 방언)'의 활용형) 브(보(步: 걸음 보)) → 서다 떼다 걸음'이다. '서서 떼는 걸음'이다.

스터~ㄹ느(stern: 1. 엄격한, 엄정한, 단호한 2. 고물(배의 뒷부분))

1번을 우리말로 읽어보면 '스티(ste)+르(r)+느(n) → 스티(수티 → 수치(數値: 숫값) 르(로: 조사) 느(노(嚕: 말할 로)) → 숫값 으로 말하는'이다.

2번을 우리말로 읽어보면 '스(s)+트(t)+이르(er)+느(n) → 스(소(艘: 배 소)) 트(츠 → 초(稍: 끝 초)) 이르('이르다(말하다)'의 어근) 느(니 → 이:

이것) → 배 끝 말하다 이것'이다.

스틱(stick: 1. 막대기, 단장, 지팡이 2. 찌르다)

1번을 우리말로 읽어보면 '스(s)+틱(tic)+크(k) → 스(수(殳: 몽둥이 수)) 틱(딕 → 직(直: 곧을 직)) 크(거 → 것) → 몽둥이 곧은 것'이다.

□ **수(殳): 몽둥이, 나무 지팡이.**

2번을 우리말로 읽어보면 '스틱(stic)+크(k) → 스틱(스딕(ㅅ딕 → 띡 → 찍: '찍다'의 어근)) 크(크 → 흐 → 하 → 해: '하다'의 활용형) → 찍다 해'다. '찍는 것 하다' '찍다'이다.

스틸(still: 정지해 있는, 움직이지 않는)

우리말로 읽어보면 '스드(st)+이르르(ill) → 스드(스다: '서다'의 방언) 이르르(이르러: '이르다('일다(생기다)'의 방언)'의 활용형) → 스다 생기다'이다. '서는 것이 생긴'이다.

스티뮤레이트(stimulate: 자극[격려]하다; 격려하여 [행위 등을] 시키다)

우리말로 읽어보면 '스(s)+티무(timu)+르(l)+아디(ate) → 스(수(手: 손 수)) 티무(치무 → 치며: '치다'의 활용형) 르(로(勞: 일할 로)) 아디(하디 → 하다) → 손(手) 치며 위로하다(慰勞--) 하다'다. '손으로 치며 위로(慰勞)하다'다.

□ **로(勞): 일하다, 위로하다(慰勞--).**

스팅(sting: ~을 찌르다, 쏘다)

우리말로 읽어보면 '스(s)+팅(ting) → 스(쓰 → 써: '쓰다'의 활용형) 팅(칭 → 창(槍: 창 창) → 쓰다 창'이다. '창을 쓴 것' '찌른 것'이다.

스팅크(stink: 악취가 나다)

우리말로 읽어보면 '스(s)+티(ti)+느(n)+크(k) → 스('스다(생기다)의 활용형) 취(臭: 냄새 취) 느(나: '나다'의 활용형) 크(커: '크다'의 활용형) → 생긴 구린내 나 커'다. '생긴 구린내 크게 나다'다.

□ 취(臭): 냄새, 구린내.

스터~ㄹ(stir: 휘젓다, 뒤섞다, 움직이다, 각성시키다, 선동하다)

우리말로 읽어보면 '스트(st)+이르(ir) → 스트(서트: '서트다('섞다'의 방언)'의 어근) 이르(일으 → 일어: '일다(생기다)'의 활용형) → 섞음 생기다'이다.

스톡(stock: 재고, 저장, 비축, 자본금, 증권)

우리말로 읽어보면 '스(s)+토(to)+극(ck) → 스(수(稤: 창고 수)) 토(타(垛: 쌓을 타)) 극(것) → 창고 쌓다 것'이다. '창고에 쌓은 것'이다.

스토우크(stoke: 불을 때다, 더 부추기다, 연료를 더 넣다)

우리말로 읽어보면 '스(s)+트오(to)+키(ke) → 스(시 → 새: '땔나무'의 방언) 트오(타오 → 태워: '태우다'의 활용형) 키(켜: '켜다(불을 일으키다)'의 활용형) → 땔나무 태워 불 일으켜'다. '불 일으켜 땔나무 태우다'다.

스토우크트(stoked: 열광하는, 기뻐 날뛰는)

우리말로 읽어보면 '스(s)+트(t)+오기드(oked) → 스('스다(생기다)'의 활용형) 트(태(兊: 기쁠 태)) 오기드(워기다: '외치다'의 옛말) → 생기다 기쁘다 외치다'다. '기쁨이 생겨 외치는'이다.

스터머크(stomach: 위(胃))

우리말로 읽어보면 '스(s)+톰아(toma)+츠(ch) → 스(사(食: 먹이 사) 톰아(탐아 → 담아: '담다'의 활용형)) 츠(처(處: 곳 처)) → 먹이 담아 곳'이다. '먹이 담는 곳'이다.

스투프(stoop: 몸을 구부리다, 웅크리다)

우리말로 읽어보면 '스도(sto)+오프(op) → 스도(스다) 오프(옾으 → 엎어) → 스다 엎어'다. '엎어져 서다'이다.

스톺(stop: 그만두다, ~을 하지 않게 되다)

우리말로 읽어보면 '스도(sto)+브(p) → 스도(스다) 브(부(赴: 갈 부)) → 스다 가다'이다. '가는 것을 서다'이다.

스토리지(storage: 저장, 보관)

우리말로 읽어보면 '스(s)+토(to)+르(r)+아지(age) → 스(수(稤: 창고 수) 토(타(垜: 쌓을 타)) 르(루 → 류(留: 머무를 류) 아지(하지 → 하기 '지- → 기') → 창고 쌓아 류(留) 하기'다.

스토~ㄹ(store: 가게, 상점)

우리말로 읽어보면 '스도(sto)+르(r)+이(e) → 스도(사다) 르(루(累: 여러 루)) 이(여기) → 사다 여러 여기(이곳)'다. '여러 (것을) 사는 여기(이곳)'이다.

스토름(storm: 폭풍(우))

우리말로 읽어보면 '스(s)+토르(tor)+므(m) → 스(수(颼: 바람 수)) 토르(도르 → 돌으 → 돌아: '돌다'의 활용형) 므(모(貌: 모양 모)) → 바람 돌아 모양'이다. '도는 모양에 바람'이다.

스토리(story: 1. 이야기, 동화, 옛날이야기 2. 층)

1번을 우리말로 읽어보면 '스(s)+토리(tory) → 스(시: '혀(말)'의 방언) 토리(타리: '타래'의 방언) → 말 타래'다.

□ 타래: 사리어 뭉쳐 놓은 실이나 노끈 따위의 뭉치.

2번을 우리말로 읽어보면 '스(s)+트(t)+오르이(ory) → 스(수(數: 셈 수)) 트(츠 → 처(處: 곳 처)) 오르이('오르다'의 활용형) → 숫자 처소(處所) 오르다'다. '처소(處所) 오르는 숫자'다.

□ 처(處): 곳, 처소(處所: 사람이 기거하거나 임시로 머무는 곳).

스토우(stow: (뱃짐 등을 배 등에) 싣다)

우리말로 읽어보면 '스(s)+토우(tow) → 스(수(輸: 보낼 수)) 토우(타우 → 태워: '태우다'의 활용형) → 짐 태워'다.

□ 수(輸): 보내다, 짐.

스트래들(straddle: 다리를 벌리고 걷다, (두 다리를) 벌리고 있다)

우리말로 읽어보면 '스(s)+트르(tr)+아(a)+드드리(ddle) → 스(시(새: '사이'의 준말)) 트리(드리 → 다리) 아(하 → 해: '하다'의 활용형) 드드리(디디리: '디디다'의 활용형) → 사이 다리 해 디디다'다.

□ 디디다: 발로 내리누르다, 걷다.

스트레이트(straight: 곧은, 똑바른, 직립의)

우리말로 읽어보면 '스(s)+트르(tr)+아(a)+이(i)+그흐(gh)+트(t) → 스(사(射: 쏠 사)) 트르(티로 → 톄로: '처럼'의 옛말) 아(하 → 해: '하다'의 활용형) 이(敯: 바를 이) 그흐(가흐 → 가: '가다'의 활용형) 트(티: 모양) → 쏘는 것처럼 해 바르게 가는 모양'이다.

스트레인(strain: 잡아당기다, 긴장시키다, 부담, 중압[압박])

우리말로 읽어보면 '스(s)+틀(tr)+아(a)+이(i)+느(n) → 스(시(矢: 화살 시)) 틀(츨 → 출(出: 날 출)) 아('에'의 방언) 이(위(爲: 할 위)) 느(나: '나다'의 활용형) → 화살 나감 에 함 생기다'이다.

□ 출(出): 나다, 나가다, 떠나가다.

스트레이트(strait: 해협)

우리말로 읽어보면 '스(s)+트~ㄹ(tr)+아(a)+이트(it) → 스(시 → 새: '사이'의 준말) 트~ㄹ(터: 땅) 아(하 → 해(海: 바다 해) 이트(이츠 → 이치: 이것) → 사이 땅 바다 이것'이다.

스트랜드(strand: (배 등을 물가에) 좌초시키다)

우리말로 읽어보면 '스(s)+트~ㄹ(tr)+안드(and) → 스(소(艘: 배 소)) 트~ㄹ(터: 땅) 안드(안다) → 배 땅 안다(坐)'다.

스트레인지(strange: 이상한, 야릇한, 기묘한)

우리말로 읽어보면 '스(s)+틀(tr)+안(an)+제(ge) → 스(수(殊: 다를 수)) 틀(일정한 격식이나 형식) 안(한: '하다'의 활용형) 제(齊: 가지런할 제) → 다르다 틀 한 가지런하다'이다. '가지런함에 다르게 틀(형식) 한'이다.

스트래터지(strategy: 병법, 용병학, 전략)

우리말로 읽어보면 '스(s)+틀(tr)+아(a)+티(te)+지(gy) → 스(수(일을 처리하는 방법이나 수완)) 틀(일정한 격식이나 형식) 아(하 → 해: '하다'의 활용형) 티(치 → 쳐: '치다'의 활용형) 지(智: 지혜 지) → 방법 틀(형식) 해치다 지혜'다. '형식 해치는 지혜로운 방법'이다.

스트레이(stray: 길을 잃다, [길에서] 벗어나다)

우리말로 읽어보면 '스(s)+틀(tr)+아이(ay) → 스(수(隧: 길 수)) 틀(탈(說: 벗을 탈)) 아이(하이: '하다'의 활용형) → 길 잃다 하다'다.

□ 탈(說): 벗어나다, 잃다.

스트림(stream: 내, 시내, 개울)

우리말로 읽어보면 '스(s)+트(t)+리(re)+암(am) → 스(시 → 새: '사이'의 방언) 트('터'의 방언) 리(𧺝: 갈 리) 암('물'의 방언) → 사이 터로 가는 물'이다.

스트리트(street: 거리, 가로)

우리말로 읽어보면 '스(s)+트(t)+리(re)+이(e)+트(t) → 스(市: 저자 시) 트('터'의 방언) 리(이: 사람) 이(迆: 갈 이) 트('터'의 방언) → 저자 터 사람 가는 터'다. '저자 터에 사람 가는 터'다.

스트레스(stress: 1. 강조, 역설 2. 강세, 압박)

1번을 우리말로 읽어보면 '스(s)+틀(tr)+이쓰(ess) → 스(사(詞: 말 사)) 틀(츨 → 출(出: 날 출)) 이쓰(있으 → 있어: '있다'의 활용형) → 말 드러내다 있다'다. '말에 드러냄 있는 것'이다.

□ 출(出): 나다, 태어나다, 드러내다, 나타내다.

2번을 우리말로 읽어보면 '스(s)+틀(tr)+이스(es)+스(s) → 스(수(囚: 가둘 수)) 틀(간단한 구조로 된 기계나 장치) 이스(에서: 조사) 스(사(思: 생각 사)) → 가두는 틀에서 생각'이다.

스트레치(stretch: (손발, 날개 등을) 한껏 뻗다, 늘이다)

우리말로 읽어보면 '스(s)+트르(tr)+이(e)+트(t)+츠(ch) → 스(수(手: 손 수)) 트르(틀으 → 틀어: '틀다'의 활용형) 이(에 → 외(外: 바깥 외) 트('터(땅, 곳)'의 방언) 츠(추(推: 밀 추)) → 손 틀어 바깥 곳 밀다'다. '손을 틀어 바깥 곳으로 미는 것' '기지개를 펴는 것'이다.

스트리크트(strict: 엄한, 엄격한, 엄중한)

우리말로 읽어보면 '스(s)+틀(tr)+익(ic)+트(t) → 스(수(守: 지킬 수)) 틀(일정한 격식이나 형식) 익(溺: 빠질 익) 트(티: 모양) → 지키다 형식 지나치다 모양'이다. '형식 지키는 것이 지나친 모양'이다.

□ 익(溺): 빠지다, 지나치다.

스트라이드(stride: 성큼성큼 걷다)

우리말로 읽어보면 '스(s)+틀(tr)+이(i)+디(de) → 스(서(逝: 갈 서)) 틀(일정한 격식이나 형식) 이(위(爲: 할 위: 행위)) 디(대(大: 클 대)) → 가다 형식 하다 크다'다. '가는 형식 행위 크다'다.

□ 위(爲): 하다, 행위.

스트라이크(strike: 치다, 두드리다, 때리다)

우리말로 읽어보면 '스(s)+트르(tr)+이(i)+키(ke) → 스(수(殳: 몽둥이 수)) 트르(드르(들으 → 들어: '들다'의 활용형)) 이(위(爲: 할 위)) 키(끼 → 까: '까다(세게 치거나 때리다)'의 어근) → 몽둥이 들어 하다 때리다'다. '몽둥이 들어 때리는 것 하다'다.

스트맆(strip: 옷을 벗다, 껍질을 벗기다, 없애다[벗기다])

우리말로 읽어보면 '스(s)+틀(tr)+이브(ip) → 스(사(褫: 옷 사)) 틀(탈(脫: 벗을 탈)) 이브(입으 → 입어: '입다'의 활용형) → 옷 벗다 입다'다. '옷을 벗게 입는 것' '옷을 벗는 것'이다.

스트라이브(strive: 노력하다, 애쓰다)

우리말로 읽어보면 '스(s)+트르(tr)+이(i)+브이(ve) → 스(수(일을 처리하는 방법이나 수완)) 트르(털어: '털다(자기가 가지고 있는 것을 남김없이 내다)'의 활용형) 이(위(爲: 할 위) 브이(보여: '보이다'의 활용형) → 수(방법) 털어 해보이다'다. '수(방법) 털어 하는 것 보이다'다.

스트롱(strong: (체력, 근력이) 센, 강한, 힘 있는)

우리말로 읽어보면 '스(s)+트르(tr)+온(on)+그(g) → 스(소(牛)) 트르(티로 → 테로: '처럼'의 옛말) 온('오다'의 활용형) 그(기(氣: 기운 기)) → 소 처럼 온 기운'이다.

스트럭철(structure: 구조, 구성, 조립, 건축물)

우리말로 읽어보면 '스틀(str)+우(u)+그(c)+툴(tur)+이(e) → 스틀(새틀: '사다리'의 방언) 우(위) 그(가: '가다'의 활용형) 툴(출 → 철(綴: 엮을 철)) 이(명사형 접미사, 이것) → 사다리 위 가 엮은 이것'이다.

스트러글(struggle: 1. 투쟁하다, 투쟁, 싸움 2. 버둥거리다, 허우적거리다)

1번을 우리말로 읽어보면 '스(s)+틀(tr)+우(u)+그(g)+그르이(gle) → 스(쓰 → 써: '쓰다'의 활용형) 틀(일정한 격식이나 형식) 우(위) 그(가: '가다'의 활용형) 그르이(겨르이 → 겨루이: '겨루다'의 활용형) → 쓰다 틀 위 가다 겨루다'다. '틀(일정한 격식이나 형식)을 써서 위로 감을 겨루는 것'이다.

2번을 우리말로 읽어보면 '스(s)+뜨(t)+르(r)+우(u)+그(g)+그르이(gle) →

스(시: '쉬(파리알)'의 방언) 뜨(떼: 목적이나 행동을 같이하는 무리) 르(로: 조사) 우(위) 그(가: '가다'의 활용형) 그르이(겨르이 → 겨루이: '겨루다'의 활용형) → 쉬(파리알) 떼 로 위 가다 겨루다'이다.

스터브(stub: 그루터기(나무를 베고 남은 아랫동아리))

우리말로 읽어보면 '스(s)+투(tu)+브(b) → 스(수(樹: 나무 수)) 투(터: 땅) 브(부(部: 떼 부) → 나무 땅 곳'이다. '나무의 땅 부분'이다.

□ **부(部): 떼, 마을, 분야, 지역, 곳, 장소.**

스터버른(stubborn: 완고한, 고집 센)

우리말로 읽어보면 '스투브(stub)+볼(bor)+느(n) → 스투브(그루터기) 볼(발('기세' 또는 '힘'의 뜻을 더하는 접미사)) 느(나: '나다(생기다)'의 활용형) → 그루터기 기세 생기다'이다. '꼼짝 안 하는 기세 생긴'이다.

스튜던트(student: 학생)

우리말로 읽어보면 '스(s)+투(tu)+드이느(den)+트(t) → 스(수(修: 닦을 수)) 투(터: 집이나 건물을 지었거나 지을 자리) 드이느(다니는: '다니다'의 활용형) 트(츠 → 치: 사람) → 익히는 터 다니는 사람'이다.

□ **수(修): 닦다, 익히다.**

스터디(study: 공부, 면학)

우리말로 읽어보면 '스(s)+투(tu)+드(d)+이(y) → 스(수(修: 닦을 수)) 투(터: 집이나 건물을 지었거나 지을 자리) 드(도(道: 길 도)) 이(명사형 접미사, 이것) → 익히는 터에서 가르치는 이것'이다.

□ 도(道): 길, 도리(道理), 이치(理致), 가르치다.

스텀블(stumble: 발부리가 걸리다, 채어 비틀거리다)

우리말로 읽어보면 '스(s)+트(t)+움(um)+블(bl)+이(e) → 스('스다(생기다)'의 활용형) 트(터: 땅) 움(엄: 옛말 '뻐드렁니'의 옛말) 블(발(足)) 이(罹: 걸릴 이) → 생기다 터 뻐드렁니 발 걸리다'이다. '터(땅)의 뻐드렁니(돌출부)에 발 걸림이 생기다'이다.

스턴(stun: 기절[실신]시키다, 망연자실하게 만들다, 큰 감동을 주다)

우리말로 읽어보면 '스(s)+뜨(t)+우(u)+느(n) → 스(사(思: 생각 사)) 뜨(떠: '뜨다(떠나다)'의 활용형) 우(위(爲: 할 위)) 느(나: '나다(생기다)'의 활용형) → 생각 떠나다 하다 생기다'이다. '생각 떠나게 함 생기다'이다.

스튜피드(stupid: 어리석은, 머리가 둔한)

우리말로 읽어보면 '스(s)+투(tu)+비드(pid) → 스(사(思: 생각 사)) 투(터: 밑바탕) 비드(비다(없다) → 생각 터 비다'다. '골 비다' '골 빈'이다.

스타일(style: 양식, 형식, 종류)

우리말로 읽어보면 '스(s)+띠르(tyl)+이(e) → 스(수: 일을 처리하는 방법이나 수완) 띠르(따르: '따르다'의 어근) 이(명사형 접미사, 이것) → 방법 따른 이것'이다.

서브(sub-: 아래, 하의, 약간의, 때로는 부(副), 보(補)의 뜻)

우리말로 읽어보면 '숩(sub) → 숩(섭: '섶'의 방언)'이다.

□ 섶: 1. 저고리나 두루마기 따위의 깃 (아래쪽)에 달린 길쭉한 헝겊. 2. '(옆)'의 방언. 3. 덩굴지거나 줄기가 가냘픈 식물이 쓰러지지 아니하도록 그 옆에 매거나 꽂아서 세워 두는 막대기(補: 돕다).

또 다르게 우리말로 읽어보면 '스(s)+우(u)+브(b) → 스('스다(서다)'의 활용형) 우(偶: 짝 우) 부(部: 떼 부) → 스다 대하다(對--) 곳(부분)'이다. '선 것에 대(對)하는 부분' '아래'다.

□ 우(偶): 짝, 대하다(對--).

서브듀(subdue: 정복하다, 압도하다)

우리말로 읽어보면 '숩(sub)+두이(due) → 숩(섭(攝: 다스릴 섭) 두이('두다'의 활용형) → 다스리다 두다'다. '다스림에 두는 것'이다.

서브직트(subject: 1. 주제, 문제, 과제, 화제, 논제, 지배하에 있는 2. 국민)

1번을 우리말로 읽어보면 '수(su)+브(b)+직(jec)+트(t) → 수(사(詞: 말사)) 브(부(部: 떼 부)) 직(적(的: 과녁 적)) 트(츠 → 치: 어떠한 특성을 가진 물건 또는 대상) → 말하다 떼 과녁 대상'이다. '떼로 말함에 과녁 치(대상)'다.

2번을 우리말로 읽어보면 '숩(sub)+직(jec)+트(t) → 숩(섭(攝: 다스릴 섭)) 직(直: 곧을 직) 트(츠 → 치: 사람) → 다스림에 대(對)하는 사람'이다.

□ 직(直): 곧다, 대하다(對--).

서브멀린(submarine: 잠수함, 해저의)

우리말로 읽어보면 '수브(sub)+말(mar)+인(in)+이(e) → 수브(아래) 말(물(水)) 인(안(內)) 이(명사형 접미사, 이것) → 아래 물 안 이것'이다. '물 안(속) 아래 이것'이다.

서브멀지(submerge: 물속에 넣다[가라앉히다], 잠수하다)

우리말로 읽어보면 '수브(sub)+밀(mer)+지(ge) → 수브(아래) 밀(물(水)) 지(之: 갈 지) → 아래 물 가다'다.

서브미트(submit: 1. 복종[굴복]시키다, 2. 제출[제기, 부탁]하다)

1번을 우리말로 읽어보면 '숩(sub)+미(mi)+트(t) → 숩(섭(攝: 다스릴 섭)) 미('놈('사람'의 옛말)'의 방언) 트(츠 → 쳐: '치다'의 활용형) → 다스리다 사람 치다'다. '사람 쳐 다스리는 것'이다.

2번을 우리말로 읽어보면 '수(su)+브(b)+미트(mit) → 수(授: 줄 수) 브(부(部: 떼 부)) 미트(미츠 → 미쳐: '미치다'의 활용형) → 준 문서 미치다(닿다)'다.

□ 부(部): 떼, 마을, 문서.

서브스크라이브(subscribe: 1. (어떤 금액을 서명하여) 기부하다, 기부할 것을 약속[예약]하다 2. 구독하다; 가입하다)

1번을 우리말로 읽어보면 '수(su)+브(b)+스(s)+글(cr)+이(i)+비(be) → 수(授: 줄 수) 브(부(富: 부유할 부)) 스(서(誓: 맹세할 서)) 글(書) 이(위(爲: 할 위)) 브이(보이 → 보여: '보이다'의 활용형) → 주다 재산 맹세하다 글

해 보여'다. '재산 주는 것을 글로 맹세해 보여'다.

2번을 우리말로 읽어보면 '수(su)+브(b)+스(s)+글(cr)+이(i)+비(be) → 수(서(書: 글 서)) 브(보 → 봐: '보다'의 활용형) 스(서(誓: 맹세할 서)) 글(書) 이(위(爲: 할 위)) 브이(보이 → 보여: '보이다'의 활용형) → 글 봐 맹세하다 글 해 보여'다. '글 보는 것을 글로 맹세해 보여'다.

서브시퀀트(subsequent: 다음[후, 바로 뒤]의, (시간적으로) 뒤이어 일어나는)

우리말로 읽어보면 '숩(sub)+시(se)+퀀(quen)+트(t) → 숩(섶: '옆'의 방언) 시(時: 때 시) 퀀(퀜: '꿰다'의 활용형) 트(티: 모양) → 옆 시(時) 퀜 모양'이다.

서브시스트(subsist: 존재하다, 존속하다)

우리말로 읽어보면 '숩(sub)+시(si)+스드(st) → 숩(섭(躡: 밟을 섭)) 시('씨'의 고어) 스드(스다(생기다)) → 연속(連續)해서 씨 생기다'이다.

□ **섭(躡): 밟다, 뒤쫓다, 따르다, 잇다, 연속하다.**

서브스턴스(substance: 물질; 물체, 객체, 본질, 실체)

우리말로 읽어보면 '수(su)+브(b)+스탄(stan)+스(c)+이(e) → 수(需: 쓰일 수) 브(부(瓿: 단지 부)) 스탄('땅(ㅅ탄 → 딴 → 땅)'의 고어) 스(사(似: 닮을 사)) 이(명사형 접미사, 이것) → 쓰이다 단지 땅(흙) 같은 이것'이다. '단지에 쓰이는 흙 같은 이것'이다.

□ **사(似): 닮다, 같다.**

서브스터튜트(substitute: 대신하는 사람[것], 대신으로 쓰다, 대용하다)

우리말로 읽어보면 '수(su)+브(b)+스(s)+티(ti)+투(tu)+티(te) → 수(서 → 써: '쓰다'의 활용형) 브(부(副: 버금 부)) 스(사(似: 닮을 사)) 티(치: 사람, 물건, 대상) 투(터: '트다(치워 통하게 하다)'의 활용형) 티(치 → 쳐: '치다(인정하거나 가정하다)'의 활용형) → 쓰다 버금 닮다 치 트다 치다'다. '닮은 치(물건, 사람) 터(통하게) 인정해 버금으로 쓰는 것'이다.

서벌브(suburb: 도시 주변의 주택; 교외)

우리말로 읽어보면 '숩(sub)+울(ur)+브(b) → 숩(섶: '옆'의 방언) 우르(고대 메소포타미아 남부에 있었던 도시. '우르'는 도시를 나타냄. 우리말 '울(울타리)'에서 만들어진 말) 브(부(部: 떼 부: 떼, 부락, 곳, 장소(場所)) → 옆 도시 장소(場所)'다. '도시 옆 장소(場所)'다.

서크시드(succeed: 1. 성공하다, 성취하다 2. 이어지다)

1번을 우리말로 읽어보면 '수(su)+그(c)+시(ce)+이(e)+드(d) → 수(서(諝: 바랄 서)) 그(거 → 것) 시(始: 비로소 시) 이(요(要: 요긴할 요)) 드(돼: '되다'의 활용형) → 바라는 것 비로소 이룸 돼 돼'다.

□ 요(要): 요긴하다, 이루다, 성취하다.

2번을 우리말로 읽어보면 '숙(suc)+시(ce)+이(e)+드(d) → 숙(석(昔: 예 석)) 시(時: 때 시) 이(여기) 드(다 → 닿: '닿다'의 어근) → 옛날 때(시간) 여기 닿'이다. '옛날에 시(時)가 여기 닿은 것' '이어진 것'이다.

서츠(such: 그[이]와 같은, 그런, 이런)

우리말로 읽어보면 '수(su)+츠(ch) → 수(사(似: 닮을 사)) 츠(차(此: 이 차)) → 같은 이'이다. '이 같은'이다.

□ 사(似): 닮다, 같다.

서크(suck: 입으로 빨다)

우리말로 읽어보면 '숙(suc)+크(k) → 숙(속(嗽: 빨 속)) 크(크 → 흐 → 하 → 해: '하다'의 활용형) → 빨다 하다'다. '(입속으로) 빨다'이다.

서든(sudden: 갑작스러운, 돌연한, 불시의)

우리말로 읽어보면 '숟(sud)+딘(den) → 숟(숙(倏: 갑자기 숙)) 딘(된: '되다'의 활용형) → 갑자기 된'이다.

수(sue: 소송을 제기하다, 고소하다)

우리말로 읽어보면 '스(s)+위(ue) → 스(소: 訴: 하소연할 소) 위(爲: 할 위) → 소(訴) 하다'다.

□ 소(訴): 하소연하다, 고소하다, (판결을) 구하다, 송사(訟事).

서퍼~ㄹ(suffer: 괴로워하다, 고민하다)

우리말로 읽어보면 '숲(suf)+프(f)+이르(er) → 숲(섭('섭하다(기대에 어그러져 마음이 서운하거나 불만스럽다)'의 어근) 프(포: '거듭'의 옛말) 이르(일으 → 일어: '일다'의 활용형) → 섭함 거듭 일어'이다.

서파이스(suffice: 충분하다, 족하다)

우리말로 읽어보면 '수(su)+브(f)+프(f)+이스이(ice) → 수(需: 쓰일 수) 브(보(寶: 보배 보)) 프(포('거듭'의 옛말)) 이스이(있으이: '있다'의 활용형) → 쓰이는 보배 거듭 있다'다.

서퍼케이트(suffocate: 질식사하다, 호흡이 곤란하게 하다, 숨차게 하다)

우리말로 읽어보면 '숲(suf)+포(fo)+그(c)+아디(ate) → 숲('허파'의 방언) 포(包: 쌀 포) 그(가: '가다(죽다)'의 활용형) 아디(하디 → 하다) → 허파 싸다 죽다 하다'다. '허파 싸 죽게 하다' '숨 막아 죽게 하다'다.

서제스트(suggest: 제안하다, 꺼내다, 암시하다)

우리말로 읽어보면 '수(su)+그(g)+제스트(gest) → 수(사(思: 생각 사)) 그(거 → 것) (제스트(제시타 → 제시하다(提示--)) → 생각하다 것 제시하다(提示--)'다. '생각한 것 제시하다(提示--)'다.

수어사이드(suicide: 자살)

우리말로 읽어보면 '수(su)+이(i)+시(ci)+디(de) → 수(手: 손 수) 이(台: 나 이) 시(弑: 죽일 시) 디(데 → 돼: '되다'의 활용형) → 스스로 나 죽이다 되는 것'이다.

□ **수(手): 손수, 스스로, 손.**

섬(sum: 합계, 총계)

우리말로 읽어보면 '수(su)+므(m) → 수(數: 셈 수) 므(모(募: 모을 모)) →

수(數) 모은 것'이다.

서머리(summary: 요약, 적요)

우리말로 읽어보면 '스움(sum)+말(mar)+이(y) → 스움(합계) 말(言) 이(명사형 접미사, 이것) → 합계 말(言) 이것'이다. '합계된 말(言) 이것'이다.

서미트(summit: 정상, 최고점)

우리말로 읽어보면 '수(su)+므(m)+미(mi)+트(t) → 수(首: 머리 수) 므(마: '맨(그보다 더할 수 없을 정도로 가장)'의 방언) 미('메(산)'의 방언) 트(터: 땅) → 머리 맨 산 터'다. '맨(가장) 머리 산 터' '가장 높은 곳'이다.

서먼(summon: 소환하다, 호출하다)

우리말로 읽어보면 '스(s)+움(um)+모(mo)+느(n) → 스(소(召: 부를 소)) 움(엄(嚴: 엄할 엄)) 모(募: 모을 모) 느(나: '나다(생기다)'의 활용형) → 부르다 엄하다 모으다 생기다'이다. '엄하게 불러 모음 생기다'이다.

섬프추어스(sumptuous: 호화로운)

우리말로 읽어보면 '숨(sum)+브(p)+투(tu)+오우(ou)+스(s) → 숨(섬(閃: 번쩍일 섬)) 브(비(斐: 문채날 비)) 투(추(醜: 추할 추)) 오우(위(爲: 할 위))+스(~의)=함의=한 → 번쩍이다 화려하다 추하다 한 → 번쩍이는 화려함이 추한'이다.

수펄(super: 임시 고용 배우, 엑스트라)

우리말로 읽어보면 '숲(sup)+이르(er) → 숲(섶: 덩굴지거나 줄기가 가냘픈 식물이 쓰러지지 아니하도록 그 옆에 매거나 꽂아서 세워 두는 막대기) 이르(어리: 옛말 그런 사람의 뜻을 더하는 접미사) → 섶 사람'이다. '옆에서 보조하는 사람'이다.

수퍼~ㄹ-(super-: ((접두사)) 이상, 과도, 극도, 보통보다 더 많은)

우리말로 읽어보면 '수(su)+프(p)+이르(er) → 수(秀: 빼어날 수) 프(포: '거듭'의 고어) 이르(일으 → 일어: '일다(생기다)'의 활용형) → 빼어남 거듭 생긴'이다.

수퍼브(superb: 훌륭한, 우수한, 초일류의)

우리말로 읽어보면 '수(su)+프(p)+이르브(erb) → 수(秀: 빼어날 수) 프(포: '거듭'의 옛말) 이르브(이르붜 → 이루워 → 이루어: '이루다'의 활용형) → 빼어남 거듭 이루어'다.

서프라이(supply: 공급하다, 대주다)

우리말로 읽어보면 '수(su)+프(p)+프르이(ply) → 스(수(需: 쓰일 수)) 프(포: '거듭'의 옛말) 프르이(푸르이 → 풀으이: '풀다'의 활용형) → 필요로 하는 물건(物件) 거듭 풀다'다.

□ 수(需): 쓰이다, 필요로 하는 물건(物件)

서포트(support: (구조물 등을 밑에서) 받치다, 부양하다, 유지하다)

우리말로 읽어보면 '숩(sup)+폴(por)+트(t) → 숲('섶(덩굴지거나 줄기가 가냘픈 식물이 쓰러지지 아니하도록 그 옆에 매거나 꽂아서 세워 두는 막대기)'의 방언) 폴('팔'의 방언) 트(츠 → 쳐: '치다(세우거나 쌓다)'의 활용형) → 섶 팔 치다'이다.

서포우즈(suppose: 가정하다, 가령 (~이라고) 하면)

우리말로 읽어보면 '스(s)+우프(up)+포(po)+스이(se) → 스(사(詐: 속일 사)) 우프(어프 → 엎어: '엎다'의 활용형) 포(보 → 봐: '보다'의 활용형) 스이('스다(생기다)'의 활용형) → 거짓 엎어 보다 생기다'이다. '거짓으로 엎어 봄 생기다'이다.

□ 사(詐): 속이다, 거짓.

슈어(sure: 확신하고, 굳게 믿고)

우리말로 읽어보면 '스(s)+우르이(ure) → 스(시(恃: 믿을 시)) 우르이(어르이: '얼다(액체나 물기가 있는 물체가 찬 기운 때문에 고체 상태로 굳어지다)'의 활용형) → 믿음 굳은'이다.

서지(surge: 큰 파도, 놀, 굽이치는 바다)

우리말로 읽어보면 '수(su)+르(r)+지(g)+이(e) → 수(水: 물 수) 르(로(怒: 성낼 로)) 지(之: 갈 지) 이(명사형 접미사, 이것) → 물이 성내어 가는 이것'이다.

설패스(surpass: 보다 낫다, ~능가하다)

우리말로 읽어보면 '수르(sur)+바(pa)+스(s)+스(s) → 수르(서로) 바(봐: '보다'의 활용형) 스(수(秀: 빼어날 수)) 스('스다(생기다)'의 활용형) → 서로 봐 빼어남 생기다'이다. '서로 봐 빼어남 생긴 것'이다.

서프러스(surplus: 과잉, 흑자)

우리말로 읽어보면 '스(s)+우르(ur)+브루(plu)+스(s) → 스(수(收: 거둘 수)) 우르(위로) 브루(부루 → 불우 → 불어: '불다('붇다'의 방언)'의 활용형) 스('스다(생기다)'의 활용형) → 수확(收穫) 위로 불다 생기다'이다. '수확(收穫)이 위로 불어남이 생긴 것'이다.

□ 수(收): 거두다, 수확(收穫).

□ 붇다: 분량이나 수효가 많아지다.

설프라이즈(surprise: 뜻밖의 일, ~을 놀라게 하다, 경악하게 하다)

우리말로 읽어보면 '술(sur)+브르(pr)+이(i)+스(s)+이(e) → 술(術: 재주 술) 브르(부르 → 부려: '부리다'의 어근) 이(異: 다를이) 스('스다(생기다)'의 활용형) 이(이것) → 재주 부리다 기이하다(奇異--) 생기다 이것'이다. '재주 부려 기이(奇異)함 생긴 이것'이다.

□ 이(異): 다르다, 기이하다(奇異--).

서렌덜(surrender: 항복(굴복)하다, 투항하다)

우리말로 읽어보면 '스(s)+우르(ur)+린(ren)+질(der) → 스(수(手: 손 수)) 우르(위로) 린(인: '이다(머리에 얹다)'의 활용형) 딜(질: '그 신체 부위를 이용한 어떤 행위'의 뜻을 더하는 접미사. 예: 곁눈질) → 손을 위로 인질(행위)'이다. '손을 위로 머리에 얹은 행위'다.

설베이(survey: 바라보다, 둘러보다)

우리말로 읽어보면 '술(sur)+비이(vey) → 술(살: 조금씩 천천히)) 비이('비다('보다'의 방언)'의 활용형) → 조금씩 천천히 보다'다.

설바이브(survive: 살아남다, 견뎌내다)

우리말로 읽어보면 '수르(sur)+비비(vive) → 수르(사르 → 살으 → 살아: '살다'의 어근) 비비(비벼: '비비다(어려운 상황을 이겨 내기 위하여 억척스럽게 버티다)'의 활용형) → 살다 비비다'다. '비벼(어려운 상황을 이겨 내기 위하여 억척스럽게 버텨) 살아'다.

서셉터블(susceptible: 민감한, (감수성이) 예민한)

우리말로 읽어보면 '수(su)+스(s)+십(cep)+띠(ti)+블(bl)+이(e) → 수(수컷) 스(~의) 십(씹: 성교) 띠(때(알맞은 시기)) 블(볼: '보다'의 활용형) 이(이것) → 수컷의 씹 때(알맞은 시기) 볼 이것'이다. '수컷이 성교 시기에 볼 이것'이다.

서스펙트(suspect: 1. 의심하다, 수상쩍어하다 2. 혐의자, 용의자)

1번을 우리말로 읽어보면 '수(su)+스(s)+빅(pec)+트(t) → 수(殊: 다를 수) 스('스다(생기다)'의 활용형) 빅(벽(壁: 벽 벽) 트(츠 → 쳐('치다(세우다)'의 활용형) → 다름 생겨 벽 세우다'다.

2번을 우리말로 읽어보면 '수(su)+스(s)+빅(pec)+트(t) → 수(殊: 다를 수) 스('스다(생기다)'의 활용형) 빅(벽(壁: 벽 벽) 트(츠 → 치: 사람) → 다름 생기다 벽 사람'이다. '다름 생겨 벽한 사람'이다.

서스펜드(suspend: 매달다, 걸다, 유예하다, 연기하다)

우리말로 읽어보면 '수(su)+스(s)+비(pe)+느드(nd) → 수(垂: 드리울 수) 스('스다(생기다)'의 활용형) 비(배(絚: 묶을 배)) 느드(노다 → 놓다) → 드리움 생겨 묶어 놓다'다.

서스펜스(suspense: 긴장감, 서스펜스)

우리말로 읽어보면 '수(su)+스(s)+빈(pen)+스(s)+이(e) → 수(愁: 근심 수) 스('스다(생기다)'의 활용형) 빈('비다(보다)'의 활용형) 스(사(思: 생각 사)) 이(명사형 접미사, 이것) → 근심 생겨 본 마음 이것'이다.

□ 사(思): 생각, 마음.

서스테인(sustain: 떠받치다, 견디다)

우리말로 읽어보면 '스(sus)+타(ta)+인(in) → 스우스(세우스 → 세워서) 타(他: 다를 타) 인('이다(머리에 얹다)'의 활용형) → 세워서 다른 것을 인'이다.

스웨이(sway: 흔들리다, 휘청거리다)

우리말로 읽어보면 '스(s)+유(w)+아이(ay) → 스(수(綏: 끈 수)) 유(遊: 놀 유) 아이(하이: '하다'의 활용형) → 끈 놀다 하다'다. '끈이 왔다 갔다 하는 것'이다.

스웨얼(swear: 맹세하다, 엄숙히 선언하다)

우리말로 읽어보면 '스(s)+웨(we)+아르(ar) → 스(소(霄: 하늘 소)) 웨(: '웨다('외치다'의 옛말)'의 어근) 아르(하리: '하다'의 활용형) → 하늘에 외치는 것(고하는 것) 하리'이다.

스위프(sweep: 청소하다, 쓸다)

우리말로 읽어보면 '스(s)+위(we)+입(ep) → 스(소(掃: 쓸 소)) 위(爲: 할 위) 입(弇: 모일 입) → 쓸다 하다 모이다'다. '쓸어 모이는 것을 하다'이다.

스위트(sweet: 단, 맛있는)

우리말로 읽어보면 '스(s)+우이(we)+이(e)+트(t) → 스(시: '혀'의 방언) 우이(위에) 이(飴: 엿 이) 트(드 → 즈 → 지(旨: 뜻 지)) → 혀 위에 엿 맛'이다.

□ 지(旨): 뜻, 맛, 맛있는 음식.

스위프트(swift: 빠른, 빨리 움직이는, 쾌속의)

우리말로 읽어보면 '수(sw)+이(i)+브트(ft) → 수(恖: 움직일 수) 이(浰: 빠를 이) 브트(븥으 → 붙어: '붙다'의 활용형) → 움직이다 빠르다 붙어'다. '빠른 움직임이 붙은'이다.

스윔(swim: 헤엄치다, 수영[유영]하다)

우리말로 읽어보면 '쉼(swim) → 쉼('헤엄'의 방언)'이다.

스윙(swing: 흔들어 움직이다, 흔들리게 하다, 흔들다)

우리말로 읽어보면 '스(s)+우(w)+잉(ing) → 스('스다(생기다)'의 활용형) 우(扜: 당길 우) 잉(迈: 갈 잉) → 생기다 당기다 가다'다. '당기고 가고 생기다' '왔다 갔다 생기다'이다.

스우아이프(swipe: 크게 휘두르는 타격, 강타)

우리말로 읽어보면 '스(s)+위(wi)+피(pe) → 스('스다(생기다)'의 활용형) 위(偉: 클 위) 피(패: '패다'의 활용형) → 생기다 크다 패다'다. '크게 패는 것'이다.

스워를(swirl: 빙빙 돌다, 소용돌이치다)

우리말로 읽어보면 '스(s)+유(w)+일(ir)+르(l) → 스(소(沼: 못 소)) 유(留: 머무를 유) 일(泆: 흐를 일) 르(느 → 나: '나다(생기다)'의 활용형) → 못에 머물러 흐름 생기다'이다.

스위치(switch: 회초리)

우리말로 읽어보면 '수(sw)+이(i)+트(t)+츠(ch) → 수(修: 닦을 수) 이('에'의 방언) 트(타(打: 칠 타)) 츠(채: 벌로 사람을 때리는 데에 쓰는 나뭇가지) → 닦다 에 치다 채'다. '닦음(익힘)에 치는 채'다.

□ 수(修): 닦다, 익히다.

시버라이트(sybarite: 방탕[도락]에 빠진 사람, 쾌락주의자)

우리말로 읽어보면 '십(syb)+아(a)+리(ri)+티(te) → 십(씹: 성교) 아(정도가 매우 심하거나 큼을 강조하여 이르는 말. '아주', '몹시'의 뜻을 나타낸다) 리(利: 이로울 리) 티(치: 사람) → 씹 아주 탐하다(貪--) 사람'이다.

□ 리(利): 이롭다, 탐하다(貪--).

심벌(symbol: 상징, 표상)

우리말로 읽어보면 '심(sym)+보르(bol) → 심(諗: 고할 심: 고하다(告--)) 볼(뺨의 한복판; 뺨, 얼굴) → 알리다 얼굴'이다. '알리는 얼굴'이다.

심퍼띠(sympathy: 동정심, 연민)

우리말로 읽어보면 '심(sym)+패(pa)+트(t)+히(hy) → 심(心: 마음 심) 패(敗: 패할 패: '敗하다(몸이나 얼굴이 여위고 안되게 되다)'의 어근) 트(츠 → 차: '차다(혀끝을 입천장 앞쪽에 붙였다가 떼어 소리를 내다)'의 어근) 히('혀'의 방언) → 마음 패하다 차다 혀'이다. '패(敗)함에 혀를 차는 마음'이다.

심프텀(symptom: 징후, 징조, 조짐)

우리말로 읽어보면 '시(sy)+므(m)+프(p)+트(t)+옴(om) → 시(始: 비로소 시) 므(모(貌: 모양 모)) 프(포 → 표(表: 겉 표)) 트('트다(더 기대할 것이 없는 상태가 되다)'의 어근) 옴('오다'의 활용형) → 먼저 모양 표하다(表--) 트다 오다'다. '트는 것 옴이 먼저 모양 표(表)하는 것'이다.

□ 시(始): 비로소, 먼저, 앞서서.

□ 표(表): 겉, 표하다(表--).

시스템(system: 계통, 조직망, 체계, 방식)

우리말로 읽어보면 '스(s)+이스(ys)+트(tem) → 스(수: 일을 처리하는 방법이나 수완) 이스(잇으 → 잇어: '잇다'의 활용형) 팀(침 → 첨(僉: 다 첨)) → 수 잇어 다(모두)'다. '모두 수를 이은 것'이다.

T

타부(taboo: 금기, 금기시되는 것)

우리말로 읽어보면 '타(ta)+부(boo) → 타('타다'의 활용형) 부(정)('不淨(사람이 죽는 따위의 불길한 일)'의 약칭) → 타다 부정(不淨)'이다. '부정(不淨) 타는 것'이다.

테일(tail: 꼬리)

우리말로 읽어보면 '태르(tail) → 태르(채리 → 초리: '꼬리'의 옛말)'이다.

테이크(take: 잡다, 획득하다, 선택하다, 수중에 넣다, 받아들이다, 유지하다, 제거하다, 운반하다, 행하다)

우리말로 읽어보면 '타(ta)+크(k)+이(e) → 타(다흐 → 닿아: '닿다'의 활용형) 크(그 → 구(拘: 잡을 구) 이(여: 옛말 이여. 이오) → 닿아 가진 것이여'다. 다르게 우리말로 읽어보면 '택(tak)+이(e) → 택(擇: 가릴 택) 이(여: 옛말 이어, 이오) → 선택하는 것이여'다.

□ 택(擇): 가리다, 선택하다.

또 다르게 읽어보면 '탁(tak)+이(e) → 탁(擢: 뽑을 탁) 이(여: 옛말 이여. 이오) → 탁(擢)이여'다.

□ 탁(擢): 뽑다, 뽑아내다, 버리다, 제거하다(除去--), 발탁하다(拔擢--).

테일(tale: 이야기)

우리말로 읽어보면 '타르(tal)+이(e) → 타르(타리: '타래'의 방언) 이(어(語: 말씀 어)) → 타래 말'이다.

□ 타래: 사리어 뭉쳐 놓은 실이나 노끈 따위의 뭉치.

태런트(talent: 재능, 소질, 재능있는 사람)

우리말로 읽어보면 '탈(tal)+인(en)+트(t) → 탈(달(達: 통달할 달) 인('일다(생기다)'의 활용형) 트(츠 → 치: 사람, 것) → 통달함 생긴 사람, 것'이다.

토크(talk: 말하다, 이야기하다)

우리말로 읽어보면 '탈(tal)+크(k) → 탈(달(喙: 부리 달)) 크(끄 → 까: '까다(입을 놀리다)'의 활용형) → 입 까다'다.

□ 달(喙): (사람의) 입(말).

탠(tan: (피부를) 햇빛에 태우다)

우리말로 읽어보면 '타(ta)+느(n) → 타('타다'의 활용형) 느(나: '나다'의 활용형) → 타다 나다'이다. '(피부) 타는 것 나다'다.

타르기트(target: 목표, 표적, 겨냥하다)

우리말로 읽어보면 '딸(tar)+기(ge)+트(t) → 딸('따다'의 활용형) 기(其: 그 기) 트(츠 → 치: 어떠한 특성을 가진 물건 또는 대상) → 딸 그 대상'이다.

테이스트(taste: 맛보다, 시식하다)

우리말로 읽어보면 '타스(tas)+트(t)+이(e) → 타스(차스 → 차서: '차다(혀끝을 입천장 앞쪽에 붙였다가 떼어 소리를 내다)'의 활용형) 트(토 → 초(噍: 먹을 초)) 이(여: 이어. 이요) → 차서 먹는 것이오'다. '혀를 차면서 먹는 것이요', '맛보는 것'이다.

태털디메이련(tatterdemalion: 넝마를 걸친 사람, 다 해진; 넝마를 걸친)

우리말로 읽어보면 '다(ta)+띠르디(tterde)+마(ma)+르(l)+이(i)+오(o)+느(n) → 다(모두) 띠르디(떠러디 → 떨어지 → 떨어져: '떨어지다(옷이나 신발 따위가 해어져서 못 쓰게 되다)'의 활용형) 마(麻: 삼 마, 베옷을 일컫는 말) 르(로: 조사) 이(의(衣: 옷 의, 입다) 오(아: '에'의 방언) 느(니 → 이: 사람) → 다(모두) 떨어져 마(베옷) 로 입다 에 사람'이다. '다(모두) 떨어진 베옷으로 입은 사람'이다.

티치(teach: 가르치다)

우리말로 읽어보면 '띠(te)+아(a)+츠(ch) → 띠(때(時)) 아('에'의 방언) 츠(쳐: '치다('육성하다(가르쳐 키우다)'의 옛말)'의 활용형) → 때(時) 에 육성하다'이다. '기한(期限)에 육성하는 것'이다.

팀(team: 조, 동료, 팀)

우리말로 읽어보면 '떼(te)+암(am) → 떼(목적이나 행동을 같이하는 무리) 암(앎: '알다'의 활용형) → 떼 앎'이다. '앎의 떼'다.

티얼(tear: 1. 눈물 2. 찢다, 째다)

1번을 우리말로 읽어보면 '트(t)+이(e)+아(a)+르(r) → 트(츠 → 추(瞅: 볼 추)) 이(이것, 것) 아('에'의 방언) 르(루(淚: 눈물 루) → 보다 것 에 눈물 → 보는 것에 눈물'이다.

2번을 우리말로 읽어보면 '띠(te)+알(ar) → 띠(찌 → 째: '째다'의 활용형) 알(할: '하다'의 활용형) → 째 하다 → 째다'이다.

티즈(tease: 괴롭히다, 놀리다, 남을 놀리기 좋아하는 사람)

우리말로 읽어보면 '티(te)+아(a)+스이(se) → 티(치(歎: 비웃을 치)) 아(하 → 해: '하다'의 활용형) 스이('스다'의 활용형) → 비웃다 하다 생기다'이다. '비웃는 것 생기다' '조롱하다'이다.

테크니컬(technical: 전문적인)

우리말로 읽어보면 '태(te)+크흐(ch)+니(ni)+그(c)+알(al) → 태(棣: 익숙할 태) 크흐(커: '크다'의 활용형) 니(이: 사람) 그(가: 주격 조사) 알(할: '하다'의 활용형) → 익숙하다 크다 이(사람) 가 할'이다. '익숙함이 큰 사람이 할'이다.

티디어스(tedious: 지루한, 싫증 나는)

우리말로 읽어보면 '띠(te)+디(di)+오우스(ous) → 띠(때(時: 때 시)) 디(지(遲: 더딜 지)) 오우스(하다+~의=함의=한) → 시간 더디다 한'이다. '시간이 더디게 가는'다.

테리(tele-: 먼, 먼 거리)

우리말로 읽어보면 '티(te)+리(le) → 티(태(泰: 클 태)) 리(離: 떠날 리) → 크게 떨어진'이다.

□ 리(離): 떠나다, 떼어놓다, 떨어지다.

템프(temp: 임시 고용인)

우리말로 읽어보면 '땜(tem)+브(p) → 땜(잘못된 일을 그때그때 필요에 따라 임시변통으로 고치는 일) 브(부(夫: 아비 부)) → 땜 일군'다. 부(夫: 지아비), 남편, 사내, 장정, 일군'다.

템펄(temper: 1. (영속적인) 기질, 성향, 성미) 2. (일시적인) 기분)

1번을 우리말로 읽어보면 '팀(tem)+프(p)+이르(er) → 팀(침: '처음'의 방언) 프(포(抱: 안을 포)) 이르(이라: '이다'의 활용형) → 처음(가지고 태어남)에 마음이라'다.

□ 포(抱): 안다, 마음.

2번을 우리말로 읽어보면 '띰(tem)+프(p)+이르(er) → 띰(찜: '바람'의 방언) 프(포(抱: 안을 포)) 이르(이라: '이다'의 활용형) → 바람(왔다 갔다 하는) 마음이다'다.

템퍼러트(temperate: 온화한, 온건한, 절도가 있는)

우리말로 읽어보면 '띰(tem)+브(p)+이르(er)+아(a)+티(te) → 띰(찜: '바람'의 방언) 브(부('불(火)'의 다른 말) 이르(일으 → 일어: '일다(생기다)'의 활용형) 아(와(炣: 따뜻할 와)) 티(모양) → 바람 불(火) 생겨 따뜻한 모양'이다.

템퍼러췰(temperature: 온도, 기온, 체온)

우리말로 읽어보면 '땜(tem)+뻴(per)+아(a)+튤(tur)+이(e) → 땜('땀'의 방언) 뻴(뺄('빼다'의 활용형)) 아(하(煆: 데울 하)) 튤(둘 → 줄: '주다'의 활용형) 이(명사형 접미사, 이것) → 땀 뺄 데움 줄 이것'이다.

템피스트(tempest: 사나운 비바람, 폭풍우[설])

우리말로 읽어보면 '딤(tem)+비(pe)+스(s)+트(t) → 딤(띰 → 찜: '바람'의 방언) 비(雨) 스(세: '세다'의 활용형) 트(티: 모양) → 바람 비 세다 모양' 이다. '센 모양에 비바람'이다.

템포(tempo: ((음악)) 1. 속도 2. 템포, 리듬)

1번을 우리말로 읽어보면 '띠(te)+므(m)+포(po) → 띠('도(度)'의 방언) 므(무 → 뮈: '뮈다('움직이다'의 고어)'의 활용형) 포(표(慓: 빠를 표)) → 도(度) 움직이다 빠르다'다. '빠르게 움직이는 정도'다.

□ 도(度: 법도 도): 법도, 법제, 정도.

2번을 우리말로 읽어보면 '팀(tem)+포(po) → 팀(침('치다'의 활용형)) 포(표(慓: 빠를 표)) → 치는 것에 빠름'이다.

템프트(tempt: 유혹하다, 꾀어내다)

우리말로 읽어보면 '팀(tem)+브트(pt) → 팀(침 → 첨(餂: 낚을 첨)) 브트(븥으 → 붙어: '붙다'의 활용형) → 꾀어내다 붙다'다. '꾀어냄 붙다'다.

□ 첨(餂): 낚다, 꾀어내다.

터네이셔스(tenacious: 꽉 쥐고 놓지 않는, 몹시 집착하는)

우리말로 읽어보면 '띤(ten)+아시오우(aciou)+스(s) → 띤(:찐 → 진: '질다('길다'의 방언)'의 활용형) 아시오우(아시워 → 아시워 → 아쉬워: '아쉽다(미련이 남아 서운하다)'의 활용형) 스('스다(생기다)'의 활용형) → 길다 아쉽다 생기다'이다. '길게 아쉬움 생긴'이다.

테넌트(tenant: 차지(借地)[소작, 차가(借家)]인, 점유[거주]자)

우리말로 읽어보면 '트(t)+이(e)+느(n)+아느(an)+트(t) → 트('터'의 방언) 이(利: 이로울 이) 느(내: '내다'의 활용형) 아느(하느 → 하는: '하다'의 활용형) 트(티: '치(사람)'의 옛말) → 터 이자 내다 하는 사람'이다. '터에 이자+내=빌려 하는 사람'이다.

□ 이(利): 이롭다, 이자.

텐드(tend: 1. ~하는 경향이 있다, ~하기 쉽다 2. 돌보다, 보살피다)

1번을 우리말로 읽어보면 '티(te)+느드(nd) → 티(어떤 태도나 기색) 느드(내다) → 티 내다'다.

2번을 우리말로 읽어보면 '티(te)+느드(nd) → 티(치('치다(옛말 '봉양하다'의 옛말)'의 어근) 느드(나다(생기다)) → 봉양하다 생기다'이다. '봉양함 생기다' '봉양하다(모시다)'다.

텐덜(tender: 부드러운, 말랑말랑한)

우리말로 읽어보면 '티(te)+느(n)+딜(der) → 티(치 → 취(脆: 연할 취)) 느(나: '나다(생기다)'의 활용형) 딜(질(質: 바탕 질)) → 부두럽다 생기다 성질'이다. '부드러움 난 성질'이다.

□ 취(脆): 연하다, 부드럽다.

□ 질(質): 바탕, 본질, 성질.

텐스(tense: (끈, 섬유 등이) 팽팽하게 당겨진, 긴장한)

우리말로 읽어보면 '탠(ten)+스이(se) → 탠(챈: '채다(채우다)'의 활용형) 스이(시위: 활대에 걸어서 켕기는 줄) → 챈(채운(걸은)) 시위'다.

□ 채우다: 단추 따위를 구멍 같은 데에 넣어 걸다.

텐트(tent: 텐트, 천막)

우리말로 읽어보면 '틴(ten)+트(t) → 틴(친 → 천(실로 짠, 옷이나 이부자리 따위의 감이 되는 물건) 트(츠 → 쳐: '치다(막이나 그물, 발 따위를 펴서 벌이거나 늘어뜨리다)'의 활용형) → 천 치다'다. '치는 천'이다.

텐유어스(tenuous: 미약한, 보잘것없는, 극도로 허약한)

우리말로 읽어보면 '티(te)+느(n)+우(u)+오우스(ous) → 티(티끌) 느(나: '나다(생기다)'의 활용형) 우(위(威: 위엄 위)) 오우스(위(爲) ~의=함의=한) → 티끌 남에 힘 한'이다.

□ 위(威): 위엄, 세력, 힘.

터~ㄹ므(term: 1. 말, 용어, 학술 용어, 술어, 전문어 2. 말투 3. 기간)

1번을 우리말로 읽어보면 '트(t)+이름(erm) → 트(츠 → 치(治: 다스릴 치)) 이름('이르다'의 활용형) → 말 이르다'다. '말을 이르는 것'이다.

□ 치(治): 다스리다, 말, 언사(言辭).

2번을 우리말로 읽어보면 '트(t)+이름(erm) → 트(투(套: 씌울 투: 말이나 글, 행동 따위에서 버릇처럼 일정하게 굳어진 본새나 방식) 이름('이르다(무어라 말하다)'의 활용형) → 투 이름'이다.

3번을 우리말로 읽어보면 '때(te)+르(r)+므(m) → 때(시간의 어떤 순간이나 부분) 르(로: 조사) 므(미 → 매: '매듭'의 방언) → 때로 매듭'이다. '시간으로 매듭'이다.

터~ㄹ머늘(terminal: (사물의) 끝에 있는, (연속된 것 등의) 맨 끝에 오는, 정기의, 매기(每期)의, 말단[부], 종점, 터미널)

우리말로 읽어보면 '티~ㄹ(ter)+미(mi)+느(n)+알(al) → 티~ㄹ(터~ㄹ: 장소) 미(尾: 꼬리 미) 느(노 → 놓: '놓다'의 어근) 할(한: '하다'의 활용형) → 장소의 꼬리에 놓은 것 한'이다.

테러블(terrible: 무서운, 무시무시한)

우리말로 읽어보면 '틸리브리(terrible) → 틸리브리(딜리부리 → 질려부려: '질려 버리다'의 활용형) → 질려버린'이다.

□ 질리다: 놀라거나 두려워서 기가 막히거나 풀이 꺾이거나 하다.

테러(terror: 두려움, 공포)

우리말로 읽어보면 '띠르(ter)+로(ro)+르(r) → 띠르(떠르 → 떨어: '떨다'의 활용형) 로(浶: 놀랄 로) 르(로: 조사) → 떨다 놀라다 로'다. '놀람으로 떠는 것'이다.

테스트(test: 테스트, 시험 검사)

우리말로 읽어보면 '티(te)+스(s)+뜨(t) → 티(태(汰: 일 태)) 스('스다(생기다)'의 활용형) 뜨(떠: '뜨다(상대편의 속마음을 알아보려고 어떤 말이나 행동을 넌지시 걸어 보다)'의 활용형) → 거르다 생기다 뜨다'다. '떠서 거르는 것'이다.

□ 태(汰): 일다(흔들어서 쓸 것과 못 쓸 것을 가려내다), 걸러내다, 가려 뽑다.

대트(that: 그것, 저것, 그[저] 사람)

우리말로 읽어보면 '드흐아(tha)+트(t) → 드흐아(다 → 자 → 저: 말하는 이로부터 비교적 멀리 떨어져 있는 일이나 사물을 가리키는 말) 트(츠 → 치: 어떠한 특성을 가진 물건 또는 대상, 사람, 것) → 저 치(사람, 사물, 것)'이다.

더(the: 그, 저)

우리말로 읽어보면 '드흐에(the) → 드흐에(데 → 더 → 저) → 저(말하는 이와 듣는 이로부터 멀리 있는 대상을 가리키는 지시 대명사)'다.

띰(theme: 주제, 제목)

우리말로 읽어보면 '트흐이(the)+므(m)+이(e) → 트흐이(티 → 치(治: 다스릴 치)) 므(모(母: 어머니 모)) 이(명사형 접미사, 이것) → 언사(言辭) 근본(根本) 이것'이다.

□ 치(治): 다스리다, 말, 언사(言辭).

□ 모(母): 어머니, 근본(根本).

덴(then: 그 때에, 그 무렵, 방금)

우리말로 읽어보면 '뜨흐이(the)+느(n) → 뜨흐이(뜨이 → 띠 → 때: 시간의 어떤 순간이나 부분) 느(니 → 이(1. 伊: 저 이, 2. '여기'를 구어적으로 이르는 말)) → 때 저, 때 여기'다. '저 때' '여기 때=지금=방금'이다.

띠리(theory: 이론, 학설[이론], 의견[생각])

우리말로 읽어보면 '트흐이(the)+ 오르(or)+이(y) → 트흐이(티 → 치(治: 다스릴 치)) 오르(올으 → 옳아: '옳다'의 활용형) 이(명사형 접미사, 이것) → 다스리다 옳다 이것'이다. '학문 닦음에 옳은 이것'이다.

□ 다스리다: 1. 사물을 일정한 목적에 따라 잘 다듬어 정리하거나 처리하다. 2. 학문을 닦다.

떠러피(therapy: 치료, 요법, 물리 요법)

우리말로 어보면 '트흐이르(ther)+압(ap)+이(y) → 트흐이르(트이르 → 티로 → 치료(治療: 병이나 상처 따위를 잘 다스려 낫게 함) 압(壓: 누를 압) 이(명사형 접미사, 이것) → 치료(治療) 누르다 이것'이다. '눌러 치료

하는 이것'이다.

데얼(there: 저기에, 그곳에서, 그곳으로)

우리말로 읽어보면 '트흐이리(there) → 트흐이리(드흐이리 → 즈흐이리 → 저리: 저곳으로, 저쪽으로)'다.

데얼폴(therefore: 그러므로, 그 결과, 따라서)

우리말로 읽어보면 '드흐이리(there)+ 보리(fore) → 드흐이리(즈흐이리 → 저리: 상태, 모양, 성질 따위가 저러한 모양) 보리(버릐: '벌어지게'의 옛말) → 저리(저렇게) 벌어지게'다.

□ 원윳값이 많이 올랐다. 따라서(저리(저렇게) 벌어지게) 국내 기름값도 조만간 오를 것이다.

□ 벌어지다: 어떤 일이 일어나거나 진행되다.

데이(they: 그것[저것]들은[이], 사람들)

우리말로 읽어보면 '트흐이(the)+이(y) → 뜨히(띠 → 떼: 목적이나 행동을 같이하는 무리) 이(사람) → 떼(무리) 사람'이다.

띠크(thick: 두꺼운, 굵은, 빽빽이 들어선)

우리말로 읽어보면 '뜨흐익(thic)+크(k) → 뜨흐익(뜨익 → 띡: '적(積: 쌓을 적)'의 방언) 크(커: '크다'의 활용형) → 쌓다 크다'다. '쌓은 것이 큰'이다.

띵(thing: 물건, 물체, 것, 일)

우리말로 읽어보면 '트흐인(thin)+그(g) → 트(흐)인(틴 → 친 → 칭(稱: 일컬을 칭) 그(거: 것) → 일컫는 것'이다.

띵크(think: 생각하다, 상상하다)

우리말로 읽어보면 '트흐인(thin)+크(k) → 트(흐)인(틴 → 친 → 칭(稱: 일컬을 칭)) 크(흐 → 해: '하다'의 활용형) → 헤아리다 하다'다. '헤아리는 것 하다'다.

□ 칭(稱): 일컫다, 헤아리다.

디스(this: 이것, 여기)

우리말로 읽어보면 '드히(thi)+스(s) → 드히(디 → 지(咫: 여덟 치 지)) 스(사(斯: 이 사) → 가깝다 이것'이다. '가까운 이것'이다.

□ 지(咫): 여덟 치, 가깝다.

□ 사(斯): 이, 이것.

도우(though: ~이지만, ~임에도 불구하고=although)

우리말로 읽어보면 '뜨흐오우(그흐)(though) → 뜨흐오우(뜨오우 → 또우 → 또: 부사 그럼에도 불구하고) → 그럼에도 불구하고'다.

□ 또: 1. 부사 어떤 일이 거듭하여. 2. 그 밖에 더. 3. 부사 그럼에도 불구하고.

□ 예: 듣던 대로 그의 눈은 안개가 낀 듯 희부옜고 쉰 듯한 목소리였으나 그런 목

소리가 또(그럼에도 불구하고) 그렇게 맑게 들릴 수가 없었다.[2)]

뜨리트(threat: 위협, 협박, 공갈)

우리말로 읽어보면 '뜨흐리(thre)+아(a)+트(t) → 뜨흐리(뜨리 → 때려: '때리다'의 활용형) 아('에'의 방언) 트(티: 모양) → 때리는 모양'이다.

뜨리(three: 3, 셋)

우리말로 읽어보면 '드흐리(three) → 드흐리(드리 → 즈이 → 스이) → 스이('셋'의 방언)'이다.

뜨릴(thrill: (공포, 흥분으로) 오싹하게 하다)

우리말로 읽어보면 '뜨흐르(thr)+이르(il)+르(l) → 뜨흐르(뜨르 → 뜰으 → 떨어: '떨다'의 활용형) 이르(일으 → 일어: '일다(생기다)'의 활용형) 르(로(涝: 놀랄 로)) → 떨어 생겨 놀라다'다.

뜨롱(throng: 군중, 인파, 떼지어 모이다)

우리말로 읽어보면 '트흐(th)+롱(rong) → 트흐(츠흐 → 치: 사람) 롱(랑(浪: 물결 랑)) → 사람 물결'이다.

뜨루(through: ~을 통과하여, ~을 꿰뚫어)

우리말로 읽어보면 '뜨흐로(thro)+우(u)+그흐(gh) → 뜨흐로(뜨로 → 뜰

2) 『녹두 장군』, 송기숙

오 → 뚫어: '뚫다'의 활용형) 우(위(爲: 할 위))+그흐(가흐 → 가: '가다'의 활용형) → 뚫어 하다 가다'다. '뚫고 가다'다.

뜨러스트(thrust: 세게 밀다, 밀치다, 찔러 넣다)

우리말로 읽어보면 '뜨흐르(thr)+우(u)+스(s)+트(t) → 뜨흐르(뜨르 → 쯔르 → 찌르: '찌르다'의 어근) 우(위(威: 위엄 위)) 스(쓰 → 써: '쓰다'의 활용형) 트(츠 → 추(推: 밀 추)) → 찌르다 힘 쓰다 밀다'다. '찔러 힘써 밀다'다.

□ 위(威): 위엄, 힘.

떰(thumb: 엄지손가락, (동물의) 제1지(指), (장갑의) 엄지손가락(부분))

우리말로 읽어보면 '드흐(th)+우(u)+므(m)+브(b) → 드흐(즈흐 → 지(指: 가리킬 지, 손가락)) 우(아: '에'의 방언) 므(모(母: 어머니 모)) 브(부(部: 떼 부)) → 손가락의 엄지손가락 부분'이다.

□ 모(母): 어머니, 엄지손가락.

떤덜(thunder: 우레, 천둥)

우리말로 읽어보면 '트훈(thun)+디(de)+르(r) → 트훈(툰 → 텬: '천(天: 하늘 천)'의 고어) 디(대(大: 큰 대) 르(로(謗: 소리 로) → 하늘 큰 소리'이다.

썬더볼트(thunderbolt: 벼락)

우리말로 읽어보면 '하늘 큰 소리(thunder) 볼(bol) 트(t) → 하늘 큰 소리

볼(불(火)) 트(티 → 치: 것) → 하늘에 큰 소리 불 치는 것'이다.

타이디(tidy: 말쑥한, 단정한)

우리말로 읽어보면 '티(ti)+디(dy) → 티(어떤 태도나 기색, 모양) 디(지 → 제(齊: 가지런할 제)) → 티 가지런하다'다. '가지런한 티'다.

타이(tie: 묶다, 붙잡아 매다)

우리말로 읽어보면 '띠이(tie) → 띠이(띠여: '띠다(띠나 끈 따위를 두르다)'의 활용형) → 띠여'다.

타이트(tight: 단단한, 단단히 맨, 단단히 고정된)

우리말로 읽어보면 '띠(ti)+그(g)+흐(h)+트(t) → 띠(떠: '띠다'의 활용형) 그(고(固: 굳을 고)) 흐(하 → 해: '하다'의 활용형) 트(티: 모양) → 띤 것 굳게 한 모양'이다.

틸트(tilt: 기울이다, 기울다, 경사)

우리말로 읽어보면 '트(t)+이르(il)+트(t) → 트('터'의 방언) 이르(일으 → 일어: '일다(겉으로 부풀거나 위로 솟아오르다)'의 어근) 트('터'의 방언) → 터 일어(솟다) 터'다. '터가 솟아오른 터'이다.

타임(time: 시간, 때, 세월)

우리말로 읽어보면 '띠(ti)+미(me) → 띠(때: 시간의 어떤 순간이나 부분) 미(매 → 미: '미다([옛말] 얽어 만들다)'의 어근) → 때 얽어 만들다'이다.

'얽어 만든 때'다.

티미드(timid: 겁이 많은, 자신이 없는, 소심한, 심약한)

우리말로 읽어보면 '팀(tim)+이(i)+드(d) → 팀(침(鍼: 침 침)) 이(悝: 근심할 이) 드(즈 → 주 → 쥐: '쥐다'의 어근) → 침 근심함 쥐다'이다. '침(놓는 것)에 근심함을 쥐는(가지는) 것'이다.

틴(tin: Sn 주석, 통조림, 통, 깡통)

우리말로 읽어보면 '틴(tin) → 틴('통'의 방언) → 통'이다.

타이니(tiny: 아주 작은, 조그마한)

우리말로 읽어보면 '티(ti)+니(ny) → 티(먼지처럼 아주 잔 부스러기) 니(이: 이것, 것) → 티 것'이다. '티(같은) 것'이다.

타이어(tire: 피곤하게 만들다, 지치다)

우리말로 읽어보면 '트(t)+이르이(ire) → 트(츠 → 초(劭: 힘쓸 초)) 이르이(일으이 → 잃으이: '잃다'의 활용형) → 힘쓰다 잃다'다. '힘쓰는 것 잃다'이다.

타이틀(title: 제목, 표제)

우리말로 읽어보면 '티(ti)+틀(tl)+이(e) → 티(치(致: 이를 치)) 틀(츨 → 찰: '차다(달다)'의 활용형) 이(명사형 접미사, 이것) → 부름에 찰 이것'이다.

□ 치(致): 이르다, 부르다.

투(to: 1. 방향 2. 접촉 3. 접촉+방향 4. 대비 5. 부정사와 함께)

우리말로 읽어보면 '토(to) → 토(도 → 다)'다. '다' '닿' '자' '저' 등으로 변할 수 있다. 'go'는 우리말 '가'고 'to'는 '다'다. 'go to'는 '가다'다. 국어 사전에 나와 있는 '다'의 쓰임과, '닿다'의 '닿', '다'의 변형 '자' '저' 등으로 쓰인다.

투데이(today: 오늘)

우리말로 읽어보면 '토(to)+대이(day) → 토(타 → 차(此: 이 차)) 대이(날) → 지금 날'이다.

□ 차(此): 이, 지금.

투게덜(together: 함께 같이, 동행하여)

우리말로 읽어보면 '토(to)+길히(gethe)+르(r) → 토(도(다: 모두)) 길히(같히 → 같이) 르(라: 종결 어미)' → 모두 같이라'이다.

토러레이트(tolerate: 너그럽게 봐주다, 허용[묵인]하다)

우리말로 읽어보면 '톨(tol)+일(er)+아디(ate) → 톨(탈(頉: 탈날 탈)) 일(失: 놓을 일) 아디(하디 → 하다) → 핑계나 트집 풀어주다 하다'다. '핑계나 트집 풀어주는 것을 하다'이다.

□ 탈(頉): 뜻밖에 일어난 걱정할 만한 사고. 핑계나 트집.

□ 일(失): 놓다, 풀어주다.

토울(toll: 1. (만종, 조종(弔鐘) 등을 오랫동안) 울리다, 치다 2. 통행료)

1번을 우리말로 읽어보면 '트(t)+오르(ol)+르(l) → 트(ㅊ → 쳐: '치다'의 활용형) 오르(우르 → 울어: '울다'의 활용형) 르(료(蹽: 길 료)) → 쳐다 울다 길다'다. '처서 길게 울다'다.

2번을 우리말로 읽어보면 '토르(tol)+르(l) → 토르(도로(道路: 길)) 르(로 → 료(料: 헤아릴 료)) → 도로(道路) 값'이다.

투모루(tomorrow: 내일, 미래, 장래)

우리말로 읽어보면 '토(to)+모르(mor)+로(ro)+유(w) → 토(타 → 차(此: 이 차)) 모르(모루('모레'의 방언)) 로(조사) 유(流: 흐를 유) → 지금 모레로 흐르다'이다. '모레로 흐르는 지금', '내일'이다.

□ 차(此): 이, 지금.

톤(ton: 톤(중량의 단위))

우리말로 읽어보면 '톤(ton) → 톤(돈(무게 단위))'다. 금 한 '돈' 두 '돈'의 무게 단위다.

토운(tone: 어조, 말투, 음성, 음질)

우리말로 읽어보면 '트(t)+온(on)+e) → 트(투(套: 말이나 글, 행동 따위에서 버릇처럼 일정하게 굳어진 본새나 방식) 온(언(言: 말씀 언)) 이(명사형 접미사, 이것) → 투(套) 말 이것'이다. 요컨대 '말에 투(套) 이것'이다.

투나이트(tonight: 오늘 밤)

우리말로 읽어보면 '토(to)+닉(nic)+흐(h)+뜨(t) → 토(타 → 차(此: 이 차)) 닉(낙(落: 떨어질 낙) 흐(해: 태양) 뜨(때(時)) → 지금 떨어지다 해 때(時)'다. '지금 (해 떨어진 때=밤)', '오늘 밤'이다.

투(too: 1. ~도 또한 2. 너무, 지나치게)

1번을 우리말로 읽어보면 '투(too) → 투(두)'다. "너두(도) 가고 나두(도) 가야지."에서 '두(도)'가 'too'이다.

2번을 우리말로 읽어보면 '투(too) → 투(추 → 처: '너무'의 방언) → 너무'이다.

□ 너무: 일정한 정도나 한계를 훨씬 넘어선.

톺(top: 정상, 맨 꼭대기)

우리말로 읽어보면 '트(t)+오(o)+브(p) → 트(드 → 두(頭: 머리 두)) 오(아: '에'의 방언) 브(부(部: 떼 부)) → 두(頭)에 부(部)'다. '꼭대기 부분'이다.

□ 두(頭): 머리, 꼭대기.

□ 부(部): 떼, 부분.

토르멘트(torment: 몹시 괴롭히다, 고통을 주다)

우리말로 읽어보면 '톨(tor)+미(me)+느트(nt) → 톨(탈 → 찰: '매우 심한' 또는 '지독한'의 뜻을 더하는 접두사) 미(매: 사람이나 짐승을 때리는 막대기, 몽둥이, 회초리, 곤장, 방망이 따위를 통틀어 이르는 말. 또는 그것으로 때리는 일) 느트(넣다) → 매우 심한 매질 넣다'이다.

토런트(torrent: 급류, 분류)

우리말로 읽어보면 '톨(tor)+르(r)+인(en)+트(t) → 톨(탈 → 찰: '매우 심한' 또는 '지독한'의 뜻을 더하는 접두사) 르(루 → 류(流: 흐를 류)) 인('일다(생기다)'의 활용형)) 트(태(汰: 물 태)) → 매우 심한 흐름 생긴 물'이다.

토르춰(torture: 고문, 고통)

우리말로 읽어보면 '톨(tor)+투르(tur)+이(e) → 톨(탈(挩: 칠 탈)) 투르(터르 → 털으 → 털어: '털다(남이 가진 정보 따위를 모두 캐내다)'의 활용형) 이(명사형 접미사, 이것) → 치다 털다 이것'이다. '때리며 터는 이것'이다.

토우틀(total: 전부[총계]의; 전체[총체, 종합]적인)

우리말로 읽어보면 '토(to)+트(t)+알(al) → 토(초: '총(總)'의 옛말) 트(츠 → 쳐: '치다(계산에 넣다)'의 활용형) 알(할 → 한: '하다'의 활용형) → 모두 계산에 넣는 것 한'이다.

터치(touch: 만지다, (손 등을) 대다)

우리말로 읽어보면 '토(to)+우(u)+츠(ch) → 토(타(墮: 떨어질 타)) 우(위: 어떤 사물의 거죽이나 바닥의 표면) 츠(쳐: '치다'의 활용형) → 만지다 위 치다'다. '위를 쳐서 만지다'이다.

□ 타(墮): 떨어지다, 만지다

투얼(tour: (시찰, 관광 등으로) 돌아다니다, 여행하다)

우리말로 읽어보면 '트(t)+오우(ou)+르(r) → 트(츠 → 처(處: 곳 처)) 오우(외(外: 바깥 외)) 르(루(瞜: 볼 루)) → 거주하다 밖 보다'다. '거주하는 밖 보다'이다.

□ 처(處): 곳, 살다, 거주하다.

토너먼트(tournament: 승자진출 전, 토너먼트, 종합 운동 경기 대회)

우리말로 읽어보면 '트(t)+오우(ou)+르(r)+나(na)+미(me)+느(n)+트(t) → 토(투(鬪: 싸울 투)) 오우(외(外: 바깥 외) 르(루(屢: 여러 루)) 나('나다('낫다(보다 더 좋거나 앞서 있다)'의 방언)'의 활용형) 미('놈('사람'의 옛말)'의 방언) 느(넣: '넣다'의 어근) 트(투(鬪: 싸울 투)) → 싸우다 타인 여러 낫다 놈(사람) 넣어 싸우다'이다. '타인 여럿 싸워 난 놈(사람) 넣는 싸움'이다.

□ 외(外): 바깥, 남, 타인.

타우어(tower: 탑, 망루)

우리말로 읽어보면 '토(to)+우이르(wer) → 토(타(垜: 쌓을 타)) 우이르(위에로) → 쌓다 위에로'다. '위로 쌓은 것'이다.

톡시크(toxic: 독(소)에 기인하는, 중독성의)

우리말로 읽어보면 '독스(tox)+이그(ic) → 독스(독소(毒素: 해로운 요소)) 이그(익으 → 익어: '익다'의 활용형) → 독소 익어'이다. '독소에 익숙한'이다.

□ 익다: 여러 번 겪어 보아 몸에 익숙하다.

토이(toy: 장난감, 완구)

우리말로 읽어보면 '토(to)+이(y) → 토(도(跳: 뛸 도)) 이(명사형 접미사, 이것) → 가지고 놀다 이것'이다. '가지고 노는 이것'이다.

□ 도(跳): 뛰다, 가지고 놀다.

트레이스(trace: 자취, 형적, 흔적, 추적하다)

우리말로 읽어보면 '뜨라(tra)+스(c)+이(e) → 뜨라(따라: '따르다'의 활용형) 스('스다(생기다)'의 활용형) 이(명사형 접미사, 이것) → 따라 생긴 이것'이다.

트랙(track: 길, 추적하다)

우리말로 읽어보면 '따르그(trac)+크(k) → 뜨르그(따라가: '따라가다'의 활용형) 크(키 → 기: '궤(軌: 바퀴 자국 궤)'의 방언) → 따라가다 길'이다. '따라가는 길' '길 따라가다'이다.

□ 궤(軌): 바퀴의 자국, 길

트랙트(tract: 1.관(管), 계(系) 2. (넓은) 지역)

1번을 우리말로 읽어보면 '틀(tr)+아(a)+그(c)+트(t) → 틀(일정한 격식이나 형식) 아(하 → 해: '하다'의 활용형) 그(구(區: 구분할 구)) 트(츠 → 치: 어떠한 특성을 가진 물건 또는 대상) → 틀 해 구분하다 치(것)'이다.

'틀 하여 구분한 것'이다.

2번을 우리말로 읽어보면 '뜰(tr)+아(a)+크(c)+트(t) → 뜰('들'의 방언) 아(하: 아주) 크(커: '크다'의 활용형) 트(터: 곳) → 들 아주 큰 곳'이다.

트레이드(trade: 무역, 통상, 매매하다, 교환하다)

우리말로 읽어보면 '틀(tr)+아(a)+디(de) → 틀(일정한 격식이나 형식) 아(하 → 해: '하다'의 활용형) 디(대(對: 바꿀 대)) → 틀(일정한 격식이나 형식)을 통하여 바꾸다'이다.

트레디션(tradition: (관습, 신앙 등의 구전에 의한) 전설, 전통)

우리말로 읽어보면 '뜨르(tr)+아드(ad)+이(i)+티(ti)+온(on) → 뜨르(따라: '따르다'의 활용형) 아드(하다) 이(여기) 티(모양) 온('오다'의 활용형) → 따라 하다 여기 모양 온'이다. '따라 하다 여기 모양 온 것'이다.

트래저디(tragedy: 비극적 이야기, 비극)

우리말로 읽어보면 '틀(tr)+애(a)+지(ge)+디(dy) → 틀(츨 → 찰: '매우 심한' 또는 '지독한'의 뜻을 더하는 접두사) 애(哀: 슬플 애) 지(져: '지다(어떤 현상이나 상태가 이루어지다)'의 활용형) 디(뒤(後)) → 매우 심한 슬프다 이루어지다 뒤'다. '뒤에 매우 심한 슬픔이 이루어지는 것'이다.

트레일(trail: 뒤를 밟다, 발자국[냄새]을 따라가다)

우리말로 읽어보면 '뜨라(tra)+일(il) → 뜨라(따라: '따르다(다른 사람이나 동물의 뒤에서, 그가 가는 대로 같이 가다)'의 활용형) 일(事) → 따르다 일(事)'이다. '따르는 일(事)하는 것'이다.

트레이트(trait: (성격. 습관의) 특징, 특색)

우리말로 읽어보면 '틀(tr)+아(a)+이(i)+트(t) → 틀(일정한 격식이나 형식) 아('에'의 방언) 이(異: 다를 이) 트(티: 모양) → 틀(일정한 격식이나 형식)에 다른 티(모양)'이다.

트레이털(traitor: 반역[배신]자)

우리말로 읽어보면 '틀(tr)+아(a)+이(i)+트(t)+오르(or) → 틀(일정한 격식이나 형식) 아('에'의 방언) 이(異: 다를 이) 트(티: 어떤 태도나 기색) 오르(어리: 옛말 그런 사람의 뜻을 더하는 접미사) → 틀(일정한 격식이나 형식)에 거역(拒逆)하는 티(태도) 사람'이다.

□ 이(異): 다르다, 달리하다, 거스르다, 거역하다(拒逆--).

트랜스-(trans-: 넘어서, 횡단하여, 꿰뚫어, 지나서, 완전히, 초월하여)

우리말로 읽어보면 '틀(tr)+아(a)+느(n)+스(s) → 틀(츨 → 철(徹: 통할 철)) 아(하 → 해: '하다'의 활용형) 느(너 → 넣: '넣다'의 어근) 스('스다(생기다)'의 활용형) → 통하다 해 넣다 생기다'이다. '통해 넣는 것 생긴'의 의미이다.

□ 철(徹): 통하다(通--), 관통하다(貫通--), 꿰뚫다

트랜스크립트(transcript: (구술된 내용을) 글로 옮긴 기록)

우리말로 읽어보면 '트르(tr)+안(an)+스(s)+글(cr)+이(i)+브(p)+트(t) → 트

르(터르 → 털으 → 털어: '털다(남김없이 내다)'의 활용형) 안(한: '하다'의 활용형) 스(시: '혀(말)'의 고어) 글(書) 이(移: 옮길 이) 브(보 → 봐: '보다'의 활용형) 트(티 → 치: 어떠한 특성을 가진 물건 또는 대상, 것) → 털어 한 말 글 옮겨 봐 치(것)'이다. '털어 한 말을 글로 옮겨 본 것'이다.

트랜스펄(transfer: 옮기다, 옮겨놓다, 나르다)

우리말로 읽어보면 '뜨란(tran)+스(s)+브(f)+일(er) → 뜨란(따란 → 따른 → 다른: '다르다'의 활용형) 스(소(所: 바 소)) 브(부(赴: 갈 부) 이르(이루 → 이뤄: '이루다'의 활용형) → 다른 곳 가다 이루다'이다. '다른 곳에 감 이루다'다.

□ 소(所): 바(일의 방법이나 방도), 곳.

트랜스포~ㄹ음(transform: 변형시키다, 모양을 바꾸다)

우리말로 읽어보면 '트라느(tran)+스(s)+볼(for)+므(m) → 트라느(틀아나 → 틀어놔 → 틀어놓아) 스('스다(생기다)'의 활용형) 볼('보다'의 활용형) 므(모(貌: 모양 모)) → 틀어놓아 생기다 볼 모양'이다. '볼+모양(형상) 틀어놓아 생기다'이다.

트랜싵(transit: 통과, 통행, 횡단)

우리말로 읽어보면 '틀(tr)+안(an)+시(si)+트(t) → 틀(츨 → 철(徹: 통할 철)) 안(한: '하다'의 활용형) 시(闍: 문 시) 트(터: 곳) → 관통하다(貫通--) 한 문 터'이다. '문 터(곳) 관통(貫通)한 것' '문 통과한 것'이다.

□ 철(徹): 통하다(通--), 관통하다(貫通--), 꿰뚫다.

트랜스레이트(translate: 번역하다)

우리말로 읽어보면 '뜨란(tran)+스(s)+르(l)+아디(ate) → 뜨란(따란 → 따른 → 다른: '다르다'의 활용형) 스(사(詞: 말 사)) 르(로: 조사) 아디(하디 → 하다) → 다른 말로 하다'이다.

트랜스미트(transmit: 부치다, 보내다, 송달하다)

우리말로 읽어보면 '틀(tr)+아(a)+느스(ns)+미트(mit) → 틀(어떤 물건의 테두리나 얼개가 되는 물건) 아('에'의 방언) 느스(너서 → 넣어) 미트(미츠 → 미쳐: '미치다(다다르다)'의 활용형) → 틀에 넣어 다다르다'이다. '틀에 넣어 다다르는 것'이다.

트랜스페어런트(transparent: 투명한, 빛을 통과시키는, 비치는)

우리말로 읽어보면 '틀(tr)+안(an)+스(s)+발(par)+인(en)+트(t) → 틀(츨 → 철(徹: 통할 철)) 안(한: '하다'의 활용형) 스(시(視: 볼 시)) 발(發: 필 발) 인('일다(생기다)'의 활용형) 트(티: 모양) → 철(徹) 한 보다 나타나다 인(생긴) 모습'이다. '통하여 보는 나타남이 생긴 모습'이다.

□ 발(發): 피다, 나타나다

트랜스포트(transport: 수송[운송]하다, 나르다, 옮기다)

우리말로 읽어보면 '틀(tr)+아(a)+느스(ns)+포~ㄹ트(port) → 틀(간단한 구조로 된 기계나 장치) 아('에'의 방언) 느스(넣서 → 넣어) 포~ㄹ(포(浦: 개 포)) 트('터(땅)'의 방언) → 틀에 넣어 포(浦)+터=항구= 짐 나르다'이다. '틀에 넣어 짐 나르다'이다.

트랩(trap: 올가미, 덫, 함정)

우리말로 읽어보면 '틀(tr)+압(ap) → 틀(간단한 구조로 된 기계나 장치) 압(壓: 누를 압) → 틀 잡다'이다. '잡는 틀'이다.

□ 압(壓): 누르다, 잡다.

트래쉬(trash: 쓰레기, 폐물, 잡동사니)

우리말로 읽어보면 '틀(tr)+아(a)+스(s)+흐(h) → 틀(츨 → 출(出: 날 출)) 아(애(埃: 티끌 애)) 스(쓰: '쓰다'의 어근) 흐(후(後: 뒤 후)) → 나다 더러움 쓰다 뒤'다. '쓴 뒤 생기는 더러운 것'이다.

□ 애(埃): 티끌, 더러움.

트래벌(travel: 여행하다, 가다)

우리말로 읽어보면 '틀(tr)+아(a)+브(v)+일(el) → 틀(츨 → 출(出: 날 출)) 아(하 → 해: '하다'의 활용형) 브(봐: '보다'의 활용형) 일(事) → 떠나서 하다(해) 보다 일(事)'이다. '(집을)떠나서 보는(구경하는) 일'이다.

트래버스(traverse: 가로지르다, 횡단하다, 넘다, 건너다)

우리말로 읽어보면 '틀(tr)+아(a)+브(v)+이르스이(erse) → 틀(츨 → 철(徹: 통할 철)) 아(하 → 해: '하다'의 활용형) 브(부(赴: 갈 부)) 이르스이(일으스이 → 일어스이: '일어서다'의 활용형) → 철(徹) 해 가다 일어서다'이다. '통하여 가는 것 생기다'이다.

트레춰리(treachery: 배반, 배신, 기만)

우리말로 읽어보면 '트리(tre)+아(a)+츠(ch)+이르(er)+이(y) → 트리('공모(共謀)'의 방언) 아(하 → 해: '하다'의 활용형) 츠(치: 사람) 이르(일으 → 잃어: '잃다'의 활용형) 이(명사형 접미사, 이것) → 공모(共謀) 하다 사람 잃다 이것'이다. '공모(共謀)한 사람 잃은 이것'이다.

트레드(tread: 밟다, 걷다)

우리말로 읽어보면 '트(t)+리(re)+아드(ad) → 트(터: 땅) 리(履: 밟을 리) 아드(하다) → 땅 밟는 행위를 하다'이다.

트리즌(treason: 반역(죄), 대역(죄))

우리말로 읽어보면 '트(t)+리(re)+아(a)+스(s)+온(on) → 트(츠 → 치(治: 다스릴 치)) 리(사람) 아(하 → 해(害: 해할 해)) 스(사(事: 일 사)) 온('오다'의 활용형) → 다스리는 사람 해하는 일(事) 온 것'이다.

트리트(treat: 대우하다, 다루다, 대하다)

우리말로 읽어보면 '틀(tr)+이(e)+아드(at) → 틀(촐 → 찰: '대(對: 대할 대)'의 방언) 이(사람) 아트(하트 → 하다) → 대(對) 사람 하다'다. '사람 대하는 것을 하다'이다.

트렘블(tremble: 떨다, 덜덜[오들오들] 떨다)

우리말로 읽어보면 '뜨르이(tre)+므(m)+브리(ble) → 뜨르이(뜰으이 → 떨으이: '떨다'의 활용형) 므(무 → 뮈: '뮈다('움직이다'의 옛말)'의 어근)

브리(보리: '보다'의 활용형) → 떠는 움직임을 보다'이다.

트리멘더스(tremendous: 엄청난, 굉장한, 무시무시한)

우리말로 읽어보면 '뜨르이(tre)+맨(men)+도우(dou)+스(s) → 뜨르이(뜰으이 → 떨으이: '떨다(두려워하다)'의 활용형) 맨(면(面: 낯 면)) 도우(조우(遭遇): 만나다) 스('스다(생기다)'의 활용형) → 두려워함에 모양 만남 생겨'다.

□ 출(出): 나다, 뛰어나다.

□ 면(面): 낯, 모양.

트리멀로(tremolo: 트레몰로(음. 화음의 빠른 되풀이))

우리말로 읽어보면 '뜨르이(tre)+모(mo)+로(lo) → 뜨르이(뜰으이 → 떨으이: '떨다'의 활용형) 모(貌: 모양 모) 로(譾: 소리 로) → 떠는 모양 소리'다.

트렌드(trend: 경향, 동향, 대세)

우리말로 읽어보면 '뜨르이(tre)+느(n)+드(d) → 뜨르이(따르이: '따르다'의 활용형) 느(나: '나다(생기다)'의 활용형) 드(도(濤: 물결 도)) → 따르다 생기다 물결'이다. '따름이 생긴 물결'이다.

트라이얼(trial: 재판, 심리, 공판)

우리말로 읽어보면 '틀(tr)+이(i)+아(a)+르(l) → 틀(츨 → 철(哲: 밝을 철)) 이(위(違: 어긋날 위)) 아(雅: 바를 아) 르(려(濾: 거를 려)) → 슬기롭게 어긋남과 바름을 거르는 것'이다.

□ 철(哲): 밝다, 슬기롭다.

트라이앵글(triangle: 삼각형)

우리말로 읽어보면 '뜨리(tri)+안(an)+그(g)+리(le) → 뜨리(쯔리 → 즈리 → 스리 → 스이 → 서이: '셋'의 방언) 안(한: '하다'의 활용형) 그(구(矩: 모날 구)) 리(이: 명사형 접미사, 이것) → 셋 한 모나다 이것'이다. '모가 세 개인 이것'이다.

□ 구(矩): 모나다, 곱자('ㄱ'자 모양의 자), 모서리.

트리뷰트(tribute: (특히 죽은 사람에게 바치는) 헌사[찬사], 감사[칭찬, 존경]의 표시, 공물)

우리말로 읽어보면 '뜨(t)+리(ri)+브(b)+우(u)+티(te) → 뜨(떠: '뜨다('죽다'의 완곡한 표현)'의 활용형) 리(이(사람)) 브(부(付: 줄 부)) 우(의(懿: 아름다울 의) 티(치(治: 다스릴 치)) → 죽다 사람 주다 기리다 말'이다.

□ 의(懿): 아름답다, 기리다.

□ 치(治): 다스리다, 말, 언사(言辭).

트리거(trigger: 방화쇠, 촉발시키다)

우리말로 읽어보면 '틀(tr)+익(ig)+그(g)+이르(er) → 틀(츨 → 출(出: 날 출)) 익(疑: 멈출 익) 그(거 → 것) 이르(이라: '이다'의 활용형) → 떠나다 멈추는 것이다'다. '떠남을 멈추게 하는 것이다'다.

□ 출(出): 나다, 낳다, 떠나다.

트리프(trip: 여행, (특히) 짧은 여행)

우리말로 읽어보면 '트(t)+리(ri)+브(p) → 트(터: '자리'나 '장소'의 뜻을 나타내는 말) 리(離: 떠날 리) 브(보 → 봐: '보다'의 활용형) → 장소 떠나 보는 것'이다.

트루프(troop: 떼, 무리, (특히 대규모의) 병력, 군대, 무리를 지어 걸어가다)

우리말로 읽어보면 '뜨(t)+루(roo)+브(p) → 뜨(떼: 무리) 루(로: 조사) 브(부(赴: 갈 부)) → 떼로 가다'다. '떼로 가는 것'이다.

트로우피(trophy: 전리품, 트로피, 우승 기념품)

우리말로 읽어보면 '트(t)+로(ro)+프(p)+히(hy) → 트(투(鬪: 싸울 투)) 로(조사) 프(포(捕: 잡을 포)) 히(회(賄: 재물 회)) → 싸우다 로 잡다 재물'이다. '싸움으로 잡은 재물'이다.

트로트(trot: 속보로 달리다, 빠른 걸음[총총걸음]으로 가다)

우리말로 읽어보면 '트(t)+르(ro)+트(t) → 트(투 → 튀: '튀다('뛰다'의 방언)'의 어근) 로(조사) 트(투 → 튀: '튀다('뛰다'의 방언)'의 어근) → 뜀으로 뛰다'이다.

트러블(trouble: 괴롭히다, 고생시키다)

우리말로 읽어보면 '뜨르오우(trou)+브리(ble) → 뜨르오우(따라와: '따라오다'의 활용형) 브리(부려: '부리다(행동이나 성질 따위를 계속 드러내거나 보이다)'의 활용형) → 따라와 부려'다.

‘따라와 성질부리는 것’이다.

트루(true: 1. 사실인, 참인, 맞는, 진짜의, 정확한 2. 일직선으로, 똑바로)

1번을 우리말로 읽어보면 ‘틀(tr)+우(u)+이(e) → 틀(촐 → 찰: ‘대(對)’의 방언) 우(위(僞: 거짓 위)) 이(에(의): 조사) → 대(對)하다 거짓 에’다. ‘거짓에 대(對)함의’ ‘참의’ ‘진짜의’이다.

2번을 우리말로 읽어보면 ‘틀(tr)+우(u)+이(e) → 틀(촐 → 찰: ‘대(對)’의 방언) 우(紆: 굽을 우) 이(에(의): 조사) → 대(對)하다 굽다 에’다. ‘굽음에 대(對)함의’ ‘똑바로’다.

□ **대(對: 대할 대): 사물(事物)들이 서로 상대(相對)·대립(對立)·대비됨을 나타내는 말.**

트러스트(trust: 신임, 신뢰)

우리말로 읽어보면 ‘뜨르(tr)+우스(us)+트(t) → 뜨르(따르: ‘따르다(좋아하거나 존경하여 가까이 좇다)’의 어근) 우스(아스: ‘아우(동생)’의 방언) 트(터: 밑바탕) → 따르다 동생 밑바탕’이다. ‘따르는 동생의 밑바탕’이다.

튜멀(tumor: 종양, 종기)

우리말로 읽어보면 ‘투(tu)+몰(mor) → 투(추 → 처(處: 곳 처)) 몰(멀: ‘멍울’의 방언) → (병을) 앓다 멍울’이다. ‘(병을) 앓는 멍울’이다.

□ **처(處): 곳, (병을) 앓다.**

튜멀트(tumult: 소란, 소동, 법석)

우리말로 읽어보면 '투(tu)+물(mul)+트(t) → 투(鬪: 싸울 투) 물('무리'의 옛말) 트(티: 모양) → 싸우는 무리 모양'이다.

튜느(tune: 곡, 악곡, 가곡)

우리말로 읽어보면 '투(tu)+느(n)+이(e) → 투(타: '타다(악기의 줄을 퉁기거나 건반을 눌러 소리를 내다)'의 활용형) 느(나: '나다(생기다)'의 활용형) 이(명사형 접미사, 이것) → 타다 생기다 이것'이다. '타는 것이 생기는 이것'이다.

터늘(tunnel: 터널, 지하도)

우리말로 읽어보면 '트(t)+운(un)+느이(ne)+르(l) → 트(토(土: 흙 토)) 운(안(內)) 느이(나이: '나다(생기다)'의 활용형) 르(로(路: 길 로)) → 땅 안(內)에 난 길'이다.

터른(turn: 회전시키다, 돌리다)

우리말로 읽어보면 '트(t)+울(ur)+느(n) → 트('츠 → 처(處: 곳 처)) 울(알(斡: 돌 알)) 느(넣: '넣다(생기다)'의 활용형) → 곳 돌다 넣다'이다. '(어떤) 곳에 도는 것 넣는 것'이다.

투앵(twang: (현악기가] 퉁기어) 탕[윙] 하고 울리다)

우리말로 읽어보면 '트우앙(twang) → 트우앙(탕: 줄을 튕기는 소리)'다.

투인(twin: 쌍둥이)

우리말로 읽어보면 '투(tw)+이(i)+느(n) → 투(두(二)) 이(孷: 쌍둥이 이) 느(니 → 이: 사람) → 두 쌍둥이 사람'이다.

트위스트(twist: 꼬다, 꼬아서 만들다)

우리말로 읽어보면 '투(tw)+이(i)+스(s)+트(t) → 투(두(二)) 이(縭: 끈 이) 스(쓰 → 써: '쓰다'의 활용형) 트(츠 → 쳐: '치다(손으로 엮거나 틀어서 만들다)'의 활용형) → 두 끈 써 쳐'다. '두 끈을 써 틀어서 만들다'이다.

투(two: 2, 2명, 2개)

우리말로 읽어보면 '투~ㅇ(two) → 투~ㅇ(두(二)) → 둘(二)'이다.

타잎(type: 형, 타입, 유형)

우리말로 읽어보면 '티(ty)+피(pe) → 티(모양) 피(皮: 가죽 피) → 모양 거죽(물체의 겉 부분)'이다. '겉 부분 모양'이다.

타이런트(tyrant: 폭군, 전제 군주)

우리말로 읽어보면 '티(ty)+란(ran)+트(t) → 티(치(治: 다스릴 치)) 란(亂: 어지러울 란) 트(츠 → 치(사람)) → 다스리다 포악하다(暴惡--) 치(사람)'다. '다스림이 포악(暴惡)한 사람'이다.

□ 란(亂): 어지럽다, 포악하다(暴惡--).

U

어그(ugh: 욱, 악, 으악)

우리말로 읽어보면 '욱흐(ugh) → 욱흐(욱 → 억 → 악(놀랐을 때 무의식적으로 지르는 외마디 소리)'이다.

어그리(ugly: 추한, 보기 흉한, 못생긴)

우리말로 읽어보면 '우그르이(ugly) → 우그르이(우글으이: '우글다(조금 우그러져 모양이 곱지 아니하다)'의 활용형) → 우글다'다.

얼티머트(ultimate: (시간적. 공간적으로) 가장 먼, 가장 오랜, 최후의, 최종의)

우리말로 읽어보면 '우르(ul)+팀(tim)+아(a)+트(t)+이(e) → 우르(위로) 팀(침: '처음'의 방언) 아('에'의 방언) 트(터: 곳) 이(의: 조사) → 위로 처음에 곳의'다.

얼트러(ultra-: 초(超), 과(過), 극단적으로, 극도로)

우리말로 읽어보면 '우르(ul)+트(t)+라(ra) → 우르(위로) 트(츠 → 초 → 최(最: 가장 최)) 라(종결 어미) → 위 최(最) 라'다. '위로 가장이라'다.

엄(um: ((주저함. 망설임을 나타내어)) 음, 에)

우리말로 읽어보면 '움(um) → 움(음)'이다.

엄파이어(umpire: 심판원)

우리말로 읽어보면 '움(um)+비(pi)+리(re) → 움(엄(嚴: 엄할 엄)) 비(바 → 봐: '보다'의 활용형) 리(사람) → 엄하다 보다 사람'이다. '엄(嚴)하게 보는 사람'이다.

언-(un-: ((접두사)) 부정, 결여, 반대)

우리말로 읽어보면 '운(un) → 운(언 → 안: '아니'의 준말) → 안(不)'이다.

유내너머스(unanimous: 의견이 일치한, 같은 의견인, 만장일치인)

우리말로 읽어보면 '운(un)+아느임(anim)+오우스(ous) → 운(안(案: 책상 안: 책상, 생각)) 아느임(하느임 → 하나임) 오우스(위(爲)+ㅅ(의)=함의=한) → 생각 하나임 한'이다.

언덜(under: 아래[밑]에[로], 안(쪽)에)

우리말로 읽어보면 '우(u)+느(n)+디(de)+르(r) → 우(위) 느(나: '나다(생기다)'의 활용형) 디(뒤) 르(라: 어미) → 위 생기다 뒤(반대) 라'다. '위 생김에 뒤(반대)라' '아래'다.

언더스탠드(understand: 이해하다)

우리말로 읽어보면 '운디~ㄹ(under)+스트(st)+아드(and) → 운디(안디 → 안다: '알다'의 활용형) 스트(스다(생기다)) 안드(한다: '하다'의 활용형) → 안다 스다(생기다) 한다'다. '아는 것이 생기는 것 한다'다.

언두(undo: 원래 상태로 돌리다, 풀다, 끄르다, 파멸시키다)

우리말로 읽어보면 '운(un)+도(do) → 운(원(原: 근원 원))도('두어'의 방언) → 원래(原來)대로 두어'다.

□ 원(原): 근원, 근본, 원래.

유니언(union: 결합, 연합)

우리말로 읽어보면 '운(un)+이온(ion) → 운(언 → 연(連: 잇닿을 연) 이온(이은: '잇다'의 활용형) → 연(連) 이은'이다. '연(連)이은 것'이다.

유니크(unique: 유일한, 오직 하나뿐인)

우리말로 읽어보면 '운(un)+이(i)+궤(que) → 운(안: '아니'의 준말) 이(二: 두 이) 궤('게('개(個)'의 방언)'의 방언)) → 아니 두 개(個)'다. '두 개가 아닌' '한 개(個)'다.

유나이트(unite: 결합[연합]하다)

우리말로 읽어보면 '운(un)+이티(ite) → 운(언 → 연(連: 잇닿을 연) 이티(이치 → 잇지: '잇다'의 활용형) → 잇닿다 잇다'다. '잇닿아있다'다.

유니버스(universe: 우주, 은하계)

우리말로 읽어보면 '우니(uni)+빌(ver)+시(se) → 우니(으니 → 으내: '은하수'의 방언) 빌('별'의 방언) 시(是: 이 시) → 은하수 별 이것'이다.

업(up: 위로[에], 높은 데로[에])

우리말로 읽어보면 '우브(up) → 우(위) 브(부(部: 떼 부) → 위 곳'이다. '위의 곳'이다.

또 다르게 읽어보면 '우프(up) → 우프(어프 → 엎으 → 엎어: '엎다'의 활용형) → 엎어'다.

또 다르게 읽어보면 '우브(up) → 우브(어브 → 업으 → 업어: '업다'의 활용형) → 업어'다.

'없다'의 '없'의 뜻과, 업(業: 업 업, 일(事)), '앞'의 뜻도 있다.

□ **부(部): 떼, 부락, 곳.**

어퍼(upper: 더 위[상부]의, 높은 쪽의)

우리말로 읽어보면 '우(u)+브(p)+비(pe)+르(r) → 우(위) 브(부(部: 떼 부) 비(比: 견줄 비) 르(로: 조사) → 위 곳 견주다 로'다. '견줌으로 위 곳'이다.

□ **부(部): 떼, 곳**

업세트(upset: 뒤엎다, (배를) 전복시키다)

우리말로 읽어보면 '우프(up)+스이(se)+뜨(t) → 우프(어프 → 엎으 → 엎어: '엎다'의 활용형) 스이('스다(생기다)'의 활용형) 뜨(떠: '뜨다(위로 쳐들어 올리다)'의 활용형) → 엎다 생기다 뜨다'다. '떠서 엎는 것 생기다'이다.

어르지(urge: 몰아대다, 다그치다, 강제하다[설득하다, 열심히 권하다])

우리말로 읽어보면 '우르지(urge) → 우르지(어르지: '어르다(어떤 일을 하도록 사람을 구슬리다)'의 활용형) → 어르다'다.

어스(us: 우리)

우리말로 읽어보면 '우(u)+스(s) → 우(아(我: 나 아)) 스(수(手: 손 수)) → 우리 사람 → 우리'다.

□ 아(我): 나, 우리.

□ 수(手): 손, 사람.

유즈(use: 쓰다, 사용하다)

우리말로 읽어보면 '우(u)+스이(se) → 우(유(由: 말미암을 유)) 스이('스다(생기다)'의 활용형) → 쓰다 생기다'이다. '쓰는 것 생기다'이다.

□ 유(由): 말미암다, 쓰다.

유주얼(usual: 평상시의, 여느 때의, 일상의)

우리말로 읽어보면 '우스(usu)+아르(al) → 우스(유수 → 유주(留住: 머물러 삶) 아르(하르 → 하리: '하루'의 방언) → 머물러 삶의 하루'다.

유티러티(utility: 유용, 유익, 실용)

우리말로 읽어보면 '우(u)+틸(til)+이드(it)+이(y) → 우(유(由: 말미암을 유)) 틸(칠(㐂: 기쁠 칠)) 이드(있다) 이(명사형 접미사, 이것) → 쓰다 기쁘다 있다 이것'이다. '써서 기쁨이 있는 이것'이다.

□ 유(由): 말미암다, 쓰다.

어트모스트(utmost: 최대한, 최고도의, 더할 나위 없는)

우리말로 읽어보면 '우(u)+트(t)+못(mos)+트(t) → 우(위) 트(츠 → 치(直: 값 치)) 못(맛 → 믓: '가장(여럿 가운데서 으뜸으로)'의 옛말) 트(티: 모양) → 위 값 가장 모양'이다. '위로 값이 가장인 모양'이다.

어터런스(utterance: 입으로 내기, 발성, 발언)

우리말로 읽어보면 '우(u)+트(t)+띠르(ter)+안(an)+시(ce) → 우(어(語: 말씀 어)) 트(터: 장소) 띠르(떨으 → 떨어: '떨다'의 활용형) 안(한: '하다'의 활용형) 시(是: 이 시) → 말 터(곳) 떨어 한 이것'이다. '말+터=입 떨어 한 이것'이다.

□ 어(語): 말씀, 말.

베이컨시(vacancy: 빔, 빈 상태)

우리말로 읽어보면 '배(va)+간(can)+시(cy) → 배(빼: '빼다'의 어근) 간('가다'의 활용형) 시(새: '모양', '상태', '정도'의 뜻을 더하는 접미사) → 빼 간 상태'이다.

베케이션(vacation: 방학, 휴가)

우리말로 읽어보면 '브(v)+악(ac)+아(a)+띠(ti)+온(on) → 브(부(不: 아닐 부)) 악(학(學: 배울 학)) 아('에'의 방언) 띠(때(時)) 온('오다'의 활용형) → 아니다 배우다 에 때(時) 온'이다. '아니 배움에 때(時) 온 것'이다.

배서레이트(vacillate: 흔들리다, 동요하다)

우리말로 읽어보면 '배실(vacil)+르(l)+아디(ate) → 배실(비실: '비실거리다(힘없이 흐느적흐느적 자꾸 비틀거리다)'의 어근) 르(루(屢: 여러 루)) 아디(하디 → 하다) → 비틀거리다 여러(번) 하다'다. '비실거림 여러(번) 하다'다.

배거반드(vagabond: 방랑[유랑]하는, 떠도는)

우리말로 읽어보면 '박(vag)+아(a)+보느드(bond) → 박(밖) 아('에'의 방언) 보느드(보내다(지내다)) → 밖 에 지내다'다. '밖에서 지내는 것'이다.

베이그런트(vagrant: 부랑자, 정처 없는 사람)

우리말로 읽어보면 '배(va)+글(gr)+아느(an)+트(t) → 배(拜: 절 배) 글(걸(乞: 빌 걸)) 아느(하느 → 하는: '하다'의 활용형) 트(츠 → 치(사람)) → 절하다 구걸하다 하는 사람'다. '절하며 구걸하는 것 하는 사람'이다.

□ 걸(乞): 빌다, 구걸하다(求乞--).

베이그(vague: 막연한, 분명치 않은)

우리말로 읽어보면 '바(va)+구(gu)+이(e) → 바(봐: '보다'의 활용형) 구(가: 주격 조사) 이(애(僾: 어렴풋할 애)) → 보는 것 이 어렴풋하다'다. '보는 거(것)가 어렴풋한'이다.

베일(vale: 골짜기, 계곡)

우리말로 읽어보면 '발(val)+이(e) → 발('기슭'의 고어) 이(이것)'이다. '기슭'이다.

배련트(valiant: 용감한, 씩씩한, 영웅적인)

우리말로 읽어보면 '발(val)+이(i)+안(an)+트(t) → 발('기세' 또는 '힘'의 뜻을 더하는 접미사) 이(瀰: 많을 이) 안(한: '하다' 활용형) 트(티: 어떤 태도나 기색) → 기세 많게 한 태도'이다.

배리드(valid: 정당한 근거가 있는, 정당[확실]한, 틀림없는)

우리말로 읽어보면 '바르(val)+이(i)+드(d) → 바르('바르다'의 어근) 이(理: 다스릴 리) 드(돼: '되다'의 활용형) → 바른 이치 돼'다.

□ 리(理): 다스리다, 이치(理致), 사리.

밸류(value: 가치, 값어치, 진가, 중요성)

우리말로 읽어보면 '발(val)+우(u)+이(e) → 발('효과'의 뜻을 더하는 접미사) 우(유(由: 말미암을 유)) 이(명사형 접미사, 이것) → 효과 쓰다 이것'이다. '씀에 효과 이것'이다.

□ 유(由): 말미암다, 쓰다.

배니쉬(vanish: [보이던 것이 특히 갑자기 시야에서] 사라지다, 보이지 않게 되다)

우리말로 읽어보면 '브(v)+안(an)+이스흐(ish) → 브(부(趦: 갑자기 부)) 안('아니'의 준말) 이스흐(있어) → 갑자기 안 있다'다. '갑자기 없어진 것'이다.

베어리어스(Various: 가지각색의, 서로 다른, 별종의)

우리말로 읽어보면 '바리(vari)+오우(ou)+스(s) → 바리('너울(겉모습)'의 방언) 오우(위(爲: 할 위) 스(서(庶: 여러 서)) → 겉모습 하다 여러'다. '여러 겉모습 한'이다.

배스트(vast: 광대한, 광활한; 거대한, 엄청나게 큰)

우리말로 읽어보면 '브(v)+아(a)+스(s)+트(t) → 브(보(普: 넓을 보)) 아(하: 정도가 매우 심하거나 큼을 강조하여 이르는 말. '아주', '몹시'의 뜻을 나타낸다) 스('스다(생기다)'의 활용형) 트(티: 모양) → 넓다 아주 생기다 모양'이다. '아주 넓게 생긴 모양'이다.

베일(veil: 베일, (특히 여자의) 면사포)

우리말로 읽어보면 '베(ve)+일(il) → 베(명사 삼실, 무명실, 명주실 따위로 짠 피륙) 일('이다(머리에 얹다)'의 활용형) → 삼베 일'이다. '일(머리에 얹을) 삼베'다.

벤덜(vendor: 행상, 파는 사람)

우리말로 읽어보면 '빈드(vend)+오르(or) → 빈드(빈대: '멜대'의 방언) 오르(어리: 옛말 그런 사람의 뜻을 더하는 접미사) → 멜대(물건을 양쪽 끝에 달아서 어깨에 메는 데 쓰는 긴 나무나 대) 사람'이다. '멜대에 물건을 달고 다니는 사람'이다.

벤트(vent: 구멍, 관, 파이프, 배기구멍)

우리말로 읽어보면 '비(ve)+느(n)+트(t) → 비(扉: 구멍 비) 느(나: '나다(생기다)'의 활용형) 트(츠 → 치: 어떠한 특성을 가진 물건 또는 대상) → 구멍 생긴 물건'이다.

벤터레이트(ventilate: (방, 갱내 등을) 환기하다, ~에 공기를 통하게 하다)

우리말로 읽어보면 '비(ve)+느(n)+티(ti)+르(l)+아디(ate) → 비(扉: 구멍 비) 느(나 → 내: '내다'의 활용형) 티(치 → 체(替: 바꿀 체)) 르(로 → 료(飂: 바람 료)) 아디(하디 → 하다) → 구멍 내 바꾸다 바람 하다'다. '구멍 내 바람 바꾸는 것 하다'다.

벤춰(venture: (결과를 예측할 수 없는) 모험적인 기도, 모험)

우리말로 읽어보면 '빈(ven)+툴(tur)+이(e) → 빈(변(變: 변할 변): 갑자기 생긴 재앙이나 괴이한 일) 툴(둘: '두다'의 활용형) 이(명사형 접미사, 이것) → 변(變) 둘 이것'이다.

버레이셔스(veracious: 항상 진실을 말하는, 정직[성실]한)

우리말로 읽어보면 '비(ve)+라(ra)+시(ci)+오우스(ous) → 비(非: 아닐 비) 라(裸: 벗을 라) 시('혀(말)'의 방언) 오우스(오우(위(爲: 할 위)+스(의)=한) → 거짓 벗은 말 한'이다.

□ 비(非): 아니다, 거짓.

버르딕트(verdict: (배심원의) 평결, 답신(答申))

우리말로 읽어보면 '브이르(ver)+딕(dic)+트(t) → 브이르(부어리: '벌(罰)'의 방언) 직(적(適: 맞을 적) 트(츠 → 치(値: 값 치)) → 벌(罰) 알맞다 값'이다. '벌(罰)에 알맞은 값'이다.

버러파이(verify: 사실임을 증명[입증, 확인]하다)

우리말로 읽어보면 '비(ve)+르(r)+이(i)+브여(fy) → 비(比: 견줄 비) 르(로: 조사) 이(위(違: 어긋날 위) 브여(보여: '보이다'의 활용형) → 견주는 것으로 어긋남 보여'다.

버르늘(vernal: 봄의, 봄에 나타나는)

우리말로 읽어보면 '브이르(ver)+날(nal) → 브이르(부어리: '벌(蜂)'의 방언) 날(어떠한 시절이나 때) → 벌(蜂) 시절'이다. '벌(蜂) 시절에'다.

벌스(verse: 시, 운문(韻文)

우리말로 읽어보면 '브(v)+이르(er)+시(se) → 브(부(賦: 부세 부) 이르(일으 → 일어: '일다(생기다)'의 활용형) 시('혀(말)'의 방언) → 읊다 생기다 말'이다. '읊음이 생긴 말'이다.

□ 부(賦): 부세, 읊다.

벌서스(versus: 대(對), ~에 대한)

우리말로 읽어보면 '배(ve)+르(r)+수(su)+스(s) → 배(配: 짝 배) 르(로: 조사) 수(서: '서다'의 어근) 스(~의) → 적수(敵手) 로 서다 의'다. '적수(敵手)로 섬에'이다.

□ 배(配): 짝, 적수(敵手).

버르티컬(vertical: 수직의, 연직의, 직립한)

우리말로 읽어보면 '비르(ver)+티(ti)+그(c)+알(al) → 비르(비리: '벼랑'의 방언) 티(모양) 그(구(矩: 모날 구)) 알(할 → 한: '하다'의 활용형) → 벼랑 모양에 직각(直角) 한'이다.

□ 구(矩): 모나다, 직각(直角).

벌티저너스(vertiginous: 빙글빙글 도는, 회전[선회]하는, (특히 높아서) 눈이 빙빙 도는)

우리말로 읽어보면 '빌(ver)+티(ti)+진(gin)+오우스(ous) → 빌('비다(보이다)'의 활용형) 티(모양) 진(전(轉: 구를 전)) 오우스(오우(위(爲)+스(ㅅ=의)=함의=한) → 보일 모양 구르다(회전하다) 한'이다.

□ 전(轉): 구르다, 회전하다.

베리(very: 매우, 아주, 정말)

우리말로 읽어보면 '비~ㄹ(ver)+이(y) → 비~ㄹ(배: 옛말 아주, 매우) 이(여: '이여, 이오'의 옛말) → 매우 이여'다.

베설(vessel: (대형의) 배)

우리말로 읽어보면 '배(ve)+스(s)+실(sel) → 배(舟) 스(사(似: 닮을 사)) 실(室: 집 실) → 배(舟) 닮다 집'이다. '집 닮은 배' '집 같은 배'다.

□ 사(似): 닮다, 같다.

비토우(veto: 거부권, 금지)

우리말로 읽어보면 '비(ve)+토(to) → 비(배(排: 밀칠 배)) 토(타(妥: 온당할 타) → 밀침에 온당한 것'이다.

바이브레이트(vibrate: 진동하다, 흔들리다)

우리말로 읽어보면 '비(vi)+브르(br)+아디(ate) → 비(옛말 '힘껏'의 뜻을 더하는 접두사) 브르(블으 → 벌어 → 떨어: '떨다('떨다'의 옛말)'의 활용형) 아디(하디 → 하다) → 힘껏 떨어 하다'다.

바이스(vice: 악덕, 부도덕, 사악)

우리말로 읽어보면 '비(vi)+시(ce) → 비(非: 아닐 비) 시(是: 이 시)' → 사악(邪惡) 이것'이다. '사악(邪惡)'이다.

□ 비(非): 아니다, 사악(邪惡).

빅팀(victim: 희생(자), 피해자)

우리말로 읽어보면 '비(vi)+그(c)+팀(tim) → 비(벼: '비다('베다'의 방언)'의 활용형) 그(구(軀: 몸 구)) 팀(침(侵: 침노할 침)) → 비다 몸 침노하다'다. '침노하여 벤 몸' '침노하여 죽은 사람'이다.

□ 침(侵): 침노하다(侵擄--: 불법으로 침범하다), 범하다(犯--).

빅터리(victory: 승리, 전승, 우승)

우리말로 읽어보면 '비그(vic)+똘(tor)+이(y) → 비그(버가: '버가다('겨루다'의 방언)'의 어근) 똘(딸: '따다'의 활용형) 이(명사형 접미사, 이것) → 겨루어 딸 이것'이다.

□ 따다: 노름, 내기, 경기 따위에서 이겨 돈이나 상품 따위를 얻다.

뷰우(view: 견해, 생각, 의견, 설명)

우리말로 읽어보면 '비(vi)+이유(ew) → 비('비다(보다)'의 활용형) 이유(여(慮: 생각할 여)) → 보다 생각'다. '봄에 생각'이다.

□ 여(慮): 생각하다, 생각.

비질(vigil: (밤샘) 간호; (철야) 기도)

우리말로 읽어보면 '비(vi)+질(gil) → 비('비다(보다)'의 어근) 질(행위) → 보다 행위'다. '보는 행위' '살피는 행위'다.

바일(vile: 몹시 나쁜, 몹시 싫은)

우리말로 읽어보면 '비(vi)+리(le) → 비(非: 아닐 비) 리(이(瀰: 많을 이)) → 나쁘다 많다'이다. '나쁨이 많은'이다.

□ 비(非): 아니다, 나쁘다.

비런(villain: 악당, 악한, 나쁜 놈, 망나니)

우리말로 읽어보면 '비(vi)+르(l)+르(l)+아(a)+인(in) → 비(非: 아닐 비) 르('를'의 활용형) 르(루(屢: 여러 루)) 아(하 → 해: '하다'의 활용형) 인(人: 사람 인) → 그른 것 여러 해 사람'이다. '그른 것을 자주 한 사람'이다.

□ 비(非): 아니다, 그르다, 나쁘다, 옳지 않다.

바이어레이트(violate: 위반하다, 침해하다, 훼손하다, (신성한 것. 장소를) 더럽히다)

우리말로 읽어보면 '비(vi)+오르(ol)+아디(ate) → 비(非: 아닐 비) 오르(올으 → 올아 → 옳아: '옳다'의 활용형) 아디(하디 → 하다) → 아니다 옳다 하다'다. '옳지 않은 것을 하다'이다.

바이어런스(violence: 폭력, 폭행, 격렬함)

우리말로 읽어보면 '비(vi)+오르(ol)+인(en)+시(ce) → 비(非: 아닐 비) 오르(올으 → 올아 → 옳아: '옳다'의 활용형) 인(躪: 짓밟을 인) 시(옛말 명사를 만드는 접미사, 이것) → 아니다 옳다 짓밟다 이것'이다. '옳지 않게 짓밟는 이것'이다.

버~ㄹ진(virgin: 처녀, 아가씨, 동정녀)

우리말로 읽어보면 '비(vi)+르(r)+지(g)+인(in) → 비(屄: 보지 비) 르('를'의 방언) 지(持: 가질 지) 인(人: 사람 인) → 비(屄)를 보존하다 사람'이다. '비(屄)를 보존한 사람'이다.

□ 지(持): 가지다, 지니다, 보전하다, 보존하다.

벌튜(virtue: 덕, 미덕, 선행)

우리말로 읽어보면 '비(vi)+르(r)+투(tu)+이(e) → 비(非: 아닐 비) 르('를'의 방언) 투(추 → 처 → 쳐: '치다'의 활용형) 이(명사형 어미, 이것) → 옳지 않다를 치다 이것'이다. '옳지 않음을 친 이것'이다.

□ 비(非): 아니다, 옳지 않다.

비저블(visible: 눈에 보이는)

우리말로 읽어보면 '비스(vis)+이브리(ible) → 비(벼: '비다(보이다)'의 활용형)) 스('스다(생기다)'의 활용형) 이(위(爲: 할 위)) 브리(보리: '보다'의 활용형) → 보이다 생겨 하다 보리'다. '보는 것 하여 보임 생긴'이다.

비지트(visit: 방문하다, 찾아가다)

우리말로 읽어보면 '비(vi)+스(s)+이(i)+트(t) → 비(벼: '비다(보다)'의 활용형)) 스('스다'의 활용형) 이(迆: 갈 이) 트(터: 곳) → 보다 생기다 가다 터(곳)'이다. '터(곳)에 가서 봄이 생기다'이다.

비비드(vivid: 선명한, 강렬한, 산뜻한, 활기[생기]에 넘치는)

우리말로 읽어보면 '비(vi)+비(vid) → 비(배(倍: 곱 배)) 비드('비다(보이다)'의 활용형) → 곱 보이다'다. '배(倍)로 보이다' '배(倍)로 보이는 것'이다.

보우컬(vocal: 목소리의, 음성의)

우리말로 읽어보면 '복(voc)+알(al) → 복(목: 목을 통해 나오는 소리) 알(할 → 한: '하다'의 활용형) → 목소리 한'이다.

보우그(vogue: 유행(하는 형), 유행품)

우리말로 읽어보면 '복(vog)+우(u)+이(e) → 복(服: 옷 복) 우(아: '에'의 방언) 이(乁: 흐를 이) → 옷에 흐름'이다.

볼케이노(volcano: 화산, 분화구)

우리말로 읽어보면 '볼(vol)+크(c)+아(a)+노(no) → 볼(불(火)) 크(커: '크다'의 활용형) 아('에'의 방언) 노(爐: 화로 노) → 불 커 에 화로'다. '불이 큰 화로'다.

바런테리(voluntary: 자발적으로 하는, 자진하여 하는)

우리말로 읽어보면 '보르(vol)+운(un)+따르이(tary) → 보르(보로: '부러

(마음을 내어 굳이)'의 방언) 운(運: 옮길 운) 따르이('따르다'의 활용형) → 부러 움직이다 따르다'이다. '부러 움직여 따르는 것'이다.

□ 운(運): 옮기다, 움직이다.

버러프츄에리(voluptuary: 주색[육욕]에 빠지는 사람, 방탕자)

우리말로 읽어보면 '보르(vol)+우프(up)+투(tu)+아리(ary) → 보르('치마'의 옛말) 우프(어프 → 엎어: '엎다'의 활용형) 투(타: '타다'의 활용형) 아리(어리: 옛말 그런 사람의 뜻을 더하는 접미사) → 치마 엎어 타는 사람'이다. '치마를 거꾸로 하고 올라타는(성행위 하는) 사람'이다.

바우처~(voucher: 상품권, 할인권, 쿠폰)

우리말로 읽어보면 '보(vo)+우(u)+츠(ch)+이르(er) → 보(寶: 보배 보) 우(위(爲: 할 위)) 츠(차(次: 버금 차)) 이르(이라: 종결 어미) → 돈 하다 버금이라'다. '돈 함(역할)에 버금인 것'이다.

□ 보(寶): 보배, 돈.

바우(vow: 맹세, 서약)

우리말로 읽어보면 '브(v)+오(o)+유(w) → 브(부(父: 아비 부)) 오(아: '에'의 방언) 유(歈: 말할 유) → 창시자=하느님=하늘 에 말하다'다. '맹세하는 것'이다.

□ 부(父): 아버지, 만물(萬物)을 화육(化育)하는 근본(根本), 창시자(創始者).

벌걸(vulgar: 취미가 저속한, 버릇없이 자란, 상스러운, 외설한 농담)

우리말로 읽어보면 '불(vul)+갈(gar) → 불(벌: '일정한 테두리를 벗어난'의 뜻을 더하는 접두사) 갈('말(言)'의 고어) → 일정한 테두리를 벗어난 말'이다.

벌너러블(vulnerable: (장소가) 공격당하기 쉬운, 상처받기 쉬운)

우리말로 읽어보면 '불(vul)+니르(ner)+아(a)+브르이(ble) → 불(刜: 칠 불) 니르(닐으 → 닐어: '닐다('일어나다'의 고어)'의 활용형) 아(하 → 해: '하다'의 활용형) 브르이(부르이: '부르다'의 활용형) → 공격하다 일어나다 해+부르다= 할 수 있는'이다. '공격 일어남 할 수 있는'이다.

□ 불(刜): 치다, 공격하다(攻擊--).

벌버(vulva: (여자의) 음문)

우리말로 읽어보면 '불(vul)+바(va) → 불(고환=불알=남근) 바('방'의 방언) → 남근 방'이다.

웨일(wail: (고통, 슬픔 등으로) 울부짖다, 통곡하다)

우리말로 읽어보면 '유(w)+아(a)+이르(il) → 유(呦: 울 유) 아(하: 정도가 매우 심하거나 큼을 강조하여 이르는 말. '아주', '몹시'의 뜻을 나타낸다) 이르(이루: '이루다'의 어근) → 울다 몹시 이루다'다. '울음 몹시 이룬 것'이다.

웨이트(wait: 기다리다)

우리말로 읽어보면 '유(w)+아(a)+이트(it) → 유(留: 머무를 유(류) 아(하 → 해: '하다'의 활용형) 이트(있다) → 기다림 해 있다'다.

□ 유(留): 머무르다, 정지하다, 기다리다.

웨이크(wake: 일어나다, 깨어나다)

우리말로 읽어보면 '우아(wa)+크이(ke) → 우아(와(臥: 누울 와)) 크이(끄이 → 깨이: '깨다'의 활용형) → 누워 자다 깨다'이다. '누어 자다 깨다'이다.

□ 와(臥): 눕다, 누워 자다.

워크(walk: 걷다, 걸어가다, 산책하다)

우리말로 읽어보면 '유(w)+아(a)+르(l)+크(k) → 유(遊: 놀 유) 아(하 → 해: '하다'의 활용형) 르(로(路: 길 로)) 크(가: '가다'의 활용형) → 놀다 하다 길 가'이다. '놀면서 길 가'다.

월(wall: 벽, 담)

우리말로 읽어보면 '우(w)+아(a)+를(ll) → 우(宇: 집 우) 아('에'의 방언) 를(랄(埒: 담 랄) → '집에 담'이다.

원덜(wander: (정처 없이) 돌아다니다, 걸어다니다)

우리말로 읽어보면 '유(w)+아(a)+느(n)+덜(der) → 유(遊: 놀 유) 아(하 → 해: '하다'의 활용형) 느(나: '나다(지내다)'의 활용형) 덜(질: '길'의 방언) → 놀다 하다 지내다 길'이다. '길에서 놀며 지내다' '길에 살다' '떠돌면서 지내다'이다.

원트(want: 원한다, 바라다)

우리말로 읽어보면 '우안(wan)+트(t) → 우안(원(願: 원할 원)) 트(타: 종결 어미) → 원(願)타 → 원하다'다.

월(war: 전쟁, 무력 충돌)

우리말로 읽어보면 '유(w)+알(ar) → 유(類: 무리 류(유) 알(할(割: 벨 할) → 무리 베다'이다. '무리(모여서 뭉친 한 동아리)로 베는 것'이다.

월므(warm: 따뜻한, 따뜻하게 느껴지는, 훈훈한)

우리말로 읽어보면 '유알(war)+므(m) → 유알(얄 → 열(熱: 더울 열)) 므(모(貌: 모양 모)) → 덥다 모양 → 더움에 모양'이다.

워른(warn: 경고하다)

우리말로 읽어보면 '유(w)+알(ar)+느(n) → 유(여(與: 더불 여)) 알(할(愒: 으를 할) 느(너 → 넣: '넣다'의 활용형) → 미리 으르다(무서운 말이나 행동으로 위협하다) 넣다'다.

□ 여(與): 더불다, 미리.

워쉬(wash: 씻다, 세탁하다)

우리말로 읽어보면 '유(w)+애쉬(ash) → 유(由: 말미암을 유) 애쉬(재 → 잿물: 옛날 비누) → 쓰다 비누 → 씻다'다.

□ 유(由): 말미암다, 쓰다

워스(was: be의 과거)

우리말로 읽어보면 '유아스(was) → 유아스(야스 → 여스 → 엿으 → 였어: '이다'의 활용형)'이다.

웨이스트(waste: 낭비[소모]하다, 허비하다)

우리말로 읽어보면 '유(w)+아(a)+스(s)+티(te) → 유(由: 말미암을 유) 아(하: 정도가 매우 심하거나 큼을 강조하여 이르는 말. '아주', '몹시'의 뜻을 나타낸다) 스(쓰 → 써: '쓰다'의 활용형) 티(어떤 태도나 기색) → 쓰는 것 몹시 쓰는 태도(모양)'다.

□ 유(由): 말미암다, 쓰다.

와취(watch: 지켜보다, 살펴보다, 관찰하다, 시계)

우리말로 읽어보면 '유(w)+아트(at)+츠(ch) → 유(䁱: 볼 유) 아트(하트 → 하다) 츠(처: '마구', '많이'의 뜻을 더하는 접두사) → 보다 하다 많이'다. '많이 보는 것을 하다'이다.

워털(water: 물)

우리말로 읽어보면 '우(w)+아(a)+트(t)+이르(er) → 우(雨: 비 우) 아('에'의 방언) 트('터(바탕)'의 방언) 이르(이라: '이다'의 활용형) → 비 에 바탕(근본) 이라'다.

웨이브(wave: 파도, 물결, 파도같은 움직임)

우리말로 읽어보면 '우(w)+아(a)+비(ve) → 우(汼: 물 우) 아('에'의 방언) 비(배(澲: 물결 일 배) → 물 에 물결 일다'다. '물에 물결 이는 것'이다.

웨이(way: 길, 도로)

우리말로 읽어보면 '유아(wa)+이(y) → 유아(야 → 여(旅: 나그네 여)) 이(명사형 접미사, 이것) → 길 이것'이다.

□ 여(旅): 나그네, 길, 도로(道路).

위(we: 우리)

우리말로 읽어보면 '우이(we) → 우이(우리, 이 → 리) → 우리'다.

위크(weak: 약한)

우리말로 읽어보면 '유이앜(weak) → 유이앜(유악 → 약(弱: 약할 약)) → 약하다'이다.

위어리(weary: 피곤한, 싫증이 난)

우리말로 읽어보면 '유에(we)+알(ar)+이(y) → 유에(예(勩: 수고로울 예)) 알(할: '하다'의 활용형) 이(이것) → 수고할 이것'이다.

□ 예(勩): 수고롭다, 지치다.

웨덜(weather: 날씨, 일기, 기상)

우리말로 읽어보면 '우이(we)+아(a)+뜨흐(th)+이르(er) → 우이('어찌(어떻게)'의 방언) 아(하: '해'의 옛말) 뜨흐(떠: '뜨다'의 활용형) 이르(이라: '이다'의 활용형) → 어떻게 해 뜨다 이다'다. '어떻게(어떤 모양이나 형편으로) 해 뜨는 것이다'이다.

위브(weave: (실로 천을) 짜다, 엮다)

우리말로 읽어보면 '위(we)+압(av)+이(e) → 위(緯: 씨 위, 씨, 씨줄) 압(합(合: 합할 합)) 이(縭: 끈 이) → 씨줄 합하다 끈'이다. '씨줄에 끈을 합하는 것'이다.

웨브(web: 직물, 짜인 것)

우리말로 읽어보면 '위(we)+브(b) → 위(緯: 씨 위(짜다)) 브(비 → 베: 삼실, 무명실, 명주실 따위로 짠 피륙) → 짜다 베'다. '짜진 베'다.

□ 위(緯): 씨, 씨줄, 짜다, 만들다.

웨드(wed: 결혼하다)

우리말로 읽어보면 '우(w)+이드(ed) → 우(纋: 비녀 우) 이드(이다: 머리에 얹다)'다. ' 비녀를 이는 것' '머리에 비녀를 꽂는 것' '머리를 올리는 것' '결혼하다'이다.

우이프(weep: 울다, 눈물을 흘리다)

우리말로 읽어보면 '우이입(weep) → 우이입(읩 → 읍(泣: 울 읍))'이다.

웰컴(welcome: 어서 오십시오, 환영합니다)

우리말로 읽어보면 '유일(wel)+고(co)+미(me) → 유일(열(悅: 기쁠 열)) 고(가: '가다'의 활용형)+미(나(我))=가다 나에게 = 오다) → 기쁘다 오다'다. '와서 기쁘다'이다.

웰페어(welfare: 복지, 행복, 번영)

우리말로 읽어보면 '유엘(wel)+발(far)+이(e) → 유엘(열(悅: 기쁠 열)) 발(發: 필 발) 이(명사형 접미사, 이것) → 기쁘게 베푸는 이것'이다.

□ 발(發): 피다, 베풀다.

웰(well: 1. 잘, 만족할 만큼, 운 좋게, 풍부하게 2. 우물)

1번을 우리말로 읽어보면 '우이르(wel)+르(l) → 우이르(위에로 → 위로) 르(느 → 나: '나다('낫다'의 방언) → 위로 낫다'다.

2번을 우리말로 읽어보면 '우(w)+이(e)+르(l)+르(l) → 우(汼: 물 우) 이(주격 조사) 르(느: '나다'의 활용형) 르(리(裏: 속 리)) → 물 이 나는 곳'이다.

□ 리(裏): 속, 곳, 장소(場所).

웨트(wet: 젖은, 축축한, 습기가 있는)

우리말로 읽어보면 '유(w)+이(e)+티(t) → 유(濡: 적실 유) 이('에'의 방언) 트(티: 모양) → 적시다 에 모양'이다. '적심에 모양'이다.

워트(what: 무엇, 어떤 것[일, 사람])

우리말로 읽어보면 '우흐(wh)+아(a)+트(t) → 우흐(우이: '어찌(어떻게)'의 방언) 아(하 → 해: '하다'의 활용형) 트(츠 → 치: 어떻한 특성을 가진 물건 또는 대상, 것, 사람) → 어찌 하다 치(물건, 사람, 대상, 것)'다. '어찌 한=어쩐=무슨 치(물건, 사람, 대상, 것)'이다. '무슨 치'다.

□ ('어쩐' 꼴로 쓰여) '무슨', '웬'의 뜻을 나타낸다.

□ 예: 어쩐 일로 전화하셨소?

웬(when: 언제)

우리말로 읽어보면 '우히(whe)+느(n) → 우히(우이 → 어이: '어디'의 방언) 느(니: 옛말 일정한 때를 나타내는 접미사, 끼니) → 어디 때'다. '어느 때'다.

□ 어디: '어느'의 방언.

웨어(where: 어디에[로])

우리말로 읽어보면 '우히(whe)+르(r)+이(e) → 우히(우이 → 어이: '어디'의 방언) 르(로: 조사) 이(여) → 어디로 여'다.

휘츠(which: 어느 쪽, 어느 것)

우리말로 읽어보면 '우히(whi)+츠(ch) → 우히(우이 → 어이: '어디'의 방언) 츠(처(處: 곳 처)) → 어디 곳'이다. '어느 곳'이다.

월(whirl: 빙빙 돌다, 회전[선회]하다)

우리말로 읽어보면 '우(w)+히(hi)+를(rl) → 우(위) 히(회(廻: 돌 회)) 를(늘 → 날: '나다(생기다)'의 활용형) → 위 도는 것 생기다'이다.

위스커(whisker: 구레나룻, 수염)

우리말로 읽어보면 '우흐(wh)+이(i)+스(s)+크(k)+이르(er) → 우흐(우에 → 위에) 이(頤: 턱 이) 스(서: 조사 '에서'의 준말) 크(커: '크다'의 활용형) 이르(이라: '이다'의 활용형) → 위에 턱 에서 커 이라'이다. '위에 턱에서 크는 것이라'다.

위스퍼(whisper: 속삭이다, 귓속말을 하다)

우리말로 읽어보면 '우흐(wh)+이(i)+스(s)+브(p)+이르(er) → 우흐(우에 → 위에) 이(耳: 귀 이) 스(서: '에서'의 준말) 브(부(附: 붙을 부)) 이르('이르다(말하다)'의 어근) → 위에 귀 에서 붙어 말하다'다.

화이트(white: 흰, 흰색의, 하얀, 백인의)

우리말로 읽어보면 '우(w)+히(hi)+티(te) → 우(위) 히('히다'의 어근) 티(태 → 채(彩: 채색 채)) → 위 히다 빛깔'이다. '위가 흰 빛깔'이다.

□ 채(彩): 채색, 고운 빛깔, 빛.

화이(why: 왜, 어째서)

우리말로 읽어보면 '우히(why) → 우히(우이: '어찌(어떤 이유로. 또는 무슨 까닭으로)'의 방언) → 어찌(어째, 어째서, 왜)'다.

위키드(wicked: 사악[부정, 부도덕]한, 아주 나쁜)

우리말로 읽어보면 '위(wi)+긐(ck)+이드(ed) → 위(違: 어긋날 위) 긐(극(極: 지극할 극)) 이드(이다) → 간사하다(奸邪--: 마음이 바르지 않다) 극이다'다. '간사함의 극이다'다.

□ 위(違): 어긋나다, 간사(奸邪)하다: 마음이 바르지 않다.

□ 극(極): 지극하다, 극, 매우.

와이드(wide: 폭이 넓은, 넓은)

우리말로 읽어보면 '위(wi)+디(de) → 위(位: 자리 위) 디(대(大: 클 대)) → 자리 크다'다.

□ 자리: 사람이나 물체가 차지하고 있는 공간.

위도우(widow: 미망인, 과부)

우리말로 읽어보면 '유(w)+이(i)+도(do)+유(w) → 유(媮: 짝 유) 이(사람)

도(조(殂: 죽을 조) 유(여(女: 여자 여)) → 짝 사람 죽은 여자'다.

와이프(wife: 아내, 처, 부인)

우리말로 읽어보면 '유(w)+이(i)+브(f)+이(e) → 유(㛢: 짝 유) 이('에'의 방언) 브(부(婦: 며느리 부) 이(사람) → 짝 에 아내 사람'다.

□ 부(婦): 며느리, 지어미, 아내, 여자.

와일드(wild: 야생의, 자생의)

우리말로 읽어보면 '유(w)+일(il)+드(d) → 유(야(野: 들 야)) 일(事) 드(돼) → 야(野) 일(事) 돼'다.

윌(will: ~일[할] 것이다, ~할 작정이다)

우리말로 읽어보면 '위(wi)+르르(ll) → 위(爲: 할 위) 르르(~리라: 해라할 자리에 쓰여, 마음속으로 다짐하는 뜻을 나타내는 종결 어미) → 하다 리라'다. '하리라'다.

윌트(wilt: 시들다, 약해지다)

우리말로 읽어보면 '위(wi)+르(l)+트(t) → 위(萎: 시들 위) 르(로: 조사) 트(투(渝: 변할 투)) → 시들다 로 변하다'다. '시들음으로 변하다'다.

윈(win: 이기다)

우리말로 읽어보면 '위(wi)+느(n) → 위(의(擬: 비길 의)) 느(니: '니다('누이다'의 방언)'의 어근) → 견주어 누이다'다.

□ 의(擬): 비기다, 견주다(어떠한 차이가 있는지 알기 위하여 서로 대어 보다).

윈드(wind: 바람)

우리말로 읽어보면 '우(w)+인(in)+드(d) → 우(雨: 비 우) 인(因: 인할 인) 드(즈 → 자(者: 놈 자) → 비 인하다 자'이다. '비를 말미암은 것' '비에 원인이 되는 것'이다.

□ 자(者): 놈, 것.

윈도우(window: 창, 창문)

우리말로 읽어보면 '우인드(wind)+오(o)+유(w) → 우인드(바람) 오(아: '에'의 방언) 유(위(闈: 문 위) → 바람에 문'이다.

윙크(wink: 윙크[눈짓]하다)

우리말로 읽어보면 '유(w)+인(in)+크(k) → 유(위(爲: 할 위)) 인(안(眼: 눈 안)) 크(키 → 끼: 이성과 함부로 사귀거나 관계를 맺는 경향이나 태도) → 하다 눈 끼'다. '눈으로 끼부리는 짓을 하다'다.

윈털(winter: 겨울)

우리말로 읽어보면 '유(w)+인(in)+털(ter) → 유(褕: 화톳불 유) 인('일다(생기다)'의 활용형) 털(칠 → 철: 규칙적으로 되풀이되는 자연 현상에 따라서 일 년을 구분한 것, 계절) → 화톳불 생기는 계절'이다.

□ 화톳불: 한데다가 장작 따위를 모으고 질러 놓은 불.

와이어(wire: 철사, 전선)

우리말로 읽어보면 '유(w)+이(i)+리(re) → 유(鉚: 쇠 유) 이('에'의 방언) 리(縭: 끈 리) → 쇠 에 끈'이다.

와이즈(wise: 현명한, 지혜가 있는)

우리말로 읽어보면 '유이(wi)+시(se) → 유이(여이 → 예(睿: 슬기 예)) 시(視: 볼 시) → 슬기롭다 보이다'다. '슬기로움이 보이는'이다.

□ 시(視): 보다, 보이다.

위쉬(wish: 하고 싶다, 원하다, 바라다)

우리말로 읽어보면 '위(wi)+스흐(sh) → 위(爲: 할 위: '위하다'의 어근)) 스흐(스: '스다(생기다)'의 왈용형) → 위하다(어떤 목적을 이루려고 하다) 생기다'이다. '어떤 목적을 이루려고 함 생기다'이다.

위트(wit: 지력, 예지, 이성, 지성, 위트, 기지)

우리말로 읽어보면 '위(wi)+트(t) → 위(爲: 할 위) 트(츠 → 초(超: 뛰어넘을 초)) → 하다 뛰어넘다'다. '함에 뛰어넘는 것'이다.

위뜨스탠드(withstand: 잘 견디다, 저항하다)

우리말로 읽어보면 '위드(with)+스드(st)+안드(and) → 위드(함께) 스드(스다(서다)) 안드(한다) → 함께 서다(버티다) 한다'다.

위트니스(witness: 목격하다, 눈앞에[직접] 보다)

우리말로 읽어보면 '위(wi)+트(t)+니(ne)+스스(ss) → 위(爲: 할 위) 트(츠 → 추(瞅: 볼 추) 니(昵: 가까울 니) 스스(서서: '서다'의 활용형) → 하다 보다 가깝다 서서'다. '가깝게 서서 보는 것을 하다'이다.

우먼(woman: 여자, 여인)

우리말로 읽어보면 '우옴(wom)+아(a)+느(n) → 우옴(음(陰: 그늘 음)) 아 ('에'의 방언) 느(니: 사람) → 암컷에 사람'이다.

□ 음(陰): 그늘, 응달, 음(陰), 음기(陰氣), 생식기(生殖器), 음부(陰部), 암컷.

원덜(wonder: 감탄[경탄]하다)

우리말로 읽어보면 '우온(won)+디르(der) → 우온(원: 뜻밖의 일로 놀라거나 언짢을 때 내는 소리) 디르(지르: '지르다(소리를 크게 내다)'의 어근) → 원(놀라는 소리) 지르다'이다.

워드(word: 말, 단어)

우리말로 읽어보면 '우오~ㄹ(wor)+드(d) → 우오~ㄹ(워 → 어(語: 말씀 어)) 드(즈 → 자(字: 글자 자)) → 말 글자'다.

□ 어(語): 말씀, 말, 이야기.

월드(world: 세계)

우리말로 읽어보면 '우(w)+올(or)+르드(ld) → 우(宇: 집 우) 올(알: '아래'의 방언) 르드(로다: 옛말 ~구나) → 하늘 아래구나'다.

□ 우(宇): 집, 하늘.

워름(worm: 지렁이, 거머리, 구더기, ((넓은 뜻으로)) (발이 없이 꿈틀꿈틀 움직이는) 벌레)

우리말로 읽어보면 '유(w)+올(or)+므(m) → 유(蠕: 꿈틀거릴 유) 올(알: '겉을 덮어 싼 것이나 딸린 것을 다 제거한'의 뜻을 더하는 접두사) 므(머: 무엇) → 꿈틀거리는 알의 무엇'이다.

워른(worn: (옷 등이) 닳아서 해진, 낡은)

우리말로 읽어보면 '워~ㄹ느(worn) → 워~ㄹ느(원 → 완(刓: 깎을 완) → 닳은'이다.

□ 완(刓): 깎다, 닳다.

웨리(worry: 걱정하다)

우리말로 읽어보면 '우(w)+오르리(orry) → 우(憂: 근심 우) 오르리('오르다'의 활용형) → 근심 오르리'다.

월스(worse: 더 나쁜, 더 열등한, 악화되어 있는)

우리말로 읽어보면 '우(w)+올(or)+스이(se) → 우(尤: 더욱 우) 올(알: '아래'의 방언) 스이('스다'의 활용형) → 더욱 아래 서다'이다.

월뜨(worth: (어떤 금액의) 가치가 있는, ~의 값어치가 있는)

우리말로 읽어보면 '유오(wo)+르(r)+드흐(th) → 유오(요(要: 요긴할 요))

르(로: 조사) 드흐(돼: '되다'의 활용형) → 중요하다 으로 돼'이다. '중요함으로 된 것'이다.

□ 요(要): 요긴하다, 중요하다.

운드(wound: 상처, 외상, 부상)

우리말로 읽어보면 '유(w)+오우(ou)+느드(nd) → 유(臑: 상처 유) 오우(외(外: 바깥 외)) 느드(나다: 생기다) → 상처 밖 생기다'이다. '밖에 생긴 상처'이다.

랩(wrap: ~을 싸다, 포장하다, 감싸서 보호하다, 두르다)

우리말로 읽어보면 '울(wr)+아(a)+프(p) → 울(풀이나 나무 따위를 얽거나 엮어서 담 대신에 경계를 지어 막는 물건) 아(하 → 해: '하다'의 활용형) 프(포('보(褓: 물건을 싸거나 씌우기 위하여 네모지게 만든 천)'의 방언)) → 울 하다 보자기'다. '보자기로 울하다'이다.

우래뜨(wrath: 분노, 격노)

우리말로 읽어보면 '우르(wr)+아드(at)+흐(h) → 우르(울으 → 울어: '울다'의 활용형) 아드(하다: '많다'의 옛말) 흐(호 → 화(火): 몹시 못마땅하거나 언짢아서 나는 성) → 울어 많은 화(火)'다.

리뜨(wreath: (꽃이나 잎을 엮어 만든) 화환, 화관(花冠))

우리말로 읽어보면 '유(w)+르(r)+이아(ea)+뜨(t)+흐(h) → 유(蕤: 꽃 유) 르('를'의 방언) 이아(이어: '잇다'의 활용형) 뜨(띠: 너비가 좁고 기다랗게 생긴 물건을 통틀어 이르는 말) 흐(해(骸: 머리 해)) → 유(蕤)를 이어 띠 머리'다. '꽃을 이은 머리띠'다.

레슬(wrestle: 씨름하다, 격투하다, 레슬링하다)

우리말로 읽어보면 '울(wr)+이스(es)+뜨리(tle) → 울(울타리) 이스(에서: 조사) 뜨리('뜨다(싸우다)'의 활용형)'다. '울타리에서 뜨다'이다.

라이트(write: 쓰다, 글자를 쓰다)

우리말로 읽어보면 '율(wr)+이(i)+티(te) → 율(聿: 붓 율) 이(㖷: 혀 이) 티(치 → 쳐: '치다(붓이나 연필 따위로 점을 찍거나 선이나 그림을 그리다)'의 활용형) → 붓 혀(말) 쳐'다. '붓으로 말을 치는(그리는) 것'이다.

-

Y

이얼(year: 년, 1년)

우리말로 읽어보면 '여이알(year) → 여이알(여이안) → 연(年: 해 년))'이다.

여른(yearn: 동경하다, 그리워하다)

우리말로 읽어보면 '여아른(yearn) → 여아~ㄹ느(여안 → 연(戀: 그리워할 연)'이다.

예스(yes: 예)

우리말로 읽어보면 '예스'다. 우리말 '예'다.

예스터데이(yesterday: 어제)

우리말로 읽어보면 '예(ye)+스(s)+틸(ter)+데이(day) → 예('여기'의 준말) 스('스다(생기다)'의 활용형) 틸(칠 → 철(綴: 엮을 철)) 데이(日) → 여기 생기다 잇다 날'이다. '여기 생기게 이은 날'이다.

□ 철(綴): 엮다, 잇다.

열드(yield: 양보하다, 항복하다)

우리말로 읽어보면 '여이르(yiel)+드(d) → 여이르(여이려 → 여려: '여리다(강하지 않고 연하고 약하다)'의 활용형) 드(즈 → 져: '지다(내기나 시합, 싸움 따위에서 재주나 힘을 겨루어 상대에게 꺾이다)'의 활용형) → 여려지다'다. '여려지는 것'이다.

유(you: 너)

'여(汝: 너 여)'다.

영(young: 젊은, 어린)

'영(嬰: 어린아이 영)'이다.

Z

재프(zap: 죽이다, 쏘다)

우리말로 읽어보면 '자브(Zap) → 자브(잡으 → 잡아: '잡다'의 활용형)'다.

□ 잡다: 짐승을 죽이다.

질(zeal: 열의, 열중, 열심)

우리말로 읽어보면 '지(Ze)+알(Al) → 지(至: 이를 지) 알(할: '하다'의 활용형) → 지극하다(至極--) 할'이다. '지극하게 하는 것'이다.

□ 지(至): 이르다, 지극하다(至極--)

지어로우(zero: 제로, 영, 0)

우리말로 읽어보면 '질(Zer)+오(O) → 질(質: 바탕 질) 오(嚣: 많을 오) → 바탕 많다'이다. '많음의 바탕(근본)인 것'이다.

지그재그(zigzag: 지그재그[z자, 갈지자] 형(의 것))

우리말로 읽어보면 '지(zi)+그(g)+자(za)+그(g) → 지(之: 갈 지) 그(구(軀: 몸 구)) 자(字: 글자 자) 그(가: '가다'의 활용형) → 지(之) 몸 글자 가'다. '지(之) 모양으로 가는 것'이다.

마지막으로 영어에서 제일 긴 단어를 알아보고, 과연 그 단어는 우리 민족이 만든 글자인지 알아보자.

Pneumonoultramicroscopicsilicovolcanoconiosis	진폐증
Pneumono	폐, 허파
Ultra	굉장히
Microscopic	현미경
Silico	규소
Volcano	화산
Coniosis	질병

이 단어는 우리 민족이 유럽을 떠나온 이후에 만들어진 단어다. 지금에 영어로 글자를 만들려면 글자가 굉장히 많아져 길어질 수밖에 없다. 따라서 우리 민족이 아니면 문자를 창조하는 것은 불가능하다. 여기서 중요한 사실이 있다. 지금 지구에 있는 모든 문자의 시작은 우리말이다.

몽골 문자, 미안마 문자…어떤 문자든 그것을 만든 최초의 사람은 우리 민족이다. 그 형태가 한글과 많이 달라 보이지만 우리말을 써 놓은 것이다. 히브리어를 만든 유대인들도 우리 민족이다.

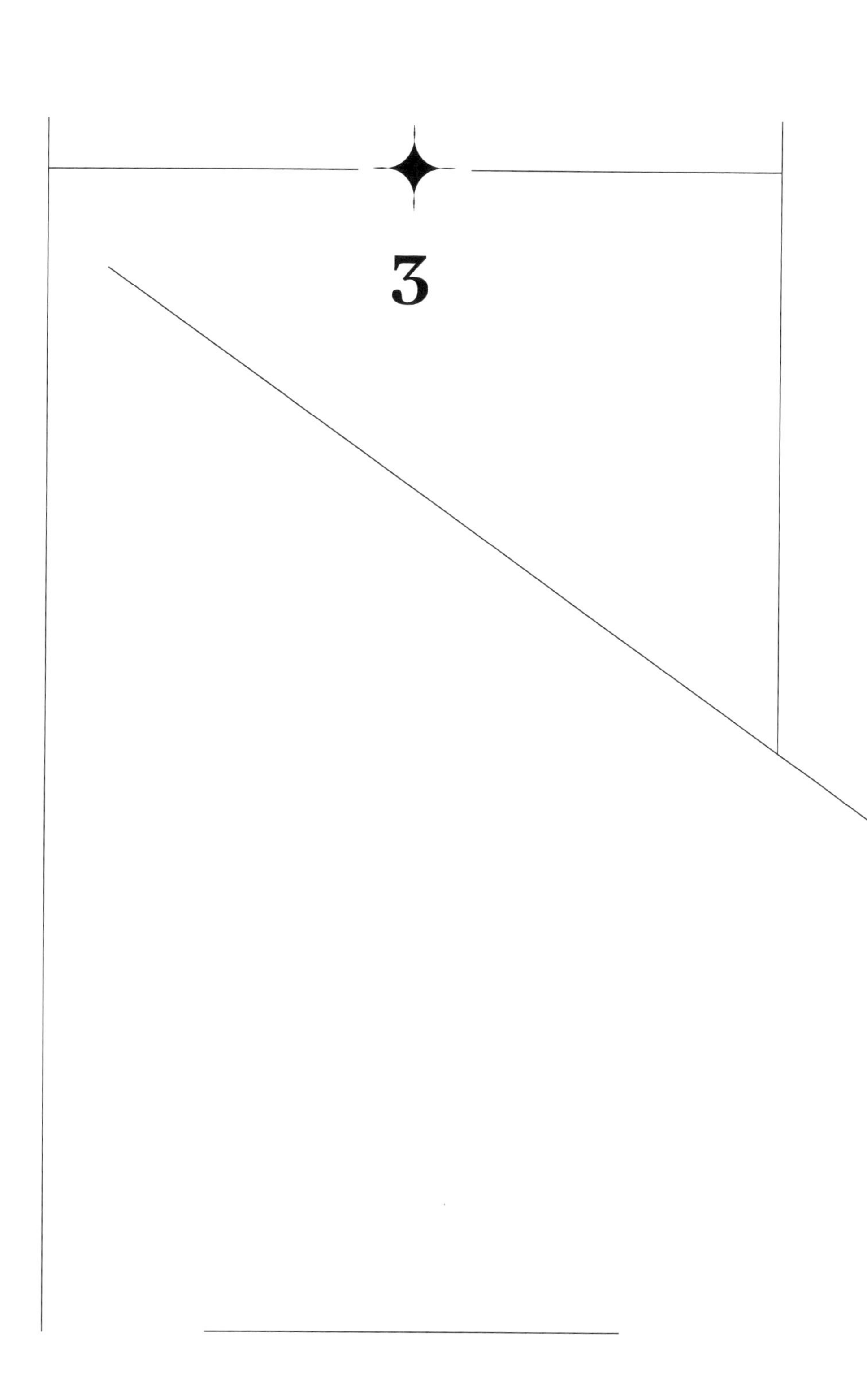
3

한자가 우리말인 이유

한자의 음은 모두 평상시 우리가 쓰는 말이다. 여기에 101개의 한자가 어떤 우리말 음가인지 알아보자.

[illegible]	웃을 **하**	"하하" 하고 웃는 소리의 음가다.
嗙	웃을 **방**	'방글방글' 웃는 모습에서 따온 음가다.
嗙	웃을 **해**	"해해"거리며 웃는 웃음 소리 음가다.
呴	웃을 **후**	"후후" 하며 웃는 소리의 음가다.
呴	웃을 **희**	"희희"거리며 웃는 웃음 소리 음가다.
噱	크게 웃을 **갹**	"꺅" 하며 크게 웃음이 터지는 소리의 음가다.
悟	깨달을 **오**	모르는 것을 깨달았을 때 하는 "오" 하는 소리의 음가다.
鬱	답답할 **울**	답답함이 극에 달하면 울음이 터진다. '울다'에서 따온 음가다.
熨	다릴 **울**	울은 것을 펴는 것이 다리는 일이다. * 울다: 발라 놓거나 바느질한 것 따위가 반반하지 못하고 우글쭈글해지다.

㺀	줄 **줄**	줄(무엇을 묶거나 동이는 데에 쓸 수 있는 가늘고 긴 물건)
淬	담금질할 **쉬**	쇠를 빨갛게 달구어 물에 담그면 "쉬" 소리가 나는데 그 소리에서 따온 글자다.
啄	1. 쪼 **탁** 2. 부리 **주**	1번은 부리로 먹이를 쫄 때 나는 "탁탁" 하는 소리에서 따온 음가다. 2번은 입을 속되게 이르는 말 '주둥이'에서 따온 음가다.
贗	옳지 않을 **안**	옳지 않은 일을 하면 '안돼'에서 따온 음가다.
裁	마를 **재**	(옷을) 마르다(치수에 맞게 자르다), 자르다. 자를 때 치수를 재서 자른다. '재다'에서 비롯된 음가다.
欲	하고자 할 **욕**	'욕하다'에서 비롯된 음가다. 내가 하고 싶은 대로 막 지껄이는 것이 '욕'이다.
夢	꿈 **몽**	정신이 없는 '멍'한 모양에서 비롯된 음가다.
揶	야유할 **야**	빈정대며 놀릴 때 내는 소리 "야" 소리에서 비롯된 음가다.
芈	양울 **미**	양이 울 때 "매" 하며 소리치는 데서 비롯된 음가다.
爍	녹일 **삭**	'삭다'에서 유래한 음가다. * 삭다: 물건이 오래되어 본바탕이 변하여 썩은 것처럼 되다.
抌	때릴 **침**	'치다'에서 비롯된 음가다.
喙	닭 **달**	'닭'의 방언 '달구'에서 비롯된 음가다. '달구새끼' 병아리의 방언.
澖	넓을 **한**	대전(大田)은 '한밭'을 한자로 표시한 것이다. 넓은 것을 나타내는 '한'에서 비롯된 음가다.
嘢	물건 **야**	물건을 손가락으로 가리키며 하는 말 '이것'의 뜻을 표현한 '야(이것)가 얼마인가요?'의 '야'에서 비롯된 음가다.
暫	잠깐 **잠**	'잠깐'의 '잠'에서 비롯된 음가다.
隸	종 **예**	늘 "예예" 하는 사람에서 비롯된 음가다.
否	볼 **부**	'보다'에서 '비롯된' 음가다.
寒	찰 **한**	'밖'을 말하는 '한데'에서 유래한 음가다.

蠿	거미 **찰**	‘찰싹 붙다’의 ‘찰’에서 비롯된 음가다. * 찰싹: 달라붙을 때
膔	배 끓을 **록**	배에서 나는 소리 “꼬로록”의 ‘록’에서 비롯된 음가다.
附	붙을 **부**	‘붙다’에서 비롯된 음가다.
跋	밟을 **발**	‘밟다’에서 비롯된 음가다.
傌	욕할 **마**	욕할 때 “임마”의 ‘마’에서 비롯된 음가다.
䊳	부술 **마**	‘마다(짓찧어서 부스러뜨리다)’에서 비롯된 음가다.
漆	옻 **칠**	‘칠하다’에서 비롯된 음가다. ‘옻’은 훌륭한 ‘칠’ 하는 재료다.
怡	기쁠 **이**	기쁠 때 ‘이(齒)’를 보이며 웃는 데서 비롯된 음가다.
勫	힘쓸 **심**	‘힘’의 방언 ‘심’에서 비롯된 음가다.
吙	개 짖을 **우**	“우” 하며 개가 우는 소리에서 비롯된 음가다.
愕	놀랄 **악**	“악” 하고 놀랄 때 내는 소리에서 비롯된 음가다.
欱	숨 **하**	숨을 “하” 하며 쉴 때의 소리에서 비롯된 음가다.
崿	낭떠러지 **악**	추락할 때 “악” 하는 소리에서 비롯된 음가다.
詞	말 **사**	‘혀(말)’의 방언 ‘세’ ‘서’에서 비롯된 음가다. 말에 관한 음가는 거의 ‘ㅅ’이 들어있다.
喜	기쁠 **희**	즐거울 때 “희희”거리는 모습에서 비롯된 음가다.
炨	불꽃 **타**	‘타다’에서 비롯된 음가다.
藏	감출 **장**	우리가 먹는 ‘장’이 너무 맛있어 감추어놓고 먹는 데서 비롯된 말이다.
卤	놀랄 **잉**	놀랐을 때 “잉” 하는 의성어에서 비롯된 말이다.
炭	숯 **탄**	‘타다’와 ‘니(이)’가 합쳐져서 만들어진 음가다.
蚑	길 **기**	‘기다’에서 비롯된 음가다.
耺	소리 **잉**	귀에서 “잉” 하고 나는 소리에서 비롯된 음가다.
愔	조용할 **음**	입을 다물고 “음” 하고 있는 모습에서 비롯된 음가다.

嘏	클 **하**	하늘의 방언 '할'에서 비롯된 음가다.
虱	이 **슬**	이(蝨)가 '슬슬' 기는 모양에서 비롯된 음가다.
嗤	비웃을 **치**	"치" 하며 비웃는 말투에서 비롯된 음가다.
馱	실을 **태**	'(짐을) 싣다', '태우다(탈 것 따위에 몸을 싣게하다)'에서 비롯된 음가다.
煦	불 **후**	"후" 하고 부는 모양에서 비롯된 음가다.
杏	침 뱉을 **투**	"퇫" 하고 침 뱉는 소리에서 비롯된 음가다.
凝	엉길 **웅**	엉기어 뭉친 '웅어리'에서 비롯된 음가다.
⿱麗黽	개구리 소리 **갈**	개구리들이 "골골" 우는 소리에서 비롯된 음가다.
你	너 **니**	너의 방언 '니'에서 비롯된 음가다.
活	1. 살 **활** 2. 물 콸콸 흐를 **괄**	1번은 불꽃이 움직이며 '활활' 타는 모양에서 비롯된 음가고, 2번은 물이 "콸콸" 나오는 소리에서 비롯된 음가다.
罵	꾸짖을 **매**	'매(매채)'를 들고 꾸짖는 모양에서 비롯된 음가다.
⿰氵戠	차질 **직**	끈기가 있어 '찍' 늘어나는 모양에서 비롯된 음가다.
闖	엿볼 **틈**	'틈'으로 몰래 보는 모양에서 비롯된 음가다.
⿰口章	잠꼬대 **암**	"음냐 음냐" 하며 자는 소리에서 비롯된 음가다.
頷	끄덕일 **암**	"암" 하며 고개를 끄덕이는 모양에서 비롯된 음가다.
咳	어린아이 웃을 **해**	어린아이가 "해해" 웃는 소리에서 비롯된 음가다.
膺	대답할 **웅**	대답할 때 "웅" 하고 대답하는 것에서 비롯된 음가다.
縊	목맬 **액**	목을 맬 때 "액" 하는 소리에서 비롯된 음가다.
鍊	불릴 **연**	쇠를 '연' 하게 하는 데서 비롯된 음가다.
態	모습 **태**	'티(모양)'에서 비롯된 음가다.
煥	불꽃 **환**	불꽃이 '환하다'에서 비롯된 음가다.

滓	찌꺼기 **재**	타고 남은 '재'에서 비롯된 음가다.
堰	둑 **언**	둑의 옛말 '언'에서 비롯된 음가다.
班	나눌 **반**	'반'을 가르는 데서 유래한 음가다.
焞	불 활활 붙을 **부**	불의 또 다른 말 '부'에서 유래한 음가다.
痿	멜 **위**	멜 때 '위로' 하는 데서 유래한 음가다.
匿	숨길 **닉**	너울(얼굴 가리는 망토)의 방언 '닉'에서 비롯된 음가다.
射	쏠 **사**	"쏴"에서 유래한 음가다.
搐	뽑을 **숙**	'쑥' 뽑는 모양에서 유래한 음가다.
刻	새길 **각**	'깎다'에서 유래한 음가다.
竪	세울 **수**	'서다'에서 비롯된 음가다.
拾	오를 **섭**	'섶(덩굴이 타고 올라가는 막대기)'에서 유래한 음가다.
噫	공손히 말할 **야**	"야('예'의 방언)"에서 비롯된 음가다.
謢	함부로 말할 **확**	함부로 "확" 할 때에서 비롯된 말이다.
揷	가질 **잡**	'잡다'에서 유래한 음가다.
某	아무 **모**	'뭐, 무엇'에서 비롯된 음가다.
甚	심할 **심**	'심하다'에서 유래된 음가다. '심하다'는 평상시 우리말이다.
別	나눌 **별**	'벼르다'에서 유래한 음가다. * 벼르다: 일정한 비례에 맞추어서 여러 몫으로 나누다.
比	견줄 **비**	'비슷하다'에서 비롯된 음가다.
臭	맡을 **후**	"후후"거리며 냄새 맡는 소리에서 유래한 음가다.
嚏	재채기 **체**	재채기할 때 나는 소리 "체"에서 유래한 음가다.
濫	넘칠 **람**(남)	'남다'에서 유래한 음가다.

柝	딱따기 **탁**	딱따기(딱딱 소리를 내게 만든 두 짝의 나무토막)를 때릴 때 나는 소리 "딱딱"에서 유래한 음가다.
末	끝 **말**	끝을 나타내는 '말'에서 유래한 음가다.
簷	처마 **첨**	'처마'에서 유래한 음가다.
乨	처음 **시**	'씨'의 고어 '시'에서 유래된 음가다. '씨'는 처음이 시작되는 곳이다.
土	흙 **토**	'터'에서 비롯된 음가다.
兔	토끼 **토**	'토끼다(뛰다)'에서 비롯된 음가다.
訇	큰소리 **평**	"뻥뻥"거리면 큰소리치는 "뻥"에서 유래한 음가다.
黔	검을 **검**	'검다'에서 유래한 음가다.
羹	국 **갱**	갱 → 깅: '국'의 옛말.

이처럼 우리가 여태껏 중국 문자로 알고 있던 한자는 사실 모두 우리말이다.

산스크리트어는 무슨 뜻인가?

중국 역사에 상(商)나라로 기록된 또 다른 이름의 은나라는 기원전 1600년경부터 1100년까지 황하 중류의 상(商)을 중심으로 나라가 발전하였다. 도읍지의 이름을 따서 처음에는 상나라로 불렸는데, 후에 은(오늘날 은허)으로 도읍을 옮기면서 은나라로 불리게 되었다. 은나라 왕은 나라의 큰일이 있을 때 하늘에 제사를 지내 그 뜻을 물었고 관리들은 그 결과를 갑골에 기록하였다. 1899년, 청조(清朝)에 의해 지배되고 있을 때 갑골문자가 발견되었다. 이 갑골문자가 한자의 기원으로 약 6,000자가 발견되었고 4,000자가 해독되었다고 한다. 갑골문자가 상나라 유적지에서 발견되었기 때문에 한자는 상나라 글자라는 것은 의심의 여지가 없다.

산스크리트어[3]란 고대 인도·아리아어 계통의 언어로, 인도 힌두교도의 문어. 우리나라나 중국에서는 범어라고도 한다. 원어로는 상스크리타라고 하는데 완성된 언어, 순수한 언어라는 뜻이다. 언어학상으로는 인도·이란 어파에 속하는 언어이다. 과거에는 산스크리트어를 통한 문학적 창작 활동이 활발했으나, 지금은 주로 힌두교 학자들 사이에서 학술적 의사 전달 수단으로 쓰인다. 산스크리트 문법은 라틴어나 그리스어 같은 인도유럽어의 문법과 비슷하지만, 복잡하며 변화가 심하다. 3가지의 성과 수가 있고, 8개의 격이 있다. 형용사는 명사에 따라 변화하며 동사는 시제·법·태·수·인칭에 따라 변화한다.

여기서 산스크리타의 뜻을 알아보자. 여러 가지 주장이 있다. '산스'가 '성스러운'으로 해석되고, '크리타'는 '글이다'로 해석해 '성스러운 글이다'로 해석하는 사람이 있는가 하면, 위에 서술해 놓은 '완성된 언어'라 해석하는 사람도 있다. 그러나 그것이 아니다. 여기서 '산'은 '상(商)나라'의 '상(商)'이다. '스(ㅅ, s)'는 '의'의 옛말이다. '크리타'는 '글이다'다. '상(商)의 글이다'다. 상(商)나라가 멸망한 뒤, 대규모의 이동이 일어난 것을 짐작할 수 있다. 인도와 우리는 과거 같은 민족이었다.

3) [네이버 지식백과] 산스크리트어(Basic 중학생을 위한 사회 용어사전, 임성재, 2007.7.10)

의문의 상(商)나라

상나라(은나라)는 황허 문명을 일으킨 우리 민족이 세운 나라다. 상나라 사람들이 주나라에 패망한 뒤 한 무리는 아메리카 쪽으로, 한 무리는 인도 쪽으로, 한 무리는 베트남 부근으로 흩어진다.

'멕시코'를 말하는 또 다른 말은 중국 양나라 역사서 양서(梁書)에 나오는 '부상국(扶桑國)'이다. '부상국(扶桑國)'은 양나라 혜심 스님이 멕시코를 갔다 와서 기록한 말로, 최고 통치자를 '대대로'라 부른다고 적혀 있다. '하늘 아래 모든 것'이라는 지도에 아메리카 대륙을 '부상(Fu Sang)'이라 표기했다. 멕시코를 뜻하는 또 다른 말이 '부상'이다. '멕시코'란 말은 '맥이 곳'이라는 말로 '맥이 들이 사는 곳'이고 '맥이'는 요하(遼河) 근처에 사는 '맥(貊)족(族)'을 말한다. 후한서 동이전에 '맥이(貊耳)'로 표시되어 있는데 여기서 '이(耳: 귀 이)'자는 '귀'가 아니라 '사람'을 나타낸다. 우리말 '~하는 사람' '~한 사람'을 뜻하는 '~이'다. '예쁜이, 갑돌이, 대장장이'의 '이(사람)'다. 최고 통치자가 '대대로'라는 것으로 보아 고구려에서 넘어간 사람들이다. '부상국(扶桑國)'은 '맥이'들이 사는 나라다. 그런데 왜 '부상국(扶桑國)'일까. 고구려 사람들이 도착한 곳엔 이미 '부상국'이라는 나라가 있었다. 필자 생각엔 '부상'이란 '부(副: 버금 부), 상(商: 상나라 상)'이라 생각된다. 부(副: 버금 부)의 '버금'은 '으뜸 아래'를 뜻하는 말이다. '상(商)의 아래' 즉 '원래 상(商)의 버금(두 번째) 나라'를 말하는 것이다. 상(商)나라가 망하면서 한 무리가 멕시코에서 제2의 상(商)나라를 건국한 것이다. 상나라가 만든 문명을 아스텍 문명이라 부른다. '아스텍'이란 말은 고조선의 '아사달'과 같은 의미다. 즉 '해 뜨는 땅'이다 '아사달'은 고조선의 수도, '아스텍'은 '부상국(副商國)'의 수도이다. '아스텍'의 '텍'은 '터(땅)'의 변형이다. 상나라와 고구려는 1500년 시차가 있다. 1500년 전에 아메리카로 건너가 세운 '부상국(副商國)'에, 신라에 패한 고구려 유민이 이동한 것으로 볼 때, 그 시기 '부상국(副商國)'과 '고구려'는 서로 왕래가 있었다고 봐야 할 것이다. 신라 고분에서 발견된 개미핥기 토우는 아메리카와 교류가 있었다는 증거다. 개미핥기는 남아메리카에만 사는 동물이다.

상나라가 베트남으로 갔다고 말할 수 있는 이유는 베트남이 쓰는 한자 때문이다. 우리 민족이 움직인 곳은 어디에서나 한자의 흔적이 나타난다. 한자 문명을 간직한 한 무리가 베트남 쪽으로 내려온 것이다. 한자를 사용했다는 것은 역사적으로 매우 가깝다고 하여야 할 것이다.

베트남 역사책에서 우리의 역사가 나오는 것은 당연한 일이다. 화산 이씨의 뿌리가 베트남 왕족에서 유래한 것은 그 당시에도 베트남에서는 우리가 그들의 모국임을 알고 있었을 것이다. 일본의 고대사가 우리의 고대사와 연결되는 것처럼 베트남 고대 역사 또한 우리의 고대 역사다. 우리는 세계 각국에 흩어져 있는 우리의 역사를 찾아 우리의 역사책을 만들어야 한다. 그리고 전 세계에 알려야 할 것이다.

아시아는 어떤 우리말인가

'아시'는 '처음을 나타내는 우리말'이다. '아시아'의 뒤에 위치한 '아'는 '해'를 나타낸다. '아침('아'가 처음)'의 '아'도 '해'를 나타낸다. 즉 '처음 해' 즉 '해가 처음 뜨는 곳'이다.

여기서 '아시아'의 말과 비슷한 우리말 '아사달'이 나온다. '아사달'은 고조선의 도읍지다. 여기서 '아사'는 '아'가 '스다'로 해석되고, '달'은 '땅'이다. '양달, 응달'의 '달'이다. 즉 '해가 솟는 땅'이다. '아사달'은 '해가 솟는 땅'이다.

'아사달'을 한자로 옮긴 것이 '조(朝: 아침 조) 선(鮮: 고울 선)'이다. '아사'는 '조(朝: 아침 조)'로 이해하겠는데 '선(鮮: 고울 선)'이 어떻게 '땅'으로 되었을까. '선(鮮: 고울 선)' 자는 『설문해자』에서 "선(鮮)이란 물고기 이름인데 맥(貊: 맥국 맥)국에서 나온다."라고 설명하고 있다. 『설문해자』는 중국 후한 시대에 허신이 편찬한 자전이다. 선(鮮) 자는 맥(貊)국을 대표하는 물고기를 나타내는 글자다. 즉 선(鮮) 자는 맥(貊)국을 나타내고, 맥(貊)국은 상고시대(上古時代)에 요하(遼河) 부근(附近)에 있던 나라를 말한다.

조선(朝鮮)은 '해가 솟는 맥(貊)국'을 나타낸 것이다. '요하(遼河)'를 중심으로 살던 '맥이' 들의 문명이 고조선 문명이다. '맥(貊: 맥국 맥)' 자는 '담비 락' 자로도 읽힌다. 맥국은 담비를 사냥하며 살던 사람들을 뜻한다.

유럽의 언어는 어떤 우리말인가

'유럽'의 어원을 설명한 것을 보면 여러 가지 설이 있는데, '유럽'은 그 뿌리가 우리말이기 때문에 유럽인들이 알기는 굉장히 어려울 것이다. 아카드어의 해가 진다, 서쪽이라는 단어 에렙(Erub)이 그 어원이다. '아카드어'란 고대 메소포타미아 언어를 말한다. 메소포타미아 문명을 일으킨 민족이 우리 민족이기 때문에 '에렙'은 우리말이다.

아카드어의 동쪽은 아수(Asu)다. '아사달'의 '아사'와 같은 뜻이다. '에렙'의 '에'는 '아(해)'를 말하며 '렙 → 락(落: 떨어질 락)'은 '떨어짐'을 나타낸다. '락'이 '렙'으로 변했다. 여기서도 한자가 쓰였다. '해가 떨어지는 곳' 즉 '서쪽'이다. '아시아'는 '해'가 뜨는 '동쪽', '유럽'은 '해'가 지는 서쪽을 말한다. 유럽의 말에 많은 한자어가 존재한다. 한자가 그 시기에 있었다는 것을 알지 못하면 유럽의 언어가 우리말이라는 것을 알기는 불가능하다.

영국과 스페인은
우리의 식민 지배를 받았다

3,000년 동안 중앙아시아의 스텝 지역에 거주하던 우리 민족이 역사에 다시 등장하는 것은, 기원후 370년(흑해 정착)~435(아틸라 사후 멸망)년까지 고대 로마의 쇠퇴기 당시 고대 로마의 몰락에 직, 간접적으로 큰 영향을 끼친 정체불명의 유목민들로 등장한다. 유럽 대륙을 정복한 정체불명에 무리, 훈족으로 등장하는 무리들이 바로 우리 민족이다. 유럽 전체를 정복할 만큼 많은 우리 민족이 유럽에 살고 있었다. 유럽 역사를 쓴 역사학자들도 전혀 훈족이 누구인지를 모른다. 유럽 역사의 주인이면서 흔적도 없이 역사에서 사라진 사람들이 바로 우리의 선조들(신라인)이다.

훈족들은 370년경 흑해 북안의 동고트족을 무찔러 그 대부분을 지배하에 두고, 이어서 다뉴브강 하류의 서고트족에 육박했다. 서고트족의 일부는 훈족의 압박을 피하여 동로마에 이주하였다. 이 시기에 우리 민족은 현재의 독일, 폴란드, 프랑스, 이베리아반도의 스페인 포르투갈까지 점령했다. 여기서 주목할 것은 지금의 덴마크에 3부족[유트족(Jutes), 앵글족(Angles), 색슨족(Saxon)]이 살고 있었다. 영국 민족은 지금의 덴마크에 살고 있었다.

지금에 영국은 로마가 점령하고 있었고 로마가 영국에서 철수한 이후 3 부족은 영국으로 이주한다. 영어가 거의 다 우리말인 것으로 볼 때 그들은 우리와 오랜 기간 같이 있었다는 증거이다. 역사책에는 370년~435년 약 65년 지배를 받았다고 나와 있지만 65년 지배를 받아서는 영어 전체가 우리말이 될 수 없다. 수백수천 년 동안 지배를 받아야만 전체가 다 바뀔 수 있다. 중국 또한 100퍼센트 한자를 쓰는데 그들도 수천 년간 우리의 지배를 받았기 때문에 언어 전체가 바뀐 것이다. 영어나 중국말의 뿌리는 우리말이다.

아틸라 사망 후 일부 사람들은 스텝 지역(러시아와 아시아의 중위도에 위치한 온대 초원 지대)으로 이동해 살았고, 일부 많은 지배층 사람들은 무역 길을 이용해 고향으로 대이동 신라에 도착하였고, 일부는 선조가 걸어온 반대 방향 해 뜨는 동쪽으로 이동 시베리아를 가로질러 알래스카, 북아메리카, 남아메리카에 도착했고, 또 많은 사람이 인도 쪽으로 갔다. 이렇게 우리 민족은 유럽 역사에서 자취를 감춘다. 신라에 온 지배층 계급 중 유럽인들과의 혼혈인 백인들이 많이 왔다. 과거 우리는 백인과 같이 살았었다.

신라가 고구려 백제를 물리칠 수 있었던 이유는 국제정세를 능동적으로 이용할 줄 아는 지략이 있었고, 로마를 정복한 후예들이기 때문에 가능했을 것이다.

베트남과 우리 민족은 어떤 관계인가

우리나라, 중국, 일본, 베트남이 한자 문화권의 나라다. 여기서 주목해서 볼 나라가 베트남이다. 일본이 백제의 일부였다는 것은 잘 알고 있지만, 베트남이 백제의 일부였다는 것을 아는 사람은 거의 없을 것이다.

백제가 멸망하고 몇 년이 지난 후에 백제 부흥 운동이 일어나는데, 그때 등장하는 흑치상지란 인물이 나온다. 흑치상지(黑齒常之)란 말의 흑치는 검은 이빨이란 뜻으로 우리나라에는 없는 검은 이빨을 가진 사람이다. 현재 흑치를 가지고 있는 사람들은 베트남 사람들로 흑치를 만드는 빈랑 열매(현지어로 까우)를 치아 건강에 아주 좋다고 하여 지금도 씹는다. 이 열매를 씹으면 까만 즙이 나오는데 이 즙이 치아를 까맣게 만든다. 흑치상지는 백제의 멸망 소식을 듣고 수천 리 밖에서 군대를 이끌고 백제를 구하러 온 백제인이었다. 일본 또한 백제의 일부였기 때문에 백제의 패망 소식을 듣고 많은 군사를 백제에 보내지만 내부 갈등으로 인해 백제는 회복하지 못하고 역사 속으로 사라진다. 인도와 백제를 오가는 중간에 있는 베트남은 지리적으로 매우 중요한 나라였다.

베트남 호치민시를 지나 남중국해로 흐르는 메콩강이 있다. 메콩강도 우리말로 '메'는 우리말 '물'이다. 수원의 옛 이름이 '메골'이다. '콩'은 '넓을 홍(洪)'이 변형된 말이다. '물이 넓은' 강이다.

미시시피강의 '미'도 물이라는 뜻이고 미네소타의 '미'도 물이라는 뜻이다. 세계의 모든 고대문명을 우리 민족이 만들었기 때문에 유럽, 아시아, 남북아메리카에 있는 모든 말은 우리말이다.

인도는 우리와 무슨 관계인가

인더스 문명을 일으킨 드라비다족은 우리 민족으로 현재 인도 남부, 파키스탄, 네팔, 아프가니스탄, 스리랑카, 이란을 비롯해 동남아 전체에 퍼져있는 민족이다. 드라비다족 중 일부가 고향을 떠났던 반대 방향으로 고향을 찾아가는 대장정을 시작한다. 고향을 찾아오려고 해안가로 배를 타고 해 뜨는 쪽을 향하여 수백 년간 이동해 마침내 고향에 도착한다. 그들은 선진 철기 문명을 갖고 들어온 가야인이다. 우리 역사에 언급되는 가야의 명칭은 실제로 인도에 있으며 석가모니도 인도의 부다 가야 사람이다. 그들이 인도서 출발해 고향으로 올 수 있었던 이유는 많은 우리 민족이 해안가에 살고 있어 식량을 공급받는 데 아무런 지장이 없어, 백제까지 올 수 있었다. 해안가를 따라 우리나라에 오기까지 우리 민족이 살고 있었다는 말은, 중국의 모든 해안가는 우리 민족이 살고 있었던 땅이었다. 백제까지 올

때 지나온 나라를 나열해 보자.

인도, 방글라데시, 미얀마, 태국, 말레이시아, 말리카 해협, 인도네시아, 캄보디아, 베트남, 중국, 대만을 거쳐 우리나라에 도착한다.

대만에 거주하던 일부 우리 민족은 필리핀으로 건너갔다. 우리가 전혀 다른 민족으로 알고 있던 동남아 사람들이 모두 우리와 같은 민족이었다. 이것이 백제(百濟)의 진 모습이다.

실제로 위에 나열한 나라의 말에는 한자와 우리말이 변형된 형태로 많이 존재한다.

인도를 얘기하면서 『삼국유사』, 「가락국기」에 등장하는 허 황옥을 빼놓을 수 없다.

본래 인도의 아유타국의 공주로 상제(上帝)의 명을 받아 가락국 수로왕의 배필이 되었다.

아유타국은 인도 갠지스강 중류에 있는 아요디아라는 고을이라는 설과 태국의 아유티아라는 메남강 언저리의 고도(古都)라는 설이 있다.

어쨌든 둘 중 어느 곳에서든 허황옥이 출발해 가야까지 온 것은 사실이다. '어떻게 수천 리 떨어진 곳에서 배필이 되고자 찾아왔을까.' 하는 의문이 든다.

여기서 우리가 알 수 있는 것은 인도와 가야는 항상 왕래가 있었다는 것을 알려준다. 시간은 1년 혹은 수년이 걸리는지는 모르지만, 항상 왕래가 있어 누가 장가갈 때가 되었고 누가 시집갈 때가 된 것을 알 수 있었다. 백제가 망하기 전까지 왕래는 계속 있었다.

아리랑의 뜻은 뭘까

중앙아시아에서 가장 긴 아무다리야강은 파미르고원에서 발원하여 우즈베키스탄과 투르크메니스탄, 아프가니스탄 등과 경계를 이루며 아랄해로 흘러 들어간다. 아랄해로 흘러 들어가는 또 하나의 강은 시르다리야강이다. 시르다리야강은 키르기스스탄의 톈산산맥에서 발원하여 우즈베키스탄과 카자흐스탄을 지나 아랄해로 흘러 들어간다.

머나먼 이국땅 우즈베키스탄, 투르크메니스탄, 아프가니스탄, 카자흐스탄 등의 나라를 흐르는 '아무다리야강과 시르다리야강 그리고 아랄해'에서 우리의 아리랑의 뜻을 찾을 수 있다.

여기서 다리야는 튀르크어로 강이라는 뜻이기 때문에 아무강, 시르강, 아랄해로 부를 수 있다. 그러면 아리랑을 불러보자.

'아무아무랑 시르시르랑 아랄(알+알)이가 났네'로 부를 수 있을 것이다.

'아무는 암컷, 시르는 수컷'이 만나 '아랄(알+알= 쌍둥이)를 낳았네'란 뜻으로 해석하면 큰 무리가 없을 것이다. 우리가 부르는 아리랑을 불러보면 다음과 같다.

'아리아리랑 쓰리쓰리랑 아라리가 났네'

두 개의 아리랑을 하나로 만들어 보면 '(아무아무=아리아리)랑 (시르시르=쓰리쓰리)랑 아랄(알+알=쌍둥이)을 낳네'로 부르면 될 것이다.

여기서 암(암컷)은 아름다운(아리따운)의 뜻을 가진 '아리'로 변하였고, '시르'는 여태껏 우리가 몰랐던 수컷의 고어로 '쓰리쓰리'변하였고 수컷을 나타낸다. '시르' → '시느' → '시나' → '사나' 즉 '사나+이(사람)'란 뜻이다.

다시 한번 아리랑을 불러보자. '아름다운(娘: 아가씨 랑)' '사나이(郞: 사나이 랑)' '알+알=쌍둥이'를 낳네. 즉 '여자 남자가 만나 쌍둥이를 낳았다'는 뜻이다.

또 다른 아리랑을 불러보면 '아리랑 아리랑 아라리요~ 아리랑 고개를 넘어간다~'와 같다. 이것은 무슨 뜻인가. '아리'는 '아리따운'이고 '랑'은 아가씨 랑娘을 뜻한다.

'아리따운(娘: 아가씨 랑)~ 아리따운(娘: 아가씨 랑)~ 아랄(알+알=쌍둥이)을 낳았네~
아름다운(娘: 아가씨 랑)이 고개를 넘어간다~'

'시르+이'가 사나이면, '암(암컷) + 이(사람)'는 없을까? 필자가 그런 의문을 가지고 인터넷에 검색을 해봤더니 대만에 고산족인 아미(암)족이 있었다. 대만 동부의 평지에 사는 고산족으로 모계 친족사회를 이루어 집단을 꾸려나간다고 한다.

깜짝 놀랄 일이다. 대만의 원주민과 우리 민족이 같은 민족이라니 놀라지 않을 수 없다.

1995년 페루 남부 안데스산맥, 만년 빙하로 덮인 해발 6,309m의 한 산봉우리 아래에서 우연히 14살 된 여자아이의 미라가 발견되어, 전 세계의 비상한 관심을 끌었다. '화니타'라고 이름 지어진 이 미라는 죽자마자 얼어, 550여 년이 지났지만 일부 세포는 아직도 생생했기 때문이었다. 미국과 페루 의료진들은 아메리카 원주민의 기원을 밝혀보기 위하여 심장 세포를 떼어 정밀 DNA 검사를 한 후 다음과 같이 발표했다. 우리 민족과 타이완(대만)만이 아메리카 인디언의 조상이라고 분명히 하고 있다. 여태껏 의문을 품고 있었던 것을 알게 되어 매우 기뻤다.

대만의 고산족 아미족은 우리 민족으로 인도를 떠나 백제로 오던 중 중간에 있는 섬에 머문 백제인의 일부였다. 제주도도 대만처럼 백제로 가는 길목에 있는 섬으로, 제주 방언 역시 백제인들이 썼던 말로 그 뿌리는 타밀어라 생각된다. 제주어는 지구를 한 바퀴 돌아서 온 우리말이다.

유대민족은 우리 민족이다

필자가 유대민족이 우리 민족이라고 처음 느낀 것은 통곡의 벽에다 대고 열심히 기도하는 유대인을 보았는데 머리에 우리의 갓과 비슷한 모자 키파를 보았을 때다. 우리의 갓과는 차이가 나지만 형태가 비슷했다. '혹시 저들이 우리 민족이지 않을까' 하는 막연한 생각을 하였다. 히브리어는 우리말과 많이 다르지만 변하지 않은 뿌리말을 알아보려 한다.

일례로 '죽음'에 관한 단어들이다.

תומ	[mûwth] [무트]	죽다	우리말 '묻다'다.
בוז	[zûwb] [주브]	죽다, 소멸하다	우리말 '죽다'다.

קָמַל	[qâmal] [카말]	1. 시들다 2. 죽다	우리말 '까물'이다. '까물'은 정신을 잃고 죽은 사람처럼 되는 것이다.
יָרַד	[yârad] [야라드]	1. 내려가다. 2. 던져지다, 떨어지다, 쓰러지다, 내려지다, 죽다, 무너지다, 함락하다.	우리말 '아래'다. '내려간다'는 것은 '땅속으로 들어간다'는 뜻으로 '죽다'와 다르지 않다.
גָּוַע	[gâva'] [가바]	1. 숨을 거두다 2. 죽다 3. 멸망하다	우리말 '가다'다. '가다'는 '저 세상으로 간다'로 '죽는다'는 뜻이다.

'죽다'가 자연적으로 죽는 것이라면 '죽이다'는 강제로 죽게하는 것인데 어떤 말이 있나 알아보자.

טָבַח	[ṭâbach] [타바흐]	1. 죽이다 2. 학살하다	우리말 '잡다'다. '닭 잡다'는 '닭을 죽이는 것'이다.
כָּרַת	[kârath] [카라트]	1. 자르다, 베어내다, 떼어내다, 끊다, 삭제하다. 2. 죽이다, 살해하다, 목숨을 빼앗다.	우리말 '가르다'다. 칼로 '가르는 것'이다.
הָרַג	[hârag] [하라그]	죽이다.	한자 '할(割: 벨 할)'이다. 이처럼 많은 한자가 히브리어에 나타난다.
מָחָה	[mâchâh] [마하]	1. 닦다, 훔치다, 닦아 없애다, 지우다, 말소해 버리다, 없애 버리다. 2. 파괴하다, 부수다, 죽이다, 파기하다, 멸망시키다, 소멸시키다.	우리말 '마다'다. * 마다: 짓찧어서 부스러뜨리다.

מַיִם	[mayim] [마임]	1. 물 2. 즙 3. 소변	우리말 '매'다. '매'는 '물'의 방언이다.
קָנֶה	[qâneh] [카네]	1. 갈대 2. 줄기 3. 저울대	우리말 '간(幹: 줄기 간)'이다. 한자로 된 말은 다른 말보다 말의 변화가 심하지 않다.
מוֹט	[môwṭ] [모트]	흔들림	우리말 '움직이다'의 고어 '뮈다'다.
הָלַם	[hâlam] [할람]	1. 치다 2. 짓부수다 3. 풀어지다	우리말 '헐다'다.
בָּרָק	[bârâq] [바라크]	1. 번개 2. 빛나는 검 3. 빛남	우리말 '벼락'이다.
בָּזָק	[bâzâq] [바자크]	1. 번갯불 2. 번개 빛	우리말 '번쩍'이다.

스톤헨지는 어떤 우리말인가

스톤헨지는 영국의 솔즈베리 근교에 있는 기원전 1900년 전에서 기원전 1500년 전 사이에 만들어진 고대의 거석 기념물이다. 이 거대한 유적도 우리 민족이 만든 작품이다.

어떤 우리말일까. '스톤'은 우리말 '선돌'이다.

'선돌' → '슨돌' → '스톤'으로 변했다.

'헨지'의 '헨'은 우리말 '해'이고 '지(地: 땅 지)'는 우리말 '땅'이다. '해 땅'이다. 이를 풀이하면 '선 돌 해 땅(터)', 요컨대 '해의 땅(터)에 선 돌'이다.

남·북아메리카에서 발견되는 우리 민족의 흔적

남·북아메리카에서 우리 민족의 발자취를 제대로 연구한 사람은 아마도 배제대학교 손성태 교수님이 아닐까 싶어, 손성태 교수님이 어떻게 인디언들의 문화에 관심을 가지게 되었는가를 이야기하려 한다. 손성태 교수님은 스페인의 천재 언어학자 이그나슈보스케의 제자로 스페인에서 언어학 박사학위를 받은 사람이다. 2007년 애리조나대학에 연구원으로 가서, 학생들 박사과정 수업에, 천재 언어학자 이그나슈보스케의 제자가 강의를 해 줄 수 없느냐고 하여, 학생들에게 강의할 자료를 도서관에서 검색하던 중 평소 관심 있던 인디언의 언어 자료집을 보게 된다. 인디언 언어는 학창 시절 관심이 있던 분야였다고 한다. 인디언 언어 집에는 수도 없이 많은 우리말이 쏟아져 나왔다 한다.

많은 인디언 언어를 통하여 우리 민족이 아메리카의 주인임을 우리에게 알려주는 큰일을 한 것에 감사를 드린다.

어느 시기를 단정할 수 없지만 수시로 우리 민족은 알류산 열도를 건너 아메리카에 도착했다.

미국 부근에는 큰 유적들은 없지만 생활 도자기 등이 미시시피강 유역에서 대량 발견되는 것으로 보아 미국 주변에 상당히 많은 사람이 살았음을 알 수 있다. 특히 도자기에서 발견되는 태극 모양은 남아메리카는 물론 북아메리카에서도 역시 발견되며, 두 부족 간 왕래가 없어도 태극 모양은 발견된다.

북아메리카에는 최초의 문명인 올메카 문명을 비롯해 돌태가 문명, 아스테카 문명, 마야 문명이 존재하고, 남아메리카에는 페루의 차빈 문명, 모체 문명, 잉카 문명이 존재했다.

특히 아스테카 문명을 일으킨 이들의 놀이 풍습은 숨바꼭질, 공기놀이, 팽이치기, 죽마놀이, 고누놀이, 자치기 널뛰기, 달집 태우기, 구슬치기, 그네, 굴렁쇠, 사방치기(비석치기, 마룻돌놀이), 씨름, 제기차기 등을 하는데 또 다른 우리의 모습이다.

필자가 오래전 아마존 원시 부족을 TV에서 보았는데 그들이 쓰는 말에 우리말이 있어 깜짝 놀란 적이 있다. 단어가 약 200개 정도가 같다고 했고, 사는 모습은 우리 예전 우리의 시골 모습이었다. 지금 생각나는 단어는 '하늘'을 '하날'이라 하고 '잠자리'를 '자릿자릿'이라고 한 것이 생각난다.

'아마존'의 어원은 '그리스 신화에 나오는 여전사로만 이루어진 전설적인 부족'이라 한다.

'아마존' 또한 우리말이다. 우리말 '암(캇) 족(族)'이다. 그리스 문명도 이집트 문명의 영향을 받아서 많은 우리말이 그리스어에 존재한다.

또 하나 우리가 눈여겨봐야 할 것은 신라 무덤에서 발견된 개미핥기 토우다. 토우란 진흙으로 빚은 사람이나 동물에 모양을 말한다. 개미핥기는 남아메리카에서만 사는 동물이다. 이 동물의 토우가 신라 무덤에 나타난 것으로 볼 때 신라 시대까지도 남아메리카와 교류가 있었다는 증거이다. 그 시기 한반도는 전 세계의 중심이었다. 모든 대륙을 넘나드는 강력한 국가였다.

이처럼 지구별 전체에 최초 문명을 일으킨 민족이 바로 우리 민족이다. 어떻게 지구별 전체에 태초 문명이 가능했을까. 그 원인을 찾으러 여행을 떠나보자.

한민족의 '한'은 무슨 뜻일까?

우리를 한민족이라 하는데 '한'의 뜻을 아는 사람이 과연 있을까?

여러 가지 설이 있지만 '한'은

1. 그 수량이 하나임을 나타내는 말.
2. '같은'의 뜻을 나타내는 말.
3. '큰'의 뜻을 더하는 접두사.'의 뜻이다.

'하나의 같고 큰 민족'이 '한민족'이다.

전 세계가 우리 영토였던 이유

1. 우리 민족의 탄생

인류는 약 800만 년~500만 년 전에 아프리카에서 태어나, 한 갈래는 유럽으로 가고, 한 갈래는 유라시아 쪽으로 왔다. 한 갈래는 해 지는 곳, 한 갈래는 해 뜨는 곳으로, 천천히 수십만 년에 걸쳐 천천히 이동했고, 많은 사람이 한반도에 종착했다. 특히 BP[4] 1만 8,000~1만 5,000년이 가장 추웠던 시기로 많은 사람이 해 뜨는 쪽으로 이동했기 때문에 문명 발생이 서쪽보다 유리했다고 본다. 거의 모든 지구 사람이 얼어 죽지 않기 위해 한반도 쪽으로 이동했고 불을 피울 능력이 없는 무리 들은 동사했다고 봐야 할 것이다. 한반도에 최초로 발견된 인류의 흔

4) BP(Before Present): 기년법

적은 약 100만 년 전의 구석기 유적이다. 그 시대에 살던 구석기인들은 약 75,000년 전에 거의 멸종했다. 인도네시아 수마트라섬의 토바 화산의 대폭발로, 화산재가 태양 빛 90퍼센트를 가리고 화산재도 15센티미터가량 쌓였다. 그 결과 기온이 급강하하여 지구 평균온도가 영하 1도까지 내려갔다. 강우량도 급감하였으며, 극심한 한파가 약 6년 동안 지속되어, 생물에 성장이 급속히 저하되었다. 약 6만 년 전에 오직 수천 명만이 살아남게 되었다고 한다.

BP 1만 8,000~1만 5,000년이 가장 추웠던 시기로 이 시기 바다는 지금보다 100m 정도 낮아서 한반도와 제주도와 중국 산둥반도는 연륙 되어 있었고, 서해는 작은 호수에 불과하였다. 지구는 1만 5,000년 전 이후 점점 따뜻해지기 시작했다.

동북아시아 지역을 이 기후, 기온 변화에 대입하면, 북위 40도선 이북 지역은, 가장 추웠던 BP 1만 8,000~1만5,000년 전에는 생물이 거의 생존하기 어려웠다고 볼 수 있다.

그 이남은 빙하로 덮이는 것은 면했으나, 백두산 일대의 고원지대와 북위 40도 근접 지역은 빙하로 인해 인류가 생존하기 어려웠을 것이다. 얼어 죽지 않기 위해 해를 쫓아 많은 사람이 동쪽으로, 동쪽으로 이동해 한반도에 많은 사람이 모였다. 구석기인들 가운데 가장 활동적으로 움직인 인간들이 해 뜨는 동쪽으로 끝까지 이동, 한반도와 만주, 연해주, 시베리아로 이동해 왔지만 약 1만 5,000년 전에 40도선 이북의 구석기인들은

40도 이남으로 이동하지 않는 한 모두 얼어 죽었거나 굶어 죽거나 병들어 죽었다고 봐야 할 것이다. 위도 40도는 압록강 하구 신의주 정도 되고 그 위쪽에 사는 사람들은 실제로 그 시기에 3~5차례 얼어 죽었다 한다.

여기서 중요한 사실은 북위 40도 이북에는 사람이 살지 못하는 동토의 땅이었다. 지구의 위도 40도 이북은 텅 빈 땅이었다. 날씨가 따듯해지고 식량 생산이 많아지면서 인구가 폭발적으로 증가해 우리 민족은 전 세계에 퍼질 수가 있었다. 그래서 전 세계는 거의 다 우리 민족의 땅일 수밖에 없었던 이유다. 유럽보다 훨씬 살기 좋은 기후가 오랜 시간 동안 지속되었기 때문에 많은 인구가 증가했고 문명이 일찍 탄생할 수 있었다. 이 시기에 한반도에 백인도 살았었다.

그 시기 기온을 알 수 있는 이유는 과학의 발달이다. 남극의 빙하를 뚫어 얼음 시료를 채취해 그 시기 쌓인 눈의 양과 퇴적된 화산재, 꽃가루, 대기 성분 등을 분석해 지구 전체의 기온, 강수량, 화산폭발 등을 알 수 있었다.

1만 2000년 전 청주시 청원군 옥산면 소로리에서 인류 최초의 벼농사 흔적이 발견된다.

벼농사 흔적이 발견되었다는 것은 인구 증가로 인해 수렵만으로는 식량이 부족해 많은 사람이 집단으로 노동을 했다는 증거다. 필자는 인류 최초의 문명이 시작된 곳이 소로리라 생각한다. 그 후로부터 4000년이 흐른 8000년 전에 현재 중국 요하(遼河)에서 고조선 문명이 탄생한다.

고조선 문명은 8000년~5000년 전 약 3000년 동안 번성하였다. 8000년~6000년 사이, 약 2000년 동안은 기온도 따뜻하고 강수량도 풍부해 인구가 많이 증가한다. 필자는 이 시기를 인류가 지구에 태어나 가장 행복한 시기로 이 시기가 낙원이요 에덴의 동산이라 생각된다. 천문, 지리, 음양오행, 문자도 이 시기에 만들어진다. 6000년~5000년, 약 1000년 동안은 안정된 사회를 흔들어 놓는 일이 발생한다. 백두산의 대폭발로 많은 사람이 정든 땅을 버리고 고향을 그리며 서쪽으로 이동한다. 5000년 전 이후에는 강수량이 급감하고 지진으로 수맥도 끊겨 살던 사람들은 뿔뿔이 흩어진다. 우리 역사에 등장하는 거란족, 말갈족, 숙신, 만주족, 선비족 등은 모두 같은 우리 민족이다. 한반도에서 멀리 떨어져서 오래 살아서 달라 보일 뿐이지 실체는 같은 뿌리다. 우리가 알고 있는 수우족, 체로키족, 호피족, 아파치족, 퐁카족, 아니시 보안족, 등 많은 아메리카 인디언도 모두 같은 우리 민족이다. 이처럼 한반도는 유럽, 아시아, 남북 아메리카 사람들의 고향이다.

2. 파미르고원으로 이동한 우리 민족

약 6000~6500년 전 백두산에서 대폭발이 일어났고 당시 화산재의 분출량이 13.6억 톤이나 되었다고 한다.

깜짝 놀란 신석기인들의 대규모 이동이 시작되었다. 문자, 천문, 지리, 옥 가공 기술, 농업, 축산 등 인류 최초의 문명을 간직한 사람들이 고향을 등지고 서쪽으로 이동한다. 그 당시 지구는 지금 기온보다 높아 중부지방에서 무궁화가 자생할 수 있는 기온이었다. 지금의 제주도 기온이 그 당시 중부 지방 기온이었다. 고향을 떠난 사람들은 오늘날 스탄 지역(파키스탄, 아프가니스탄, 타지키스탄, 투르크메니스탄)인 파미르고원에 도착한다. 타지키스탄에서 발견된 사라즘 유적은 우리 민족의 작품이다. 스탄은 땅의 옛말이다. 중앙아시아 전체가 우리 민족이 살던 곳으로 백인과 우리 민족의 혼혈이 탄생했다. 현재 이란, 터키, 헝가리, 시리아 등 거의 모든 유럽 사람들과 혼혈인이 탄생했다. 이 시기에도 기온이 높고 강수량도 풍부해 인구가 폭발적으로 증가했다. 한 무리는 메소포타미아 쪽으로 이동, 수메르 문명을 탄생시키고, 한 무리는 인더스강 유역으로 가서 인더스 문명, 또 한 무리는 나일강으로 가서 이집트 문명을 일으켰다.

맺음말

이 책을 마무리하면서 답답한 마음이 드는 것은 왜일까. 어떻게 몰라도 이렇게 우리 역사를 모를까. 지금부터라도 우리 역사를 다시 써야 한다. 우리가 누군지를 전 세계에 알리는 일을 국가적으로 해야 한다. 왜곡된 우리 역사 교과서를 다시 써 자라나는 세대가 우리가 어떤 민족인지, 얼마나 대단한 민족인지를 알게 하여 민족 자긍심을 갖도록 해야 할 것이다.

2003년 충북 청주시 옥산면 소로리에서 대략 1만 2000년 전 탄화된 볍씨를 발견한다. 탄화된 볍씨는 초기 순화(馴化) 단계의 볍씨라고 밝혀졌다. 순화 단계의 볍씨란 야생 벼를 가져다 재배를 시작한 볍씨를 말한다. 그 시기에 벼를 재배했다는 것은 수렵만으로는 식량이 모자랐기 때문이다. 많은 사람이 살았다는 것은 벼농사를 통해서 알 수 있다. 사람이 많으면 문명이 발생하기 좋은 조건이 된다. 소로리에서 인류 최초의 문명인 고조선 문명의 싹이 움텄다고 생각된다. 4000년이 흐른 후 요하(遼河) 주변에 고조선 문명이 탄생한다. 고조선 문명은 한반도와 사실상 연결되어 있었다고 보는 것이 타당할 것이다. 한반도와 요하(遼河) 사이에 땅은 우리가 살던 땅이었기 때문에 아직도 그 사이에서 발견되지 않은 유적지가 굉장히 많다는 것은 미루어 짐작할 수 있다. 중국 정부가 우리와의 마찰을 우려해 의도적으로 발굴하지 않는 것일 수도 있다. 고조선 문명은 세계 최초의 문명으로 고조선 문명의 사람들이 전 세계로 퍼져 지구별의 문명을 만든다. 메소포타미아 문명, 인더스 문명, 이집트 문명, 황허 문명, 아스테카 문명, 잉카 문명 등을 탄생시킨다. 그러기 때문에 모든 나라의 언어에는 우리말이 있다. 우리말이 그 나라의 문자로 표기되어 있어 전혀 다른 글자로 보이지만 우리말을 기록해 놓은 것이다. 모든 문명을 만든 사람들, 갓(God: 신)으로 불리는 사람들이 바로 우리 민족이다. 우리 민족이 쓴 갓(모자)을 보고 만들어진 말이다. 신석기 시대에 베를 짤 줄 알고, 문자가 있고, 마차가 있고, 의술이 발달한 최고의 갓(God)들의 문명은, 그들이 반드시 습득해야 할 문명이었다. 약 3000년 동안 유럽 전역은 우리 민족의 삶의 터전이었고 유럽의 역사였다. 그리스나 로마 문명을 만든 사람들도 우리 민족이다. 왜냐하면 그들의 말에 뿌리가 우리말이기 때문이다. 아틸라 사망 후 훈족이라 불리던 정체불명의 사람들이 대이동을 하여 고향 한반도로 돌아온다. 그들은 신라로 들어와 삼국을 통일한다. 훈족들이 유럽을 떠나 고향으로 오기 전에 유럽의 역사는 우리 민족의 역사이다. 거의 모든 유럽의 고대사는 우리의 발자취이다. 지구별의 언어, 생각, 문화의 고향이 한반도 남쪽 해안으로, 전 세계인의 고향이다. 이런 사실을 우리는 알아야 하고 알려야 할 것이다.

역사는 참으로 아이러니하다. 영국이 누구고, 중국이 누구고, 일본이 누구인가. 영국은 우리의 식민 지배를 받던 나라고, 중국은 황허강 상류에서 수 천 년 동안 우리 민족의 노예로 살던 민족이고, 일본 또한 고대에 우리의 통치권 안에 있었던 나라가 아닌가. 영국, 스페인, 포르투갈은 우리의 지배를 벗어나자마자 전 세계를 정복해 그들의 영토로 만들었다. 많은 남·북아메리카 인디언들이 그들에게 살해당했다. 그들은 누구인가. 그들 또한 우리 민족이다. 우리도 지금 그들에게 지배를 받는다. 그들에게 지배를 받다니 정말로 인간의 역사는 아무도 모를 일이다.

인문학의 발달은 역사의 많은 진실을 밝혀냈다. 문자로 기록된 역사만 역사가 아니다. 땅속에 묻혀있는 많은 매장문화재에서 잃어버린 우리의 1만 1000년의 역사 조각을 찾아서 우리 역사를 완성해야 한다. 땅에 묻을 수 없는 언어를 통하여 우리 민족의 발자취를 지금이라도 찾을 수 있었던 것을 하늘에 감사한다. 왜 중국의 화하족들이 그렇게 역사서를 불태우고 가짜 역사서를 만들어 역사를 왜곡할 수밖에 없었는지 이제 우리는 알아야 한다. '갓(God)들'이 너무 오랜 시간 동안 잠들어 있었다. 이제 우리는 기지개를 켜고 일어나 하늘을 보자. 우리가 누구인지를 알고 다시 본 하늘은 더 이상 예전에 하늘이 아니다. 우리가 인류 문명을 최초로 창조한 민족이고, 우리의 역사가 곧 세계의 역사임을 전 세계인에게 알려야 할 것이다.

참고문헌

신용하, 『고조선 국가형성의 사회사』, 지식산업사, 2010.

우실하, 『고조선 문명의 기원과 요하 문명』, 지식산업사, 2018.

운평어문연구소(엮은이), 『뉴에이스 영한사전』, 금성출판사, 2004.